© Moirenc Camille/hemis.fr

Sri Lanka

Cofondateurs : Philippe GLOAGUEN et Michel DUVAL

Directeur de collection et auteur
Philippe GLOAGUEN

Rédacteurs en chef adjoints
Amanda KERAVEL
et Benoît LUCCHINI

Directrice de la coordination
Florence CHARMETANT

Directrice administrative
Bénédicte GLOAGUEN

Directeur du développement
Gavin's CLEMENTE-RUIZ

Conseiller à la rédaction
Pierre JOSSE

Direction éditoriale
Hélène FIRQUET

Rédaction
Isabelle AL SUBAIHI
Emmanuelle BAUQUIS
Mathilde de BOISGROLLIER
Thierry BROUARD
Marie BURIN des ROZIERS
Véronique de CHARDON
Fiona DEBRABANDER
Anne-Caroline DUMAS
Éléonore FRIESS
Géraldine LEMAUF-BEAUVOIS
Olivier PAGE
Alain PALLIER
Anne POINSOT
André PONCELET
Alizée TROTIN

Responsable voyages
Carole BORDES

2018

hachette

TABLE DES MATIÈRES

PRÉAMBULE

COMMENT Y ALLER ? 36

SRI LANKA UTILE 50

Important : dernière minute

Sauf rare exception, le *Routard* bénéficie d'une parution annuelle à date fixe. Entre deux dates, des événements fortuits (formalités, taux de change, catastrophes naturelles, conditions d'accès aux sites, fermetures inopinées, etc.) peuvent modifier vos projets de voyage. Pour éviter les déconvenues, nous vous recommandons de consulter la rubrique « Guide » par pays de notre site • *routard.com* • et plus particulièrement les dernières ***Actus voyageurs.***

Éléphant devant le rocher de Sigiriya

© Morandi Tuul et Bruno/hemis.fr

Pêcheurs sur échasses à Weligama

LA RÉDACTION DU ROUTARD

(sans oublier nos 50 enquêteurs, aussi sur le terrain)

© R. Delalande et E. Dessons

Thierry, Anne-Caroline, Éléonore, Olivier, Pierre, Benoît, Alain, Fiona, Gavin's, André, Véronique, Bénédicte, Jean-Sébastien, Mathilde, Amanda, Isabelle, Géraldine, Marie, Carole, Philippe, Florence, Anne.

La saga du *Routard* : en 1971, deux étudiants, Philippe et Michel, avaient une furieuse envie de découvrir le monde. De retour du Népal germe l'idée d'un guide différent qui regrouperait tuyaux malins et itinéraires sympas, destiné aux jeunes fauchés en quête de liberté. 1973. Après 19 refus d'éditeurs et la faillite de leur première maison d'édition, l'aventure commence vraiment avec Hachette. Aujourd'hui, le *Routard*, c'est plus d'une cinquantaine d'enquêteurs impliqués et sincères. Ils parcourent le monde toute l'année dans l'anonymat et s'acharnent à restituer leurs coups de cœur avec passion.

Merci à tous les routards qui partagent nos convictions : liberté et indépendance d'esprit ; découverte et partage ; sincérité, tolérance et respect des autres.

NOS SPÉCIALISTES SRI LANKA

Éléonore Friess : de ses escapades au coin de la rue ou un peu plus loin, la benjamine de l'équipe ne veut pas perdre une miette. Elle explore le monde à la recherche de rencontres joyeuses, de beaux panoramas, de fêtes inoubliables ou simplement d'un bon petit plat. Depuis l'école de journalisme, son calepin et sa curiosité ne la quittent plus.

Anne Poinsot : après avoir tâté de l'histoire, de la sociologie et de la sculpture, c'est au *Routard* qu'Anne nourrit chaque jour sa curiosité éclectique, ses désirs d'ailleurs et son goût du mot juste. Toujours l'œil grand ouvert sur la beauté paradoxale du monde. Entre les rencontres, l'exploration de terrain et les plages d'écriture, elle n'y voit pas le temps passer…

UN GRAND MERCI À NOS AMI(E)S SUR PLACE ET EN FRANCE

Pour cette nouvelle édition, nous remercions particulièrement :

- **Bénédicte** et **Françoise,** de Shanti Travel, pas avares de bons petits tuyaux et d'informations générales sur le pays.
- **Gaëlle** pour ses éclairages sur Galle et ses environs.
- **Chanaka** et **Monique** pour leurs infos sur la côte sud-ouest.
- **Gérard Robuchon,** de l'Alliance française de Jaffna.
- **Sandrine Debruyne,** à Batticaloa.
- **Laurine,** qui a travaillé pour nous pendant son voyage de noces !
- Et **Antoine** aussi, pour ne pas faire de jaloux !

Pictogrammes du Routard

Établissements

- Hôtel, auberge, chambre d'hôtes
- Camping
- Restaurant
- Boulangerie, sandwicherie
- Glacier
- Café, salon de thé
- Café, bar
- Bar musical
- Club, boîte de nuit
- Salle de spectacle
- Office de tourisme
- Poste
- Boutique, magasin, marché
- Accès Internet
- Hôpital, urgences

Sites

- Plage
- Site de plongée
- Piste cyclable, parcours à vélo

Transports

- Aéroport
- Gare ferroviaire
- Gare routière, arrêt de bus
- Station de métro
- Station de tramway
- Parking
- Taxi
- Taxi collectif
- Bateau
- Bateau fluvial

Attraits et équipements

- Présente un intérêt touristique
- Recommandé pour les enfants
- Adapté aux personnes handicapées
- Ordinateur à disposition
- Connexion wifi
- Inscrit au Patrimoine mondial de l'Unesco

Tout au long de ce guide, découvrez toutes les photos de la destination sur • *routard.com* • Attention au coût de connexion à l'étranger, assurez-vous d'être en wifi !

Le *Routard* est imprimé sur un papier issu de forêts gérées.

I.S.B.N. 978-2-01-280003-8

Statue de Bouddha du temple de Dambulla

Mihintale Lieux traités
Hatton Adresses et lieux dans les environs
Vavuniya Repères
Voie ferrée
Hydravion
NORD
Keerimalai
Kankesanthurai
Point Pedro
Jaffna
Chempiyanpattu
Elephant Pass
Delft
Nedundeevu
LE NORD ET LA PÉNINSULE DE JAFFNA p. 353
Talaimannar
Mannar
Golfe du Bengale
Pulmoddai
Vavuniya
Golfe de Mannar
Nilaveli
Uppuveli
Trincomalee
Thanthirimale
Parc national de Wilpattu
Anuradhapura
Mihintale
Kala Oya
Ritigala
Medirigiriya
Habarana
Puttalam
Aukana
Giritale
Inamaluwa
Sigiriya
Polonnaruwa
Passikudah
Kalkudah
Yapahuwa
Dambulla
Dimbulagala
Batticaloa
LE TRIANGLE CULTUREL p. 121
Rés. nat. de Wasgomuwa
Route des Jardins d'Épices
Nalanda Gedige
Chilaw
Kudavella
Kurunegala
Maha Oya
Matale
LA CÔTE EST p. 318
Marawila
Pinnawela
Kandy
Ampara
Warakapola
Kegalle
Negombo
Réserve de Gal-Oya
Inginiyagala
Pasyala
Peradeniya
Bibile
LA RÉGION DE COLOMBO p. 88
Kandapola
Kelaniya
Nuwara Eliya
Badulla
Avissawela
Namunukula 1 850
COLOMBO
Hatton
Pottuvil
Mount Lavinia
Pic d'Adam 2 243
Horton Plains
Ella
Arugam Bay
Bandarawela
Belihul Oya
Haputale
Maligawila
Wellawaya
Ratnapura
Balangoda
Buduruwagala
Kalutara
LES MONTAGNES DU CENTRE p. 218
Réserve de Uda Walawe
Parc nat. de Yala
Beruwala
Bentota
Induruwa
Sinharaja Forest
Ahungalla
Col de Bulutota
Kataragama
Ambalangoda
Meetiyagoda
Mattala
Tissamaharama
Hikkaduwa
LA CÔTE SUD p. 258
Parc nat. de Bundala
Hambantota
Galle
Ambalantota
Unawatuna
Tangalle
Ahangama
Dickwella
OCÉAN INDIEN
Weligama
Dondra
Mirissa
Matara
0 25 50 km
Sites inscrits au Patrimoine mondial de l'Unesco

LE SRI LANKA

Topazes bleues de la province de Kandy

Sri Lanka m'était conté…

Comme pour Zanzibar, Sumatra, Java, Bali ou Bornéo…
À l'évocation de cette île lointaine de la route aux épices autrefois connue sous le nom de Ceylan, des images surgissent immédiatement : camaïeu de verts des **rizières** et des **jardins d'épices,** moutonnement de l'écume au bord des **plages plantées de cocotiers,** vertes **plantations de thé** ondulant à flanc de montagnes, mystérieuses cités anciennes englouties par la jungle, foules ferventes des temples à la mystique intense, sérénité hiératique des statues du Bouddha couché, facéties désopilantes des groupes de singes… Ajoutons-y la cannelle, les pierres précieuses, les bois rares, les vestiges du British Empire, les éléphants, domestiques ou en liberté, les moiteurs tropicales et les fraîcheurs des zones montagneuses sans oublier les fresques des séduisantes demoiselles de Sigiriya… et c'est aussitôt la féerie cinghalaise qui surgit de sa boîte magique…

Certes, les terribles images de la guerre civile puis du tsunami de 2004 ne s'effacent pas du jour au lendemain. Mais pour les Sri Lankais comme pour les voyageurs, la page est maintenant tournée. Un air de renouveau souffle à présent sur l'île jusque sur la péninsule de Jaffna, à la culture tamoule si exotique.

Avec ces inestimables témoignages de la splendeur passée aujourd'hui dégagés de leur gangue végétale, le phénix Sri Lanka renaît enfin de ses cendres. Les Sri Lankais ont retrouvé le sourire et ils accueillent avec une **incroyable chaleur** les visiteurs du monde entier.

Rizière dans les environs de Dambulla

NOS COUPS DE CŒUR

1 À Colombo, faire une cure d'architecture coloniale assez époustouflante.

Si la capitale est loin de présenter un intérêt majeur, elle garde de beaux vestiges de son prestigieux passé colonial : le quartier du Fort, avec son *phare* et son *Dutch Hospital* colonisé par les bars et restos ; le célèbre *Galle Face Hotel*, doyen des hôtels coloniaux encore debout ; l'*Albert Crescent* entouré de chic et de nobles demeures blanches ; l'*Arcade Independance Square*, joliment transformé en galerie commerciale (de luxe) ! *p. 88*

© Mike Greenslade/Age fotostock

2 À Anuradhapura, se lever dès potron-minet pour explorer presque seul cette cité mythique.

Pour les Sri Lankais le lieu est toujours l'objet de fervents pèlerinages. Exhumée de la jungle au début du XXe s, cette première capitale de l'île conduit à la rencontre d'une des plus grandes civilisations de cette région d'Asie. La découverte des temples, palais, sanctuaires, bassins et autres *dagoba* permet d'embrasser une épopée de 14 siècles faite de guerres, de croyances et de légendes. *p. 122*

© Morandi Tuul et Bruno/hemis.fr

3 **Dans les parcs de Minneriya et Kaudulla, débusquer en jeep les troupeaux d'éléphants.**

C'est au crépuscule qu'ils viennent paisiblement s'abreuver en famille. Les pachydermes se baladent d'un parc à l'autre selon une transhumance saisonnière liée au degré de pluviosité, donc à l'abondance de nourriture. Mieux vaut se renseigner à l'avance pour savoir où les apercevoir et s'assurer les services d'un bon guide. *p. 148*

Bon à savoir : *essayez de vous grouper avant d'embarquer à bord d'une jeep afin de réduire le coût de sa location.*

4 Sur la route de Polonnaruwa, faire un crochet jusqu'au site sacré et plein de charme de Medirigiriya, ignoré des visiteurs.

Dans ce lieu isolé, perdu dans la jungle, où des cervidés peu farouches s'ébattent, on découvre au sommet d'un rocher un temple *(vatadage)* circulaire. Ses 68 piliers aux extrémités sculptées se dressent vers le ciel en 3 rangs concentriques. Ils entourent un *dagoba*, flanqué de 4 bouddhas aux points cardinaux. L'agencement des blocs des murs de soutènement, vraiment cyclopéens, tient la comparaison avec la technique de construction des Incas. *p. 150*

© Morandi Tuul et Bruno/hemis.fr

5 Prendre le temps d'explorer les merveilleuses ruines de Polonnaruwa et son musée, le plus riche du pays.

La visite de l'ancienne capitale constitue un des temps forts du périple du Triangle culturel. Dégagées au fur et à mesure de la jungle qui les avait ensevelies, les ruines de la cité ancienne qui s'étirent sur plusieurs kilomètres s'explorent à vélo, de préférence dès le petit matin. Les heures chaudes de la mi-journée seront mises à profit pour visiter l'exceptionnel musée. *p. 152*

Bon à savoir : achat du billet d'entrée pour l'ensemble du site au musée.

© Guiziou Franck/hemis.fr

6 Monter au sommet du rocher de Sigiriya et se laisser séduire par le regard envoûtant des célèbres Demoiselles.

Perchée sur un rocher escarpé à plus de 200 m au-dessus de la plaine, la forteresse du roi Kassyapa est connue dans le monde entier pour ses magnifiques fresques de personnages féminins (des *apsara*) peintes à flanc de falaise. On y accède par une série de jardins aménagés en terrasses avant d'entamer la grimpette un peu ardue et vertigineuse à certains endroits, mais la récompense est au bout de l'effort. Émerveillement garanti. *p. 163*

Bon à savoir : *ici encore, privilégier l'ascension de bon matin.*

© Blanchot Philippe/hemis.fr

7 Dans les grottes de Dambulla, aller saluer les superbes bouddhas debout ou couchés, petits ou grands, sereins et accueillants.

Cette petite bourgade au centre de l'île est un carrefour routier important. Ses temples troglodytiques sont aménagés dans un dédale de cinq grottes au cœur d'une colline que garde un gigantesque bouddha de 30 m de haut. Pas moins de 150 bouddhas de toutes tailles et dans toutes les positions se succèdent tout au long d'un parcours tapissé de fresques, restées plus ou moins en bon état depuis le XVe s. *p. 173*

© Chaput Franck/hemis.fr

8 **Grimper dans le vieux train pour aller de Colombo à Kandy.**
On se rend à la ville sacrée des bouddhistes en admirant de somptueux paysages au rythme lent des voyageurs d'autrefois. Il faut dire que la région traversée est superbe : le parcours suit une succession de cocoteraies, de plantations d'ananas, de rizières et d'étangs couverts de lotus, bref un spectacle grandiose sans cesse renouvelé par des scènes pittoresques de la vie rurale. *p. 188*
Bon à savoir : à la réservation, demander le bon côté pour admirer le paysage (le wagon est parfois monté « à l'envers » !).

9 S'offrir un massage ayurvédique dans la région de Kandy, pour prendre soin de son corps et de son esprit.

L'ayurveda est une médecine qui repose sur plus de 2 500 ans de tradition. Les huiles utilisées, à base de plantes, possèdent de multiples vertus, alors détendez-vous et laissez-vous chouchouter par des mains expertes. Élimination des toxines, tonification des muscles, amélioration de la circulation sanguine... Ça ne peut que vous faire du bien ! *p. 202*

Bon à savoir : *si beaucoup d'hôtels proposent ce service, mieux vaut s'adresser à un centre spécialisé. Les plus sérieux font précéder la séance d'un entretien avec un médecin ayurvédique.*

© Paul Hackett/Design Pics/Photononstop

10 **À Kandy, participer à l'Esala Perahera, la célébration de la pleine lune entre juillet et août.**

C'est la fête la plus importante et la plus spectaculaire du pays : 10 jours et 10 nuits de festivités. Cette procession grandiose de danseurs, jongleurs et musiciens, accompagnée d'un défilé d'éléphants sacrés chamarrés, rend hommage à la dent du Bouddha, relique conservée dans le temple du même nom. *p. 210*

Bon à savoir : *la réservation pour cette période est impérative, longtemps à l'avance et les prix peuvent doubler, voire tripler !*

11 **Suivre sur 180 km la route de Colombo à Nuwara Eliya, la ville la plus haute de l'île.**

Elle traverse une plaine tropicale fertile puis passe par Kitulgala, où fut tourné le *Pont de la rivière Kwai.* Cette magnifique région ponctuée de cascades spectaculaires est fermée au sud par le massif montagneux culminant par l'Adam's Peak, le sommet de l'île (2 243 m). Après Hatton, la route serpente entre les collines verdoyantes des plantations de thé. C'est aussi autour de Nuwara Eliya que se visitent les fabriques et plantations de thé. *p. 218*

Bon à savoir : *visites un peu techniques, mais charme de l'ambiance vintage assuré ! Éviter les dimanche et lundi (usines peu actives) et privilégier le matin.*

12 **Assister au lever de soleil depuis le sommet du pic d'Adam.**

On gravit de nuit la face nord de cette montagne sacrée, dans une ambiance de pèlerinage. Au sommet, une bonne couverture (on est à 2 243 m) et on attend, recueilli, que l'astre du jour darde un rayon, puis deux, les étire, rosisse tout l'horizon de plaisir, puis réchauffe la surface de la terre et dévoile à la lumière un admirable paysage à 360°. Redescente possible par le versant sud vers la ville minière de *Ratnapura,* célèbre pour ses saphirs. Marco Polo y a fait allusion, c'est dire ! *p. 234*

13 **Savourer le petit déjeuner le plus panoramique de son existence, à Ella.**

On déguste face à un époustouflant paysage de pentes embrumées, de cascades lointaines, de vallées profondes. On aura toute la journée pour découvrir de près les superbes sites de cette région, le Little Adam's Peak, le Ella's Rock, la chute de Rawana, le temple de Rakkhiththa Kanda Aranya Senasanaya (tout un programme !) hors du temps et de l'espace. *p. 240*

© Moirenc Camille/hemis.fr

14 **Au Lipton's Seat, faire *tea-time* avec Sir Thomas Lipton, statufié pour l'éternité.**

C'est face à ce paysage remarquable, l'un des plus beaux du pays dit-on, que l'homme d'affaires aimait à se poser pour contempler son empire. Il admirait hier, comme vous aujourd'hui, les vertes collines de plants de thé, nappées de brumes venues des vallées, saupoudrées des taches blanches des cueilleuses qui convergent vers midi pour rendre l'ouvrage de leur longue matinée. Un lieu assez magique ! *p. 250*

***Bon à savoir :** venir assez tôt, les brumes bouchent le paysage dès la fin de matinée.*

(15) Tenter le surf à Hikkaduwa sur la côte sud-ouest, où se forment de beaux rouleaux sur l'océan Indien.

Le Sri Lanka compte quelques généreux spots de surf. D'octobre à mars, la côte sud-ouest de l'île est plébiscitée par les *beach boys* en tous genres, qui glissent sur les vagues d'Hikkaduwa, spot le plus fréquenté du pays. Et après avoir bu des tasses et des tasses, on va se dessaler le palais entre potes dans l'un des nombreux bars de plage m'as-tu-vu où s'exhibent : le cocktail le plus coloré, le tatouage le plus osé, les bi, tri et quadriceps les plus sculptés ! *p. 270*

Bon à savoir : pour le surf, de mai à sept, direction Arugam Bay sur la côte sud-est.

(16) Flâner dans les rues de la forteresse hollandaise de Galle, classée au Patrimoine mondial de l'humanité par l'Unesco.

Cet admirable éperon défensif avance avec force dans les eaux vives de l'océan Indien. Chapelles, mosquées, temples, phare, demeures coloniales patinés par les ans y sont magnifiquement protégés par d'imposants remparts et fortins. Une cité de caractère qui marque le temps et les siècles de l'histoire du Sri Lanka. On y passerait encore bien une éternité débonnaire ! *p. 275*

17 **S'offrir une robinsonnade dans l'univers lagunaire de Tangalle.**
La rencontre de l'océan Indien et de la terre ferme, entre plages, dunes, lagunes et canaux… Noyés dans la nature, de nombreux hébergements (souvent assez luxueux) proposent des formules écologiques (cabanes, bungalows…). C'est l'occasion de partir en canoë découvrir la faune et la flore, et de balades romantiques sur la plage déserte. p. 302

18 Pister le fauve dans le parc de Yala, « petite Afrique » du Sri Lanka, dès l'aube.

Deuxième plus grande réserve du pays avec ses 97 500 ha, Yala abrite nombre d'éléphants, crocodiles, cervidés et des centaines d'espèces d'oiseaux (calaos, cigognes…). Également des mangoustes, chacals, ours lippus, buffles sauvages, etc. Mais c'est surtout le parc où l'on a le plus de chances au monde d'apercevoir le bout des moustaches… du léopard ! *p. 313*

Bon à savoir : *période idéale de décembre à juin. Le parc est fermé en septembre et octobre et les animaux migrent au nord du parc en juillet-août.*

19 **S'offrir un farniente absolu sur les superbes plages de la côte est.** Que ce soit à Nilaveli, à quelques encablures de Trincomalee et aisément accessibles depuis Anuradhapura, ou plus au sud à Passikudah et Kalkudah, se déroulent d'immenses étendues de sable blanc ombragées par le balancement des cocotiers... Rien d'autre à faire que de profiter de la brise... Et d'avril à octobre, cette belle côte offre aussi quelques spots de plongée et de snorkeling au milieu des coraux, comme à Pigeon Island National Park ! *p. 330*

Bon à savoir : hébergement à tous les prix, et quelques établissements de luxe pour se faire chouchouter.

20 **À Jaffna, explorer la culture tamoule, bien loin de l'univers cinghalais !** Si là-bas les monuments sont peu nombreux, on y parle, on y mange et on y vit sur un autre rythme que dans le reste du pays. Grande cérémonie à la lueur des flammes le soir au Nallur Kandaswamy Koil (temple), en pleine ville, chatoiement coloré du *gopuram* du Vallipuram Koil Temple, et *thali* plus proche de ses équivalents d'Inde du Sud que du *rice & curry* concocté dans le reste de l'île ! Sans oublier ce bout du bout du monde, la minuscule et hors du temps île de Neduntivu (Delft), presque à mi-chemin entre le Sri Lanka et l'Inde... p. 354

Tortue de mer près d'Hikkaduwa

1 Le Triangle culturel et les montagnes
Itinéraire optionnel
1 Du thé des montagnes aux vagues de l'océan
Itinéraire optionnel
Sites inscrits au Patrimoine mondial de l'Unesco
Hydravion
NORD
Jaffna
Golfe du Bengale
Golfe de Mannar
Nilaveli
Uppuveli
Trincomalee
Anuradhapura
Mihintale
Sigiriya
Dambulla
Polonnaruwa
Kandy
Kitulgala
COLOMBO
Hatton
Nuwara Eliya
Ella
Haputale
Arugam Bay
Ratnapura
Réserve de Uda Walawe
Sinharaja Forest
Col de Bulutota
Parc nat. de Yala
Tissamaharama
Hikkaduwa
Galle
Unawatuna
Mirissa
Matara
Tangalle
OCÉAN INDIEN
0 25 50 km

ITINÉRAIRES CONSEILLÉS

Une semaine (7 jours – 6 nuits)

Le Triangle culturel et les montagnes

Route de **Colombo à Anuradhapura (1),** la ville sainte, capitale du royaume pendant 10 siècles. **Mihintale (2),** berceau du bouddhisme sri lankais. Ne pas manquer le rocher-forteresse de **Sigiriya (3)** du Ve s av. J.-C., les grottes rupestres de **Dambulla (4)** (le temple d'Or) et la cité historique de **Polonnaruwa (5).** À **Kandy (6),** ville sacrée et centre du Triangle culturel, prévoir 2 nuits. Gagner la région montagneuse du Centre et dormir à **Nuwara Eliya (7),** ville la plus haute du pays, au cœur de la région des plantations de thé. Ensuite, revenir directement à **Colombo (10)** par la route de **Hatton (8)** et **Kitulgala (9)** – se reporter au chapitre « La route de Colombo à Nuwara Eliya » dans « Les montagnes du Centre ».

Le Triangle culturel et la côte est

Cet itinéraire combine la plaine, les montagnes et la côte est (à éviter cependant d'octobre à avril). Comme dans l'itinéraire précédent jusqu'à **Kandy (6),** puis direction les belles plages de **Trincomalee (7)** – Uppuveli et Nilaveli – ou **Arugam Bay (8)** pour les surfeurs. Retour à Colombo par le parc d'***Uda Walawe (9)*** – orphelinat des éléphants – et **Ratnapura (10),** la ville des pierres précieuses.

De 8 à 15 jours

Du thé des montagnes aux vagues de l'océan

Voici un itinéraire à modeler en fonction du temps qui vous est imparti. De Colombo, monter jusqu'à **Nuwara Eliya** (**1** ; 1-2 j.) par la plus belle route intérieure qui soit, à travers de somptueux paysages de plantations de thé. Descendre vers **Haputale** (**2** ; 1 j.), sur le thème du thé toujours, puis **Ella** (**3** ; 1-2 j.), gros village niché dans les montagnes, les jardins, les bois et les cascades. Cap vers la côte sud, à **Tissamaharama** (**4** ; 1-2 j.) et prévoir une excursion-safari dans le parc de **Yala (5).** Retour à Colombo par la route côtière du Sud avec un arrêt indispensable à **Galle** (**6** ; 1-2 j.), une ville-forteresse coloniale classée au Patrimoine mondial de l'humanité de l'Unesco. Pour goûter la température de l'océan, nos coins préférés sur cette côte sud (à choisir… ou il faudra prolonger votre séjour) : **Tangalle (7)** pour son environnement préservé de lagunes côtières ; **Matara (8)** pour sa jolie petite plage de Polhena ; **Mirissa (9)** ou **Unawatuna (10),** pour leurs longues et belles plages tropicales et (depuis Mirissa) les excursions pour approcher les baleines ; **Hikkaduwa (11)** pour son ambiance surfeurs.

Extensions possibles : remontée en 3 j. de Galle à Colombo par le **col Bulutota (12)** en visitant au passage la **réserve forestière Sinharaja (13),** le **parc Uda Walawe (14)** pour son dispensaire d'éléphants et **Ratnapura (15)** et ses mines de pierres précieuses.

1 Le Triangle culturel, la côte est, les montagnes de l'intérieur et la côte sud
Itinéraire optionnel
Sites inscrits au Patrimoine mondial de l'Unesco
Hydravion
NORD
Jaffna
21
Golfe du Bengale
Golfe de Mannar
2
3
Anuradhapura
Mihintale
4
Sigiriya
Polonnaruwa
5
Dambulla
6
Kandy
7
Negombo
21
1
COLOMBO
8 Nuwara Eliya
11 Arugam Bay
10 Ella
Haputale
9
20
Ratnapura
19
Réserve de Uda Walawe
Parc nat. de Yala
12
13
Tissamaharama
18
17
Galle
Unawatuna
14
Tangalle
16
15
Mirissa
Matara
OCÉAN INDIEN
0 25 50 km

21 jours

Le Triangle culturel, la côte est, les montagnes de l'intérieur et la côte sud

3 semaines, c'est la durée idéale pour presque tout voir, à un rythme supportable. Il s'agit d'une grande boucle dans le sens des aiguilles d'une montre dont l'île serait le cadran. Arrivée à **Colombo (1),** route jusqu'à **Anuradhapura (2).** Visite des grands sites de la culture sri lankaise et des villes suivantes : **Mihintale (3), Sigiriya (4), Polonnaruwa (5), Dambulla (6)** et arrêt obligatoire à **Kandy (7).** Route **Kandy-Nuwara Eliya (8),** capitale de la haute région intérieure. Visite d'une fabrique et d'une plantation de thé. Passer par **Haputale (9), Ella (10),** continuer vers **Arugam Bay (11)** – sur la côte est. Ensuite, prévoir un safari dans le parc national de **Yala (12)** avec 1 ou 2 nuits à **Tissamaharama (13).**

Continuer vers la côte sud de l'île : arrêt dans une des stations balnéaires pour profiter de la plage et des cocotiers : **Tangalle (14), Matara (15), Mirissa (16)** ou **Unawatuna (17).** Ne pas rater **Galle (18),** la vieille forteresse hollandaise entourée de remparts. Visiter le parc d'**Uda Walawe (19)** – orphelinat des éléphants – et la ville de **Ratnapura (20),** capitale des pierres précieuses. Une nuit à **Negombo (21),** une ville balnéaire à visage humain, proche de l'aéroport, avant de prendre votre avion.

Extension possible : depuis **Anuradhapura (2),** pousser vers **Jaffna (21),** encore fort peu touristique, pour découvrir le versant tamoul de la culture de l'île : temples hindous et petites îles hors du temps, à explorer en 2-3 jours.

SI VOUS ÊTES PLUTÔT

Plage : du nord au sud selon les saisons, Trincomalee et les plages d'Uppuveli et Nilaveli, les belles plages de Passikudah et Kalkudah (au nord de Batticaloa), le spot de surf mondial et la plage d'Arugam Bay, Tangalle, la plage de Polhena près de Matara, et Mirissa au sud…

Plage et fiesta : les stations de Unawatuna, d'Hikkaduwa ou de Mirissa, en saison.

Culture : la ville sainte d'Anuradhapura, le site de Mihintale, les grottes peintes de Dambulla, le rocher-forteresse et les fresques de Sigiriya, le site historique et le musée de Polonnaruwa, le temple de la Dent et le festival religieux d'Esala Perahera à Kandy (fin juillet-début août).

Patrimoine colonial : Galle, les quartiers du Fort et d'Albert Crescent à Colombo.

Nature et faune : les éléphants des parcs nationaux de Minneriya et Kaudulla, la riche faune du parc de Yala, le parc d'Uda Walawe ; sans oublier la beauté des paysages du parc national de Horton Plains.

Amateur de thé et d'épices : Nuwara Eliya et Haputale pour les plantations et usines de thé ; environs de Kandy ou Ella pour les épices.

Randonnées : les environs d'Ella, l'ascension nocturne de l'Adam's Peak et les excursions au sein du parc national de Horton Plains.

Surf : Hikkaduwa et Arugam Bay, spots reconnus mondialement.

Cueilleuse de thé dans les hautes terres de Nuwara Eliya

LU SUR routard.com

Le Triangle culturel, au cœur de l'île
(tiré du carnet de voyage de Nicolas George)

S'aventurer dans le Triangle culturel formé par Kandy, Polonnaruwa et Anuradhapura, c'est contempler 2 500 ans d'histoire. C'est partir à la rencontre des incroyables vestiges laissés par les différentes civilisations du Sri Lanka. C'est aussi vivre de près la ferveur des cérémonies bouddhistes dans des lieux spirituels millénaires. Bienvenue dans le **cœur géographique et historique de l'île** !

Haut lieu de pèlerinage, entouré de collines verdoyantes, **Kandy** permet d'appréhender le mode de vie sri lankais et de saisir l'importance du bouddhisme dans le pays. D'une part, le vallon et le centre-ville, avec un lac artificiel : en journée, perdez-vous dans le dédale des ruelles, toujours animées, à la recherche de petites échoppes de thés et d'épices, d'étals de fruits et légumes. Sur les reliefs environnants, remarquables pour leur végétation splendide, se trouvent les meilleurs hébergements, ainsi que de très bons centres ayurvédiques. Le tout protégé par l'immense Bouddha blanc (cadeau des Japonais) qui surplombe cette ancienne cité des rois ! Kandy demeure la capitale du bouddhisme cinghalais. La raison ? L'un des temples abrite l'une des reliques de la dent de Bouddha ; mais vous ne l'apercevrez pas, car elle est conservée à l'abri des regards.

Classée au Patrimoine mondial de l'Unesco, **Polonnaruwa** est l'ancienne capitale de la dynastie Chola et des rois cinghalais (XIe-XIIe s). Niché au milieu de la jungle, envahi par les macaques à toque, ce site époustouflant recèle des richesses archéologiques inépuisables. Concentrez-vous sur la vieille ville : louer un vélo reste la meilleure solution pour la découvrir. Parmi les édifices les plus intéressants du site : la statue du roi Parakrama Bahu, l'enceinte de la citadelle (notamment le temple de Shiva n° 1 et la terrasse de relique de la Dent), Lankatilaka (Bouddha de 18 m de haut), Kalu Gal Vihara (quatre statues taillées directement dans la paroi de granit), Tivanka Image House (superbes fresques intérieures et sculptures extérieures) et le bassin au Lotus.

Anuradhapura, l'imprononçable, est souvent oubliée sur les feuilles de route en raison de sa position géographique un peu excentrée. Pourtant, contrairement à la sage Polonnaruwa, il y règne une réelle ferveur et une ambiance des plus spirituelle. Capitale de l'île jusqu'au XIe s (à partir de sa fondation au IVe s av. J.-C.), Anuradhapura fut dirigée par 119 rois et érigée comme ville sainte du bouddhisme cinghalais. Au programme : une multitude de temples, sanctuaires, bassins, palais et autres *dagoba*... sur un site verdoyant de 10 km². Comme autant de témoignages de plus de 14 siècles d'histoire et de croyances. C'est ici que se trouve la rarissime relique de la clavicule de Bouddha. Certains de ces temples sont d'ailleurs, encore aujourd'hui, des lieux de culte fréquentés par les Sri Lankais.

LES QUESTIONS QU'ON SE POSE AVANT LE DÉPART

➢ Quels sont les documents nécessaires ?

Un passeport valable encore 6 mois après l'entrée dans le pays, un billet de retour ou de transit, et un visa électronique ou ETA. Les formalités se font sur un site internet officiel (● *eta.gov.lk* ●). Coût : 35 $ (environ 33 €), valable 30 jours.
– Un mineur français non accompagné d'un titulaire de l'autorité parentale doit posséder une autorisation de sortie de territoire (téléchargeable sur ● *service-public.fr* ●).

➢ Quelle est la meilleure saison ?

La meilleure saison pour tout voir se situe entre fin janvier et avril. C'est à cette époque que la pluviosité est la plus faible et l'ensoleillement le plus important.

➢ Quel budget prévoir ?

La vie est assez bon marché, adaptée aux petits budgets. Compter de 10 à 20 € pour les hôtels bon marché. Pour environ 5-6 €, on mange correctement. Transport en train, bus, *tuk-tuk* et taxis locaux à prix fort modérés.

➢ Comment se déplacer ?

Si l'on ne dispose que de 8-12 jours, la location d'une voiture avec chauffeur s'avère intéressante, surtout à partir de 3 personnes. Dans la région du Triangle culturel, on gagne un temps fou ! Bus vieillots, souvent bondés, assez dangereux à cause de la conduite folle des chauffeurs. Superbe trajet en train Colombo-Kandy puis Kandy-Nuwara Eliya.

➢ Y a-t-il des problèmes de sécurité ?

Outre quelques petites arnaques (rabatteurs, faux guides...), le Sri Lanka n'est pas un pays dangereux. Comme partout, attention aux pickpockets. Gardez en poche le strict nécessaire et cachez le reste dans un bagage fermé à clé dans votre hébergement.

➢ Quel est le décalage horaire ?

Il est de 4h30 avec la France (3h30 en été). Quand il est 12h à Colombo, il est 7h30 du matin à Paris en hiver (8h30 en été).

➢ Quel est le temps de vol ?

Il n'existe pas de vol direct entre Paris et Colombo. Compter environ 13-14h de trajet avec une escale.

➢ Côté santé, quelles précautions ?

Pas de vaccin obligatoire (recommandé pour l'hépatite A). Vérifier la validité des vaccinations traditionnelles (tétanos, polio, etc.). Ne boire que de l'eau en bouteille capsulée. Songer à emporter ses médicaments habituels. Depuis 2016, le pays est déclaré libéré du paludisme par l'OMS.

➢ Peut-on y aller avec des enfants ?

Oui, trois fois oui. Le contact avec les Sri Lankais, accueillants et souriants, déjà facile entre adultes, devient encore plus évident quand on voyage avec des enfants. Beaucoup d'hôtels ont des chambres familiales. Repérez nos meilleurs sites à visiter avec les plus jeunes grâce au symbole 👪.

➢ Quel est le taux de change ? Comment payer sur place ?

La roupie sri lankaise se change uniquement à l'intérieur du pays. En gros, 1 € = environ 150 Rs, 1 roupie (Rs) = 0,007 €, soit 100 Rs = env 0,70 € et 1 000 Rs = env 6,70 €. Ce cours peut, bien entendu, varier. On trouve de nombreuses banques équipées de distributeurs automatiques (ATM), mais certaines n'acceptent que la carte *Visa* ou que la *MasterCard.* Bien souvent, on ne peut régler par carte de paiement que dans les adresses de la catégorie « Chic ». Les petites *guesthouses* ou les restos populaires ne l'acceptent jamais !

➢ Quelle langue parle-t-on ?

Beaucoup de Sri Lankais parlent l'anglais. Même les chauffeurs de *tuk-tuk* baragouinent le « srilanglais ». Dans le Nord et sur la côte est, on parle aussi le tamoul.

➢ Que voir ?

Tout d'abord le « Triangle culturel », avec Anuradhapura, Kandy, Polonnaruwa, l'incroyable rocher-forteresse de Sigiriya ou les grottes de Dambulla. Puis les superbes paysages de montagnes du Sud et les plantations de thé autour de Nuwara Eliya et Hatton. Sans oublier la forteresse de Galle, classée au Patrimoine mondial par l'Unesco. Récompense ultime : les plages plantées de cocotiers des côtes sud et sud-est.

➢ Et les plages ?

Sur les côtes ouest et sud, nos préférées sont Negombo, Unawatuna, Mirissa, Matara et Tangalle. Côté est, Arugam Bay et, plus au nord, plusieurs superbes plages autour de Batticaloa et Trincomalee.

COMMENT Y ALLER ?

LES COMPAGNIES RÉGULIÈRES

▲ **EMIRATES**
– Paris : 69, bd Haussmann, 75008. ☎ 01-57-32-49-99. • emirates.com • Ⓜ Saint-Augustin. Lun-ven 10h-17h30.
➢ 2-3 vols/j. sur Colombo au départ de Paris ainsi que 1 vol/j. au départ de Nice. Escale à Dubaï.

▲ **JET AIRWAYS**
– Paris : 124, bd Haussmann, 75008. Rens et résas : ☎ 01-49-52-41-15. • paris@jetairways.com • jetairways.com • Ⓜ Saint-Augustin.
➢ Au départ de France, Jet Airways propose 1 vol/j. depuis Paris-CDG vers Colombo via Mumbai.

▲ **QATAR AIRWAYS**
– Paris : 19, rue de Ponthieu, 75008. ☎ 01-43-12-84-40. • qatarairways.com • Ⓜ Madeleine. Lun-ven 9h-17h.
➢ Propose 2-3 vols/j. pour Colombo avec escale à Doha.

Comment aller à Roissy et à Orly ?

Toutes les infos sur notre site *• routard.com •* à l'adresse suivante : *• bit.ly/aeroports-routard •*

LES ORGANISMES DE VOYAGES

En France

▲ **ALLIBERT TREKKING**
– Paris : 37, bd Beaumarchais, 75003. ☎ 01-44-59-35-35. • allibert-trekking.com • Ⓜ Chemin-Vert ou Bastille. Lun-ven 9h-19h, sam 10h-18h. Agences également à Chamonix, Chapareillan, Nice et Toulouse.
Née en 1975 d'une passion commune entre trois guides de montagne, Allibert propose aujourd'hui des voyages aux quatre coins du monde tout en restant une entreprise familiale. Découvrir de nouveaux itinéraires en respectant la nature et les cultures des régions traversées reste leur priorité. Pour chaque pays, différents niveaux de difficulté. Allibert est le premier tour-opérateur certifié Tourisme responsable.

▲ **ALTIPLANO VOYAGE**
– Annecy (Metz-Tessy) : Park Nord, Les Pléiades n° 35, 74370. Agence ouv lun-ven 9h-13h, 14h-18h. • srilanka@altiplano-voyage.com • ☎ 04-57-09-80-02.
Osez l'inédit ! Avec Altiplano Voyage, agence spécialiste des voyages sur-mesure au Sri Lanka, découvrez une île luxuriante alliant une nature sauvage et une culture diversifiée. Inspirez-vous des exemples d'itinéraires 100 % personnalisables proposés sur le site *• altiplano-voyage.com •* Spécialiste des itinéraires combinant plusieurs régions, Altiplano Voyage peut vous proposer d'allier la découverte du Sri Lanka à un séjour farniente aux Maldives. À votre écoute, la spécialiste Sri Lanka partage avec vous ses conseils et astuces afin de créer le voyage qui vous ressemble avec le degré d'autonomie souhaité (en liberté ou avec guide et visites). Écoute et créativité semblent être les maîtres mots de cette équipe de passionnés !

▲ **ASIA**
• asia.fr •
– Paris : Asia, 1, rue Dante, 75005. ☎ 01-44-41-50-10. • asia.fr • Ⓜ Maubert-Mutualité. Lun-ven 9h-18h30 ; sam 10h-13h, 14h-17h.
– Lyon : 46, rue du Président-Herriot (entrée 10, rue Saint-Nizier), 69002. ☎ 04-78-38-30-40. Lun-ven 9h30-12h30, 13h30-18h30 ; sam 10h-13h, 14h-17h.

– Marseille : 424, rue Paradis, 13008. ☎ 04-91-16-72-32. Lun-ven 9h30-12h30, 14h-18h30 ; sam 9h30-12h30.
– Nice : 23, rue de la Buffa, 06000. ☎ 04-93-82-41-41. Lun-ven 9h-12h30, 14h-18h30 ; sam 9h30-12h30.
– Toulouse : 5, rue Croix-Baragnon, 31000 Toulouse. ☎ 05-61-14-51-50. Lun-ven 9h30-18h15 ; sam 10h30-13h, 14h-17h.

Asia est leader des voyages sur l'Asie et propose des voyages personnalisés en individuel ou en petits groupes de l'Asie Mineure au Pacifique, de la Jordanie à la Nouvelle-Zélande en passant par l'Asie centrale, l'Inde, la Mongolie, la Chine, l'Asie du Sud-Est et l'Australie. Dans chaque pays, Asia met son expertise à la disposition de ses clients pour réaliser le voyage de ses envies. Connaissance du terrain et du patrimoine culturel, respect de l'environnement et authenticité, c'est au plus près des populations et toujours dans l'esprit des lieux qu'Asia fait partager ses créations maison. Sur les rivages paradisiaques, de l'océan Indien à la mer de Chine, Asia a sélectionné des adresses idylliques et des spas raffinés pour des séjours bien-être.

▲ ASIE INFINY

– Paris : 5 bis, rue de l'Asile-Popincourt, 75011. ☎ 01-53-70-23-45. • asieinfiny.com •

Créée en 2015, Asie Infiny promet une « Asie pour chacun », déclinant ses formules à l'infini pour combler toutes les envies des voyageurs. En circuits individuels ou accompagnés, découvrez les merveilles de l'Inde, du Sri Lanka et des Maldives, en passant par Bali la belle indonésienne et l'Asie du Sud-Est (Thaïlande, Birmanie, Laos, Cambodge et Vietnam). Des formules proposent de faire escale quelques jours dans les métropoles vivantes et dynamiques de Singapour, Hong Kong, Dubaï ou Abu Dhabi.

▲ CERCLE DES VACANCES

– Paris : 4, rue Gomboust, 75001 (angle 31, av. de l'Opéra). ☎ 01-40-15-15-18. • cercledesvacances.com • Ⓜ Pyramide ou Opéra. Lun-ven 9h-20h, sam 10h-18h30.

Le vrai voyage sur mesure, à destination de l'Asie : Birmanie, Cambodge, Chine, Indonésie, Japon, Laos, Thaïlande, Vietnam, Inde et Sri Lanka.
Cercle des Vacances propose un large choix de voyages adaptés à chaque client : circuits avec guide et chauffeur, voyages en groupe, croisières, combinés de plusieurs pays, voyages de noces... Les experts Cercle des Vacances partagent leurs conseils et leurs petits secrets pour faire de chaque voyage une expérience inoubliable. Cercle des Vacances offre également un service liste de mariage gratuit. Les petits plus qui font la différence : cours de cuisine, rencontre avec les éléphants, balade en train local, tour en pirogue...

▲ COMPTOIR DES VOYAGES

• comptoir.fr •
– Paris : 2-18, rue Saint-Victor, 75005. ☎ 01-53-10-30-15. Ⓜ Maubert-Mutualité. Lun-ven 9h30-18h30, sam 10h-18h30.
– Lyon : 10, quai Tilsitt, 69002. ☎ 04-72-44-13-40. Ⓜ Bellecour. Lun-sam 9h30-18h30.
– Marseille : 12, rue Breteuil, 13001. ☎ 04-84-25-21-80. Ⓜ Estrangin. Lun-sam 9h30-18h30.
– Toulouse : 43, rue Peyrolières, 31000. ☎ 05-62-30-15-00. Ⓜ Esquirol. Lun-sam 9h30-18h30.
– Bordeaux : 26, cours du Chapeau-Rouge, 33800. Lun-sam 9h30-18h30.
– Lille : 76, rue Nationale, 59160. ☎ 03-28-34-68-20.

Comptoir des Voyages s'impose comme une référence incontournable dans le voyage sur mesure, avec 80 destinations couvrant les 5 continents. Ses voyages s'adressent à tous ceux qui souhaitent vivre un pays de façon simple en s'y sentant accueilli. Les conseillers privilégient des hébergements typiques, des moyens de transport locaux et des expériences authentiques pour favoriser l'immersion dans la vie locale. Comptoir vous offre aussi la possibilité de rencontrer des francophones habitant dans le monde entier, des *greeters,* qui vous donneront, le temps d'un café, les clés de leur ville ou de leur pays. Comptoir des Voyages

propose aussi une large gamme de services : échanges par visioconférence, devis web et carnet de voyage personnalisés, assistance téléphonique tous les jours et 24h/24 pendant votre voyage.

▲ LES COMPTOIRS DU MONDE

☎ 09-80-08-02-00. • comptoirsdumonde.fr •
– Paris : 19, av. d'Italie, 75013. Lun-ven 10h-13h et 14h30-18h30.
– Lyon : Parc Technoland, 3, allée du Lazio, 69800 Saint-Priest. Lun-ven 9h-12h30 et 14h30-18h.

Que vous souhaitiez voyager seul, en couple, en famille ou entre amis, les Comptoirs du Monde sont à votre écoute pour vous offrir des voyages personnalisés de qualité et vous proposer des prestations qui répondent véritablement à vos attentes. Globe-trotters, passionnés d'histoire, amoureux de la nature, ayant une connaissance approfondie des pays, leur équipe de spécialistes peut satisfaire vos demandes les plus diverses tout en respectant votre budget.

▲ HUWANS – CLUB AVENTURE

☎ 04-96-15-10-20. • huwans-clubaventure.fr •
– Paris : 18, rue Séguier, 75006. ☎ 01-44-32-09-30. Ⓜ Saint-Michel ou Odéon. Lun-sam 10h-19h.
– Lyon : 38, quai Arloing, 69009. ☎ 04-96-15-10-52. Ⓜ Bellecour ou Ampère. Lun 10h-13h, 14h-18h ; mar-ven 9h-19h ; sam 10h-13h, 14h-18h.
– Marseille : 4, rue Henri-et-Antoine-Maurras, 13016. ☎ 04-96-15-10-20. Sur rdv slt.

Spécialiste du voyage d'aventure, ce tour-opérateur privilégie la randonnée en petits groupes, en famille ou entre amis pour parcourir le monde hors des sentiers battus. Leur site propose près de 1 000 voyages dans 90 pays différents, à pied, en pirogue ou à dos de chameau. Ces voyages sont encadrés par des guides locaux et professionnels.

▲ MONDE AUTHENTIQUE

– Paris : 5, rue Thorel, 75002. ☎ 01-53-34-92-71. • monde-authentique.com • M : Bonne-Nouvelle. Lun-ven 9h30-19h, sam sur rdv – ou à domicile sur Paris-RP (moyennant participation).

Envie de découvrir ce qu'un pays peut proposer de meilleur ? Depuis 2003, Monde Authentique propose des itinéraires individuels à l'écart des sentiers battus sur des destinations originales. En parfaits artisans et connaisseurs du monde, les 14 créateurs de voyages maîtrisent à la perfection les destinations sur lesquelles ils travaillent. Monde Authentique s'adresse à des clients exigeants désireux de faire de beaux voyages.

▲ NOMADE AVENTURE

☎ 0825-701-702 (0,15 €/mn + prix d'appel). • nomade-aventure.com •
– Paris : 40, rue de la Montagne-Sainte-Geneviève, 75005. ☎ 01-46-33-71-71. Ⓜ Maubert-Mutualité. Lun-sam 9h30-18h30.
– Lyon : 10, quai Tilsitt, 69002. Lun-sam 9h30-18h30.
– Marseille : 12, rue Breteuil, 13001. Lun-sam 9h30-18h30.
– Toulouse : 43, rue Peyrolières, 31000. Lun-sam 9h30-18h30.

Nomade Aventure propose des circuits inédits partout dans le monde, à réaliser en famille, entre amis, avec ou sans guide. Également hors de groupes constitués, ils organisent des séjours libres en toute autonomie et sur mesure. Spécialiste de l'aventure avec plus de 600 itinéraires (de niveau tranquille, dynamique, sportif ou sportif confirmé) faits d'échanges et de rencontres avec des hébergements chez l'habitant, Nomade Aventure donne la priorité aux expériences authentiques à pied, à VTT, à cheval, à dos de chameau, en bateau ou en 4x4...

▲ NOSTALASIE

– Paris : 19, rue Damesme, 75013. ☎ 01-43-13-29-29. • ann.fr • Ⓜ Tolbiac. Lun-sam 10h-13h, 15h-18h.

Parce qu'il n'est pas toujours aisé de partir seul, NostalAsie, un tour-opérateur indépendant, propose de véritables voyages sur mesure en Asie, notamment au Sri Lanka, des lieux les plus connus jusqu'aux contrées les plus reculées, en individuel ou en groupe déjà constitué. 2 formules au

choix : « Les estampes » avec billets d'avion, logements, transferts entre les étapes, ou « Les aquarelles » avec en plus un guide et une voiture privée à chaque étape. Vous trouverez sur le site internet des idées d'itinéraires que vous pourrez ensuite personnaliser et adapter selon vos envies avec Ylinh, la chaleureuse directrice grande connaisseuse de l'Asie, et son équipe de jeunes passionnés qui vous donneront des conseils avisés pour réussir votre voyage.

▲ ROOTS TRAVEL

– Paris : 17, rue de l'Arsenal, 75004. ☎ 01-42-74-07-07. • rootstravel.com • Ⓜ Bastille. Lun-ven 10h-13h, 14h-18h ; sam sur rdv.

Roots Travel, spécialiste du Sri Lanka, propose des séjours individuels qui permettent la découverte de l'île en toute liberté. Des itinéraires à la carte, sur la route du nord au sud dans les sites du Triangle culturel, les plantations de thé et les réserves d'animaux. Réservation des billets d'avion, d'hôtels de charme et de bungalows, location de voiture avec chauffeur. Roots Travel est aussi spécialisé sur l'Inde.

▲ LA ROUTE DES VOYAGES

Agences ouv lun-jeu 9h-19h, ven 18h. • route-voyages.com • Rdv conseillé.

– Paris : 10, rue Choron, 75009. ☎ 01-55-31-98-80. Ⓜ Notre-Dame-de-Lorette.

– Angers : 6, rue Corneille, 49000. ☎ 02-41-43-26-65.

– Annecy : 4 bis, av. d'Aléry, 74000. ☎ 04-50-45-60-20.

– Bordeaux : 19, rue des Frères-Bonie, 33000. ☎ 05-56-90-11-20.

– Lyon : 59, rue Franklin, 69002. ☎ 04-78-42-53-58.

– Toulouse : 9, rue Saint-Antoine-du-T, 31000. ☎ 05-62-27-00-68.

20 ans d'expérience de voyage sur mesure sur les 5 continents ! Cette équipe de voyageurs passionnée a développé un vrai savoir-faire du voyage personnalisé : écoute, conseils, voyages de repérage réguliers et des correspondants sur place soigneusement sélectionnés avec qui ils travaillent en direct. Son engagement à promouvoir un tourisme responsable se traduit par des possibilités de séjours solidaires à insérer dans les itinéraires de découverte individuelle. Elle a aussi créé un programme de compensation solidaire qui permet de financer des projets de développement locaux.

▲ SRI LANKA SUR MESURE

• srilanka-surmesure.com •

Contactez Sri Lanka sur Mesure, une agence locale de confiance, pour organiser un voyage sur mesure au Sri Lanka. Leurs conseillers, fins connaisseurs du terrain et de la réalité du pays, vous accompagnent dans la préparation de votre voyage, en couple, en famille ou en groupe d'amis. Vous avez ainsi accès à un service personnalisé en bénéficiant d'un prix accessible. Sri Lanka sur Mesure propose un maximum de garanties et de services : règlement de votre voyage en ligne et ce de façon sécurisée, possibilité de souscrire à une assurance de voyage et de bénéficier de garanties solides en cas d'imprévu. De quoi voyager de façon authentique et en toute tranquillité !

▲ TERRES LOINTAINES

Agences ouv lun-ven 9h-19h, sam 10h-18h. • terres-lointaines.com •

– Bordeaux : 4, rue Esprit-des-Lois, 33000. ☎ 05-33-09-09-10

– Issy-les-Moulineaux : 2, rue Maurice-Hartmann, 92130. Sur rdv slt ou par tél : ☎ 01-75-60-63-50.

Terres Lointaines est le dernier-né des acteurs du Net qui comptent dans le monde du tourisme avec pour conviction : « un voyage réussi est un voyage qui dépasse les attentes du client ». Son ambition est clairement affichée : démocratiser le voyage sur mesure au prix le plus juste. En individuel ou en petit groupe, entre raffinement et excellence, Terres Lointaines met le monde à votre portée. Europe, Amériques, Afrique, Asie, Océanie, la palette de destinations programmées est vaste, toutes proposées par des conseillers-spécialistes à l'écoute des envies du client. Grâce à une sélection rigoureuse de prestataires locaux, Terres Lointaines crée des voyages de qualité, qui laissent de merveilleux souvenirs.

▲ TERRE VOYAGES

– Paris : 28, bd de la Bastille, 75012. ☎ 01-44-32-12-88. • terre-voyages.com • Ⓜ Bastille. Lun-ven 8h-18h30, sam 10h-18h.

Les créateurs de voyages de Terre Voyages sont de fins connaisseurs, des experts des pays proposés, car tous natifs ou passionnés de leur destination. Ils sauront écouter vos attentes pour créer une offre de voyages sur mesure qui réponde à vos envies de découverte et vous proposeront une approche authentique des cultures et des peuples dans le respect de leur environnement naturel et au juste prix. Pour tous les voyageurs qui attendent d'une échappée lointaine plus qu'une simple visite mais, au contraire, une véritable connaissance et un apprentissage responsable des différentes cultures du Sri Lanka en totale immersion, Terre Voyages est le spécialiste qu'il leur faut.

▲ TUI

Rens et résas : ☎ 0825-000-825 (0,20 €/mn + prix d'appel), • tui.fr • et dans les agences de voyages TUI présentes dans tte la France.

TUI, numéro 1 mondial du voyage, propose tous les circuits Nouvelles Frontières, ainsi que les clubs Marmara et un choix infini de vacances pour une expérience unique. TUI propose aussi des offres et services personnalisés tout au long de vos vacances, avant, pendant et après le voyage.

Un circuit accompagné dans une destination de rêves, un séjour détente au soleil sur l'une des plus belles plages du monde, un voyage sur mesure façonné pour vous, ou encore des vacances dans un hôtel ou dans un club, les conseillers TUI peuvent créer avec vous le voyage idéal adapté à vos envies. Ambiance découverte, familiale, romantique, dynamique, zen, chic... TUI propose des voyages à deux, en famille, seul ou entre amis, parmi plus de 180 destinations à quelques heures de chez vous ou à l'autre bout du monde.

▲ VOYAGEURS DU MONDE EN INDE ET DANS LES HIMALAYA

• voyageursdumonde.fr •

– Paris : La Cité des Voyageurs, 55, rue Sainte-Anne, 75002. ☎ 01-42-86-16-90. Ⓜ Opéra ou Pyramides. Lun-sam 9h30-19h. Avec une librairie spécialisée dans les voyages.

– Également des agences à Bordeaux, Grenoble, Lille, Lyon, Marseille, Montpellier, Nantes, Nice, Rennes, Rouen, Strasbourg et Toulouse. Aussi à Bruxelles et à Genève.

Parce que chaque voyageur est différent, que chacun a ses rêves et ses idées pour les réaliser, Voyageurs du Monde conçoit, depuis plus de 30 ans, des projets sur mesure. Les séjours proposés sur 120 destinations sont élaborés par leurs 180 conseillers voyageurs. Spécialistes par pays et même par région, ils vous aideront à personnaliser les voyages présentés à travers une trentaine de brochures d'un nouveau type et sur le site internet où vous pourrez également découvrir les hébergements exclusifs et consulter votre espace personnalisé. Au cours de votre séjour, vous bénéficiez des services personnalisés Voyageurs du Monde, dont la possibilité de modifier à tout moment votre voyage, l'assistance d'un concierge local, la mise en place de rencontres et de visites privées et l'accès à votre carnet de voyage via une application iPhone et Android. Voyageurs du Monde est membre de l'association ATR (Agir pour un tourisme responsable) et a obtenu sa certification Tourisme responsable AFAQ AFNOR.

En Belgique

▲ AIRSTOP

☎ 070-233-188. • airstop.be • Lun-ven 9h-18h30, sam 10h-17h.

– Anvers : Jezusstraat, 16, 2000.

– Gand : Maria Hendrikaplein, 65, 9000.

– Louvain : Mgr. Ladeuzeplein, 33, 3000.

Airstop offre une large gamme de prestations, du vol sec au séjour tout compris à travers le monde.

▲ CONTINENTS INSOLITES

– Bruxelles : rue César-Franck, 44 A, 1050. ☎ 02-218-24-84. • continents-insolites.com • Lun-ven 10h-18h, sam 10h-16h30 sur rdv.

Continents Insolites, organisateur

de voyages lointains sans intermédiaire, propose une gamme étendue de formules de voyages détaillées dans leur guide annuel gratuit sur demande.

– *Voyages découverte sur mesure :* à partir de 2 personnes. Un grand choix d'hébergements soigneusement sélectionnés : du petit hôtel simple à l'établissement luxueux et de charme.

– *Circuits découverte en minigroupes :* de la grande expédition au circuit accessible à tous. Des circuits à dates fixes dans plus de 60 pays en petits groupes francophones de 7 à 12 personnes. Avant chaque départ, une réunion est organisée. Voyages encadrés par des guides francophones, spécialistes des régions visitées.

▲ SERVICE VOYAGES ULB

• servicevoyages.be • 25 agences dont 12 à Bruxelles.

– Bruxelles : campus ULB, av. Paul-Héger, 22, CP 166, 1000. ☎ 02-650-40-20.

– Bruxelles : pl. Saint-Lambert, 8, 1200. ☎ 02-742-28-80.

– Bruxelles : chaussée d'Alsemberg, 815, 1180. ☎ 02-332-29-60.

Service Voyages ULB, c'est le voyage à l'université. Billets d'avion sur vols charters et sur compagnies régulières à des prix compétitifs.

▲ TUI

• tui.be •

– Nombreuses agences dans le pays dont Bruxelles, Charleroi, Liège, Mons, Namur, Waterloo, Wavre et au Luxembourg.

Voir texte dans la partie « En France ».

▲ VOYAGEURS DU MONDE

– Bruxelles : chaussée de Charleroi, 23, 1060. ☎ 02-543-95-50. • voyageursdumonde.com •

Le spécialiste du voyage en individuel sur mesure. Voir texte dans la partie « En France ».

En Suisse

▲ ALTIPLANO VOYAGE

– Genève : pl. du Temple 3, 1227 Carouge. Agence ouv lun, mar, jeu, ven (sur rdv). • agence@altiplano-voyage.ch • altiplano-voyage.ch • ☎ 022-342-49-49. Rencontrez votre experte de l'Asie et du Sri Lanka, en plein centre de Carouge.

Voir texte dans la partie « En France ».

▲ ASIA

– Genève : c/o Fert et Cie des Voyages, rue Barton, 7, CP 2364, CH-1211 Genève 2. ☎ 022-839-43-92.

Voir texte dans la partie « En France ».

▲ HORIZONS NOUVEAUX

– Verbier : rue de Medran, 6, CP 196, 1936. ☎ 027-761-71-71. • horizonsnouveaux.com • Lun-ven 9h-12h, 14h-18h ; sam sur rdv.

Horizons Nouveaux est le tour-opérateur suisse spécialisé dans les régions qui vont de l'Asie centrale à l'Asie du Sud en passant par les pays himalayens tels que l'Inde, le Sri Lanka, le Népal, le Tibet, la Birmanie, le Cambodge, le Laos, Java ou encore Bali. Nicolas Jaques et Paul Kennes, qui voyagent dans ces régions depuis plus de 20 ans, organisent principalement des voyages à la carte, des voyages culturels à thème, des trekkings souvent inédits et des expéditions.

▲ HUWANS – CLUB AVENTURE

– Genève : rue Prévost-Martin, 51, CP 124, 1211. • huwans-clubaventure.fr •

Voir texte dans la partie « En France ».

▲ TUI

– Genève : rue Chantepoulet, 25, 1201. ☎ 022-716-15-70.

– Lausanne : bd de Grancy, 19 1006. ☎ 021-616-88-91.

Voir texte dans la partie « En France ».

Au Québec

▲ EXOTIK TOURS

Rens sur • exotiktours.com • ou auprès de votre agence de voyages.

Exotik Tours offre une importante programmation en été comme en hiver en Méditerranée et en Europe. L'hiver, des séjours sont proposés dans le Bassin méditerranéen et en Asie. Durant cette saison, on peut également opter pour des combinés plage + circuit. Dans la rubrique « Grands Voyages »,

le voyagiste suggère des périples en petits groupes ou en individuel. Au choix : l'Amérique du Sud, le Pacifique sud, l'Afrique, l'Inde et le Népal.

▲ KARAVANIERS

– Montréal : 4035, rue Saint-Ambroise, local 220N (Québec), H4C-2E1. ☎ (514) 281-0799. • karavaniers.com • Lun-ven 9h-18h, sam 10h-15h.

L'agence québécoise Karavaniers a pour but de rendre accessible des expéditions aux quatre coins de la planète. Toujours soucieuse de respecter les populations locales et l'environnement, Karavaniers favorise la découverte d'une quarantaine de destinations à pied et en kayak de mer, en petits groupes accompagnés d'un guide francophone et d'un guide local, avec hébergement en auberge ou sous la tente.

Voir aussi au sein de chaque ville les agences locales que nous avons sélectionnées.

SRI LANKA UTILE

ABC du Sri Lanka

- ***Population :*** 22 235 000 hab. (estimation 2016).
- ***Superficie :*** 65 610 km² (soit 1/9 de la France).
- ***Densité :*** 325 hab./km² (en France, 99 hab.)
- ***Langues :*** cinghalais (74 %), tamoul (18 %), autres (8 %).
- ***Religions :*** bouddhisme (70 %), hindouisme (13 %), islam (8 %), christianisme (env 7 %).
- ***Monnaie :*** roupie sri lankaise (1 € = 150 Rs env).
- ***Chef de l'État :*** Maithripala Sirisena (depuis janvier 2015).
- ***Régime :*** démocratie présidentielle.
- ***Capitale commerciale :*** Colombo (1,5 million d'hab.).
- ***Capitale administrative :*** Sri Jayawardenapura Kotte (banlieue de Colombo).
- ***Taux d'alphabétisation :*** env 93 %.
- ***Chômage :*** 4,7 % de la population active (estimation 2015).
- ***Mortalité infantile :*** 8,6 ‰.
- ***Espérance de vie :*** 80 ans (F), 73 ans (H).
- ***PIB par habitant :*** 3 926 $/an (2015).
- ***Inflation :*** env 4,3 % en 2016.
- ***Indice de développement humain*** (espérance de vie, éducation, niveau de vie) : 0,766. Le plus haut d'Asie méridionale. Rang mondial : 73ᵉ.

AVANT LE DÉPART

Adresses utiles

En France

■ ***Ambassade du Sri Lanka :*** *16, rue Spontini, 75016 Paris. ☎ 01-55-73-31-31. • slemb.paris@mfa.gov.lk • srilankaembassy.fr • Ⓜ Porte-Dauphine. Consulat ouv lun-ven 9h-13h ; permanence téléphonique jusqu'à 17h.*

ℹ ***Office de tourisme du Sri Lanka :*** *à l'ambassade du Sri Lanka, 16, rue Spontini, 75016 Paris. ☎ 01-55-73-31-31. • srilanka.travel • Ⓜ Porte-Dauphine. Ouv lun-ven 9h-13h, 15h-17h.* Vous remettent de la documentation ou vous l'adressent sur demande.

En Belgique

■ ***Ambassade du Sri Lanka :*** *rue Jules-Lejeune, 27, Bruxelles 1050. ☎ 02-344-55-85. • srilankaembassy.be • Ouv lun-ven 9h-12h, 14h-16h.*

En Suisse

■ ***Consulat du Sri Lanka :*** *rue de Moillebeau, 56 (5ᵉ étage), 1209 Genève. Visas : ☎ 022-919-12-50. • consulate@lankamission.org • Ouv lun-ven 9h-13h.*

Ariane, le fil à suivre

Ariane est un service gratuit mis à disposition par le Centre de crise du ministère des Affaires étrangères. Il permet aux voyageurs français qui le souhaitent de s'enregistrer à l'occasion de leur séjour à l'étranger. Les informations déposées sur Ariane sont utilisées en cas de crise, par exemple pour contacter des voyageurs dans l'hypothèse où des opérations de secours sont organisées, ou encore pour joindre rapidement les familles ou les proches en France si une situation le nécessite.
Pour en savoir plus : • *pastel.diplomatie.gouv.fr/fildariane* •

Formalités d'entrée

Pensez à scanner passeport, visa, carte de paiement, billet d'avion et *vouchers* d'hôtel. Ensuite, adressez-les-vous par mail, en pièces jointes. En cas de perte ou vol, rien de plus facile pour les récupérer. Les démarches administratives en seront bien plus rapides.

Electronic Travel Authorization (E.T.A.)

L'E.T.A. est obligatoire pour entrer au Sri Lanka. Il s'obtient en ligne par Internet, il est nominatif et personnel. Il n'est pas nécessaire de présenter une copie du passeport ni de fournir une photo. Il suffit de remplir le formulaire en ligne, exclusivement sur le site • *eta.gov.lk* • quelques jours avant le départ (attention, pas mal de faux sites tentent de détourner les voyageurs – et leur porte-monnaie...).
Ce n'est pas vraiment un visa mais une autorisation électronique d'entrée sur le territoire, certifiée conforme par le département de l'immigration du Sri Lanka. Le site propose quelques pages d'accueil en français. Le formulaire consiste en trois volets, trois étapes de formalités qu'il faut remplir soigneusement. Le paiement de cet E.T.A. se fait en ligne sur le même site officiel au moyen d'une carte internationale de paiement : *Visa, MasterCard, American Express.* Cette formalité en ligne peut être faite par le demandeur lui-même, par son agence de voyages ou bien par les consulats du Sri Lanka à l'étranger. L'E.T.A., comme un visa, est individuel : chaque voyageur doit faire sa propre demande.
- ***E.T.A. touristique :*** 35 $ (environ 33 €). Valable 30 jours et pour une double entrée sur le territoire (ce qui permet par exemple d'aller passer quelques jours aux Maldives ou en Inde et de revenir ensuite au Sri Lanka – mais le tout en 30 jours).
- ***E.T.A. de transit :*** entrée unique ***pour une durée de 2 jours*** ; gratuit (mais il faut quand même remplir la demande sur le site).
- À noter : ***toutes ces démarches sont gratuites pour les enfants de moins de 12 ans*** (ce qui ne dispense pas de remplir un formulaire pour autant !).
- L'E.T.A. est valable 3 mois à compter de sa délivrance, et on ne peut pas en redemander un nouveau tant que le précédent n'a pas expiré (conséquence : si vous envisagez deux visites au Sri Lanka sur cette durée de 3 mois, faites bien une demande pour une double entrée).

Une fois les formulaires remplis et le paiement effectué, vous recevez un premier e-mail qui confirme que votre demande a bien été enregistrée. Puis, quelques jours plus tard, un second qui vous accorde (ou non !) l'E.T.A. Imprimer de toute façon les deux, au cas où, et les emporter avec soi.
- À l'arrivée à l'aéroport international de Colombo, lorsque les visiteurs se présentent au bureau de l'immigration, ils doivent donc être munis d'un passeport d'une durée de validité supérieure à 6 mois, d'une copie de l'agrément E.T.A., ainsi que de leur billet d'avion retour, et d'une petite fiche d'identification remise dans l'avion, à remplir soigneusement.

– ***En cas de problème :*** agréments jamais reçus mais paiement débité, etc., rassurez-vous ; munissez-vous de toute façon de l'accusé de réception de votre demande, de la preuve de votre règlement et, à la descente d'avion, dirigez-vous vers le bureau E.T.A., juste avant l'immigration. Au pire, vous pourrez l'obtenir là, pour 5 $ supplémentaires (donc 40 $ en tout pour un E.T.A. touristique, gratuit pour un transit de 2 jours). Enfin, en désespoir de cause, vous pouvez aussi, avant votre départ, vous adresser à l'ambassade (voir plus haut) ou contacter au Sri Lanka le service E.T.A. spécialisé : ☎ *(0094) 71-996-78-88 (tlj 24h/24).*
– Pour prolonger votre séjour (jusqu'à 90 jours), présentez-vous aux services de l'immigration à Colombo :
– Un mineur français non accompagné d'un titulaire de l'autorité parentale doit posséder une autorisation de sortie de territoire (téléchargeable sur • *service-public.fr* •).

■ ***Department of Immigration & Emigration*** *(département d'immigration et d'émigration)* ***:*** *Suhurupaya, Sri Subhuthipura Rd, Battaramulla.* ☎ *011-532-90-00.* • *immigration.gov.lk* • *Dans la banlieue est de Colombo. Ouv lun-ven 9h-14h30. Fermé w-e, j. fériés et de poya.* Une demande de prolongation de visa doit être sollicitée 8 jours au moins avant l'expiration du 1er mois de séjour (formulaire à télécharger sur le site, à remplir puis à déposer). Pour une prolongation jusqu'à 2 mois au-delà de la limite de validité du visa, compter 20 $ (pour les Belges), 26 $ (pour les Français et Suisses) et 50 $ (pour les Canadiens).

Assurances voyages

Ne partez pas sans vous être assuré(e) que vous l'êtes bien ! Vérifiez que votre assurance garantit le rapatriement en cas de pépin.

■ ***Routard Assurance*** *(c/o* ***AVI International****)* ***:*** *40-44, rue Washington, 75008 Paris.* ☎ *01-44-63-51-00.* • *avi-international.com* • Ⓜ *George-V.* Depuis 20 ans, *Routard Assurance,* en collaboration avec *AVI International,* spécialiste de l'assurance voyage, propose aux voyageurs un contrat d'assurance complet à la semaine qui inclut le rapatriement, l'hospitalisation, les frais médicaux, le retour anticipé et les bagages. Ce contrat se décline en différentes formules : individuel, senior, famille, light et annulation. Pour les séjours longs (2 mois à 1 an), consultez le site. L'inscription se fait en ligne et vous recevrez dès la souscription tous vos documents d'assurance par e-mail.

■ ***AVA :*** *25, rue de Maubeuge, 75009 Paris.* ☎ *01-53-20-44-20.* • *ava.fr* • Ⓜ *Cadet.* Un autre courtier fiable pour ceux qui souhaitent s'assurer en cas de décès-invalidité-accident lors d'un voyage à l'étranger mais surtout pour bénéficier d'une assistance rapatriement, perte de bagages et annulation. Attention, franchises pour leurs contrats d'assurance voyage.

■ ***Pixel Assur :*** *18, rue des Plantes, BP 35, 78601 Maisons-Laffitte.* ☎ *01-39-62-28-63.* • *pixel-assur.com* • *RER A : Maisons-Laffitte.* Assurance de matériel photo et vidéo tous risques (casse, vol, immersion) dans le monde entier. Devis en ligne basé sur le prix d'achat de votre matériel. Avantage : garantie à l'année.

Vaccins et centres de vaccination

Pour les centres de vaccination partout en France, dans les DOM-TOM, en Belgique et en Suisse, consulter le site internet • *astrium.com/espace-voyageurs/centres-de-vaccinations-internationales.html* •

Vaccinations

Aucune vaccination n'est administrativement obligatoire pour les voyageurs en provenance d'Europe. Il convient d'être à jour pour les vaccinations « universelles » : diphtérie, tétanos, coqueluche, polio, hépatite B. Vaccination contre l'hépatite A vivement recommandée en fonction des conditions locales de voyage. Vaccination contre la fièvre typhoïde très conseillée, et encore plus pour les séjours longs. Vaccin contre l'encéphalite japonaise, en particulier si séjours en zones de cultures immergées ; indispensable si séjours longs ou expatriation. Séjours ruraux vaccination rage préventive.

Carte internationale d'étudiant (carte ISIC)

Elle prouve le statut d'étudiant dans le monde entier et permet de bénéficier de tous les avantages, services et réductions dans les domaines du transport, de l'hébergement, de la culture, des loisirs, du shopping...
La carte ISIC permet aussi d'accéder à des avantages exclusifs sur le voyage (billets d'avion spécial étudiants, hôtels et auberges de jeunesse, assurances, cartes SIM internationales, location de voiture...).

Renseignements et inscriptions

- ***En France :*** ● *isic.fr* ● 13 € pour 1 année scolaire.
- ***En Belgique :*** ● *isic.be* ●
- ***En Suisse :*** ● *isic.ch* ●
- ***Au Canada :*** ● *isiccanada.com* ●

ARGENT, BANQUES, CHANGE

Argent

Mi-2017, 1 € = environ 150 Rs, 1 roupie (Rs) = 0,007 €, soit 100 Rs = environ 0,70 € et 1 000 Rs = environ 6,70 €. Ce cours peut, bien entendu, varier.
La roupie sri lankaise, dont le cours est différent de la roupie indienne, se subdivise en 100 cents. On trouve des billets de 10, 20, 50, 100, 500, 1 000, 2 000 et 5 000 Rs, ces derniers étant surtout délivrés par les banques. Les euros sont changés partout, même si le dollar, qui a un taux de change à peine inférieur, reste la monnaie de référence la plus largement utilisée pour indiquer les prix, surtout dans les hôtels. Il n'existe pas de marché noir.

DES ROUPIES COMME S'IL EN PLEURAIT...

La roupie était une goutte ou une larme, dans le français du Moyen Âge. Les « roupies de sansonnet » (expression pour signifier une valeur négligeable) n'ont donc rien à voir avec les monnaies indienne ou sri lankaise. Petite info à pas cher qu'on vous offre volontiers.

Banques et change

- Les ***banques*** *sont généralement ouvertes* de 9h à 15h (parfois 13h ou 14h) du lundi au vendredi et, pour certaines, plus rarement, le samedi matin. Fermées les dimanche et jours fériés (nombreux) ainsi que les jours spéciaux de congés pour les banques : 30 juin et 31 décembre.
- Le ***change dans les banques*** est possible dans toutes les grandes et petites villes. Celles que vous rencontrerez le plus souvent sont la *People's Bank*, la

NOUVEAUTÉ

COLOMBIE (avril 2018)

Pays d'une étonnante diversité : de l'océan Pacifique à la côte caraïbe, des lacs d'altitude et sommets enneigés en passant par les vastes prairies qui mènent à l'Amazonie, sans oublier, autour de Medellín, cette région fertile qui produit le meilleur café du monde et, cerise(s) sur le gâteau, les îles de San Andrés et Providencia... Une nature qui se prête à l'aventure : rafting et parapente à San Gil, escalade et treks dans le majestueux parc El Cocuy, randonnées en Amazonie et, sur la côte caribéenne, à la découverte de la *Ciudad Perdida*. De quoi en prendre plein les yeux à Villa de Leyva, Barichara et la capitale Bogotá, avec son fameux museo de Oro et le quartier de La Candeleria, aux murs couverts de superbes *murals*. Faire battre son cœur au rythme de la salsa à Calí et à Medellín, s'émerveiller devant les vestiges précolombiens de San Agustín, laisser filer le temps à Salento, adorable bourgade colorée au cœur de la *zona cafetera,* ou encore à Mompox, petite ville coloniale au bord du río Magdalena, qui s'anime pour son festival de jazz. Enfin, parcourir à pied les remparts et ruelles de la mythique Cartagena de Indias... Ce qui unit les Colombiens aujourd'hui ? Un incroyable sens de la fête, qui prouve que la population a su courageusement tourner la page des années noires.

Commercial Bank, la *Bank of Ceylon,* la *Hatton National Bank,* la *Seylan Bank,* la *Nation's Trust Bank* et la *Sampath Bank.*
Peu de différence de taux d'une banque à l'autre, ce qui ne doit pas vous empêcher de les comparer. Demandez des petites coupures, car faire la monnaie n'est pas toujours évident. N'acceptez jamais de billets en trop mauvais état ; vous auriez du mal à les écouler.
– Possibilité de changer dans presque tous les hôtels à un taux très légèrement moins intéressant que celui des banques.
– ***Change à la sortie du pays :*** s'il vous reste quelques billets au moment du départ, possibilité de les changer à l'aéroport dans le hall de départ, avant l'enregistrement. Mais il faut un récépissé de change. Alors, conservez-en au moins un.
– ***Le change avant de partir :*** vous pouvez choisir de changer vos euros avant votre départ. La bonne astuce est de commander vos devises sans commission en ligne comme le propose *Travelex.* Il vous suffit de commander et payer vos devises sur le site ● *travelex.fr* ● puis de passer les récupérer directement dans l'une des agences *Travelex* présentes dans la plupart des grands aéroports et gares en France.

Retrait d'espèces

Avertissement : si vous comptez effectuer des retraits d'argent aux distributeurs, il est très vivement conseillé d'avertir votre banque avant votre départ (pays visité et dates). En effet, votre carte peut être bloquée dès le premier retrait pour suspicion de fraude. C'est de plus en plus fréquent. Bonjour les tracasseries administratives pour faire rentrer les choses dans l'ordre, et on se retrouve vite dans l'embarras.

– De nombreuses banques ont des distributeurs automatiques (ATM) à Colombo, à Kandy, et désormais partout dans le pays (même dans les petites stations balnéaires). Vérifiez bien que le distributeur accepte votre carte. La *People's Bank,* très répandue, ne prend généralement que la carte *Visa.* Mais la plupart des autres distributeurs acceptent les cartes *Visa* et *MasterCard.* Attention aussi au taux de commission prélevé sur chaque opération que vous effectuez et qui varie selon votre banque. Renseignez-vous avant le départ.
– Notez que, en cas de problème de retrait au distributeur, ou si vous voulez retirer une somme plus importante que le montant maximum, certaines banques peuvent vous délivrer jusqu'à 250 000 Rs par jour (environ 1 660 €) moyennant un passage de votre carte dans un sabot. C'est en principe le cas à la *Commercial Bank.* Bien sûr, on vérifiera avant que votre carte n'est pas bloquée par votre banque.

Cartes de paiement

Quand vous partez à l'étranger, pensez à téléphoner à votre banque pour relever le plafond de retrait et pour les paiements par carte, quitte à le faire rebaisser à votre retour.
Avant de partir, notez bien le numéro d'opposition propre à votre banque (il figure souvent au dos des tickets de retrait, sur votre contrat, ou à côté des distributeurs de billets), ainsi que le numéro à 16 chiffres de votre carte. Bien entendu, conservez ces informations en lieu sûr et séparément de votre carte.
Par ailleurs, l'assistance médicale se limite aux 90 premiers jours du voyage et l'assistance véhicule aux cartes haut de gamme (renseignez-vous auprès de votre banque). Et surtout, n'oubliez pas aussi de VÉRIFIER LA DATE D'EXPIRATION DE VOTRE CARTE DE PAIEMENT avant votre départ !

En cas de perte, de vol, ou de fraude, quelle que soit la carte que vous possédez, chaque banque gère elle-même le processus d'opposition et le numéro de téléphone correspondant.

Petite mesure de précaution : si vous retirez de l'argent dans un distributeur, utilisez de préférence les distributeurs attenants à une agence bancaire. En cas de pépin avec votre carte (carte avalée, erreurs de code secret...), vous aurez un interlocuteur dans l'agence, pendant les heures ouvrables.

Besoin urgent d'argent liquide

– Vous pouvez être dépanné en quelques minutes grâce au système ***Western Union Money Transfer.*** Pour cela, demandez à quelqu'un de déposer de l'argent pour vous dans l'un des bureaux *Western Union* ; liste sur • *westernunion.fr* • L'argent vous est transféré en moins de 1h. La commission, assez élevée, est payée par l'expéditeur. Possibilité d'effectuer un transfert en ligne 24h/24 par carte de paiement (*Visa* ou *MasterCard*).

La liste des agents et des représentants de *Western Union* se trouve sur leur site internet. Dans la plupart des bureaux de poste du pays (les plus importants), on trouve les services de *Western Union.* Une enseigne extérieure jaune et noir l'indique. Côté banques, le seul correspondant est la *People's Bank.* Choisir en fonction du quartier où vous résidez et téléphonez avant de vous y rendre.

– Même principe avec d'autres organismes de transfert d'argent liquide comme ***MoneyGram, PayTop*** ou ***Azimo.*** Transfert en ligne sécurisé, en moins de 1h.

– Dans tous les cas, se munir d'une pièce d'identité. En cas de perte/vol de papiers, certains organismes permettent de convenir d'une question/réponse type pour pouvoir récupérer votre argent. Chacun de ces organismes possèdent aussi des applications disponibles sur smartphone. Consulter les sites internet pour connaître les pays concernés, les conditions tarifaires (frais, commission) et trouver le correspondant local le plus proche : • *westernunion.com* • *moneygram.fr* • *paytop.com* • *azymo.com/fr* •

– Autre solution, envoyer de l'argent par ***la Banque postale*** : le bénéficiaire, muni de sa pièce d'identité, peut retirer les fonds dans n'importe quel bureau de poste du réseau local. Le transfert s'effectue avec un mandat ordinaire international (jusqu'à 3 500 €) et la transaction prend 4-5 jours en Europe (8-10 jours vers l'international). Plus cher, mais plus rapide, le mandat express international permet d'envoyer de l'argent (montant variable selon la destination – 34 au total) sous 2 jours maximum, 24h lorsque la démarche est faite en ligne. *Infos :* • *labanquepostale.fr* •

ACHATS

Ce ne sont pas les magasins de souvenirs qui manquent, ni les vendeurs ambulants. Ne le regrettons pas ; l'artisanat sri lankais est varié et d'une qualité acceptable. Les boutiques ferment très tard dans les endroits touristiques. Seuls les magasins d'État *Laksala* ont des horaires fixes. On peut s'y rendre pour avoir une idée des tarifs, mais leur production est très décevante.

Les pierres précieuses

Le plus ancien nom de Sri Lanka que l'on connaisse est « Radnadipa », soit « île des pierres précieuses ». Et, de fait, une très vieille légende raconte que le roi Salomon, informé de la beauté des gemmes de l'île, en faisait venir pour les offrir à la reine de Saba. Petit cours de gemmologie :

– ***Le saphir bleu :*** une des plus belles pierres qui soit et une des plus avantageuses pour un lapidaire. Elle est la pierre précieuse caractéristique du Sri Lanka.

En réalité, les saphirs peuvent avoir plusieurs couleurs : on trouve des saphirs bleus (les plus recherchés), mais aussi des saphirs de couleur rose, orange et jaune (très rares). Attention ! Ne confondez pas le saphir bleu et le spinelle bleu. Le spinelle bleu ne vaut pratiquement rien. ***Un conseil :*** demandez d'abord à voir les spinelles bleus, vous pourrez comparer et distinguer l'un de l'autre. En moyenne, un saphir d'un carat acheté sur place vaut 75 000 Rs (environ 500 €).
Pour les noces du prince William et de miss Middleton en 2011, le saphir de la mariée était de 20 carats. Il existe aussi à la vente des saphirs plus noirs que bleus, venus d'Australie et commercialisés par la Thaïlande.
– ***Le saphir Padparadscha :*** ou « fleur de lotus », a une couleur orangée. Il est encore plus rare que le saphir bleu. C'est la pierre emblématique du Sri Lanka.
– ***Le rubis :*** le Sri Lanka produit des rubis, mais, s'ils sont beaux, ils n'égalent pas ceux de Birmanie. Plus le rubis est rouge, plus il est précieux, telle est la règle de base. Attention aux spinelles rouges proposés parfois comme d'authentiques rubis.
– ***L'alexandrite rouge :*** cette pierre étrange change de couleur selon la lumière, elle est violacée le jour et verte la nuit. Une alexandrite d'un carat se négocie sur place autour de 200 000 Rs (environ 1 330 €).
– ***L'aigue-marine :*** bleue ou verte. Cette dernière peut être vendue pour une émeraude. Attention, il n'y a pas d'émeraudes au Sri Lanka.
– ***Autres belles pierres :*** l'œil-de-chat, l'améthyste, la topaze ou les pierres de lune bleutées.
– ***Il n'y a pas de mines d'or*** au Sri Lanka. Celui-ci vient des émirats du Golfe. Les femmes et les hommes en portent souvent car il n'est pas aussi cher que les vraies pierres précieuses. Pour les mariages, c'est souvent de l'or que les Sri Lankais achètent ou offrent, plus que des saphirs ou des rubis.

DES BIJOUX ET DES ASTRES

Au Sri Lanka, on ne porte pas les pierres précieuses n'importe comment. Une Sri Lankaise étudie toujours soigneusement de quelle pierre elle se parera. Elle demande le cas échéant l'avis d'un astrologue. Exemple : portez une tourmaline si vous êtes née en août pour éviter d'être seule et mal aimée. Les natives de septembre, elles, opteront pour un saphir, qui leur apportera la pureté de l'âme et la clarté du cœur...

Les vraies et les fausses, imitations et synthétiques

Le rêve s'arrête où la science commence : les marchés sont truffés de pierres « made in Occident »... N'oubliez pas que le Sri Lanka est un grand importateur de pierres synthétiques, en particulier de saphirs.
À la différence des « imitations », les pierres synthétiques ont, pour certaines, les mêmes caractéristiques physiques et optiques que les naturelles. D'ailleurs, combien de « bagues de grands-mères » sont serties de rubis, saphirs et spinelles synthétiques, souvent à l'insu de leurs propriétaires... Certaines gemmes naturelles ont une couleur et/ou une apparence artificiellement modifiées. Difficile pour un néophyte de faire la part des vraies et du faux, les experts utilisant microscopes, microsondes et autres spectrophotomètres (pas très pratique à trimbaler dans son sac à dos !). Eux seuls peuvent déceler les supercheries. N'achetez donc pas de pierres pour « faire des affaires », mais juste pour vous faire plaisir.
La ***couleur*** et la ***présence d'inclusions*** ne sont pas déterminantes, tout juste indicatives pour l'expert car, outre les synthèses récentes et les traitements, il existe dans la nature des grenats et des saphirs verts, des opales orange, des tourmalines jaunes, etc.
Voici quelques exemples de confusion entre le vrai et le faux-vrai : on prend (ou on vous fait prendre !) la citrine ou *smoky topaze* pour une topaze (la citrine étant souvent elle-même de l'améthyste chauffée), un *water saphir* (cordiérite) ou un spinelle bleu synthétique pour un authentique saphir, serpentine et néphrite pour jadéite,

rubis synthétiques et grenats (mais si, mais si...) pour rubis. Ou encore béryl vert pierreux sans valeur pour émeraude et aigue sans aucune nuance marine, d'origine principalement brésilienne.
– Les ***certificats*** « exotiques » constituent plus une aide à la vente que l'expression d'une quelconque connaissance ou garantie du marchand. Pour tout achat important, restez de pierre, exigez un ***certificat d'analyse émanant d'un laboratoire de gemmologie.*** À moins, bien sûr, que vous ne pensiez logique de trouver d'authentiques Van Gogh chez tous les antiquaires d'Amsterdam sous prétexte que vous êtes en Hollande...

Conseils d'achat

– ***Achetez au coup de cœur*** et non au coup de fric. Souvenir et placement, impossible de faire d'une pierre deux coups.
– Évitez d'acheter des pierres incolores ou jaunes : si jolies sur les Sri Lankaises, elles ne rendent rien sur une peau claire. Une exception : les saphirs jaunes, introuvables en France et donc très recherchés.
– Adressez-vous sur place à un joaillier recommandé par l'office de tourisme si vous devez acheter une pierre d'un certain prix. Votre agence de voyages locale peut aussi – par le biais de votre chauffeur – vous conseiller sérieusement. Même si elle touche une petite commission, son intérêt est que vous soyez pleinement satisfait... À toutes fins utiles, vous pourrez vous rendre, avec une pierre achetée, à :

■ ***National Gem and Jewellery Authority :*** *25, Galle Face Terrace, Colombo 3.* ☎ *011-239-06-45 à 48.* • *ngja.gov.lk* • Le bureau se trouve au fond de l'impasse, sur la gauche. C'est indiqué. Là, de vrais gemmologues (et non des commerçants) peuvent effectuer une expertise gratuite de vos pierres précieuses. Ils examinent et déterminent la nature du cristal, le poids réel en carats et la qualité des gemmes, mais ils ne donnent pas d'estimation du prix.

Autres souvenirs

– ***Les batiks :*** le batik, une technique d'impression et de teinture des étoffes, fait à la main, est apparu vers les XIVᵉ et XVᵉ s. Le véritable batik, qui doit être rigoureusement identique de chaque côté, est réalisé selon un procédé long mais très simple : les parties qui ne doivent pas être colorées sont enduites d'une couche de cire avant d'être trempées dans la teinture. La cire est ensuite enlevée à l'aide d'eau bouillante. Si l'opération paraît simple pour les batiks monochromes, le travail se complique quand il s'agit de pièces à plusieurs couleurs. Autant de couleurs, autant de passages à la cire et dans l'eau bouillante. Ne rêvez pas trop non plus, les couleurs sont désormais chimiques, car les fabricants de batiks affirment que les couleurs naturelles ne résistent pas longtemps au lavage. La complexité du travail (jusqu'à huit couleurs sur les plus sophistiqués) et le temps passé (plusieurs semaines) justifient les prix parfois très élevés de certains batiks.
La ***production en série*** est beaucoup plus abordable et c'est peut-être la seule que vous pourrez vous offrir. Les motifs sont réalisés avec des ***tampons de caoutchouc,*** appelés *caps,* trempés dans la cire. Avec cette méthode rapide d'impression, l'étoffe est toujours plus colorée à l'endroit qu'à l'envers alors que, dans le vrai batik, les deux faces du tissu sont identiques.
Les ***batiks faits à la machine*** ont des dessins plus réguliers et bien arrêtés aux lisières. Ils sont aussi beaucoup moins chers. Le batik se vend en pièces de toutes dimensions, pour la décoration murale par exemple. Mais on confectionne aussi des saris, des sarongs, robes, chemises, écharpes, shorts, etc.
– ***Les masques :*** aux couleurs vives, ce ne sont pas de simples accessoires de théâtre. Ils jouent un rôle primordial dans les cérémonies en usage au Sri Lanka depuis des temps immémoriaux. Des rites compliqués et des

cérémonies sont encore organisés dans le but de calmer les esprits ou d'invoquer leur aide. Ces masques sont utilisés notamment pour chasser les mauvais esprits à l'intérieur des maisons... Ils symbolisent certaines vertus. On trouve deux sortes de masques, ceux qui sont peints avec des couleurs naturelles (plus chers) et ceux réalisés avec de la peinture chimique (jusqu'à deux fois moins chers). La ville la plus connue pour la fabrication de masques est Ambalangoda.

– ***Les épices :*** les senteurs de curry, cannelle, gingembre, muscade, girofle et piment rouge relèveront votre cuisine et vous rappelleront votre voyage. Achetez-les dans les marchés, notamment sur celui de Kandy, ou dans les supermarchés, comme la ménagère sri lankaise de moins de 50 ans (voire plus). Sérieusement, dans les magasins, la qualité est bonne et les prix raisonnables. Dans les *jardins aux épices,* en bord de route, le décor est plus sympa mais les prix sont souvent plus (voire trop) élevés, gare aux arnaques !

– ***Les sculptures sur bois :*** les essences couramment utilisées sont le teck, l'acajou, l'ébène et le santal. Chaque boutique possède un atelier où l'on vous fera une présentation des différents bois. On trouve surtout des éléphants de toutes tailles, des statuettes de divinités et des boîtes à secret... Le bon goût et la finition ne sont pas toujours au rendez-vous. Les prix annoncés sont souvent élevés, alors négociez sévère.

– ***Les laques sur bois :*** boîtes et cuillères aux couleurs vives. Deux techniques sont utilisées :

1. *Le Biraluvadu* (travail à la bobine). Bâton de laque que l'on applique sur un objet fixé sur un tour.
2. *Le Nyapotuvada :* filament de laque cassée en utilisant l'ongle du pouce.

– ***Les bijoux en or :*** généralement 14 carats mais on trouve aussi de l'or à 18, 22 et même 24 carats. Toutes les femmes sri lankaises portent au moins un bijou en or, symbole de prospérité. On trouve des magasins même dans les petits villages, mais sachez que le travail du métal doré manque de précision et que leur design ne correspond pas forcément au goût occidental.

– ***Les bijoux en vieil argent :*** vendus chez les antiquaires. Le *thola,* unité de poids, vaut 12 g.

– ***Les dentelles :*** à Galle et à Weligama.

– ***Les poteries :*** préférez les pièces simples destinées à l'usage domestique quotidien aux objets fabriqués spécialement pour les touristes.

– ***Les articles de cuir :*** sacs et sandales.

– ***Les vanneries :*** chaque région possède sa propre spécialité. Les artisans de Kalutara utilisent les feuilles de phœnix, ceux de Radavadunna, près de Kandy, le bambou et l'osier. Les vanneries constituent un souvenir très bon marché mais très encombrant.

– ***Les bouteilles d'alcool de cocotier (arrack) :*** l'*arrack,* de couleur brune au Sri Lanka, se rapproche par sa couleur et son goût du cognac ou du whisky. Il est issu de la collecte du nectar des fleurs du cocotier, dont la première fermentation en fûts de bois d'halmilla donne un vin de palme, ensuite distillé. Le meilleur est l'*old arrack,* à consommer pur ou, à la manière locale, additionné d'une eau gazeuse *(soda)* ou d'une *ginger beer.*

– ***Les huiles de massage :*** les acheter dans un spa ou une boutique recommandée. En effet, ne les achetez pas n'importe où, sachant qu'elles contiennent généralement des huiles essentielles, ce qui n'a rien de neutre. Certaines boutiques vendent aussi des onguents et crèmes solaires, notamment à base d'aloé vera.

– N'achetez pas d'***objets en écaille de tortue*** : elles sont menacées d'extinction et protégées.

– L'exportation de ***peaux,*** d'***ivoire*** et d'***antiquités*** de plus de 50 ans est interdite. Même chose pour les ***animaux*** et les ***plantes.*** Vous pourrez cependant acheter des ***orchidées*** le jour de votre départ. En vente à l'aéroport.

BUDGET

Hôtels

Les prix s'entendent pour une chambre double en haute saison, taxes incluses (10 % de service et 12 % de TVA, soit 22 %). Sachez que pour une même adresse, il arrive souvent que le petit déjeuner soit inclus dans le prix des chambres les plus chères, et en supplément pour les chambres économiques. Ne soyez donc pas surpris si on vous facture le petit déjeuner et qu'on ne demande rien à votre voisin de chambre (logé dans une chambre plus chère). Bien se faire préciser à l'arrivée si le petit déjeuner est inclus ou pas. Enfin, enlever de 10 à 20 % pour obtenir les tarifs de la basse saison.

- ***Très bon marché :*** moins de 1 800 Rs (environ 12 €).
- ***Bon marché :*** de 1 800 à 3 500 Rs (12 à 23,30 €).
- ***Prix moyens :*** de 3 500 à 6 500 Rs (23,30 à 43,30 €).
- ***Chic :*** de 6 500 à 15 000 Rs (43,30 à 100 €).
- ***Plus chic :*** de 15 000 à 24 000 Rs (100 à 160 €).
- ***Très chic :*** plus de 24 000 Rs (160 €).

Restaurants

- ***Très bon marché :*** moins de 600 Rs (4 €).
- ***Bon marché :*** de 600 à 1 000 Rs (4 à 6,70 €).
- ***Prix moyens :*** de 1 000 à 2 000 Rs (6,70 à 13,30 €).
- ***Chic :*** de 2 000 à 3 500 Rs (13,30 à 23,30 €).
- ***Plus chic :*** plus de 3 500 Rs (23,30 €).

- *Remarque :* ces prix ne comprennent pas la boisson. Dans les établissements chic, compter 10 % de service, auxquels il faut ajouter encore la TVA de 12 %, voire parfois une petite taxe supplémentaire de 1 % (donc 22 ou 23 % en tout). Nos fourchettes en tiennent compte. Sachez que malgré la taxe sur le service, les serveurs attendent toujours un petit pourboire, si vous êtes content du service bien entendu.
- ***Double tarification :*** c'est une pratique systématique pour l'accès aux parcs nationaux, sites et musées gouvernementaux. Et les tarifs demandés aux touristes sont particulièrement élevés (y compris au regard de ce que coûte l'accès à des sites et musées dans les pays européens !). Par exemple : à l'entrée d'un parc national ou d'un site archéologique, un touriste étranger paiera l'équivalent de 25 $ son billet d'entrée tandis que son guide sri lankais ne paiera que 0,25 $! Pour certains sites, la facture s'en trouve anormalement salée, pour un service rendu minimal (aucun plan ou brochure explicative des sites visités, par exemple). Les lecteurs s'en plaignent à juste titre.

Dans les commerces privés, cette pratique existe aussi mais elle n'est évidemment pas affichée officiellement. La plupart des commerçants appliquent en effet des tarifs différents entre le *local price* et le *tourist price* ; les écarts ne sont pas négligeables lorsque l'on sait compter.

- ***Conseils :*** faites faire vos petits achats par des amis sri lankais. En revanche, en ce qui concerne les souvenirs et les hébergements, ne jamais passer par un intermédiaire (genre chauffeur de *tuk-tuk*) qui prendra forcément une commission. Toujours demander le prix avant d'acheter quoi que ce soit et n'accepter un service qu'après en avoir fixé le tarif.

CLIMAT

L'altitude et les moussons font varier le climat – à la base équatorial – de l'île. La chaleur règne jour et nuit dans les plaines et sur les côtes, alors que la partie montagneuse est plus tempérée.

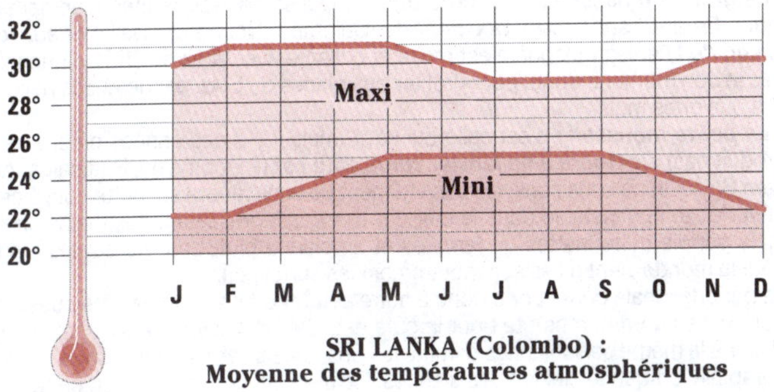

SRI LANKA (Colombo) :
Moyenne des températures atmosphériques

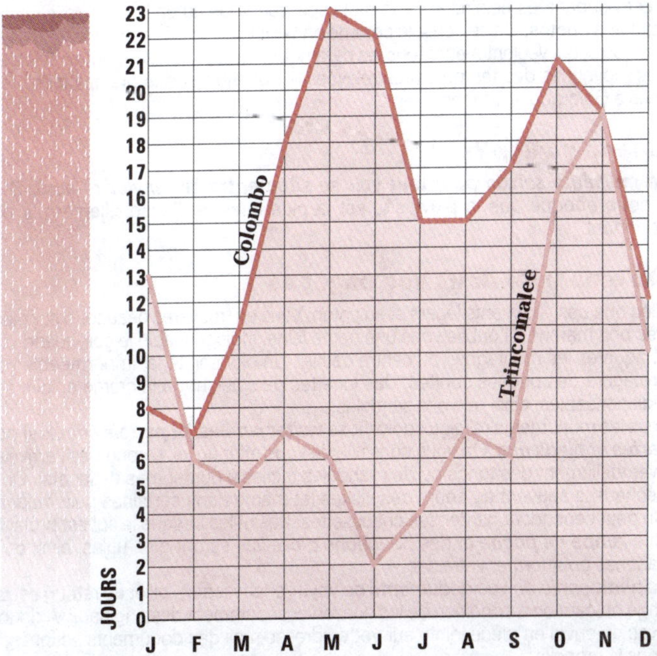

SRI LANKA (Colombo et Trincomalee) :
Nombre de jours de pluie

Ne vous représentez surtout pas la mousson comme une catastrophe permanente ; chaque jour il tombe, certes, de bonnes saucées, mais ce sont le plus souvent des pluies suivies d'un rayon de soleil. En revanche, sur les côtes, la mousson se caractérise aussi par une mer aux courants sous-marins très forts et très dangereux. Ne l'oubliez pas ! Il y a en fait deux moussons, et chacune d'elles se produit dans des régions opposées et à des périodes différentes.

– ***La grande mousson :*** c'est celle du Sud-Ouest, elle règne théoriquement ***de mai à fin août sur la côte occidentale*** (Colombo, Negombo, Galle) ***et sur tout le sud de l'île.*** L'atmosphère est moite et collante avec près de 95 % d'humidité. Pas le bon moment, donc, pour profiter des plages du Sud, dangereuses pendant ces quelques mois.
– ***La petite mousson :*** c'est celle qui sévit (mais il y a des années où elle ne se produit pas) ***d'octobre à fin janvier sur la côte est*** (Trincomalee, Batticaloa, Arugam Bay). On ne vous conseille pas vraiment de vous rendre sur cette côte à cette période : temps instable dans le meilleur des cas, adresses certes moins chères mais parfois tristounettes ou fermées et ambiance plutôt morne sur les plages (tout le monde vient en saison, notamment les surfeurs !).
La période idéale correspond donc à notre automne-hiver pour la côte ouest et le Sud, mais au printemps-été pour la côte est. Cela dit, si vous envisagez de tout visiter à la même saison, faites comme les Sri Lankais : abritez-vous sous un vaste parapluie lorsque le ciel fait des siennes. Celui-ci offrira aussi l'avantage de vous protéger du soleil lorsqu'il réapparaîtra entre deux ondées. Et dites-vous bien que c'est pendant les éclaircies de la mousson que vous aurez la plus belle lumière pour vos photos. On se console comme on peut !
Pour ceux qui veulent mettre tous les paramètres de leur côté, ci-contre un tableau des moyennes des températures relevées à Colombo et des précipitations relevées à Colombo et Trincomalee.

Quand y aller ?

La meilleure saison pour tout voir se situe entre fin janvier et avril. C'est à cette époque que la pluviosité est la plus faible et l'ensoleillement le plus important.

Qu'emporter dans vos bagages ?

Rien que des vêtements légers et en coton. Vous en trouverez beaucoup sur place, très bon marché. N'oubliez pas une petite laine, indispensable le soir quand vous attaquerez les montagnes du centre de l'île. Un blouson léger imperméable vous protégera des ondées subites. Des lunettes de soleil et de la crème solaire sont indispensables, ainsi que des sandales.
Tous les monuments religieux doivent ***se visiter jambes (et parfois épaules) couvertes et pieds nus.*** On vous conseille de vous offrir un joli sarong dès l'arrivée et éventuellement des tongs ou des sandales faciles à quitter (pas de lacets). On se déchausse souvent au cours des visites (et même dans certaines *guesthouses*). On peut cependant garder ses chaussettes, très utiles lorsque le sol est brûlant.
Une ***lampe de poche*** et des ***bouchons d'oreilles*** seront bien utiles, ainsi qu'un cadenas pour fermer votre sac.
La ***photocopie de vos documents de voyage*** (passeport, billet de retour) est une sage précaution à condition de les conserver séparément des originaux. À doubler avec un envoi en pièce jointe sur votre adresse mail des documents scannés, on vous le rappelle...
N'oubliez surtout pas votre pharmacie de secours (voir la rubrique « Santé »).
Enfin, une paire de jumelles se révèle souvent utile pour observer la riche faune du Sri Lanka, des oiseaux aux éléphants.

DANGERS ET ENQUIQUINEMENTS

La sécurité

Outre quelques petites arnaques qui s'exercent principalement sur le touriste naïf (rabatteurs, faux guides...), le Sri Lanka ***n'est pas un pays dangereux.*** Toutefois, le pays ne roulant pas sur l'or on vous recommande de respecter quelques précautions élémentaires :

– Ne jamais laisser argent, papiers, appareil photo ou téléphone portable (ou ordinateur portable) en évidence dans une chambre. Les conserver dans un bagage fermé à clé, ou bien les déposer au coffre de l'hôtel ou encore les remettre au propriétaire du logement.

– Évitez la ceinture ventrale visible qui est le moyen le plus sûr pour attirer les éventuels pickpockets.

– Camouflez vos sous et papiers dans vos petites caches secrètes, en évitant de tout regrouper en un seul endroit. Gardez en poche juste ce qu'il faut pour les menues dépenses.

– Comme partout, les pickpockets adorent les bains de foule pour opérer. Soyez vigilant dans les bus, sur les plages et lors des cérémonies.

Les faux guides

Les faux guides (ou les faux indicateurs) sont devenus un des plus importants problèmes auxquels les touristes sont confrontés. Aussi tenaces que les moustiques, ils vous suivent partout et attendent que vous achetiez quelque chose pour encaisser leur commission auprès du commerçant. À Kandy et dans les sites touristiques, les faux guides sont devenus une institution. Ils inventent chaque jour de nouveaux stratagèmes, et leur patience résiste à toutes les ruses. Sur les plages, on les appelle les *beach boys,* mais eux ne chantent pas !

– Il faut impérativement se présenter seul dans les boutiques, restaurants et hébergements, sinon le propriétaire se voit dans l'obligation de majorer son prix du montant de la commission qu'il versera ensuite à celui qui vous suit comme votre ombre.

– Attention aux ***chauffeurs de tuk-tuk*** ou ***de taxi*** qui prétendent que la *guesthouse* que vous avez choisie (dans le *Routard* !) est fermée, qu'elle a été détruite ou qu'elle a brûlé... C'est très souvent faux. C'est une ruse pour vous conduire dans la *guesthouse* où ils toucheront une commission. Les bonnes adresses du *Routard* refusent de verser une commission à ces pseudo-guides.

– De même, ne vous faites pas déposer devant la *guesthouse* que vous avez choisie, mais à proximité. En parcourant quelques mètres à pied, vous économiserez (peut-être) la commission que l'hôtelier verserait au chauffeur et qu'il répercuterait inévitablement sur le prix de votre chambre. D'ailleurs, on vous demandera parfois si vous êtes venu seul, en taxi ou en *tuk-tuk* avant de vous donner le prix.

– Il faut souvent savoir se montrer assez ferme pour arriver à se débarrasser des plus insistants. D'autant que certains, qui se prétendent étudiants, n'hésitent pas à voler. Pas de parano, cependant ! Ces conseils sont surtout valables en haute saison et dans les coins les plus touristiques.

DÉCALAGE HORAIRE

Il est de 4h30 avec la France (3h30 en été). Quand il est 12h à Colombo, il est 7h30 à Paris (8h30 en été).

DOUANE

À l'arrivée à l'aéroport de Colombo, les formalités sont rapides et il n'y a pas de contrôle des bagages pour les touristes. Pour le retour, les douaniers sont plus pointilleux. Au départ du Sri Lanka, on a le droit de rapporter avec soi 10 kg de thé au maximum à condition de l'acheter à l'aéroport dans la zone *duty free* (détaxe). Si vous achetez du thé ailleurs, le maximum toléré est 5 kg. Retourner dans son pays avec des souvenirs et des pierres précieuses est légal à condition de justifier de leur achat en devises (garder les factures par précaution pour les achats de pierres précieuses). L'exportation des antiquités de plus de 50 ans est interdite sans autorisation (ne vous inquiétez pas, il ne reste plus que des copies). Il en est de même pour les animaux sauvages ou leur dépouille et certaines plantes rares protégées.

ÉLECTRICITÉ

Courant alternatif 220-240 V. Il existe deux types de prises murales. Pour un d'entre eux (fiches de section rectangulaire), un adaptateur est indispensable. Pour l'autre, la pointe d'un stylo-bille ou d'un crayon suffira à appuyer sur un détrompeur (dans l'orifice supérieur de la prise) pour brancher son appareil. C'est sans danger. L'opération terminée, on retire le stylo et... ça marche.
Les pannes et coupures de courant restent fréquentes. C'est pourquoi il y a toujours des bougies dans les chambres. Un conseil : emporter une lampe de poche, à pile ronde (pas de piles plates ici) ou, mieux, qui se recharge à la main.

FÊTES ET JOURS FÉRIÉS

Fêtes

Il se passe toujours quelque chose au Sri Lanka, car chaque communauté conserve précieusement ses traditions. Les principales fêtes se déroulent en été et au printemps à l'occasion du Nouvel An. Vous obtiendrez sur Internet les dernières informations réactualisées sur les dates exactes des manifestations qui correspondent à votre séjour. Le calendrier traditionnel se divise en 12 mois auxquels s'ajoute, tous les 2 ou 3 ans, un mois intercalaire. Le *ramadan,* dont les dates varient chaque année, peut provoquer quelques modifications dans le « planning » annuel.
Voici quelques dates importantes :
– ***Janvier :*** *Duruthu Perahera* à Kelaniya (à 10 km de Colombo) et *Thaï Ponga.* Cette grande fête hindoue est célébrée par les Tamouls à l'occasion des moissons. Depuis la fin de la guerre, elle a considérablement gagné en popularité, notamment à Trincomalee !
– ***Février :*** *fête de l'Indépendance* (4 février 1948) et *Navam Perahera,* lors de la pleine lune à Gangaramaya (Colombo).
– ***Mars :*** *fête de la Passion* célébrée par les catholiques de Negombo.
– ***Avril :*** le 14, la fête de *Bak* (ou Nouvel An) réunit Cinghalais bouddhistes et Tamouls hindous. On se retrouve alors en famille pour s'échanger des cadeaux et partager le *kiribat,* un plat composé de riz au lait présenté en losanges. Durant cette période, tout tourne au ralenti (notamment, absence de transports en commun) et les commerces ont obligation de fermer. Les manifestations les plus étonnantes sont organisées à Nuwara Eliya où les classes aisées se précipitent pour fuir la chaleur moite de Colombo.
– ***Mai :*** *Vesa* commémore la naissance, l'Illumination et la mort du Bouddha. C'est un événement très important, haut en couleur et célébré dans toute l'île. C'est aussi la fête des Lumières. Des lanternes sont alors accrochées un peu partout, et les fidèles, de blanc vêtus, se rendent au temple les bras chargés d'offrandes et d'encens. Les cérémonies les plus intéressantes ont lieu à Kandy, à Anuradhapura et au temple de Kelaniya près de Colombo.
– ***Juin :*** *Poson* est célébré le jour de la pleine lune pour rappeler l'arrivée dans l'île du prince Mahinda, qui devait ensuite convertir le pays au bouddhisme. Des pèlerinages importants ont lieu à Anuradhapura et à Mihintale, la ville la plus sacrée, car c'est ici que tout a commencé !
– ***Juin-juillet :*** la pleine lune d'*Esala* célèbre le premier sermon du Bouddha. Durant 10 jours, les processions se succèdent, avec danseurs, éléphants, acrobates et feux d'artifice. Les manifestations les plus importantes ont lieu à Kataragama, à 270 km de Colombo, au sud-est de l'île (voir la partie « Kataragama »), à

Dondra, important centre religieux dédié au dieu *Vishnu,* et surtout à Kandy, qui accueille les festivités les plus somptueuses. Il est impératif de réserver sa place, surtout le dernier soir, pour assister à la procession interminable d'éléphants recouverts de soieries incrustées de gemmes et de lampions. C'est cher, mais le spectacle, extraordinaire, est considéré comme le plus fastueux d'Asie ! C'est aussi l'occasion d'admirer la plus grande concentration d'éléphants domestiques de tout le pays. Pendant une quinzaine de jours, ils prennent leurs quartiers dans les jardins du temple de la Dent !

– ***Octobre-novembre :*** *Deepavali,* ou fête des Lumières, célèbre la déesse hindoue *Lakhsmi.* Durant 5 jours, des lampes à huile sont allumées dans chaque foyer et des rituels de purification sont pratiqués par les fidèles.

– ***Décembre :*** fête de *Shanghamitta* célébrée lors de la pleine lune de Unduvap avec, à Anuradhapura, la commémoration de l'arrivée du rameau de l'arbre sous lequel le Bouddha reçut l'Illumination. On peut assister aussi à une *perahera* à Bentota, mais le développement touristique de la lagune tend à aseptiser les cérémonies.

– À toutes ces fêtes, il faut ajouter les petites *perahera* locales, données dans les temples, et qui sont prétextes à des défilés toujours émouvants auxquels participent danseurs, musiciens, jongleurs et éléphants caparaçonnés. Comme vous pourrez le constater, les Sri Lankais ont vraiment le sens du sacré. C'est à Anuradhapura que ces petites cérémonies sont les plus touchantes. À l'heure où la lumière se fait la plus douce, vous verrez alors apparaître des processions de fidèles, portant à bout de bras un immense dais en ruban qu'ils vont ceindre autour de *dagoba* hauts d'une centaine de mètres.

Poya (jours de pleine lune)

En plus des jours de repos, samedi et dimanche, le jour de la pleine lune, nommé *poya,* est un autre jour férié observé partout, sauf chez les commerçants musulmans. Les jours de *poya,* la communauté bouddhique se rassemble dans les temples... et on ne sert pas d'alcool dans les hôtels, à quelques exceptions près.

– ***En janvier :*** la **Duruthu Perahera** célèbre l'une des trois visites du Bouddha à Ceylan.

– ***En mai :*** lors de la nuit de la pleine lune, **Vesak Poya** est l'une des fêtes les plus populaires du cycle lunaire bouddhiste. Elle commémore la naissance du Bouddha qui est né, a reçu l'Illumination et est mort à Bénarès (actuel Varanasi) le jour de la pleine lune de mai.

– ***En juillet et août :*** la fête d'***Esala Poya*** qui se tient à Kandy est un rappel du serment fait par le Bouddha à Bénarès. Elle est considérée comme l'une des plus somptueuses de l'île, et peut-être d'Asie du Sud-Est.

Les jours fériés

Les autres jours fériés à date fixe sont :

– ***4 février :*** fête de l'Indépendance.

– ***14 avril :*** Nouvel An cinghalais (Avurudu). Le Nouvel An tamoul (Puduvarudam) se fête aussi à la mi-avril.

– ***1er mai :*** fête du Travail.

– ***22 mai :*** fête des Héros.

– ***30 juin :*** jour chômé.

– ***25 décembre :*** Noël.

– ***31 décembre :*** jour chômé.

HÉBERGEMENT

L'éventail est vaste : modestes *guesthouses* à prix économiques, chambres chez l'habitant, *resthouses* gouvernementales ou passées dans le privé, hôtels-clubs de plage. La nouvelle tendance est aux boutiques-hôtels et aux *écolodges.* D'une façon générale, vous n'aurez pas de difficulté à trouver un hébergement correspondant à votre budget, sauf à Colombo, qui manque cruellement d'hôtels corrects à prix abordables et dans les centres touristiques lors des fêtes locales (*perahera* de Kandy).

– *Important :* si vous avez choisi de découvrir l'île en voiture, assurez-vous bien que les établissements où vous descendez ont une chambre pour votre chauffeur (c'est généralement le cas pour ceux réservés via une agence). La majorité des petits hôtels n'en possèdent pas, obligeant souvent le conducteur à dormir dans sa voiture !

– ***Auberges de jeunesse :*** les *youth hostels* sont quasiment inexistants en dehors de la capitale, et leur état laisse vraiment à désirer.

– ***Campings :*** inconnus dans l'île. Éviter cependant de dormir sur les plages si tentantes : on peut y rencontrer des gens et des bestioles peu fréquentables (scorpions, insectes...).

– ***Guesthouses et petits hôtels :*** le niveau de la petite hôtellerie est assez bas, mais en nette amélioration. Les accessoires classiques (le ventilo et la moustiquaire) ne font jamais défaut. Pour l'eau chaude, on vous racontera souvent n'importe quoi. La vérité serait plutôt : le matin tiède, l'après-midi froide, le soir pas d'eau du tout, le lendemain pas grand-chose. Hormis ces petits soucis, un avantage : ces adresses ne videront pas trop votre porte-monnaie.

Méfiez-vous des rabatteurs qui vous abordent en disant qu'ils ont un cousin ou un frère travaillant en France et qui voudront vous aider à trouver un logement pour lequel ils discuteront le prix en le majorant et en touchant ainsi une commission. C'est une pratique assez répandue.

Les propriétaires de *guesthouses* s'efforcent de ne pas recourir à leurs services. Certains sont même allés jusqu'à afficher sur leur porte « *no guides* » ou « *no commissions* », ce qui ne veut pas dire qu'ils appliquent pour autant ces bonnes résolutions.

À noter encore que l'indication « *hotel* » sur de nombreuses enseignes ne signifie pas obligatoirement qu'il y ait des chambres à louer. Ici comme en Inde du Sud, on a baptisé ainsi de petits débits de boissons ou des gargotes locales. Ces établissements portent souvent les noms évocateurs de *Palace, Queens, Royal, Princess...* ce qui est assez loin de la réalité !

– ***Chez l'habitant :*** dans la plupart des cas, il s'agit de maisons modestes proposant deux ou trois chambres seulement. C'est une formule économique et conviviale qui permet de partager la vie d'une famille sri lankaise. Comme il y a rarement de contrôle d'hygiène, il n'est pas inutile de jeter un œil (voire les deux) sur les installations avant de se décider.

– ***Resthouses d'État ou privées :*** dans les *resthouses* d'État, le confort est souvent sommaire et l'accueil neutre, voire terne, ce qui ne serait pas encore trop grave si ces établissements étaient propres et bon marché. Nous signalons cependant certaines *resthouses* quand les hôtels sont rares ou que le choix est limité. Les *resthouses* d'État reprises par des sociétés privées grimpent de standing, en tendant vers le luxe, même si certaines ne sont guère mieux gérées qu'avant. Certaines anciennes maisons de style colonial ont un charme fou.

– ***Hôtels et bungalows dans les plantations de thé :*** dormir dans une plantation de thé peut être une expérience inoubliable, dans un superbe environnement. En règle générale, c'est magnifique mais cher, voire très cher.

– ***Boutiques-hôtels :*** dans les collines, près des plantations de thé au bord des rivières ou de l'océan Indien, peu importe le site pourvu que l'on soit séduit par le charme et le caractère des lieux ! Les boutiques-hôtels sont à la mode. Ce sont des petites structures de 4 à 25 chambres, souvent luxueuses et très confortables dont le point fort réside dans l'architecture, la décoration intérieure et le style des chambres. La plupart des boutiques-hôtels du Sri Lanka optent pour l'originalité, la créativité et l'ambiance « ethnique chic ». Les prix sont élevés.

– ***Écolodges :*** ce sont des hôtels implantés en pleine nature, en forêt, en montagne, au bord de la mer parfois, à l'extérieur ou à l'intérieur de certains parcs nationaux. Les tarifs des nuitées sont généralement assez élevés. Respectueux des paysages, ces *lodges* (ou *resorts*) écologiques suivent les règles de base de protection de l'environnement. Ils offrent une gamme importante d'activités liées à l'écotourisme et à la découverte de la nature. Des excursions (à pied, à cheval, en canoë, en jeep) sont souvent proposées pour profiter de la nature alentour.

– ***Grands hôtels :*** le Sri Lanka possède un réseau important d'hôtels haut de gamme destinés essentiellement à un tourisme de groupes. Ces hôtels sont parfois beaux, mais souvent trop chers pour le pays et pour les prestations offertes. Le service y est au mieux médiocre, et parfois déplorable. Il faut dire que le personnel est très mal payé. De plus, ces hôtels, pas toujours bien entretenus, se dégradent assez vite. On vous recommandera ceux d'entre eux qui échappent à cet état de fait.

Pour les grands hôtels de plage du type de ceux que l'on trouve à Bentota, Mirissa ou Hikkaduwa, nous vous conseillons d'effectuer les réservations avant votre arrivée dans l'île. Attention, les meilleurs sont souvent complets, surtout pendant la haute saison ou le week-end.

– ***Laverie :*** dans tous les hébergements, il est possible de faire laver son linge. Donné le matin, il sera rendu le soir même.

– ***Location de maisons :*** c'est une bonne solution pour ceux qui veulent effectuer un long séjour (1 ou 2 semaines, ou plus). Situées le plus souvent dans des endroits idylliques, ces maisons sont louées avec leur personnel. Elles appartiennent la plupart du temps à des étrangers qui ne l'occupent que quelques mois par an. Une occasion de vivre comme des princes sans en avoir les revenus financiers. En effet, ces locations coûtent souvent moins cher que l'hôtel.

HORAIRES

Tout est fermé les jours de pleine lune *(poya),* sauf certains commerces tenus par des musulmans.

– ***Les banques :*** ouvertes du lundi au vendredi de 8h30 à 15h et (rarement) le samedi matin.

– ***Les bureaux :*** accessibles du lundi au vendredi de 8h30 à 16h30.

– ***Les postes :*** ouvertes du lundi au vendredi de 8h à 17h, sauf dans les grandes villes où elles peuvent fermer plus tard.

– Les ***magasins*** sont fermés le samedi après-midi et le dimanche. Attention, ceux tenus par des musulmans ferment le vendredi entre 12h et 14h30 pour la prière.

LANGUES

Le cinghalais ou *sinhala,* parlé par les trois quarts de la population, est, avec le *tamoul,* la langue officielle. L'alphabet ne compte pas moins de 52 signes dont les caractères déclinent toute la palette des courbes. L'écriture est syllabique et de gauche à droite. Il existe une lettre pour chaque son prononcé, ainsi qu'une différence importante entre la langue écrite et celle parlée, beaucoup plus simple.

On trouve aussi trois variantes. La langue standard pratiquée à Colombo et dans sa région, le parler du Centre montagneux et enfin celui du Sud. Le cinghalais

FAUX AMIS !

Le catamaran emprunte son étymologie aux kattumaram, *embarcations à deux coques, traditionnelles au Sri Lanka. Littéralement, bois* (maram) *lié* (kattum). *Le mot trimaran, concernant les bateaux à trois (tri) coques est donc un joli barbarisme... Très marrant, non ?*

comporte de nombreuses caractéristiques propres à la syntaxe et à la prononciation des langues dravidiennes.
Un quart de l'ensemble des mots et des locutions est commun avec le tamoul. Ce dernier, parlé par près d'un quart des Sri Lankais, est très proche de celui des Indiens du Sud. Il est aussi souvent utilisé par les musulmans de l'île. Heureusement l'anglais, parlé par environ 10 % de la population, permet de communiquer presque partout.
Enfin, le langage corporel joue un rôle important... pas toujours simple à décrypter les premiers jours !

Formules de politesse et phrases usuelles

	cinghalais	tamoul
Bonjour (en général)	*Ayubowan* (se prononce les mains jointes en inclinant la tête)	*Vanakkan*
Bonjour (à un homme)	*Mahatmaya*	*Aiya*
Bonjour (à une femme)	*Nona mahatmaya*	*Thirumadhi*
Bonjour (le matin)	*Suba Udasanak way va*	*Vanakkan*
Bonne nuit	*Suba rathiyak way va*	*Vanakkan*
Au revoir	*Jayawewa (ou gihin ennam)*	*Poittu varen*
Monsieur	*Mahatya*	*Thivu*
Madame	*Nona Mahatimiya*	*Thivumati*
Mademoiselle	*Tarouniyé*	*Selvi*
Comment allez-vous ?	*Kohomada sahpa sah neepa ?*	*Ehppadi sugam ?*
Je vais bien	*Sanee-pen innava*	*Nalla sugam*
Je ne vais pas bien	*Sanee-pa na-tha*	*Sugamillai (nay-hay)*
S'il vous plaît	*Karounâkara*	*Thayavu seithu*
Merci	*Istouti*	*Nandri*
Merci beaucoup	*Bohoma istouti*	*Miravum nandri*
Oui	*Ovou*	*Ahm*
Non	*Néhé*	*Illai*
Peut-être	*Venna puluvan*	*Sila Way Lai*
Parlez-vous l'anglais ?	*Obata ingreesee kata karanna puluvan da ?*	*Ungalukku angilam pesa mudiyuma ?*
Je ne comprends pas	*Mata thayrennay nehe*	*Anaku vilangavillai*
Comprenez-vous ?	*Obata thayrunada ?*	*Puvihiratha ?*
Combien ?	*Kyede ?*	*Ithan vilai enna ?*
Trop cher	*Milavedi*	*Kooda vilai thanay*
Je vais à	*Mama* [nom du lieu] *javana*	

Compter

1	*eka*	*ontru*
2	*deka*	*erantru*
3	*tuna*	*moontru*
4	*hatara*	*nangu*
5	*paha*	*ainthu*
6	*haya*	*aru*
7	*hata*	*aelu*

8	*ata*	*ettu*
9	*navaya*	*onpathu*
10	*dahaya*	*pattu*
100	*siya*	*nooru*
1 000	*daaha*	*aiyuram*

LIVRES DE ROUTE

Quelques livres indispensables à parcourir avant de partir, histoire de se mettre dans l'ambiance, ou à découvrir sur place.

Récits et histoire

– ***D'autres vies que la mienne*** *(2009),* d'Emmanuel Carrère. Éd. Gallimard, « Folio », 2017. Les scènes de désolation, suite au tsunami de 2004, vécu par le romancier en vacances à Tangalle (sur la côte sud de l'île), sont le point de départ d'un ouvrage sur la vie, la mort, la souffrance, la séparation et la mémoire.

– ***Quand les écrivains s'arrêtaient à Ceylan*** *(1996),* de Christian Petr. Éd. Kailash, 1999. Une anthologie des meilleurs textes d'écrivains français (Pierre Loti, Roland Dorgelès...) qui visitèrent l'île entre 1885 et 1925. Quand la mémoire se fait nostalgie !

– ***Le Poisson-scorpion*** *(1982),* de Nicolas Bouvier. Éd. Gallimard, « Folio », 1996. L'auteur de *L'Usage du monde* raconte son séjour de 7 mois au Sri Lanka en 1955, en particulier à Galle. Malade, seul, déprimé, au bord de la folie, reclus dans une misérable chambre, il écrit ce superbe récit de voyage, avant de s'enfuir au Japon où il se libère de ses fantômes cinghalais... Un livre qui aurait pu s'intituler : « La Folie cinghalaise ».

– ***La Féerie cinghalaise*** *(1926),* de Francis de Croisset. Éd. Kailash, 2000. Récit romancé d'un voyage plein d'humour à travers l'île, en 1925. Un document qui fait tendrement sourire !

– ***L'Inde sans les Anglais*** *(1903),* de Pierre Loti. Dans *Pierre Loti, voyages* (1872-1913), Bouquins (1984), et éd. Phébus, 2008. Un document exceptionnel. Les premières pages concernent son séjour d'une semaine à Colombo en 1899.

– ***Au jardin d'Éden,*** de Jean de Marignolli. Éd. Anacharsis, 2009. Traduit du latin, cet excellent petit récit a été écrit au début du XIVe s par un moine franciscain de retour d'une ambassade en Chine. Il relate le séjour émerveillé d'un Européen persuadé d'avoir trouvé à Ceylan le paradis terrestre.

Sur le bouddhisme

– ***Le Bouddhisme,*** de Bernard Faure. Éd. Le Cavalier Bleu, 2010. Le bouddhisme présenté sans les lieux communs et les idées reçues qui l'entourent bien souvent. Par un professeur d'histoire des religions à l'université de Stanford. En poche et seulement 128 pages : l'essentiel y est dit.

– ***Les Chemins du Bouddha,*** de Jean-Luc Toula-Breysse. Éd. Phare, 2000. En 125 pages, ce petit livre très bien fait (avec beaucoup de photos) présente tout ce qu'il faut savoir sur le bouddhisme en général, sa philosophie, sa pratique, son art et sa diffusion en Asie et dans le monde.

– ***L'Enseignement du Bouddha,*** d'après les textes les plus anciens ; par Rahula Walpola. Éd. Seuil, « Points », 2014.

Sur le thé

– ***Histoire du thé,*** de Paul Butel. Éd. Desjonquères, 2001. Propos sur le thé avec de nombreuses pages très intéressantes, consacrées à celui de Ceylan.

Sur les épices

- ***Le Livre des épices,*** d'Alain Stella. Éd. Flammarion, 2004.
- ***Les Coureurs d'épices,*** d'Édith et François-Bernard Huygue. Payot, « Petite Bibliothèque Voyageurs », 2002. Un récit passionnant qui se lit comme un roman d'aventure.

Écrivains sri lankais

- ***L'Affaire Hamilton,*** de Michelle de Kretser. Éd. Seuil, « Points », 2007. Sur fond de décolonisation, le récit d'une affaire judiciaire autour de la mort d'un planteur dans les années 1930, comme prétexte au portrait d'un juriste ceylanais, suffisant et complexé, plus imprégné de supériorité coloniale qu'un Britannique de souche, ce qui le mènera à la célébrité et à la ruine.
- ***Esclaves et autres nouvelles,*** de Liyanaratne Jinadasa, L'Harmattan, 2007. Ensemble de nouvelles sur la vie des classes rurales et urbaines.
- ***Jardins de cannelle,*** de Shyam Selvadurai. 10/18, 2002. Colombo en 1927 dans une famille bourgeoise où souffle déjà le vent de l'émancipation. Une très belle fresque où se laisse entrevoir la destinée d'un peuple.
- ***Le Fantôme d'Anil,*** de Michael Ondaatje. Éd. Seuil, « Points », 2001. À travers l'enquête d'Anil, jeune médecin légiste en mission pour les Nations unies au Sri Lanka, son pays natal, Ondaatje se penche sur les centaines de victimes anonymes de la guerre civile. Auteur du *Patient anglais,* qui lui a valu le *Booker Prize,* Michael Ondaatje s'interroge ici sur les fondements d'un conflit qui bouleverse son pays. Il a obtenu le prix Médicis Étranger en 2000.
- ***Drôle de garçon,*** de Shyam Selvadurai. 10/18, 2000. Un récit d'une grande qualité et un document vivant sur le conflit qui déchire le pays. Le jeune auteur donne avec ce texte un des chefs-d'œuvre de la littérature indienne contemporaine.
- ***Un air de famille,*** de Michael Ondaatje. Éd. Seuil, « Points », 1998. Retour au pays dans le Colombo des années 1930. Son dernier opus, ***La Table des autres*** (éd. de l'Olivier, 2012), narre la traversée en paquebot d'un jeune garçon du Sri Lanka vers l'Angleterre. Cette foisonnante galerie de portraits peut être considérée comme la suite, plus ou moins autobiographique, de cet *Air de famille.*
- ***Récifs,*** de Romesh Gunesekera. Éd. Rocher Eds Du, 1998. L'auteur raconte avec beaucoup d'humour (et un style très britannique) la relation entre un cuisinier sri lankais et un biologiste anglais.

Sur la langue

- ***Le Tamoul de poche.*** Éd. Assimil, 2010. Petit guide de conversation très pratique.
- ***Cinghalais Express,*** d'Awanthi Waidarathna. Éd. du Dauphin, 2011. Guide de conversation français-cinghalais. Un outil pratique et accessible pour acquérir un minimum de connaissances dans la langue cinghalaise.

MUSÉES, SITES ET MONUMENTS

Les entrées sont toujours payantes pour les touristes.
Si les petits temples et *dagoba* affichent des tarifs oscillant entre 200 et 500 Rs en général, les sites archéologiques du Triangle culturel sont nettement plus chers : 500 à 1 200 Rs pour les plus modestes, les sites majeurs grimpant jusqu'à l'équivalent en roupies de 25 ou 30 $ par personne – réduction enfants, quand même – pour une visite de 1 journée. Compter l'équivalent de 15 $ pour les principaux parcs nationaux (½ tarif pour les 6-12 ans). Un vrai budget à prévoir ! Évidemment

les Sri Lankais ne paient pas le même tarif. Évitez d'acheter des billets soi-disant moins chers à la sauvette : ils sont probablement faux. Et puis ce n'est pas bien malin de jouer à ce jeu.
En effet, les sommes ainsi collectées servent à l'entretien des sites et à la poursuite des fouilles.

POSTE

Comptez minimum 1 semaine de délai pour l'acheminement du courrier vers l'Europe (voire un bon mois pour les cartes postales...). Remettez-le à la réception de votre hôtel ou directement à la poste et faites-le oblitérer devant vous. Ainsi vous aurez la certitude que les timbres ne seront pas récupérés par un préposé afin d'être réutilisés.
Si vous voulez expédier un paquet, vous devrez remplir une étiquette de douane avec la valeur et le contenu. Les aérogrammes sont plus économiques que les lettres.
- ***Timbre pour la France :*** carte postale 25 Rs.

SANTÉ

Comme c'est le bien le plus précieux, lisez ce chapitre.
Le Sri Lanka n'est pas un pays malsain, ni dangereux, mais un certain nombre de précautions doivent être prises. Une bonne assurance s'impose. Voyez celle que nous vous proposons (rubrique « Avant le départ »). En cas de pépin grave, et avant toute hospitalisation, prévenir l'*ambassade de France* à Colombo, qui vous conseillera.

Vaccinations

Voir en début de chapitre, notre rubrique « Avant le départ. Vaccins et centres de vaccination ».

Alimentation, boissons

Le climat, de type tropical dans la plus grande partie du pays, est particulièrement favorable à la prolifération de germes en tout genre. Autant dire que les précautions « environnementales » strictes doivent être appliquées pour tout séjour au Sri Lanka. Au premier rang desquelles les précautions alimentaires de base. ***Ne boire aucune eau non contrôlée*** sauf si elle est consommée via *Lifestraw* (le procédé individuel le plus économique). Il s'agit d'une sorte de paille individuelle qui filtre bactéries et parasites (à hauteur de 99,99 % : du jamais-vu) avec une capacité de 1 000 l, soit la consommation d'une personne sur une année. Proscrire les glaçons, éviter les légumes non cuits, le lait et ses dérivés non industriels, s'abstenir de tout produit qui aurait pu être congelé. Ces recommandations ne s'appliquent pas pour les restaurants très chic (et très chers) des grandes villes, qui sont aux normes internationales.

Diarrhées

En cas de diarrhée, deux possibilités :
- Elle s'accompagne d'une fièvre élevée et/ou d'émissions de glaires, pus ou sang : il faut consulter rapidement un médecin.
- Il s'agit simplement de selles anormalement molles et normalement colorées sans fièvre, pas de panique ; assurer une bonne hydratation, et au choix : ***azithromycine*** (Zithromax®) : deux comprimés en une seule prise, une seule fois ;

acécadotril (Tiorfan®) : une gélule d'emblée, puis une gélule trois fois par jour, si possible avant les trois principaux repas (maximum 7 jours).

Paludisme, dengue et chikungunya

Le paludisme est considéré par l'OMS comme éradiqué au Sri Lanka depuis 2016. Pas besoin donc de suivre un traitement antipaludéen.
Cependant, les épidémies de dengue et de chikungunya ne sont pas rares. Bien noter :
– le moustique-tigre, qui transmet ces maladies, est un moustique diurne, il pique donc en pleine journée !
– dans la mesure du possible, ne portez que des vêtements recouvrant le maximum de surface corporelle – vêtements qui seront au mieux imprégnés d'insecticide *(Insect Ecran Vêtements)* ; pour les parties qui restent découvertes, utilisez des crèmes, pommades ou sprays répulsifs antimoustiques (toutes les 4h au maximum) : aujourd'hui, les plus efficaces sont ceux de la gamme *Insect Ecran* (adultes et enfants) que vous ne trouverez certainement pas sur place. La plupart des hôtels feront brûler le soir dans votre chambre un *mosquito coil* qui se consumera pendant la nuit et protégera votre sommeil. Attention : si la fenêtre est fermée, vous risquez un grave mal de tête le lendemain !
– Dans les régions de l'île où les moustiques sont présents, ne dormez que sous une moustiquaire au mieux imprégnée d'insecticide. Refusez les chambres dont les lits n'en comportent pas et veillez à ce qu'elles ne soient pas trouées, ce qui les rend inefficaces. Vous pouvez aussi, si vous logez chez l'habitant ou dans des adresses vraiment très basiques, emporter votre propre moustiquaire, si possible imprégnée de *Deltaméthrine* ou *Perméthrine* : elles ne sont pas très faciles à trouver en France.
Les précautions contre les moustiques sont d'autant plus utiles qu'elles contribuent à protéger contre les autres maladies qu'ils transmettent, en particulier la ***dengue*** (maladie épidémique fréquente qui donne une sorte de grippe très cognée, parfois très grave) et le ***chikungunya*** dont le Sri Lanka est un haut lieu (très grave épidémie en 2007).

Médicaments et médecins

On trouve facilement au Sri Lanka la plupart des médicaments indispensables. Il existe, un peu partout, des pharmacies plus ou moins bien approvisionnées. Les comprimés et les gélules étant vendus à l'unité, demandez à voir leur boîte pour contrôler la date de péremption. Il vaut mieux les avoir emportés avec soi tant sont fréquentes les contrefaçons. En général, les médecins ont reçu une bonne formation ; certains d'entre eux ont même une bonne réputation. Cela est valable, bien entendu, dans les grandes villes comme Colombo et Kandy. Les tarifs sont équivalents à ceux de leurs collègues européens. Les autres médecins pratiquent surtout la médecine ayurvédique. Certains hôpitaux et cliniques sont de bonne qualité : le problème est que l'on risque de ne le savoir qu'à posteriori. Nous vous rappelons qu'avant toute hospitalisation, vous devez en informer l'ambassade de France qui vous conseillera, ou votre assurance, qui pourra vous recommander un établissement sûr.

Faux médicaments

La contrefaçon de médicaments touche tous les pays et toutes les classes thérapeutiques. Un faux médicament est au mieux inefficace et au pire mortel. Mais, parce qu'il ne soigne jamais convenablement et qu'il est fabriqué dans la clandestinité sans aucun contrôle sanitaire, le faux médicament est toujours dangereux. L'IRACM, l'Institut international de recherche anti-contrefaçon de médicaments, vous donne des conseils pratiques et les précautions à suivre en prévision de votre séjour, durant les formalités d'embarquement, pendant le vol, une fois à destination et, enfin, si vous êtes contraint d'acheter des médicaments sur place. Pour plus d'informations, rendez-vous sur le site • *iracm.com* •

Avant votre voyage

- Prenez suffisamment de médicaments pour toute la durée de votre séjour.
- Voyagez avec votre ordonnance rédigée en « Dénomination commune internationale » (DCI).

Lors des formalités d'embarquement et pendant le vol

- Conservez au moins une partie de vos médicaments en cabine (utile en cas de perte ou de retard de votre valise).
- Gardez vos médicaments dans leurs emballages d'origine.

En cas d'achat de médicament à l'étranger

- Pas de médicaments sans consultation.
- Soyez vigilant face aux contrefaçons.
- N'achetez vos médicaments qu'auprès de revendeurs officiels (pharmacies).
- En cas de doute, appelez votre ambassade pour obtenir la liste des pharmacies officielles.
- Vérifiez attentivement vos médicaments et leur conditionnement.
- Attention aux effets indésirables inhabituels. Consultez un médecin dans les plus brefs délais et apportez-lui les médicaments suspects.

Source : L'IRACM. L'Institut international de recherche anti-contrefaçon de médicaments est une association internationale indépendante à but non lucratif dont la mission principale est de promouvoir et développer la lutte contre le trafic de faux médicaments à travers le monde.

■ ***Catalogue Santé Voyages :*** les produits et matériels utiles aux voyageurs, assez difficiles à trouver, peuvent être achetés par correspondance sur le site de Santé Voyages • *astrium.com* • Infos complètes toutes destinations, boutique web, paiement sécurisé, expéditions Colissimo Expert ou Chronopost. ☎ *01-45-86-41-91 (lun-ven 14h-19h).*

SITES INTERNET

• ***routard.com*** • Le site de voyage n° 1 avec 750 000 membres et des millions d'internautes chaque mois. Partagez vos expériences avec la communauté de voyageurs : forums de discussions, avis, bons plans et photos. Pour s'inspirer et s'organiser, plus de 250 fiches pays actualisées avec les infos pratiques, les incontournables et les dernières actualités, ainsi que des reportages terrain et des carnets de voyage. Enfin, vous trouverez tout pour vos vols, hébergements, activités et voitures pour réserver votre voyage au meilleur prix. Routard.com, votre voyage de A à Z !

• ***diplomatie.gouv.fr*** • Cliquer sur « Conseils aux voyageurs ». Le site du ministère français des Affaires étrangères, mis à jour régulièrement, répertorie les régions déconseillées et donne aux voyageurs, selon un classement par pays, des conseils généraux de sécurité, les formalités d'entrée et de séjour. Un site à consulter avant votre départ.

• ***srilanka.travel*** • Le site officiel (anglophone) de l'office de tourisme. Très complet, et renvoie sur de nombreux sites plus pointus et en plusieurs langues.

• ***srilankaembassy.fr*** • Le site en français de l'ambassade du Sri Lanka en France.

• ***homestay.com/sri-lanka*** • Site officiel consacré aux hébergements autres que les hôtels : chez l'habitant, maisons, villas, appartements.
• ***tongsetsrilanka.com*** • Un blog en français, régulièrement alimenté par Caroline, jeune voyageuse passionnée par le Sri Lanka.

TABAC

Depuis 2007, il est interdit de fumer dans tous les lieux publics du pays (trains, bus, administrations, etc.), ainsi que, de fait, dans la rue, mais ça concerne essentiellement les Sri Lankais ! Aucun policier ne viendra verbaliser un touriste pour cette raison. Théoriquement, il n'y a guère que dans les hôtels (et encore, dans votre chambre), dans les voitures et à certaines terrasses de restaurants que fumer reste autorisé. La législation expose les contrevenants à une amende d'environ 2 000 Rs (environ 12 €), voire plus pour une récidive... Le mieux, avant d'en allumer une, consiste à s'enquérir autour de soi si cela provoque de la gêne ou non...

TAXES ET POURBOIRES

Taxes

– ***Pas de taxe d'aéroport :*** celle-ci est incluse dans le prix du billet d'avion.
– ***Taxes gouvernementales :*** la GST *(Government Service Tax)* s'élève à 10 %. Elle est incluse dans la note des restaurants et des hôtels, mais pas toujours annoncée dans les tarifs des hébergements : demander le prix taxe comprise avant de vous décider. La TVA *(VAT)* est de 12 % dans l'hôtellerie et la restauration. Enfin, quelques grands établissements de luxe sont tenus d'ajouter une taxe sur le développement de 1 % *(Tourist Development Levy)*.

Pourboires

Les Sri Lankais qui travaillent dans le secteur du tourisme espèrent généralement une petite rémunération en « extra » pour leurs efforts. Il faut savoir que 10 % de service peuvent être ajoutés à toutes les notes de restaurants et d'hôtels, en particulier dans les établissements les plus chic. La coutume veut cependant qu'on laisse au moins une centaine de roupies, ou plus, si le service a été fait avec le sourire.
N'oubliez pas qu'un salaire moyen est d'environ 200 € par mois, voire inférieur à 100 € pour les saisonniers, et eux ne bénéficient pas de la répartition des 10 % de la taxe de service portée sur votre note, alors qu'ils ont assuré le service. Les employeurs préfèrent jouer sur la générosité des touristes.
– Si vous louez une ***voiture avec chauffeur,*** comptez 3-3,50 € par jour et par passager. Si vous voyagez avec un ***guide,*** comptez 3-4 € par jour.

TÉLÉCOMMUNICATIONS, TÉLÉPHONE

Tous les numéros, des téléphones fixes comme des portables, comportent 10 chiffres. De nombreux petits hôtels ont adopté le téléphone portable, à peu près aussi fiable que le réseau fixe.
Dans les villes, on trouve des kiosques ou des petites agences (panneaux rouges), ouverts très tard le soir, qui permettent de téléphoner facilement à l'étranger (IDD) et pour un prix raisonnable par rapport aux hôtels. Se faire préciser le coût à la minute. Les tarifs de ces officines sont libres ; il est donc utile de les comparer.

Souvent la première minute est plus chère que les suivantes. Les tarifs sont minorés le soir, le week-end, ainsi que les jours de *poya*.

- ***Sri Lanka → France :*** composez le code international 00 suivi du 33 (indicatif de la France) et du numéro de votre correspondant sans le 0 initial. Pour la ***Belgique*** : 00, puis le 32. Pour la ***Suisse*** : 00, suivi du 41. Pour le ***Canada*** : 00, suivi du 1.
- ***France, Belgique, Canada ou Suisse → Sri Lanka :*** composez le 00, puis le 94 suivi du numéro complet de votre correspondant sans le 0 initial.
- ***Sri Lanka → Sri Lanka :*** composez le numéro à 10 chiffres en entier, y compris le 0 initial, qu'il s'agisse d'un appel dans la même ville ou d'un appel interurbain. Les numéros commençant par 071, 072, 074 ou 077 sont ceux des téléphones portables, très répandus. Il peut y avoir, pour un même établissement, une ligne fixe et un numéro de portable.

Le téléphone portable en voyage

On peut utiliser son propre téléphone portable au Sri Lanka avec l'option « International ». Renseignez-vous auprès de votre opérateur sur les conditions d'utilisation de votre portable à l'étranger.

- ***Activer l'option « International » :*** elle est en général activée par défaut. Sinon, pensez à contacter votre opérateur pour souscrire à l'option (gratuite) au moins 48h avant votre départ.
- ***Le « roaming » ou itinérance :*** c'est un système d'accords internationaux entre opérateurs. Concrètement, cela signifie que lorsque vous arrivez dans un pays, le nouveau réseau local s'affiche automatiquement. Vous recevez rapidement un sms de votre opérateur qui propose un ***pack voyageurs*** plus ou moins avantageux, incluant un forfait limité de consommations téléphoniques et de connexion internet.
- ***Forfaits étranger inclus :*** certains opérateurs proposent des forfaits où ***35 jours de roaming par an sont offerts*** dans le monde entier. On peut donc cumuler plusieurs voyages à l'étranger sans se soucier de la facture au retour. Attention, si sms, mms et appels sont souvent illimités, la connexion internet est, elle, limitée. D'autres opérateurs offrent carrément le ***roaming toute l'année vers certaines destinations.*** Renseignez-vous auprès de votre opérateur.
- ***Tarifs :*** ils sont propres à chaque opérateur et varient en fonction des pays (le globe est découpé en plusieurs zones tarifaires). ***N'oubliez pas qu'à l'international vous êtes facturé aussi bien pour les appels sortants que les appels entrants,*** idem pour les textos. Donc quand quelqu'un vous appelle à l'étranger, vous payez aussi. Soyez bref !
- ***Acheter une carte SIM sur place :*** une option avantageuse pour certaines destinations. Il suffit d'acheter à l'arrivée une carte SIM locale prépayée chez l'un des opérateurs sri lankais *(Dialog, Mobitel, Etisalat, Airtel, Hutch)* : dans les boutiques de téléphonie ou à l'aéroport. On vous attribue alors un numéro de téléphone local et un petit crédit de communication. Attention, on ne peut plus vous joindre sur votre numéro habituel mais uniquement sur ce nouveau numéro. Une carte SIM locale coûte environ 150 Rs sans unités, mais on trouve aussi des packages avec des unités (selon les opérateurs et le crédit de consommation, packages environ 400-1 000 Rs, et jusqu'à 1 600 Rs pour du 3G). Faites débloquer votre propre téléphone avant le départ, ou pour pas cher dès votre arrivée à Colombo (plus compliqué dans le reste de l'île). On peut aussi acheter sur place un téléphone portable local à partir de 2 000 Rs (environ 12 €). En principe, les meilleurs réseaux sont assurés par les opérateurs *Mobitel* et *Dialog.* Avant de payer, essayez cette carte SIM dans votre téléphone – préalablement débloqué – afin de vérifier si celui-ci est compatible. Ensuite, les cartes pour recharger votre crédit de communication s'achètent facilement dans ces mêmes boutiques.

La connexion internet en voyage

– ***Se connecter au wifi*** à l'étranger est le seul moyen d'avoir accès au web gratuitement si vous ne disposez pas d'un forfait avec *roaming* offert.
Le plus sage consiste à ***désactiver la connexion*** « données à l'étranger » (dans « Réseau cellulaire »). On peut aussi mettre le portable ***en mode « Avion »*** et activer ensuite le wifi. Attention, le mode « Avion » empêche, en revanche, de recevoir appels et messages.
– Beaucoup d'hôtels et de *guesthouses,* sans compter les bars et restos, proposent une connexion wifi souvent gratuite, sauf certains hôtels de luxe qui la facturent parfois cher. Certaines adresses éparses (bungalows ou cabanes dans un parc par exemple) limitent cette prestation aux seuls espaces communs, voire à la réception uniquement. Mais dans l'ensemble vous n'aurez pas de difficulté pour rester les doigts collés au clavier...
– Une fois connecté au wifi, vous avez accès à tous les services de la ***téléphonie par Internet. WhatsApp, Messenger*** (la messagerie de *Facebook*), ***Viber, Skype,*** permettent d'appeler, d'envoyer des messages, des photos et des vidéos aux quatre coins de la planète, sans frais. Il suffit de télécharger – gratuitement – l'une de ces applis sur son smartphone. Elle détecte automatiquement dans votre liste de contacts ceux qui utilisent la même appli.

TRANSPORTS INTÉRIEURS

Pour faire un vrai voyage au Sri Lanka, il faut combiner plusieurs moyens de transport. Selon le temps dont vous disposez, la lecture attentive du texte ci-après vous évitera les embûches. On va essayer de faire simple pour cette rubrique qui ne l'est pas. À garder en tête : les distances sont trompeuses, car, que l'on se balade en bus, en voiture ou en train, la vitesse moyenne tourne autour de 30 km/h (sauf sur les nouvelles autoroutes).

Quelques conseils

– En gros, le trajet qui relie Colombo à la côte sud peut se faire soit en train (lent mais intéressant), soit en bus puisque les distances d'un centre d'intérêt à un autre sont assez courtes et que la route est correcte (ça limite le danger). C'est la portion de bitume la plus embouteillée du pays, sauf entre minuit et 5h du matin. Si vous devez prendre un vol international, prévoyez toujours une confortable marge de sécurité, même si la récente autoroute Southern Expressway, qui relie le sud de Colombo à Matara en passant par Galle, permet de gagner beaucoup de temps.
– Entre Colombo et Kandy, pas d'hésitation ! Il faut grimper dans le train pour vivre une expérience vraiment unique à travers de merveilleux paysages. De même, pour aller vers Nanu Oya (c'est la gare proche de Nuwara Eliya), Haputale et Ella.
Une fois lancé à 30 km/h, le train traverse d'abord des cocoteraies, franchit des viaducs datant de l'époque coloniale, suspendus au-dessus de gorges où grondent d'innombrables cascades pendant la saison des pluies, longe les plantations de théiers où s'activent les cueilleuses tamoules, avant de se glisser dans la brume des hauts plateaux puis de redescendre vers les plages de l'océan Indien !
– À partir de Kandy et pour rayonner dans le Triangle culturel, louer une voiture avec chauffeur permet de visiter la majorité des sites sans perdre trop de temps. Dans cette région, les correspondances en train sont compliquées et le bus, s'il relie les sites entre eux, nécessite d'avoir du temps devant soi.

Le bus

Sincèrement, si vous le pouvez, évitez de prendre le bus pour de longs trajets. Limitez-le plutôt à un moyen de transport d'appoint. Certes ça se passe souvent

TRINCOMALEE	SIGIRIYA	NUWARA ELIYA	MATARA	KANDY	JAFFNA	HAMBANTOTA	GALLE	ELLA	COLOMBO	BATTICALOA	ARUGAM BAY	DISTANCES EN KM
255	253	189	249	215	480	185	286	135	315	120		ARUGAM BAY
135	162	224	336	187	364	261	380	175	303		120	BATTICALOA
270	167	160	157	115	400	220	124	201		303	315	COLOMBO
276	192	67	170	140	420	109	206		201	175	135	ELLA
379	284	249	43	223	500	129		206	124	380	286	GALLE
366	301	171	89	238	535		129	109	220	261	185	HAMBANTOTA
217	255	394	525	318		535	500	420	400	364	480	JAFFNA
190	94	76	258		318	238	223	140	115	187	215	KANDY
426	319	217		258	525	89	43	170	157	336	249	MATARA
264	168		217	76	394	171	249	67	160	224	189	NUWARA ELIYA
103		168	319	94	255	301	284	192	167	162	253	SIGIRIYA
	103	264	426	190	217	366	379	276	270	135	255	TRINCOMALEE

bien, et nos lecteurs en témoignent, mais la conduite des bus est assez rock'n'roll, et l'état des engins plus ou moins aléatoire. Pour les longs trajets, préférer le train ou la voiture avec chauffeur. Car les chauffeurs d'autocars se lancent dans un véritable slalom de compétition et semblent souvent vouloir transformer leurs véhicules brinquebalants en cercueils collectifs. Ces avertissements faits, le réseau couvre l'ensemble du territoire. Il existe deux grandes familles de bus : ceux de la compagnie gouvernementale (*CTB* ou *SLTB*) et ceux des compagnies privées, qui sont innombrables. Voici quelques informations générales communes à tous les bus.

- Chaque ville possède une ou plusieurs gares routières. Les horaires de bus y sont très rarement affichés. Vous pouvez vous renseigner auprès du bureau du chef de station, autour duquel grouillent les chauffeurs. Il connaît son petit univers et saura vous rencarder. Sinon, demandez à n'importe quel contrôleur de bus : serviables, ils vous indiqueront la zone de la gare routière d'où partent les bus pour votre destination.
- On paie directement dans le bus. Comparez le prix demandé avec celui acquitté par votre voisin, mais généralement les contrôleurs sont honnêtes et délivrent un ticket. Les tarifs sri lankais étant encore parmi les plus bas du monde, vous ne vous ruinerez d'ailleurs pas, même en cas de « surtaxes touristiques ».
- Ne soyez pas surpris, si vous êtes plusieurs, que l'on vous refuse l'accès avec des sacs à dos ou des bagages volumineux. À signaler d'ailleurs que les bus ne possèdent ni soute ni galerie, le sac voyage donc sous le siège ou sur les genoux. Si on utilise un siège pour son sac, le contrôleur demandera parfois d'acquitter le prix d'un passager.
- Les bus *Intercity* reliant les principales villes sont sans arrêt ou presque. Ils sont donc plus rapides et presque confortables car ce sont les seuls où le nombre de passagers correspond presque à celui des sièges... Certains bénéficient même de la climatisation. Sur de longs trajets, préférez ceux-là car leurs concurrents traînassent en stoppant un peu partout et les passagers s'y entassent à l'infini.
- Attention aux places réservées aux moines : ce sont les deux premières juste derrière le chauffeur. Comme nos lecteurs respectent les coutumes et les traditions locales, ils iront s'asseoir ailleurs, à moins de vouloir subitement entrer dans les ordres.

Les bus gouvernementaux (CTB ou SLTB)

Il s'agit de bus rouges. Dans les grandes villes, il existe – parfois – une gare routière séparée de celle des bus privés. Les bus gouvernementaux desservent indifféremment villes principales et petits patelins.

Les compagnies privées

Il en existe une quantité incroyable, souvent réunies sur un même espace, jamais très loin des bus gouvernementaux. Pas de destinations indiquées, pas vraiment d'horaires, parfois la pagaille. À la porte de chaque bus, le contrôleur débite les destinations qu'il relie. On s'y retrouve en demandant son chemin. Très nombreuses liaisons dans toutes les directions.

Le train

Le réseau de voies ferrées couvre environ 1 500 km (voir la carte du pays en début de guide), et les lignes continuent à être rénovées et prolongées.
Le train est un excellent moyen de transport pour l'ambiance qui règne dans ses wagons, pour la beauté des paysages traversés et pour la sécurité qu'il apporte, comparé au bus. Alors bien sûr, c'est long, Ceylan. Les wagons ne sont pas toujours très nets (quoique les nouveaux trains bleus, plus récents, s'en sortent mieux que les vieux rouges !) et les trains sont rarement à l'heure (on s'arrête pour laisser

passer les animaux), mais sur certains trajets il n'y a pas mieux pour découvrir le pays (voir le détail un peu plus loin).
Il y a trois classes dans tous les trains, dont certains dotés d'une 1re classe dite « panoramique ». La 3e classe est équipée de banquettes en bois ou skaï, et la 2e classe de banquettes en skaï ou tissu, mais il est fort possible que vous ne puissiez pas vous asseoir. Certains trains sont tellement surchargés qu'il est préférable de voyager sur le marchepied où là, au moins, on a de l'air. Même les toilettes sont souvent transformées en salon. Les prix sont très bas. Évitez les omnibus, d'une lenteur désespérante, au profit des *Express* et des *Intercity,* et conservez bien votre billet, contrôlé dans le train et exigé à la sortie de la gare d'arrivée.
– Pour consulter les horaires et les tarifs, *• railway.gov.lk •,* puis rubrique « Railway Time Schedule ».
– Les places sont ouvertes à la réservation dans les gares 45 jours maximum avant la date du trajet. Ne tardez pas, sur les lignes phares (Colombo-Kandy et Colombo-Badulla), les places assises sont prises d'assaut en pleine saison, et ce plusieurs jours à l'avance. ***Aucune réservation par Internet pour les trains publics.***
– Les trains de nuit, rares, proposent très peu de couchettes. Même en réservant à l'avance, on est généralement obligé de se rabattre sur des sièges inclinables, les *sleeperetts* (pas plus inconfortables qu'un siège d'avion).
– Des wagons spéciaux de 1re classe sont ajoutés à certains trains. Ils sont gérés par un opérateur privé. Les collations sont incluses dans les trajets réservés. ***Rajadhani*** *(• rajadhani.lk •)* couvre les lignes Colombo-Kandy dans le train quittant Colombo à 15h35 ou Kandy à 6h15 ; Colombo-Haputale-Ella-Badulla dans le train quittant Colombo à 9h45 ou Badulla à 10h ; Colombo-Matara *(tlj sf jeu)* dans le train quittant Colombo à 6h55 ou Matara à 14h. Les réservations se font par Internet, cette fois-ci (paiement par carte de paiement). À la fin, bien noter le numéro de dossier de réservation et la procédure à suivre pour obtenir un billet papier (auprès de guichets agréés, propres à chacun des prestataires). L'avantage, c'est de pouvoir réserver avant même d'arriver dans le pays et de profiter d'un certain confort. L'inconvénient, c'est que c'est deux fois plus cher que le même trajet en 1re classe dans une voiture gouvernementale.
Pour finir, les trains de grand luxe ***Vice Roy*** et ***Hitachi Train*** *(• jftours.com •),* opérés par la compagnie privée *JF Tours,* proposent des périples complets sous forme de croisières terrestres de plusieurs jours empruntant les lignes décrites ci-après. Souvent destinés à des groupes constitués, ils sont parfois ouverts aux voyageurs individuels. Ambiance de vieux trains à la mode coloniale, le *Vice Roy* étant tracté par une loco à vapeur. Bar chic, resto dressé à quatre épingles, de quoi se rejouer certaines scènes de James Bond ou d'Agatha Christie...

➢ ***De Colombo à Kandy :*** nous recommandons tout particulièrement ce parcours dont le tracé est différent de celui de la route. On traverse, à certains endroits, des paysages de rizières absolument extraordinaires. L'*Intercity* comporte un wagon de 1re classe, dit « panoramique », pas cher mais souvent complet. On y trouve un restaurant.
➢ ***De Kandy à Badulla via Nanu Oya (Nuwara Eliya), Haputale et Ella :*** certainement le parcours le plus étonnant. Le train comporte un wagon panoramique *(observation saloon).*
➢ La ***ligne du Sud, de Colombo à Matara*** *(prolongement prévu à terme vers Kataragama)* constitue également un très beau parcours. La vue est superbe sur le littoral et la mer tout au long du trajet, mais quelle lenteur ! On a parfois le sentiment que, avec les arrêts, on irait aussi vite à pied. Il existe cependant quelques trains rapides.
– Un conseil : pour le salut de votre estomac, évitez d'acheter de la nourriture aux marchands ambulants qui investissent les wagons à chaque étape. Seuls les fruits avec une peau ou une coque sont sans risques !

Quelques exemples de tarifs :

	1re classe	2e classe	3e classe
Colombo-Kandy	800 Rs (1 100-1 500 Rs en voiture privée)	190 Rs	105 Rs
Colombo-Badulla	1 000-1 250 Rs (1 800-2 400 Rs en voiture privée)	450 Rs	285 Rs
Colombo-Matara	1 000 Rs	230 Rs	130 Rs
Colombo-Galle	1 000 Rs	180 Rs	100 Rs
Colombo-Trincomalee	1 250 Rs (couchette)	450 Rs	285 Rs

La location de voitures

Si vous n'avez que 1 semaine ou 10 jours pour boucler le tour de l'île et que vous n'êtes pas trop fauché, c'est de loin la meilleure solution. Si vous êtes plusieurs (à partir de trois), c'est tout à fait envisageable, et le prix est encore très raisonnable pour le service rendu et le temps gagné. Cette formule permet en outre de joindre certains sites plus difficilement accessibles par les transports en commun.

– ***Les véhicules avec chauffeur :*** insistez pour qu'il parle l'anglais (au minimum). Les agences sont nombreuses, mais adressez-vous à celles recommandées dans la rubrique « Adresses utiles » à Colombo. Elles disposent de véhicules avec chauffeur en bon état (et la voiture, et le chauffeur !) qui, de surcroît, peuvent être loués sans obligation de prendre d'autres prestations (hébergement). Compter environ 6 000 à 8 000 Rs par jour (40 à 53,50 €), selon le type de véhicule, mais attention au kilométrage inclus à respecter. En gros, la location d'une voiture climatisée avec chauffeur pour 1 semaine avec un circuit de 1 500 km maximum revient à environ 400-450 € (essence, salaire et hébergement du chauffeur compris). Il est important de bien se mettre d'accord avec l'agence sur ce qui est inclus ou pas dans le forfait : le kilométrage, les péages d'autoroutes, la nourriture et – surtout – l'hébergement du chauffeur. À ce sujet, certains hôtels réservés le logeront gracieusement. Si ce n'est pas le cas, et que son défraiement est insuffisant, il arrive aussi qu'il dorme dans le véhicule. Généralement, si le courant passe, il vous donnera des tuyaux ou négociera vos achats discrètement pour vous !

En fin de périple, n'oubliez pas le pourboire. C'est un complément de revenu important pour un chauffeur dont le salaire journalier ne dépasse pas les 10 €. Pour un véhicule de 2-3 passagers, compter 400 à 500 Rs par jour et par passager (2,70 à 3,50 €).

– La ***location de voiture sans chauffeur*** est peu pratique et dans tous les cas ***totalement déconseillée.*** La conduite locale est vraiment trop imprévisible et erratique, les risques d'accident élevés, et du coup la facture salée en raison de l'assurance. Si, toutefois, vous tenez à tenter l'aventure, une agence *Europcar* (☎ 011-244-58-60 ; ● europcar.lk ●) se situe à droite dans le hall d'arrivée de l'aéroport. Il faut un permis national et international que l'on fera viser par l'*Automobile Club* du Sri Lanka à Colombo (4 000 Rs). Ensuite, on roule à gauche (en principe !) en partageant la route avec des chiens, buffles errants, voire des éléphants sauvages, des vélos, des motos, des *tuk-tuk,* des bus (à la conduite particulièrement dangereuse). Enfin, la signalisation est incompréhensible ou absente. Et même si Bouddha est grand... toujours envie de vous lancer ?

– Lorsque vous établissez votre itinéraire, basez-vous sur une ***moyenne de 30-35 km/h sur les routes.*** Pour les voitures, la vitesse est limitée à 56 km/h en « agglomération » (disons... les endroits habités) et 75 km/h autrement.

La location de motos

Dans certaines villes, on peut louer une moto ou un scooter, mais on le déconseille vivement en raison des nombreux risques d'accidents. Néanmoins, au cas où, voici quelques recommandations : à l'arrêt, sécurisez l'engin car les motos louées

aux touristes, généralement en meilleur état que les pétrolettes locales, éveillent les convoitises.
Port du casque OBLIGATOIRE (la police verbalise sans état d'âme) et il faut savoir résister à l'envie de conduire bras et jambes nus, sous peine de coups de soleil cuisants et de piqûres d'insectes, sans parler des conséquences d'une chute.

La location de vélos

On trouve des vélos à louer très facilement dans toutes les villes... plates de la côte et du Triangle culturel. Les bicyclettes sont équipées d'un antivol et de porte-bagages, mais vérifiez qu'elles aient aussi un éclairage. C'est un moyen agréable pour visiter la côte sud-ouest, sans se presser et en profitant au maximum des paysages magnifiques. De même pour les sites d'Anuradhapura et de Polonnaruwa. Dans ces secteurs-là, toutes les *guesthouses* en proposent. La bicyclette est à déconseiller pour l'intérieur de l'île : trop de côtes !

Le *tuk-tuk*

Connus mondialement sous le nom de *rickshaws,* ces triporteurs occupent une place majeure dans tout le pays. Rapides mais polluants, ils sont très pratiques en ville comme sur de petites distances entre villes et villages. Ils transportent jusqu'à trois personnes à l'arrière du chauffeur, en se serrant bien (même si les locaux parviennent à caser infiniment plus de mondo). Négocier le prix – avant de monter – sur la base d'une cinquantaine de roupies le kilomètre.
Quelques mots utiles : combien = *kiédé* ; trop cher = *védi* ; je vais à = *mama* (nom du lieu) *javana.* Ces quelques mots de cinghalais attirent la sympathie des chauffeurs et peuvent faciliter la négociation.

Les routes

Elles sont goudronnées et dans l'ensemble en bon état. Il faut dire que le gouvernement en a refait pas mal. Certains beaux axes étonnamment goudronnés, même en pleine campagne, sont des tronçons fréquentés par les élus, ou desservant leur résidence. Cela dit, certaines petites routes, après la mousson, ne sont plus qu'une succession de nids-de-poule. Leur entretien se fait d'une manière relativement artisanale...
- Des routes flambant neuves desservent désormais les villes de Jaffna et Vavunya (c'est déjà le cas pour Trincomalee). Seuls quelques tronçons secondaires restent à améliorer.
- ***Les autoroutes :*** depuis 2009, le Sri Lanka s'est lancé dans un programme de construction d'autoroutes. Le tronçon Colombo-Kandy est encore en cours de construction et il y en a pour un moment... L'autoroute Colombo-Galle-Matara permet de relier la capitale à la côte sud en 1h-1h30 de route, au lieu de 5h ! Il existe un projet de prolongation jusqu'à Hambantota.
- La ***meilleure carte routière*** est celle éditée par *Nelles Verlag* au 1/450 000 qui comporte des plans de Colombo, Kandy, Galle et Anuradhapura. En vente dans toutes les bonnes librairies de voyages. Sur place, on trouve l'excellente *Road Map of Sri Lanka* du Survey Department. Les chauffeurs n'en utilisent jamais (ils ne savent pas les lire), mais ils conduisent de mémoire et connaissent bien les zones touristiques.

Le stop

Il est formellement déconseillé ! Trop dangereux en raison de la façon dont les Sri Lankais conduisent. De plus, ils ne sont pas toujours bien assurés. À n'utiliser qu'en cas de dépannage extrême.

L'avion

Cinnamon Air assure, au départ de Colombo et en collaboration avec ***Sri-Lankan Airlines,*** des liaisons aériennes internes à bord d'hydravions. Ces vols réguliers, et quotidiens pour la plupart en saison touristique, peuvent être réservés auprès de *SriLankan Airlines (• srilankan.com •)* ou auprès de *Cinnamon Air (infos et résas : ☎ (0094) 11-247-54-75 ; • cinnamonair.com •).* Sont desservis en vols réguliers Batticaloa, Bentota, Dickwella, Kandy, Koggala (Galle), Sigiriya, Trincomalee. À ces vols s'ajoutent des vols charters sur demande : Jaffna, Arugam Bay, Kalpitiya, Nuwara Eliya, Mattala (parc national de Yala).
Attention, certaines destinations dépendent de la saison, des conditions météo et de la brume en altitude. Par beau temps, c'est une occasion unique de survoler l'île et d'admirer les splendides paysages de la côte et des montagnes. Bien plus cher que les transports terrestres (compter 170 à 250 $ le trajet), mais permet de raccourcir les trajets : pas un vol de plus de 65 mn !

URGENCES

■ ***Police :*** *☎ 119 (à Colombo) et ☎ 118 dans le reste de l'île.*
■ ***Ambassade de France :*** *89, Rosmead Pl, Colombo 7. ☎ 011-263-94-00. • lk.ambafrance.org • Ouv lun-ven sf mer 8h30-13h, 14h30-18h.* En cas d'urgence, une permanence téléphonique est assurée le week-end : *☎ 011-263-94-10.*
■ ***Consulat honoraire de Belgique :*** *69/5B, Elvitigala Mawatha, Colombo 8. ☎ 011-267-41-41. • india.diplomatie.belgium.be •*
■ ***Ambassade de Suisse :*** *63, Srimat R. G. Senanayake Mawatha (Gregory's Rd), Colombo 7. ☎ 011-269-51-17. • eda.admin.ch/colombo •*
■ ***Haut Commissariat du Canada :*** *High Commission, 33A, 5th Lane, Colpetty, Colombo 3. ☎ 011-532-62-32. • canadainternational.gc.ca/sri_lanka •*

Avoir un passeport européen, ça peut être utile !

L'Union européenne a organisé une assistance consulaire mutuelle pour les ressortissants de l'UE en cas de problème en voyage.
Vous pouvez y faire appel lorsque la France (c'est rare) ou la Belgique (c'est plus fréquent) ne disposent pas d'une représentation dans le pays où vous vous trouvez. Concrètement, cette assistance vous permet de demander de l'aide à l'ambassade ou au consulat (pas à un consulat honoraire) de n'importe quel État membre de l'UE. Leurs services vous indiqueront s'ils peuvent directement vous aider ou vous préciseront ce qu'il faut faire.
Leur assistance est, bien entendu, limitée aux situations d'urgence : décès, accidents ayant entraîné des blessures ou des lésions, maladie grave, rapatriement pour raison médicale, arrestation ou détention. En cas de ***perte ou de vol de votre passeport,*** ils pourront également vous procurer un ***document provisoire*** de voyage.
Cette entraide consulaire entre les États membres de l'UE ne peut vous garantir un accueil dans votre langue. En général, une langue européenne courante sera pratiquée.

Perte ou vol des cartes de paiement

– ***Carte Visa :*** *numéro d'urgence (Europ Assistance) au ☎ (00-33) 1-41-85-85-85 (24h/24). • visa.fr •*
– ***Carte MasterCard :*** *☎ (00-33) 1-45-16-65-65. • mastercardfrance.com •*
– ***Carte American Express :*** *☎ (00-33) 1-47-77-72-00. • americanexpress.com •*

Perte ou vol des téléphones portables

Suspendre aussitôt sa ligne permet d'éviter de douloureuses surprises au retour du voyage ! Voici les numéros des quatre opérateurs français, accessibles depuis la France et l'étranger :

– **SFR :** *depuis la France, ☎ 1023 ; depuis l'étranger : 📱 + 33-6-1000-1023.*
– **Bouygues Télécom :** *depuis la France comme depuis l'étranger, ☎ + 33-800-29-1000.*
– **Orange :** *depuis la France, ☎ 0800-100-740 ; depuis l'étranger : ☎ + 33-969-39-39-00.*
– **Free :** *depuis la France, ☎ 3244 ; depuis l'étranger : ☎ + 33-1-78-56-95-60.*

Vous pouvez aussi demander la suspension de votre ligne depuis votre espace client, sur le site internet de votre opérateur.
Avant de partir, notez (ailleurs que dans votre téléphone portable !) votre numéro IMEI utile pour bloquer à distance l'accès à votre téléphone en cas de perte ou de vol. Comment avoir ce numéro ? Il suffit de taper sur votre clavier *#06# puis reportez-vous au site ● *mobilevole-mobilebloque.fr* ●

LA RÉGION DE COLOMBO

• Carte *p. 89*

Une vaste zone urbanisée qui s'étend sur plusieurs dizaines de kilomètres, le long du littoral. Avec le retour de la paix et le dynamisme retrouvé, Colombo ne cesse d'accroître son emprise et de grignoter ses faubourgs. Mais c'est ici qu'on prend la première bouffée d'air chaud de l'île, à la descente de l'avion. On n'y séjourne pas, ou peu. Avec sa longue plage et ses nombreux établissements, la ville de Negombo, moins tumultueuse que la capitale, offre une alternative que choisissent généralement les voyageurs en transit.

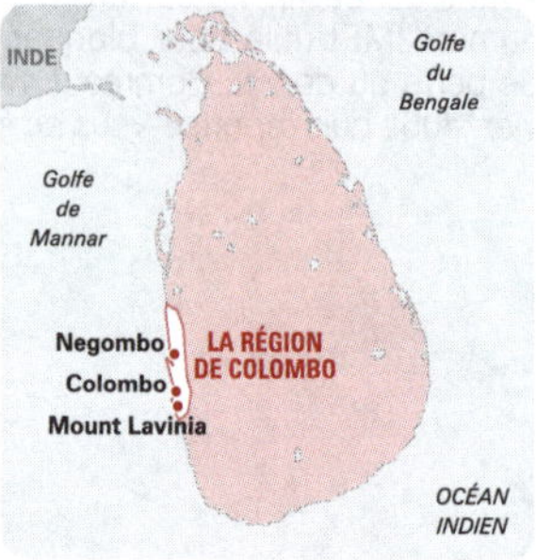

COLOMBO

env 753 000 hab.

• Centre (plan I) *p. 91* • Le Fort (zoom) *p. 93* • Quartiers sud (plan II) *p. 95*

Colombo, or et poussière, désordre et lumière ! Si le subcontinent indien évoquait par sa forme un grand collier avançant dans la mer, l'île de Sri Lanka serait un pendentif accroché à son cou tel un talisman. Et Colombo alors ! Ce nom au goût d'épices lointaines évoque un jardin de cannelle et de girofliers, des vergers de muscadiers et de cardamome. Ce mot mythique est en fait plus séduisant que la réalité. Peu de voyageurs y séjournent longtemps, car dans le méli-mélo de cette cité tumultueuse, encombrée, étalée sur des kilomètres le long de l'océan, il est difficile de trouver ses marques. Les traits et la destinée (le karma) de cette cité ne mènent décidément pas au nirvana. Depuis 2009 et la fin de la guerre, Colombo est entrée dans une période de renouveau, redonnant leur splendeur passée aux quelques bâtiments de l'époque britannique, tout en bâtissant, bâtissant, bâtissant, toujours plus haut.
Au sein de ce tumulte urbain, Colombo réserve tout de même quelques belles promenades, en particulier sur Galle Face Green et dans Colombo 7, un quartier résidentiel vraiment superbe. On passera également quelques moments agréables à flâner dans les rues du Fort (noyau historique de la ville), seul

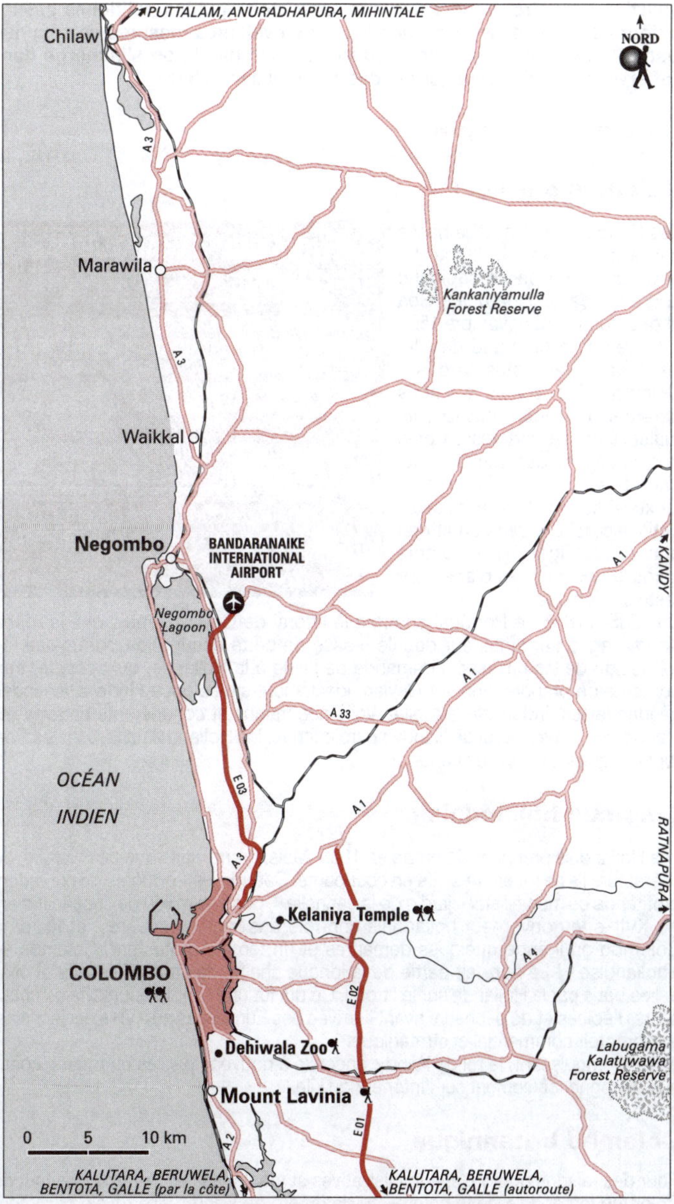

LA RÉGION DE COLOMBO

quartier à montrer encore des stigmates des troubles politiques passés autour de la résidence présidentielle et d'évidentes mesures de sécurité. Dans Pettah enfin (quartier populaire et marchand), on s'immerge dans l'effervescence des boutiques et des nombreux marchés.

UN PEU D'HISTOIRE

Colombo portugaise

Les Portugais étaient déjà basés sur la côte ouest de l'Inde. La flotte conduite par le capitaine *Lourenço de Almeida* quitta Goa et débarqua le 15 novembre 1505 à Galle sur la côte sud de l'île. Ils s'élancèrent plus tard sur Colombo. À la recherche d'abris naturels pour leurs navires, ils multiplièrent les forteresses près des anses et des baies. Ainsi naquit le fort de Colombo. Il jouxte et surplombe le port, seule petite écorchure dans un littoral plat et rectiligne. Hier comme aujourd'hui, son emplacement reste stratégique.

UN NOM QUI NE MANGUE PAS DE CHARME

Le nom de Colombo provient du manguier. La variété ne produisant pas de fruit (cola) et celle produisant des mangues (ambo) ont été associées pour donner « Colambo ». Le voyageur arabe Ibn Battuta l'appelait déjà Kalanpu au XIVe s, avant qu'un religieux portugais, Fernão de Queyroz, ne le transformât au XVIe s en « Colombo », en l'honneur de Christophe Colomb. Ce navigateur pas très doué qui confondait les Amériques et les Indes...

De 1505 à 1635, le Portugal contrôle le littoral de Ceylan, tandis que le *roi de Kandy* règne sur l'intérieur de l'île. Lassé de cette occupation portugaise, ce roi décide de les chasser. Il demande de l'aide à la Hollande, qui accepte, trop contente de prendre pied sur Ceylan, idéalement située entre l'Inde et les Indes néerlandaises (Indonésie actuelle). Voilà nos marins et conquérants bataves qui s'acoquinent avec le roi de Kandy : parole tenue, les Hollandais chassent les Portugais à grands coups de canon !

Colombo hollandaise

Les Hollandais prennent Colombo en 1635. Mais, grand classique de l'histoire, de libérateurs ils se muent très vite en occupants. Comme les Portugais, ils entendent profiter de ce merveilleux « jardin de la cannelle », posé au milieu de l'océan Indien. Au XVIIe s le gouverneur hollandais contrôle des régions côtières, et réside à Colombo où il érige quelques demeures et un temple protestant. Colombo se « hollandise » ! Le port fait partie de la longue chaîne des forts défensifs et citadelles bâtis par la Hollande sur le littoral. Ce qui fut une simple bourgade de chasseurs d'épices et de pêcheurs avant l'arrivée des Européens au XVIe s devient ainsi un comptoir commercial et stratégique.
Amer et impuissant, le roi de Kandy, encerclé à nouveau par les étrangers, continue de régner seulement sur l'intérieur de l'île...

Colombo britannique

Pour des raisons pratiques, administratives et maritimes, les Britanniques font de Colombo la capitale de la colonie au détriment de Kandy, ville royale et moteur ancestral de l'île. Cette troisième génération de colons voit immédiatement tout en grand... et à sa manière. Colombo se modernise : démolition des anciens quartiers, réaménagement de la ville, extension vers le sud, édification de splendides villas coloniales au bord de l'océan... En 1806, le ***gouverneur sir Thomas***

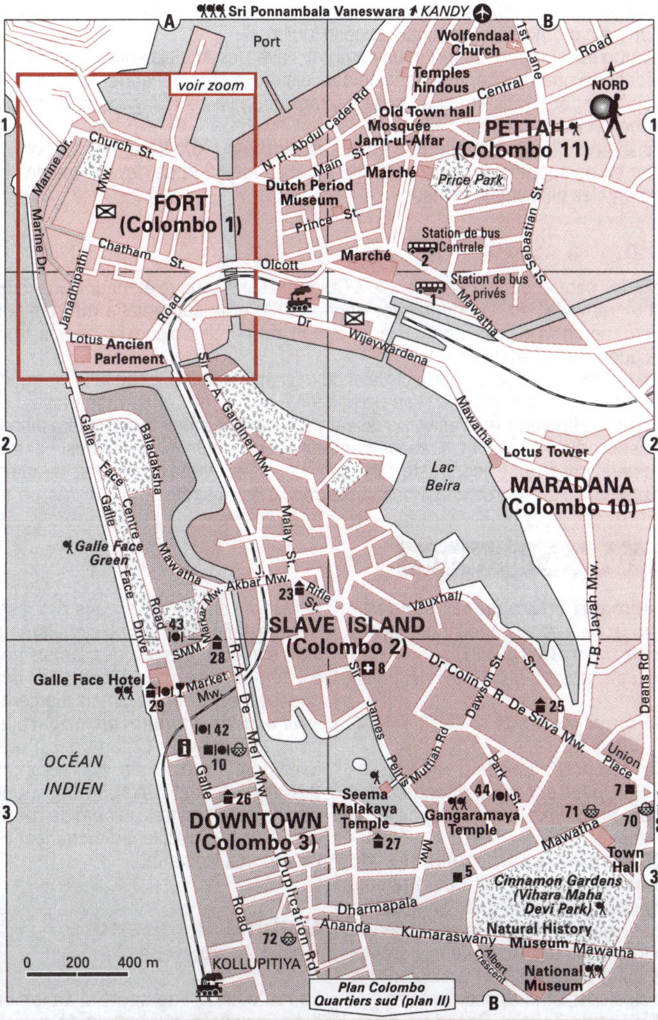

COLOMBO – Centre (Plan I)

Adresses utiles

- Sri Lanka Tourism Promotion Bureau et police touristique
- 1 Private Bus Stand Bastian Mawatha
- 2 Central Bus Station
- 5 Sampath Bank
- 7 Pharmacie Osu Sala
- 8 Nawaloka Hospital
- 10 Pharmacie du supermarché Keel's (Crescat Boulevard Shopping Hall) et Vijitha Yapa Bookshop

Où dormir ?

- 23 Metro City Hotel
- 25 YWCA
- 26 YWCA National Headquarters
- 27 Lake Lodge
- 28 Ramada Colombo
- 29 Galle Face Hotel
- 33 Tintagel

Où manger ?

- 10 Food Court – Crescat Boulevard Shopping Hall
- 29 In On the Green et 1864
- 42 Nuga Gama
- 43 Navratna
- 44 Café Français

Où boire un verre ?

- 29 In On the Green

Achats

- 10 Crescat Boulevard Shopping Hall
- 70 Odel
- 71 Paradise Road
- 72 Mlesna Tea Centre

Maitland fait construire sa résidence au mont Lavinia, à 11 km au sud de la ville, sur un petit promontoire dominant l'océan Indien.
Colombo était un port, un fort et un comptoir ; avec les Anglais entreprenants, elle devient une grande cité, une capitale administrative et marchande. Ils avaient le savoir-faire pour transformer en peu de temps une ville, tels Singapour, Rangoon, Bombay et Kuala Lumpur.
Parallèlement, le commerce des épices et du thé au XIXe s permet au port de Colombo de supplanter celui de Tangalle (côte sud-est) et de devenir même l'un des ports les plus actifs d'Orient.

Colombo aujourd'hui

Jadis, les paquebots faisaient escale à Colombo sur la longue et magnifique route de l'Extrême-Orient. Or, depuis les années 1970 et la suprématie du transport aérien, l'aéroport international a relégué le port, qui reçoit toujours les cargos, mais plus guère de voyageurs.
Foin des souvenirs de la guerre civile et du tsunami de 2004, la capitale a retrouvé sa sérénité, son dynamisme, son optimisme. La ville revit et se modernise. Les immeubles de verre et d'acier poussent comme des pâquerettes, d'anciennes bâtisses coloniales sont superbement rénovées pour accueillir des centres commerciaux de luxe : contraste saisissant avec la pauvreté de certains quartiers périphériques demeurés quasi inchangés depuis des lustres.

Arrivée à l'aéroport

✈ ***Aéroport international Bandaranaike*** *(appelé aussi parfois Katunayake Airport ; hors plan I par B1)* ***:*** *à 30 km au nord de Colombo et à 10 km au sud de Negombo.*
– ***Aéroport infos :*** ☎ *011-226-44-44.* • *airport.lk* •
– Cet aéroport possède une particularité : on peut encore y effectuer des achats en détaxe, avant de passer la douane.
– ***Change, argent, guichets de banques :*** dans le hall des arrivées, après la douane, plusieurs guichets de banques assurent le change 24h/24. Ils pratiquent un taux comparable à ceux des guichets en ville et acceptent les principales monnaies occidentales.
ℹ ***Sri Lanka Tourist Board :*** *à droite des guichets de banques.* ☎ *011-225-24-11. Ouv 24h/24.* Cette antenne de l'office de tourisme du Sri Lanka propose une documentation assez pauvrette... Vous y trouverez la brochure mensuelle *Travel Lanka,* mentionnant les principaux horaires de trains, destinations de bus, ainsi que quelques renseignements pratiques ; dont votre horoscope local !
– ***Conseils :*** évitez les rabatteurs de toutes sortes qui profitent de votre fatigue à l'arrivée pour vous proposer des prestations (hôtels ou circuits) souvent surfaites. Ne décidez jamais rien à l'aéroport, même au comptoir des agences, et ne versez jamais d'argent.
– ***À l'arrivée comme au départ,*** si vous voulez éviter Colombo, ou préférez dormir à proximité de l'aéroport, dressez le camp à ***Negombo,*** à une dizaine de kilomètres au nord de l'aéroport. Des bus circulent directement de l'aéroport à Negombo.

Comment se rendre dans le centre ?

La route entre l'aéroport et Colombo est encombrée aux heures de pointe, grosso modo 7h30-10h le mat et 16h30-19h le soir.
➢ ***En bus express :*** pour rejoindre Colombo, bus ttes les 30 mn env, 5h30-20h30. Départ sur la gauche, à la sortie du hall d'arrivée. Compter env 130 Rs (0,80 €) et 45 mn-1h15 pour rejoindre la Central Bus Station *(plan I, B1,* ***2****)* de Colombo, à côté de la gare ferroviaire (quartier de Pettah). On conseille de se mettre au fond du bus avec ses encombrants bagages, car le

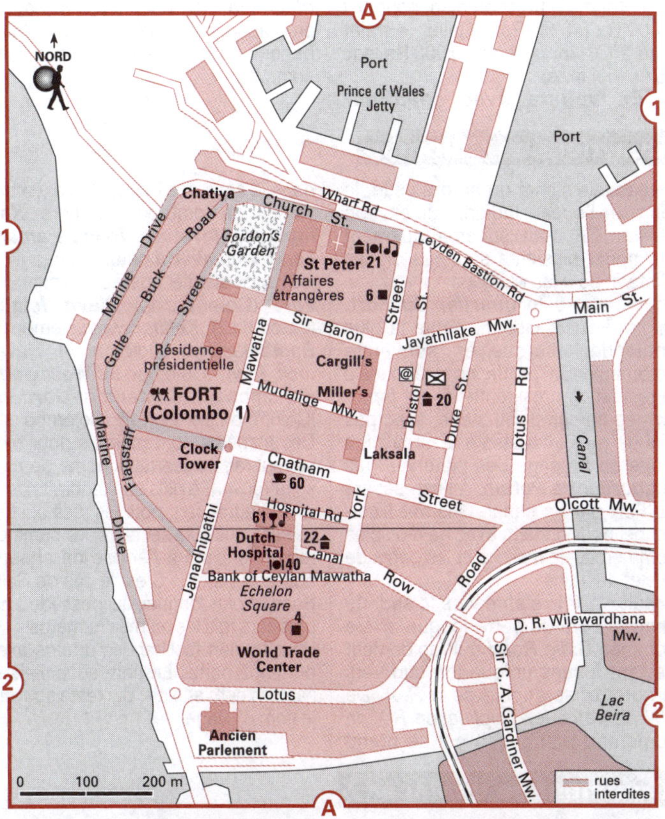

COLOMBO – Le Fort (Zoom)

Adresses utiles

- **4** SriLankan Airlines
- **6** Bank of Ceylon
- @ Cybercafés

Où dormir ?

- **20** Central YMCA
- **21** Grand Oriental Hotel
- **22** Colombo City Hotel

Où manger ?

- **21** The Harbour Room
- **40** Les restos du Dutch Hospital

Où faire *tea-time* ?

- **60** T Lounge

Où boire un verre ?
Où sortir ?

- **21** B 52
- **61** Taphouse by RnR

bus charge et décharge des passagers en chemin.

➢ ***En taxi pour Colombo :*** la solution la plus chère, certes plus confortable. Plusieurs comptoirs de compagnies dans le hall d'arrivée. Compter au moins 1h de trajet (1h30 aux heures de pointe) et env 3 000 Rs (env 18 €).

➢ ***En taxi pour Negombo (plage), Kandy (intérieur) ou Galle (côte sud) :*** de l'aéroport jusqu'à Negombo, compter 20 mn et 1 600 Rs (env 10 €).

Pour Kandy, le trajet dure 3h, pour env 7 400 Rs (45 €). Pour Galle, le trajet dure 2h30-3h, pour env 9 000 Rs (env 55 €). Prix fixes.

➢ ***En voiture avec chauffeur d'agence :*** les chauffeurs attendent en grappe juste après les guichets de banques avec une pancarte à votre nom.

Quartiers de Colombo

La capitale s'étire du nord au sud, le long de l'océan Indien, sur environ 20 km. On peut schématiquement distinguer plusieurs secteurs dignes d'intérêt pour les visiteurs.

Tout d'abord le ***quartier du Fort,*** au nord-ouest *(zoom),* partie la plus ancienne, chargée en souvenirs coloniaux. Sa partie nord accueille la résidence présidentielle, est transformée en camp retranché, avec pas mal de rues interdites à la circulation (voire au passage des piétons). Puis le ***quartier de Pettah,*** à l'est, séparé du Fort par un canal. Quartier traditionnel bouillonnant, avec de multiples commerces, le marché et les gares de bus et de trains.

Ensuite la ville s'étire vers le sud, de chaque côté de cette longue artère nommée ***Galle Road*** qui rapidement devient à sens unique (du sud vers le nord) et se double de la *R. A. De Mel Mawatha* (*ex-Duplication Rd,* on comprend pourquoi !) qui se prend dans le sens nord-sud. Ces axes traversent de nombreux quartiers : ***Kollupitiya, Havelock Town, Pamankade, Wellawatta*** notamment.

– Chaque quartier possède un numéro : ***Fort*** (Colombo 1), ***Slave Island*** (Colombo 2), ***Kollupitiya*** (Colombo 3), ***Bambalapitiya*** (Colombo 4), ***Havelock Town*** (Colombo 5), ***Wellawatta*** (Colombo 6), ***Cinnamon Gardens*** (Colombo 7) et ***Pettah*** (Colombo 11). Ces numéros sont majeurs pour bien se repérer, car certains noms de rues se retrouvent à plusieurs endroits de la ville. D'autre part, pour les rues qui traversent plusieurs secteurs, les numéros reprennent à 0 à l'entrée de chaque nouveau secteur. C'est le cas de Galle Road (la plus longue), qui possède ainsi plusieurs fois les mêmes numéros.

Pour ne rien faciliter, les grands axes portent 2 noms. Le nom sri lankais et l'ancien nom anglais, qui reste souvent le nom d'usage.

Comment se déplacer ?

En bus

– Voir les informations pratiques sur les gares routières plus loin dans la rubrique « Quitter Colombo ».

Il n'est pas si facile de se déplacer en bus, quand on ne peut déchiffrer la destination... Mais en général, on vous renseignera gentiment. Attention à ne pas vous tromper de sens (par exemple, pour retourner vers le quartier du Fort, demander « Colombo 1 »).

Le bus à Colombo est une expérience que l'on peut comparer avec le métro parisien aux heures de pointe, le sourire en plus.

Pour descendre, si vous êtes coincé par la masse compacte des passagers, criez : « *Bahinawa* » (« je descends »).

De nuit, évitez de prendre le bus avec des objets de valeur et mettez toujours votre argent à l'abri des mains habiles des spécialistes qui sillonnent les lignes.

Voici quelques lignes intéressantes :

– N°s 100 et 101 : relient Pettah (gare ferroviaire du Fort) à Mount Lavinia. D'ailleurs, tous les bus qui passent par Galle Road et R. A. De Mel Mawatha vont à Mount Lavinia.

– N° 102 : pour Kotahena (temples hindous de Sea Street).

– N° 138 : de Pettah au National Museum, entre autres.

– N° 155 : de Mount Lavinia au Town Hall (Colombo 7) et au-delà.

En *tuk-tuk*

Petit cousin de l'*autorickshaw* indien ou du *tuk-tuk* thaïlandais, ce petit taxi motorisé roule sur 3 roues.

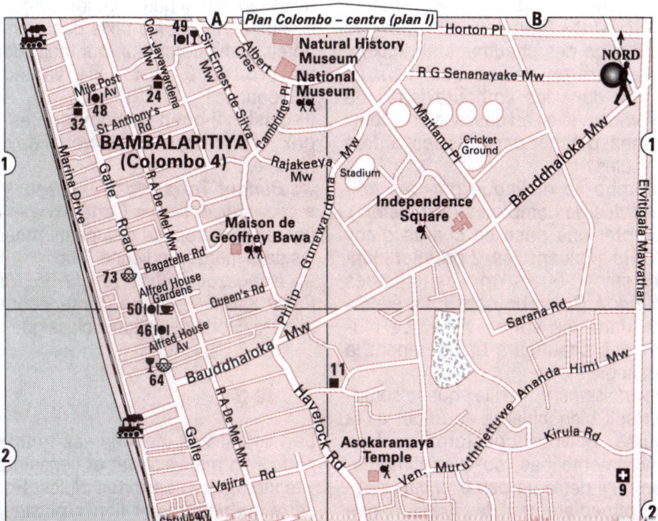

COLOMBO – Quartiers sud (Plan II)

Adresses utiles

- **3** Maharagama Bus Station
- **9** Lanka Hospitals
- **11** Alliance française

Où dormir ?

- **24** Chelsea Gardens Guesthouse
- **30** Chanuka Tourist Guesthouse
- **31** Rooms Marie Barbara Settupathy
- **32** Renuka City Hotel

Où manger ?

- **45** Havelock Place
- **46** Green Cabin
- **47** Beach Wadiya Restaurant
- **48** Amaravathi
- **49** Cricket Club Cafe
- **50** Gallery Cafe

Où faire *tea-time* ?

- **50** Gallery Cafe

Où boire un verre ?

- **49** Cricket Club Cafe
- **63** Bar ON14
- **64** Barefoot

Achats

- **64** Barefoot
- **73** Sri Lanka Tea Board

On prononce « touk-touk », même si « tut-tut » conviendrait bien vu l'addiction des chauffeurs au klaxon. Il demeure un moyen idéal pour se faufiler dans les embouteillages de Colombo... avec au passage une bolée de gaz d'échappement des autres véhicules !
Colombo se distingue par des *tuk-tuk* dotés de compteurs *(taxi meters)*. Compter une prise en charge d'env 100 Rs incluant les 2 premiers km, puis env 40-60 Rs/km. Les tarifs des *tuk-tuk* à Colombo sont plus élevés que dans les autres villes. La plupart des chauffeurs baragouinent le « srilanglais » !
– *Avertissement :* vérifiez que le compteur soit bien initialisé au début de la course. Si vous constatez qu'il ne s'incrémente pas, ou avez l'impression qu'il défile un peu trop vite, arrêtez immédiatement les frais, risque d'arnaque !

En taxi

N'utilisez que les radio-taxis, équipés de compteurs. Même tarification (et avertissements) que pour les *tuk-tuk* à compteur. Fuyez les taxis des grands hôtels, sans compteur, qui multiplient les prix par 3 ou 4. Une véritable escroquerie !
Il existe 2 bonnes compagnies à prix économiques que vous devez réserver :
Budget Taxis : *☎ 011-729-92-99. • budgettaxilk.com •* Cette excellente compagnie propose des petits modèles de la marque indienne *Tata*.
Kangaroo Cabs : *☎ 011-258-85-88. • 2588588.com •* Tarifs économiques. Flotte de voitures classiques.

À pied

La ville est très étendue, les trottoirs parfois en mauvais état et l'ensemble vite inondé lors de fortes pluies. Pour ceux qui voudraient flâner plusieurs jours dans Colombo, nous leur conseillons d'acheter en librairie le *A-Z Street Guide Colombo and Suburbs*, édité par Arjuna. Échelle 1/10 000 et 1/20 000. Disponible à la librairie *Vijitha Yapa Bookshop (plan I, A3,* ***10****).*

Adresses utiles

Infos touristiques

Sri Lanka Tourism Promotion Bureau *(office de tourisme ; plan I, A3)* **:** *80, Galle Rd, Colombo 3. ☎ 011-242-69-00. Également un nº de tél d'infos touristiques valable depuis tt le Sri Lanka : ☎ 19-12. • srilanka.travel • Tlj 7h-21h.* Accueil en anglais. Brochures et dépliants en anglais et en français. Demandez le mensuel gratuit *Travel Lanka*, plein d'infos. Bonnes infos générales. Pour les circuits de découverte, mieux vaut recourir aux agences de voyages.
■ ***Police touristique*** *(plan I, A3)* **:** *Sri Lanka Tourist Board, 80, Galle Rd (entrée discrète 30 m à droite de l'office de tourisme). ☎ 011-242-10-52. Ouv 24h/24.* En cas de vols, d'agressions, d'incidents divers (Colombo compte de fameux inspecteurs !). On y parle l'anglais.

Ambassades et visas

■ ***Ambassade de France*** *(hors plan I par B3)* **:** *89, Rosmead Pl, Colombo 7. ☎ 011-263-94-00. Urgences : ☎ 011-263-94-10. • lk.ambafrance.org • Lun-ven mat 8h30-13h, 14h30-18h.* En cas d'urgence, une permanence téléphonique est assurée le week-end.
■ ***Consulat honoraire de Belgique*** *(hors plan II par B1)* **:** *69/5B, Elvitigala Mawatha, Colombo 8. ☎ 011-267-41-41. • india.diplomatie.belgium.be • Lun-jeu 9h-12h.* L'ambassade de rattachement est celle de New Delhi, en Inde. L'assistance consulaire peut aussi être sollicitée auprès de l'ambassade des Pays-Bas à Colombo : *25, Torrington Ave, Colombo 7.*
■ ***Ambassade de Suisse*** *(hors plan I par B3)* **:** *63, Srimat R. G. Senanayake Mawatha (Gregory's Rd), Colombo 7.*

☎ 011-269-51-17. • eda.admin.ch/colombo • Lun-ven 8h30-11h30.

■ **Haut commissariat du Canada** (plan II, A1) **:** 33A, 5th Lane, Colpetty, Colombo 3. ☎ 011-522-62-32. • canadainternational.gc.ca/sri_lanka • Lun-ven 8h30-16h30 (13h30 ven).

■ **Ambassade des Maldives** (plan II, A2-3) **:** 25, Melbourn Ave, Colombo 4. ☎ 011-551-63-02. • maldivesembassy.lk •

■ ***Visas pour l'Inde - IVS Lanka*** (plan II, A2) **:** 129, Philip Gunawardena Rd, Thunmulla Junction, Colombo 4. ☎ 011-255-94-35 ou 36. • ivsvisalanka.com • Les autorités indiennes ont délégué à ce seul prestataire les démarches pour l'obtention d'un visa. Remplir très soigneusement le formulaire en ligne avant d'aller le déposer *(horaires de dépôt : lun-ven 8h30-14h ; de retrait : lun ven 16h-17h)*. Bien vérifier sur le site internet les autres documents à fournir. Compter environ 15 850 Rs (sri lankaises) et une bonne semaine de délai pour le visa de tourisme classique de 1 an, à régler en espèces exclusivement.

Pour un séjour de moins de 60 jours en Inde, préférer le *e-Tourist Visa (e-TV)* : moins cher, la démarche se fait entièrement en ligne, sur le site • indianvisaonline.gov.in/visa/tvoa.html •

■ ***Department of Immigration and Emigration*** (hors plan I par B2) **:** Suhurupaya, Sri Subhuthipura Rd, Battaramulla. Dans la banlieue est de Colombo. ☎ 011-532-90-00. • immigration.gov.lk • Lun-ven 9h-14h30. Fermé les w-e, j. de fête et de poya. Une demande de prolongation de visa doit être sollicitée 8 jours au moins avant l'expiration du 1er mois de séjour. Se munir de son billet d'avion, de son passeport, de ses bordereaux de change et de sa carte de paiement. Y aller de préférence à l'ouverture. Se faire accompagner, si possible, pour simplifier les démarches qui sont très procédurières. Pour une prolongation jusqu'à 2 mois au-delà de la limite de validité du visa, compter : 27 $ pour les Français et Suisses, 20 $ pour les Belges et 50 $ pour les Canadiens (qui roulent visiblement sur l'or !).

Compagnies aériennes

■ ***SriLankan Airlines*** (zoom A2, **4**) **:** World Trade Center, East Tower (3e étage), Colombo 1. ☎ 011-777-19-79. • srilankan.com • Billets, infos et confirmation de vols : ☎ 19-79. Tlj sf dim 8h30-17h.

■ ***Emirates*** (plan I, B3) **:** Hemas House, 75, Braybrooke Pl, Colombo 2. ☎ 011-470-40-70. • emirates.com • Au 7e étage. Lun-sam 8h30-17h (13h sam).

■ ***Gulf Air*** (plan I, A2) **:** 1, Justice Akbar Mawatha, Colombo 2. ☎ 011-235-98-88. • gulfair.com •

■ ***Air India*** (zoom A1) **:** Bristol Complex, 4, Bristol St, Colombo 1. ☎ 011-238-44-49. • airindia.com • Lun-ven 8h30-17h, sam 9h30-13h.

■ ***Kuwait Airways*** (plan I, A-B3) **:** 86, Dharmapala Mawatha, Colombo 7. ☎ 011-773-93-00. • kuwaitairways.com •

■ ***Qatar Airways*** (plan I, A3) **:** 147, Dharmapala Mawatha, Colombo 7. ☎ 011-557-00-00. • qatarairways.com •

■ ***Thai Airways*** (plan I, B3) **:** 3, Sir Earnest de Silva Mawatha, Colombo 3. ☎ 011-730-71-00.

■ ***Jet Airways* :** à l'aéroport. ☎ 011-247-53-75 ou 011-226-00-88.

Banques

– *Bon plan :* changez votre argent aux guichets de l'aéroport (taux comparable à celui des banques en ville). Sinon, plusieurs banques et bureaux de change *(tlj env 8h-19h)* dans York Street et Sir Baron Jayathilake Mawatha *(zoom A1)*, quartier du Fort ; d'autres le long de Galle Road, avec ATM. La plupart des hôtels chic pratiquent le change, mais avec un taux défavorable.

– *Les banques sont ouv lun-ven 9h-15h, parfois sam mat. Elles sont fermées dim et j. fériés.*

■ ***Bank of Ceylon*** (zoom A1, **6**) **:** 85, York St, Colombo 1. Tlj sf dim 8h30-16h30 (12h30 sam). Change et ATM.

■ ***Sampath Bank*** (plan I, B3, **5**) **:** 103, S/A Dharmapala Mawatha, Colombo 3. Tlj (même dim !) 7h-22h. Change et ATM.

LA RÉGION DE COLOMBO

Santé et urgences

■ ***Medi Calls*** *(plan II, A2)* **:** *5, Havelock Rd, Colombo 5. ☎ 011-255-66-05 ou 011-534-33-43. • medicallsonline.com •* Se déplace jour et nuit.

■ ***Médecin généraliste*** *(hors plan I par B3)* **:** ***Dr Lanka Wijesena,*** *56/3, Horton Pl, Colombo 7. ☎ 011-269-16-82.* Parle le français et se déplace à domicile.

■ ***Dentiste*** *(plan II, A1)* **:** ***Dr Chinniah,*** *84, Saint Anthony's Mawatha, Colombo 3. ☎ 011-257-44-94.*

■ ***Pharmacie Osu Sala*** *(plan I, B3,* ***7****)* **:** *255, Dharmapala Mawatha, près de Lipton Circus (officiellement De Soysa Circus), Colombo 7. ☎ 011-269-47-16. Ouv 24h/24.*

■ ***Pharmacie du supermarché Keel's*** *(plan I, A3,* ***10****)* **:** *Crescat Boulevard Shopping Hall, 89, Galle Rd, Colombo 3. Tlj 9h-21h30.* Au sous-sol de cette grande galerie marchande, le supermarché alimentaire abrite une pharmacie.

– ***Urgences :*** *☎ 110.* La ville compte quelques hôpitaux privés de qualité, dont :

✚ ***Nawaloka Hospital*** *(plan I, B3,* ***8****)* **:** *23, Deshamanya H. K. Dharmadasa Mawatha, Colombo 2. ☎ 011-557-71-11 ou 011-577-77-77. • nawaloka.com • Urgences 24h/24.* Hôpital cher, mais c'est le plus fiable.

✚ ***Lanka Hospitals*** *(plan II, B2,* ***9****)* **:** *578, Elvitigala Mawatha, Narahenpita, Colombo 5. ☎ 011-543-00-00 ou 80-84. Urgences (24h/24) : ☎ 15-66. • lankahospitals.com •* Très bon hôpital.

■ ***Pompiers*** *(Fire Department)* **:** *☎ 011-242-22-22.*

■ ***Ambulances médicalisées*** *(groupe Falck)* **:** *☎ 19-90.*

Poste, téléphone et Internet

✉ ***General Post Office*** *(plan I, B2)* **:** *Exchange Building, Dr Wijeyardena Mawatha, Colombo 10. Lun-sam 8h-21h.* Possède un service philatélique.

✉ ***Poste annexe*** *(zoom A1)* **:** *27, Bristol St. Tlj sf dim 7h-18h.*

@ ***Cybercafés :*** *2 cafés internet sur Bristol St, au 2e étage d'Hemas Building (zoom A1), face à l'annexe de la poste. Lun-ven 9h-18h.* En dépannage, car vous n'aurez aucune difficulté à vous connecter en wifi dans les hôtels, bars et certains restos.

Agences de voyages

Il y en a pléthore. Nous avons retenu celles qui sont spécialisées dans la clientèle francophone. N'hésitez pas à demander un devis depuis la France, ce qui permet de comparer les prix et les prestations proposées.

■ ***ACME Lanka Voyage*** *(ex-ACME Tours & Travels ; plan I, B3)* **:** *51/5, 5th Lane, Siddamulla, Piliyandala (Colombo). ☎ 011-270-12-98 ; en France : ☎ 09-70-44-94-68. • acmetours.com •* ACME (30 ans d'existence) s'est adjoint les services d'une nouvelle équipe de professionnels connaissant très bien le Sri Lanka. M. Gunaratne, francophone, répondra sans ambiguïté, grâce à son expérience de la clientèle francophone. Toutes prestations sur mesure, et billets d'avion internationaux *(• acmeairways.com •).* Propose des tours de 4 à 15 jours.

■ ***Connaissance de Ceylan*** *(plan II, B3)* **:** *Le Cube, 130, Highlevel Rd, Colombo 6. ☎ 011-470-64-00. 📱 077-375-41-14 ou 📱 077-777-22-32. • cdctrv@connaissance.lk • connaissance.lk • Tlj 24h/24.* Une excellente agence qui profite de sa longue expérience et de son savoir-faire. Le patron, francophile, éminente figure du tourisme, est secondé par sa femme française et une équipe francophone, dynamique et innovante, spécialisée dans les séjours sur mesure. Gamme de produits complète et variée, de l'excursion simple au circuit culturel, aventure ou nature, sans oublier les séjours balnéaires sur toute l'île, ou aux Maldives. Pour individuels et groupes, avec hébergement adapté à chacun, chez l'habitant sur demande. Accueil efficace et jovial. Demander entre autres Anushka ou Roshini.

■ ***Shanti Travel*** *(plan II, B2)* **:** *9/8, Suranimala Pl, Colombo 6. ☎ 011-465-45-00 (à Colombo) ou 09-70-44-96-86 (en France). • shantitravel.com •* Inutile de consulter votre horoscope avant de faire appel à cette excellente agence francophone spécialiste du sous-continent indien (la maison mère, fondée par un Breton aventureux, est à Delhi). Bénédicte, Françoise et toute l'équipe franco-sri lankaise connaissent le Sri Lanka comme le fond de leur poche et privilégient les hébergements de charme confidentiels. Ils s'adaptent à toutes les demandes et à tous les budgets : circuits culturels en voiture avec chauffeur, farniente sur les plages ou parcours aventure... Choisissez une formule sur mesure, en individuel ou en groupe selon vos préférences. Ils proposent aussi des treks avec bivouac dans la région de Kandy, des itinéraires à moto Royal Enfield ou des séjours de rêve aux Maldives, et même des extensions vers l'Inde du Sud.

■ ***Ceilao Tours*** *(hors plan II par B3)* **:** *18A, Indra Mawatha, Kalubowila, Dehiwala.* ☎ *011-430-09-12.* • *ceilaotours1@gmail.com* • *ceilaotours.com* • *À Paris :* ☎ *01-41-95-73-45 ou* 📱 *06-21-59-22-74.* • *ceilaotours@hotmail.com* • Une agence franco-sri lankaise qui bénéficie d'une quinzaine d'années d'expérience. Jagath, le responsable à Paris, répondra à vos questions et vous proposera un programme en fonction de vos souhaits et de votre budget. Voyages à la carte, circuits traditionnels et culturels, circuits aventure et écologiques, individuels et pour groupes. *Ceilao Tours* propose aussi des extensions aux Maldives.

■ ***ACME Travels*** *(plan II, B2)* **:** *246, Park Rd, Colombo 5.* ☎ *011-452-75-75.* • *info@acmetravels.com* • *acmetravels.com* • Cette agence est tenue par Shan, très efficace, qui parle notre langue et a l'habitude de la clientèle francophone. Toutes prestations sur mesure à un juste prix. Propose des tours de 4 à 15 jours et des excursions à la journée. Certains de leurs chauffeurs parlent un peu français et sont ravis de faire découvrir les merveilles du Sri Lanka.

■ ***Lion Royal*** *(plan I, B3)* **:** *45, Braybrooke St, Colombo 2.* ☎ *011-471-59-96.* • *info@lionroyaltourisme.com* • *lionroyaltourisme.com* • Nilan, le très aimable patron, propose des circuits clés en main (de 8 à 14 jours) et séjours à la carte aux individuels. Il propose des autotours avec chauffeur où vous choisissez vos hébergements (que l'agence réservera pour vous) dans le *Routard*. Bien aussi pour les groupes. Ici, les chauffeurs reçoivent une petite formation de guide touristique.

■ ***Olanka Travels*** **:** *87, Dutugamunu St, Kalubovila, Dehiwala.* ☎ *09-75-18-05-01,* 📱 *94-779-996-150.* • *olankatravels.com* • Grâce à son équipe de vente francophone ainsi qu'à son expérience, Olanka peut vous préparer un séjour à la découverte du Sri Lanka, côté nature et côté culture, qui vous laissera des souvenirs inoubliables.

Divers

■ ***Consigne*** **:** *à Fort Railway Station (plan I, A2), tlj 5h-21h.* Pratique si on ne reste qu'une journée à Colombo. Accessible depuis le quai (en étant théoriquement doté d'un ticket).

■ ***Alliance française*** *(plan II, B2,* ***11****)* **:** *11, Keppetipola Mawatha, Colombo 5.* ☎ *011-790-63-40 ou 011-205-52-55.* • *alliancefrancaise.lk* • *Lun-ven 8h30-17h et sam 8h30-13h.* Propose des séances de cinéma et un programme d'activités : concerts, expos, conférences, festivals de films documentaires... On peut aussi consulter les récents journaux et magazines de France, ou bien prendre des nouvelles du pays en regardant TV5. Une terrasse permet de rencontrer les étudiants sri lankais qui apprennent le français.

■ ***Vijitha Yapa Bookshop*** *(plan I, A3,* ***10****)* **:** *Crescat Boulevard Shopping Hall (1er sous-sol), 89, Galle Rd, Colombo 3.* ☎ *011-259-69-60.* • *vijithayapa.com* • *Tlj 9h30-18h.* Une librairie bien fournie avec un bon choix de cartes, de guides, de livres en anglais sur le Sri Lanka. Autres adresses où trouver cette librairie : *World Trade Center (zoom A2), Colombo 1 ; Unity Plaza (plan II, A2), 2, Galle Rd, Colombo 4.*

Loisirs

Les magazines *Travellanka (• travellanka.lk •)* ou *Time out (• timeout.*

com/sri-lanka ●), que l'on trouve dans les hôtels, restaurants et autres lieux touristiques, recensent les activités culturelles et loisirs. Où aller voir un bon film *Bollywood* made in India, ou un spectacle de danse sri lankaise (la troupe la plus célèbre étant *Sama Ballet*).

Sports et détente

– La plupart des hôtels chic sont équipés de piscines. On peut aller à celles du *Hilton* et du *Cinnamon Grand* (accès aux non-résidents pour env 2 000 Rs).
– Pas de plage digne de ce nom avant celle de *Mount Lavinia.*

Où dormir ?

Si les palaces sont nombreux dans la capitale, les hôtels de catégorie moyenne ou bon marché sont pratiquement inexistants, et les prix très élevés pour les prestations offertes. Sachez aussi que les agences de voyages négocient de bons prix dans les grands hôtels. Cela étant, on séjourne rarement longtemps à Colombo, l'intérêt de la ville étant limité.

Dans le Fort (zoom)

De bon marché à prix moyens (1 800-6 500 Rs / 12-43,30 €)

Central YMCA (zoom A1, **20**) **:** *39, Bristol St, Colombo 1. ☎ 011-232-52-52 ou 53. Dortoir 1 500 Rs/pers ; doubles sans ou avec sdb 2 600-6 600 Rs. (payant). (lobby slt).* C'est ancien, usé, rudimentaire, mais central. L'adresse est intéressante pour ses dortoirs de 10 à 16 lits sans clim, ses chambres *single* avec simple lavabo (sanitaires communs) ou même ses doubles avec sanitaires communs et ventilo. En revanche, les chambres climatisées sont trop chères pour le confort proposé. Pour ce prix, mieux vaut aller voir ailleurs. Dernier point : éviter les chambres donnant sur la rue, bruyante.

De chic à plus chic

Grand Oriental Hotel (zoom A1, **21**) **:** *2, York St, Colombo 1. ☎ 011-232-03-20. ● grandoriental.com ● Doubles 95-120 $, petit déj en sus.* Sans doute le plus vieil hôtel de Colombo encore debout. Ceux qui aiment la mer, les bateaux, les cargos, les conteneurs et les grues y prendront une chambre sur le port. En demander une dans les étages élevés (plus calme, plus de lumière). Littéraire et romantique, la n° 304 accueillit l'écrivain russe Tchekhov en 1890. Les chambres, confortables et grandes (dès la catégorie « standard »), ont été restaurées sans perdre leur patine ni leur charme. Bon resto au 4e étage, avec vue sur le port (voir « Où manger ? »).

Colombo City Hotel (zoom A2, **22**) **:** *33, Canal Row, Colombo 1. ☎ 011-534-19-62 ou 63. ● colombocityhotel.com ● Doubles env 60-80 $, petit déj inclus.* Un bon rapport qualité-prix-emplacement même si on peut lui trouver de petits défauts pas bien graves. Une cinquantaine de chambres impeccables et confortables, en grande partie orientées côté soleil, avec un balcon regardant les tours du World Trade Center. Celles qui donnent à l'arrière sont un peu plus confinées. On aime bien la salle de restaurant au 5e étage, et sa terrasse où l'on prend les petits déjeuners.

Dans le centre (quartier de Slave Island et downtown ; plan I, A-B2-3)

Prix moyens (3 500-6 500 Rs / 23,30-43,30 €)

YWCA (plan I, B3, **25**) **:** *393, Union Pl (Dr Colvin R. de Silva Mawatha), Colombo 2. ☎ 011-232-41-81. ● ywcacolombo.com ● Fourchette hte.* Dans ces quelques ruelles résidentielles, 3 superbes maisons coloniales, rescapées au milieu des gratte-ciel, abritent une dizaine de chambres au fond d'un joli jardin. Grand salon désuet mais charmant ; des chambres impeccables aux meubles anciens. Toutes sont très propres, hautes de plafond, avec ventilo (ou AC, pour les plus chères), moustiquaire et salle d'eau modeste. La plupart ont 4 lits. Ouvert aux garçons et aux filles, bien que le nom de l'auberge soit « *Colombo Young Women's Christian Association* ». Terrasse. Bon accueil. Une adresse qui a un certain charme.

🏠 ***YWCA National Headquarters*** *(plan I, A3, **26**) : 7, Rotunda Gardens, Colombo 3.* ☎ *011-232-34-98.* • *natywca@sltnet.lk* • Dans une agréable demeure ancienne, calme, propre et sûre. Le patio donne sur un joli petit jardin. Accepte les filles seules, mais dans ce cas les douches sont communes. Les couples sont admis, mais pas les garçons seuls. Chambres presque coquettes, avec ventilo et sanitaires, certaines avec véranda sur le patio. Cafétéria bon marché *(fermée dim).*

Plus chic

🏠 ***Metro City Hotel*** *(plan I, A2, **23**) : 122, Justice Akbar Mawatha, Colombo 2.* ☎ *011-232-11-33.* • *metrocityhotel.com* • *Doubles env 50-60 $.* Adresse sans fard mais bien située pour rayonner autour de Galle Road, Fort, Pettah ou le quartier des musées. Chambres de taille moyenne correctement équipées et décorées de façon moderne. À chacune son défaut : celles sur rue sont bruyantes mais lumineuses, les autres sont plus calmes mais donnent sur des puits d'aération. Bon accueil. Correct pour un court séjour.

🏠 ***Lake Lodge*** *(plan I, B3, **27**) : 20, Alvis Terrace (Dharmapala Mawatha), Colpetty, Colombo 3.* ☎ *011-242-42-46.* • *taruvillas.com* • *Doubles et suites 90-120 $ selon étage, petit déj inclus. CB acceptées.* Cette maison blanche, au calme, propose une grosse dizaine de chambres vastes et superbement aménagées. Avec ses grands volumes et sa décoration moderne très épurée – effets « béton ciré » anthracite et vieux teck –, la maison dégage quelque chose de zen et de très plaisant. Au 1er étage, 2 terrasses fleuries, aménagées de petites tables, complètent une agréable véranda où se prennent de plantureux petits déjeuners. Au rez-de-chaussée, les salons meublés avec chic, bien vastes, où canapés et fauteuils tendent leurs coussins aux hôtes. Une adresse élégante.

🏠 ***Ramada Colombo*** *(plan I, A2-3, **28**) : 30, Sir M. Macan Markar Mawatha, Colombo 3.* ☎ *011-242-20-01.* • *ramadacolombo.com* • *Doubles env 100-130 $. CB acceptées.* Un grand hôtel moderne bien situé, et *so chic* avec son architecture orientalisante, son vaste hall d'entrée en marbre et ses lustres clinquants. Une centaine de chambres standardisées, spacieuses et confortables. Piscine dans le jardin intérieur et espace fitness. Le petit déj se prend dans une grande salle, qui, à l'heure du thé, présente un délicieux buffet de pâtisseries à prix sages.

Très chic

🏠 ***Galle Face Hotel*** *(plan I, A3, **29**) : 2, Kollupitiya Rd, Colombo 3.* ☎ *011-254-10-10 à 16.* • *gallefacehotel.com* • *Doubles et suites 130-230 $.* À 1 km au sud du Fort, voici l'un des plus anciens hôtels d'Asie (1864). Ce massif monument de style colonial, chargé d'histoire et d'anecdotes, a hébergé tous les grands de ce monde : un défilé de têtes couronnées et de stars à affoler les paparazzis de la presse people. Duke Ellington, Alec Guinness, Youri Gagarine, Ursula Andress, et même le maréchal Tito. Composé de 2 ailes, il abrite 2 restaurants et 3 bars, ainsi qu'un pub donnant sur l'avenue. Les chambres ont du caractère, du charme et du style ; les plus belles, pas de mystère, sont aussi les plus chères. Le soir, boire un verre au bar dans le jardin est un grand moment. Piscine d'eau de mer avec petite plage de sable en contrebas. Spa.

Du côté de Cinnamon Gardens (hors plan I par B3)

Spécial coup de folie

🏠 ***Tintagel*** *(hors plan I par B3, **33**) : 65, Rosmead Pl, Colombo 7.* ☎ *011-460-21-22.* • *paradiseroadhotels.*

com • Doubles min 310 €, petit déj compris. 💻 📶 Dans le quartier le plus chic de la capitale, cette résidence très british est célébrissime puisqu'elle appartient à la famille Bandaranaike. Tout est calme et cosy dans le style colonial *Far East.* Petite piscine tout en longueur, resto à la terrasse bien plaisante. 2 maîtres mots : élégance et raffinement. Le paradis n'est pas loin.

Au sud : quartiers de Bambalapitiya et Wellawatta (plan II)

🏠 ***Chelsea Gardens Guesthouse*** *(plan II, A1,* ***24****) : 20, Chelsea Gardens, Colombo 3. ☎ 011-257-30-95. 📱 076-939-88-96. • chelseagardens20@gmail.com •* 📶 Dans sa maison aux jolis meubles anciens, aux nombreux souvenirs de famille, Padmini, l'aimable maîtresse francophone des lieux, a été l'une des premières à ouvrir sa maison aux touristes à Colombo. Elle propose 4 chambres, dont une seule (pour 1 personne) avec clim. On a un petit faible pour la chambre dans la maisonnette, au bord du jardin verdoyant. C'est d'ailleurs dans ce jardin que se prennent les petits déjeuners. Confitures maison. Une adresse attachante où règne une belle atmosphère. Si c'est complet, Padmini vous proposera sûrement une chambre dans l'appartement de son fils, voisin (3 chambres dont 2 avec salle de bains commune, un peu moins bien tenues).

De bon marché à prix moyens (2 000-4 500 Rs / 13,30-30 €)

🏠 ***Chanuka Tourist Guesthouse*** *(plan II, A3,* ***30****) : 29, Frances Rd, Colombo 6. ☎ 011-258-58-83. • chanukatouristguest.com •* 📶 C'est une maison particulière, des années 1960. Les chambres sont sans prétention, mais de confort suffisant (clim ou ventilo, salle de bains privée).

🏠 ***Rooms Marie Barbara Settupathy*** *(plan II, A2,* ***31****) : 23/2, Shruberry Gardens, Colombo 4. ☎ 011-258-79-64. • jbs@slt.lk • Pas de petit déj.* L'église *Church of Christ* (évangélique) marque l'entrée d'une impasse au fond de laquelle se trouve cette maison aux balcons fleuris qui propose 6 chambres correctes et bien tenues. Clim pour les plus chères. Bon accueil.

Chic

🏠 ***Renuka City Hotel*** *(plan II, A1,* ***32****) : 328, Galle Rd, Colombo 3. ☎ 011-257-35-98. • renukahotel.com • Doubles 60-75 $ selon confort. CB acceptées.* 💻 📶 Un établissement de 100 chambres impeccables, qui répondent au standard international (AC, frigo, téléphone...). Elles se répartissent au sein de 2 bâtiments, de part et d'autre de la rue. Piscine sur le toit.

Où manger ?

Dans le Fort (zoom)

Prix moyens (1 000-2 000 Rs / 6,70-13,30 €)

🍴 ***Les restos du Dutch Hospital*** *(zoom A2,* ***40****) : Bank of Ceylon Mawatha. Tlj 11h-14h30, 18h30-23h.* L'ancien hôpital hollandais du XVIIᵉ s a été joliment restauré et son patio accueille aujourd'hui une poignée de restos aux terrasses déployées sous les arcades. Le midi, de nombreux cols blancs et employés descendus des tours du World Trade Center y déjeunent. Le cadre est plaisant, à l'écart de la circulation. On ne vous conseille pas d'adresse en particulier (les restos sont tous valables, chacun dans sa spécialité). Allez-y plutôt selon vos envies du moment. Plusieurs proposent un *lunch special* à prix raisonnable. Mais l'addition pourra atteindre sans difficulté la catégorie « Chic », selon le resto et le plat choisis.

🍴 ***The Harbour Room*** *(zoom A1,* ***21****) :*

2, York St. ☎ *011-232-03-20. Ouv 10h-minuit. Buffet : midi lun-mer 1 500 Rs ; soir ven-dim 1 900 Rs.* Ce resto du *Grand Oriental Hotel* est l'un des doyens de la ville (1875). Au 4e et dernier étage, réserver près de la grande baie pour la vue de choix sur le port de Colombo et les containers en partance. Cadre désuet au charme suranné, atmosphère d'un autre temps. On aime, ou pas. Buffet réputé. Cuisine locale et européenne. Vins au verre (si, si !).

Downtown *(plan I, A-B3)*

De bon marché à prix moyens (max 2 000 Rs / 13,30 €)

I●I 🍷 ***In On the Green*** *(plan I, A3,* ***29****)* **:** *2, Galle Rd, Colombo 3.* ☎ *011-254-10-10. Tlj 12h-minuit.* En entrant dans le pub traditionnel du *Galle Face Hotel,* on s'attend à une clientèle snob et une ambiance empesée. Que nenni, les consommateurs sont des trentenaires sri lankais bon enfant, venus socialiser et boire une bière entre collègues (pression à l'envi !) ou déguster un plat de pub, dont l'indéboulonnable *fish & chips.* À vous de vous faire des potes en poussant la note lors des scènes ouvertes (mardi), en aidant les tables voisines à répondre au quiz en anglais (mercredi) ou en reprenant en chœur les chansons des groupes en live (du jeudi au samedi).

I●I ***Food Court – Crescat Boulevard Shopping Hall*** *(plan I, A3,* ***10****)* **:** *89, Galle Rd, Colombo 3. Tlj 10h-22h.* Au sous-sol de ce grand centre commercial, une douzaine de stands de cuisine fast-food proposent des plats sri lankais, chinois, thaïs, malais, asiatiques en général. Il y a même des pizzas. C'est très propre, pas cher du tout et très animé, même si la dégustation se fait dans un environnement pas très glamour.

De chic à plus chic (plus de 2 000 Rs / 13,30 €)

I●I ***1864*** *(Galle Face Hotel ; plan I, A3,* ***29****)* **:** *2, Galle Rd, Colombo 3.* ☎ *011-254-10-10. Tlj 19h-minuit (dès 17h pour le bar).* Saumon de Tasmanie mariné à la vanille, crème brûlée au foie gras d'oie, crottins de chèvre... le palais ne perd pas son temps dans cet excellent restaurant du *Galle Face Hotel.* Une fine gastronomie à déguster dans des alcôves vitrées donnant sur les jardins et l'océan, ou dans une grande salle chaleureuse aux murs de brique brute. Service classe bien à la hauteur. Quant aux prix, ils restent bien réfléchis, sauf pour la carte des vins et les viandes au BBQ, qui flambent un peu le budget.

I●I ***Nuga Gama*** *(Cinnamon Grand Hotel ; plan I, A3,* ***42****)* **:** *77, Galle Rd, Colombo 3.* ☎ *011-243-74-37. Au fond à droite du lobby, puis fléché. Ouv le soir slt, plus midi w-e. Pas de carte ; buffet env 3 000 Rs.* Un rien dissimulé, un resto surprenant, avec des tables installées à l'ombre d'un vénérable banian, ces arbres au tronc si impressionnant. L'endroit est intime, le soir, à la lueur des torches, et on oublie vite le luxe ostentatoire du hall de l'hôtel. Pas de carte, mais un copieux buffet installé sous une paillote, qui permet de découvrir différentes spécialités sri lankaises. C'est goûteux. Au dîner, groupe de musique traditionnelle pour l'ambiance. Une belle surprise. Attention aux boissons qui font vite grimper la note.

I●I ***Café Français*** *(plan I, B3,* ***44****)* **:** *48, Park St.* ☎ *011-450-26-02. Tlj 9h (16h lun)-23h.* Un resto-bistrot vraiment français, pour tous les fatigués du *rice & curry.* Cadre façon *lounge* contemporain chaleureux avec lumière tamisée et tout et tout. La qualité est au rendez-vous dans l'assiette et pour cause, les chefs ne sont autres que les frères Pourcel. Cuisine créative où la viande tient une bonne place, tant en grillades qu'en burgers. Également une belle sélection de poissons et de bons desserts. Le seul danger : la carte des vins, bien choisis, mais qui donne vite la gueule de bois au porte-monnaie ! Très agréable aussi dans la matinée ou l'après-midi pour un café ou un goûter.

I●I ***Navratna*** *(Taj Samudra Hotel ; plan I, A2-3,* ***43****)* **:** *25, Galle Face Centre Rd.* ☎ *011-244-66-22. Tlj midi et soir. Min 3 000 Rs/repas.* C'est le resto indien de l'hôtel, l'un des plus luxueux de la ville. Atmosphère animée dans un décor plutôt sobre et pas trop kitsch. Savoureuse cuisine indienne et vin au verre. Piano-bar et musique internationale alternant avec des musiciens traditionnels.

Dans les quartiers sud (plan II)

Bon marché (max 1 000 Rs / 6,70 €)

|●| ***Green Cabin*** *(plan II, A2,* ***46****) : 453, Galle Rd, Colombo 3. ☎ 011-258-88-11. Ouv 11h30-15h30, 18h30-minuit. CB acceptées.* Un bon resto dont la façade cache un agréable patio, embelli par quelques plantes vertes (d'ailleurs tout est vert !). Raffiné et chaleureux à la fois. Cuisine sri lankaise traditionnelle. On y mange de bons *string hopper* (nouilles du Sri Lanka) et des *gothamba* (sortes de crêpes très fines).

Prix moyens (1 000-2 000 Rs / 6,70-13,30 €)

|●| ***Amaravathi*** *(plan II, A1,* ***48****) : 2, Mile Post Ave, Colombo 3. ☎ 011-257-74-18. Dans la ruelle qui part en face du* Renuka City Hotel. *Tlj 11h-15h30, 18h30-23h.* Ce restaurant, discret dans son coin à l'écart de la circulation, sert une cuisine indienne savoureuse. Salle triste s'il n'y a personne, heureusement il y a souvent du monde...

|●| ***Cricket Club Cafe*** *(plan II, A1,* ***49****) : 12, Flower Rd, Colombo 3. ☎ 011-257-43-94. Tlj 11h-23h.* Une adresse de charme consacrée au cricket, le sport national. Les murs sont tapissés de trophées et de photos. Carte de *pub food,* avec des soupes, salades, pâtes, etc. Grand choix de bières et de bons vins australiens qui peuvent être servis au verre. Une adresse incontournable, à éviter les soirs de retransmission de match... à moins d'être fan, évidemment !

|●| ***Havelock Place*** *(plan II, B2-3,* ***45****) : 6-8, Havelock Pl, Colombo 5. ☎ 011-258-51-91. Prendre la ruelle en face des terrains de cricket. Tlj 7h30-22h. CB acceptées.* À l'écart de l'agitation, une agréable maison coloniale avec ses meubles à l'ancienne, sa micropiscine et son ambiance sereine où l'on donne le temps au temps pour déguster une excellente cuisine fusion, « srilankoccidentale ». Les plats sont truffés d'inventivité, bien présentés et servis dans les règles de l'art. Gardez une place pour les (excellentes) glaces maison aux parfums hors du commun.

|●| ***Beach Wadiya Restaurant*** *(plan II, A3,* ***47****) : 2, Station Ave, Wellawatta, Colombo 6. ☎ 011-258-85-68. À 150 m au nord de la Wellawatta Railway Station. Traverser la voie ferrée (sans danger). Tlj 11h-15h30, 18h30-23h. Résa indispensable le soir. CB acceptées.* Un drôle d'endroit, style cabane en bambou les pieds dans le sable, face à la mer. Depuis longtemps, Olwyn régale ses clients avec ses poissons et ses crustacés. Attention : prix d'un restaurant chic si vous vous offrez le grand jeu avec crustacés, poisson et un bon vin.

Chic (2 000-3 500 Rs / 13,30-23,30 €)

|●| ***Gallery Cafe*** *(plan II, A1-2,* ***50****) : 2, Alfred House Rd, Colombo 3. ☎ 011-258-21-62. Ouv 10h-minuit. CB acceptées.* Adresse exceptionnelle. C'est l'ancien atelier de l'architecte Geoffrey Bawa, reconverti en restaurant glamour, chic et chérot. Superbe succession de patios avec bassin, jolie cour entourée d'une galerie couverte, quelques tables et chaises en fer forgé. Lumière tamisée, musique douce, ambiance raffinée, serveurs aussi élégants que la déco... un pur délice ! Menu au déjeuner, carte de spécialités permanentes et plat du jour sur un grand tableau noir. Belle carte des vins, servis aussi au verre. Idéal pour un dîner en amoureux. Expo permanente d'œuvres d'artistes et boutique réputée pour sa sélection d'objets tout droit sortis d'un magazine de décoration.

Où faire *tea-time* ?

T Lounge (zoom A1, **60**) : *62, Chatham St. ☎ 011-244-71-68. Tlj 11h-23h.* Déco moderne, chic et branchée pour ce salon de thé en vue qui propose des dizaines de thés aromatisés, comme jamais vous n'en avez goûté. Certes, ce n'est pas donné... Gâteaux, crêpes pour une petite faim.

Gallery Cafe (plan II, A1-2, **50**) : *2, Alfred House Rd, Colombo 3. Voir plus haut « Où manger ? ». Ouv 10h-minuit.* Si on ne veut pas griller son budget vacances en y mangeant, le lieu se prête volontiers à un *tea for two* et *two for tea* autour d'une bien belle pâtisserie.

Où boire un verre ? Où sortir ?

In On the Green (Galle Face Hotel ; plan I, A3, **29**) : *2, Galle Rd, Colombo 3. ☎ 011-254-10-10. Tlj 12h-minuit.* Ambiance non pas *so British* mais *so Srilankan* fort appréciable et bon choix de bières. Bien aussi pour mettre un peu de solide dans le liquide, voir « Où manger ? ».

Cricket Club Cafe (plan II, A1, **49**) : *12, Flower Rd, Colombo 3. ☎ 011-257-43-94. Voir « Où manger ? ».* Un lieu de rendez-vous où l'on boit plus que de raison en regardant des matchs de cricket, qui échauffent tant les clients certains soirs...

Taphouse by RnR (zoom A1-2, **61**) : *Dutch Hospital Complex, Colombo 1. Tlj 11h-23h.* Pub-resto dont la terrasse envahit le 2^d^ patio du Dutch Hospital. Pas mal d'animation à l'apéro lors des concerts en plein air, du mercredi au samedi, à partir de 20h. Bon choix de bière au mug, au *pitcher* et même à la colonne : plusieurs litres viennent alors trôner sur votre table...

Bar ON14 (Ozo Hotel ; plan II, A3, **63**) : *36-38, Clifford Pl, Colombo 4. Au dernier étage de l'hôtel Ozo. ☎ 011-255-55-70. Tlj 11h-2h.* Superbe vue à 360° depuis ce bar perché au 14e étage. Le centre de Colombo au nord, Mount Lavinia au sud et l'océan jusqu'à l'infini à l'ouest. Couchers de soleil sublimes. Quant à la piscine à débordement, ne rêvez pas, elle est réservée aux clients de l'hôtel.

Barefoot (plan II, A2, **64**) : *704, Galle Rd, Colombo 3. ☎ 011-258-93-05. Lun-sam 10h-19h, dim 11h-18h.* Tout au fond de la succession de pièces colorées de la boutique, un jardin à l'agréable et fraîche (si on peut dire !) tonnelle abrite une vingtaine de tables. Un peu surévalué côté repas, on peut y prendre un verre, un café, un thé avant de reprendre ses emplettes.

♫ La vie nocturne est quasi inexistante à Colombo. La plupart des grands hôtels ont leurs propres boîtes de nuit assez luxueuses et bling-bling, fréquentées en fin de semaine par la jeunesse dorée, des touristes de passage et des expatriés. Tenue correcte et droit d'entrée généralement exigés. Incontournable de Colombo *by night*, le **B 52** *(Grand Oriental Hotel ; zoom A1, **21**) : York St. Jeu-dim 20h30-4h. Gratuit.*

Achats

Odel (plan I, B3, **70**) : *5, Alexandra Pl, Lipton Circus (De Soysa Circus), Colombo 7. Tlj 10h-20h. • odel.lk • CB acceptées.* *Odel* ? Tout le monde connaît ! Grand magasin sur 3 étages où l'on trouve T-shirts, chaussures, vêtements de sport, objets de décoration, parfumerie et cosmétiques. Le tout très bien présenté, dans le cadre d'une superbe maison coloniale modernisée.

Paradise Road (plan I, B3, **71**) : *213, Dharmapala Mawatha, Colombo 7. ☎ 011-268-60-43. • paradiseroad.lk • Tlj 10h-19h. CB acceptées.* Dans cette charmante villa, on trouve des objets exceptionnels d'artisanat, tendance asiatique et de qualité. Des lampes, des jouets, des gadgets, des meubles, des tissus, etc. d'un goût exquis. Une véritable caverne d'Ali Baba... Également une 2de boutique à côté du restaurant *Gallery Cafe (plan II, A1-2, **50**).*

Mlesna Tea Centre *(plan I, A3, **72**)* **:** *Liberty Plaza, Colombo 3. Au rdc du centre commercial.* ☎ *011-257-45-45.* • *mlesnateas.com* • *Lun-sam 10h-18h30.* Très grand choix de thés, joliment présentés et à des prix très raisonnables. Succursale au *Crescat Boulevard Shopping Hall (plan I, A3, **10**).*

Sri Lanka Tea Board *(plan II, A1, **73**)* **:** *574, Galle Rd, Colombo 3.* ☎ *011-258-78-14.* • *pureceylontea.com* • *Tlj 10h-19h30.* C'est la vitrine de la chambre de commerce des planteurs de thé. Sachets ou feuilles, pur ou aromatisé, packaging parfois très original : que cette boisson soit votre tasse de thé ou pas, plein d'idées cadeaux à glaner ici.

Barefoot *(plan II, A2, **64**)* **:** *704, Galle Rd, Colombo 3.* ☎ *011-258-93-05. Lun-sam 10h-19h, dim 11h-18h.* De très beaux tissus d'intérieur, des vêtements, des sarongs, pas mal d'objets originaux, meubles, ustensiles, coussins, objets divers, souvenirs et cartes postales. Beau rayon de librairie. Tout y est de qualité et sélectionné avec goût. On vous a déjà parlé du café dans le jardin, voir « Où boire un verre ? Où sortir ? ».

Crescat Boulevard Shopping Hall *(plan I, A3, **10**)* **:** *89, Galle Rd, Colombo 3. Tlj.* Galerie marchande regroupant de nombreux magasins (librairie, vêtements, chaussures...), un supermarché ***Keels,*** bien approvisionné *(tlj 10h-21h),* et un ***Food Court,*** au sous-sol (voir « Où manger ? »).

À voir

Colombo étale sur 35 km un urbanisme éclectique et des monuments de styles variés, vestiges du passé colonial. Rien, toutefois, qui vous retiendra plus qu'il ne faut.

Le Fort *(zoom)* **:** un quartier que l'on parcourt aisément à pied. Chatham et York Streets *(zoom A1)* gardent un goût de XIXe s. Sur York Street, justement, ***Laksala,*** un magasin d'État, propose des produits d'artisanat local (pas terrible, il faut l'avouer). Ne manquez pas ***Cargill's*** et ***Miller's*** *(zoom A1).* Dans un bâtiment en brique rouge bâti par les Anglais au début du XXe s et jamais restauré depuis, ces anciens grands magasins sont d'ailleurs plus intéressants pour leur architecture que pour leur contenu miteux. En haut de la rue, pour accéder à ***Saint Peter,*** l'ancienne salle de bal de la résidence du gouverneur hollandais transformée en église anglicane il y a deux siècles *(ouv en général 8h-17h),* il faut longer les arcades depuis le *Grand Oriental Hotel (zoom A1, **21**).* Sur les murs, à l'intérieur, figurent des ex-voto, à la mémoire des disparus : chute de cheval, accident de voiture, ou noyade, mais aussi plus tropicale, comme croqués par le tigre !
À proximité de la résidence présidentielle, plusieurs rues du quartier sont bouclées, rendant sa visite malcommode. Descendez vers le sud en empruntant la Sir Baron Javathilake, puis Janadipathi Mawatha bordée par de nobles bâtisses de style colonial. Pointant le centre du quartier, la ***Clock Tower*** est un ancien phare. Elle est également la référence kilométrique des routes du pays partant de Colombo.
Plus au sud, le ***Dutch Hospital*** converti au tourisme (spa, pub, restaurant) mérite un petit détour avec ses grands volets de bois, ses arcades et son ambiance *Colom-bobo...* En face, le moderne ***World Trade Center*** projette ses tours jumelles dans le XXIe s et les affaires.
Au nord de l'ancien parlement, ***Marine Drive*** est bordée à gauche par une haute digue masquant l'océan et à droite par des casernements. À l'extrémité, on passe sous le ***Chaitiya,*** une pagode très béton, juchée sur de hautes pattes. Dédiée au Bouddha pour le 2 500e anniversaire de sa naissance, elle fut financée par les marins du port. On rebrousse ensuite chemin, car *Church Street* est interdite au public.

Pettah *(plan I, A-B1)* **:** quartier populaire et commerçant situé à l'est du Fort. Les échoppes de Main Street proposent des vêtements, des bijoux, des tissus, toutes sortes d'objets, de la quincaillerie... À voir pour l'agitation fébrile qui y

règne, notamment au ***marché*** alimentaire. Si la partie réservée à la boucherie est peu appétissante (âmes sensibles, s'abstenir !), vous pouvez vous attarder devant les étalages de fruits et légumes, ou les monceaux de poisson séché. Sur ***Sea Beach Road,*** entre les boutiques des joailliers se mêlent des échoppes plus étranges : des pharmacies, pleines de surprenants remèdes composés d'herbes et de fragments d'animaux séchés. ***Trois temples hindous*** *(kovil)* se distinguent par leur façade surmontée d'un amas de sculptures peintes aux couleurs vives représentant des divinités protectrices ou démoniaques.
Dans ***Prince Street,*** au nº 95, une vieille maison, qui fut successivement un orphelinat puis un séminaire catholique avant de devenir un hôpital puis un bureau de poste, a été restaurée pour abriter finalement le ***Dutch Period Museum*** *(musée de l'Époque hollandaise ; plan I, B1). Tlj sf dim-lun 9h-17h. Entrée : 10 Rs.* Installé dans le bâtiment de style colonial (1780) de l'ancienne mairie hollandaise. On voit bien ce qu'étaient les demeures des riches colons du XVIIIe s, inspirées des maisons typiques de leur pays et construites autour d'un petit jardin avec un puits. Belles collections d'objets et de meubles, malheureusement assez mal présentées...
– ***La mosquée Jami-ul-Alfar*** *(plan I, B1) : 2nd Cross St, à quelques mètres du Dutch Period Museum.* Elle se remarque par sa façade peinte en rouge et blanc. Intérieur partiellement accessibles aux hommes seulement, en pantalons... les autres ne perdent rien.
– Encore un peu plus loin, vos pas vous conduiront vers l'***ancien hôtel de ville*** britannique *(Old Town Hall ; plan I, B1),* un cube de style gothique à l'anglaise qui abrite au 1er étage une reconstitution du conseil municipal de 1906 (prévoir une donation). Juste derrière une petite halle abrite un marché (sans intérêt, lui). Plus loin, la ***Wolvendaal Church*** *(plan I, B1),* la plus ancienne église de Colombo (1749). Son intérieur en forme de croix byzantine, très austère, correspond bien à la rigueur de l'Église réformée hollandaise. Notez quand même la belle chaire en bois ouvragé, les fonds baptismaux et le banc destiné aux notables d'alors. Son nom, « vallée des loups », vient de la faible connaissance des colons hollandais de la chose animale (ils avaient pris des chacals pour des loups !).

Sri Ponnambala Vaneswara *(hors plan I par B1) : 38, Sri Ramannatham Rd, à 2 km à l'est de Pettah. Tlj 5h30-11h30, 16h-20h30.* Sans conteste le monument le plus intéressant de Colombo, ce temple hindou construit vers 1860 est la reproduction fidèle de ceux que l'on peut voir en Inde du Sud. Un vaste déambulatoire ponctué de colonnes, chapiteaux, pinacles, à la fois massifs et très ouvragés, dessert des autels où s'entassent les offrandes colorées des nombreux fidèles. Ambiance dévote aux senteurs d'épices, statues de divinités couvertes de fleurs, bougies éclairant la semi-pénombre, mélopées et mains jointes, saris chatoyants : tout y est. Chaque soir, vers 18h30, possibilité d'assister à une intéressante cérémonie *(poya).*

Galle Face Green *(plan I, A2) :* prononcer « Gôl Féce Grine ». Ce grand terrain vague(ment) vert fut un champ de courses où manœuvraient les troupes britanniques ; aujourd'hui, sur une petite portion, tout Colombo s'y rassemble aux heures fraîches du soir pour regarder les enfants jouer au cerf-volant, contempler le soleil couchant et draguer le chaland. Le soir, quelques restaurants ambulants s'installent dans la partie située devant l'hôtel *Taj.* Un peu le contre-pied de ce qui se passe autour, dans les hôtels très chic de la capitale. Profitons encore de l'air du large... un pharaonique projet de 20 milliards de dollars prévoit de bâtir ex nihilo, en gagnant sur l'océan, un vaste complexe baptisé ***Colombo Port City,*** fait de marina, hôtels de luxe et casino. Après la construction de l'immonde ***Lotus Tower*** qui perfore les nuages à l'arrière du lac Beira, voilà que la mégalomanie pointe son nez au ras des flots.

Galle Face Hotel *(plan I, A3) : 2, Galle Rd.* Ce « palais tropical » se dresse face à l'océan Indien, vestige glorieux d'une époque coloniale révolue. Inauguré en 1864, le *Galle Face Hotel* est le doyen d'une grande famille de palaces qui compte des trésors du patrimoine hôtelier d'Asie, comme le *Raffles* à Singapour, le *Strand* à Rangoon (Birmanie), l'*Oriental* à Bangkok, l'*Eastern & Oriental* à Penang (Malaisie), le *Peninsula* à Hong Kong sans oublier le *Métropole* à Hanoi. Aéré par la brise océanique, il regarde le large telle une légende tournée vers le couchant. Pour mesurer sa longue histoire, lire la liste des hôtes célèbres gravée dans le marbre du hall d'entrée : tout le gotha semble avoir séjourné ici. Si vous êtes en fonds, il ne tient qu'à vous...

Seema Malakaya Temple *(plan I, B3)* **:** *sur le lac. On y accède par Sir James Peiris Mawatha. Entrée : 300 Rs.* Il s'agit d'un édifice contemporain particulièrement réussi, conçu par le plus célèbre architecte contemporain du Sri Lanka, Geoffrey Bawa.

Gangaramaya Temple *(plan I, B3)* **:** *61, Sri Jinarathana Rd, Colombo 2. Tlj 7h-20h. Entrée : 300 Rs.* Un lieu plein de magie qui laisse imaginer ce qu'aurait pu être un mantra si Prévert avait été moine bouddhique... Car ce temple, vénéré par une foule de croyants, accumule un inventaire incroyable d'objets improbables dans un lieu religieux : certes, des représentations de Bouddha dans toutes les positions que le protocole autorise, de toutes les tailles (le plus petit mesure à peine 2-3 mm), dans toutes les matières (or, argent, cristal, bronze, ivoire...). Mais aussi de vieilles et nobles Rolls et Mercedes et autre canon exposés dans la cour. Des coffres-forts de l'époque anglaise, des fusils, des statues africaines, des lunettes, des appareils photo. Un véritable inventaire à la Prévert vous dit-on !

National Museum *(Musée national ; plan I, B3)* **:** *sur Albert Crescent. ☎ 011-259-53-66. Bus nº 138 depuis Pettah et le Fort. Tlj 9h-18h, sf poya, Noël et certaines fêtes religieuses. Entrée : 600 Rs (incluant le musée d'Histoire naturelle) et 250 Rs pour les appareils photo.*
Installé dans un beau bâtiment à l'architecture coloniale de la fin du XIXᵉ s, ce musée est en cours de restauration, ce qui limite les collections visibles et peut modifier l'ordre, voire le contenu, du descriptif qui suit :
- ***Salle 1 :*** consacrée à la période préhistorique et aux premières traces de l'homme sur l'île. Ce n'est pas la partie la plus passionnante...
- ***Salles 2 à 5 : périodes d'Anuradhapura, de Polonnaruwa et de Kandy.*** Dans la salle 2, superbes bronzes, datant principalement des IXᵉ et Xᵉ s. Notez cette lampe suspendue très ouvragée, chapeautée par un éléphant et son cornac. Dans les salles 3 et 4, élégant *Sundaramurti swami* du XIIᵉ s, de sensuelles *Parvati* de Polonnaruwa, un Shiva dans sa roue de feu, plus de délicats petits bronzes (cobras, bouddhas debout et assis, Brahma, Vishnu, etc.). Également une collection d'armes. Dans la pièce suivante, difficile de louper le trône offert au roi Wimaladharmasuriya II (on ne le répétera pas...) par les Hollandais en 1693.
- ***Salle 6 :*** abrite une importante collection de piliers, frises, chapiteaux, statues en pierre, pierres tombales. La plupart de ces pièces datent du IIIᵉ s (époque de Anuradhapura et de Polonnaruwa) jusqu'à l'époque coloniale.
- ***Salle 7 :*** exposition de fresques. Vous vous apercevrez vite que ce sont des copies... Seules trois d'entre elles (au centre de la pièce) sont originales. Elles datent du XVIIIᵉ s et représentent la vie du Bouddha. Plus loin, expo sur Andrew Nicholl, peintre écossais du XIXᵉ s qui enseigna à l'Académie de Colombo.
- ***Salles 8 et 9*** *(1ᵉʳ étage)* **:** costumes traditionnels, y compris des colons portugais, hollandais, anglais. Textiles, poteries et céramiques.
- ***Salle 16*** *(1ᵉʳ étage)* **:** un ensemble de dioramas présente des scènes d'agriculture traditionnelle sri lankaise depuis les temps les plus reculés.

- **Natural History Museum** *(musée d'Histoire naturelle ; plan I, B3)* **:** *ressortir du Musée national, c'est derrière. Horaires et billets communs.* Ressemble à une expo de patronage avec ses papillons épinglés, ses serpents lovés dans des bocaux et ses tigres empaillés et poussiéreux. Une visite labyrinthique dont on peut se dispenser.

– À 100 m à l'est de cet ensemble, on pourra noter le ***Nelum Pokuna Theatre,*** bâti en 2011 avec des fonds chinois. Le bâtiment, très moderne, s'inspire assez librement du Nelum Pokuna (bassin du lotus) de Polonnaruwa.

Vihara Maha Devi Park *(Cinnamon Gardens ; plan I, B3)* **:** ancien jardin botanique où subsistent encore quelques beaux arbres. Ce parc est le lieu de rendez-vous des amoureux de la capitale, que l'on voit pudiquement assis côte à côte. L'immense bâtiment qui borde le jardin n'est pas le Capitole de Washington, mais l'***hôtel de ville de Colombo*** *(plan I, B3)* qui s'en inspire grandement.

Independence Square *(plan II, B1)* **:** c'est sur cette large esplanade qu'avait été dressé, le 4 février 1948, le podium où se tint la cérémonie d'indépendance du Sri Lanka. On y trouve désormais la ***statue de Don Stephen Senanayake,*** premier Premier ministre et père de la nation. L'***Independence memorial hall*** y a également été érigé, s'inspirant du hall des audiences de Kandy (là où les dignitaires avaient signé la fin du royaume de Kandy au profit de la couronne britannique en 1815). Un peu plus loin, un ensemble colonial a été superbement rénové en centre commercial de luxe : ***Arcade shopping mall.***

Geoffrey Bawa – Colombo Residence *(plan II, A1)* **:** *33/11, Bagatelle Rd, Colombo 3. ☎ 011-433-73-35. • geoffreybawa.com • Visite guidée sur résa obligatoire (env 30 mn), lun-sam à 10h, 12h, 14h, 15h30 et dim à 10h. Entrée : 1 000 Rs.* Geoffrey Bawa ? Les amateurs d'architecture connaissent déjà ce créateur sri lankais, dont on découvre ici la maison. Un lieu charmant où s'imbriquent les espaces intérieurs et extérieurs. Des courettes plantées d'arbres, de magnifiques perspectives sur des colonnades, des fontaines emplissant l'espace de leur doux ruissellement, une salle de bains à ciel ouvert. Le blanc domine dans la première partie, relayé dans la partie (toujours) privée par de beaux sols en parquet de bois exotique (chambre) ou de terres cuites antiques (salle à manger). Au 1er étage, un somptueux appartement aménagé pour les hôtes de Geoffrey Bawa : mobilier chic (en partie dessiné par l'architecte), très beau tissu peint de Bali au mur... Les fans absolus pourront même y poser leurs valises pour une nuit, en se saignant un peu.

Asokaramaya Temple *(plan II, B2)* **:** *Thimbirigasyaya Rd.* Mérite le détour pour sa statuaire peinturlurée de couleurs vives, qui devrait figurer parmi les chefs-d'œuvre du kitsch.

DANS LES ENVIRONS DE COLOMBO

Dehiwala Zoo **:** *au sud de la ville, à 11 km du Fort. ☎ 011-271-27-52. • nationalzoo.gov.lk • On y accède avec le bus n° 118, ou en train : Dehiwala Station. Franchement, mieux vaut y aller en taxi. Tlj 8h30-18h (fermeture de la billetterie à 17h30). Entrée : 2 500 Rs (½ tarif enfants).* On peut y voir des félins d'Asie, des singes. Allez jeter un œil au vivarium. L'aquarium, avec ses 500 variétés de poissons, est l'un des plus célèbres d'Asie, mais il n'est pas assez mis en valeur.

Kelaniya Temple **:** *à 10 km au nord-est de la ville, en direction de Kandy. Pour s'y rendre, prendre le bus n° 228 à la Central Bus Station (plan I, B1,* ***2****). Trajet : env 45 mn. ☎ 011-291-15-05. Ouv 6h30-20h30 (22h30 les j. de poya). Cérémonies à 6h30, 11h30 et 19h.*
Kelaniya est l'un des trois sites sacrés que le Bouddha aurait visités dans l'île, ce qui explique son importance religieuse. Le *stûpa,* en forme de tas de riz, a été construit, selon la légende, sur un trône orné de pierres précieuses, destiné au Bouddha.

Juste à côté, le temple moderne tapissé de fresques constitue un véritable livre d'images où l'histoire du bouddhisme se déroule sous forme de bande dessinée. Les pèlerins font leurs dévotions autour de l'arbre saint, issu d'un rameau de la Boddhi. Ceux qui ont la chance d'être là pour la pleine lune de janvier peuvent assister à la *perahera,* l'une des plus intéressantes après celle de Kandy.

LA PLAGE DE MOUNT LAVINIA

À 11 km au sud de Colombo. Pour aller du Fort de Colombo (York St) à Mount Lavinia, bus nos 100, 101, 102, 105, etc. Ils passent ts dans Galle Rd et R. A. De Mel Mawatha. En train (plus rapide et plus agréable), départs fréquents de la gare du Fort.

La mer peu profonde, l'eau tiède, les vagues potentiellement dangereuses et le sable parfois jonché de détritus rendent la baignade peu attirante. C'est néanmoins une plage populaire et animée, surtout le week-end.

On conseille de poser sa serviette sur la plage privée ou près de la piscine du ***Mount Lavinia Hotel.*** L'endroit, très propre et accueillant, est accessible à tous, moyennant un droit d'entrée *(1 000 Rs).*

L'hôtel lui-même mérite le détour. Le bâtiment principal fut construit en 1806, sur un promontoire dominant la mer, par sir Thomas Maitland, le gouverneur anglais de Colombo. Surnommé « King Tom », il en fit une somptueuse résidence. À la fin du XIXe s, elle fut transformée en sanatorium pour soigner les malades de la guerre des Boers (en Afrique du Sud), puis en caserne pendant les deux guerres mondiales, et enfin en hôtel. Il servit de décor aux premières scènes du film de David Lean, *Le Pont de la rivière Kwai.*

Où dormir ?

Peu intéressant de dormir dans ce quartier excentré. On y trouve néanmoins de nombreuses *guesthouses* en bord de mer.

Bon marché (1 800-3 500 Rs / 12-23,30 €)

Sunray Beach Villa : *3, De Saram Rd. ☎ 011-271-62-72. 077-361-68-43. • sunrayvilla@yahoo.com • De Colombo, après la pancarte « Mount Lavinia », tourner à droite dans Beach Rd, puis à gauche (pas d'enseigne). Résa vivement conseillée.* Une maison particulière avec un petit jardin verdoyant peuplé de nains de jardin. Accueil très aimable de Janti qui aime parler de la France où il a voyagé jadis. Chambres avec salle de bains privée sans eau chaude, un peu vieillottes, mais bien tenues.

Prix moyens (5 000-6 500 Rs / 33,30-43,30 €)

Cottage Garden Bungalows : *42-48, College Ave. 077-794-78-04. • cottagegardenbungalows.com • Au bout de la rue, à 50 m de la plage.* 5 superbes bungalows indépendants, charmants et bien arrangés (avec AC, eau chaude et kitchenette), dans un jardin à la végétation luxuriante. Randit est un hôte attentionné et votre quiétude ne souffrira certainement pas des quelques tortues qui traînent ici et là. Une adresse excellente comme il y en a finalement assez peu.

Tropic Inn : *30, College Ave. ☎ 011-273-86-53. • tropicinn.com • À 100 m de la plage.* Petit bâtiment proposant 2 étages de chambres agréablement meublées. Quelques-unes avec un balconnet, AC ou ventilo. Bon accueil. Pas mal du tout pour ceux qui veulent loger à Mount Lavinia à prix abordable.

Très chic

Mount Lavinia Hotel : *100, Hotel Rd. ☎ 011-271-17-11. • mountlaviniahotel.com • Doubles 100-220 $ selon vue et confort.* L'étonnant portier en bermuda blanc, coiffé d'un casque, donne le style de ce grand hôtel d'époque coloniale. Le bâtiment d'origine (1806) a été complété de plusieurs ailes à l'architecture discutable, mais il garde son âme. Les chambres ont du style et du caractère. Les moins chères, équipées de ventilo, sont d'un bon rapport qualité-prix, si l'on considère le cadre exceptionnel (beaux jardins, piscine, plage privée propre, etc.) et le service palace. Également plusieurs restos, parmi lesquels on vous conseille le *Governor's Restaurant* et ses buffets du midi *(env 2 000 Rs).*

Où manger ? Où boire un verre ?

Prix moyens (1 000-2 500 Rs / 6,70-16,70 €)

La Rambla : *69, Hotel Rd. ☎ 011-272-54-03. Tlj 11h-22h30.* Outre quelques plats qui jouent des castagnettes (le nom du resto annonce la mise, non ?), cette belle maison coloniale offre une carte très ouverte avec une cuisine aux saveurs entremêlées de Méditerranée et de sous-continent indien, et aux desserts qui méritent qu'on leur garde une petite place. Ajoutez une salle bien dressée, un service très pro et vous entonnerez le *Cant del Barça* avant la fin du repas !

The Shore By O ! : *43/14, Mount Beach. ☎ 011-438-94-28. Tlj 11h (17h lun-mar)-23h. Sur la plage.* Long bâtiment où l'on se dispute le comptoir tourné vers la mer, les tables et transats posés sur le sable et même quelques box où zoner sur des poufs (en tout bien tout honneur !). Très bien pour prendre un verre à l'heure de l'apéro face au soleil couchant. Sert quelques plats et des petites choses à grignoter sur le principe des tapas. Ambiance assez branchée et animée le week-end.

La Voile Blanche : *43/10, Beach Rd. ☎ 011-456-11-11. Tlj 9h-minuit.* Resto de bord de plage, parfait pour prendre un verre. Carte large et cuisine correcte adaptée aux palais occidentaux. Soirées animées le week-end.

QUITTER COLOMBO

En train

Fort Railway Station *(gare ferroviaire centrale ; plan I, A2) : quartier de Pettah. Résas : ☎ 011-243-29-08. Infos sur les trains : • railway.gov.lk • Guichet tlj 6h-12h30, 13h-22h. Consigne sur le quai ouv 5h-22h30. Attention, le vrai bureau de résas est dans les murs. Le bureau d'info sur le trottoir, à l'extérieur, est une agence de voyages.*

➢ ***Vers Kandy :*** 8-10 trains/j. (5h55-17h45), majoritairement *Express* ou *Intercity Express* (durée : 2h30 env). Ces trains un peu plus rapides et confortables possèdent pour la plupart un wagon panoramique, *observation saloon*, dont la résa est obligatoire. En saison, résa conseillée pour tous les trains, souvent complets plusieurs jours à l'avance. C'est un trajet absolument superbe, voyager de préférence du côté droit.

➢ ***Vers la côte sud, Mount Lavinia, Bentota, Hikkaduwa, Galle et Matara :*** env 6 trains/j. desservent toute la côte sud. 2-3 trains supplémentaires pour Galle. Trajet : 3h30 pour Matara ; 2h30 pour Galle.

➢ ***Nanu Oya (Nuwara Eliya) et Badulla :*** 3 départs le mat (5h55-9h45) et 1 le soir vers 20h (arrivée 3h du mat à Nanu Oya, 7h à Badulla). Trajet : 6h30-7h jusqu'à Nanu Oya, à 9 km de Nuwara Eliya (poursuivre en *tuk-tuk*) ; env 10h pour Badulla. Desservent au passage ***Hatton, Haputale*** et ***Ella.***

➢ ***Polonnaruwa :*** 2 trains/j., 1 tôt le mat et 1 le soir vers 19h (arrivée peu pratique à 1h30 du mat). Trajet : 6h30.
➢ ***Anuradhapura :*** 8 trains/j. (5h45-20h30). Ceux de 19h15 et 20h30 arrivent au-delà de minuit. Trajet : 3h30-5h20.
➢ ***Trincomalee :*** 1 train de nuit tlj vers 21h30 (arrivée le lendemain mat vers 5h30).
➢ ***Batticaloa :*** 1 train le mat vers 6h et 1 de nuit vers 19h (arrivée à 4h du mat). Env 9h de trajet.
➢ ***Jaffna :*** 3-4 trains/j. le mat (5h45-11h50) et 1 train de nuit à 20h30 (arrivée 5h du mat env). Trajet : 6-9h.

En bus

Il y a 2 gares routières principales à Colombo, une pour les compagnies privées, une autre pour les bus gouvernementaux. Elles sont mitoyennes, dans le quartier de Pettah. Une 3e gare, située à Maharagama, à une quinzaine de kilomètres au sud-ouest du centre-ville, accueille les bus de luxe qui relient Galle et Matara par l'autoroute *(Southern Expressway).*

Private Bus Stand Bastian Mawatha *(plan I, B2,* ***1****)* ***:*** *E. W. Bastian Mawatha.* Ttes les compagnies privées convergent le long de ces longs quais où chaque destination est clairement indiquée sur un panneau.
Les grandes villes sont desservies par des bus *Intercity* (parfois climatisés) directs qui ne s'arrêtent qu'à leur destination. Théoriquement, le mot *Intercity* est indiqué sur le pare-brise. Le nombre de places vendues correspond au nombre de sièges et l'inconfort est donc un peu moindre. Tous les bus qui ne sont pas des *Intercity* sont archi bondés !
➢ ***Anuradhapura :*** ttes les 30 mn. Durée : 5h.
➢ ***Galle :*** ttes les 10-15 mn. Durée min 3h. Et aussi pour ***Bentota*** (1h45), ***Aluthgama, Ambalangoda, Hikkaduwa*** (2h30), ***Matara*** (3h30).
➢ ***Kandy :*** ttes les 15 mn. Durée : env 3h30.
➢ ***Negombo :*** ttes les 10 mn. Durée : 1h.
➢ ***Nuwara Eliya :*** ttes les 30 mn. Durée : 5h30-6h.
➢ ***Polonnaruwa :*** ttes les 30 mn. Durée : 6h.
➢ ***Pottuvil/Arugam Bay :*** 2-3 bus/j. Durée : 10h.
➢ ***Ratnapura :*** ttes les 15 mn. Durée : 3h.
➢ ***Trincomalee :*** ttes les heures. Durée : 7h.

Central Bus Stand *(plan I, B1,* ***2****)* ***:*** *Olcott Mawatha, Colombo 1.* ☎ *011-232-80-81.* Gare des bus gouvernementaux *(SLTB).* Liaisons avec ttes les villes de l'île, tte la journée, jusqu'à env 21h. Pour les villes principales, départs en moyenne ttes les 30 mn. Bus souvent bondés, convient pour les trajets de moins de 2h (préférer les bus privés pour les longues distances).

Maharagama Bus Station *(hors plan II par B3,* ***3****)* ***:*** *Maharagama Rd, à 15 km env de Colombo Fort. Compter 1h en bus urbains nos 125 ou 138 depuis Pettah, 45 mn en tuk-tuk.*
➢ ***Galle et Matara :*** liaisons en *luxury bus* ttes les 15 mn env, 5h-19h30 (fréquence réduite la nuit). Durée : env 1h15 pour Galle ; env 1h45 pour Matara.

En hydravion

– *Cinnamon Air* assure, en collaboration avec *SriLankan Airlines,* des liaisons aériennes internes à bord d'hydravions. *Infos et résas :* ☎ *011-247-54-75 ; • cinnamonair.com • et directement auprès de SriLankan Airlines (• srilankan.com •).*
➢ ***Batticaloa, Bentota, Dikwella, Kandy, Koggala (Galle), Sigiriya, Trincomalee :*** liaisons quotidiennes en saison touristique. Mais attention, certaines destinations dépendent des conditions météo et de la brume en altitude. Ce sont de petits avions, donc le nombre de places est limité : réservez. Compter 170-250 $ le trajet, pour survoler de splendides paysages de côte et de montagnes. D'autres villes peuvent être desservies en chartérisant un vol : ***Jaffna, Arugam Bay, Kalpitiya, Nuwara Eliya, Mattala (parc national de Yala).***

En avion

- Conseil très important : il est ***conseillé de reconfirmer votre vol au moins 72h avt votre départ.*** Toutes les agences de voyages citées dans ce guide le font.
- ***Autre conseil important :*** avant de se rendre à l'aéroport, il est prudent de téléphoner pour savoir si le vol a un éventuel retard. ☎ *011-777-19-79 (infos gérées par* SriLankan Airlines*).*

➢ Pour rejoindre l'aéroport, voir en début de chapitre « Arrivée à l'aéroport. Comment se rendre dans le centre ? ».

- ***Si vous arrivez tard le soir ou partez tôt le matin,*** vous pouvez dormir dans l'une des *guesthouses* de **Negombo,** à une dizaine de kilomètres au nord de l'aéroport.
- S'il vous reste quelques roupies, vous pouvez les changer contre des dollars (taux pas terrible), avant le 1er contrôle de sécurité (avant même le *check-in*), car seuls euros et dollars sont acceptés dans la zone *duty free.*

NEGOMBO

• Plan *p. 115*

Des catamarans de pêche aux voiles rectangulaires couleur feuille morte qui glissent comme d'étranges papillons sur les vagues de l'océan Indien. Une longue plage de sable blond (des efforts sont faits pour la nettoyer) bordée de nombreuses *guesthouses* et d'une ribambelle d'hôtels, et pas trop d'immeubles moches qui enlaidissent le panorama. Des églises portugaises, héritage de l'histoire coloniale, dispersées ici et là dans la végétation tropicale, des marchés au poisson hauts en couleurs et en odeurs. Voici Negombo, une petite ville de pêcheurs qui vit au rythme des vents et de la mer. La religion catholique majoritaire a marqué sa physionomie et lui a donné une personnalité différente. Christianisme, bouddhisme, hindouisme et islam cohabitent ici sans heurts, sans intolérance. À 40 km au nord de Colombo la trépidante, c'est une paisible station balnéaire, dans un environnement de canaux creusés par les Hollandais et idéale pour clore un séjour.

- L'***aéroport international*** étant plus proche de Negombo (7 km) que de Colombo, on vous conseille de passer la dernière nuit à Negombo avant de prendre votre avion, surtout si celui-ci décolle tôt le matin.

Arriver – Quitter

En bus

🚌 ***Negombo Bus Terminal*** *(gare routière ; plan B3)* **:** *Archibishop Nicholas Marcus Mawatha Rd. Bâtiment moderne tt en rond, ATM disponible.*

Liaisons avec :

➢ ***Colombo :*** bus ttes les 10 mn pour Colombo Fort (env 75 Rs), tte la journée (fréquence réduite la nuit). Durée : variable selon circulation (compter env 1h15). Également des bus *expressway* (env 120 Rs), ttes les 30 mn via l'autoroute.

➢ ***Kandy :*** bus ttes les 30 mn, 4h-17h. Trajet : env 3h30.

➢ ***Hatton :*** 1 bus/j. tôt le mat. Trajet : 5-6h.

➢ ***Polonnaruwa :*** 1 bus/j. vers 14h, via ***Dambulla*** (trajet : 3h), ***Habarana*** (trajet : 5h) et ***Giritale*** (trajet : env 5h).

LA RÉGION DE COLOMBO

En train

Gare ferroviaire *(plan B3)* **:** *au bout de Rajapakse Broadway, à 500 m de la gare routière.*
➢ ***Colombo* :** ttes les 1-2h, 4h-20h. Durée : 1h20.

Vers l'aéroport

➢ ***Aéroport international Bandaranaike*** *(hors plan par B3)* **:** *à 7 km au sud de Negombo.* Depuis la gare routière, compter 75 Rs avec le bus nº 240 (6h-18h30, ttes les 30 mn) en 30-40 mn. L'arrêt se trouve à 5 mn à pied du terminal. Env 700-800 Rs en *tuk-tuk* (20-30 mn). Le double (voire un peu plus) en taxi. La plupart des hôtels proposent le transfert.

Topographie et déplacement

Negombo se divise en 2 parties. Au sud, l'ancien village, une grosse bourgade étalée entre la lagune et la mer, où se concentre l'activité liée à la pêche. Au nord, sur plusieurs kilomètres, la station balnéaire aligne une route bordée de *guesthouses*, d'hôtels, de restaurants, de commerces et de boutiques.
Lewis Place n'est pas une place mais une très longue artère, qui s'étire du sud au nord. On y trouve la plupart de nos adresses, côté plage essentiellement.
Pour rejoindre le centre du ***village de Negombo*** depuis la partie balnéaire qui s'étire le long de ***Lewis Place,*** prendre un *tuk-tuk* ou le bus nº 905.

Adresses et infos utiles

@ ***Internet* :** ***Internet Cafe Net2 Phone*** *(plan B2, **2**), Lewis Pl, en face de l'hôtel* Silver Sands. *Tlj 9h-21h. Également* ***Search World Internet Cafe*** *(plan B1, **3**), 251, Lewis Pl, tlj 8h-21h30.*
■ ***Bank of Ceylon*** *(plan B3, **1**)* **:** *Broadway (oui, c'est le nom de la rue). Face à la gare ferroviaire et non loin de la Clock Tower. Tlj 8h30-15h.* Distributeur ATM. *Une **autre succursale** sur Main St (plan B3, **6**) en face de l'église Saint Mary. Et **Commercial Bank** et **Hatton National Bank** (plan B1, **4**), sur Porutota Rd, ttes les 2 avec ATM.*
■ ***Tourist Police Station*** *(hors plan par B1,* ***5****)* **:** *Porutota Rd, Ettukala.* ☎ *031-227-55-55.*
■ ***Location de vélos* :** la plupart des *guesthouses* en proposent. C'est un bon moyen économique pour se déplacer dans Negombo où la circulation est tranquille.

Où dormir ?

La plupart des hébergements se trouvent de part et d'autre de la longue route Lewis Place prolongée par Porutota Road vers le nord. Il y en a pour tous les goûts et toutes les bourses. Côté mer, les établissements, pas forcément plus chers, sont en revanche beaucoup plus calmes car ils tournent le dos à la route ; et, la nuit, les chambres sont rafraîchies par la brise.
La plupart des hôtels proposent des excursions et des balades en bateau et souvent aussi le transfert jusqu'à l'aéroport international.
- ***Conseil* :** attention, certaines adresses figurant dans ce guide sont boycottées par les chauffeurs de *tuk-tuk* car ils n'y touchent pas de commission.

Autour de Lewis Place, le long de la plage

De bon marché à prix moyens (1 800-4 500 Rs / 12-30 €)

Seetha's Hostel *(plan B2, **17**)* **:** *69/20, Lewis Pl, mais à l'écart de la route.* *077-790-44-72.* L'une des adresses bon marché les plus appréciées à Negombo. À 200 m de la mer, la souriante Seetha accueille ses hôtes comme sa famille dans une maison entourée d'un jardin fleuri. Chambres sommaires mais bien propres, avec ventilo ou clim, avec ou sans salle de

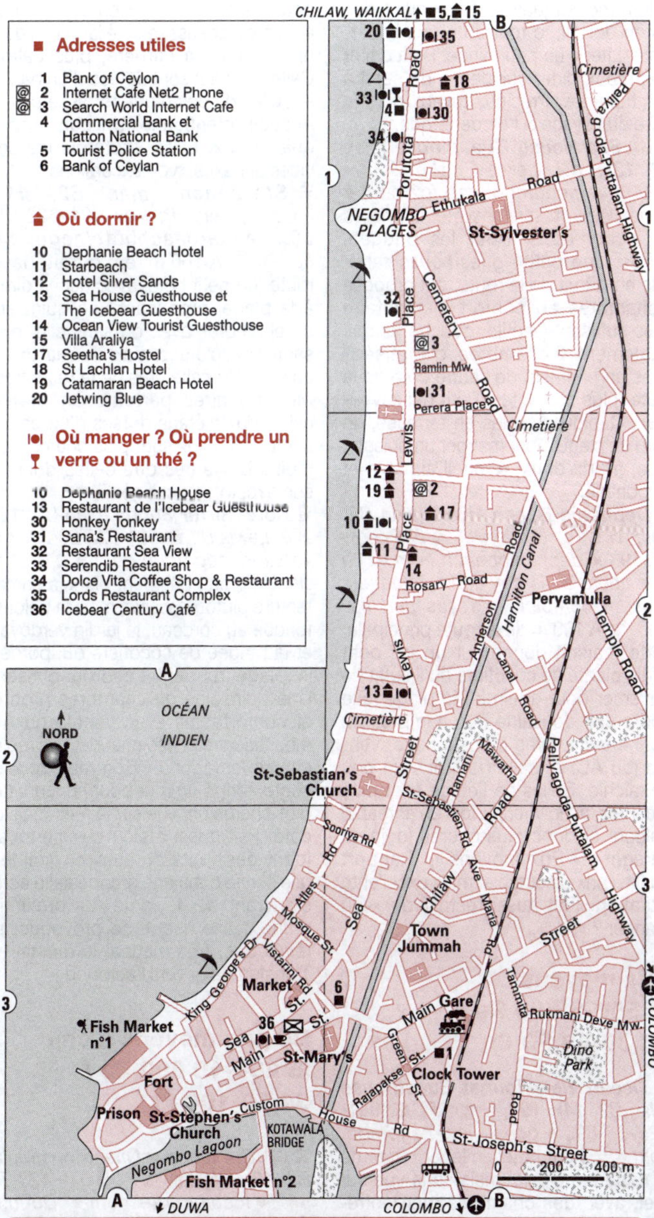
Adresses utiles
1 Bank of Ceylon
2 Internet Cafe Net2 Phone
3 Search World Internet Cafe
4 Commercial Bank et Hatton National Bank
5 Tourist Police Station
6 Bank of Ceylan
Où dormir ?
10 Dephanie Beach Hotel
11 Starbeach
12 Hotel Silver Sands
13 Sea House Guesthouse et The Icebear Guesthouse
14 Ocean View Tourist Guesthouse
15 Villa Araliya
17 Seetha's Hostel
18 St Lachlan Hotel
19 Catamaran Beach Hotel
20 Jetwing Blue
Où manger ? Où prendre un verre ou un thé ?
10 Dephanie Beach House
13 Restaurant de l'Icebear Guesthouse
30 Honkey Tonkey
31 Sana's Restaurant
32 Restaurant Sea View
33 Serendib Restaurant
34 Dolce Vita Coffee Shop & Restaurant
35 Lords Restaurant Complex
36 Icebear Century Café
CHILAW, WAIKKAL
NORD
OCÉAN
INDIEN
NEGOMBO PLAGES
Porutota Road
Ethukala Road
Cimetière
Peliyagoda-Puttalam Highway
St-Sylvester's
Cemetery Road
Lewis Place
Ramlin Mw.
Perera Place
Hamilton Canal
Rosary Road
Peryamulla
Temple Road
Anderson Road
Canal Road
Lewis Street
St-Sebastian's Church
St-Sebastien Rd
Ramani Mawatha
Sooriya Rd
Alles Rd
Sea St.
Chilaw Road
Ave Maria Rd
Mosque St.
Vistarini Rd
Town Jummah
King George's Dr
Market
Street
Main Gare
Tammita Road
Rukmani Deve Mw.
Dino Park
COLOMBO
Fish Market n°1
Sea St.
Main St.
St-Mary's
Green St.
Clock Tower
Rajapakse St.
Fort
Prison
St-Stephen's Church
Custom House Rd
KOTAWALA BRIDGE
Negombo Lagoon
Fish Market n°2
St-Joseph's Street
0 200 400 m
DUWA
COLOMBO

NEGOMBO

bains, moustiquaires. Également des lits en dortoir, le tout à un prix imbattable. Literie un peu mince. Petit déj et savoureux dîner sur demande servi à 19h tapantes. Précieux tuyaux pour la suite du voyage si l'on débarque.

Sea House Guesthouse *(plan B2, **13**) : 121, Lewis Pl.* *077-387-30-40.* • *negombo.web.fc2.com* • *L'une des adresses les moins chères de Negombo.* Pour les budgets serrés, une petite *guesthouse* familiale en retrait de la route, qui propose 4 chambres au confort élémentaire mais suffisant (ventilo, douche froide). Également 2 chambres climatisées dans un bâtiment de l'autre côté de la route, plus bruyantes. Petit déj savoureux. Quelques tables en terrasse, en bord de plage, pour manger un poisson frais, à prix doux. Accueil aimable et disponible.

Dephanie Beach Hotel *(plan B2, **10**) : 189/15, Lewis Pl.* ☎ *031-223-43-59.* • *dephaniebeach.com* • *La plus chère de la catégorie. Attention, souvent complet, et résas peu fiables.* À 100 m de la route principale, cette maison donne sur un joli petit jardin planté de cocotiers qu'il suffit de traverser pour atteindre la plage. Elle abrite une douzaine de chambres de bonne taille, avec moustiquaire, ventilo (ou AC) et salle de bains un peu défraîchie. Celles de l'étage sont plus récentes, avec vue, parfois un agréable balcon, et donc plus chères (déjà en catégorie « Prix moyens »). Rapport qualité-prix discutable, mais excellente situation. Fait aussi resto (voir « Où manger ? »).

Prix moyens (3 500-6 500 Rs / 23,30-43,30 €)

Ocean View Tourist Guesthouse *(plan B2, **14**) : 122, Lewis Pl.* ☎ *031-223-86-89.* • *oceanview-negombo.com* • Petit hôtel en léger retrait de la route principale, mais sans vue sur mer, avec des chambres bien entretenues et confortables (moustiquaire, ventilo, eau chaude, parfois frigo, AC et TV pour les plus chères, literie impec, sans oublier le carrelage qui brille !). On peut même choisir. Elles sont situées au rez-de-chaussée côté jardin ou dans un bâtiment à l'arrière, plus calme. Celles du haut sont dotées d'un balcon et celles du bas d'une terrasse privée. Accueil attentionné. Un bon rapport qualité-prix. Éviter toutefois les services annexes, type excursions.

Starbeach *(plan B2, **11**) : 83/3, Lewis Pl.* ☎ *031-222-26-06.* • *starbeachhotelnegombo.com* • À 100 m en retrait de la route, un petit hôtel avec accès direct à la plage, proposant une quinzaine de chambres avec ou sans clim plaisantes et colorées, mais de qualité inégale (évitez celle près de la réception). Moustiquaires partout. On préfère celles du 1er étage dotées d'un balcon sur la mer. Elles sont plus chères mais moins bruyantes que celles donnant sur le resto. Accueil gentil.

Hotel Silver Sands *(plan B2, **12**) : 229, Lewis Pl.* ☎ *031-222-28-80.* • *silversandsnegombo.com* • *(lobby slt).* Un grand bâtiment blanc à l'architecture plutôt massive, mais la pelouse tondue au cordeau, le jardin verdoyant et la rangée de cocotiers qui bordent la plage rendent l'endroit plaisant. Une quinzaine de chambres propres et confortables avec ventilo ou AC, moustiquaire et eau chaude. Les moins chères (catégorie « Bon marché ») se contentent d'un mur pour horizon. Les plus chères ont vue sur la mer, mais de côté. Fait aussi resto : cuisine locale (dont des fruits de mer) et occidentale servie dans une grande salle aérée s'ouvrant sur le large. La proximité d'une église risque de provoquer un réveil très, très matinal le dimanche. Transfert de et vers l'aéroport.

De prix moyens à chic (5 200-15 000 Rs / 34,70-100 €)

The Icebear Guesthouse *(plan B2, **13**) : 95, Lewis Pl.* *071-423-77-55.* • *icebearhotel.com* • *Doubles 55-75 € selon confort et situation. Resto à prix moyens. Résa impérative.* Adresse de charme et de caractère à prix raisonnables, en bord de plage. La maison, au milieu d'un jardin luxuriant propice au farniente, est gérée par une aimable famille sri lankaise très accueillante formée aux normes suisses... Endroit idéal pour les amoureux ou artistes à la recherche d'inspiration. Petite dizaine de chambres confortables (AC ou non) décorées avec beaucoup de goût et d'originalité. Mention particulière pour la n° 2, spacieuse, avec une petite terrasse donnant sur le jardin et la plage. Prêt de vélos. Massages ayurvédiques, terrain de beach-volley et terrain de pétanque. Fait aussi resto : principalement du poisson et des fruits de mer. Cuisine soignée... mais un poil chérot.

Villa Araliya *(hors plan par B1, **15**) : dans une rue perpendiculaire à hauteur du 154/10, Porutota Rd, Palangathura. ☎ 031-227-76-50. • villaaraliya-negombo.com • À 300 m env de la mer. Doubles 75-95 $ selon confort, petit déj compris ; suite env 120 $. Également des apparts (4 pers). Résa indispensable pour les standard (slt 2).* À s'y méprendre, on dirait d'anciens édifices coloniaux joliment restaurés. Pourtant, ces 5 bâtiments en brique et aux toits de tuiles, situés dans un environnement calme, datent du début des années 2000. L'architecture est soignée, la quinzaine de chambres avec AC, confortables, bénéficie d'un aménagement réussi : carrelage rouge, lits en bois, certains à baldaquin, ou matelas posé sur un socle en ciment. Piscine dans un jardin arboré. Une belle adresse qui dispose aussi d'un restaurant. Départs nocturnes très bien organisés. Un peu cher, si on n'y passe que quelques heures en transit.

Plus chic (min 100 €)

St Lachlan Hotel *(plan B1, **18**) : 25, Saint Anthony's Lane, une perpendiculaire à Porutota Rd, Ettukala. ☎ 031-227-50-00. • stlachlanhotel.com • Double env 135 $, petit déj inclus ; également des apparts (160 $) avec cuisine équipée.* Certes, l'établissement n'est pas en bord de mer, mais à 100 m en retrait de la route principale, dans une rue calme, ce qui est un vrai avantage. Le plus : une maison de marchand joliment réhabilitée, avec volets de bois et piscine intérieure. Vastes chambres de caractère, avec AC, mais mobilier un peu élimé et qualité inégale (AC bruyant et entretien aléatoire). Bon restaurant à la carte (« Prix moyens »), cocktail-bar et spa avec massages. Transfert de et vers l'aéroport (cher). Pourquoi ce nom *St Lachlan* ? Lachlan est le nom d'un clan écossais, mais il ne correspond à aucun saint répertorié...

Jetwing Blue *(plan B1, **20**) : Ettukala, Porutota Rd. ☎ 031-227-90-00. • jetwinghotels.com • Doubles min 120 $.* Ce grand hôtel de transit d'une centaine de chambres, posé sur la plage, est aussi spacieux que confortable, ce qui n'est pas négligeable quand on sort vermoulu de l'avion. Merveilleuse piscine XXL *(accès 1 000 Rs pour les non-résidents)*, séparée des flots par une plage bien entretenue. Les chambres sont au diapason, avenantes, bien décorées et prolongées par des salles de bains luxueuses. Les plus intéressantes avec vue sur mer, évidemment. Petit déj-buffet copieux. Spa et massages ayurvédiques. L'hôtel propose aussi des chambres plus économiques *(à partir de 60 $)* dans une annexe. Tout aussi modernes mais moins grandes.

Catamaran Beach Hotel *(plan B2, **19**) : 209, Lewis Pl. ☎ 031-222-88-01. • catamaranbeach.lsrhotels.com • Double env 110 $, petit déj inclus. Suites plus chères.* Un hôtel d'une bonne quarantaine de chambres réparties dans 2 bâtiments perpendiculaires à la plage (donc, pas de vue directe sur la mer depuis les chambres). Entre les 2, une pelouse bien rase et de la verdure. Chambres de bon confort (AC, terrasse ou balcon privé) à la déco banale, aux équipements sanitaires vieillissants. Au bord du jardin et de la plage, petite piscine accessible aux non-résidents *(env 400 Rs)*. Un bémol pour la salle de resto peu chaleureuse, mais cuisine convenable. Dommage que l'on ne puisse pas prendre le petit déjeuner sur la terrasse aérée, face à l'océan, qui fait office de bar. Typique des hôtels de transit, accueille d'ailleurs pas mal de groupes.

Où dormir plus chic dans les environs ?

Ranweli Holiday Village : *à Waikkal (10 km au nord de Negombo). ☎ 031-227-73-59. • ranweli.com • Doubles 130-240 $ selon saison et confort ; petit déj env 15 $, repas env 20 $.* Un *écolodge*, un peu isolé face à l'océan situé sur une langue de terre entre la mangrove et la lagune. Pour s'y rendre, il faut traverser sur un petit bac, prévu spécialement pour les clients. Environ 80 bungalows conçus avec respect de la nature, dans un style ethnique, écolo chic mais équipements vieillissants. Ils sont reliés entre eux par un long passage couvert, au beau milieu d'un parc fleuri creusé d'une grande piscine. Chambres spacieuses, confortables (AC), les plus agréables étant sous une cocoteraie au bord de la plage. Pour couronner le tout, la cuisine est soignée. Problèmes de management récurrents.

Où manger ? Où prendre un verre ou un thé ?

Ce ne sont pas les adresses qui manquent à Negombo, il y en a des dizaines le long de Lewis Place, à prix et qualité variables. Nous avons aussi retenu quelques restos de *guesthouses* dont la qualité est constante.

Autour de Lewis Place, le long de la plage

De bon marché à prix moyens (max 1 200 Rs / 8 €)

Honkey Tonkey (*plan B1*, **30**) **:** *40, Porutota Rd, Ettukala. En face de l'Oasis Beach Resort (façade en brique rouge). Tlj.* Modeste baraque discrète, au bord de la route, qui propose des plats simples et corrects : snacks, *seafood*, et même le *Ham & Wurst* (héritage de la Hollande coloniale). Les végétariens y trouveront aussi leur compte.

Dephanie Beach House (*plan B2*, **10**) **:** *189/15, Lewis Pl. ☎ 031-223-43-59.* C'est le restaurant de la *guesthouse* mentionnée plus haut. Des plats simples servis sous une terrasse couverte surplombant le jardin et la mer, ou dans une salle plus sombre. Excellents poissons et langouste grillée à la carte. On a aussi apprécié le classique *rice & curry*.

Prix moyens (1 000-2 000 Rs / 6,70-13,30 €)

Sana's Restaurant (*plan B1*, **31**) **:** *212, Lewis Pl. ☎ 031-223-82-72. Au rdc de la guesthouse du même nom. Ouv dès 8h.* Terrasse sur rue bien agréable. On y sert une cuisine savoureuse, simple mais réussie, dès l'excellent petit déjeuner. *Rice & curry* mémorable, mais aussi langouste fraîche, poisson frais selon arrivage, cuisiné de différentes manières. Bière bien fraîche. Accueil enthousiaste de Sana, le propriétaire.

Serendib Restaurant (*plan B1*, **33**) **:** *35/A, Porutota Rd, Ettukala. ☎ 031-227-91-29. Tlj 11h-minuit (1h du mat le w-e).* Une adresse qui joue sur 2 registres. Il y a le resto, avec sa terrasse en bord de plage (l'endroit est clôturé pour que les clients ne soient pas importunés par les petits vendeurs ; c'est efficace, mais du coup, l'endroit a un petit côté ghetto). On y sert avec diligence poissons, fruits de mer et plats à dominante internationale. C'est aussi un pub qui affiche une large liste d'alcools (pas moins de 40 cocktails, certains à base d'arrack !). Les murs sont à votre disposition pour laisser libre cours à votre imagination... *Live music* jeudi et samedi à partir de 19h30, DJ la plupart des autres soirs. Service jeune et sympathique.

Restaurant Sea View (*plan B1*,

32) **:** *Ship House, 319, Lewis Pl.* ☎ *031-223-37-62.* Quelques tables en terrasse côté rue principale. L'endroit est reconnu pour sa cuisine familiale copieuse et savoureuse concoctée avec amour : poulet *sweet and sour* servi avec du riz, langouste fraîche préparée à la demande et bien entendu une carte de poissons et de fruits de mer, qui tiennent la vedette, sans oublier les traditionnels *rice & curry.* Un peu d'attente en soirée, une réservation n'est pas inutile.

Dolce Vita Coffee Shop & Restaurant *(plan B1,* ***34****)* **:** *27, Porutota Rd.* ☎ *031-227-49-68. Mar-dim 9h-22h.* Comme son nom l'indique, un petit resto italien en bord de plage, bien abrité sous les cocotiers. Spécialité de pizzas, *bruschetta,* plats de pâtes et glaces. Vrai café italien et viennoiseries. Un lieu tranquille où bouquiner et surfer tranquillou.

Chic (plus de 2 500 Rs / 16,70 €)

Lords Restaurant Complex *(plan B1,* ***35****)* **:** *80B, Porutota Rd (Main Beach Rd), Ettukala. En face du Jetwing Blue Hotel.* ☎ *031-493-90-51.* *077-285-31-90. Tlj 15h-23h. CB acceptées.* Le décor industriel de la salle en terrasse au ras de la rue contraste un peu avec les saveurs des plats. Martin Fullerton, le propriétaire, ancien métallo britannique, a eu le coup de cœur pour Negombo, alors le voilà à présent dans sa forge culinaire branchée, entouré d'œuvres picturales et d'une équipe de serveurs diligents. Cuisine créative plutôt sophistiquée, mais bien maîtrisée. Également des sandwichs, salades pour petites faims ou budgets plus serrés. Musique un peu envahissante, mais espace aménagé à l'arrière plus au calme. *Live music* à partir de 19h. Adresse pour *happy few,* assez chère (surtout les vins et cocktails) pour les standards du pays. Très fréquenté, pensez à réserver. Service un peu rock'n'roll.

Dans le vieux village (au sud de la plage)

Icebear Century Café *(plan A3,* ***36****)* **:** *25, Main St. Près de la poste.* ☎ *031-223-80-97. Tlj 9h-18h (afternoon tea dès 16h).* Une maison d'époque coloniale, restaurée par le propriétaire de l'*Icebear Guesthouse* (voir « Où dormir ? »). Déco agréable de salon de thé, petite terrasse fleurie donnant sur la rue. On y sert un délicieux café. Petite restauration (sandwichs, cakes, soupes) ou quelques petits plats, très bien pour déjeuner. Il y a aussi un appartement de 2 chambres à l'étage. Beaucoup de caractère dans la décoration, un peu musée : vieux parquets lustrés, mobilier en bois, arches blanches et voûtes moulurées, murs pastel... l'endroit le plus classe du village.

À voir. À faire

La mer, la mer et encore la mer, tant pour les pêcheurs qui en vivent que pour les loisirs balnéaires qu'elle procure. Ne pas manquer le ***marché au poisson nº 1*** *(Fish Market ; plan A3),* qui a lieu tous les matins, sauf le dimanche (catholicisme oblige), au bord de l'océan. Activité incessante, spectacle en continu, entre étalages ou étendues de poisson séché (et le déchargement des canots à balancier, tôt le matin). En bordure de mer, si le cœur vous en dit, vous pourrez même prêter main-forte à quelques gaillards à la face burinée pour mettre leur barcasse à l'eau...

De l'autre côté du pont, sur la lagune, l'autre marché sert au débarquement des plus gros bateaux qui pêchent en haute mer. Les poissons sont débités à même le sol et les corbeaux se chargent du nettoyage des déchets. C'est là qu'on peut voir des thons, et quelques spécimens de requins (requins-marteaux, pointe-noire, ou même le grand blanc).

– On peut aussi aller voir de près les ***catamarans*** traditionnels qui ne servent qu'à la pêche aux crevettes. Pour la pêche aux poissons, ce sont d'autres bateaux, plus modernes. La vente du poisson à la criée dans la presqu'île de Duwa vaut le coup d'œil, mais l'odeur, difficilement soutenable, pourrait couper l'appétit des plus affamés.

DU JUS DE FRUITS DANS LES VOILES

À Negombo, la couleur « feuille morte » des voiles des catamarans provient d'une teinture végétale. Il s'agit d'un fruit rouge que l'on récolte pour en extraire le jus. Les artisans teignent la toile des voiles avec ce liquide, d'où leur couleur brune si particulière. Cette teinture a aussi la propriété d'imperméabiliser les voiles et d'empêcher le vent de passer au travers des toiles.

La ***mer*** constitue l'attrait principal de Negombo, mais les plages sont rarement propres et la baignade se révèle parfois périlleuse. Néanmoins, il est très agréable de se promener sur le rivage et de s'y prélasser au soleil. Généralement, les *guesthouses* du bord de mer nettoient quotidiennement leur portion de plage et disposent d'un coin bronzette – style transats-parasols. Plus au nord (en louant un vélo par exemple), on trouve de grandes étendues de sable plus propre.

Un ***canal*** longe le littoral et pénètre dans les cocoteraies. On peut y faire de belles excursions en bateau à moteur jusqu'à Puttalam, parmi les mangroves, nénuphars et autres jacinthes d'eau. Au détour de cette végétation luxuriante, des varans se prélassent au soleil...

Une autre curiosité, sur cette côte, réside dans la succession d'***églises catholiques*** (vers Puttalam, nettement plus au nord), peintes dans des tons pastel de vanille, pistache, fraise. Autant de souvenirs et de vestiges toujours vivants de la présence des missionnaires portugais qui accompagnaient les troupes, lors de leur débarquement vers 1600. Ils ont laissé une empreinte religieuse encore très vive, qui a marqué l'esprit et la géographie des lieux. On joue même un « Mystère de la Passion » pendant la Semaine sainte sur la ***presqu'île de Duwa,*** face à Negombo.

LE TRIANGLE CULTUREL

• Carte *p. 123*

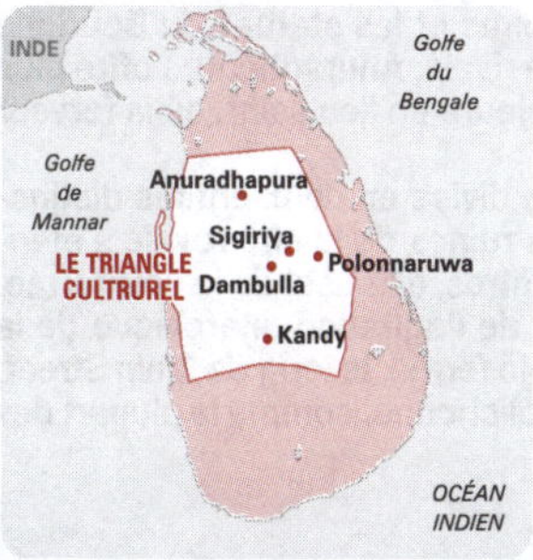

C'est le cœur de l'île, son centre historique et géographique. Dans ce vaste triangle dont les angles sont formés par les trois villes Anuradhapura, Polonnaruwa et Kandy, les civilisations successives du Sri Lanka ont laissé d'incroyables traces de leur splendeur passée : villes enfouies pendant des siècles sous la jungle, *dagoba* couverts de végétation ou d'une blancheur de neige immaculée, bouddhas taillés à même le roc foudroyés et brisés, ou intacts ; monastères et ermitages perdus au fond des forêts, grottes aux parois badigeonnées de fresques lumineuses ; palais couronnant un gigantesque rocher couleur de sang (comme à Sigiriya, émergeant de la plaine) ; temples vénérés par les foules, comme celui de Kandy qui héberge la relique de la dent du Bouddha.
C'est tout cela, entre autres, que vous découvrirez dans cette partie de l'île en remontant près de 25 siècles d'histoire. Les dynasties, les guerres, les monuments se mêlent, s'entremêlent, se superposent, s'influencent et s'entrechoquent au milieu d'une nature luxuriante qui finit toujours par reprendre le dessus.

Dans quel sens faire le parcours du Triangle culturel ?

De Colombo, on peut choisir de filer directement à Kandy, puis continuer au nord vers Matale, enchaîner par Dambulla et Sigiriya, poursuivre vers Habarana et l'un des 2 parcs nationaux dans les environs. Puis prolonger vers

l'est et Polonnaruwa avant de revenir vers Anuradhapura et Mihintale. De là, on peut pousser jusqu'aux belles plages de la région de Trincomalee et descendre la côte est (voir le chapitre « La côte est »).
Un autre parcours consiste à monter de Colombo directement sur Anuradhapura. De là, on peut opter (ou non) pour Trincomalee et ses plages. Quelle que soit l'option choisie, revenir ensuite vers l'intérieur des terres (Habarana, Polonnaruwa, les parcs, Sigiriya, Dambulla) en terminant par Kandy. De Kandy, route vers l'intérieur (région de Horton Plains, Nuwara Eliya, Badulla...) et les plages du Sud, ou retour à Colombo.
Évidemment, si vous avez exploré la côte sud en premier, puis êtes revenu vers l'intérieur, il est alors naturel de poursuivre sa route vers Kandy et vers le nord (donc le premier parcours). De fait, les deux ont leur cohérence.

ANURADHAPURA

env 57 000 hab.

• Plan *p. 125*

Dans cette ville sainte du bouddhisme cinghalais, chaque monument, même en ruine, impose le respect. Le site, déjà habité quatre siècles avant notre ère, devint le cœur d'un puissant royaume en conservant jusqu'au XIe s son statut de capitale, remplacée ensuite par Polonnaruwa. Pas moins de 119 rois se succédèrent à la tête de cet empire... S'il faut choisir entre les deux, faute de temps, on préférera peut-être la plus jeune cité de Polonnaruwa, dont les temples sont plus spectaculaires et les statues du Bouddha mieux conservées. Mais, à la différence de sa rivale, Anuradhapura offre plus d'espace, une plus longue histoire, et est toujours un lieu saint, où la ferveur religieuse est bien perceptible.
Sur le plan topographique, Anuradhapura se divise en deux entités distinctes : la cité ancienne et la ville moderne. Les ruines de la cité royale s'étendent du nord au sud sur une dizaine de kilomètres, à l'ouest de la voie ferrée. Du coup, on peut profiter du site sans pâtir de l'agitation anarchique de la ville. Cette dernière, qui s'étire à l'est de la voie ferrée, le long de Main Street, sur plusieurs kilomètres, n'est pas vraiment folichonne, comme la plupart des cités moyennes sri lankaises.

UN PEU D'HISTOIRE

Les archéologues et les historiens estiment qu'autrefois cette cité florissante de plus de 50 km² pouvait compter plusieurs dizaines de milliers d'habitants vivant dans des maisons à étages. Le roi demeurait dans un palais d'à peu près 1 000 pièces, entouré de nombreux sanctuaires, temples, quartiers d'habitations, réservoirs d'eau... Pour comprendre comment on est arrivé à un tel degré de développement, digne des grandes civilisations anciennes, quelques rappels historiques s'imposent (on va faire court, pas d'inquiétude).
C'est durant le IVe s avant notre ère que la ville est fondée, mais c'est sous le règne du grand roi ***Dewanampiya Tissa*** (IIIe s av. J.-C.) que la plupart des fastueux palais, aujourd'hui en ruine, furent édifiés. C'est aussi un moment clé pour le pays, puisque c'est grâce à la rencontre avec Mahinda, moine qui importa le bouddhisme au Sri Lanka, que le roi se convertit et entraîna son peuple dans sa nouvelle foi. Depuis lors, cette religion resta dominante sur l'île, malgré les nombreuses invasions qui contestèrent régulièrement sa prépondérance.

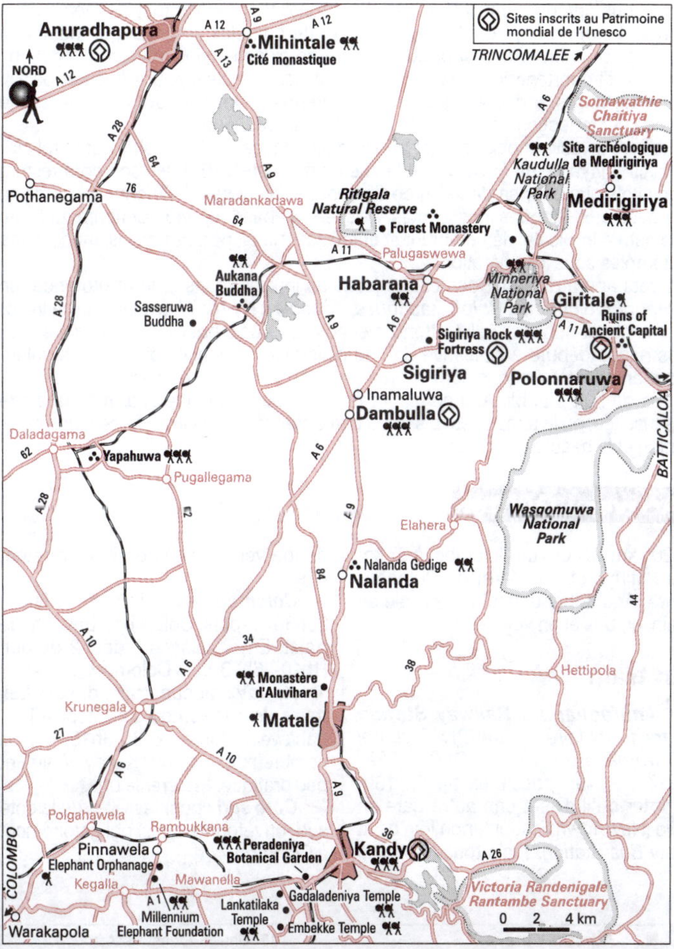

LE TRIANGLE CULTUREL

C'est également à cette période que fut bâtie la majeure partie des édifices religieux, civils et militaires. Parmi les autres souverains, notons ***Dutugemunu*** (IIe s av. J.-C.), qui reprit la ville tombée aux mains des envahisseurs tamouls (des populations dravidiennes du sud de l'Inde), après plusieurs années d'une guerre sans merci (ni même le moindre « s'il vous plaît » !). Ce roi apporta lui aussi sa pierre à l'édifice (plusieurs milliers de tonnes de briques pour être exact), puisqu'il marqua la cité par l'édification de nombreux monuments dont certains encore bien visibles. Bien d'autres rois se succédèrent à la tête de la cité, tantôt cinghalais, tantôt tamouls, ce qui explique le mélange de styles. Nombreuses sont les sculptures où apparaissent les influences indiennes. À la rigidité de certains bouddhas hiératiques, aux silhouettes presque asexuées, répondent les courbes généreuses des divinités indiennes.

Pour vous épargner une litanie de rois et roitelets, relevons tout de même deux noms : ***Valagamba,*** constructeur d'un vaste complexe monastique destiné à l'enseignement, et ***Mahasan,*** qui entreprit de gigantesques travaux d'irrigation : il perça d'importants canaux et creusa des lacs artificiels pour alimenter palais, temples, terres agricoles et bassins d'agrément. On reste stupéfait devant le niveau de perfection de l'architecture civile à Anuradhapura.

Plusieurs invasions plus tard (et autant d'alternances politiques), c'est le roi cinghalais ***Vijaya Bahu Ier*** qui reprit la cité en main en 1073. Mais son nom restera dans l'histoire pour sa décision de déménager la capitale à Polonnaruwa, moins exposée aux attaques incessantes. Laissée à l'abandon, Anuradhapura fut livrée à la nature tropicale, démembrant et enfouissant la plupart des palais, monastères et temples sous la végétation.

Anuradhapura disparaît des cartes jusqu'au jour où, dans la forêt profonde, un ***Britannique curieux, Ralph Bachouse, découvrit en 1817*** les ruines de ce trésor architectural oublié. Il fallut attendre encore un siècle pour que le défrichement des ruines débute à l'initiative de l'administration coloniale et mette en valeur les monuments qui nous sont offerts aujourd'hui... Quatorze siècles d'existence, suivis de huit d'oubli. Anuradhapura possède aujourd'hui le charme d'une cité ressuscitée, où le temps, les rois et les dates s'effacent devant la force d'une civilisation et la beauté de son art.

Arriver – Quitter

À 205 km au nord de Colombo, à 67 km de Sigiriya et à 104 km de Polonnaruwa, Anuradhapura est accessible en train, en bus et en voiture.

En train

Anuradhapura Railway Station *(gare ferroviaire ; plan B2) : Jayanthi Mawatha. Pour infos : ☎ 025-222-22-71.* Résas possibles tlj, 6h-18h. À noter qu'il existe une autre gare en ville (New Town Station), non loin de la *New Bus Station,* mais tous les trains de (ou vers) Colombo ne s'y arrêtent pas.

➢ ***Colombo :*** env 8 liaisons/j., 6h30-20h30 depuis Colombo. Env 5h de trajet. Env 7 liaisons/j. dont 2 de nuit (1h10-23h10) vers Colombo.

➢ ***Kandy :*** aucun train direct. Les trains vers Colombo s'arrêtent à Polgahawela (durée : 2h30-3h15). De là, nombreux trains pour Kandy. Vraiment peu pratique. Préférer le bus.

➢ ***Côte sud :*** pour les villes de la côte sud, on retourne quasi obligatoirement à Colombo.

Adresses utiles

- Tourism Office
- 1 Bank of Ceylon
- 2 People's Bank et National Savings Bank
- 3 C.P. Pharmacy
- 4 Supermarché Family Super
- 5 Commercial Bank
- 22 Piscine de The Lake Side Hotel at Nuwarawewa
- 23 Piscine du Palm Garden Village Hotel

Où dormir ?

- 10 Lake View Guesthouse *(zoom)*
- 11 Milano Tourist Rest *(zoom)*
- 12 Melbourne *(zoom)*
- 13 Nadeeja Family Resort *(zoom)*
- 14 Indrani Inn
- 15 Shalini Tourist Rest *(zoom)*
- 17 Ceylan Lodge *(zoom)*
- 18 Kivga Holiday Bungalow *(zoom)*
- 19 French Garden
- 20 The Sanctuary at Tissawewa
- 21 London Palace
- 22 The Lake Side Hotel at Nuwarawewa
- 23 Sunray Lake Residence, Palm Garden Village Hotel et Forest Rock Garden Resort
- 24 Villu Villa

Où manger ?

- 4 Casserole Restaurant
- 15 Shalini Tourist Rest *(zoom)*
- 19 French Garden
- 30 Rangiri Restaurant
- 31 House of Taste

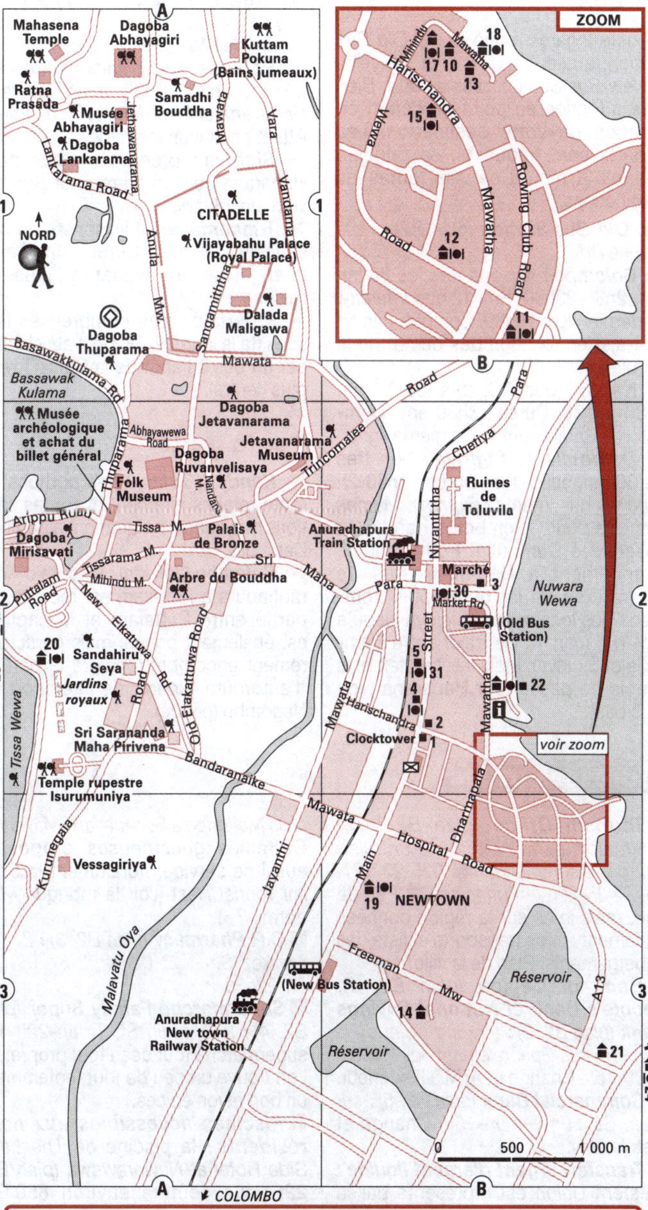

ANURADHAPURA

En bus

Il existe 2 gares routières : la *Old Bus Station,* au centre-ville, et la nouvelle, la *New Bus Station,* plus au sud. Bien faire attention au point de départ en fonction de votre destination. Les départs sont fréquents, en principe ttes les 30 mn, et ce vers toutes les destinations.

Old Bus Station *(plan B2)* **:** *Resthouse Rd.*

➢ ***Colombo :*** liaisons ttes les 30 mn env, 2h30-23h30. Env 12 bus *Intercity.* Le dernier vers 16h30. Compter min 5h de trajet en fonction des bus et de la circulation.

➢ ***Kandy :*** bus AC, ttes les 30 mn, 4h30-18h30. Durée : 3h30 env. Dambulla et Matale sont sur la même ligne.

➢ ***Dambulla et Sigiriya :*** bus ttes les 30 mn, 5h30-18h. Durée : 1h30-2h avec les bus *Intercity Express.* Mêmes bus que pour Colombo ou Kandy. On descend à Dambulla. Pour Sigiriya, changement à Dambulla (bus de l'autre côté de la route), puis nombreux bus locaux pour Sigiriya jusqu'à env 18h (min 1h de trajet entre Dambulla et Sigiriya). Mais il est en fait plus simple de passer par Habarana (voir plus bas).

New Bus Station *(plan A3)* **:** *au sud de Main St.* Dessert généralement le nord de l'île.

➢ ***Polonnaruwa :*** liaisons ttes les 30 mn, 5h15-15h30 avec arrêts à ***Habarana*** et ***Giritale*** (min 3h de trajet). Attention, aucun *Intercity.*

➢ ***Sigiriya :*** prendre un bus pour Habarana puis un autre pour Sigiriya, voire un *tuk-tuk.*

➢ ***Trincomalee :*** 4 liaisons/j. en bus sans AC, le mat. Durée : 4h. Sinon changer à Horowapatan, plus de liaisons.

➢ ***Aihintale :*** très nombreuses liaisons tte la journée. On peut aussi attraper un bus à l'arrêt de la Clock Tower, plus central.

Par la route

➢ ***Kandy*** *(135 km)* **:** des portions de route refaites alternent avec des sections moyennes, notamment à partir de Dambulla.

➢ ***Colombo*** *(205 km)* **:** la route d'Anuradhapura à Puttalam est récente. La partie entre Puttalam et la capitale est également bonne, mais particulièrement encombrée malgré la portion d'autoroute à partir de l'aéroport de Negombo (péage).

Adresses utiles

Tourism Office *(plan B2)* **:** *sur Dharmapala Mawatha, dans un mini-complexe commercial. ☎ 025-222-71-06. Tlj 8h-20h (en principe).* Peu de doc, mais infos sur la région données oralement : infos transports et liste des hébergements. Plan de la ville.

■ ***Bank of Ceylon*** *(plan B2,* ***1****),* ***People's Bank*** et ***National Savings Bank*** *(plan B2,* ***2****)* **:** *au rond-point de la Clock Tower. Généralement ouv en sem 8h30-15h.* Change et ATM à l'extérieur.

■ ***Commercial Bank*** *(plan B2,* ***5****)* **:** *sur Main St. Lun-ven 9h-15h.* Change et distributeur.

■ ***Transfert urgent d'argent liquide :*** *Western Union* est représenté par la *People's Bank* et *MoneyGram* par la *National Savings Bank.*

@ ***Téléphone IDD et Internet :*** *plusieurs officines sur Main St (plan B2-3), alias Maithripala Senanayake Mawatha.* Certaines *guesthouses* proposent aussi ce service, notamment la *Shalini Tourist Rest* (voir la rubrique « Où dormir ? »).

■ ***C.P. Pharmacy*** *(plan B2,* ***3****)* **:** *21-22, Market Site. ☎ 025-223-54-00. Tlj 7h-22h30.*

■ ***Supermarché Family Super*** *(plan B2,* ***4****)* **:** *279, Main St. Tlj 8h-22h.* Un supermarché tout beau tout propre, où l'on trouve un peu de tout, notamment un bon rayon épices.

■ ***Piscines accessibles aux non-résidents :*** la piscine de *The Lake Side Hotel at Nuwarawewa (plan B2,* ***22****)* vous coûtera environ 850 Rs. Celle du *Palm Garden Village Hotel (hors plan par A2,* ***23****)* est au même tarif.

Où dormir ?

La plupart des hébergements sont de grosses unités sans charme, un peu tristounets, tous concentrés dans un même quartier, ce qui donne un peu l'impression d'un ghetto touristique. Heureusement, on vous a dégotté quelques petites pensions très sympas, où l'on mange aussi souvent très bien... Certes, c'est un chouia plus éloigné de la cité royale, mais en *tuk-tuk* ou à vélo, c'est facilement gérable.

Au sud de la zone hôtelière (plan B3)

Bon marché (1 800-3 500 Rs / 12-23,30 €)

London Palace (plan B3, **21**) : *1191/29/1, Mailagas Junction. ☎ 025-223-50-70. • londonpalacesl.com • Transfert gratuit sur résa à la sortie du bus ou du train. Petit déj compris. CB acceptées.* Légèrement excentré dans un quartier au vert, cette pension moderne, tout en blanc et entièrement carrelée, propose une dizaine de chambres impeccables avec ventilo ou AC, bonne literie et balcon ou terrasse pour certaines. 3 donnent directement sur l'entrée. Également des triples. Toutes avec du bois et une dominante beige, eau chaude et TV satellite. Laverie, location de vélos. Resto servant le traditionnel *rice & curry*. Personnel très disponible et super rapport qualité-prix.

Prix moyens (3 500-6 500 Rs / 23,30-43,30 €)

French Garden (plan B3, **19**) : *488/4, Maithrepala Senanayaka Mawatha (Main St). 071-614-15-90. • frenchgardenanuradhapura.com • Pas loin de la New Bus Station : de Main St, accès par Freeman Mawatha. Résa conseillée. Fourchette basse. CB acceptées.* On a eu un coup de cœur pour cette charmante pension de 7 chambres, dont une familiale. D'abord pour son petit jardin tropical mais surtout pour son accueil et son excellent rapport qualité-prix. Contrairement aux autres hôtels de la zone touristique, on conjugue ici simplicité, propreté et délicieuse cuisine. Entre une chambre sans clim et avec clim, il n'y a que le prix d'un petit déj comme différence. Toutes avec moustiquaire, salle de bains et eau chaude. Laverie, location de vélos et organisation d'excursions.

Indrani Inn (plan B3, **14**) : *745, Freeman Mawatha, Stage 2. ☎ 025-222-24-78. • indraniinn@gmail.com •* Une *guesthouse* familiale, proposant 7 chambres très propres, équipées de l'indispensable moustiquaire, ventilo ou AC, douche (eau chaude) et toilettes. Celles du fond peuvent être humides. Jardinet. Location de vélos. Repas sur demande. Accueil plein de sympathie.

Villu Villa (hors plan par B3, **24**) : *601/45B, Jaya Mawatha, à 350 m sur la gauche, 700 m avt l'aéroport. 077-739-81-11. • villuvilla.com • Fourchette basse.* En dehors de la ville dans un quartier au calme, une *guesthouse* de 6 chambres dont une familiale, entourée d'un petit jardin peuplé d'écureuils. Chambres très correctes bien équipées (douche, AC, TV). Celle près de l'entrée est minuscule. Repas du soir sur place. Location de vélos. Petit déj servi dans le jardin. Accueil familial, proprio réservé mais de bon conseil si on l'interroge.

Dans la zone hôtelière (zoom) *et près de la gare* (plan B2)

Dans cette zone, vous l'aurez compris, la plupart des hôtels tiennent dans un mouchoir de poche et ne présentent pas un charme fou. Néanmoins, en haute saison, vous n'aurez peut-être pas le choix...

Bon marché (1 800-3 500 Rs / 12-23,30 €)

🏠 🍴 ***Milano Tourist Rest*** *(zoom,* ***11****) : 596/40, J.R. Stage 1, Jayanthi Mawatha. ☎ 025-222-23-64. • milanotouristrest.com • Fourchette hte de la catégorie. 💻 (pas cher).* 📶 Dans un quartier résidentiel tranquille, une maison moderne dans sa conception, avec un grand escalier qui mène à la quinzaine de chambres. Toutes avec sanitaires (douche ou bains, eau chaude), ventilo ou AC, frigo et moustiquaire. Bonne literie. On vous l'indique aussi pour ses chambres collectives pas chères, avec ou sans AC, dans l'annexe en face, d'un rapport qualité-prix intéressant. En plus, un jardinet plaisant, où l'on peut prendre ses repas, à la lueur des bougies le soir. Location de vélos et pick-up de la gare sur résa. Personnel attentif.

🏠 🍴 ***Melbourne*** *(zoom,* ***12****) : 388/28, Harischandra Mawatha. ☎ 025-223-78-43. • melrest.com • Fourchette hte de la catégorie.* 📶 *(lobby slt).* À 250 m du *Milano Tourist Rest,* un peu plus récent et même proprio d'ailleurs. Une dizaine de chambres dans un environnement tranquille mais isolé. Toutes bien équipées et nickel, avec literie confortable. Comme au *Milano,* tables dans un jardin-patio propice au repos, et salle de petit déj un peu triste. Bon accueil pro mais inégal selon les interlocuteurs. Prix très compétitifs.

🏠 ***Lake View Guesthouse*** *(zoom,* ***10****) : 4C4, Harischandra Mawatha, sur la gauche de la chaussée. ☎ 025-222-15-93.* 📶 Une adresse au calme, tenue par un monsieur chaleureux. Une des moins chères de la ville, mais ne pas s'attendre à un grand confort. Une quinzaine de chambres réparties dans 2 bâtiments. Dans le 1er, les moins chères, au confort assez rudimentaire (eau froide et ventilo). En fait, c'est surtout pour celles-ci que l'on vous conseille l'adresse. Les visiter avant de choisir tout de même. Dans l'autre édifice tout vert, quelques chambres climatisées et donc plus « confortables » (notez les guillemets !), avec eau chaude. Location de vélos (pas chère). Dîner sur commande peu onéreux.

🏠 ***Nadeeja Family Resort*** *(zoom,* ***13****) : 4C6, Mihindhu Mawatha, sur la gauche de la chaussée. ☎ 025-222-19-04. 📱 071-830-85-33.* 📶 Curieuse grosse maison blanche avec terrasse en avancée. Éviter les 2 chambres au rez-de-chaussée (trop près de la réception), mais celles à l'étage, le long d'un couloir, sont très correctes et s'ouvrent sur une terrasse étroite donnant sur le jardin. Équipement basique, ventilo, matelas de mousse, moustiquaire rose nuptial et eau chaude. Plutôt agréable, pas cher et au calme. Petit déj en supplément. Resto en projet dans une partie du jardin. Location de vélos.

Prix moyens (3 500-6 500 Rs / 23,30-43,30 €)

🏠 🍴 ***Shalini Tourist Rest*** *(zoom,* ***15****) : 41/388, Harischandra Mawatha. ☎ 025-222-24-25. • hotelshalini.lk • Fourchette moyenne dans cette catégorie. Repas env 850 Rs. CB acceptées.* 📶 Une *guesthouse* dont le principal avantage est de fournir, outre un bon confort, de nombreux services pratiques. Une poignée de chambres dans la maison principale, très convenables, avec sanitaires carrelés (eau chaude), douches directionnelles, ventilo (AC pour les plus chères), téléphone direct (payant) et TV (TV5, c'est rare, surtout à ce prix !). Dans un autre édifice attenant, encore quelques chambres, dont certaines pour 4. En voir plusieurs pour faire son choix. *Biergarten* sur le toit, sans parler de l'aile récente achevée courant 2016. Le sympathique patron, Harsha, est toujours prêt à donner un tas de conseils aussi intéressants qu'indispensables. Il pourra vous fournir un *tuk-tuk,* un bon guide pour visiter les ruines (en anglais) ou réaliser d'autres excursions à la demande. *Shalini* est aussi une bonne table (buffet le midi s'il y a un groupe ou *rice & curry* à la carte). Et puis, transfert gratuit depuis les gares, location de vélos et même la possibilité de téléphoner à la maison pour pas cher.

Chic (6 500-15 000 Rs / 43,30-100 €)

🏠 🍽 ***Kivga Holiday Bungalow*** *(zoom,* ***18****)* **:** *4C8, Mihindu Mawatha. 📱 077-738-49-59. Double env 55 $, petit déj inclus.* Wifi Pas loin du centre, une grande maison cossue à l'architecture moderne, qui propose un salon agréable et 4 chambres (dont une triple) de bon confort, certaines avec AC ou vue sur les lac, et toutes avec balcon ou terrasse. Mobilier en bois, carrelage chic et salles de bains hyper modernes. Il y en a même une avec jacuzzi. Un ensemble bien au calme, entouré d'un jardin aux arbres peuplés de singes.

🏠 🍽 ***Ceylan Lodge*** *(zoom,* ***17****)* **:** *4/2, Mihindu Mawatha. ☎ 025-223-51-14. 📱 077-388-55-33. • ceylanlodge.lk • Fourchette hte de la catégorie.* Wifi *(faiblard dans les chambres).* Bel aménagement avec réception moderne qui laisse entrevoir la piscine. Une petite vingtaine de chambres colorées sur 2 étages avec balcon pour toutes et équipement complet. Elles sont absolument impeccables, avec même un souci de déco, ce qui est rare ! Manquent malheureusement des rideaux occultants. Mention spéciale aux *deluxe,* certes les plus chères mais très lumineuses, au mobilier contemporain, avec de jolies salles de bains. Grande salle claire pour les repas. Une adresse qui conviendra aux acharnés de la propreté clinique. Bon accueil.

🏠 🍽 ***The Lake Side Hotel at Nuwarawewa*** *(plan B2,* ***22****)* **:** *en bordure du lac Nuwara. ☎ 025-222-32-65. Résas à Colombo : ☎ 011-258-31-33. • nuwarawewa.com • Doubles 80-95 $.* Wifi *(faiblard et dans le lobby slt).* Structure moderne avec un immense salon-lobby contemporain, un peu impersonnel et ouvert sur le jardin (attention, escadrilles de moustiques à la tombée du jour !). Chambres au diapason, même si le mobilier a vieilli. Demandez-en une avec vue sur le jardin et la piscine plutôt que sur la cour, vue sur le lac... derrière les arbres. Sanitaires complets, moustiquaire, ventilo et AC, balcon ou terrasse. Piscine de bonne tenue *(non-résidents : env 850 Rs).* Buffets variés, plats sri lankais à la carte d'excellente facture. Fréquenté par de nombreux groupes. Vélos à louer (dont des électriques pour les flemmards).

À l'ouest de la ville
(plan A2 et hors plan par A2)

Bon marché (1 800-3 500 Rs / 12-23,30 €)

🏠 ***Sunray Lake Residence*** *(hors plan par A2,* ***23****)* **:** *505, Galwala Rd, à* ***Pothanegama.*** *📱 071-447-82-78. Accès par Puttalam Rd sur env 3 km ; au panneau de l'*Heritage Hotel, *prendre le chemin sur 800 m.* Au bord du lac Tissawewa, dans un petit coin de nature, une maison blanche avec seulement 4 chambres. Elles sont très simples (douche froide, moustiquaires, mobilier basique), correctes et vraiment pas chères. Clientèle locale en général mais vous y serez bien accueilli par la famille. Petit déj tout aussi bon marché, tout comme le *rice & curry.*

Plus chic (15 000-24 000 Rs / 100-160 €)

🏠 🍽 ***The Sanctuary at Tissawewa*** *(plan A2,* ***20****)* **:** *dans la vieille ville et à proximité des ruines. ☎ 025-222-22-99. Résas à Colombo : ☎ 011-258-31-33. • tissawewa.com • Doubles 105-120 $. CB acceptées.* Wifi L'ancienne résidence du gouverneur britannique, devenue un temps une *resthouse* gouvernementale, a été reprise en main. Elle abrite une quinzaine de chambres réparties dans un bâtiment d'architecture coloniale édifié tout en longueur, en 1907, aujourd'hui classé Monument historique, au cœur d'un joli parc et entre les ruines d'Anuradhapura. Préférez sans hésiter les chambres à l'étage, plus vastes et fort bien rénovées (hauts plafonds, avec plancher et douche contemporaine)... au même tarif que celles du rez-de-chaussée, plus étriquées et moins attractives. Attention aux moustiques et aux singes chapardeurs qui s'introduisent dans les chambres. La véranda réserve quelques profonds fauteuils accueillants. En revanche, la cuisine, servie sans alcool (on est dans une zone de temples), n'est vraiment pas au niveau du standing, tout comme le service d'ailleurs. Dommage...

Très chic (plus de 24 000 Rs / 160 €)

🏠 |●| ***Palm Garden Village Hotel*** *(hors plan par A2,* ***23****) : Puttalam Rd, à* ***Pandulagama,*** *à 5 km d'Anuradhapura.* ☎ *025-222-39-61 ou 62.* • *palmgardenvillage.com* • *Double env 175 $, petit déj compris. Buffet env 2 500 Rs. CB acceptées.* 💻 *(cher).* 📶 *(dans la game room).* Bungalows cossus disséminés dans un vaste parc luxuriant, planté de superbes essences. Vastes chambres de bon confort mais à l'équipement déjà vieillissant : boiseries, salles de bains carrelées, TV câblée, minibar, AC. Peu de différences entre les *deluxe* et les *standard,* si ce n'est que ces dernières sont un peu plus petites et qu'elles n'ont ni lit à baldaquin ni baignoire. Superbe piscine au cœur de la verdure (mais nettoyage pas garanti), spa ayurvédique, *fitness center,* billard et baby-foot. On y trouve même une petite chapelle chrétienne ! Grand salon chic autant que colonial dans le lobby. Resto, évidemment cher et, pour le coup, surestimé. Cuisine italienne (comme la patronne) mais aussi française et, bien sûr, asiatique. Au fond du parc, un lac artificiel où, avec un peu de chance, on peut apercevoir des éléphants sauvages venir se désaltérer en fin de journée.

🏠 ***Forest Rock Garden Resort*** *(hors plan par A2,* ***23****) : Puttalam Rd, Andarawewa. À env 7 km après le* Palm Garden. ☎ *025-203-30-00.* 📱 *077-712-71-26.* • *forestrockgarden.lk* • *Doubles env 230 $ en ½ pens, 270 $ en pens complète.* 📶 Vraiment, c'est onéreux mais le lieu est plus qu'étonnant et, qui sait, vous obtiendrez peut-être une remise... En tout cas, ce *resort* à 750 millions de roupies a été pensé comme la reconstitution d'un palais, certes en béton, mais palais quand même. *Welcome drink* à l'arrivée à déguster sur un trône, statues et vasques partout, piscine entourée d'éléphants et de têtes de dragons et puis 4 km de passerelles disséminées dans la nature... ce qui permet aux animaux sauvages de circuler librement dans la propriété. Les 25 chambres sur pilotis – de vraies suites – sont en béton ciré, avec salon TV, lit *king size* à baldaquin, une baignoire qui trône, plus une douche pour éviter les embouteillages, un coin salle à manger et une terrasse à partager avec les voisins. Le tout dans les tons gris-marron-noir (p'têt' un p'tit manque de couleur vive ?). Minibar, snacks, fruits et vin. L'idéal si vous voulez faire une cure de méditation. Musique zen en boucle un peu lancinante. Également 7 suites plus chères, isolées (et même vidéo-surveillées, bof...), dotées de petites piscines privées. Resto avec colonnes, statues et portes anciennes. Spa ayurvédique. Luxe et zénitude !

Où manger ?

À Anuradhapura, comme souvent, on déjeune et on dîne généralement dans sa *guesthouse.* Cela dit, rien ne vous empêche d'aller manger un *rice & curry* dans une autre *guesthouse* que la vôtre (d'ailleurs, on vous le conseille), à condition de penser à réserver avant. Certains hôtels proposent aussi des buffets à prix intéressants quand ils ont des petits groupes. En effet, les agences et leurs clients arrivent tôt le matin, visitent le site, déjeunent sur place et quittent la ville.

De bon marché à prix moyens (max 2 000 Rs / 13,30 €)

|●| ***French Garden*** *(plan B3,* ***19****) : voir « Où dormir ? ». Compter env 700 Rs.*

Cette pension sert un *rice & curry* des familles (un poil cher et 45 mn d'attente, mieux vaut commander à l'avance). Le tout sur une terrasse couverte toute simple, en bordure du jardin, avec parfois la TV en bruit de fond. Service souriant.

|●| ***House of Taste*** *(plan B2,* ***31****) : Main St. Tlj 11h-17h.* Une gargote bon marché abritée sous la végétation au milieu du brouhaha de la rue. Tables et déco sommaires. Idéal pour boulotter un *rice & curry* des familles, végétarien ou non (un poil plus cher) dans une feuille de bananier. Demandez des couverts, les locaux se contentent de leurs doigts.

|●| ***Shalini Tourist Rest*** *(zoom,* ***15****) : voir la rubrique « Où dormir ? ». Menu env 950 Rs.* Dans l'une de nos meilleures *guesthouses,* l'un des bons *rice & curry* de la région. Bon accueil. Des petits groupes y viennent régulièrement, ce qui garantit la fraîcheur des produits.

|●| ***Rangiri Restaurant*** *(plan B2,* ***30****) : 111, Market Side. ☎ 025-223-52-00. Tlj 6h-22h30. Face au marché, une cantine populaire, servant, entre autres, un bon* rice & curry *pour à peine 200 Rs... Kottu à partir de 17h.* Décor et hygiène basiques mais les plats qui mijotent au comptoir sont bien appétissants. Bon plan.

|●| ***Casserole Restaurant*** *(plan B2,* ***4****) : 279, Main St. ☎ 025-222-44-43. À l'étage du supermarché* Family Super. *Tlj 8h30-22h.* Dans une grande salle moderne aussi morne que climatisée, on vous servira une cuisine asiatique à spectre large : *nasi goreng, singapour fried noodles, chicken, beef,* porc. Carte longue... comme un menu chinois. Correct mais pas folichon. Au rez-de-chaussée, ***Family Bakery,*** une petite boulangerie-pâtisserie, propose des sandwichs et des plats mijotés.

LE TRIANGLE CULTUREL

À voir

LE SITE

La première capitale du Sri Lanka, exhumée de la jungle au début du XXe s, conduit à la rencontre d'une des plus grandes civilisations de cette région d'Asie. La découverte des temples, palais, sanctuaires, bassins et autres *dagoba* a permis de remplir les blancs de l'histoire du pays de manière étonnante. On embrasse donc une épopée de près de 14 siècles faite de guerres, de croyances et de légendes. En comparaison avec la deuxième capitale, Polonnaruwa, dont les ruines sont disons... moins ruinées... Anuradhapura possède un avantage : plusieurs de ses temples sont encore des lieux de culte fréquentés avec dévotion. On y voit donc défiler pèlerins, dévots, moines et touristes, ce qui confère beaucoup de vie à l'ensemble, pour notre plus grand plaisir.
Pour tirer un profit maximal de la visite du site d'Anuradhapura, un petit mode d'emploi s'impose.

Infos pratiques

– ***Horaires et billet d'entrée :*** *le billet d'accès au site (valable 1 j.) s'achète au kiosque devant le Musée archéologique, tlj 7h30-17h (peut également s'acheter à l'office de tourisme). Tarif : env 3 750 Rs ; ½ tarif 6-12 ans. Attention, ne pas écouter les conducteurs de* tuk-tuk *qui proposent de visiter le site sans payer de ticket. Même si ce dernier est assez cher, cela pose problème si vous vous faites pincer et par ailleurs, la visite risque d'être bâclée.* Tous les monuments d'Anuradhapura sont accessibles avec le billet d'entrée, sauf deux temples, l'*Isurumuniya Temple* et le *Sri Maha Bodhi Tree,* et le Folk Museum *(il faudra donc repayer env 200 Rs par temple, et 250 Rs pour le musée).* Le site archéologique est ouvert grosso modo tous les jours de 7h à 22h, mais certains temples ou palais en ruine n'ont pas vraiment d'horaires d'ouverture, car situés dans des lieux éloignés et non contrôlés. Ceux-là sont accessibles en permanence.

– ***Comment visiter le site ?*** Il s'étend sur plus de 10 km du sud au nord. Ses monuments sont très éloignés les uns des autres, et les premières ruines se trouvent à 2 km de la ville moderne (New Town). En tout, dans la journée, on parcourt facilement plus de 20 km ! Comme le billet n'est valable que 1 journée et pour éviter d'épuisants allers-retours sur le site, nous avons choisi de décrire les monuments du sud au nord au fur et à mesure qu'on les rencontre. Cet ordre ne tient pas compte de l'intérêt des édifices et on peut aussi décider de le faire dans le sens inverse. Pour mieux comprendre l'ensemble, on conseille de lire notre petite intro sur les grandes étapes de cette première capitale, ça peut aider. Conseil évident : partir tôt, vers 7h-7h30 (belle lumière, personne dans les environs, température idéale...). Éviter les heures les plus chaudes, prévoir de l'eau et quelques bananes pour tenir, ainsi qu'un chapeau. La chaleur est parfois accablante. On peut visiter le site en 4-5h, mais sans avoir le temps de vagabonder, et c'est dommage. Le mieux est de programmer 1 journée complète.

– ***Comment se déplacer ?*** La plupart des *resthouses* **louent des bicyclettes** *(compter env 300 Rs/j.),* un bon moyen de le parcourir, si vous êtes accompagné ou doté d'un bon sens de l'orientation et ne craignez pas trop la chaleur. Nombre de chemins sont interdits aux voitures, c'est donc un plaisir d'y rouler en toute quiétude. Ne comptez pas trop sur les policiers et gardiens, très nombreux sur le terrain, car ils sont incapables de vous renseigner. Aucun d'entre eux ne parle l'anglais. Il est possible de le faire à pied, mais très long et exténuant, surtout en une seule journée, sans compter la chaleur souvent écrasante... Une autre solution consiste ***à louer les services d'un* tuk-tuk** *(compter alors env 2 500-3 000 Rs/j. après négociation, de 7-8h du mat à env 16h).* Si vous êtes en voiture, votre chauffeur-guide vous aidera bien sûr à vous y retrouver dans cette immensité mal balisée. Certains chemins d'accès peuvent être fermés ou en travaux et l'on s'égare facilement, même avec une bonne carte.

– ***Prendre un guide :*** une option qui peut s'avérer bien utile. Il vous indiquera les monuments (pas toujours faciles à repérer) et vous éclairera de ses connaissances (hélas parfois limitées) sur les sites visités, certaines ruines nécessitant vraiment quelques explications pour les faire vivre. Les *guesthouses* connaissent en général un ou deux guides (des vrais) qui pourront vous accompagner *(compter env 1 500 Rs pour 4h, et 2 500 Rs pour la journée).* Si vous êtes à vélo, les guides utilisent généralement leur propre bicyclette. En *tuk-tuk,* le guide grimpe à bord du véhicule (mais il vous faudra payer les deux, évidemment). Si vous êtes en voiture, votre guide-chauffeur fera peut-être office de guide, mais ils sont en général plus chauffeurs que guides.

– ***Comment s'habiller ?*** La plupart des sites sont considérés comme sacrés ; on retire donc ses chaussures à l'entrée (on peut garder ses chaussettes si le sol est brûlant). Il est impératif de ne pas porter de tenue qui découvre les épaules ou des shorts au-dessus du genou (le pantacourt est idéal). À défaut, équipez-vous d'un sarong ou paréo pour couvrir les jambes.

Près des lacs, à l'ouest (plan A1-2-3)

Vessagiriya *(plan A3)* **:** à l'extrémité sud du site, voici un bel endroit pour entamer la visite. Pas un temple ni un palais, mais un simple chaos d'énormes roches granitiques, lieu de méditation depuis le IIIe s avant notre ère. Après un passage sous le roc, on découvre une pierre de lune (non gravée) qui marque le caractère sacré du lieu. Les petites cavités au sol ont été creusées par l'écoulement de l'eau. Quelques colonnes indiquent la présence d'un abri pour les moines. Superbe vue sur la campagne et les rizières. Sous les gros rochers, tôt le matin, il n'est pas rare de voir s'installer un ou deux pèlerins, venus méditer.

Isurumuniya Temple *(plan A2-3)* **:** *tlj 6h-21h pour le temple mais jusqu'à 18h slt pour le musée. Entrée : 200 Rs (hors billet d'entrée général).* Il s'agit d'un sanctuaire rupestre du IIIe s (av. J.-C.) qui faisait partie d'un vaste ensemble monastique.
Passé l'entrée sur la gauche, un bâtiment en brique abrite le ***musée des Sculptures*** *(tlj 6h-18h).* On y admire surtout *Les Amants (I Surumini Lovers),* stèle la plus célèbre d'Anuradhapura (IVe ou VIe s ?). Les amoureux s'enlacent dans une pose lascive sans équivoque. Également une étonnante sculpture de la famille royale *(King's Family),* superbement réalisée, dont les membres se contorsionnent. On peut penser qu'ils sont inspirés par les dieux indiens Shiva et Parvati. Le roi semble se faire éventer par un serviteur à l'arrière. Voir encore les frises et les bas-reliefs de gros nains chevelus et dansant de la même époque, assez rigolos. Celle avec trois nains *(kuwera sanka padma)* symbolise respectivement la santé (à gauche), la richesse (au centre) et la joie (à droite). Dommage que les pièces de ce musée ne soient pas mieux mises en valeur...
Un peu plus loin, on découvre un petit bassin (plein de poissons) en forme de lotus, adossé à la roche. Sur la gauche de cette paroi, dans la partie basse, on devine nettement plusieurs têtes d'éléphant bien dessinées, très figuratives. Celui de droite qui s'arrose la tête fait penser au rigolard Babar (chacun ses références !). Tout en haut à gauche de cette même roche, un guerrier au repos et son cheval semblent suivre la scène des éléphants qui s'abreuvent. On ne sait pratiquement rien de ces bas-reliefs, véritable tableau animalier. Sur la gauche, au bas de l'escalier, deux gardes sculptés surmontés d'un cobra. Quelques marches plus haut, derrière un portique sculpté, on découvre le plus vieux temple bouddhiste du Sri Lanka, taillé dans une grotte. À l'intérieur, un bouddha coloré assis en méditation contemple sagement ses visiteurs derrière une vitre... À gauche de cette grotte, un autre temple abrite un autre bouddha, couché celui-ci, moderne et kitsch (bien plus tardif). Sur les murs, des cartouches peints racontent, dans un style naïf, les différentes étapes de la construction des temples et monuments d'Anuradhapura. Au fond, statue de Mahinda, le moine à l'origine de la conversion du roi Thevanambiya Thissa au bouddhisme. Pas vraiment d'intérêt esthétique, mais ça fixe les idées sur le plan historique. Juste à l'extérieur du temple, sur la gauche, une sorte de haut renfoncement étroit sert de logis à des centaines de chauves-souris (brrr !). Possibilité de grimper sur une terrasse au sommet du rocher qui surplombe le site *(Top of the rock)* : vue superbe sur les *dagoba* alentour.

Sri Sarananda Maha Pirivena *(plan A2)* **:** impossible de louper son *stûpa* blanc moderne qui s'illumine la nuit comme un arbre de Noël. Il s'agit d'un centre d'enseignement du bouddhisme destiné aux apprentis moines. Pas d'intérêt archéologique bien sûr mais une ambiance très animée. Visite autorisée.

Sandahiru Seya *(temple de la lune et du soleil ; plan A2)* **:** un immense *stûpa* (30 millions de briques !) est en construction depuis 2010 sur ce site. Enduit ensuite de plâtre puis blanchi à la chaux, il devrait culminer à 85 m de haut. Financé en partie par des dons, c'est le premier d'une série de neuf *stûpas* commandés par le précédent président de la République et répartis dans chaque province, en hommage aux forces armées et de police du pays pour leur « contribution à l'éradication du terrorisme et au retour de la paix après la guerre civile ». Comme quoi politique et religion font toujours bon ménage...

Royal Gardens *(jardins royaux ; plan A2)* **:** *du parking du temple d'Isurumuniya, 10 mn à pied.* Ils se résument aujourd'hui à deux bassins entourés de manguiers et bordés de bas-reliefs d'éléphants. Belle vue sur le lac. Si vous manquez de temps, vous pouvez éviter ce crochet.

Sri Maha Bodhi Tree *(arbre du Bouddha ; plan A2)* **:** *fermé 12h-14h. Entrée : env 200 Rs (hors billet d'entrée général) mais il n'y a parfois personne à l'entrée...*

VOLEURS D'OFFRANDES

Sur le chemin du Bodhi Tree habite une grande famille de singes gris, aussi beaux que chapardeurs. Ces singes sont protégés, mais ils adorent les fruits et semblent aussi organisés que de vrais pickpockets. Pendant que certains s'épouillent et prennent la pose pour capter et détourner l'attention d'un pèlerin, un autre singe perché dans un arbre en profite alors : il se jette sur ses offrandes et lui chaparde avec vigueur et rapidité bananes et bol de riz, bref, tout ce qui était dévolu au Bouddha. Mais au vu des autels chargés de fleurs et de vivres, il semblerait que le Bouddha ne risque pas de mourir de faim.

On se gare au parking, puis on suit la grande allée piétonne vers le temple. À mi-chemin, attention aux singes chapardeurs, toujours prompts à visiter votre sac (voir l'encadré). Avt l'accès au temple, on se déchausse. L'entrée fait l'objet de certaines mesures de sécurité. L'endroit le plus sacré de la ville et l'arbre le plus vieux du monde, paraît-il, avec plus de 2 000 ans au compteur. Ici, au IIIe s av. J.-C., fut plantée une bouture de l'arbre sous lequel le Bouddha reçut l'Illumination à Gaya, en Inde du Nord. L'arbre est situé au-dessus du temple, en surplomb et protégé par un haut muret et une grille. Il n'est donc pas directement accessible. Seuls le président et quelques dignitaires triés sur le volet ont le droit de l'approcher. En fait, il n'en reste qu'une branche soutenue à grand-peine par des étais métalliques dorés. L'arbre central actuel n'est pas le tronc de cette branche sacrée. Le lieu est très fréquenté par les bouddhistes du monde entier (beaucoup de Thaïlandais et de Japonais) pour qui c'est un pèlerinage obligé. On fait le tour des autels qui ceinturent la structure supportant l'arbre. C'est surtout pour l'atmosphère qu'on vient ici, sereine et religieuse à la fois, plus que pour l'arbre lui-même. Il est intéressant d'assister aux prières et aux offrandes des fidèles qui couvrent de fleurs et de bols de riz les petits autels. Par terre sur le sable, on médite, on prie, on lit les textes sacrés. Devant l'un des autels, des prêtres bénissent les fidèles et nouent un bracelet de fils blancs à leur poignet. Les petites pièces de tissus attachées aux grilles expriment des vœux, les oriflammes correspondent à des souhaits de fidèles qui ont été exaucés. La forme des feuilles de cet arbre aurait inspiré celle des *dagoba* de l'île. Lors de la lune de *Poson* (mai-juin), des dizaines de milliers de pèlerins affluent pour se recueillir devant l'arbre sacré. Lors de la moindre fête comme lors de la *poya* mensuelle (pleine lune), l'atmosphère empreinte de dévotion est particulièrement émouvante.

🚶 ***Brazen Palace*** *(palais de Bronze ; plan A2)* **:** *sur la gauche de la grande allée, juste avt d'arriver au Sri Maha Bodhi Tree.* De ce palais édifié au IIe s avant notre ère par Dutugemunu, il reste encore 1 600 piliers de pierre de 3,80 m de haut. Ceux-ci servaient de base à l'édifice qui était en bois et aurait brûlé quelques années après sa construction. Malheureusement, on ne peut pénétrer à l'intérieur du palais, gardé par une barrière métallique. À l'époque, il comptait neuf étages et un millier de cellules. Tout de même incroyable d'imaginer qu'un véritable building, habité par près de 1 000 moines, était planté là. Une HLM du culte, avec ascenseur direct pour le nirvana. Les moines les plus anciens et les plus gradés occupaient les étages du haut. Certains piliers portent encore des parties sculptées représentant des nains.

🚶 ***Dagoba Mirisavati*** *(plan A2)* **:** *en bordure du lac.* Le roi Dutugemunu construisit ce *dagoba* en expiation d'une faute. Il avait consommé un mets sans avoir eu une seule pensée fraternelle pour ceux qui souffrent ou ont faim. Ça n'aurait guère rempli l'estomac des pauvres, mais ça lui aurait donné bonne conscience. Il enferma donc sa lance, son sabre et son bol de riz dans ce *dagoba*.

🚶🚶 ***Archeological Museum*** *(Musée archéologique ; plan A2)* **:** *tlj sf mar 8h30-17h30.* ***ATTENTION, fermé pour rénovation.*** *Il devrait rouvrir fin 2017 : se renseigner sur place. On peut y acheter aussi le billet d'accès général au site d'Anuradhapura (voir plus haut).*

Le musée occupe d'anciens bâtiments de l'administration britannique. En principe, vous devriez y retrouver les pièces suivantes, sous réserve des changements après rénovation... En attendant, vous pouvez visiter les espaces extérieurs, restés accessibles.

– ***Premier pavillon :*** *sur la gauche en entrant.* Au rez-de-chaussée, torses de femmes du Ve s et frise de nains. Intéressante maquette d'explication de la fabrication du *vatadage de Thuparama* (IIIe s avant notre ère). Vieille photo du *dagoba* Mirisavatiya durant sa restauration. Également des outils divers, tripodes, quelques poignards. Au 1er étage, *salle des poteries* : présentation de vaisselle, jarres funéraires, tuiles anciennes, lampes à huile... Également une *salle des bronzes* : quelques pièces très intéressantes, notamment de délicates statuettes : un *Shiva Naraja* du Xe s, ainsi qu'un *Râma* et *Parvati* du XIe s, des bouddhas de bonne facture et quelques têtes sculptées.

– ***Pavillon des bouddhas :*** une dizaine de bouddhas de pierre sous un pavillon ouvert, dont un « debout » du VIIIe s à la démarche élégante (Mannar) et un autre assis (V^e^ s), provenant de l'Inde du Sud.

– Les ***espaces extérieurs*** abritent de nombreux vestiges lapidaires, comme ces vénérables toilettes venant de monastères. Réservés aux moines, ces urinoirs, ornés du dieu des Richesses déversant des pièces de monnaie, comprennent un petit trou devant l'empreinte des pieds, qui indique l'endroit à viser. Nul doute que plus d'un moine devait s'en mettre plein les sandales et autant sur la robe. C'était une manière de montrer le mépris des biens matériels. Les grosses pierres carrées divisées en un quadrillage tout aussi carré servaient à loger les reliques de personnages illustres. La pierre était ensuite placée au centre d'un *dagoba.*

– Un ***autre pavillon*** en T dans le fond abrite des stèles et des piliers gravés de textes (contrats divers, franchises accordées, etc.), là aussi exhumés sur le site.

***Folk Museum** (plan A2) : à deux pas du Musée archéologique. Tlj sf dim-lun et j. fériés 9h-17h. Hors billet d'entrée général. Entrée : 250 Rs ; réduc 5-12 ans. Photos payantes.* Seulement pour les fans d'art populaire traditionnel. Mauvais éclairage et classification aléatoire. Objets liés au culte dans les temples : plateaux, reliquaires, vases divers, robes de moines, etc. Instruments de musique, objets domestiques, paniers, armes, bracelets. Reconstitution d'un coin cuisine. Boîtes à bétel, vieux tissus, poids et mesures... Au 1er étage, crâne d'éléphant, outils de nombreuses professions (menuisier, potier, vannier, joaillier, etc.), instruments agraires, cloches de vache, charrues primitives. Notez les « tongs » rurales de forme rectangulaire ! Paniers et jarres comme meubles de maison. Dans le jardin, quelques greniers à grains.

***Dagoba Ruvanvelisaya** (plan A2) :* ce *dagoba* énorme a été entièrement reconstruit. Mais les ingénieurs ne devaient vraiment pas avoir le compas dans l'œil car ils ont aplati la courbe du dôme, détruisant la perfection de sa forme originelle... La petite histoire raconte qu'il fut édifié par le grand bâtisseur Dutugemunu, voici plus de 2 000 ans. Alors que le *dagoba* n'était pas encore achevé, le roi de l'époque se trouva très mal en point. Dans ces conditions, son frangin Tissa imagina un gentil stratagème. Il dressa une très haute flèche de bambou et tendit une immense étoffe blanche tout autour et jusqu'au bas de l'édifice pour faire croire qu'il était terminé. Le roi mourut soulagé. Tout autour du mur d'enceinte, 360 têtes d'éléphant de facture moderne gardent le site. Ceux-ci, selon la cosmologie bouddhique, soutiennent notre planète. À droite de l'entrée, dans une cage vitrée les protégeant du vent, des centaines de lampes à huile de coco. Le bâtiment, plaqué or au sommet, culmine à plus de 90 m. Autour de la plate-forme du *dagoba,* sur la gauche, les arcades d'une *shrine room* abritent des statues trouvées sur les sites des environs, notamment celle censée représenter le « prochain Bouddha ». Magnifiques drapés ! À l'intérieur, grand bouddha couché, habillé d'une robe dorée. Devant, empreinte du pied du Bouddha. À gauche, une statue bien kitsch de Dutugemunu, reconnaissable à son chapeau à étages. Le soir, les centaines de lampes à huile qui brûlent à l'entrée rendent l'atmosphère féerique.

– Entre le *dagoba Ruvanvelisaya* et celui de *Thuparama,* disséminés dans les espaces rendus à la nature, au milieu de grands arbres, d'autres vestiges silencieux vous attendent, encore pleins de secrets à découvrir. Avec tout juste un peu d'imagination, nulle difficulté à reconstituer les prestigieux édifices qui s'élevaient là. On distingue encore des soubassements de brique. Superbes piliers carrés toujours debout et chapiteaux ciselés. Parfois un élégant perron sculpté, encadré de deux gardiens déhanchés. Devant, une pierre de lune à détailler.

Dagoba Jetavanarama *(plan A2)* **:** ce fut, lors de sa construction (en brique rouge), le plus grand du site. Il s'élevait alors à plus de 120 m, ce qui le classait parmi les trois plus hauts monuments de son époque ! La flèche, en partie détruite, était couronnée d'un pinacle orné de pierres précieuses. Aujourd'hui, il ne fait plus que 70 m. On a trouvé ici d'importants textes datant du IXe s. Au pied du *dagoba,* un petit sanctuaire abrite un bouddha couché et coloré (derrière une vitre). Devant, les rois de la grande période d'Anuradhapura (IIIe-Ier s avant notre ère). Statues kitsch et récentes, avec une frise en haut relief de divinités hindouistes. Tout autour, les ruines d'un monastère qui accueillait jusqu'à 2 000 moines avant que la capitale ne déménage à Polonnaruwa.

Jetavanarama Museum *(plan A2)* **:** *à 300 m du dagoba du même nom. Tlj 8h30-17h30. Achat possible du ticket d'entrée général.* Au rez-de-chaussée, on découvre trois salles fort intéressantes. *Salle des pierres sculptées,* belle pierre à reliques que l'on plaçait au cœur du *dagoba,* remarquable *Nagini,* divinité au souple déhanché, morceaux de frises décoratives, socle de statue du Bouddha et superbes statues de Lakshmi... et photos des *stûpas* avant et après rénovation. La *salle des trésors* renferme quelques notables vitrines de bijoux, colliers, pièces, pendentifs, aiguilles à chignons en ivoire, petits bronzes, *stûpas* de cristal, dieux hindous, double empreinte de pied de Bouddha... Dans la *salle des poteries,* jarres, tuiles, monnaies (des florins hollandais), etc.

Dagoba Thuparama *(plan A1)* **:** le plus ancien du Sri Lanka, élevé spécialement pour recevoir la clavicule du Bouddha, qui s'y trouve toujours, d'ailleurs. Mais il fut malheureusement reconstruit vers 1840 et sa forme a changé. Les piliers qui se dressent en cercles concentriques soutenaient la toiture circulaire qui formait une sorte d'arcade. Ce type d'édifice portait le nom de *vatadage.* Escalier gardé par des dieux protégés par des najas.

La citadelle et le palais royal *(plan A1)* **:** il ne reste quasiment rien de ces murs qui faisaient autrefois 5 m de haut, entourant un palais érigé au XIIe s comme résidence secondaire, après la fondation de Polunnaruwa. De part et d'autre des marches qui mènent à ce qui reste de l'entrée vers la terrasse, deux nains obèses montent la garde.

Dalada Maligawa *(plan A1)* **:** c'est dans cette toute petite structure à colonnes, bien modeste et aujourd'hui en ruine, que fut déposée, dès son arrivée au Sri Lanka, au IVe s avant notre ère, la dent du Bouddha, conservée actuellement à Kandy et objet de toutes les vénérations. Sur le devant, une pierre de lune bien conservée, décorée du bas-relief traditionnel : chevaux, lions, buffles, éléphants et rangée de cygnes.

Au nord du lac *(plan A1)*

D'autres édifices dignes d'intérêt sont situés 2 km plus au nord. Il serait dommage de ne pas les visiter car ils apportent un éclairage complémentaire sur l'ancienne capitale.

Kuttam Pokuna *(les Bains jumeaux ; plan A1)* **:** deux magnifiques bassins en enfilade servant aux bains purificateurs des hauts dignitaires. Ils sont presque identiques, et le premier possède un escalier latéral. Ils sont tous les deux du Ve s, mais pas du même architecte. On note d'ailleurs quelques petites différences de style. En haut de chaque escalier, de gros pots accueillent des fleurs de lotus, fermées pour l'un des bassins, ouvertes pour l'autre. Tous les escaliers sont d'ailleurs particulièrement bien conservés, avec d'élégantes volutes sculptées encadrant les marches. Une gargouille alimente le bassin du fond et un bas-relief représente un naja à cinq têtes (roi-serpent). Sur l'arrière, le petit bassin qui servait de système de nettoyage de l'eau par filtration, avant qu'elle ne s'écoule. Système toujours en activité de nos jours.

⚲ ***Samadhi Bouddha*** *(Bodhi Tree Shrine I – n° 51 ; plan A1)* **:** ne pas confondre avec les autres *Bodhi Tree Shrine,* même si on a le droit de les regarder aussi... Celui-ci est repérable à son dais de béton assez peu esthétique. Ce bouddha en méditation (pied droit au-dessus, main droite sur main gauche) est une œuvre du Ve-VIe s de style Gupta (période classique de l'art indien, IVe-VIe s), dans la position *samadhi* (méditation profonde, proche de l'Illumination). On pense que des bijoux étaient incrustés dans ses yeux. Noter ses hanches marquées et son cou curieusement épais et court, comme disproportionné.

⚲⚲ ***Dagoba Abhayagiri*** *(plan A1)* **:** édifié sous le règne de Vattagamini Abhaya, au Ier s av. J.-C., comme celui de Lankarama. Le plus grand, le plus beau, le plus haut... mais abîmé par le temps et couvert de végétation avant restauration. Il ne mesure plus aujourd'hui que 75 m de haut. Il était lié au monastère bouddhique situé à côté. Sa base est cernée de petits éléphants en pierre blanche. Dans la *shrine room,* un bouddha couché, récent et coloré, en position nirvanesque.

⚲ À côté, ne pas manquer l'intéressant ***Abhayagiri Museum*** *(plan A1). Tlj 7h30-17h30. Entrée incluse dans le billet d'entrée général.* Ce musée financé par les Chinois commémore la visite au Ve s d'un moine nommé Faxian qui y vécut quelque temps pour copier des textes sacrés qu'il rapporta en Chine. On y trouvera, entre autres, une très belle statue *Nagaraja* dans la posture dite *anjalikarana,* histoire de faire fuir les éventuels pilleurs, d'autant que sa chevelure est agrémentée de cinq cobras. Également un bouddha en position *samadhi* daté des IVe-VIe s, quelques pierres ornementales peintes, des petits bouddhas en bronze, une statue de lion, ou encore un fragment de pilier d'autel orné de trois éléphants. Tout autour, d'autres belles statues de gardiens de temple *Nagaraja,* des pierres gravées du IIe s, quelques statues de Gana et du Bouddha plus ou moins amputées et une rare double empreinte de pied du Bouddha. Notez enfin les pittoresques toilettes *(urinal stones).*

⚲⚲ ***Mahasena Temple*** *(Moonstone ; plan A1)* **:** il ne reste plus de cet ancien complexe monastique que quelques colonnes et une pierre de lune, si précieuse qu'elle est protégée par une grille. Datant des VII-VIIIe s, elle est considérée comme la plus belle du pays, car la mieux dessinée. On distingue très bien les éléphants, les chevaux, les lions et les buffles. La pierre de lune illustre les étapes jusqu'à la connaissance suprême. Le premier demi-cercle, le plus large, évoque un monde de souffrances symbolisé par le feu. Le deuxième, les quatre animaux traditionnels : l'éléphant (la naissance), le cheval (la force de l'âge, la prise de décisions), le lion (la décadence, la maladie, le temps qui file) et le buffle (la mort). Le troisième désigne *Thrusna Latha,* la plante rampante et perverse, responsable des souffrances. Le quatrième représente la sagesse atteinte en prenant le meilleur de chaque chose, car le cygne est capable de séparer le lait de l'eau. Le cinquième est une frise de fleurs, indiquant la mort. Enfin, au centre, sixième et ultime étape : le nirvana, représenté par le lotus. Les marches de l'escalier se distinguent avec leurs figures sculptées bedonnantes. Elles symbolisent les cinq fautes à éviter (meurtre, vol, immoralité, mensonge, alcoolisme).
En haut des marches, à gauche et à droite, un animal sculpté hybride (yeux et oreilles de singe, bouche de croco, cou de paon, corps de lion, queue de cheval). Au fond du sanctuaire, on devine encore l'endroit où trônait une statue du Bouddha (absente). Autour du temple central, les ruines des résidences des moines, dont il reste la structure et les piliers.

Ratna Prasada *(plan A1)* **:** en ruine, ce palais daterait du Xe s. La pièce maîtresse qui subsiste est une stèle à gauche de l'escalier des ruines principales. Un élégant gardien déhanché au fin visage *(mura gala)* porte un vase rempli d'offrandes symbolisant l'abondance, et un rameau dans sa main droite. À ses pieds, à droite, noter le nain, peut-être un serviteur... La tête du gardien est surmontée d'un cobra à sept têtes. L'ensemble se révèle de grande qualité. Sur le côté, la rampe affiche une figure de crocodile surmonté d'un cobra qui tire une langue d'éléphant ! C'est sur ce site que plus de 5 000 moines se réunissaient pour se confesser, assister à de grandes réunions religieuses et... se nourrir. Preuve s'il en est, on peut encore visiter non loin de là l'ancien réfectoire où subsiste un réservoir à riz de 19 m de long.

Dagoba Lankarama *(plan A1)* **:** *dagoba* du Ier s av. J.-C., bien conservé car reconstruit en permanence. Petit et encore opérationnel, il fut édifié par Vattagamini Abhaya. Trois rangées de colonnes à chapiteaux sculptés l'entourent. Autrefois, une toiture recouvrait cette galerie.

Compléter la visite en allant faire un tour au bord du réservoir de 160 ha, ***Tissa Wewa*** *(plan A2-3),* construit il y a 23 siècles par un roi architecte. On peut y observer des tranches de vie dans les petits canaux aux alentours : les hommes et les femmes y lavent leur linge et font leurs ablutions.

MIHINTALE

• Plan *p. 139*

Un endroit superbe, à seulement 13 km à l'est d'Anuradhapura, où règne une atmosphère étonnante. C'est ici que Mahinda, le disciple du Bouddha, vint s'installer pour répandre la parole de son maître. Le roi Dewanampiya Tissa, au IIIe s av. J.-C., séduit par son discours et par sa doctrine pacifiste, se convertit au bouddhisme, entraînant tous ses sujets dans cette aventure qui allait marquer l'histoire de l'île. C'est aussi à Mihintale que fut construit le premier *stûpa* du Sri Lanka. On comprend donc pourquoi ce sanctuaire est devenu un lieu saint fréquenté par de très nombreux pèlerins, principalement lors de la pleine lune de juin, date anniversaire de la conversion de l'île au bouddhisme.

Arriver – Quitter

➢ ***Anuradhapura*** *(13 km)* **:** liaisons très fréquentes en bus (env ttes les 15 mn), depuis la *New Bus Station* (🚌 1). Sinon, prendre un *tuk-tuk,* mais ça risque de vous coûter env 3 000 Rs avec l'attente et le retour. Également des départs pour ***Dambulla*** (🚌 2) juste avant le musée.

➢ ***Colombo* :** pas de liaison directe. Il faut transiter par Anuradhapura (voir « Arriver – Quitter »).

À voir

Mihintale est un ***site spectaculaire,*** complémentaire de celui d'Anuradhapura et beaucoup moins étendu. Mais si ce dernier est tout plat, Mihintale est perché en hauteur ! On vous conseille de vous y rendre soit au lever du soleil, soit en fin

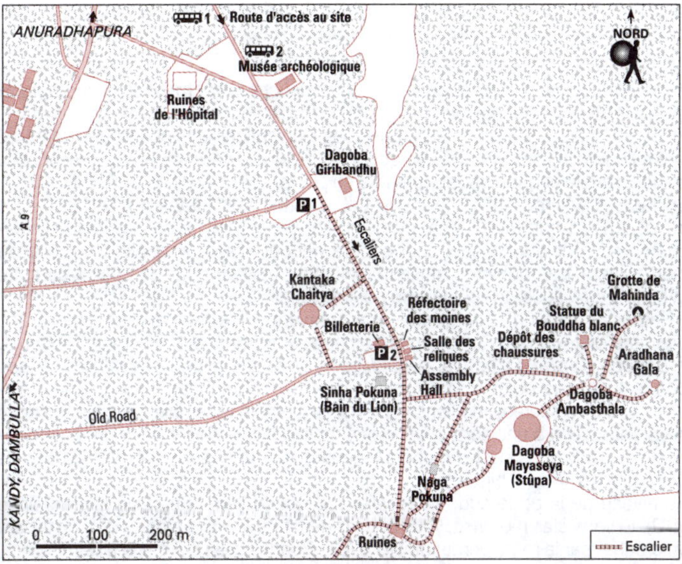

MIHINTALE

d'après-midi, pour mieux profiter du panorama sur les rizières, collines et jungle alentour. Un endroit idéal pour une petite séance de méditation, la tête dans les nuages.

Pour info, avec Sigiriya, Mihintale est l'un des lieux où racolent pas mal de faux guides. Si vous souhaitez prendre un – vrai – guide, bien lui demander sa carte officielle. Compter alors environ 1 000 Rs pour 1h30 de visite. Vous le lâcherez quand vous serez arrivé au niveau du dernier *dagoba,* tout en haut. Mais contrairement à Anuradhapura où se repérer est difficile, on peut parfaitement explorer Mihintale tout seul.

- ***Horaires et tarifs :*** *le site est ouv 24h/24 et éclairé la nuit. Entrée : env 1 000 Rs.* Venir dès le lever du jour (débuter la grimpée vers 5h-5h30) pour assister au lever du disque solaire à l'est ou bien vers 15h30 pour éviter les grosses chaleurs et profiter du coucher de soleil. La nuit, éviter les abords du parking 1 et du musée, les chiens errants y sont agressifs. Demander au *tuk-tuk* d'aller jusqu'au parking 2, un policier endormi vérifiera votre ticket paraphé la veille. Vous trouverez quelques gargotes près des arrêts de bus. Profitez-en pour acheter de l'eau.

La première section (partie basse et partie intermédiaire) est accessible gratuitement à partir du parking 1. La partie haute du site, à partir du parking 2 (temples et *dagoba* toujours tenus par les moines), est payante. Pour visiter tranquillement, prévoir environ 2h. Tout au long de la journée, concerts de tambours accompagnant les dépôts d'offrandes. Horaires aléatoires, mais tendez l'oreille.

★★ *La cité monastique :* elle s'étend sur quatre petites collines. On y accède par la gauche de la route quand on vient d'Anuradhapura. Pour atteindre le sommet de la plus sacrée et la plus haute, ménagez votre souffle : plusieurs centaines de marches à grimper. Au début, elles sont larges et à l'ombre des frangipaniers, mais plus on monte, plus on est exposé au soleil. On peut soit démarrer la visite depuis le bas du site (parking 1), soit au tiers du parcours (parking 2). On loupe alors quelques ruines, mais pas essentielles.

La partie basse du site

Avant d'arriver au niveau du parking 1, sur la gauche, ***petit musée archéologique*** gratuit *(tlj 8h-17h),* où quelques résultats de fouilles ont été réunis en vrac. Notamment une maquette du site avec quelques explications en anglais, une chambre des reliques du VIIe s entourée de quelques fresques, des statues de Ganesh, des nains en argile et quelques appuie-tête en pierre.

En face, à environ 100 m, par une petite route, voir l'***ancien hôpital.*** Il date du IXe s. Bien que très abîmé, on devine encore la forme des petites cellules-chambres. Quelques piliers sont encore debout. Dans un angle, baignoire de pierre, façon sarcophage, vraisemblablement utilisée pour des bains curatifs. Mihintale était aussi un lieu de cure pour malades.

– Retour au parking 1, on grimpe une première volée de marches jusqu'à une première plate-forme. Sur la droite démarre un escalier bien pentu. Au sommet, le ***dagoba Kantaka Chaitya,*** beau *dagoba* de brique, partiellement privé de son dôme. À chaque point cardinal, on découvre un autel. Intéressante frise d'éléphants, d'oies sacrées, de lions et de nains. Derrière le temple, un passage dans la verdure mène à une sorte d'abri sous roche où l'on trouve de-ci de-là des inscriptions anciennes sur les rochers (attention, ne pas s'aventurer, il n'y a pas de protection et ça peut glisser).

Au niveau de la porte sud, un escalier redescend vers le parking intermédiaire (no 2). Si vous êtes motorisé, vous pouvez démarrer la visite à partir d'ici en faisant un crochet par la route perpendiculaire (Old Road) à celle qui mène à Dambulla.

C'est là aussi qu'on s'acquitte du droit d'entrée (billetterie). Sur la droite, en traversant la petite route on accède au ***Sinha Pokuna*** (ou *bain du Lion*). C'est un petit bassin avec son adduction d'eau. Sur le flanc de celui-ci, on découvre une grande sculpture de félin dressé sur ses pattes arrière et qui autrefois crachait de l'eau. En prenant appui avec les mains sur les pattes avant de l'animal, on pouvait boire directement à la source. Autour du bassin, restes de frises mi-animalières mi-humaines.

Non loin, l'***Assembly Hall*** *(salle des conférences).* Dans ce carré, au centre, une petite dalle où devait se tenir le dignitaire menant les discussions lors des réunions monastiques. Il subsiste la base des piliers. La ***salle des reliques*** : entourée d'un bel appareillage de grosses pierres parfaitement jointes (mais qui n'est en fait qu'un parement de façade), on découvre ***deux ruines de dagoba,*** puis ***deux stèles gravées*** et dressées à la verticale. Les textes qui y sont inscrits sont d'une grande richesse puisqu'ils expliquent par le menu toutes les règles de vie de la cité monastique, un peu en vrac : l'heure du lever, le changement de robe, la conduite à tenir envers un malade, les tarifs à appliquer pour la location des terres arables... et même bien se brosser les dents. Traduction détaillée en anglais sur la plaque métallique à gauche des stèles.

À deux pas, un peu plus à gauche, le ***réfectoire des moines.*** Bien que là encore très ruiné, il est facilement reconnaissable grâce à la longue écuelle de riz de près de 10 m, pièce exceptionnelle, assez incroyable et absolument intacte, que l'on peut voir tout au fond. Ce ***bateau de riz*** *(rice boat)* pouvait contenir plus de 2 000 bols de riz et servait à distribuer la nourriture aux moines, mais aussi aux pèlerins faisant halte à Mihintale. Un aqueduc apportait l'eau du Naga Pokuna, situé plus haut.

La partie supérieure du site

Quelques volées d'escalier plus haut, au niveau de la dernière plate-forme, on quitte ses chaussures. Au centre de l'***esplanade*** d'où rayonnent plusieurs chemins, s'élève le ***dagoba Ambasthala*** *(dagoba du Manguier),* entouré de deux rangées de piliers qui devaient supporter un toit. C'est ici que l'histoire situe la rencontre entre le moine Mahinda et le roi Thevanambiya Thissa et que sa conversion eut lieu.

Face au *dagoba,* la ***statue du roi*** (un peu trop retapée !). Peut-être vous amuserez-vous du spectacle des singes dévorant les offrandes de fleurs déposées dans le temple ? Immédiatement à droite du *stûpa,* entourée d'une double grille dorée, l'***empreinte du pied du Bouddha.*** À vue d'œil, il chaussait du 72... allez, du 73 ? Sur la gauche, au pied de l'escalier qui mène au *dagoba Mayaseya,* un ***Bodhi Tree.*** À partir de l'esplanade, plusieurs escaliers mènent à différents sites : sur la gauche du *dagoba,* un escalier creusé dans la roche conduit à un bouddha Vitarka moderne, énorme et tout blanc (qui semble vous demander si tout est OK...).
En revenant sur l'esplanade, à gauche, un panneau indique le chemin qui descend jusqu'à un abri, ***Mahinda's Cave,*** sous lequel Mahinda venait méditer (pas grand-chose à voir et accès un peu sale).
Toujours depuis l'esplanade, vers l'est, une volée de marches irrégulières grimpent sec pour atteindre un amas rocheux appelé ***Aradhana Gala,*** d'où l'on a un splendide point de vue. Attention, le sentier est franchement accidenté et devient carrément glissant quand il pleut, on vous le déconseille alors fortement. À l'opposé, on accède enfin par une dernière volée de marches au blanchâtre ***dagoba Mayaseya,*** perché à plus de 300 m et qui contiendrait un cheveu du Bouddha. Magnifique panorama sur des kilomètres à la ronde. C'est de là qu'on profite le mieux du coucher de soleil.

LE PARC NATIONAL DE WILPATTU

Le parc national de Wilpattu, le plus vaste de l'île avec ses 1 100 km² de superficie, est une excursion que l'on peut réaliser à partir d'Anuradhapura ou sur la route du retour vers Colombo. Il est situé à environ 35 km d'Anuradhapura. Faire d'abord 28 km sur la route de Puttalam, puis c'est fléché sur la droite, il reste environ 7 km jusqu'à l'entrée. On traverse des sous-bois un peu clairsemés, puis de vastes espaces dégagés, on longe des lacs et des étendues marécageuses, puis d'épaisses zones boisées... Les pistes du parc sont en excellent état et très agréables à parcourir. Mais, il faut bien l'avouer, les animaux sont assez rares. On y verra quelques éléphants sauvages avec un peu de chance et, avec beaucoup plus de chance encore, des ours et des léopards (ce qui arrive rarement, soyons honnêtes, bien que le parc soit censé en abriter une quarantaine !). Les oiseaux, en revanche, sont très nombreux à avoir trouvé refuge ici. Pas mal de daims tachetés aussi, des paons et quelques renards... Pour certains cette visite pourra s'avérer décevante compte tenu du tarif, même si la balade en elle-même reste plaisante.
- ***Petit musée*** au bureau du parc, avec quelques squelettes (croco, tête d'éléphant, ours...) et petits animaux taxidermisés. Exemples de déjections d'animaux.

Infos pratiques sur le parc

- ***Horaires et informations :*** *tlj 6h-18h (dernière entrée à 16h30).* Voir aussi • *wilpattunationalpark.com* •, site privé et commercial plutôt bien fait.
- ***Tarif d'entrée :*** *env 2 500 Rs/pers (soit 20 $) ; réduc 6-12 ans. Ajouter env 250 Rs de droit d'entrée pour le véhicule et 60 Rs par chauffeur et par guide, le tt majoré de 22 % de taxes (service et TVA). Bref, à 2, compter env 5 600 Rs.*
- ***Location de jeeps :*** obligatoire. Soit on a organisé son excursion depuis Anuradhapura (c'est de loin préférable et tout est compris), soit, si l'on dispose d'une voiture, on peut aller directement sur place, où l'on trouvera des jeeps (en fait, des 4x4 ou des véhicules surélevés de marque Tata, Mahindra ou Toyota) qui attendent les clients sur la route de Puttalam, au niveau de l'embranchement pour le parc. Pour la jeep, compter environ 5 000 Rs la demi-journée (environ 4h) et environ

10 000 Rs la journée complète (de 6h à 18h) pour un véhicule de 6 à 9 places selon le modèle et vos talents de négociateur, somme à partager entre tous les passagers du véhicule.
– ***Quand visiter le parc ?*** La meilleure période pour y aller se situe entre février et octobre (la saison sèche) et les heures les plus propices à l'observation se situent entre 6h et 10h, puis entre 15h et 18h. Pour les oiseaux, il est préférable de venir tôt le matin. Pour les mammifères, privilégier les mares *(ponds)* où ils viennent se désaltérer en fin d'après-midi (entre 15h et 18h). Prévoir quand même du temps, sachant que le premier *pond* se situe à 25 km de piste de l'entrée du parc.

Où dormir aux abords du parc ?

Pour ceux qui veulent prendre tout leur temps et loger un peu au vert...

Willy's Wilpattu Villa : *à 300 m de l'entrée du parc, suivre les panneaux. 077-599-92-49. 3 chambres triples env 7 000 Rs/nuit pour 3 pers.* Un peu en retrait, sous un château d'eau, une villa donnant sur un vaste jardin fleuri avec potager et terrasse couverte. Clim et salle de bains avec eau chaude. Pour les repas, apporter ses propres vivres. Accueil souriant. Loue également une jeep 7 places.
– On trouve aussi quelques logements à la ***junction,*** soit à l'embranchement de la route principale avec celle du parc, dont :
Wilpattu Teal Cottage : *à droite de la junction, à 7 km de l'entrée du parc. ☎ 025-490-15-00. 077-784-49-98. Doubles env 4 000-5 000 Rs, petit déj 500 Rs et dîner 700 Rs.* Adresse familiale. Une petite quinzaine de chambres avec douche, ventilo ou AC, et moustiquaire. Plusieurs en arc de cercle dans un nouveau bâtiment à l'arrière face aux champs et au lac tout proche. Déco sommaire mais propreté garantie. Anglais rudimentaire. Organise les excursions en jeep dans le parc, dès 5h45 le matin.

DANS LES ENVIRONS DE WILPATTU

Thanthirimale : *pour les motorisés slt, compter env 4 000-5 000 Rs A/R en partageant un véhicule (plus simple depuis Anuradhapura). À 60 km de Wilpattu. À env 40 km d'Anuradhapura, prendre la route en direction de l'entrée du parc de Wilpattu et tourner à droite à mi-chemin par la Thanthirimale Rd. Ouv en permanence. GRATUIT (donation suggérée).* Le site, peu fréquenté par les touristes, daterait du IIIe s av. J.-C. et il est toujours habité par des moines. Autour d'une colline rocheuse bordée de bassins naturels, il concentre quelques curiosités qui valent le détour : un *dagoba* à la blancheur immaculée, des restes de peintures rupestres dans une grotte au fond du site, un petit bouddha assis en méditation sur la droite en contrebas d'un *Bodhi Tree*... Et surtout un bouddha couché, taillé dans la roche au pied du monticule sur la gauche, face au *dagoba.* Petit musée archéologique à l'entrée.

HABARANA

• Plan *p. 145*

Habarana constitue un carrefour routier important sur lequel s'est développée une bourgade entourée de verdure, pas désagréable du tout et qui

s'avère, de plus, très pratique pour explorer la région. On trouve à proximité deux parcs nationaux (Minneriya et Kaudulla), un site archéologico-naturel digne d'intérêt (Ritigala, voir plus bas) et, bien entendu, Polonnaruwa, qui n'est pas bien loin.
Habarana peut donc constituer un bon camp de base pour une ou deux nuits, avant ou après l'incontournable visite de Polonnaruwa. On y trouve quelques services pratiques, des hébergements à tous les prix, dont quelques hôtels de luxe, et des restos.
Si vous venez de Trincomalee, faites donc un arrêt gourmandise à Kantale, un village spécialisé dans le *curd*, ce yaourt au lait de bufflesse, vendu dans un pot de terre cuite, un peu aigre mais délicieux avec du sirop de palme. Nombreux stands sur le bord de la route.

Arriver – Quitter

Gare ferroviaire *(hors plan par B1)* **:** *petite gare de campagne, fort bucolique, à 1 km du carrefour central, sur la route de Trincomalee. • railway.gov.lk •*
➢ ***Colombo :*** en principe 2 départs/j. à 9h35 et 21h25. Durée : env 5h40-6h.
➢ ***Trincomalee :*** 1 train de nuit vers 3h (pas franchement pratique). Durée : env 2h30.
➢ ***Batticaloa :*** 1 *slow train* vers 8h (5h de trajet) et 1 train *Express* vers 11h15 (3h30).

Bus Station *(plan B1)* **:** Habarana est un carrefour routier et ts les bus s'arrêtent autour du rond-point principal.
➢ Liaisons très régulières (ttes les 30 mn-1h en général) avec ***Polonnaruwa, Anuradhapura, Dambulla, Kandy*** et ***Colombo.***
– Possibilité de louer un *tuk-tuk* depuis Anuradhapura pour 3 500-4 000 Rs. À peine 1h15 de trajet, contre 2h30 en bus.

Adresses utiles

■ ***People's Bank*** *(plan B1,* ***1****)* **:** *au rond-point. Lun-ven 8h30-15h.* Change et ATM *Visa*. Représente aussi *Western Union*.
■ ***Bank of Ceylon*** *(plan B1,* ***2****)* **:** *non loin du rond-point, en face de la poste. Lun-ven 9h-15h.* Change et ATM *Visa* et *MasterCard*.
■ ***Commercial Bank*** *(plan B1,* ***3****)* **:** *à droite de l'Heritage Habarana. Lun-ven 9h-15h.* Change et distributeur *Visa* et *MasterCard*.

Où dormir ?

Prix moyens (3 500-6 500 Rs / 23,30-43,30 €)

Mihipiya Guest House *(plan A2,* ***11****)* **:** *Kashyapagama Rd. ☎ 066-227-00-90. 📱 077-227-00-90. • mihipiya@hp.lk • Du carrefour central, prendre la route de Dambulla. À peine plus loin que le Habarana Inn, prendre à gauche sur env 100 m. Fourchette basse.* Une grande maison verte, dans un jardin, à l'écart de la route et donc au calme. On y trouve la salle à manger et 3 chambres très simples, propres et surtout très peu chères. Dans le jardin, 2 autres bâtiments avec véranda, et des chambres plus agréables et mieux équipées. Ventilo et eau froide pour les moins chères, assez sombres, eau chaude et clim pour les autres, et moustiquaire pour tout le monde. Terrasse et déco presque sympathiques. Le jus de papaye est un régal. Dispose de jeeps pour les safaris. Un bon rapport prix-qualité.

Eagle's Wings Guesthouse *(hors plan par B1,* ***17****)* **:** *à 2 km à l'ouest sur la route d'Anuradhapura.*

077-326-40-90. • chris_marie_jay@hotmail.com • Fourchette moyenne. (*dans la maison principale*). En bord de route, une *guesthouse* de 7 chambres dans un vaste environnement de jungle verdoyant avec pas mal de manguiers. Accueil charmant du proprio qui se révèle un précieux guide. Certes, les 3 chambres dans la première maisonnette en dur sont un peu proches de la route. 2 d'entre elles ont une mezzanine pour les familles. L'autre, une double, donne côté route. Si vous êtes en groupe, préférez le bungalow en dur au fond du parc, avec 2 chambres, douche froide et w-c, bien plus au calme. Enfin, pour les apprentis Robinson, il y a aussi 2 cabanes en bois dans les arbres. L'idée séduira les enfants, mais elles sont vraiment basiques, il faut le savoir... Plate-forme d'observation des oiseaux. Organise les safaris dans les parcs des alentours. Prix en dents de scie un peu à la tête du client, faites-vous bien préciser les tarifs à la réservation... Dommage.

Habarana Inn *(plan A2,* ***10****) : Dambulla Rd. ☎ 066-227-00-10. 072-875-18-33. • habaranainnsrilanka.com • Du carrefour central, prendre la route de Dambulla ; c'est à 300 m sur la droite. Arrêt de bus pile en face. Fourchette moyenne. Rice & curry et plats env 900 Rs.* À l'ombre d'un manguier, une adresse qui compte plus de 40 ans d'activité. Le long bâtiment blanc abrite le resto et 4 chambres des plus basiques. Derrière, 2 maisonnettes de 2 chambres chacune. Préférez celles du second, plus chères mais avec AC et plus calmes. Toutes avec ventilo et moustiquaire. Fait aussi resto. Dommage que l'accueil ne soit pas des plus sympathique.

Chic (6 500-15 000 Rs / 43,30-100 €)

Le Grand Meaulnes – Holiday Bungalow *(hors plan par B1,* ***12****) : sur la route de Trincomalee. 077-766-66-59. • legrand-habarana.com • À 500 m au nord du carrefour principal sur la gauche. Fourchette basse avec petit déj.* Une élégante villa à l'écart de la route au fond d'un jardin de 1 ha planté de papayers, citronniers, manguiers et bananiers. Monsieur Jaya Pereira (quand il est présent) parle parfaitement le français et se révèle un hôte charmant et cultivé qui reçoit sur la véranda devant sa maison. Les 5 chambres (doubles ou familiales) bordent une galerie couverte bien agréable face au jardin. Spacieuses, elles sont sobrement meublées et disposent de lits *king size* et de l'AC. Propreté rigoureuse. Repas possibles sur place et une ribambelle de services, dont la location de vélos.

Mutu Village *(plan B2,* ***13****) : Kashyapagama Rd. 077-269-45-79. • mutuvillage.com • Du carrefour central, prendre la route de Dambulla, puis tourner à gauche et faire 200 m sur une piste. Fourchette basse, petit déj compris, la résa en direct permet un prix intéressant.* Dans le jardin, à l'écart du bruit, au milieu de la forêt, une maison avec véranda agréable proposant des chambres doubles et triples à l'impeccable aménagement moderne : déco sobre, bonne literie et salle de bains carrelée. Avec un petit supplément, une ravissante maison pour 4 personnes tout en bois et brique avec chambre à l'étage donnant sur une galerie au milieu des chants d'oiseaux. Repas à la demande, cuisine savoureuse et copieuse, pas besoin de chercher un resto ! Hospitalité débordante et nombreux services proposés dont un spa ayurvédique.

Heritage Habarana *(plan B1,* ***14****) : pile au rond-point central. ☎ 066-227-00-03. • chcresthouses.com • Doubles 40-60 $, avec petit déj. Plats 400-900 Rs. CB acceptées.* (*au resto*). Un hôtel de 4 chambres seulement, géré par l'État, mais d'une élégance certaine. Bâtiment colonial repeint en jaune et turquoise, dans un petit jardin. La véranda, qui court le long de la façade, donne accès aux jolies chambres épurées, spacieuses, équipées d'élégantes salles de bains, AC, ventilo et moustiquaire. Vieilles photos noir et blanc un peu partout. Ce serait presque une adresse de charme et de semi-luxe, si elle n'était située au pire endroit qui soit : un carrefour hyper fréquenté, donc bruyant. Resto entièrement vitré, façon bocal. Dommage.

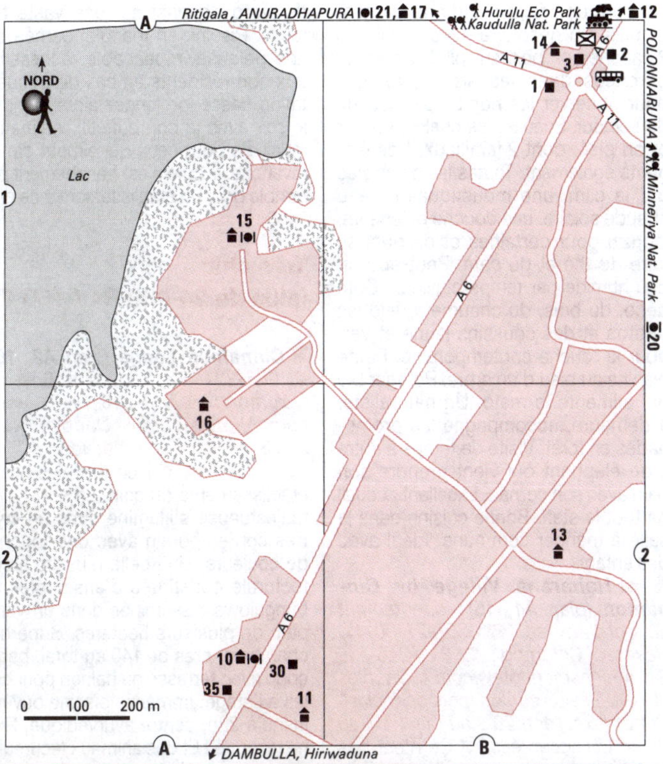

HABARANA

Adresses utiles
- **1** People's Bank
- **2** Bank of Ceylon
- **3** Commercial Bank

Où dormir ?
- **10** Habarana Inn
- **11** Mihipiya Guest House
- **12** Le Grand Meaulnes – Holiday Bungalow
- **13** Mutu Village
- **14** Heritage Habarana
- **15** Habarana Village by Cinnamon
- **16** Cinnamon Lodge
- **17** Eagle's Wings Guesthouse et The Other Corner

Où manger ?
- **20** Rukmali Hotel & Restaurant
- **21** J & Su Restaurant

À faire
- **35** Akila Village & Lake Adventure

Massages
- **30** Aathreya Ayurvedic Hotel & Spa

Plus chic (15 000-24 000 Rs / 100-160 €)

The Other Corner (hors plan par B1, **17**) **:** *à 1,5 km à l'ouest, sur la route d'Anuradhapura. ☎ 011-739-95-00. 077-374-99-04. • tocsrilanka.com • Doubles selon confort et saison 120-180 $. CB acceptées (+ 3 %).* Une très belle adresse au plus près de la nature. Déjà, on accède à ce vaste jardin peuplé de paons par une passerelle suspendue, façon Indiana Jones. Et puis, on découvre avec plaisir les 2 cabanes en bois sur pilotis, comme perchées dans les arbres, idéales pour observer les nombreux oiseaux du secteur. Ensuite, les chalets en dur et en pisé, dont 2 familiaux, très élégants également. Toutes les chambres ont la clim, une moustiquaire, l'eau chaude solaire, une douche extérieure, jacuzzi pour certaines et de quoi se faire du thé et du café. Peut-être un peu humide par temps pluvieux. Côté déco, du bois, du chaume, quelques photos et des coussins jaune et vert pour la touche contemporaine. Petite piscine au pied d'un arbre. Potager bio qui alimente le resto. Un naturaliste, à demeure, accompagne les promenades en forêt. Visite de temps à autre d'un éléphant qui vient prendre son bain avec son cornac. Excellent accueil de tout le staff. Bonne cuisine dans la salle à manger commune. Idéal avec des enfants.

Habarana Village by Cinnamon *(plan A1,* ***15****) : directement au bord du lac. ☎ 066-227-00-47. Résas à Colombo : ☎ 011-216-11-61. • cinnamonhotels.com • Doubles 80-190 $ selon confort (petit déj inclus). Buffet (excellent) 20 $ au déj, 25 $ au dîner. CB acceptées.* Ce n'est pas l'adresse du groupe que l'on préfère. Cela dit, ce « village » situé le long du lac abrite une centaine de chambres réparties dans un beau jardin. Elles sont toutes confortables avec ventilo ou AC, terrasse privée avec chaises longues. Agréable salon ouvert et salle de resto donnant sur une vaste terrasse. Piscine en triangle, cernée par une pelouse impeccable, accessible aux non-résidents en cas de fréquentation basse (prolongez alors le plaisir le soir avec le bon buffet !). Animation musicale pour ceux qui aiment ça. En revanche, le café n'est franchement pas terrible pour un établissement à ce prix.

Très chic (plus de 24 000 Rs / 160 €)

Cinnamon Lodge *(plan A2,* ***16****) : ☎ 066-227-00-11 ou 12. Résas à Colombo : ☎ 011-216-11-61. • cinnamonhotels.com • Doubles 160-250 $. Promos Internet (dès 135 $). CB acceptées.* L'un des plus beaux établissements du coin. Le soir, l'allée majestueuse s'illumine dans un style très contemporain avec des touches de couleurs. Une belle réussite architecturale constituée d'ensembles de bungalows disséminés dans un vaste parc de plusieurs hectares. Superbes chambres, près de 140 au total, beaucoup avec terrasse ou balcon pour celles à l'étage. Immense piscine ouverte jusqu'à 22h, centre ayurvédique. Rien ne manque ! Et des animaux (écureuils, mangoustes, singes, varans, beaucoup d'oiseaux...), qui gambadent en liberté. Au resto, buffets généreux et desserts variés à destination des groupes. Le service est à la hauteur. Très romantique au coucher du soleil.

Où manger ?

J & Su Restaurant *(hors plan par B1,* ***21****) : à 1,5 km à l'ouest, sur la route d'Anuradhapura. 077-347-40-05. Tlj 6h-22h. Rice & curry 750-900 Rs.* Sous une grande paillote toute simple, soutenue par des piliers en bois, on déguste un excellent *rice & curry* maison, que ce soit le midi ou le soir (mieux vaut quand même réserver le soir). La formule inclut soupe, dessert et thé ou café. Accueil très sympa. Une bonne petite adresse. Loue également quelques chambres en bungalow au fond du jardin, doubles ou familiales en dépannage, plutôt bon marché.

Rukmali Hotel & Restaurant *(hors plan par B1,* ***20****) : Sigiriya Junction, à* ***Moragaswewa****. 071-819-97-52. À 2 km du carrefour central de Habarana, sur la route de Polonnaruwa, sur la droite. Buffet le midi env 950 Rs.* L'hôtel est mal entretenu, mais côté resto au déjeuner, le buffet est bien connu des chauffeurs, qui y amènent avec raison leurs clients : le rapport qualité-prix est avantageux, et la vue sur le jardin et la piscine rafraîchissante. Le soir, carte plus chère et sans intérêt.

À faire

Hiriwaduna Village Tour : *à proximité du carrefour central de Habarana, sur la route de Dambulla. Compter 2 500-3 500 Rs sans le déj et 3 500-4 500 Rs lunch compris, selon les agences. Durée : 2h sans déj et 3h avec. Départ autour de 7h sans déj et vers 10h30 avec déj.* Reconstitution d'un village traditionnel, suivi (ou pas) d'un déjeuner. Départ en *tuk-tuk* au milieu des plantations d'oignons, puis balade en pirogue à balancier, au cours de laquelle les astucieux guides fabriquent pour les plus jeunes un chapeau avec une feuille de nénuphar, avant d'accoster de l'autre côté de la rive, dans un village isolé. Au retour, la dernière partie du trajet se fait en char à bœufs. Bon, tout cela est fabriqué de toutes pièces et éminemment touristique mais plutôt sympa avec des enfants.

■ ***Akila Village & Lake Adventure*** *(plan A2,* ***35****) : 106, Dambulla Rd. 077-359-72-98 ou 072-640-26-47. • akila302@yahoo.com •* Propose tous les types d'excursions : dont des sorties en jeep de 2h30 à Minneriya National Park et à Kaudulla National Park *(40 $ avec entrée).* Au programme également, dîner aux chandelles sous une paillotte.

Massages

■ ***Aathreya Ayurvedic Hotel & Spa*** *(plan A2,* ***30****) : Dambulla Rd. Dans le chemin en face du Habarana Inn. 077-708-46-24. Compter env 4 700 Rs pour un full body massage de 1h20.* Dans un joli cadre, illuminé le soir, vous êtes reçu par un médecin ayurvédique qui pose quelques questions de précaution avant de vous envoyer entre les mains de masseurs professionnels. Tonique et agréable massage de 1h, de la tête aux pieds, dans les effluves de l'huile aux bonnes senteurs de plantes. Les masseurs massent les hommes, et les masseuses, les dames, comme il se doit. Pour finir, 15 mn de sauna aux herbes aromatiques (le demander bien chaud, ce n'est pas toujours le cas). Selon le « diagnostic » du médecin, on risque de se voir proposer un traitement sur plusieurs jours... Ne pas se laisser embobiner, à moins d'être convaincu d'en avoir besoin...

Excursions dans les parcs nationaux des environs

Les trois parcs (dont deux classés parcs nationaux) sont assez proches de Habarana et peuvent faire l'objet d'une excursion en fin d'après-midi. Renseignez-vous toujours pour savoir s'il est préférable de visiter Minneriya, Kaudulla ou l'Hurulu Eco Park au moment où vous y êtes (voir encadré). Pour les trois parcs, la visite se fait essentiellement l'après-midi, entre 14h30 et 18h, au moment où les éléphants viennent s'abreuver. Sachez que par temps pluvieux, ils ont plutôt tendance à rester sous le couvert de la forêt.
Pour parcourir les pistes des parcs, il faut bien sûr un véhicule surélevé ou un 4x4. On vous conseille de comparer les prix mais, en principe, le mieux est de se pointer à l'entrée du parc de Minneriya. C'est là que l'on trouve le plus de guides adhérant à l'association locale reconnue par le gouvernement (demander quand même à voir la carte du guide). Ils sont censés vous en apprendre plus que les simples

chauffeurs des agences (parfois muets !), et leurs tarifs sont en principe moins élevés.
Pour vous donner une idée, l'association facture la demi-journée environ 3 000 Rs pour Minneriya et 4 000 Rs pour Kaudulla (plus loin), tandis que les agences demandent souvent (pas toujours non plus) dans les 1 500 Rs de plus. Un truc : essayez de vous grouper avant l'entrée du parc ; car dès qu'une jeep est occupée par deux personnes, le chauffeur a tendance à démarrer, histoire de laisser du boulot à ses collègues. Ajoutez à ce tarif le prix d'entrée du parc (lire plus loin) et vous voilà, à deux, par exemple, prêts à débourser dans les 8 000-9 000 Rs, soit environ 75-100 $ la demi-journée (2 000-2 500 Rs en moins pour l'Hurulu Eco Park, le moins cher). Toutes les jeeps doivent avoir quitté les lieux à 18h30.
Notre avis : pas de snobisme, ceux qui n'ont jamais fait de safari en tireront satisfaction. Cela dit, on ne voit que des éléphants (rarement d'autres animaux, à part des paons, oiseaux, daims, etc.) et surtout beaucoup de jeeps remplies de touristes qui s'agglutinent en cercle, lorsqu'une famille d'éléphants a été repérée. Ce qui donne parfois un ratio de trois jeeps, avec cinq ou six curieux perchés sur les toits des 4x4, par éléphant. Vous avez compris, cela peut être autant un motif de déception que de contentement. Pour en apprendre un peu sur les pachydermes, autant se payer la compagnie d'un vrai guide. Ceux qui ont un budget serré pourront essayer, avec un peu de chance et en se renseignant, d'apercevoir ces nobles animaux dans les rivières autour d'Habarana...

L'AGENDA DES ÉLÉPHANTS

Le secteur compte environ 400 éléphants sauvages, qui passent d'un parc à l'autre, à la recherche de points d'eau, sans se soucier des besoins de l'industrie locale du tourisme. Il faut donc se renseigner le matin, pour savoir où se trouve le « gros » de la troupe. En général, celle-ci passe l'automne (de septembre-octobre à décembre-janvier) à Kaudulla, l'hiver (de décembre-janvier à mars-avril) à l'Hurulu Eco Park, le printemps et l'été (d'avril-mai à septembre-octobre) à Minneriya. Dans ce parc, en août et en septembre, c'est même leur congrès annuel (The Gathering), *soit le regroupement exceptionnel de centaines d'éléphants ! Sinon, on en voit parfois en fin de journée autour de Habarana, sans avoir à payer de ticket...*

Minneriya National Park : *l'entrée du parc est située à 6 km du carrefour de Habarana, sur la route de Polonnaruwa, sur la droite. Tlj 6h30-18h30. Entrée : 3 000 Rs, soit env 18 $/pers (½ tarif 6-12 ans) ; ajouter 250 Rs pour le véhicule et 100 Rs pour chauffeur et guide ; enfin, 22 % de taxes sur le montant total. Bref, pour 2 pers, compter env 5 000 Rs.* Dans la maison du parc, petit musée avec squelette d'éléphant et croco. En parcourant le *guest book,* on s'aperçoit que beaucoup de visiteurs sont déçus et ont le sentiment de s'être fait plumer...

Kaudulla National Park : *à env 20 km de Habarana. Faire d'abord env 13 km sur la route de Trincomalee, jusqu'à Gal Oya. Puis prendre à droite et faire 7 km. Comme pour le parc de Minneriya, le calcul est hyper compliqué. Pour 2 pers, voiture, chauffeur et guide inclus, compter env 5 000 Rs.* Dans la maison du parc, petit musée avec notamment un impressionnant embryon d'éléphant dans le formol.

Hurulu Eco Park : *à 3 km sur la route de Trincomalee. Tlj 6h-17h. Entrée : env 2 000 Rs/pers (500 Rs 6-12 ans). Ajouter env 500 Rs pour le véhicule et 500-1 000 Rs pour le service charge selon nombre de visiteurs.* En fait, ce parc n'est intéressant qu'après la saison des pluies, lorsque les éléphants y débarquent en provenance des deux autres parcs cités plus haut.

LA RÉSERVE NATURELLE ET LE SITE ARCHÉOLOGIQUE DE RITIGALA

Sur la route d'Anuradhapura, on trouve la réserve naturelle de Ritigala, au pied d'une chaîne de montagnes couverte de forêts. Ce site archéologique vaut autant pour la nature luxuriante que pour l'atmosphère qui s'en dégage. Sur le plan architectural, le site est en ruine, autant le savoir. Pourtant la balade est agréable et permet de se rendre compte du travail qui reste à réaliser pour extirper ses vestiges de leur silence. Selon la légende, le dieu Hanuman y aurait pris son élan pour sauter sur le continent indien (les singes sont agiles !) et dévoiler à Rama l'endroit où le roi Lanka séquestrait Sitâ, incarnation de la déesse Lakshmi.
Un site sans doute mineur, mais que ne délaisseront pas ceux qui sont sensibles au charme mystérieux qui se dégage de ces vieilles pierres. Seul véritable obstacle : la difficulté pour s'y rendre en saison des pluies.

Comment y aller ?

➢ ***De Habarana :*** prendre la direction d'Anuradhapura et faire 12,5 km. Prendre ensuite sur la droite la route goudronnée sur 6 km. Puis, fléché sur la gauche, emprunter le chemin de terre de 2,2 km. Attention, en fonction de la saison, cette portion est souvent impraticable avec une voiture normale. On peut aussi faire ce dernier parcours à pied, mais on ne le recommande pas vraiment à cause des animaux sauvages qui rôdent dans les parages (ce n'est pas une blague !) et effraient tant les chauffeurs. Possibilité de louer un *tuk-tuk* sur place pour env 800 Rs A/R. En fait, la plupart des touristes passent par un *safari tour* à partir de Habarana pour faire la visite, c'est plus simple. Compter environ 4 000 Rs pour la jeep entière (en général, 6 places), à partager entre les passagers. En général l'excursion se fait le matin.

À voir

Le site : *ouv 24h/24. GRATUIT (mais donation suggérée). Au niveau de l'entrée, vous pouvez demander à l'un des employés de vous accompagner afin de ne pas vous perdre et de ne pas louper les vestiges les plus intéressants (prévoir un pourboire).*
Sur une colline, site monastique antérieur à la période d'Anuradhapura, et où se trouvait une série d'ermitages troglodytes. Si l'on en croit les textes anciens, les moines ascètes observaient des règles de vie très strictes. Tout au long d'un bel escalier qui s'enfonce dans la forêt, on découvre d'abord un ancien grand bassin. Puis l'on poursuit par un vague chemin, suivi d'un escalier qui mène à une plate-forme où se trouvent les vestiges des ermitages. L'escalier continue à grimper dans la forêt. On rencontre alors les ruines d'un palais, quelques colonnes, un réservoir, une plate-forme de méditation, un lieu de

ART MODESTE

À Ritigala, afin de montrer leur abnégation, les moines ne se vêtaient que de haillons pleins de germes, ayant servi de suaire aux morts. Dans le même esprit, les toilettes des monastères étaient les seules parties décorées pour prouver ô combien que l'art était inutile et ne méritait que le dédain.

repos pour les moines... Dans la partie la plus élevée, le guide vous montrera la dalle des toilettes à la turque (voir l'encadré). Pour arriver jusque-là, compter une bonne heure de marche depuis l'entrée.

MEDIRIGIRIYA

Pour accéder à ce site peu fréquenté, à 30 km au nord-est de Habarana, il est nécessaire d'être véhiculé. Pour les passionnés, donc.
L'ensemble date du règne du souverain d'Anuradhapura, Aggabodhi IV, au VIIe s, mais le site existait déjà dès le IIe s.

Comment y aller ?

➢ ***En bus :*** prenez un bus (ttes les 15 mn) pour Hingurakgoda puis le nº 996 pour Ambagaswewa et demandez l'arrêt pour le site au chauffeur. Sinon, un *tuk-tuk.* Partir suffisamment tôt pour éviter le retour à la nuit, sinon galère garantie !

➢ ***En voiture :*** de Habarana ou Polonnaruwa, prendre l'A 11 et tourner en direction de Hingurakgoda, situé entre Minneriya et Giritale. Faites encore 15 km vers le nord. Se renseigner au préalable sur la praticabilité de la route.

À voir

Le site archéologique de Medirigiriya *(Mandalagiri Vihara)* **:** *entrée incluse dans le ticket général de Polonnaruwa. Ouv tte la journée.* S'il n'est pas le plus impressionnant du pays, nos lecteurs ne regretteront pas de faire le détour par ce site. Tantôt couvert de pelouse, tantôt composé de roches granitiques érodées, Medirigiriya ne manque pas de charme. Le monument le plus remarquable est le ***vatadage,*** édifice circulaire assez exceptionnel, perché sur la partie la plus élevée du site. Il a conservé intactes ses trois remarquables rangées de piliers octogonaux qui cernent les vestiges d'un *dagoba* de brique. Noter aussi la ***balustrade*** originale de pierre imitant le bois. Ce monument est caractéristique de l'architecture ancienne au Sri Lanka et, en fin d'après-midi, il capte la lumière avec élégance. On ne retrouve ce type de construction dans aucun autre pays. Ces piliers d'environ 5 m de haut servaient à supporter une toiture qui protégeait les *stûpas.* Ils sont tous sculptés dans leur partie haute. Aux quatre points cardinaux, entre les colonnes dressées fièrement, des bouddhas méditent, comme à Polonnaruwa (Medirigiriya fut d'ailleurs une cité satellite de l'ancienne capitale). Leur doux regard, usé par la nuit des temps, est serein. Entre chaque bouddha, des socles accueillaient d'autres sculptures (il en reste deux).
Le second monument, le ***pilmage*** sur la gauche, contenait un immense bouddha couché, dont il ne reste que quelques briques de la structure, encadré par des piliers carrés. À côté, une ***baignoire médicinale*** provenant de l'hôpital.
En léger contrebas, une « salle d'images » contenant encore quelques statues du Bouddha. Puis, par un escalier taillé dans la roche, un autre petit *dagoba* de brique, entouré d'un muret. À une centaine de mètres des autres monuments, en grimpant le gros rocher plat face au *pilmage* puis par un sentier en sous-bois, on gagne l'***hôpital.*** Construit en carré, il n'en subsiste que les structures. La toiture inclinée permettait de recueillir l'eau de pluie dans le patio central. Hypothèse déduite des morceaux de tuiles retrouvés sur place. À 50 m de l'entrée principale

du site, juste derrière le panneau « Archeological site », jetez un œil aux toilettes, avec la marque des pieds. D'autres vestiges de ruines, parfois fréquentées par biches et daims, sont encore visibles par-ci par-là.

GIRITALE

Giritale est à peine à 14 km de Polonnaruwa, au bord d'un très beau lac, seule véritable raison de séjourner ici. Pas vraiment un village ; juste un rassemblement de maisons, et quelques hébergements. Pas de station de bus, mais dans la journée, ceux-ci passent sur la route principale toutes les 15 mn pour Polonnaruwa ou Habarana.

Où dormir ? Où manger ?

De bon marché à prix moyens (1 800-6 500 Rs / 12-43,30 €)

The Wood Side Tour Inn : *sur la route principale. 077-283-86-45. • ravi gunathilake59@gmail.com • Fourchette basse-moyenne, petit déj en sus. Triples également.* Hôtel au style plutôt motel, organisé en 2 édifices de béton assez laids. Mais un lieu fonctionnel proposant une bonne quinzaine de chambres simples. Celles du rez-de-chaussée, les moins chères, ont eau froide et ventilo. Celles de l'étage, balcon, eau chaude et la clim, mais elles sont assez chères pour le coin. Pas le grand luxe, les draps sont un peu défraîchis et les matelas en mousse ne sont pas bien épais, mais l'ensemble reste correct pour le prix. Nourriture copieuse avec *rice & curry,* évidemment. Plutôt en dépannage.

De plus chic à très chic (15 000-plus de 24 000 Rs / 100-160 €)

Giritale Hotel : *au bord du lac. ☎ 027-224-63-11. • giritalehotel.com • Doubles env 100-110 $ selon confort, petit déj inclus. Possibilité de ½ pens. S'il y a un groupe, buffet env 1 300-1 500 Rs. CB acceptées. (dans le lobby).* En face d'une petite jungle et du lac majestueux un hôtel moderne, d'une quarantaine de chambres climatisées, coquettes, mais qui sont peu isolées et mériteraient d'être rafraîchies. Cela dit, pour 10 $ de plus, n'hésitez pas, prenez une *deluxe,* plus grande et bénéficiant d'une vue plus large sur le lac. Fermez bien les fenêtres en quittant la chambre : singes chapardeurs ! Vue superbe depuis la terrasse commune, même si celle-ci est en béton un peu trop brut à notre goût. Une adresse au calme et encore abordable au rapport prix-qualité acceptable. Resto tout vitré où est servi le buffet, plutôt conventionnel. Billard, piscine et spa ayurvédique.

The Deer Park : *à proximité du lac. ☎ 027-777-77-77 ou 027-224-62-72. • deerparksrilanka.com • Doubles env 200-350 $ selon confort, petit déj inclus. Parfois des promos sur Internet. CB acceptées. (réception).* Près de 80 cottages, très confortables, dans un magnifique parc ombragé. Le lac est en contrebas, un peu caché par les arbres. Végétation, petits bassins et passerelles en bois en font un lieu vraiment charmant, où l'on s'attend à voir surgir Bambi à tout moment. Luxe à revendre, même pour les chambres standard, spacieuses et décorées avec goût (beaucoup de bois et de tissus bien choisis). Également des duplex et des cottages. Salles de bains bien agencées, semi-extérieures. Humidité perceptible. Piscine en cascade, au cœur d'une végétation luxuriante. Buffet très bon au resto. Centre ayurvédique de qualité. Organisation de balade à vélo et en kayak. Court de badminton et salle de fitness. Bon service.

POLONNARUWA

• Plan *p. 153*

La jungle a repris possession de cette ancienne capitale oubliée au fond des âges, comme elle a absorbé Anuradhapura ; mais la fondation de Polonnaruwa est beaucoup plus récente (XIe ou XIIe s), ce qui explique que ses monuments soient beaucoup mieux conservés. En revanche, contrairement à la première capitale du pays dont les temples sont encore actifs, aucun de ceux de Polonnaruwa ne joue un rôle sur le plan religieux (sauf à l'occasion de certaines fêtes), d'où une atmosphère peut-être moins vivante. Dégagé petit à petit de son emprise végétale, ce site et sa visite constituent un des temps forts d'un voyage dans l'île. Il vient compléter idéalement les merveilles que sont aussi Sigiriya et Dambulla. La visite de la ville de Parakrama Bahu Ier, son roi-bâtisseur, s'avère donc particulièrement passionnante pour qui sait lui consacrer le temps qu'elle mérite.

Même si Polonnaruwa n'est pas aussi étendue qu'Anuradhapura, la cité s'étire tout de même sur plusieurs kilomètres et nécessite un moyen de locomotion. Un vélo fait parfaitement l'affaire (vérifiez-en bien l'état avant de partir). Sur votre parcours, ne manquez pas le *Polonnaruwa Museum* – plus beau musée de l'île – pour ses magnifiques collections archéologiques et ses sculptures.

UN PEU D'HISTOIRE

Le premier roi cinghalais à s'installer à Polonnaruwa fut ***Vijaya Bahu Ier*** (1056-1111), vainqueur des Cholas venus du sud de l'Inde, qui avaient ravagé Anuradhapura. Mais c'est surtout sous le règne de ses successeurs, ***Parakrama Bahu Ier*** (1153-1186) et ***Nissanka Malla*** (1187-1196), que la ville devint florissante. Parakrama Bahu régna 33 années, ce qui lui permit de mener à bien la construction de nombreux monuments dont l'architecture mêle avec beaucoup de bonheur le style cinghalais et l'art indien. Il est indéniable qu'il fit appel à de nombreux artistes indiens pour collaborer avec ceux de l'île.

C'est encore lui qui fit construire le fameux lac de Topawewa que l'on appelle la « mer de Parakrama ». Pour alimenter ce réservoir de 1 800 ha, il fit creuser un canal de plus de 16 km de long qui le relie à l'Amban Ganga.

À travers son œuvre assez grandiose, ce roi-bâtisseur peut être comparé à notre Louis XIV national. La cité fut, à l'époque de son âge d'or au XIIe s, un des plus grands centres urbains d'Asie du Sud.

Arriver – Quitter

En train ou en bus

La ***gare*** et la ***station de bus principale*** *(hors plan par B2)* se trouvent à ***Kaduruwela*** dans la *New Town,* une bourgade à vocation commerciale et administrative, à 4 km de la *Old Town* et du site archéologique. En venant de Polonnaruwa, la gare ferroviaire est sur la gauche, face à la poste, la gare routière sur la droite. *Pour les trains, guichet tlj 8h-16h. Infos pour la gare : ☎ 027-222-61-41.*

– ***Bon à savoir :*** les bus de ttes les provenances (de Dambulla, Sigiriya, Kandy ou Anuradhapura) s'arrêtent tous dans le centre de la vieille ville *(Old Town),* en face de la *Seylan Bank*

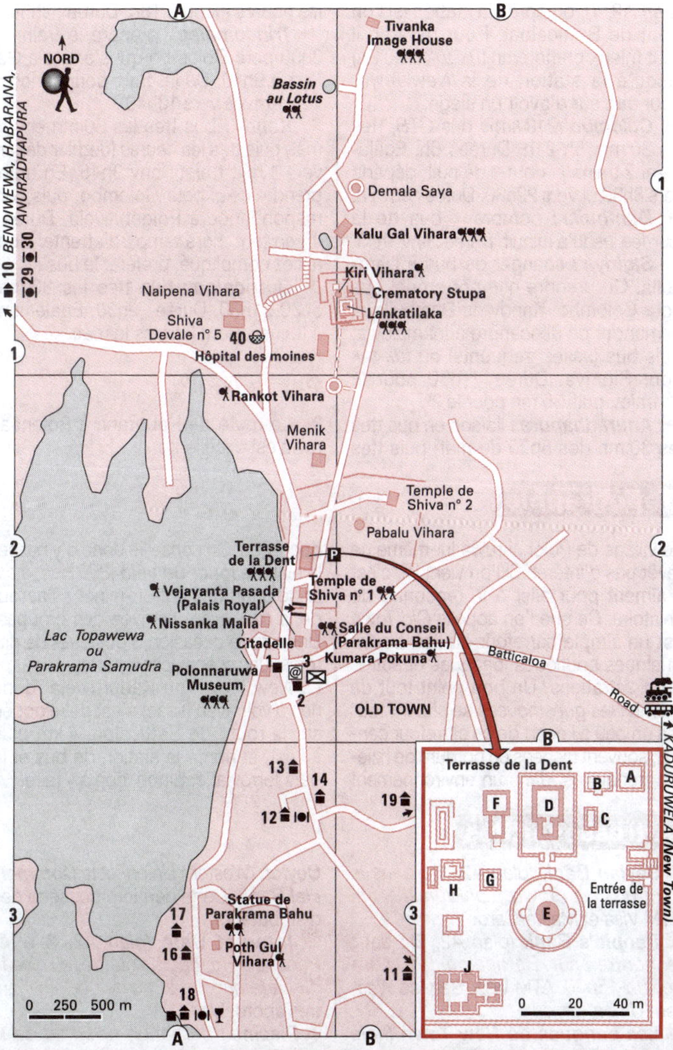

POLONNARUWA

Adresses utiles

1 Seylan Bank
2 People's Bank
@ 3 Internet Café
18 Piscine de l'hôtel Sudu Araliya

Où dormir ?

10 Seyara Holiday Resort
11 Palm Garden Guest House
12 Thisara Guesthouse
13 Manel Guesthouse
14 Leesha Tourist Home
16 The Village
17 The Lake
18 Hotel Sudu Araliya
19 Jayaru Guesthouse

Où manger ? Où boire un verre ?

18 Sudu Araliya
29 Jaga Food
30 Priyamali Gedara Farmer Lunch

Achats et visite d'atelier

40 Nishantha

*(plan A2, **1**)*, ou après la station (si l'on vient de Batticaloa). Pour repartir, il vaut mieux prendre un *tuk-tuk* (200 Rs) jusqu'à la station de la *New Town*, pour être sûr d'avoir un siège.

➢ ***Colombo*** *(213 km)* **:** bus *CTB*, ttes les 30 mn, 5h-21h. Durée : 6h. Également 2 trains/j., dont 1 de nuit, départs vers 8h30 et vers 22h30. Durée : env 7h.

➢ ***Dambulla :*** nombreux bus tte la journée jusqu'à minuit. Durée : env 1h45.

➢ ***Sigiriya :*** changer de bus à Dambulla. Ou prendre n'importe quel bus pour Colombo, Kandy ou Dambulla et demander de descendre à Inamaluwa. Puis bus (assez fréquents) ou *tuk-tuk* pour Sigiriya. Durée : 1h30 pour le 1er trajet, puis 30 mn pour le 2d.

➢ ***Anuradhapura :*** liaison en bus ttes les 30 mn dès 5h30 du mat, puis ttes les heures jusqu'à 18h. Durée : 2h30.

➢ ***Trincomalee :*** prendre le train de 8h30 pour Colombo qui s'arrête à Gal Oya à 9h10. De là, train pour Trinco à 12h (arrivée vers 13h40).

➢ ***Kandy :*** bus ttes les 30 mn env le mat, puis ttes les heures (dernier départ vers 17h) ; trajet : env 3h45. En train, prendre celui pour Colombo, puis correspondance à Polgahawela. Durée : 4h en tout, hors temps d'attente. Bon, assez compliqué, préférer le bus.

➢ ***Batticaloa :*** bus ttes les 30 mn, 5h30-21h30. Durée : 2h30. Également 4 trains/j. dont 2 trains le mat.

Par la route

➢ La route de Habarana à Polonnaruwa est excellente.

Topographie

Le village de Polonnaruwa lui-même ne revêt pas d'intérêt. Si l'on vient ici, c'est vraiment pour aller à la rencontre de l'histoire. Ce que l'on appelle *Old Town* est un simple carrefour où l'on trouve quelques boutiques, banques et autres administrations. Un bon point tout de même : les *guesthouses* se situent toutes un peu à l'écart de ce carrefour central, souvent nichées en bordure de rizières tranquilles, dans un environnement bucolique. On conseille donc d'y passer la nuit, de ***louer un vélo*** *(300 Rs/j. max)* et de partir dès potron-minet à l'assaut de la cité, avant l'arrivée des groupes. Une bonne occasion d'observer de pittoresques scènes champêtres.

La *New Town* (ou Kaduruwela, donc rien à voir avec Isaac) s'est développée sur la route de Batticaloa, 4 km plus à l'est, et abrite la station de bus et la gare ferroviaire. Sinon, rien à y faire.

Adresses utiles

■ ***Seylan Bank*** *(plan A2, **1**)* **:** *dans le centre d'Old Town. Lun-ven 9h-15h.* ATM *Visa* et *MasterCard.*

■ ***People's Bank*** *(plan A2, **2**)* **:** *dans le centre, sur Batticaloa Rd. Lun-ven 9h-15h30.* ATM *Visa.* Service *Western Union.*

■ ***Les banques de New Town*** *(hors plan par B2)* **:** *à 4 km à l'est.* Vous y trouverez la ***Sampath,*** la ***Bank of Ceylon*** *(Western Union)* et la ***Commercial Bank.*** Cette dernière possède des distributeurs.

@ ***Internet Café*** *(plan A2, **3**)* **:** *13, Habarana Rd, dans le centre, au niveau du carrefour. Tlj, sf poya, 6h-22h.* Tarif très abordable.

■ ***Piscine :*** *utilisation possible de la belle piscine de l'hôtel* Sudu Araliya *(plan A3, **18**), env 500 Rs/pers.*

Où dormir ?

Bon marché (1 800-3 500 Rs / 12-23,30 €)

Plusieurs petites adresses bien sympas au milieu des rizières, toutes plutôt au calme.

⌂ ***Manel Guesthouse*** *(plan A3, **13**)* **:** *New Town Rd.* ☎ *027-222-24-81.* • *manelguesthouse.com* • 📶 *(pas* *partout).* Maison blanche proposant des chambres basiques (en voir plusieurs avant de vous décider). Celles du rez-de-chaussée restent correctes mais préférez celles de l'étage, avec une vue sur les rizières, plus quelques chaises sur l'étroit balcon. Clim pour les nos 5, 6 et 7, mais ça double le prix. Petite véranda sur le devant pour le petit déj. Celles sous le toit peuvent être très chaudes. Bonne surprise, une aile plus moderne, à l'arrière, propose des chambres un peu plus chères, claires, spacieuses et bien meublées avec clim et vue sur les rizières depuis le balcon... Fait aussi resto. Bref, une adresse qui contentera les petits budgets tout en proposant aussi un confort moins basique dans la nouvelle annexe. Serviette et papier-toilette à réclamer ! Location de vélos bon marché.

Thisara Guesthouse *(plan A3,* ***12****) : New Town Rd. ☎ 027-222-26-54. 077-170-56-36. • thisaraguesthouse.com • Petit déj en sus. CB acceptées.* Notre *guesthouse* préférée pour son rapport qualité-prix-vue-gentillesse, mais pensez à réserver, il n'y a que 8 chambres. Cette maison en angle vraiment agréable, à 100 m de la route, offre une belle terrasse face aux rizières. Préférez les chambres dans la partie blanche, qui bénéficie de la même vue. Ici, même les moins chères ont l'eau chaude et, si on est fauché, on peut bien se passer de la clim. De plus, c'est le même prix que l'on soit 2 ou 3 personnes. Également des familiales et même une chambre pour 6 vraiment bon marché, toutes avec un bout de terrasse devant. La cerise sur le gâteau, c'est le *rice & curry* familial, simple et délicieux, que l'on mange sous la petite structure en regardant pousser le riz. Enfin, l'accueil est aussi gentil que modeste, avec quelques mots d'anglais. Location de vélos.

Leesha Tourist Home *(plan A3,* ***14****) : 105A, New Town Rd. 072-334-05-91. • leeshatouristhome.com • Petit déj en sus.* Nos lecteurs coréens (on en a ?) pourront échanger quelques mots avec le patron, Upali, qui a vécu au pays du Matin Calme. Mais le principal défaut du lieu, paradoxalement, c'est d'être au bord de la route ! Demander donc à loger à l'arrière. Quelques chambres simples (ventilo et moustiquaire), parfois assez humides, certaines avec clim et eau chaude, propres et plus récentes, mais plus chères. Bon accueil du patron et de sa famille, très communicatifs, c'est d'ailleurs le gros point positif du lieu. Il propose aussi des excursions et des repas (bon marché). Location de vélos.

Palm Garden Guest House *(hors plan par B3,* ***11****) : 5/1, 2nd Canal. ☎ 027-222-26-22. 077-795-75-95. • palmgarden.lk • À l'est de New Town. Fourchette basse, petit déj env 450 Rs.* Amal, le proprio, a profité d'un long congé pour s'agrandir et propose des chambres simples et propres dans 2 bâtiments qui se font face, au milieu d'un beau jardin entouré de rizières. À la modicité des prix s'ajoutent la gentillesse, l'envie de bien faire et de contenter ses clients en leur proposant également des repas tout à fait corrects et des excursions à prix raisonnables. Location de vélos.

Jayaru Guesthouse *(hors plan par plan B3,* ***19****) : Circular Rd. ☎ 027-222-26-33. 071-563-66-78. • jayaruguest@gmail.com • Petit déj 350 Rs.* Petite pension dans un environnement calme pas trop loin du centre et qui conviendra aux budgets serrés. Chambres de la simple à la triple, plutôt monacales mais propres avec ventilo, moustiquaire et eau froide. Dîner possible sur demande. Patron attentionné.

Prix moyens (3 500-6 500 Rs / 23,30-43,30 €)

Seyara Holiday Resort *(hors plan par A1,* ***10****) : à* ***Bendiwewa****, à 3 km de l'entrée ouest de Polonnaruwa, à 250 m de la route principale. ☎ 027-222-39-90. • seyaraholiday.com • Fourchette moyenne. Petit supplément pour loger votre éventuel chauffeur. Parfois promo sur Internet. (réception et resto).* Au calme, en pleine nature, une belle villa blanche en retrait de la grande route, tenue avec beaucoup de soin par une famille adorable. Une douzaine de chambres carrelées, impeccables, avec du mobilier en bois, des coussins de broderie colorée. Balcon, moustiquaire, douche chaude, clim et TV complètent le tableau. Également des triples et des familiales. Jardinet tout aussi soigné avec barbecue à gaz moderne. Possibilité de manger un *rice & curry* maison. Terrasse sur le toit et piscine. En résumé, un très bon rapport qualité-prix-accueil.

The Village *(plan A3,* ***16****) : en bordure du lac. ☎ 027-222- 24-05. Fourchette hte. Petit déj en sus (un peu cher). CB acceptées. (réception, piscine).* Un hôtel d'une trentaine de chambres assez confortables, réparties dans des petits bâtiments en brique (un petit air anglais), avec salles de bains bien propres, ventilo, AC et TV satellite, donnant sur un jardin tranquille. Quelques-unes également autour du patio mais avec de vieilles clim. Beaucoup de verdure. Personnel charmant et attentif. Petite piscine pas désagréable, sous les arbres, accessible aux non-résidents, s'ils viennent y déjeuner. Bar. Resto avec des plats asiatiques et occidentaux. Néanmoins, on trouve que le lieu commence à vieillir un peu.

Chic (6 500-15 000 Rs / 43,30-100 €)

Hotel Sudu Araliya *(plan A3,* ***18****) : au bord du lac. ☎ 027-222-48-49, 54-06 à 08. • hotelsuduaraliya.com • Doubles 60-80 $, petit déj compris. Possibilité de ½ pens et pens complète. CB acceptées. (réception).* Double rangée d'éléphants à l'entrée. Ce vaste établissement, qui commence un peu à dater (eh oui, le temps passe), propose tout de même une centaine de chambres spacieuses et, en principe, confortables (AC, ventilo, frigo et salle de bains). Sa situation reste tout de même son atout avec des chambres qui bénéficient d'une jolie vue sur le lac pour le même tarif, demandez-les. Magnifique jardin au bord de l'eau, fréquenté par de nombreux oiseaux et autres créatures ailées... Restaurant et bar confortable (voir « Où manger ? Où boire un verre ? »). Vaste piscine, accessible aux non-résidents. Spa.

The Lake *(plan A3,* ***17****) : au bord du lac. ☎ 027-222-24-11. • thelakehotel.lk • Doubles env 105-120 $ selon confort, petit déj inclus. CB acceptées. (réception, resto slt).* Bel établissement, avec une vue bien dégagée sur le lac, ses buffles, ses oiseaux, ses pêcheurs qui jettent leurs filets et parfois quelques éléphants... C'est le grand plus de l'adresse. À l'intérieur, salle de resto agréable, mais salon inexistant. Chambres plus ou moins confortables. Les *superior,* au rez-de-chaussée, sont plus petites, et la salle de bains est cachée derrière un placard. Préférez, si vous le pouvez, une *deluxe* à l'étage, plus agréable mais dont les équipements ont fait leur temps. Singes bien curieux qui viennent scruter l'intérieur des chambres dans l'espoir d'y chaparder quelque chose. Piscine en contrebas, de plain-pied sur le lac. Transats dans le jardin. Très agréable pour boire un verre au coucher du soleil. Salle de fitness et organisation de safaris.

Où manger ? Où boire un verre ?

La plupart des *guesthouses* servent des repas. Cuisine familiale et pas chère la plupart du temps.

Bon marché (600-1 000 Rs / 4-6,70 €)

Jaga Food *(hors plan par A1,* ***29****) : 22, Junction Jayanthipura, prendre au nord-ouest, l'A 11 vers Anuradhapura. 077-665-20-48. Tlj 7h-22h.* Coup de cœur culinaire pour ce petit restaurant sous une paillote dans un jardin un peu à l'écart. Le *rice & curry* (à volonté) est élevé ici au rang des beaux-arts. Alignement de pots en terre cuite où mijotent les plats mitonnés depuis le matin et maintenus chauds par des bougies en dessous : différents riz, bœuf, poulet et poissons agrémentés de légumes du potager ou de mangue, banane et d'autres ingrédients aux saveurs subtiles, le tout épicé juste ce qu'il faut pour ne pas heurter nos papilles délicates. Un régal, jusqu'aux desserts. Et ce qui ne gâche rien, accueil adorable et sans chichis de Jagath, le patron. Prix très doux. Vous pouvez laisser vos impressions sur un des piliers. Y aller les yeux fermés, foi de *Routard,* aucune déception possible.

Priyamali Gedara Farmer Lunch *(hors plan par A1,* ***30****) : 1595, Bendiwewa, à* ***Jayanthipura.*** *071-721-64-80. Route de Habarana, à env 2 km ; prendre à droite le chemin derrière le temple-monastère, face à la station-service et au* Gimanhala Resort. *Bien fléché.* Rice & curry *env 750 Rs le midi et 850 Rs le soir (sur résa).* Arrivé dans cette maison particulière, on s'attable sous la paillote, sur un banc surmonté d'une longue tablette en bois, le tout face aux rizières. Un cadre absolument charmant pour déguster un superbe *rice & curry* concocté avec soin par une famille hyper souriante. Des petits plats pleins de saveurs et de subtilités, de nombreux produits du potager : manioc, mangue (confite), jacquier, la salade *gotukala...* dont on peut suivre la préparation dans la cuisine rustique. Un délice ! Également du poisson du lac, du poulet et des jus de fruits frais. En fait, c'est comme une table d'hôtes. On vous conseille de réserver car le succès est certain. On peut même venir vous chercher à votre hôtel et vous pourrez assister, voire participer, à la préparation du repas. Un autre coup de cœur !

De prix moyens à chic (1 000-3 500 Rs / 6,70-23,30 €)

Sudu Araliya *(plan A3,* ***18****) : voir « Où dormir ? ». Buffets env 1 200-1 500 Rs quand il y a des groupes, sinon carte.* Cuisine fort occidentalisée, donc un peu aseptisée, mais d'une grande fraîcheur. Outre les bons buffets destinés aux groupes de touristes (avec souvent un *rice & curry*), la carte propose *nasi goreng, chicken biryani, mixed grill,* pâtes à l'italienne, poisson du jour... Possibilité de manger au bord du lac sous les grands arbres. Bien aussi pour boire un verre (pas grand-chose d'autre dans le coin, faut dire !). Si vous êtes fan de Batman, demandez au barman (et non pas l'inverse) de tirer la corde sous l'arbre de la terrasse... Billard. Un conseil : vérifiez votre addition.

Achats et visite d'atelier

Nishantha *(plan A1,* ***40****) : Hathamuna Rd. Tlj 8h30-19h.* Atelier et boutique de sculpture sur bois. Vous y verrez d'énormes éléphants et d'impressionnants Ganesh, ainsi qu'une flopée de sculptures en tout genre et des masques. Explications sur le travail du bois moyennant un pourboire. À vrai dire, on vous indique l'adresse surtout pour le coup d'œil car les prix sont élevés et l'accueil fort commercial. Aucune obligation d'acheter, heureusement !

À voir

LE SITE

Infos pratiques pour la visite

L'entrée des ruines est la même que l'on soit en voiture, à vélo ou à pied. *Tlj 7h45-18h. Entrée : env 3 650 Rs pour la journée ; ½ tarif 6-12 ans.* Les billets pour l'ensemble du site s'achètent au ***Polonnaruwa Museum*** *(plan A2).* À chaque

LE TRIANGLE CULTUREL

site, un coupon est détaché du billet. Demandez la brochure avec le plan du site à l'entrée, même si vous ne visitez pas le musée immédiatement. L'idéal est de louer un vélo pour explorer le site tranquillement, car il est trop étendu pour être visité à pied. On conseille de partir tôt le matin pour éviter les heures les plus chaudes. On profite alors de la sérénité du lieu. On peut aussi le faire en deux fois, la partie sud le matin et la partie nord à partir de 15h. Prudence également avec les singes, qui peuvent être agressifs et parfois même dangereux dans certains secteurs.
On propose de visiter le site du sud au nord, pour éviter les allers-retours. Les monuments ne sont donc pas classés par ordre d'intérêt. Compter 4 à 6h pour tout explorer, en fonction de votre rythme. Autre solution : commencer par les abords du lac avant d'explorer le reste du site.
Tout au long du parcours, vous trouverez des marchands de boissons fraîches et de fruits. Comme sur tous les sites religieux, on retire ses chaussures ; genoux et les épaules doivent être couverts et, en principe, la tête doit rester nue (pas de chapeau ni même d'ombrelle).

Au sud de la citadelle

La statue du roi Parakrama Bahu *(plan A3)* **:** principal promoteur de la splendeur de Polonnaruwa (1153-1186). Il arbore le symbole de la souveraineté (ou un manuscrit de palmes indiquant l'érudition du personnage). La statue est protégée par un vilain toit de tôle ondulée. Noter sa légère surcharge pondérale, signe de bonne santé, ses longues moustaches et sa coiffe caractéristique. Selon certaines hypothèses, ce ne serait pas le roi, mais un sage ! Allez savoir...

Poth Gul Vihara *(plan A3)* **:** c'était une bibliothèque dont il ne reste plus que quelques structures. Ce serait la plus ancienne de l'île et elle aurait fait partie d'un complexe bien plus vaste. On ne sait pas vraiment quel roi la fit bâtir. Noter l'édifice circulaire dont on devine encore largement les formes. Quatre petits *stûpas* de brique aux angles. Tout autour, les vestiges de demeures carrées dénotent l'importance de l'ensemble.

Polonnaruwa Museum *(plan A2)* **:** *tt proche de la* resthouse. *Tlj 8h30-17h30 (dernière entrée à 17h). Photos interdites.*
Un musée archéologique bien organisé et qui éclairera votre lanterne sur l'histoire du site et de tous ses monuments à grand renfort de maquettes, photos, explications en anglais, etc. Dans les différentes salles, nombreux objets de grande qualité issus des fouilles *in situ.* À voir impérativement avant de commencer la visite des ruines.
- ***Salle 1 :*** grande maquette donnant une idée du site. Petits bouddhas de bronze, cuivre, granit, etc. Noter celui appelé « Pralambapāda », avec les jambes croisées, vraiment relax. Au fond de la salle, à gauche, un tronc de bouddha à la robe plissée. Mesures, jarres, outils agricoles, photos anciennes.
- ***Salle 2 :*** plaques de cuivre gravées d'inscriptions (XIe et XIIe s), matériel pour écrire. Maquette du palais (1 000 chambres) en forme de pagode aux neuf toits successifs, jeux anciens, armes du XIIe s, outils divers, boulets de canon, moules à pièces de monnaies, bijoux de la reine... Également plusieurs pierres sculptées de bas-reliefs (notamment un personnage avec une épée en travers de la gorge), un guerrier, une grande stèle gravée. Voir encore la belle pierre de lune gravée flanquée de deux gardiens, où les quatre rangées d'animaux sont bien visibles.
- ***Salle 3 :*** maquette impressionnante du *Vadatage,* splendide palais circulaire qui abritait la dent du Bouddha. Rapport particulièrement équilibré entre objets exposés et photos. Délicats petits bronzes, sculptures de bouddhas bien rongées par le temps. Dans une vitrine, l'ancien reliquaire de la dent du Bouddha (XIIe s). Socles de lampes à huile. Au centre, élégante Bodhisattva sans bras ni tête, finement galbée (IXe-Xe s).

- ***Salle 4 :*** maquette de l'hôpital des moines et d'intéressants objets trouvés sur le site : instruments chirurgicaux, grosse lampe à huile en forme de lotus, urne funéraire portugaise, mortier pour écraser les herbes, coffret en bronze... Voir aussi la belle Bodhisattva sans bras, un squelette, les jarres et les belles figures en stuc.
- ***Salle 5 :*** superbe collection de bouddhas en pierre, la plupart étêtés, mais aux corps délicats (VIIIe-IXe s). Maquette du Potgul Vihara (librairie) avec *stûpa* central.
- ***Salle 6 :*** ne pas manquer l'inquiétante et grotesque *Karraikal Ammaiyar,* avec son nez et ses seins hyper pointus ! Magnifique *Ganesh* du XIIe s en bronze. Noter qu'il tient dans sa main droite sa défense cassée. Voir aussi le *Shiva-Candrasekara,* la *Parvati* du XIe s et, au fond, le superbe *Shiva Nataraja* (qui danse sur un homme avec un cobra). Nombreuses divinités hindouistes. Instruments rituels.

La salle du Conseil de Nissanka Malla *(plan A2)* **:** *à quelques dizaines de mètres du musée et derrière la resthouse.* Ce monument est superbement situé au bord du lac. Quatre rangées de piliers sont placées sur un socle de pierre. Sur chacun d'eux sont gravés le nom et le titre de celui qui occupait cette place lors des délibérations. C'est ainsi que l'on a retrouvé les places du vice-roi, des chefs militaires et des hauts dignitaires du royaume. Ces infos permirent également d'avancer dans la compréhension de l'organisation politique de la cité. Il subsiste aussi un très beau lion sculpté, symbole de la royauté. Sa facture n'est pas sans rappeler l'art chinois. Tout autour du *Nissanka Malla,* nombreuses autres petites ruines.

Dans l'enceinte de la citadelle

Les monuments suivants sont à l'intérieur de l'enceinte. Signalez au gardien si vous devez sortir du site, afin de pouvoir y entrer à nouveau (dans la même journée, évidemment).

La stèle : *à l'entrée sur la droite, avt le passage vers le palais royal.* Cette pierre gravée annonce la couleur aux ennemis du royaume et aux apostats. Littéralement, le texte en sanskrit fait l'éloge des vertus du roi Nissanka Malla et déclare que les membres de la dynastie Kalinga sont les seuls habilités à régner sur le Sri Lanka. Puis il est clairement expliqué que, en revanche, pour ceux de la caste Govi, tout comme les princes non bouddhistes de Cola et du Kerala, ça ne va pas être possible... En vertu de quoi, ceux qui leur feraient allégeance seront considérés comme des traîtres ! Vous voici prévenu... Cela dit, vous pouvez tout de même visiter le palais royal.

Vejayanta Pasada *ou* ***palais royal*** *(plan A2)* **:** il garde encore une fière allure. Il ne reste pourtant que deux étages sur sept. Les vestiges des murs toujours debout sont énormes (2,50 m d'épaisseur !) et donnent une idée de l'ampleur de l'édifice d'origine. Ici, Dieu et le roi étaient considérés comme égaux. Difficile tout de même d'imaginer que le palais comptait 50 pièces ! On parvient à identifier les trois premiers étages grâce aux orifices qui soutenaient les poutres. Les quatre autres, en bois, auraient brûlé. Tout autour, les maisons des serviteurs.

La salle du Conseil de Parakrama Bahu *(plan A2)* **:** cette élégante construction est cernée d'une frise sculptée à trois niveaux où pachydermes, fauves et nains se livrent à une joyeuse sarabande. Les éléphants et leurs grandes trompes enroulées sont particulièrement bien rendus. Les nains ciselés sur la margelle, quant à eux, affichent un sourire malin. Belle pierre de lune à l'entrée. Deux lions chinoisants vous accueillent au sommet des marches. N'oublions pas que les Cinghalais étaient fils de lions (*Sinhala,* d'où Cinghalais). Le roi se tenait au bout de la salle, entouré de ses ministres. Au-dessus, des piliers (sculptés dans leur section supérieure) soutenaient une charpente de bois et un toit de tuiles. On pense que l'édifice fut restauré autour du XIIIe s. Jeter aussi un œil aux différents puits tout autour, dont un en face qui servait de prison (un vrai « cul de basse-fosse »).

Kumara Pokuna *(plan A2)* **:** deux gueules de crocodiles faisaient jaillir l'eau dans ce bassin à gradins, situé au bord du canal. Un système de canalisations souterraines alimentait ce bain royal, jadis entouré d'arbres fruitiers et de fleurs. À côté, ce qu'on pense avoir été un vestiaire, avec une jolie pierre de lune et une belle frise de lions sur les côtés. Au bord du canal, les habitants font leur toilette et les femmes du village lavent le linge...

Le temple de Shiva nº 1 *(plan A2)* **:** ce petit temple montre un assemblage de pierres parfait, sans aucun ciment, remontant probablement au XIIIe s. On dirait une sorte d'assemblage de Lego. L'une des caractéristiques de Polonnaruwa est le mariage de l'architecture locale avec celle de l'Inde du Sud. Ce temple en est l'un des meilleurs exemples. Malheureusement, la *sikhara* de brique s'est effondrée. À l'entrée du sanctuaire, de chaque côté, des restes de jambes de danseuses. Sur le flanc gauche du sanctuaire, un taureau Nandi et une grosse pierre sur laquelle, rituellement, les fidèles cassent une noix de coco en offrande. Les nombreux singes du coin se précipitent dessus sitôt brisée. Ne suscitez pas leur courroux et faites aussi attention aux éventuels nids de frelons !

La terrasse de la relique de la Dent ou Quadrilatère *(Dalada Maluwa ; plan A2 et zoom)* **:** on accède à la terrasse par l'escalier en face du parking et l'on retire ses chaussures en haut des marches. Cette terrasse, surélevée par rapport au reste du site, comprend une douzaine de monuments de grand intérêt (indiqués par des lettres sur le *zoom*).
- **Escalier d'accès :** noter les petites curiosités au pied de l'escalier. Une sorte de pédiluve (vide actuellement), certainement pour se nettoyer les pieds avant de pénétrer sur la terrasse sacrée, et, sur l'un des côtés, une vasque (pour se laver les mains ?). On remarque encore cette étrange sculpture, de facture grossière, avec des animaux, qui intrigue. Serait-elle une sorte de pancarte d'avertissement pour conseiller de ne pas voler ? Un moine pointe du doigt : « Si vous dérobez quelque chose ici, vous serez transformé en corbeau ou en chien ! » (deux bébêtes possédant une mauvaise image par ici, apparemment). Puis on commence par la droite :
- **Sat Mahal Prasada** *(zoom,* ***A****)* **:** construit au XIIe s, ce curieux édifice pyramidal, de section carrée et tout en brique, reste une énigme pour les spécialistes, qui s'interrogent encore sur l'étroitesse de ses pièces et sa ressemblance avec l'architecture des temples khmers d'Angkor. Était-il destiné aux marchands cambodgiens ? Mystère. Ce qui est sûr, c'est qu'il comportait sept étages, dont il ne reste qu'une terrasse. Notez les vestiges de la statue féminine en façade.
- **Salle du chapitre** *(zoom,* ***B****)* **:** quelques colonnes seulement pour cet édifice modeste du VIIe s, flanqué en son centre d'une pierre torsadée.
- **Gal Pota** *(zoom,* ***C****)* **:** en fait, c'est un livre ! Sur cette énorme dalle de granit de 8,20 m de long sur 1,20 m de large sont gravés des textes en cinghalais à la manière des manuscrits sur feuille de palme, relatant les exploits militaires et les vertus du roi Nissanka Malla qui, entre autres, envahit l'Inde. Cette pierre de 25 t fut apportée (on se demande comment !) de Mihintale, distante de 90 km. Plus fort qu'Obélix ! Et encore, il n'y aurait que les pages 98 à 123... Sur les flancs, deux frises d'oies et deux éléphants protecteurs qui arrosent la déesse Gaja Lakshmi. Peut-être un toit couvrait-il cet étrange fragment littéraire.
- **Hatadage** *(zoom,* ***D****)* **:** il fut construit par le roi Nissanka Malla au XIIe s en à peine, dit-on, 60h (soit une journée cinghalaise). Remarquable pour son exceptionnelle pierre de lune, encadrée par des gardiens bien préservés. Sur les blocs de pierre de la muraille (qui rappellent un peu la technique de taille des Incas), on voit encore quelques belles frises (côté extérieur). Également une frise de lions qui court à la base du monument. C'est ce temple qui abrita pendant longtemps la dent du Bouddha.
- **Vatadage** *(zoom,* ***E****)* **:** sur une plate-forme circulaire à deux niveaux, cette chambre des reliques est l'un des édifices les plus anciens et les plus remarquables de Polonnaruwa (VIIe s). Comme on peut le voir sur une maquette au musée, il était probablement recouvert d'une structure circulaire en bois. La

rotonde du *dagoba* est desservie de façon symbolique (et symétrique) par les escaliers disposés aux points cardinaux. Escaliers ornés de pierres de lune d'une très grande finesse et de gardiens du seuil sculptés, de style très nettement hindou, qui empêchaient le mal de pénétrer dans l'enceinte. Certaines pierres de lune ne comportent ni taureau (symbole de l'Inde) ni lion (celui du Sri Lanka). Les sculpteurs hindous ne voulaient pas que l'on marche dessus. Sur le flanc extérieur des rampes, bas-reliefs de singes-lions. Quatre bouddhas assis en position de méditation sont tournés vers les quatre points cardinaux. Tout autour du soubassement, trois rangées de superbes frises : fleurs de lotus sur celle du haut, nains dans toutes les attitudes dans celle du milieu et lions en bas.
– ***Atadage** (zoom, F)* **:** c'est le plus vieux temple de la terrasse, construit au XIe s par Vijayabahu Ier, et le premier à avoir abrité la relique de la dent du Bouddha. Seules subsistent les fondations, ainsi qu'un bouddha debout au bras cassé et à la toge plissée. Pour entrer, on passe sous un portique restauré. Les piliers, sur lesquels on peut encore voir quelques décors d'origine, soutenaient un édifice de plusieurs étages, probablement coiffé de bois.
– ***Statue de bodhisattva** (zoom, G)* **:** enfin, ce qu'il en reste. Elle est censée représenter le roi Nissamka Malla.
– ***Lata Mandapa ou Nissankalata Mandapa** (zoom, H)* **:** les vestiges d'un petit *dagoba* d'un style très particulier, avec ses superbes colonnes sculptées en forme de tiges de lotus, coiffées de chapiteaux en bouton de fleur que la brise semble faire onduler. Ensemble très gracieux. C'est là que le grand roi Nissanka Malla venait se recueillir et écouter des textes religieux. Tout autour, une curieuse barrière de pierre, à la manière d'un enclos à vaches.
– ***Thuparama** (zoom, J)* **:** temple imposant, de style hindou, le mieux conservé du site (et en restauration). C'est d'ailleurs le seul à être encore couvert par une haute voûte de brique. Les murs sont si épais (1,30 m) qu'un escalier y est creusé. À l'intérieur, huit bouddhas du VIIe s, superbes et émouvants, dans un style du sud de l'Inde. Noter les deux meurtrières laissant passer le soleil, faisant ainsi scintiller le quartz contenu dans la pierre des statues. Il y a souvent un gardien pour faire une démonstration avec une bougie.

Un peu plus au nord

***Rankot Vihara** (plan A-B2)* **:** immense *dagoba* dans le style d'Anuradhapura, haut de plus de 60 m avec sa flèche jadis couverte d'or et entièrement revêtu de brique, aujourd'hui de la mousse pousse aux jointures. Appartenait à un vaste ensemble monastique. Tout autour, de petits autels de pierre, souvent vides, abritent encore quelques bouddhas hélas très abîmés.

***Lankatilaka** (plan A-B1)* **:** un édifice-temple datant du XIIe s, édifié par le roi Parakkrama Bahu et restauré sous Vijayabahu IV. Avant d'entrer dans l'édifice, presque aussi vaste qu'une cathédrale, devant les marches, deux gardes et dragons empêchent le mal de pénétrer. L'ensemble est impressionnant dès le seuil, avec, sous la coupole du sanctuaire tout au fond, la vision de ce gigantesque bouddha debout, de 18 m de haut, décapité et amputé de ses bras, tout en briques stuquées. La nef, de plus de 50 m de long sur 18 m de large, devait soutenir une voûte à 30 m du sol. Normal qu'elle se soit écroulée ! Sur le retour des marches, toujours des nains (mais difficilement identifiables). En face, de l'autre côté de l'allée, la plate-forme du *Preaching Hall* (salle de prière).
Sous une porte, on peut encore voir quelques timides traces de peinture. Là aussi, comme au *Tivanka,* un déambulatoire permettait aux moines de tourner autour du sanctuaire pour méditer. Noter, dans les virages, les ouvertures qui permettaient de voir d'autres *stûpas* à l'extérieur (histoire de ne pas perdre le fil de la méditation). Sur les murs extérieurs, quelques sculptures assez bien conservées. Sur le flanc droit, de curieux bas-reliefs de monuments, un peu à la manière de maquettes, des

perrons avec une entrée et des gardes avec éléphants. Et régulièrement, l'éternelle frise de nains, fidèles au poste, bien que souvent sérieusement amochés.

Kiri Vihara *(plan A-B1)* **:** à deux pas du Lankatilaka, ce « *dagoba* de Lait », très haut (le deuxième plus grand du site), construit par Parakrama Bahu (pour son épouse ?), se révèle être le seul resté dans son état original. Tout cabossé, comme on peut le voir, il n'a jamais subi de reconstruction. En face, comme aplati, un *stûpa* en brique devait servir de crématoire. Noter la finesse des gargouilles en forme de *makara*. Quelques vestiges de cellules de moines.

Kalu Gal Vihara *(plan A-B1)* **:** un des points de contrôle des tickets. Certainement le monument le plus étonnant de Polonnaruwa avec ses quatre statues taillées dans la paroi de granit, d'où son nom de *Gal Vihara* ou « sanctuaire du roc ». À voir de préférence avec la lumière du matin. Le soir, on est à contre-jour. L'ensemble est aujourd'hui protégé par un très inesthétique – mais probablement nécessaire – toit en métal. Il s'agit d'un ensemble rupestre constitué d'un temple-caverne et de quatre sculptures taillées dans le granit (dont une, toute petite, à l'intérieur du temple central).

Pour une vision sereine et ombragée, se poster sur le gros rocher en pente situé en face de ces chefs-d'œuvre. La statue la plus impressionnante est ce grand bouddha de 15 m de long, étendu sur le flanc droit, le visage empreint d'une sérénité souriante. Une œuvre parfaite. Le bouddha est dans la position « de grande extinction » (mort, en somme) puisque ses pieds sont légèrement décalés l'un par rapport à l'autre. Noter la grâce des plis de sa robe qui suivent les rythmes et les ondulations de son corps. Sur une cuisse, voir les deux impacts de balle (lire l'encadré). Son visage où s'esquisse un sourire, empreint de calme divin, repose délicatement sur un coussin orné de pétales de lotus. Le sculpteur a réussi à rendre le poids de la tête sur l'oreiller.

LA VENGEANCE DE L'ÉLÉPHANT

Au cours du XIXe s, un illuminé britannique tira sur le célèbre bouddha couché de Gal Vihara, l'atteignant par deux fois à la cuisse (« cicatrices » toujours visibles). Il faut dire que sa cible ne risquait pas de s'échapper. Le coupable s'enfuit dans la jungle, mais il rencontra un éléphant, qui l'écrabouilla d'un coup de patte. Vengeance des dieux ? Il fallait quand même être particulièrement tordu pour tirer sur un mort, qui plus est, ayant atteint le nirvana.

À côté se trouve un bouddha debout, haut de 7 m, dans une posture inhabituelle. Ses bras sont croisés sur sa poitrine, signe de reconnaissance et de gratitude. Certains pensent qu'il représente Ananda, disciple du Bouddha. Il s'agit plus vraisemblablement de l'attitude que prit le Bouddha devant l'arbre sacré qui lui assura protection durant sa longue méditation. Observez ces fines lignes de pierre noire qui semblent former une sorte de voile, ou plutôt de voilage, sur son visage. Très élégant.
Au milieu, un bouddha assis, relativement petit par rapport aux autres, en méditation, l'air plus sombre. Cette statue est beaucoup plus ornementée que ses voisines. Parmi les déités hindoues qui l'entourent, on reconnaît *Brahma* et *Vishnu*.
À gauche, un autre bouddha assis, de grande taille, en méditation, adossé à la paroi rocheuse.
D'après des textes anciens, on sait que ces statues étaient abritées par des constructions de brique. On peut d'ailleurs voir les trous ayant servi à loger les poutres de soutènement. Les archéologues du Triangle culturel envisagent de les reconstituer, comme à Aukana.

Le bassin au Lotus *(plan A1)* **:** ce bain en forme de lotus d'environ 6 m de diamètre, absolument adorable, se compose de huit pétales de pierre sur cinq étages de gradins. Il semble qu'il y ait eu plusieurs bassins identiques à Polonnaruwa, où les moines effectuaient leurs ablutions, mais ils n'ont pas encore été dégagés. Les architectes de l'époque s'inspiraient tout simplement des formes de la nature. Ah ! s'il y avait encore de l'eau...

🎖🎖🎖 *Tivanka Image House* *(plan B1)* **:** ce « temple du Nord », 2 km après Gal Vihara, est exceptionnel par ses fresques intérieures, mais aussi par ses sculptures extérieures. L'extérieur pour commencer : malgré les échafaudages de la restauration qui occupent les flancs du temple, on observe d'intéressantes sculptures. Côté droit de l'édifice (où elles sont les plus visibles), frises de nains prenant des poses comiques sur les temples miniatures accrochés aux parois des murs. Également de beaux lions.
À l'intérieur, au fond de la nef, remarquez le bouddha déhanché qui a donné son nom au temple. Sa posture *(tivanka),* assez équivoque, « indique la facilité chez l'homme et la grâce chez la femme ». Il dégage un vrai charme, malgré son manque de tête et son absence de bras. Comme quoi on peut avoir de la classe avec pas grand-chose ! La statue révèle trois « fléchissements » : l'épaule, les hanches et le genou. Rien à voir donc avec certains bouddhas hiératiques. Les fresques, peintes aux XIe-XIIe s, sont très intéressantes, quoique parfois mal conservées (flashs interdits) et pas éclairées du tout. C'est pourquoi une lampe de poche peut être utile. Sinon, un gardien a généralement une torche et du temps à vous consacrer moyennant un pourboire. Les fresques furent découvertes sous une épaisse couche de chaux et ne prennent leur valeur qu'en étant attentivement regardées. On découvre ainsi la délicatesse des contours, le travail des couleurs, l'expression des visages. Elles narrent différents épisodes de la vie du Bouddha. Sur la paroi de gauche de la nef, ceux situés à hauteur d'homme sont tout simplement des chefs-d'œuvre. La première représente un roi chasseur et une reine donnant une feuille à manger à un cerf (pas évident à repérer). Trait particulièrement délicat, couleurs naturelles bien sûr. Sur sa gauche, personnage méditant. À notre avis, cependant, la plus belle fresque est celle qui représente « l'Adoration des dieux », toujours sur la paroi de gauche (avant-dernière fresque avant le sanctuaire).
Sur le côté droit de la nef (toujours en regardant le fond de la nef), on peut voir la mère du Bouddha enceinte de ce dernier (partie haute), et en dessous sa naissance (entouré d'arbres). Un peu plus loin on devine un attelage. Un œil attentif découvrira encore des visages de dieux très fins. Avant de partir, demander à faire le tour du bouddha (comme le faisaient les moines), en empruntant l'étroit déambulatoire qui court derrière la nef. En théorie, on doit faire trois tours pour que ça porte chance. Enfin, deux derniers détails : à gauche toujours, derrière le mur représentant des dieux, noter ce petit escalier creusé de telle façon que les moines étaient obligés de monter les pieds sur le côté, parallèlement aux marches, et ne pouvaient ainsi pas tourner le dos au Bouddha ! À droite, élégants piliers décorés de fleurs.

SIGIRIYA

• Plan *p. 165*

Du haut de ses 200 m, superbe et solitaire, cette forteresse-palais, perchée au sommet d'un gigantesque monolithe rouge aux parois abruptes, semble défier la jungle. Sigiriya est sans conteste le site le plus surprenant de l'île.
À l'origine de cette incroyable aventure archéologico-architecturale, une tragédie humaine : le roi Kassyapa, avide de pouvoir, tua son père, chassa son frère et vint se réfugier ici. Il y fit bâtir un palais, d'étonnants jardins dans la plaine, et surtout une forteresse perchée sur le rocher, qu'il occupait durant la saison humide, là où personne, pensait-il, ne

viendrait le chercher. Comme il mit 7 ans pour faire édifier le lieu, il n'y séjourna véritablement que 11 ans. Pour gagner le pardon et la grâce du Bouddha, il fit également élever de nombreux temples et combla les moines de bienfaits et d'avantages. Mais ceux-ci ne furent jamais vraiment dupes de la mentalité perfide de ce roi illégitime. Dix-huit ans après son forfait, le frère banni revint d'Inde avec ses troupes pour déloger le parricide de sa forteresse dorée. Après l'éviction du roi, le site fut donné aux moines qui venaient y méditer. Une quinzaine d'années plus tard, les lieux furent abandonnés et Sigiriya malgré sa masse rocheuse imposante sombra dans l'oubli de la jungle.

Le village, en dehors du site, est une minuscule bourgade dans la campagne, qui n'abrite qu'un bouquet de maisons et quelques *guesthouses,* hôtels et restos.

LE TEMPLE MAUDIT !

Encore active au XIXe s, la terrible secte des Thugs se composait d'adorateurs de la déesse noire de la Destruction, Kali (des temples lui sont encore dédiés, notamment à Trincomalee). Les Thugs étranglaient rituellement leurs victimes avant de les dépouiller. Ces fanatiques furent la terreur des colonisateurs britanniques. Ils ont inspiré Spielberg dans Indiana Jones et le Temple maudit. *Les extérieurs du film furent d'ailleurs tournés à Sigiriya.*

– ***En saison des pluies, attention aux vipères*** qui aiment bien cette période pour se balader. Faites gaffe où vous mettez les pieds et, le soir, lorsque la visibilité est limitée, portez donc de vraies chaussures et un pantalon.

QUAND VISITER LE SITE ?

On précise d'emblée que la montée au sommet de la roche équivaut à peu près à grimper au dernier étage de la tour Eiffel... par les escaliers... C'est en fait moins haut, mais en y ajoutant une bonne petite chaleur humide qui dégouline dans le dos, mieux vaut être en forme. Si possible, arriver dans l'après-midi, passer la nuit dans le village et faire l'ascension à l'ouverture, tôt le lendemain matin. Le site sera (en principe) à vous tout seul et, dans les épaisses brumes matinales, vous vous prendrez pour le roi de la jungle... jusqu'à l'arrivée des premiers cars de touristes. Autre alternative, à partir de 15h-15h30, il fait déjà moins chaud, il y a beaucoup moins de monde et les couleurs ne sont plus écrasées par le soleil.

Arriver – Quitter

Sigiriya est situé à 67 km de Polonnaruwa, à 82 km d'Anuradhapura, à 94 km de Kandy et à 167 km de Colombo. Peu, voire pas de bus directs depuis ces villes. On passe souvent par la gare routière de Dambulla, d'où les liaisons très régulières et quotidiennes sont assurées. Se reporter aussi à nos rubriques « Arriver – Quitter » pour chaque ville concernée.

Les ***bus*** s'arrêtent au carrefour après la *resthouse,* non loin du rocher (côté sortie).

➢ ***Kandy :*** 1 bus direct/j., très tôt le mat. Trajet : env 2h30. On conseille plutôt de prendre un bus pour Dambulla, et de changer pour Kandy. Possibilité de descendre à Matale. Autre solution : rejoindre Inamaluwa (à 8 km slt) sur la route entre Dambulla et Habarana, bus ttes les 30 mn pour Kandy.

➢ ***Dambulla :*** env 40 mn en bus local. Liaisons ttes les 30 mn env, 6h-17h30 ; sinon env 800 Rs en *tuk-tuk.* De Dambulla, 6h30-19h15. À la gare routière de Dambulla, départs réguliers et quotidiens pour Colombo, Kandy, Anuradhapura, Polonnaruwa et Habarana.

➢ ***Trincomalee :*** il faut changer de bus à Inamaluwa ou, mieux, à Dambulla (plus de bus, donc plus de places à bord).

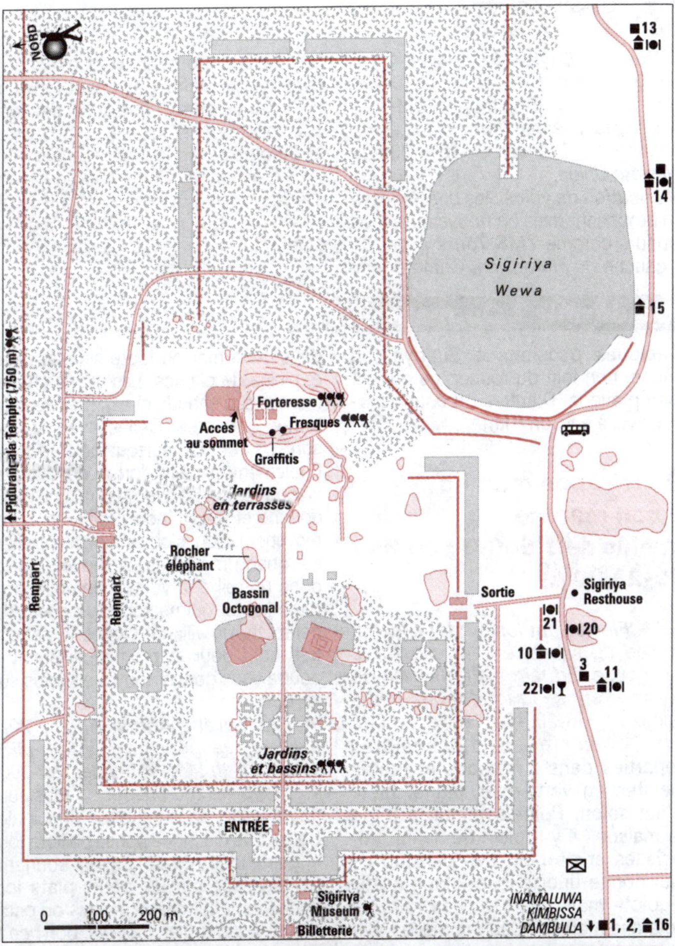

SIGIRIYA

Adresses utiles	11 Flower Inn
1 Bank of Ceylon	13 Hotel Sigiriya
2 People's Bank	14 Sigiriya Village
3 TMS Tours (location de vélos)	15 Kalum Homestay
13 Piscine de l'hôtel Sigiriya	16 Melrose Villas
14 Piscine du Sigiriya Village	20 Restaurant Ahinsa
Où dormir ? Où manger ?	21 Chooti
10 Nilmini Lodge	22 Rastarant

Adresses utiles

■ ***Bank of Ceylon*** *(hors plan,* ***1****)* ***:*** *à* ***Kimbissa,*** *sur la route d'Inamaluwa. Lun-ven 9h-15h.* Bon taux et ATM.

■ ***People's Bank*** *(hors plan,* ***2****)* ***:*** *à* ***Inamaluwa.*** *Lun-ven 8h-15h.* Bureau *Western Union.*

■ **Location de vélos :** les *guesthouses* en proposent mais on trouve aussi des loueurs comme ***TMS Tours*** *(plan,* ***3****)*, à gauche du *Flower Inn.* Compter env 500 Rs/24h pour un vélo avec une loupiote qui marche. On peut toujours négocier un peu... Loue aussi des *tuk-tuk,* voitures, minibus, etc.

■ **Piscine :** *piscines accessibles aux non-résidents au* Sigiriya Village *(plan,* ***14****) pour env 1 500 Rs ! (gratuit si on y déjeune, ouf...), et à l'hôtel* Sigiriya *(plan,* ***13****) pour env 400 Rs.*

Où dormir ? Où manger ?

Quelques pensions à Sigiriya, au calme, non loin du rocher, ce qui est bien pratique. D'autres du côté d'Inamaluwa, à environ 8 km.

De très bon marché à bon marché (moins de 1 800-3 500 Rs / 12-23,30 €)

🏠 |●| ***Flower Inn*** *(plan,* ***11****)* ***:*** *à 10 mn à pied du site et à deux pas de la* resthouse. *En fait, juste en face de* Nilmini Lodge, *au fond d'une petite allée.* ☎ *066-205-64-41. Fourchette hte.* 📶 *(aléatoire).* 12 chambres réparties dans 2 maisons et toutes peintes en vert, rose, jaune, bleu, c'est selon. Point commun à toute la maison : il y a plein de fleurs artificielles et de peluches partout, ce qui donne une touche kitsch assez rigolote mais chargée. Les toits de tôle chauffent un peu les pièces évidemment, mais les ventilos font leur boulot. Salles de bains très correctes, moustiquaires (un peu trouées quand même)... Et toujours un gros nounours sur le dessus-de-lit pour passer une nuit sereine ou consoler un gros chagrin. Petit jardin tranquille. Et accueil charmant de Preethi, la patronne.

🏠 |●| ***Nilmini Lodge*** *(plan,* ***10****)* ***:*** *à 10 mn à pied du site et à deux pas de la* resthouse. ☎ *066-228-63-13. • sigiriyanilminilodge.com • Fourchette hte pour les chambres, basse pour les lits en dortoir. Loc de vélos.* 📶 Au milieu d'un jardin, une poignée de petites chambres dans cette maison toute simple, verte et pleine de plantes. Les moins chères n'ont ni eau chaude ni AC, mais restent toutes correctes. Celles avec AC ne sont pas si mal, surtout pour le tarif. Également un petit dortoir de 4 lits, et un cottage coloré avec la clim, une mini-douche et le wifi inclus (déjà en « Prix moyens »). Bon, globalement, l'entretien est quand même assez moyen. Jetez donc un œil à la voiture de collection toute jaune, qui ne sort plus guère du périmètre du village. Lionel, le patron, très actif pour la promo de Sigiriya, pourra vous donner toutes les infos sur les bus.

|●| ***Restaurant Ahinsa*** *(plan,* ***20****)* ***:*** *dans la rue principale.* 📱 *072-588-41-87. Tlj 8h-22h. Petits déj env 300-400 Rs, plats 250-600 Rs.* 📶 Plusieurs petits restos dans cette rue principale. Celui-ci se distingue par sa paillote tout enguirlandée et son accueil souriant. Et, bien sûr, par les petits plats fort honnêtes. Petit déj sri lankais ou occidental, *kottu roti* et *hoppers,* bon *rice & curry* et puis surtout d'excellents légumes frais, par exemple dans le *chop suey.* Copieux, bon et pas cher. Les murs, un vrai livre d'or, en témoignent...

|●| ***Chooti*** *(plan,* ***21****)* ***:*** *dans la rue principale. Tlj 7h-21h. Plats 250-400 Rs.* 📶 Une gargote toute simple dans une grande salle sombre, connue des routards du monde entier pour ses *kottu roti* : à l'avocat, aux tomates, aux oignons, au poulet mais aussi banane, miel, noix de coco et chocolat ! Bon, ce n'est pas du Bocuse, mais ça permet de récupérer de l'ascension du rocher, même avec un plat pour 2. Excellents jus de fruits.

🍴 🍸 ***Rastarant*** *(plan, **22**) : dans la rue principale. Tlj 8h-22h.* Bar-resto sous une paillote avec quelques tables tenu par des jeunes très décontractés, un peu vite débordés, et grands amateurs de Bob Marley (ça s'entend). Bons jus de fruits, et diverses choses alcoolisées (chut !). Les éléphants viennent parfois se baigner dans la petite rivière toute proche. Sandwichs, pâtes, soupes, poisson grillé, brochettes de poulet *rotti* à prix modérés. BBQ « spécial » *(1 400 Rs)* certains jours. Vrai café italien. Organisent aussi des safaris-kayak.

De prix moyens à chic (3 500-15 000 Rs / 23,30-100 €)

🏠 ***Kalum Homestay*** *(plan, **15**) : 97/1, Hotel Rd, un peu avt le Sigiriya Village sur la gauche. ☎ 066-567-25-82. 📱 071-888-71-40. • kalumhome.sigiriya@hotmail.com • Fourchette hte. Rice & curry env 1 300 Rs.* 📶 On aime beaucoup cette adresse, particulièrement pour la vue imprenable sur *The Rock.* Mais pensez à réserver car c'est vite plein ! Seulement 4 chambres (dont une triple), toutes carrelées, avec douche chaude, w-c, moustiquaire et ventilo. Le tout très propre. Cuisine en accès libre ou repas sur commande. Délicieux *rice & curry,* pas donné mais tout inclus (avec dessert, eau, thé ou café). Excellent accueil de Kalum et de sa petite famille. D'ailleurs, le livre d'or ne tarit pas d'éloges. Kalum peut vous parler longuement des plantes médicinales mais aussi organiser un safari à dos d'éléphant, trouver un taxi, etc. Et puis, au retour de la balade, il y a cette vue, magnifiquement reposante...

🏠 ***Melrose Villas*** *(hors plan, **16**) : Galmankada, à **Kimbulapitiya,** à 10 mn à pied du site. ☎ 066-493-51-18. 📱 077-749-24-07. • sigiriyamelrosevillas.com • En venant d'Inamaluwa, c'est sur la gauche un peu avt Sigiriya, à env 1,5 km du rocher. Fourchette hte.* Autour d'un jardin doté d'une très belle vue sur *The Rock,* 10 bungalows vert et orange, récents et impeccables. Tous avec clim, douche et w-c, lit à baldaquin et moustiquaire. TV sur demande. Les *honeymoon* sont au même tarif que les autres... Bref, on est au calme et plutôt « confort », comme on dit, malgré quelques bébêtes. Possibilité de dîner sur place, formule buffet. Une bonne adresse.

Plus chic (15 000-24 000 Rs / 100-160 €)

🏠 🍴 ***Hotel Sigiriya*** *(plan, **13**) : à env 2 km du rocher. ☎ 066-493-05-00. Résas à Colombo : ☎ 011-462-66-26. • serendibleisure.com • Doubles env 110-145 $, petit déj compris. Buffet le soir env 18 $. 💻 (cher). 📶 (réception).* Vaste établissement de 80 chambres agréables, confortables (AC, salle de bains carrelée, minibar, bouilloire, TV-DVD) et parfaitement tenues. Elles ne sont pas très grandes mais assez coquettes, toutes de plain-pied sur le jardin. Buffets copieux (pas mal de groupes). Piscine tout en longueur avec vue sur le fameux rocher, et centre ayurvédique. Également diverses activités sportives, animation musicale le soir, un *ecocenter* avec livres, infos et films sur la région, la nature, etc. Excursions. Un bon établissement.

🏠 🍴 ***Sigiriya Village*** *(plan, **14**) : à env 1,8 km du site. ☎ 066-228-68-03 à 06. Résas à Colombo : ☎ 011-232-69-27. • sigiriya-village.com • En ½ pens, doubles env 160 $ en superior, env 210 $ en deluxe. Buffets 1 500-1 800 Rs. 💻 📶 (réception et resto).* Dans un parc qui ne compte pas moins de 150 essences, peuplé d'une soixantaine d'espèces d'oiseaux et quelque peu fréquenté par des singes, chapardeurs comme il se doit. Une grosse centaine de chambres à la déco désuète, mais spacieuses et dotées d'un certain confort (AC, coffre, TV avec TV5...). Piscine accessible aux non-résidents *(1 500 Rs !),* centre ayurvédique et spa. Au resto, des buffets de bonne qualité (pas mal de groupes) dans un cadre agréable. Prix tout de même un peu surévalués.

Où dormir ? Où manger dans les environs ?

À ***Inamaluwa,*** soit à 8 km à l'ouest de Sigiriya et à 10 km au nord de Dambulla, sur la route de Habarana, à proximité du carrefour avec la route de Sigiriya (appelé *junction*). Inamaluwa peut être une bonne alternative si tout est complet ou trop cher à Sigiriya. Mais tentez d'abord votre chance à Sigiriya même, car on est directement à proximité du site à pied, ce qui est bien pratique pour effectuer la visite tôt le matin. D'autres possibilités également à ***Kimbissa.***

De bon marché à prix moyens (1 800-6 500 Rs / 12-43,30 €)

Bananaa Rest : *164/A, T.B. Tennakoon Mawata, dans le village de* ***Kimbissa,*** *à env 2 km à l'ouest de Sigiriya, sur la route d'Inamaluwa. ☎ 066-721-00-16. 077-884-80-52. • sigiriyabananarest.com • Transfert gratuit depuis Sigiriya. Fourchette moyenne. Dîner env 850 Rs. (resto).* Une *guesthouse* en retrait de la route, tenue par une famille adorable. Les chambres sont simples, mais impeccables. D'une part, 3 chambres (avec douche froide, ventilo et moustiquaire) réparties le long d'une terrasse fraîche, face au jardin fleuri. D'autre part, au fond du jardin (en fait, déjà la nature sauvage), des bungalows plus récents (dont un de 2 chambres) dotés de tout le confort (eau chaude, clim et terrasse). On est accueilli avec un verre de jus de citron maison. Sriya est une hôtesse exquise et fine cuisinière. Elle utilise beaucoup de légumes issus de son potager bio : manioc, betteraves, haricots, radis... À quelques pas, le lac où l'on peut voir, avec un peu de chance quand même, des éléphants sauvages.

Sigiriya Darshani Lodge : *à env 800 m à l'ouest de Sigiriya, à gauche, sur la route d'Inamaluwa. ☎ 066-568-91-69. 077-921-02-11. • darshanilodge.com • Transfert possible. Fourchette hte.* En bordure de rizière face à la jungle, une *guesthouse* récente aux 10 chambres impeccablement tenues, réparties entre 2 bâtiments. Équipées de moustiquaires, de ventilos et d'AC, elles sont sobrement décorées mais spacieuses et très propres. Repas sur demande et petit déj dans un petit pavillon à l'arrière. Accueil familial vraiment gentil et dévoué. Excursions proposées, le fils de la maison est guide professionnel. Le plus : les éléphants sauvages qui viennent de temps à autre pour une petite visite nocturne. Demandez à être prévenu...

Sigiri Forest Villa : *1st Mile Post, Sigiriya Rd,* ***Inamaluwa.*** *077-443-95-01. • sigirivilla@yahoo.com • Au carrefour d'Inamaluwa, direction Sigiriya, c'est rapidement sur la gauche. Fourchette basse. Petit déj 400 Rs, repas env 600 Rs.* Pour les routards qui n'ont pas peur de marcher ou d'attraper un *tuk-tuk* car l'adresse est à environ 7 km du rocher de Sigiriya. Une maisonnette à l'écart de l'agitation touristique, dans un bout de forêt calme en retrait de la grande route. 3 chambres très simples mais agréables et soignées. Jardin où pousse un jacquier. Possibilité de repas, la maman est aux fourneaux. Bon accueil et chants d'oiseaux garantis.

Sigiri Holiday Inn : *Sigiriya Rd,* ***Inamaluwa.*** *☎ 066-228-63-30. 077-759-74-34. • sigiriholidayinn.com • À 500 m de la junction, côté droit quand on se dirige vers Sigiriya (face au Inamaluwa Inn). Fourchette basse.* Une *guesthouse* simplissime, à l'image des prix serrés. Double avantage donc : les chambres parmi les moins chères du coin, et également des triples et quadruples pratiques, et là aussi, à des prix défiant toute concurrence. En plus, elles sont propres et carrelées. Le tout dans 2 maisonnettes au milieu d'un jardin plutôt mignon. Bien pour les budgets ric-rac. Petit déj en plus. On peut également y prendre ses repas, dans une salle ouverte sur la verdure. Tours et transports sur demande. À 100 m de là, en face de la jungle, le proprio propose aussi ***Sigiri Holiday Home,*** à des tarifs similaires, dans une construction plus récente.

Globetrotter Tourist Inn : *à 1 km de la junction, en direction de*

Sigiriya, sur la droite. 077-780-18-18. Doubles et chambres pour 4 également. 5 chambres avec ventilo et moustiquaire, dans 2 édifices en dur bien au calme. Ne pas s'arrêter à l'aspect un peu rébarbatif de l'ensemble. Car les petits bâtiments tout en longueur abritent des chambres plutôt spacieuses, carrelées et parfaitement propres. En face, un grand resto ouvert sur le jardin où l'on peut voir, là aussi, passer quelques éléphants. Excellente cuisine et petit déj copieux avec toutes sortes de fruits. Bon accueil de l'extraverti Manju. Seul petit problème : ses prix, qui semblent fluctuer un peu à la tête du client...

Holiday Cottage : *Sigiriya Rd,* ***Inamaluwa.*** *071-204-91-01. À 1 km env de la junction, côté gauche de la route quand on va vers Sigiriya, juste en face du Globetrotter. Fourchette moyenne. Dîner sur demande env 650 Rs.* Au fond d'un jardin agréable, un bungalow ocre abrite 2 jolies chambres super propres, prolongées par une terrasse. Une déco agréable et un bon équipement : ventilo, moustiquaire, AC, eau chaude... Le jardin est vraiment charmant, traversé par une petite rivière. Accueil gentil. Sert des repas (bon *rice & curry*).

Plus chic (env 100 $)

Camellia Resort & Spa : *Audangawa,* ***Kimbissa.*** *066-570-67-06. • camelliaresortspa.com • Double env 100 $. Buffet env 1 400 Rs.* Plutôt destiné aux voyageurs motorisés, cet hôtel à l'écart du village offre un vrai dépaysement dans un environnement de jungle. Une soixantaine de maisonnettes en brique avec petite terrasse ou véranda sont réparties dans un beau parc où l'on croise de nombreuses espèces d'oiseaux. Les chambres sont extra-confortables : immenses, avec clim et ventilateur, minibar, large douche à l'italienne semi-extérieure, TV. Agréable environnement pour profiter de la nature et belle piscine entourée de chaises longues. Massages ayurvédiques et bains de vapeur. Le soir, buffet varié, mais néon pas très folichon.

Achats et visite d'atelier

Kottegoda Batik : *Sigiriya Rd, à* ***Inamaluwa.*** *066-228-65-37. Tlj 8h-17h. CB acceptées (commission).* On vous conseille la visite intéressante de cette jolie fabrique de batiks. On vous expliquera le processus de la cire perdue, l'organisation des différents bacs pour fixer les couleurs (un jour, une couleur) et le temps nécessaire à la fabrication (de 1 semaine à 3 mois selon la taille et la complexité des batiks). Ici, on travaille à partir de 3 à 4 000 motifs différents. Aucune obligation d'achat. Les prix sont élevés mais les batiks sont de qualité (rigoureusement identiques des deux côtés). Les pièces démarrent autour de 30 $ et s'envolent jusqu'à 300 $ pour les plus belles. Possibilité de remise d'environ 20 %.

À voir

LE SITE

Infos pratiques pour la visite

- ***Horaires :*** *tlj 7h-17h30.*
- ***Entrée du site :*** *env 4 500 Rs ; ½ tarif 6-12 ans.*
- ***Conseils en préambule :*** conservez votre ticket à coupons, il vous sera à nouveau demandé au pied du rocher. Signalons aux matinaux que le site ouvre à 7h et qu'il n'y a alors personne (enfin pas grand monde !). Il ferme un peu avant la tombée de la nuit et on ne peut accéder aux fresques après 17h. Le mieux est de ne pas arriver après

15h30 pour ne pas se faire piéger et avoir le temps de profiter du site. Devant chaque monument, une plaque donne quelques infos en anglais. Si le temps est à la pluie, prévoir de quoi se protéger, style cape de pluie, histoire de ne pas risquer de mouiller votre précieux matériel photo. Avec le climat tropical on peut être trempé des pieds à la tête en moins de 30 s. Un simple sac de plastique bien fermé peut suffire.

– ***Les guides :*** beaucoup de faux guides traînent autour de l'entrée du site. S'il vaut mieux éviter ces derniers, il peut être intéressant d'en prendre un vrai. Demandez-lui sa carte officielle (beaucoup en exhibent de fausses) et posez-lui quelques questions simples en anglais pour tester son niveau de connaissances avant de vous décider. Compter environ 1 500 Rs pour une visite d'environ 2h jusqu'en haut du site. Il saura pointer du doigt les choses à côté desquelles on pourrait passer et pourra vous donner quelques infos historiques (ne pas trop en demander tout de même !).

– Attention, la montée au sommet est un peu rude sous le soleil (relire notre texte d'intro, ça nous évitera de nous répéter). Ne s'encombrer de rien qui ne soit strictement nécessaire (tout petit sac à dos !). Emporter de l'eau et mettre de bonnes chaussures (le sable rend les marches un peu glissantes à la descente). Il y a 1 202 marches à gravir, par paliers. Compter environ 30 à 45 mn de montée. Cette grimpette est déconseillée aux personnes sujettes au vertige, en particulier l'escalier en colimaçon qui mène aux Demoiselles. Rappel : en cas de vertige, fixer l'horizon, pas ses pieds... mais quand vous aurez terminé, il y a beaucoup de chances que vous vous demandiez pourquoi nous étions si alarmistes.

D'autre part, quelques essaims de frelons se sont nichés dans la deuxième partie de la montée : des panneaux intiment aux visiteurs de garder le silence afin d'éviter de les exciter, ce n'est pas pour rien. Pas de panique cependant, en cas de piqûres, une tente avec du personnel médical est à proximité (à noter aussi que l'on a plus de chances d'éviter les attaques en faisant l'ascension le matin). Point de vue époustouflant du sommet, avec un panorama saisissant sur la jungle environnante. Les levers de soleil brumeux et les fins d'après-midi sont mémorables, mais ne vous faites pas surprendre par la nuit pour redescendre.

On peut diviser Sigiriya en deux : la ***partie basse*** et le ***rocher.*** La première accueille les canaux, bassins, piscines, jardins, etc. Puis le rocher : à flanc de falaise, on y voit les célèbres ***fresques*** et les ***graffitis.*** Enfin vient le sommet, un plateau où était dressé le ***grand palais,*** aujourd'hui ruiné.

Sigiriya Museum : *de l'autre côté de la chaussée par laquelle on accède au site, à 50 m de la billetterie. Ticket commun avec le reste du site. Bien indiqué. Tlj 8h30-17h (dernière entrée).* Un vaste musée, gros bloc de béton vert, mais un peu vide. Bureau d'infos touristiques à l'entrée, mais pas grand-chose à se mettre sous la dent en dehors du sourire de la préposée. Petit film d'intro sur le site. Bon, parmi les choses à retenir : de magnifiques statues du Bouddha et de Bodhisattva des IVe-Xe s, retrouvées à Sigiriya et dans les environs, ainsi qu'une belle série de terres cuites non datées. Une autre salle abrite quelques résultats de fouilles : ossements, poteries, quelques sculptures des VIIIe-Xe s. Noter aussi la maquette de Sigiriya où l'on voit bien les douves, les jardins et le rocher. Vitrine d'objets, outils agraires et jolies petites sculptures. À l'étage, reconstitution sur une paroi de ciment des *Demoiselles* mais, évidemment, rien ne vaut les originales.

La partie basse

Si le rocher est évidemment la section la plus visible du site, toute la partie basse est également truffée de ruines, d'anciens jardins et de bassins. En les traversant, on réalise mieux l'ampleur qu'avait prise l'ensemble de cette incroyable forteresse, quand on pense qu'elle était plantée au milieu de la jungle.

Les jardins : *au pied du rocher, juste après le* ticket office. Ils s'étendent sur un vaste espace qui mène droit à la forteresse perchée. Cet incroyable ensemble n'était

autrefois que cours, terrasses, bassins et piscines de marbre (quatre !), le tout ceint d'un système défensif composé de deux hautes murailles et de deux canaux pleins de crocodiles. On y trouvait également une vraie ville, dont il ne subsiste quasiment rien. Seuls les jardins ont traversé les siècles. Ils furent conçus par des architectes paysagistes dès le Ier s de notre ère, complétés au Ve s par Kassyapa, puis longtemps abandonnés et à nouveau utilisés à partir du Xe s. Des trous étaient percés dans les dalles de citernes souterraines reliées par un savant système de canalisations. Lorsque les pluies étaient fortes, l'eau jaillissait du trop-plein de ces citernes. Le système fonctionne encore de nos jours. Plusieurs rochers autour des restes des jardins que l'on devine encore servaient de lieux de culte. On estime à 500 le nombre de concubines du roi. Certains affirment qu'il se devait de les honorer toutes régulièrement. En forme, le garçon ! En traversant les jardins, on aboutit naturellement au pied du rocher.
Peu avant d'y arriver, ***bassin octogonal*** sur la gauche. En bordure du bassin, on voit le ***rocher éléphant*** *(elephant rock),* monolithe de granit qui doit son nom à sa forme. À 3 m de hauteur, noter cette fente horizontale. Certaines hypothèses affirment que l'on y insérait une planche qui servait de plongeoir à la cour (tout un art de vivre). Certains guides penchent plutôt pour des supports à baldaquin, afin de protéger le roi du soleil. Sur la droite du bassin, des briques semblent combler un creux. Ce sont les fondations d'un édifice aujourd'hui disparu. Les trous dans le rocher étaient destinés à y insérer les briques des constructions. Escaliers d'origine dans une pierre ressemblant au marbre et qui scintille au soleil. Le chaos rocheux qui suit fut l'œuvre de paysagistes de l'époque, grottes et chemins tordus menant au pied de la citadelle. On grimpe ensuite plusieurs petites volées de marches en marbre réfléchissant la lumière. Ces petites plates-formes régulières entre les groupes de marches permettaient de monter le roi à peu près droit dans son palanquin. Il était exempt de montée à pied, lui !
En chemin, on croise à gauche la ***grotte Deraniyagala.*** C'est l'une des 23 grottes du site. Elle servait pour les deux soldats qui montaient la garde. Noter l'espèce de saignée autour du rocher dans sa partie haute, formant gouttière quand il pleuvait. Sur la paroi, un torse de femme dessiné. Passage par deux rochers en forme de mains jointes. Juste à sa base, à gauche, une grotte avec le socle d'un trône où le roi pouvait se reposer. On accède aux ***jardins en terrasses,*** où légumes et fruits étaient cultivés. En levant la tête, sur la paroi de la falaise à gauche, environ à mi-hauteur, on distingue la « cavité de la punition ». Très peu profonde, juste la place de tenir debout ; on y plaçait les soldats punis pendant plusieurs jours. Celui qui s'endormait ou glissait (perdu !) tombait immanquablement dans le vide.
Puis l'on parvient au pied de la falaise proprement dite, dont on entame l'ascension par des escaliers métalliques.

Le rocher

🏛🏛🏛 ***Frescoes*** *(fresques)* **:** à ne manquer sous aucun prétexte ! Pour y accéder, il faut gravir les différentes volées de marches qui se succèdent, embouteillages fréquents. Puis, sur la gauche, une passerelle mène à l'étroit escalier métallique en spirale. Les fresques se trouvent sous un surplomb de la roche, sur une vingtaine de mètres, protégées du soleil et de la pluie. C'est sans doute une des raisons de leur excellent état de conservation. Interdiction de les photographier.
L'***ensemble des Demoiselles de Sigiriya*** constitue l'une des plus grandes curiosités de l'île et une véritable merveille artistique. Les fresques furent découvertes en 1831 par le plus grand des hasards. On pense qu'elles datent du Ve s, commandées par le sinistre Kassapa, qui, outre le fait d'être un tyran, était un amateur d'art (et de femmes ?) éclairé. Nul ne sait de manière précise qui étaient ces demoiselles. Reines ou servantes, déesses ou concubines ? Vraisemblablement des *apsaras,* des nymphes célestes. Si vous avez des idées, vous savez où nous écrire ! En tout, on ne peut que s'émerveiller devant la vingtaine de femmes rondes et élégantes. À noter, le nombre et la qualité de leurs bijoux. Elles sont souvent réunies deux

par deux, la main droite à moitié levée, et portant des fleurs. « Elles n'ont pas de jambes ! », vous dites-vous sans doute ! En fait, c'est qu'elles sont posées sur des nuages. Elles ont toutes les seins nus, à l'exception de deux d'entre elles qui portent des hauts transparents et dont la peau est un peu plus sombre... ce qui a fait dire à certains qu'il s'agissait peut-être de servantes. À y regarder de près, on note que le peintre a dû faire des petites erreurs, car une des femmes possède trois mains (en ouvrant l'œil, on peut voir les contours de la main ratée sur son torse). Une autre, située juste sur sa droite, est dotée d'un téton en trop. Les postures sont souples et légères, d'une grâce exquise. Il est probable que ces femmes aient été beaucoup plus nombreuses dans le temps. Non seulement leur état de conservation est étonnant, mais la subtilité des teintes n'a jamais été altérée malgré les profanateurs qui les avaient badigeonnées de vert, il y a quelques années. Les trois premières sont sans doute les plus belles. Celle du milieu est même surnommée « la Mona Lisa sri lankaise ». Celle du fond, toute seule pour le coup, bien que dégradée, ne manque pas de charme non plus, mais mérite d'être observée de près.
Redescendre l'escalier et prendre la longue rampe pour poursuivre l'ascension.

– ***Les graffitis :*** ils se trouvent au tout début de la montée, sur la paroi intérieure de la rampe protectrice qui permet de grimper vers le sommet du rocher. Sur ce garde-fou, poli comme un miroir au fil des siècles, des millions d'admirateurs des *Demoiselles de Sigiriya* ont inscrit dans toutes les langues des mots d'amour, des commentaires audacieux et même des phrases licencieuses. Les plus anciens remonteraient au VIIe s et les plus récents au XIIIe s. Il est évidemment formellement interdit d'y toucher. Amusant d'ailleurs de voir que cette forme de profanation, le graffiti, sévèrement réprimée dans nos sociétés, peut devenir avec le temps œuvre d'art et être protégée à ce titre. Il faut dire que leur étude permet aux linguistes de suivre l'évolution de la langue cinghalaise. Plus de 700 graffitis auraient déjà été déchiffrés.

GRAFFEURS COQUINS

En ce qui concerne les « graffs » de Sigiriya, les érudits d'aujourd'hui sont parvenus à les déchiffrer avant qu'ils ne disparaissent (on ne voit déjà plus grand-chose). La traduction s'avère parfois assez piquante lorsqu'on sait lire entre les lignes : « Des jeunes filles comme vous font palpiter le cœur des hommes et vous savez aussi faire frissonner leur corps, raidissant leur chevelure de désir. » Faut-il vous faire un dessin ?

Après le mur-miroir, passerelle jusqu'à un escalier. C'est en aplomb au-dessus de cette falaise que se trouvent les grottes de la punition. Remarquez sur votre gauche, en contrebas, le ***Balancing Rock,*** littéralement posé en équilibre sur des pierres. À l'origine, c'était pour se défendre contre une éventuelle attaque ennemie. Il suffisait de retirer les pierres servant de cales, et le rocher aurait glissé et balayé la vague d'assaut. En fait, on n'eut pas à utiliser le truc, toutes les batailles s'étant déroulées dans la plaine.

La forteresse : sur la première plate-forme, on trouve l'entrée du palace, juste avant l'ascension des 250 marches restantes. L'entrée était symbolisée par une énorme tête de lion, dont il ne subsiste que les deux grosses pattes de pierre. On pénétrait dans la forteresse par la gueule. *Sigiriya* signifie « rocher du Lion » car il aurait eu la forme du grand fauve. Ceux qui sont sujets au vertige feront bien de ne pas poursuivre au-delà. Le panorama est déjà très impressionnant. Devinez à quoi servent les cages de fer dressées dans un angle ? À préserver les touristes des essaims de frelons (énormes !) qui peuvent se manifester à la saison sèche. Pas de panique, il faut juste savoir que ces grosses guêpes détestent le bruit et l'agitation ! L'ascension, nous l'avons dit, peut s'avérer un peu ardue (marches étroites et croisement difficile avec ceux qui descendent), mais quelle récompense d'arriver au sommet, là où le roi Kassapa (477-495) avait établi son palais !

Un palais dont il ne reste que les soubassements, à 200 m d'altitude, posé sur un plateau d'environ 200 m de long et 75 m de large, planté entre ciel et terre, flottant au ras des nuages (panorama grandiose sur l'horizon vert intense et sur la remarquable ordonnance des jardins). Le roi y séjournait pendant la période humide. La place au sommet s'organise en terrasses pyramidales. Sa chambre s'élevait sur la partie la plus haute du plateau. Aujourd'hui, il n'en reste que les ruines en brique rouge, mais on distingue encore les fondations et surtout, au sud-est, l'étonnant bassin de belles dimensions. Était-ce un réservoir, un bassin d'ablutions, ou les deux à la fois ? Certains pensent plutôt à une piscine, alimentée par les eaux de pluie. Et puis ce trône de pierre, sur lequel le souverain devait se sentir le véritable roi du monde. Devant lui, des danseuses évoluaient dans cet espace ouvert. À gauche de la piscine, un réservoir d'eau. Un rêve de despote, de dément, pour sûr. Les trous carrés dans la roche servaient à placer les piliers du baldaquin. Les ruines sont malgré tout bien émouvantes et le panorama justifie amplement les efforts de l'escalade.
Sur le chemin du retour, par un autre chemin au pied de la citadelle, on traverse à nouveau un chaos rocheux. Citerne pour se baigner. Juste en dessous, la salle d'audience du roi pour les notables. On note des petits trous carrés qui servaient à dresser les piliers pour un toit. En dessous, petite grotte avec trône, sorte de salle de repos. Sous la citerne, celle pour les villageois. Ensuite, un autre passage sous roche appelé ***boulder arch 2,*** puis sortie par la ***porte du Cobra,*** sous une roche évoquant ce charmant reptile. Boutiques de bimbeloterie à la sortie.

Pidurangala Cave & Rock Temple : *billet d'accès 500 Rs (en principe... il n'y a parfois personne).* Si l'ascension du rocher de Sigiriya vous rebute ou que vous renâclez sur le prix à débourser, une alternative consiste à s'attaquer à un bon kilomètre du village à la grimpée de la colline en face (15-20 mn) qui permet de contempler la forteresse de face et d'assister au coucher du soleil. Attention, cette escalade, pour sa partie supérieure, est ***déconseillée par temps de pluie,*** les rochers peuvent être glissants. Prévoir de l'eau et s'équiper de bonnes chaussures de marche. On démarre au pied de la colline où se trouve un temple moderne et non loin de là les ruines d'anciens bâtiments monastiques. Derrière le temple, sur la droite, partent deux chemins qui mènent, après 15 mn dans la forêt, à une plate-forme donnant sur un temple adossé à une grotte. Un bouddha couché repose sous un surplomb rocheux. De là, un chemin mène au sommet, mais celui-ci est un plus escarpé et demande, sur la fin, une certaine attention. Prenez bien vos repères si vous en descendez à la tombée de la nuit. Une fois arrivé là-haut, sur une vaste dalle, vous toucherez les dividendes de votre effort avec le spectacle qui s'offrira à vos yeux émerveillés.

DAMBULLA

Au centre du Triangle culturel, et à 73 km de Kandy, Dambulla est aussi le cœur géographique de l'île. Ce lieu joua un rôle important dans l'histoire du Sri Lanka car il fut choisi, un siècle avant notre ère, comme refuge par un roi chassé d'Anuradhapura par des armées tamoules. Ce souverain déchu y rencontra un ermite qui l'initia au dénuement et lui donna des conseils pour mendier et subvenir aux besoins de sa famille. Ce roi n'était pas un ingrat car, lorsqu'il retrouva son trône (ne nous demandez pas comment), il transforma les grottes en temples richement décorés. Puis, au fil des siècles, les décors d'origine et les sculptures furent complétés par d'autres. Cet ensemble rupestre du Golden Rock Temple (temple du Rocher Royal) devint un des lieux saints du bouddhisme et un des plus beaux sites du pays. À ne pas manquer. La ville elle-même n'a rien de passionnant. C'est avant tout un grand carrefour routier. Pas grand-chose à voir, si ce n'est le vaste marché aux fruits

et légumes qui fonctionne 24h/24 et approvisionne le pays en aliments frais dans toutes les directions. Dambulla peut éventuellement constituer une étape (quelques adresses de qualité dans les environs), mais si vous avez le choix, poussez donc jusqu'à Sigiriya pour dormir, c'est bien plus sympa.

Arriver – Quitter

En bus

Dambulla est un carrefour où se croisent, à la hauteur de la Clock Tower, la route de Kandy à Anuradhapura et celle de Colombo à Trincomalee. Très nombreux bus tte la journée et même parfois la nuit (mais on ne conseille pas les arrivées nocturnes), dans ttes les directions.

Gare routière : *à proximité du grand marché et à 10-15 mn à pied du site du Golden Temple.* Certains bus en direction du nord ne rentrent pas dans la gare routière et prennent les passagers à la hauteur du rond-point de la Clock Tower.

➢ ***Colombo*** *(153 km)* **:** nombreuses liaisons ttes les 30 mn, et jusqu'à 21h. Certains bus se prennent près du rond-point de la Clock Tower. Cet itinéraire permet de s'arrêter en cours de route à Kurunegala. Durée : env 5h.

➢ ***Anuradhapura*** *(64 km)* **:** bus ttes les 45 mn. Durée : env 2h.

➢ ***Polonnaruwa*** *(68 km)* **:** bus ttes les 45 mn env jusqu'à 20h30. Durée : env 1h45.

➢ ***Sigiriya*** *(24 km)* **:** bus ttes les 45 mn, mais dernier vers 19h. Durée : 45 mn.

➢ ***Kandy*** *(73 km)* **:** bus ttes les 20-30 mn jusqu'à 20h. Durée : env 2h. Le parcours par la route A 9 permet de visiter, au passage, Matale, Aluvihara et Nalanda Gedige (décrits dans « La route des jardins d'épices »).

LE TRIANGLE CULTUREL

Adresses utiles

Tourist Information Center : *juste à côté des grottes. Lun-ven 8h-17h.* D'une ulilité franchement très moyenne. Mais, qui sait, ça pourrait s'améliorer...

■ ***Banques :*** plusieurs établissements dans la rue principale, notamment la ***Bank of Ceylon*** près de la Clock Tower. La plupart avec ATM et service *Western Union* et *MoneyGram*. La ***People's Bank,*** la ***Hatton National Bank*** et la ***Commercial Bank*** font le change.

■ ***Marché :*** si vous avez besoin de faire des courses, on trouve de tout dans l'énooorme marché couvert, style halle de Rungis !

■ ***Consigne :*** pour ceux qui ne font que transiter, possibilité de laisser ses sacs au musée pour 100 Rs.

Où dormir ? Où manger ?

Au bord de Kandy Road, on trouve quelques *guesthouses* dans un état très souvent piteux et peu recommandables. Il est préférable de passer à la rubrique « Prix moyens » pour avoir quelque chose de convenable.

De bon marché à prix moyens (1 800-6 500 Rs / 12-43,30 €)

Ranmal Tourist Inn : *Kandalaman Junction. 075-520-68-50 ou 077-771-83-79. • ranmal.rcd@gmail.com • À 400 m du Golden Temple.* Au milieu d'un beau jardin, 5 chambres en bungalow, bon marché, plutôt agréables dont une grande avec ou sans AC mais avec salle de bains privée (eau froide) et moustiquaire. Petit déj en supplément. *Rice & curry* au dîner. Accueil sympa des deux frères.

Saman's Restaurant & Guesthouse : *44th Mile Post, Kandy Rd. 077-435-34-84. • samans-guesthouse-dambulla.com • Rice & curry env 800 Rs.* Une petite *guesthouse* tenue par Saman et sa fille. Une dizaine de chambres correctes à prix moyens avec salle de bains et même lit à baldaquin, généralement plutôt bien tenues. Chambres sans ou avec AC et TV selon le prix, donnant sur le jardin. L'avantage de cette adresse, c'est qu'on y mange un bon *rice & curry* avec les produits du potager. Et la petite touche d'originalité du lieu, ce sont les vieux objets en vente dans l'arrière-salle, une gentille distraction pour les amateurs de brocante... Attention à ne pas vous faire refourguer la chambre la plus chère.

Chic (6 500-15 000 Rs / 43,30-100 €)

J.C.'s Village : *175, Kapuwattha (env 4 km après Dambulla, sur la gauche en allant vers Matale). ☎ 066-567-02-34. • jcsvillage.com • Fourchette basse. Buffets 900-1 000 Rs. CB acceptées.* Une bonne quinzaine de bungalows privés, bien espacés, avec petites terrasses, disséminés sur un grand terrain arboré. Toutes les chambres avec AC, eau chaude, frigo, TV... et déco soignée. Les *super luxury rooms,* plus grandes, ont même un... aquarium ! Petite piscine au fond du terrain. Le tout est carrelé, très propre, la déco assez sympa, l'endroit agréable et calme. Jeux pour les enfants. Excellent accueil et bonne table avec un *rice & curry* de qualité *(env 800 Rs),* qu'on déguste sur une terrasse. Service impeccable.

Gimanhala Hotel : *754, Anuradhapura Rd (au nord de la Clock Tower, sur la droite). ☎ 066-228-48-64. • gimanhala.com • Fourchette moyenne. Buffet déj env 1 000 Rs ; dîner à la carte. CB acceptées. (dans le hall).* Une vingtaine de chambres spacieuses, claires et propres, bien entretenues, avec AC, eau chaude et TV (satellite). L'ensemble est sans doute un peu trop proche de la route, préférez celles qui s'en écartent. Vaste jardin avec une grande piscine *(accessible aux non-résidents pour env 400 Rs ; 200 Rs si on déjeune sur place).* Petite boutique de dépannage. Au déjeuner, comme dans beaucoup d'endroits recevant des groupes, bon buffet à prix doux. Au dîner, c'est plus calme.

Rangiri Dambulla Resort : *Kurunegala Rd (au niveau du km 87), à 3 km env de Dambulla, sur la route de Galawela. ☎ 066-205-27-70. Résas à Colombo : ☎ 011-282-45-00. • lsrhotels.com • Fourchette hte.* Cette belle adresse propose de coquets bungalows éparpillés sur un immense terrain, très espacés les uns des autres, recouverts d'un pisé en terre ocre. Les chambres sont particulièrement spacieuses, joliment décorées avec un mobilier en bois brut (AC, salles de bains soignées...). Quelques tentes de luxe également, posées sur un socle de bois, confort complet assuré. Piscine au fond. Ensemble se voulant *eco-friendly,* au final reposant et confortable, à prix raisonnable. Cuisine biologique, avec les produits du jardin.

Où dormir ? Où manger dans les environs ?

Voir aussi **Inamaluwa,** dans les environs de Sigiriya. C'est à mi-chemin entre les 2 villes.

À Kandalama, sur les bords du lac

Bon marché (1 800-3 500 Rs / 12-23,30 €)

Little Dream Travellers Resort & Restaurant : *à env 6 km de Dambulla, sur la route de l'*Amaya Lake Resort *et à proximité du lac, complètement isolé en pleine campagne. 072-289-37-36. • littledreamdambulla.com • Fourchette hte.* Pour s'y rendre, appeler le propriétaire qui viendra vous chercher à Dambulla, à la gare des bus. Attention, comme les chauffeurs de *tuk-tuk* ne touchent pas de commission, ils refusent de venir ou prétendent que c'est fermé. Dans un site calme et reposant, loin de tout. 8 chambres à l'extérieur de la maison principale, dans 2 bâtisses de plain-pied, bénéficiant d'une terrasse commune. Une autre chambre très bon marché à l'intérieur de la demeure. Eau chaude et clim pour les plus chères. Pas mal de moustiques (mais il y a tout ce qu'il faut pour s'en prémunir). Une adresse familiale et amicale, où l'on partage aussi une savoureuse cuisine locale pas chère. Excellent accueil.

De plus chic à très chic (plus de 15 000 Rs / 100 €)

Amaya Lake Resort : *à env 10 km au nord-est de Dambulla, isolé au milieu de la nature. Faire d'abord env 5 km, puis à droite (panneau) sur env 6 km. ☎ 066-446-15-00 ou 011-476-78-88. • amayaresorts.com • Doubles 100-240 $, petit déj inclus. Buffets midi et soir env 20-22 $. Souvent complet, mieux vaut réserver. CB acceptées.* *(dans le lobby slt).* L'un des fleurons de l'hôtellerie du Sri Lanka. Sur un site exceptionnel en bord de lac où les déplacements se font en voiturette. Un village d'une centaine de bungalows très bien conçus et décorés avec goût, où tout a été conçu pour que l'on n'ait plus du tout envie de partir (AC, petite baignoire, douche à l'italienne, salon TV avec TV5, minibar, etc.). Piscine magnifique, entourée d'une grande pelouse bien arborée. Le hall, le bar et le restaurant s'ouvrent généreusement sur la nature tranquille. Buffet de cuisine occidentale et sri lankaise dans une salle bruyante. Carte des vins à prix raisonnables, ce qui est assez rare pour être signalé. Service palace. Spectacle de tambours le soir, un peu envahissant. L'hôtel possède aussi un centre de soins ayurvédiques et organise des excursions. Court de tennis, badminton, volley. Bien aussi pour se reposer. Accueil plus commercial qu'hospitalier.

LE TRIANGLE CULTUREL

À voir

Les temples troglodytes *(Golden Temple) : au sud du centre de Dambulla, sur la droite de la route en venant du nord. Tlj 7h30-18h (billetterie fermée à 12h30-13h). Entrée : 1 500 Rs (GRATUIT juil-sept en principe).* ***Attention, acheter son billet au Ticket Counter en bas,*** *sinon, une fois arrivé en haut, il faudra redescendre des centaines de marches pour retourner acheter le ticket. Consigne pour les sacs : 100 Rs. Compter env 1h30 de visite, tranquillou. Les genoux et les épaules des femmes doivent être couverts. Shorts au-dessus du genou interdits. Moyennant une obole, on vous prêtera un sarong. Il n'est pas absolument indispensable de se munir d'une lampe de poche, l'éclairage des fresques est suffisant, mais si vous voulez pouvoir observer les détails, prenez-en une. Des guides sont disponibles en haut des marches, au niveau du contrôle des billets, à l'entrée des grottes. Cela peut s'avérer utile pour s'y retrouver. Attention aux singes, parfois un peu agressifs.*

BOUDDHA PREND SON PIED

Dans les grottes de Dambulla, il est amusant d'observer les pieds des bouddhas couchés. S'ils sont joints au même niveau (comme dans les grottes nos 2, 3 et 5), c'est qu'il dort comme un bienheureux. S'ils sont légèrement décalés (comme dans la grotte no 1), c'est qu'il est mort et qu'il a enfin atteint le nirvana, étape ultime et fin tant attendue, du cycle des réincarnations.

Dambulla est un site très touristique (autant le savoir, vous ne serez pas seul), et il est bon d'arriver soit tôt le matin, soit en fin d'après-midi pour éviter les grands groupes bavards et faire la visite sereinement. Au bas des grottes proprement dites, on découvre le gigantesque bouddha doré et prétentieux offert par la Thaïlande, la Corée et le Japon. Avec ses 30 m de haut, il s'agirait d'un des plus hauts bouddhas qui soient. L'édifice en dessous abrite un maigre musée du Bouddhisme (compris dans le billet). À voir après votre visite des grottes, si ça vous chante (voir le commentaire plus loin).

Les grottes se trouvent au sommet de la colline, à 15 mn de grimpette en continu, en empruntant les escaliers situés à gauche du bouddha doré. Sous le cagnard, cela peut s'avérer un peu pénible. En haut, à l'entrée du site, se déchausser et ôter son chapeau. Le site est toujours vénéré par les bouddhistes... ce que certains touristes semblent oublier ! Le sanctuaire se compose de cinq grottes alignées côte à côte. Le début de leur « exploitation religieuse » remonte au Ier s avant notre ère et se poursuivit jusqu'au début du XXe s. Vous y verrez quelque 150 bouddhas de différentes tailles et dans différentes postures, mais plus particulièrement des bouddhas couchés.

Grotte no 1 (Devaraja Viharaya)

Elle abrite un bouddha couché en granit datant du Ier s av. J.-C., sculpté dans la roche même. Les fresques du XVIIIe s sont en revanche assez abîmées. Le Bouddha est représenté mort, ce qui se reconnaît à l'un de ses pieds un peu écarté par rapport à l'autre, l'estomac légèrement rentré, visage paisible, yeux mi-clos... oui, il l'a atteint, le nirvana ! Au XIIe s, il fut repeint en or (c'est toujours la couche originale). Sur la plante des pieds, décor de fleurs de lotus. Noter les plis délicats de sa robe et ses courbes presque féminines. Il y a aussi son disciple Ananda, et encore Vishnu, dieu hindou également vénéré par les bouddhistes. Attention, le Bouddha reçoit ses offrandes à 6h, 10h30 et 18h30. Pendant 15 mn, il faut alors quitter l'endroit. La nourriture est ensuite partagée entre singes et oiseaux.

Grotte no 2 (Maharaja Viharaya)

C'est la plus grande, d'une beauté saisissante, avec 50 m de long et 7 m de haut dans sa partie la plus haute. Comme sa voisine, elle sert d'écrin à un bouddha couché, mais celui-là mesure 10 m de long. Il se repose sous une voûte ornée de dragons, yeux grands ouverts, pieds égaux. Le roi Nissanka Malla avait fait recouvrir les parois de feuilles d'or, ce qui valut à cet ensemble d'être appelé, pendant longtemps, le « rocher doré ». Tout autour, une foison d'autres bouddhas (54 statues sont du Ier s) dans différentes postures, avec des positions des mains significatives *(mudra)*. *Stûpa* décrivant la troisième semaine de méditation durant laquelle il plut : le cobra le protégea de la pluie, comme en témoignent les deux statues autour du *stûpa*.

La plupart des fresques datent du XVIIIe s, mais beaucoup ont été refaites depuis. C'est ici qu'une lampe de poche peut être utile. Elles illustrent la vie de Gautama avant et après sa mort (dont les 7 semaines de méditation). Quelques scènes reconnaissables : on voit le prince Siddhartha prendre part à un tournoi, tirer à l'arc. Superbe plafond peint de centaines de petits bouddhas, de scènes religieuses... Sur un autre panneau, un monstre attaque le Bouddha. On retrouve le cobra protecteur peint à 2 m du *stûpa* (à côté de l'arbre sacré). Sur la droite de la bénédiction, les filles qui dansent (la tentation ?). Face à la porte, une bénédiction. Et puis on nous raconte encore l'histoire de l'île, notamment celle de Vijaya, qui arriva du sud de l'Inde pour envahir le Sri Lanka. Comme dans la grotte précédente, on observe la présence de déités hindoues. Bref, passionnant mais pas facile à décrypter quand on n'a pas fait une thèse de 3e cycle sur le bouddhisme. Intéressants motifs floraux au plafond. Au milieu de la grotte, une jarre recueille l'eau tombant goutte à goutte... et cela de façon ininterrompue depuis 22 siècles ! Cette eau est toujours utilisée pour les offrandes lors des cérémonies les plus sacrées.

Grotte no 3 (Maha Alut Viharaya)

Encore un bouddha couché, du XVIIIe s celui-ci, et doré (mais pas à la feuille d'or). Et puis partout des petits bouddhas, une cinquantaine, dans différentes postures.

LE TRIANGLE CULTUREL

Ils sont soit en brique, soit en bois ou en ciment, mais toujours peints. À droite, le dernier roi du royaume de Kandy (1815). Tout au fond, tout du long, des bouddhas en bois recouverts de stuc en position de méditation.

Grotte n° 4 (Pachima Virahaya)
Plus petite. Ce fut le site du premier temple. Les cinq statues à gauche de l'entrée sont d'origine. Fresques au plafond en assez mauvais état, dont la plupart datent du XVIIIe s, malheureusement régulièrement rafraîchies avec un bonheur inégal. Certaines ont été réalisées aux XVe et XVIe s, durant la période dite « de Polonnaruwa », mais on ne les voit plus car elles furent repeintes au XVIIIe s, pendant la période dite « de Kandy ». Nombreuses statues de pierre et de brique représentant des bouddhas assis, en méditation, main droite sur main gauche. En 1975, des voleurs attaquèrent le *dagoba* à l'explosif pour tenter d'y trouver un mythique trésor de pierres précieuses. Sûr que ces bandits ont été réincarnés en chacals ou en rats !

Grotte n° 5 (Devana Alut Viharaya)
Celle-ci date du XIXe s, mais les fresques, déjà en piteux état, ne resteront pas dans l'histoire de l'art. Également un bouddha couché et des divinités hindoues. À gauche de la porte, une représentation du chef de village qui transforma la grotte en sanctuaire (1837).
Ceux qui seraient moins sensibles à ce complexe rupestre religieux pourront malgré tout profiter du site. De la terrasse, ils découvriront un panorama très étendu puisque, les jours de grande clarté, on distingue très nettement le rocher de Sigiriya distant d'une vingtaine de kilomètres. Les couchers de soleil sont particulièrement spectaculaires, égayés et sonorisés par les centaines d'hirondelles qui tournoient dans le ciel.

Buddhist Museum : *tlj 7h-21h. Entrée : 200 Rs.* Un musée qui flotte dans des habits trop larges. Quelques bouddhas par-ci par-là dans des salles à moitié vides. De modestes objets religieux mal mis en valeur... Un intérêt somme toute très, très limité.

Dambulla Museum : *à 200 m au sud des grottes. Tlj 7h30-16h30. Parfois fermé. Entrée : 250 Rs.* Un petit musée consacré à la peinture rupestre au Sri Lanka. Une bonne occasion de pouvoir détailler les fresques (reproduites) situées dans des sites inaccessibles. Bonnes explications en anglais. Pour les amateurs surtout, c'est d'ailleurs aussi un centre de recherches.

DANS LES ENVIRONS DE DAMBULLA

Nalanda Gedige : *à 20 km.* Voir plus loin « La route des jardins d'épices ». Prendre le bus en direction de Kandy, descendre à Nalanda et poursuivre à pied pendant 1 km en empruntant la première route sur la gauche.

AUKANA

À environ 30 km à l'ouest de Dambulla, à proximité du lac Kalawewa. Site connu pour sa grande et majestueuse statue du Bouddha bénissant, taillée directement dans le roc et haute de 15 m. L'une des plus grandes du monde. Évidemment, il faut vraiment être fan de statues du Bouddha pour faire le détour, mais les amoureux de sculptures ne seront pas déçus.

Arriver – Quitter

➢ ***En bus :*** la plupart des gens s'y rendent en voiture. Sinon, prendre un bus de Dambulla à Anuradhapura et descendre à Kekirawa, puis un autre (ou un *tuk-tuk*) de Kekirawa à Aukana. Il s'arrête à 1 km du site ; le problème c'est qu'il arrive le soir, et les possibilités de séjourner dans le coin sont rares. Au retour, peu de bus. Il vous faudra certainement marcher 4-5 km jusqu'à la route principale (vraiment galère). De Kekirawa (à 18 km de Aukana, *tuk-tuk* obligatoire) où s'arrêtent aussi les bus qui viennent de Colombo, bus pour Polonnaruwa et Dambulla.

➢ ***En voiture :*** de Dambulla, faire 20 km sur l'A 9, puis à gauche. À Kekirawa, prendre à droite et faire 14 km. Puis à droite sur 3,5 km (fléché). Depuis Anuradhapura, faire env 45 km sur l'A 9 puis suivre le même parcours que ci-avant.

À voir

*** *La statue du Bouddha bénissant :*** *ouv 24h/24 ; on laisse ses chaussures à l'entrée. Entrée : env 1 000 Rs (droit de photo inclus).*

La route qui y mène longe les rives du lac de Kalawewa, creusé au Ve s par le père du roi parricide de Sigiriya. Il couvre une superficie de 11 km² et est relié à la ville d'Anuradhapura par un canal de 87 km de long. Des rives, on peut voir des pêcheurs lancer leurs filets depuis leurs frêles embarcations, des femmes laver le linge, des enfants qui se baignent. De jolies scènes de la vie rurale. De l'autre côté du lac, des fermes à crevettes.

Si vous le pouvez, allez-y de préférence le matin en raison de l'exposition de la statue vers l'est. On dit en effet de ce bouddha géant qu'il « se nourrit de soleil ». On comprend alors pourquoi. La statue a été coiffée d'un haut toit protecteur pas très esthétique mais qui préserve l'illumination de la statue au lever du soleil. On découvre d'abord une plate-forme où se dresse un *Bodhi Tree.* Sur la gauche, en contrebas, au cœur d'un amas rocheux, des pierres taillées et, adossée à une haute roche, l'élégante statue de 15 m de haut qui date du Ve s. Elle repose sur un socle en forme de lotus. C'est l'une des plus anciennes de l'île et aussi l'une des mieux conservées. Observez le drapé de la robe et la finesse de ses plis. La beauté du visage, serein et presque sévère, suggère l'idée de la perfection. La main gauche relève le pli de la robe tandis que la droite présente son tranchant. Un beau site en vérité, simple et bucolique.

DANS LES ENVIRONS D'AUKANA

* ***Res Wehera Sasseruwa*** *(appelé également Raswehera)* ***:*** *à 16 km env d'Aukana, mais compter près de 45 mn de trajet. Se renseigner avt sur l'état des routes. Entrée : env 500 Rs.*

Ceux qui sont véhiculés feront bien de poursuivre leur excursion en se rendant sur ce site qui n'est pas accessible en transports publics. On y accède par de petites routes en mauvais état qui se terminent en piste étroite. C'est un site sauvage et vraiment loin de tout, qui reçoit peu de touristes. L'ensemble fut édifié successivement par les rois Dewanampiya Tissa, Valagamba et Mahasen. Dans ce *vihara,* on estime que plus de 360 moines vécurent à partir du IIIe s av. J.-C. Ils occupèrent le site jusqu'au début de notre ère. On a retrouvé de nombreuses grottes (99 en tout !) dans lesquelles ils méditaient, en pleine jungle. Quelques-unes conservent encore des fresques (emportez une torche !). Le moine de service vous ouvrira les portes avec des clés, qu'il ne risque pas d'égarer vu leur taille.

Tout en haut d'un escalier de près de 300 marches, se dresse, sculptée dans le rocher, une statue du Bouddha identique à celle d'Aukana. Un peu moins haute (12 m), elle semble inachevée (bien que restaurée). On pense qu'il s'agit d'une ébauche.

YAPAHUWA

IND. TÉL. : 037

Cette ancienne capitale du XIIIe s, qui accueillit, elle aussi, la fameuse dent du Bouddha au cours de ses tribulations, est un site exceptionnel au nord de Kurunegala, à l'écart des circuits touristiques classiques. Les nombreux morceaux de porcelaine chinoise trouvés au cours des fouilles laissent à penser que des ambassadeurs du Grand Empire sont venus à Yapahuwa lorsqu'elle était la résidence des rois du Sri Lanka.

Comment y aller ?

➢ ***En bus :*** d'Anuradhapura, prendre un bus pour Kurunegala et descendre à Daladagama, à 8 km du site, d'où l'on peut louer un *tuk-tuk*.

➢ ***En train :*** la gare de Maho, à 5 km du site, est desservie par les trains locaux depuis Kurunegala et par les trains rapides entre Colombo et Anuradhapura.

➢ ***En voiture :*** Yapahuwa est à env 70 km d'Anuradhapura. Prendre l'A 28 vers le sud et tourner à gauche à Daladagama. De Colombo (à 140 km), prendre l'A 1 puis l'A 6 jusqu'à Kurunegala ; tourner à gauche sur l'A 10 jusqu'à Padeniya ; puis à droite l'A 28 jusqu'à Daladagama et encore à droite.

Bon à savoir : de Dambulla, possibilité de grouper la visite d'Aukana et de Yapahuwa si votre chauffeur maîtrise le coin (il faut trouver les petites routes). Une fois à Aukana (voir plus haut), prendre la B 501 vers le lac Balalu Wewa puis à droite la B 423 et encore à droite à Hammilewa, au bout de la route. À Negampaha, tourner à gauche sur la B 326 et à droite à Madagalla. Le site est sur la gauche, sur la route de l'hôtel ***Yapahuwa Paradise*** (déjeuner possible si l'heure s'y prête).

À voir

🐘🐘🐘 ***Le site :*** *sur l'A 28, après avoir passé Batalla, tourner à droite et, 3 km après Maho, tourner encore à droite vers le site (4 km). Ouv 8h-17h. Entrée : 1 000 Rs.*
Yapahuwa est une ancienne capitale de l'île où il ne reste plus rien à voir, à part des rochers appelés ***Animal Rocks,*** en raison de leurs formes. Cette ***forteresse,*** établie sur un rocher presque aussi imposant que celui de Sigiriya (90 m de haut), était la capitale de l'île de 1271 à 1283, sous le règne de Bhuvanka Bahu. À la mort du souverain, la citadelle fut attaquée et la relique de la dent volée pour être expédiée en Inde. Il ne reste de cette capitale éphémère que quelques ruines, mais elles donnent une idée de la splendeur de Yapahuwa à son apogée. Le porche du petit temple sur la droite de l'entrée a conservé quelques frises et des piliers dont les chapiteaux évoquent certains temples d'Égypte. Le moine chargé de la visite (petit pourboire) vous fera pénétrer au fond du temple dans une grotte aux parois recouvertes de fresques de style kandyen.
Plus loin sur la droite, le monumental escalier, aussi raide que celui d'un temple maya, qui escalade la colline, avec ses rampes à volutes en forme d'animaux, est le plus beau témoignage de la splendeur révolue de cette capitale. Remarquez, au passage, les fiers lions qui montent la garde. De la plate-forme où se trouvait le

temple de la Dent, on découvre une mer de cocotiers. Les plus courageux entameront une rude ascension vers le sommet par un chemin escarpé qui part sur la gauche.
À 500 m, sur la droite en sortant du site, on visite un petit *musée* où ont été rassemblées les pièces exhumées au cours des fouilles. Panneaux explicatifs. Vous y verrez une fenêtre ajourée, véritable dentelle de pierre, avec des croisillons formés d'animaux, de personnages grotesques et de danseuses. Cette pièce, à elle seule, vaut le déplacement et en dit long sur le raffinement atteint par les civilisations de l'île au XIIIe s.

LA ROUTE DES JARDINS D'ÉPICES

Elle relie Dambulla à Kandy (73 km) et permet de visiter en chemin le petit temple de Nalanda Gedige, puis l'un des nombreux jardins d'épices et enfin l'ensemble monastique d'Aluvihara.

NALANDA

Les environs de Dambulla sont aussi intéressants que méconnus. À 25 km au nord de Matale, à 20 km au sud de Dambulla et à 52 km au nord de Kandy, Nalanda est un village à quelques kilomètres au nord de l'adorable petit temple *Nalanda Gedige* ; une visite tranquille et rapide à ne pas rater.

À voir

Nalanda Gedige : *ce site est encore peu visité. C'est dommage car il se trouve dans un lieu exceptionnel à 1 km de la route ; avt le* Country Side Hotel, *prendre la petite route sur la gauche (panneau noir). Tlj 7h30-17h30. GRATUIT.* Ce temple situé au bord d'un lac artificiel, dans une atmosphère bucolique à souhait, est probablement le plus vieil édifice de pierre du Sri Lanka. Il fut déplacé en 1985 et remonté par l'Unesco en raison de l'extension du lac artificiel qui le borde. On y accède en passant sous un portique de pierre, puis on suit une charmante petite allée ombragée. Les archéologues pensent qu'il fut construit entre les VIIIe et Xe s. De proportions harmonieuses, ce temple hybride mêle les styles de l'Inde du Sud et de l'art bouddhique. Il abrite un bouddha de pierre bien usé. Si son importance architecturale reste limitée, son charme est indéniable. Jolies figures sculptées dans de petites niches rondes. On peut y distinguer des figures érotiques un peu érodées sur les plinthes de la base, côté sud. Intéressante *torana* (arche d'entrée) se terminant en bouquet de roseaux. Le style rappelle celui d'Angkor... en nettement plus modeste.

MATALE

À 47 km de Dambulla et seulement 26 km de Kandy. Une petite cité musulmane entourée de montagnes et de plantations. Les rues débordent d'activité, et l'artère centrale est toujours bien encombrée. Quelques banques pour faire du change. On trouve, à la périphérie, de nombreux ateliers de batiks (voir plus loin). En empruntant la B 36, à quelques kilomètres, on pourra voir, à ***Palle Hapuvida,*** des artisans travailler la laque selon de très anciennes techniques. Cela dit, un 4x4 ou un véhicule surélevé s'avère utile pour s'y rendre.

Où dormir ? Où manger ?

De bon marché à prix moyens (1 800-3 500 Rs / 12-23,30 €)

Clover Grange : *95, King's St (dans le centre de Matale).* ☎ *066-223-11-44.* • *clovergrange@gmail.com* • *Excellent petit déj à la carte. En remontant la King's, sur la gauche, peu après la gare des bus et le temple hindou. Fourchette moyenne.* Dans une ancienne maison de planteur du début du XXe s, bien au calme, en retrait de la route, planté au fond d'un jardin peuplé de papillons. Un petit miracle en pleine ville. 5 chambres pas bien grandes (sauf la triple du rez-de-chaussée), mais stylées, dans les tons verts, jaunes et noirs. Toutes avec salle de bains, eau chaude, ventilo et moustiquaire. Atmosphère d'un autre âge. Bon resto (accessible à tous) avec quelques bonnes bouteilles en cave et accueil de qualité. Bref, une adresse de caractère comme on les aime.

A & C Restaurant : *après Baba Batiks, prendre sur 250 m le chemin à gauche au panneau Matale Heritage. Tlj sf j. fériés, slt le midi, 11h-15h. Compter env 900-1 000 Rs.* Une maison verte, adossée à la colline, mais en retrait de la route, dans la végétation. On y mange, en terrasse, un bon *rice & curry* à prix raisonnable. Bon accueil.

Achats et visite d'atelier

Baba & Islands Batiks : *793/5, Trincomalee St, à la sortie nord du village.* ☎ *066-222-40-53 ou 23-92. Tlj 8h-17h (16h dim). Remise possible d'env 10 % avec une carte de paiement et 20 % en liquide.* Une belle visite d'atelier, même si vous n'achetez pas. Explications possibles en français, sinon en anglais. L'atelier emploie environ 35 personnes. Les batiks sont fabriqués sur du coton bio ou de la soie, plus absorbants pour les couleurs. En revanche, ces dernières sont synthétiques car les couleurs naturelles se perdent au lavage. Le processus de la cire perdue (paraffine, résine, cire d'abeille) garantit l'authenticité des batiks. Très belle qualité, qui se paie.

Matale Heritage Center : *à 2 km au nord du centre de Matale, sur la gauche (petit panneau jaune). Puis petite route à grimper sur env 500 m.* ☎ *066-222-24-04. Tlj sf dim et j. fériés 9h-16h.* Dans un jardin exubérant, un minuscule atelier de batiks où quelques femmes dessinent et préparent les étoffes de manière traditionnelle. Moins cher que *Baba & Islands Batiks* mais beaucoup moins de choix, voire presque rien, ça dépend des périodes !

À voir

Sri Muthumariamman Temple : *sur King's St (la rue centrale de Matale), juste à gauche du n° 666. Tlj 7h-19h. Entrée : 250 Rs.* Un beau temple hindou, hyper chargé en sculptures, mais surtout restauré récemment dans des couleurs on ne peut plus vives, comme il se doit ! Tout autour, des dizaines de scènes religieuses sculptées qui mêlent, dans une véritable saga, un foisonnement de divinités et d'humains.

À voir dans les environs

Les jardins d'épices (spice gardens) **:** *tlj 6h-18h. GRATUIT.*
C'est dans les environs de Matale que l'on cultive les célèbres épices du Sri Lanka. En venant du nord, sur les 15 derniers kilomètres avant d'arriver à cette ville, on découvre une petite vingtaine de jardins d'épices, portant tous un numéro (tout à fait arbitraire et dans le désordre !). Mais la majorité des jardins se concentrent sur les 5 derniers kilomètres avant Matale. Toutes les espèces tropicales (et pas seulement les épices) y sont

présentes : vanille, café, poivre, girofle, cacao, cardamome, santal, ail sauvage, cannelle, noix de muscade et même marijuana... On rappelle par ailleurs que le safran n'est pas cultivé au Sri Lanka et que celui qu'on vous proposera est donc soit faux (racines écrasées) et pas cher, soit vrai, car importé, et hors de prix. On vous invite à cette occasion à lire notre rubrique sur les épices dans « Hommes, culture, environnement » avant d'explorer les fameux jardins qui, il faut le préciser, sont essentiellement démonstratifs et à but archi commercial. Les très nombreux touristes se voient présenter les différentes espèces d'épices plantées sur un petit espace verdoyant, durant environ 20 mn... et puis on vous emmène à la boutique. Les vraies plantations sont installées dans la région, mais on n'y a pas accès.

DES ÉPICES À TOUT FAIRE

Lors de la visite des jardins d'épices, on apprend que chacune d'elles est efficace pour soigner un mal particulier : varices, asthme, acné, herpès, maux de ventre, de tête, faiblesse sexuelle, sans oublier les hémorroïdes évidemment. Il y en a même pour le retour d'amour ! Mais ce qui est amusant, c'est que, en fonction des jardins visités, ce ne sont pas les mêmes épices qui sont censées soigner le même mal. Seul point sur lequel tous les botanistes s'accordent : la marijuana est efficace contre le stress ! Mais est-ce bien une épice ?

Chaque jardin organise sa petite visite dont l'intérêt est directement lié à la pertinence des explications qu'on vous donnera. Et ça, on ne le sait jamais à l'avance. Certains bâclent l'aspect pédagogique et passent très vite à la partie commerciale. D'autres guides parlent bien le français (entre autres) et font leur boulot avec sérieux. C'est alors une bonne occasion de prendre une petite leçon de botanique. Dans ces cas-là, le passage par la boutique se fait sans déplaisir, même si les prix sont nettement plus élevés que sur les marchés ou dans les supermarchés, voire parfois exorbitants...

Si on veut acheter en quantité, mieux vaut en visiter plusieurs, comparer les prix et négocier ! Sachez que l'on y vend aussi des huiles essentielles et toutes sortes de préparations dites « naturelles » telles que crème solaire à base d'*aloe vera* ou encore le *mayogi bon bon,* une espèce de viagra local ! En bref, une visite recommandable pour en savoir plus sur ces épices qui ont fait la fortune de l'île, mais pas forcément le meilleur endroit pour faire des affaires. Et puis, vous serez rarement seul (beaucoup de groupes et d'autocars en saison).

👁👁 ***Aluvihara Monastery :*** *à 3 km au nord de Matale. Tlj 7h-19h. Entrée : env 250 Rs.* Cet ensemble monastique est constitué de plusieurs petites grottes détachées de la montagne dont certaines sont décorées de fresques. Juste à l'entrée du site (au niveau de la route principale), on aperçoit un gigantesque bouddha doré, à flanc de montagne. Impressionnant.

C'est ici que, deux siècles avant notre ère, une équipe de 500 moines transcrivit sur feuilles de tallipot des textes bouddhiques qui furent détruits par les Britanniques en 1848. C'est malin ! Actuellement, les moines tentent de reconstituer ce qui a pu être sauvé. Pour voir les ateliers où ils se livrent à ce travail de bénédictin, il est nécessaire d'en faire la demande.

Après la première volée de marches, prendre à droite. Les grottes visitables sont en enfilade un peu plus loin. Trois grottes sont intéressantes (mais photos interdites). Dans la principale, un ensemble de peintures sur la vie du Bouddha. Sous la grotte repose un bouddha de 10 m sous un plafond rocheux orné de peintures aux motifs floraux fort bien réalisés. Le grand bouddha est entouré de nombreux autres plus petits, debout et paumes levées. Fresques consacrées à sa vie.

La grotte d'à côté présente en peinture le catalogue des punitions pour les fautes suivantes : adultère, prostitution, profanation des temples, alcoolisme... Pas d'inquiétude, à la fin tout le monde meurt ! À noter que les diables ont la peau noire. Une autre petite grotte présente une véritable chambre des horreurs où tous les châtiments de l'au-delà sont illustrés sur des mannequins grandeur nature.

Cœurs sensibles et grands pécheurs devant l'Éternel, s'abstenir ! On dépèce, on scie, on arrache, on tranche... Ça leur apprendra !
De retour en bas, juste au-dessus du point où on laisse les chaussures, une petite salle-musée. On y voit quelques vieux parchemins.

KANDY

250 000 hab.

• Plan Kandy *p. 186-187* • Carte Les environs de Kandy *p. 213*
• Carte La région de Kandy *p. 215*

Perchée à 500 m d'altitude, Kandy est aussi une ancienne capitale des rois cinghalais, à 115 km de Colombo. Elle est entourée de montagnes et de collines verdoyantes qui font la ronde autour de son lac artificiel. Si la ville a bien changé depuis la chute de son dernier monarque en 1815, elle a cependant conservé un certain charme dû à la beauté de son site. La température y est agréable en journée, et les nuits sont au pire un peu frisquettes. Son caractère et son histoire en font l'une des perles rares de l'île. Deux ou trois jours de découverte s'imposent donc. Cela dit, elle ne recèle pas de monuments particulièrement impressionnants, à part le temple de la Dent sacrée. Mais séjourner à Kandy, c'est avant tout une question d'ambiance et de mode de vie, et cela permet de vivre au plus près de la population sri lankaise.
Avec ses quelque 250 000 habitants, Kandy est une métropole active, aux abords certes fortement embouteillés, mais elle conserve tout de même une taille humaine, à la différence de la vaste et trépidante Colombo. La présence du lac en son centre y joue un rôle apaisant. Elle fut aussi, sous la domination anglaise, le centre économique de l'industrie du café puis du thé.
Pour les Sri Lankais, c'est avant tout le plus grand centre religieux et la capitale du bouddhisme. Elle abrite, dans un temple, la *Dent sacrée,* une relique intimement liée à l'histoire du pays. Le responsable du temple est le gardien des traditions. Ce temple fut la cible d'un attentat-suicide perpétré par les Tigres tamouls le 25 janvier 1998. Ce jour-là, un tabou est tombé : pour la première fois, un symbole religieux – le plus important de l'île – était visé. Mais aujourd'hui, heureusement, la paix est revenue.

PETITE MISE EN GARDE

Pas de parano, mais quelques conseils à suivre :
– Les ***faux guides*** n'ont qu'un seul but : vous entraîner dans les boutiques et vous faire dépenser le maximum d'argent pour obtenir, à vos dépens, une bonne commission. Ils essaient aussi de vous conduire dans une *guesthouse*, en affirmant que celle que vous auriez choisie est sale ou n'existe plus... Beaucoup se prétendent élèves de l'Alliance française, d'autres disent qu'ils ont porté vos bagages dans votre hôtel...

LORD MOUNTBATTEN COLORISTE

*Amiral de la marine britannique en Asie, ce lord de sang royal résidait à l'*Hotel Suisse *de Kandy pendant la guerre. Il remarqua qu'au lever et au coucher du soleil, les navires étaient beaucoup moins visibles lorsqu'ils étaient peints en rose. Les Britanniques changèrent alors la couleur de nombreux vaisseaux de la Royal Navy. Jusqu'au jour où on se rendit compte qu'en pleine journée, le gris habituel était bien plus discret !*

– De même, les chauffeurs de ***tuk-tuk*** qui prétendent que la *guesthouse* de votre choix est fermée, trop chère ou a brûlé !
– Par ailleurs, certains ***joailliers*** pratiquent une véritable arnaque auprès de touristes naïfs. Bien lire nos avertissements dans la rubrique « Achats » plus loin.

Arriver – Quitter

– *Précaution :* pas mal de Sri Lankais travaillant à Colombo prennent les transports en commun – bus et trains – le vendredi pour rentrer chez eux. Si vous devez vous rendre à Kandy ce jour-là, on conseille plus que jamais de réserver le train *(Intercity)*, ou de prendre le bus avant 15h.

Entre l'aéroport de Colombo-Katunayake et Kandy

Plutôt que de se rendre de l'aéroport à Colombo pour prendre un train vers Kandy, voici une solution alternative. Prendre un taxi jusqu'à la gare de

Adresses utiles

- Tourist Information Center
- **1** Kandy City Centre
- **3** People's Bank
- **4** Hatton National Bank
- **5** HSBC
- **6** Nation's Trust Bank et NDB Bank
- **7** Lalitha Changer
- **8** Lakeside Adventist Hospital
- **9** Pharmacie
- **10** Dr Sarath Ranasinghe (médecin)
- @ **14** The Prince of Wales
- @ **15** Live Tech
- **17** SriLankan Airlines
- **34** Piscine du Queen's Hotel
- **43** Piscine de l'Hotel Suisse
- **44** Piscine du Thilanka Hotel

Où dormir ?

- **30** YMBA
- **32** Olde Empire Hotel
- **33** Sevana City Hotel
- **34** Queen's Hotel
- **35** Shangri-la Guesthouse
- **36** Lake Bungalow
- **37** Green Woods
- **38** Sharon Inn
- **39** Kandy Inn – Madugalle's Guesthouse
- **40** Satyodaya Educational Training Centre
- **41** Kanda Uda – Hotel Kandy Paris
- **43** Citrus Café Inn et Hotel Suisse
- **44** Thilanka Hotel
- **45** McLeod Inn
- **47** St Bridget's Country Bungalow
- **48** Castle Hill Guest House
- **49** Senani Hotel
- **50** Hotel Devon
- **51** Mrs Clement Dissanayake Guesthouse
- **52** Anna Shanthi Villa

Où manger ?

- **34** Queen's Hotel
- **59** Sri Ram
- **60** Kandyan Muslim Hotel
- **61** Devon Bakers, Bake House, Devon Restaurant, Devon Food Court et Captains Table
- **62** Delight Bakers & Sweet House
- **63** Jasmine Song
- **64** History
- **65** Lyons
- **66** The Pub
- **67** White House – Bakery, Café and Restaurant
- **69** Helga's Folly
- **71** Slightly Chilled Lounge
- **73** The Garden Café

Où boire un verre ?

- **34** Queen's Hotel
- **43** Hotel Suisse
- **66** The Pub
- **69** Helga's Folly
- **71** Slightly Chilled Lounge
- **72** Royal Bar & Hotel

Achats

- **1** Kandy City Centre
- **9** Cargill's Food City
- **90** Kandyan Art Association
- **91** Laksala
- **93** Sriya & Daya Antiques

Où assister à des danses traditionnelles cinghalaises ?

- **30** YMBA
- **90** Kandyan Art Association & Cultural Hall
- **100** Kandy Lake Club

39 KATUGASTOTA
NORD
Sri Sumangala Mawatha
47
Kandy Veediya
Sri Daladha Thapowana Mw.
63
Yatinuwara
Kotugodella
Senanayake
Haras V.
5
6
King's Pavillon
Bouddha géant
15
72
Raja Veediya
40
Sri Pushpadana Mawatha
Colombo Street
Veediya
10
7
59
14
17
32
Tem
66
62
9
34
Dalada Veed
Road
Police
Clock Tower
33
65
67
60
3
61
4
Kandy City Centre
1
Tour en bateau
Peradeniya
Marché
Bus locaux
K.
Muslim Palliy Para
91
Bus intercity
Ehelapola
Prison
30
Sangaraja
Wace Park
Rajapihilla
Kumarihamy
Gare routière Good Shade (bus C.T.B. et privés)
Peradeniya Garden
93
Mawatha
Hantane Mawatha
48
Reservoir Road
William Gopallawa Mawatha
Roa
Roseneath
A
B
1
2
3
4

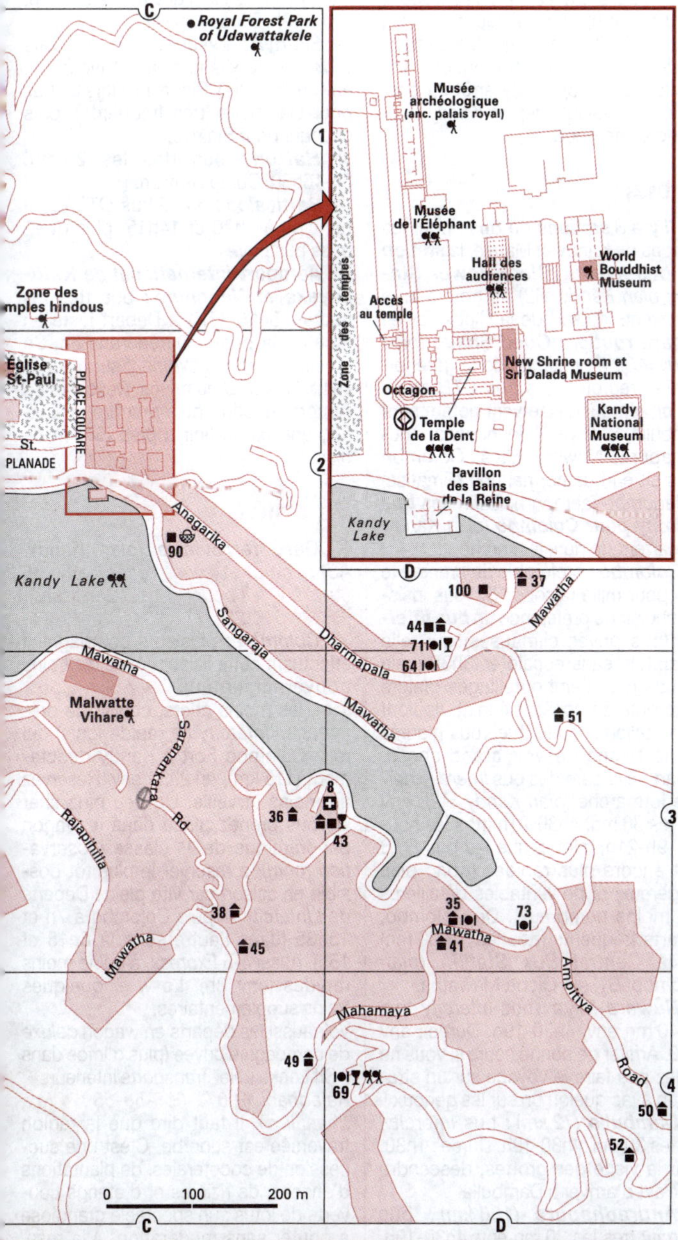

Royal Forest Park of Udawattakele
Musée archéologique (anc. palais royal)
Musée de l'Éléphant
Hall des audiences
World Bouddhist Museum
Zone des temples
Accès au temple
New Shrine room et Sri Dalada Museum
Octagon
Temple de la Dent
Kandy National Museum
Pavillon des Bains de la Reine
Kandy Lake
Zone des temples hindous
Église St-Paul
PLACE SQUARE
St.
PLANADE
Anagarika
Dharmapala
Mawatha
Sangaraja
Mawatha
Kandy Lake
Malwatte Vihare
Saranankara Rd
Rajapihilla
Mawatha
Mahamaya
Ampitiya Road
Mawatha
0
100
200 m
C
D
1
2
3
4
90
100
37
44
71
64
51
8
36
43
38
45
35
73
41
49
69
50
52

KANDY

Veyangoda (à env 22 km de l'aéroport, soit 30-40 mn), pour attraper un train vers Kandy (il y en a 5/j.). Mais attention, les 2 trains *Intercity* (dont on parle depuis Colombo) ne s'y arrêtent pas. C'est aussi valable depuis Kandy pour rejoindre l'aéroport.

En bus

Il y a 3 stations de bus : pour les environs de Kandy et Matale, la ***station des bus locaux (Clock Tower Station**; plan Kandy, B2)* se trouve près du marché, au sud de la Clock Tower. La ***gare routière Good Shade*** *(plan Kandy, A3),* à proximité de la gare ferroviaire, regroupe les ***bus CTB*** et les ***bus privés*** qui desservent notamment Dambulla, Sigiriya, Polonnaruwa, Anuradhapura, Nuwara Eliya, Colombo (mais slt en bus normal non climatisé) et Negombo (aéroport). Enfin, les ***bus Intercity pour Colombo*** *(plan Kandy, A2)* partent derrière le marché.

➢ ***Colombo :*** préférable de prendre le train pour mille raisons ! Si vous insistez, choisir de préférence un ***bus Intercity*** (bus privés climatisés) qui relie la capitale sans escale en 3h30 (cela dit, pas mal d'embouteillages malgré l'autoroute en construction...). Ils vont en fait tellement vite que vous n'aurez pas le temps de voir grand-chose. Départ de la gare des bus *Intercity* derrière le marché *(plan Kandy, A2),* env ttes les 30 mn, 4h30-21h (ttes les heures 19h-21h). Notez que les bus *CTB* sont encore plus rapides (donc plus dangereux) et de véritables bétaillères (car moins nombreux). De Colombo, départs fréquents (ttes les 15-30 mn) de la *Central Bus Station (plan Colombo, B1)* sur Olcott Mawatha.

➢ ***Nuwara Eliya :*** bus *Intercity* ttes les 40 mn env, 4h30-19h. Durée : env 2h30. Arriver de bonne heure si vous ne voulez pas faire le voyage sur un strapontin avec quelqu'un sur les genoux !

➢ ***Dambulla*** *(72 km)* **:** bus *Intercity,* ttes les 30 mn, 4h30-19h. Durée : 1h30. Pour la visite des grottes, descendre 4 km avt d'arriver à Dambulla.

➢ ***Anuradhapura*** *(138 km)* **:** bus *Intercity* ttes les 30 mn env, 4h30-19h. Durée : env 4h.

➢ ***Polonnaruwa*** *(140 km)* **:** bus *Intercity* (sans clim) env ttes les 30 mn, 4h40-19h. Durée : env 4h.

➢ ***Sigiriya :*** 1 seul bus direct/j. (bus *CTB*), le mat généralement (vers 7h ; env 3h de route). Sinon, prendre un bus pour Dambulla (très fréquents), puis changer pour Sigiriya.

➢ ***Hatton :*** bus ttes les 20 mn, 5h-16h30. Durée : env 2h.

➢ ***Batticaloa :*** env 2 bus *CTB*/j., en principe à 5h20 et 14h15, plus quelques bus privés.

➢ ***Aéroport international de Katunayake et Negombo :*** bus ttes les heures, 5h10-17h15. Départ juste en face de la poste. Durée : env 3h. Se renseigner impérativement sur place la veille. Bus *CTB* ou privés. Descendre à Airport Junction puis prendre un *tuk-tuk,* un taxi ou finir à pied (500 m de distance).

En train

Gare ferroviaire *(plan Kandy, A3)* **:** *guichet des résas ouv tlj 6h-17h30 (slt pour les 1re et 2e classes).* ☎ *081-222-22-71.*

➢ ***Colombo :*** plusieurs compagnies effectuent cette liaison. Avec les trains gouvernementaux *(• railway.gov.lk •),* les moins chers, choisir de préférence l'*Intercity* (le rapide local) qui relie Colombo Fort à Kandy directement (115 km), en 2h30 env. Réservez au moins la veille. Un peu plus cher si vous prenez place dans le wagon panoramique de 1re classe *(observation room),* à réserver le plus tôt possible en saison car vite plein ! Départs de l'*Intercity* depuis Colombo à 7h et 15h35 (dans l'autre sens, à 6h15 et 15h). Aussi 4-6 *Express,* à peine moins rapides (env 3h). Le w-e, quelques trains supplémentaires.

Voir aussi les départs en wagon *deluxe* de compagnie privée (plus d'infos dans « Sri Lanka utile. Transports intérieurs », *Rajadhani* *(📱 071-035-53-55 ; • rajadhani.lk •).* Il faut dire que la région traversée est superbe. C'est une succession de cocoteraies, de plantations d'ananas, de rizières et d'étangs couverts de lotus ; un spectacle grandiose à goûter sans modération. À la résa, demander le bon côté pour admirer le paysage (parfois le wagon est monté

« à l'envers » !). Attention, 1-2 trains/j. s'arrêtent à Peradeniya, soit à 4 km au sud-ouest de Kandy sur la route de Colombo (compter alors 500-700 Rs de *tuk-tuk* pour Kandy).

➢ ***Hatton*** *(env 2h30),* ***Nuwara Eliya*** *(Nanu Oya – env 3h30),* ***Haputale*** *(env 5h30),* ***Bandarawela*** *(env 6h),* ***Ella*** *(env 6h30) et* ***Badulla*** *(env 7h) :* 2 trains directs/j. vers 8h45 et 11h-12h (selon saison). Sinon, rallier d'abord en train (ou *tuk-tuk* ou taxi) la gare de Peradeniya, à env 4 km au sud de Kandy, puis le train de 22h20. Rappel : il n'y a pas de gare à Nuwara Eliya même, mais à Nanu Oya, située à 9 km.

➢ ***Matara et les plages du Sud :*** 1 seul train très tôt vers le sud, ts les mat (départ en théorie de Kandy vers 5h). On peut aussi préférer les rejoindre via un changement à Colombo.

En voiture

Environ 3h30 de route pour et depuis Colombo, comme les bus et pour la même raison (embouteillages...). En attendant l'achèvement de la future autoroute prévu pour 2018, la route A 1 n'est pas mauvaise, sans être pour autant excellente. Elle passe à proximité de sites intéressants. Ceux qui disposent d'un véhicule et d'un peu de temps peuvent emprunter le chemin des écoliers. Quittez alors la route directe pour visiter Kurunegala et surtout Yapahuwa, un superbe site, plus au nord sur la route d'Anuradhapura.

Comment se déplacer en ville et dans les environs ?

➢ ***À pied :*** tout le centre et les principaux sites se visitent à pied. C'est d'ailleurs quasi impossible autrement tant la circulation est dense, surtout autour du lac ; et il y a de grosses difficultés de stationnement.

➢ ***En tuk-tuk :*** si vous résidez au bord du lac ou un peu sur les hauteurs, pour gagner le centre et rentrer à votre hôtel quand vous êtes un peu crevé, le *tuk-tuk* est idéal car les distances peuvent être longues au bout du compte et les rues drôlement pentues. On en trouve un peu partout, à toute heure du jour et de la nuit. Bonne concentration devant le marché *(plan Kandy, A-B2)* et partout dans les rues du centre. Parfait pour les petits déplacements en ville. De même, pour les excursions dans un rayon de 10 km, c'est pratique et bien plus rapide que le bus. Compter en moyenne 150-250 Rs pour une course en ville et env 2 500 Rs la journée.

➢ ***En bus :*** la ***station des bus locaux*** *(Clock Tower Station ; plan Kandy, B2)* se trouve derrière le marché. Pour se déplacer dans les environs, mais ce n'est pas toujours simple.

➢ ***Location de voitures avec chauffeur :*** pour visiter l'ensemble de ce qu'on appelle le ***Triangle culturel,*** ceux qui disposent de peu de temps (par exemple : tour de l'île en 8-10 j.) pourront choisir de louer une voiture avec chauffeur à partir de Kandy. La plupart des *guesthouses* proposent ce service. Comparer les prix, mais c'est une formule pas si onéreuse que ça et qui permet d'éviter de perdre de précieuses heures dans les transports en commun. On peut parfaitement visiter les sites essentiels en 3 ou 4 j. Ainsi, on peut s'arrêter où l'on veut, gérer son itinéraire à sa guise... et éviter les attentes et les aléas des bus locaux. Pour la visite des environs de Kandy, compter env 5 000 Rs à la journée, jusqu'à 4 pers ; env 7 500 Rs (jusqu'à 4, parfois 6 pers) pour l'excursion à Dambulla et Sigiriya.

Adresses utiles

Informations touristiques

🅸 ***Tourist Information Center*** *(plan Kandy, B2) :* *à deux pas de la Clock Tower, juste avt le pont ferroviaire.* ☎ *081-312-21-43. Tlj 8h30-19h.* On y trouve en principe le plan de ville (payant pour la version la plus précise), le guide des hôtels de l'île et le mensuel *Travellanka.* Infos sur les transports. Plutôt compétent. Mitoyen, le *Tourist Police Office,* pour les gros pépins.

Change

Nombreux établissements bancaires sur Kotugodella Veediya et Dalada Veediya, la plupart avec distributeurs plus un service de transfert urgent d'argent liquide (*Western Union* ou *MoneyGram*).

■ ***Kandy City Centre*** *(plan Kandy, B2,* ***1****) : sur Dalada Veediya, au niveau - 1 du centre.* On y trouve la ***People's Bank*** : *change tlj (sf j. de poya), lun-ven 10h-19h, 9h30-16h30 le w-e.* Représente aussi *Western Union.* Distributeur à l'entrée du centre. D'autres banques dans le même secteur...

■ Une autre ***People's Bank*** *(plan Kandy, B2,* ***3****) : dans la même rue, 50 m plus bas, à gauche du resto* White House. *Lun-ven 8h-16h, sam 9h-14h.* Distributeur sur la droite.

■ ***Hatton National Bank*** *(plan Kandy, B2,* ***4****) : Dalada Veediya, à l'angle de Sri Wickrama Rajasinghe Mawata. Lun-ven 9h-15h.* Change et 3 distributeurs sur le côté gauche.

■ ***HSBC*** *(plan Kandy, B1,* ***5****) : Kotugodella Veediya, à l'angle de Haras Veediya. Lun-ven 9h-15h.* Distributeur.

■ ***Autres banques :*** tout près de *HSBC,* vous trouverez la ***Nation's Trust Bank*** et la ***NDB Bank*** *(plan Kandy, B1,* ***6****).* En face, la ***Commercial Bank.*** Change et plusieurs distributeurs.

■ ***Lalitha Changer*** *(plan Kandy, B2,* ***7****) : Senanayake Veediya, à l'angle de Colombo St. ☎ 081-223-45-14. Tlj 8h30-18h30.* Guichet de change à l'arrière de la bijouterie. Bon taux. Pratique car ouvert le dimanche...

Internet et téléphone international

De nombreux *guesthouses* et hôtels sont désormais équipés d'un point internet (parfois payant) et du wifi (souvent gratuit), en général à la réception, plus rarement dans les chambres, tout dépend de la taille du lieu.

@ ***The Prince of Wales*** *(plan Kandy, B2,* ***14****) : 11, Senanayake Veediya, à deux pas du* Queen's Hotel. *☎ 081-222-25-01. Tlj 8h-22h.* Nombreux postes internet et appels internationaux vraiment pas chers.

@ ***Live Tech*** *(plan Kandy, B1,* ***15****) : 97, Kotugodella St. ☎ 081-223-57-50. Tlj 7h30-20h.* Quelques postes. Pas cher.

Services

■ ***Obtention d'un visa pour l'Inde*** *(plan Les environs de Kandy,* ***16****) : au* ***Indian Visa Application Center (IVAC),*** *675, William Gopallawa Mawatha. ☎ 081-221-74-04. • ahcikandy.org • Dépôt des demandes lun-ven 8h-13h, retrait 14h-17h.* Obtention en 7 jours ouvrables du visa indien sans avoir à repasser par Colombo. Bien vérifier par téléphone la liste des documents nécessaires et les délais. En principe, il faut 3 photos (faisables sur place), et environ 15 000 Rs. Pour un séjour de moins de 60 jours en Inde, préférer le e-Tourist Visa (e-TV) : moins cher, la démarche se fait entièrement en ligne, sur le site *• indianvisaonline.gov.in/visa/tvoa.html •*

■ ***SriLankan Airlines*** *(plan Kandy, B2,* ***17****) : 17, Temple St, juste à côté de l'*Olde Empire Hotel. *Au 2ᵉ étage. ☎ 019-733-19-79. • srilankan.com • Lun-sam 8h15-13h15 (15h sam). Reconfirmation et infos 24h/24 au call center : ☎ 19-79.*

Santé

■ ***Pharmacies :*** *à l'intérieur du magasin* Cargill's Food City, *sur la droite (plan Kandy, B2,* ***9****). Tlj 9h-22h30. Une autre dans le* Kandy City Centre *(plan Kandy, B2,* ***1****), à l'intérieur du grand magasin* Keels, ***Raj Medicals*** *(tlj 8h30-20h). Et encore* ***Sri Lanka Pharmacy,*** *dans Senanayake Veediya Mawatha (appelée aussi Trincomalee St), qui a un grand choix de médicaments. Nombreuses pharmacies également dans Peradeniya Rd, entre les nᵒˢ 60 et 90, généralement ouv lun-sam 9h-18h.*

✚ ***Hôpitaux : Lakeside Adventist Hospital,*** *40, Sangaraja Rd (plan Kandy, C-D3,* ***8****), ☎ 081-222-34-66 ou*

081-228-34-66. Un bon établissement privé, au bord du lac, à côté de l'*Hotel Suisse*. Le meilleur établissement pour les problèmes importants. ***Suwasena Hospital Private,*** *Peradeniya Rd, après l'Alliance française.* ☎ *081-222-24-44. Enfin, le* ***General Hospital*** *(plan Les environs de Kandy,* ***11****).* ☎ *081-222-22-61. Urgences 24h/24.* Bon accueil pour les touristes. Service de radiologie. Médicaments vendus sur place.

■ ***Médecins :*** *en général de bons médecins anglophones au* Suwasevana Hospital Private *(voir plus haut), au* K.P.H. *(Katugosta Rd) et à l'*Amaya Medical Center *(William Gopawalla Mawatha, à côté du Royal Mall). Également le* ***Dr Sarath Ranasinghe*** *(plan Kandy, B2,* ***10****), 55/2, Senanayake Veediya.* ☎ *081-222-33-81. Consultation généralement tlj sf dim, 9h30-13h, 16h-18h30.* Il parle un peu le français. Sinon, l'Alliance française vous guidera jusqu'à un généraliste.

Loisirs

■ ***Alliance française*** *(plan Les environs de Kandy,* ***13****) : 640/2, Peradeniya Rd. En haut de la petite côte.* ☎ *081-222-44-32. • afkandy.lk • Ouv lun-sam 9h-17h.* Possibilité d'y rencontrer des étudiants parlant notre langue, de lire quelques magazines récents et de regarder la chaîne internationale TV5. N'hésitez pas à laisser vos bouquins, pour enrichir la bibliothèque, ils seront ravis ! Également des expos temporaires et un ordinateur pour lire ses emails (sans abuser, évidemment).

■ ***Piscines :*** celle du *Thilanka Hotel (plan Kandy, D2,* ***44****)* bénéficie d'une situation panoramique exceptionnelle, tout comme celle du *Amaya Hills Hotel (plan Les environs de Kandy,* ***54****).* Celle de l'*Hotel Suisse (plan Kandy, C-D3,* ***43****)* est également accessible. Compter environ 500 Rs par personne, de même que celle du *Queen's Hotel (plan Kandy, B2,* ***34****).*

Où dormir ?

Essayez de privilégier les *guesthouses* et le logement chez l'habitant, souvent bien plus sympas que les hôtels dits « classiques » mais pas toujours terribles. Mieux vaut avoir une petite idée de son point de chute en débarquant à Kandy car, dès la descente du bus ou du train, les rabatteurs insistants proposent leur panoplie d'hôtels et de *guesthouses*, ou prétendent que certains établissements sont fermés (ils n'y touchent pas de commission). Ne vous laissez pas embobiner ! Le plus simple est d'avoir réservé avant d'arriver et de bien vérifier qu'on vous emmène à la bonne adresse.

Sachez enfin que ***pendant la période de perahera*** (la pleine lune entre juillet et août), ***les prix grimpent considérablement*** (parfois multipliés par 3 !). Trouver un lit durant cette fête tient du miracle, surtout au dernier moment, mais certaines familles accueillent des pensionnaires à cette occasion. On risque d'en trouver plus facilement dans le quartier de Lewmella (2 km en bus).

Dans le centre et à proximité

Le centre-ville n'est pas forcément le lieu le plus indiqué pour séjourner, sauf pour les vrais fauchés. Beaucoup d'embouteillages et de bruit, peu d'adresses de qualité. Pour un peu de confort et de charme, mieux vaut piocher dans le quartier suivant.

Très bon marché (max 1 800 Rs / 12 €)

☗ ***YMBA*** *(plan Kandy, B2,* ***30****) : 5, Rajapihilla Mawatha.* ☎ *081-223-34-44. Proche du lac. Fourchette basse.* Dans le centre culturel, une trentaine de chambres et des dortoirs de 12 lits, la plupart avec moustiquaire. Douches communes (sauf pour 3 chambres familiales) et eau froide. Sac à viande et serviette à prévoir. Ventilo pour certaines. Très simple et monacal à la fois mais propre. Belle vue depuis les étages supérieurs. Difficile de trouver moins cher. Pas de cuisine.

Bon marché (1 800-3 500 Rs / 12-23,30 €)

Olde Empire Hotel *(plan Kandy, B2, **32**) : 21, Temple St. ☎ 081-222-42-84. 📱 077-761-96-37. • oldeempirehotel.com • Fourchette basse-moyenne. (au rdc).* Comme son adresse l'indique, situé dans la charmante ruelle animée tout près du temple, face aux photogéniques vendeurs de fleurs. Et comme son nom le suggère aussi, c'est un vieux bâtiment colonial qui a encore du style et du charme à défaut de confort : colonnes en façade et vieux parquets patinés. Mais aussi cloisons en bois, très minces... voyez le genre ! En fait, il y a 2 parties : les chambres du fond, vraiment hyper basiques et les moins chères, pour les routards au long cours. Petites cellules sans fenêtre, murs en contreplaqué, sanitaires communs (là encore, vraiment vieillots). Sympa... pour des placards (ventilo et moustiquaires tout de même). Les chambres les plus intéressantes sont les nos 1 et 2, à l'étage, avec vieux plancher qui craque et mobilier d'époque, et qui donnent sur la large terrasse couverte, face au lac. Ce sont les plus agréables (l'une avec sanitaires, l'autre sans). On se prélasse gentiment avec un verre sur la terrasse en profitant de l'animation de la rue. Le resto, au rez-de-chaussée, ne vaut pas tripette, lui.

Satyodaya Educational Training Centre *(plan Kandy, A2, **40**) : 30, Pushpadana Mawatha. ☎ 081-222-29-25. • satyoda@eureka.lk • Fourchette basse. (poussif).* Sur les hauteurs, sous la garde du Bouddha géant et à 10 mn de la Clock Tower, une sorte d'AJ dans un bâtiment banal. Ne paie pas de mine, mais s'avère être le meilleur rapport qualité-prix dans cette catégorie. Une quinzaine de chambres simples, presque coquettes et surtout nickel avec lits (petite taille) séparés, ventilo et eau chaude. Pas de moustiquaire et rideaux transparents, en revanche. Les plus intéressantes ont une vue assez fantastique sur la ville. Bon petit déj à prix modique, pas d'autre repas. Staff amical et serviable. Seul inconvénient : rue très pentue, mais un *tuk-tuk* depuis le centre ne coûte que 200 Rs.

Prix moyens (3 500-6 500 Rs / 23,30-43,30 €)

Kandy Inn – Madugalle's Guesthouse *(hors plan Kandy par B1, **39**) : 291, D. S. Senanayake St. ☎ 081-220-52-49. 📱 071-857-09-07. • kandyinn.com • Fourchette basse, petit déj inclus.* Un peu en dehors du centre-ville, à 10 mn à pied du centre, sur la route de Katugastota, mais vous ne le regretterez pas. Si l'artère est passante et la façade quelconque, cette maison cache un intérieur familial un peu suranné et garni de bibelots. Surprise, tout au fond du jardin, on tombe sur les rails de chemin de fer de la ligne pour Matale... Côté confort, le long d'une courette végétalisée, 4 chambres *twin* à l'étage, toutes avec douche chaude (solaire), w-c et moustiquaire, sommaires et très propres, desservies par une grande galerie agréable. Et puis, accueil prévenant de Kumari, pas avare de bons conseils. Elle peut vous concocter des repas, à prendre dans la salle à manger avec argenterie et vieilles photos. Un vrai coup de cœur ! Si vous cherchez à vous mettre au vert, son beau-frère, Wije *(📱 072-288-22-34),* qui parle bien le français et est féru de jeux de mots, loue une petite chambre très simple (plus qu'ici et moins chère) dans sa maison de *Primrose Gardens,* sur les hauteurs de la ville, à 3 km.

Sevana City Hotel *(plan Kandy, A2, **33**) : 84, Peradeniya Rd. ☎ 081-222-28-61. • sevanakandy.com •* Les inconvénients : une maison grisâtre pas belle de l'extérieur, un quartier populaire et central, très encombré (petit parking si vous êtes en voiture). Les avantages : l'ambiance familiale bienveillante de cet hôtel d'une quinzaine de chambres, réparties sur différents niveaux, avec sanitaires complets et ventilo (AC pour les plus chères). La

LE TRIANGLE CULTUREL

n° 106, avec terrasse, a notre préférence. Sinon, demandez une chambre à l'arrière pour éviter le bruit de la rue. Tenu de main de maître par une jeune patronne dynamique et de bon conseil. Breakfast inclus et de qualité. Petite terrasse sur le toit.

Plus chic (15 000-24 000 Rs / 100-160 €)

Queen's Hotel *(plan Kandy, B2,* ***34****) : 45, Dalada Veediya. ☎ 081-223-30-26. • queenshotel.lk • Double env 145 $ (95 $ hors saison), suite env 175 $, petit déj inclus. CB acceptées. (réception).* Emplacement idéal et architecture coloniale authentique pour cette vénérable institution qui accueille des générations de touristes depuis près de 150 ans. Hall immense, vieux plancher et mobilier d'époque. Bon, c'est un monument historique certes, mais le charme et l'odeur du vieux bois n'excusent pas tout. L'entretien des chambres est souvent aléatoire, les salles de bains sont un peu mal foutues, l'insonorisation est moyenne et le service très nonchalant. Bref, une adresse pas toujours à la hauteur. Si vous séjournez là, évitez à tout prix celles donnant sur la rue : dès potron-minet, boucan assuré. Buffet de bonne tenue au déjeuner et au dîner (voir « Où manger ? »).

Autour du lac et un peu au-dessus

Ces adresses ont l'avantage d'être à proximité du centre-ville et du temple de la Dent sans pâtir du bruit et de l'agitation, tout en bénéficiant d'un environnement agréable. C'est à notre sens le secteur le plus sympa pour se loger.

De très bon marché à bon marché (moins de 1 800-3 500 Rs / 12-23,30 €)

Lake Bungalow *(plan Kandy, C3,* ***36****) : 22/2, Sangaraja Mawatha. ☎ 081-222-20-75. • shiyanthi.dunuwile@gmail.com • Rue perpendiculaire au lac. Fourchette moyenne.* Dans un quartier résidentiel, cette vieille demeure bourgeoise du milieu du XIXe s se révèle vraiment charmante, décorée avec un goût exquis de mille bibelots et beaux objets. Presque un petit musée. Jetez aussi un œil aux volières abritant perroquets et mainates. Accueil classe de l'hôtesse, qui continue de défier le temps, entourée de ses souvenirs. Nos 2 chambres préférées sont au rez-de-chaussée de la maison principale. Elles ont bien du charme. Dans l'édifice voisin (transformé en partie en école), 3 autres chambres au confort très honnête, mais plus banales. Cuisine à disposition mais pas de repas.

Mrs Clement Dissanayake Guesthouse *(plan Kandy, D3,* ***51****) : 18, First Lane, Dharmaraja Rd. ☎ 081-222-54-68. • clement.kandy@gmail.com • Dans la ruelle du collège Dharmaraja. Fourchette moyenne.* Chez une vieille dame sympathique, quoique parfois un peu envahissante, quelques chambres réparties dans la maison et dans un petit bâtiment en contrebas. Préférez, si vous le pouvez, les 2 chambres avec salle de bains dans la maison, non loin de la cuisine, ça met dans le bain, si l'on ose dire. Dans l'annexe, 4 chambres dont 2 avec salle de bains privée et 2 avec sanitaires communs (eau froide), mais c'est plus tristounet. Bonne cuisine locale. Conviendra à ceux qui recherchent le calme plutôt qu'aux fêtards.

Green Woods *(plan Kandy, D2,* ***37****) : 34A, Sangamitta Mawatha. ☎ 081-223-29-70. Peu après le* Thilanka Hotel, *sur la même route, à droite, un peu en contrebas. Fourchette hte.* Dans une cuvette de verdure, une gentille *guesthouse* familiale de 4 chambres mitoyennes, simples et relativement propres. Elles donnent toutes sur la salle de petit déj et ses larges baies vitrées. Salon avec quelques bouquins et terrasse pour observer les oiseaux. Également 2 apparts pour 5 personnes, d'un bon rapport qualité-prix. Accueil fort sympathique. Calme assuré, à 10 mn à pied du centre. On a un faible pour cette petite adresse.

Prix moyens (3 500-6 500 Rs / 23,30-43,30 €)

🏠 🍽 ***Shangri-la Guesthouse*** *(plan Kandy, D3, **35**) : 2, Mahamaya Mawatha. ☎ 081-222-22-18. 📱 077-982-80-24. • shangrilalk.com • Quand vous grimpez la pente, c'est tt de suite à droite, ne pas confondre avec le Castelo, sur le même terrain. Résa conseillée. Fourchette moyenne.* 📶 Petite *guesthouse* francophone, située tout au fond d'un grand terrain, juste au-dessus du lac. Réparties dans 2 maisons entourées d'un peu d'espace vert, une poignée de chambres simples (avec salle de bains, eau chaude et moustiquaire), joliment décorées. Salon agréable, avec mobilier typique local. Bon *rice & curry* sur commande. On est reçu par Nandana et Kusch, sa compagne, qui parlent bien le français puisqu'ils ont vécu 3 ans à Montpellier. Ils ont aussi ouvert un centre de yoga dans les environs de Kandy (voir « Où faire du yoga ? »), avec des *écolodges* au même tarif, plus 3 villas dans les environs mais à prix « Plus chic ».

🏠 ***Kanda Uda – Hotel Kandy Paris*** *(plan Kandy, D3, **41**) : 5B, Mahamaya Mawatha. ☎ 081-563-36-37. • kandauda.com • Fourchette moyenne, petit déj inclus.* 📶 Dans une rue qui grimpe, au calme et à proximité du lac, dans un bâtiment banal, 10 chambres simples (dont 2 familiales), bien tenues, sur le thème de la France, vous l'auriez deviné. Chacune porte en effet le nom d'un quartier. Cela dit, ça s'arrête un peu là (pas de déco particulière). À noter que « La Défense » et « Champs-Élysées » possèdent un balcon. Cette adresse pourra intéresser les familles ou les petits groupes. Salle de resto avec large vue sur la ville. Cela dit, quelques bémols : parfois des odeurs un peu fortes et puis l'accueil, assez brouillon...

🏠 ***Citrus Café Inn*** *(plan Kandy, C-D3, **43**) : 34B, Sangaraja Maratha, juste à côté de l'*Hotel Suisse*. ☎ 081-20-639-63. 📱 077-700-29-35.* 📶 Idéalement situé, ce tout nouveau bâtiment présente une salle de resto ouverte sur le lac. Aux étages une petite de dizaine de chambres bien aménagées avec salle de bains, à prix doux avec au choix l'AC ou non. Balconnets pour certaines. Le bruit de la rue est amorti par un double vitrage. Cuisine locale et internationale (indienne, chinoise et arabe) suffisamment éclectique pour plaire au plus grand nombre, d'autant que l'effort de présentation est manifeste. Bon accueil.

Chic (6 500-15 000 Rs / 43,30-100 €)

🏠 ***Sharon Inn*** *(plan Kandy, C3, **38**) : 59, Saranankara Rd. ☎ 081-222-24-16 ou 46. Fourchette basse. Buffet le soir env 1 100 Rs. CB acceptées.* 📶 Dans cet édifice tout en hauteur, dont la vue sur le lac est imprenable, une douzaine de chambres, certaines pour 5-6 personnes. Tenu par un couple germano-sri lankais. Chambres impeccables avec ou sans AC selon le prix. Toutes avec ventilo, moustiquaire et TV satellite. Petite pelouse devant et terrasse tout en haut avec vue extra. Possibilité de dîner sur place (buffet réputé, un peu cher mais de qualité). Patron jovial et serviable.

Plus chic (15 000-24 000 Rs / 100-160 €)

🏠 ***Hotel Suisse*** *(plan Kandy, C-D3, **43**) : 30, Sangaraja Mawatha (à 2 km du centre-ville, en bordure du lac). ☎ 081-223-30-24. • hotelsuisse.lk • Doubles 160-205 $ selon confort, petit déj inclus. Buffets ou menus 1 000-1 800 Rs. CB acceptées. 📶 (réception et resto).* LE célèbre palace de la ville, dont certaines chambres s'avèrent assez abordables (tarif d'un 3-étoiles en Europe). Charme un poil désuet que l'on aime bien. Construit en 1920 par un architecte suisse (d'où son nom !), il reçut, entre autres, Lord Mountbatten, vice-roi des Indes. Hall d'entrée à colonnades, bar et belle salle de restaurant (ancienne salle de bal) au 1er étage, plus un *snooker* dans la *billard room*. Au calme (on entend un peu la route en contrebas) et bien situé, l'hôtel allie le confort moderne au style *so British* d'une époque révolue. Dommage que l'hôtel voisin diffuse de la techno à donf jusque bien tard. Le service est globalement de bonne qualité. Grande piscine à l'avant. Quelques singes dans le jardin. Excellents buffets et menus, du petit déj au dîner, sans oublier le barbecue autour de la piscine certains soirs. Une belle adresse, vraiment, qui entretient la tradition pro des vieux palaces.

🏠 ***Thilanka Hotel*** *(plan Kandy, D2,* ***44****)* **:** *3, Sangamitta Mawatha. ☎ 081-447-52-00. • thilankaresorts.com • Double 145 $. CB acceptées.* Une petite centaine de chambres dans 2 édifices rénovés. L'ensemble n'a pas de charme, mais les chambres sont bien équipées (AC, TV) et disposent toutes d'un balcon. Essayez de choisir car certaines sont vraiment petites, d'autres un poil anciennes ou même bruyantes. À ce prix-là, on a le droit d'être un peu difficile. Piscine de taille moyenne, bien agréable et accessible aux non-résidents *(350 Rs)*. Spa ayurvédique un peu à l'écart. Une adresse très fréquentée par les groupes.

Au-dessus du lac

C'est une zone très plaisante, à l'écart de l'agitation du centre, d'où la vue sur la ville est magnifique. Bien sûr, c'est un peu plus loin, et il faudra prendre un *tuk-tuk* pour s'y rendre car la montée est sévère (jusqu'à 200 Rs pour les adresses les plus éloignées). Dans ce secteur, on a retenu une dizaine de *guesthouses*.

De bon marché à prix moyens (1 800-6 500 Rs / 12-43,30 €)

🏠 ***McLeod Inn*** *(plan Kandy, C3,* ***45****)* **:** *65A, Rajapihilla Mawatha. ☎ 081-222-28-32. • mcleod@sltnet.lk • Fourchette moyenne.* Une dizaine de chambres carrelées, simples et propres, avec salle de bains (eau chaude), moustiquaire, ventilo, dont 2, les n°s 2 et 6, avec vue imprenable sur le lac et le fameux temple. Petite terrasse offrant un panorama exceptionnel. Bon rapport qualité-prix. Patron souriant (de fait, vraiment sympathique), qui organise des excursions en minibus dans les environs. Possibilité de rejoindre le lac par un escalier, en 10 mn.

🏠 ***Castle Hill Guest House*** *(plan Kandy, B3,* ***48****)* **:** *22, Rajapihilla Mawatha. ☎ 081-222-43-76. 📱 077-732-07-86. • castlehillkandy.com • Fourchette hte. Possibilité de ½ pens et pens complète.* Certainement la meilleure vue de tout Kandy sur le lac, le temple de la Dent et le majestueux bouddha blanc assis sagement sur la colline d'en face, doublée d'une adresse un peu décalée. Voici une imposante villa de charme haut perchée de la fin du XIXe s, entourée d'un généreux jardin et d'une vue rare et entièrement dégagée. Une belle demeure donc, aux 4 vaaastes chambres, avec salle de bains, moustiquaire et ventilo (pas besoin de clim, le lieu est naturellement aéré). Mais une belle demeure un peu désuète et un peu froide, à l'image du mobilier années 1950, pur jus jusque dans le salon équipé d'un piano à queue presque accordé ; le tout d'un confort plus relatif qu'absolu. Si les 2 chambres les plus spacieuses jouissent de la vue la plus remarquable, celles sur l'arrière, un peu moins glamour, peuvent accueillir 4 personnes. En revanche, évitez les 4 chambres dans le jardin, franchement moyennes. En bref, des tarifs modestes et une vue épatante, à privilégier plus pour son atmosphère que pour son ambiance (car lorsque la propriétaire est en balade, les échanges sont très limités avec le personnel, non anglophone) !

Chic (6 500-15 000 Rs / 43,30-100 €)

🏠 ***Anna Shanthi Villa*** *(plan Kandy, D4,* ***52****)* **:** *203, Rajapihilla Terrace. ☎ 081-222-33-15. Résa conseillée. Fourchette moyenne, mais passant en « Plus chic » à Pera et à Noël. CB acceptées.* Pour les amateurs de confort contemporain et de cocooning, une villa impeccable avec des chambres (il n'y en a que 5) qui le sont tout autant. Toutes avec une grande et belle salle de bains, clim et TV satellite. Et si vous n'en avez pas assez, il y a encore une TV à la réception... Pratique, le parking, si vous êtes en voiture. Petit déj inclus. En revanche, pas de repas. On est plus proche de l'hôtel que de la *guesthouse*.

Hotel Devon *(plan Kandy, D4,* ***50****) : 51, Ampitiya Rd. Ne pas confondre avec celui qui se trouve directement au bord du lac.* ☎ *081-223-51-64.* • *devonsrilanka.com* • *Fourchette hte. CB acceptées. (réception).* Un établissement de 27 chambres situé dans une catégorie pauvre en adresses à Kandy. Grand hôtel dans un édifice du style pâtisserie à la cannelle, mais sans charme particulier. Chambres fonctionnelles, confortables et parfaitement équipées (AC, frigo, TV satellite, etc.) mais déco banale. Belle vue pour celles donnant sur l'arrière. Piscine, jacuzzi et jardin sur l'arrière. Belle salle de muscu au sous-sol. Le lac est à quelques minutes en voiture. Assiette généreuse au resto.

Plus chic (15 000-24 000 Rs / 100-160 €)

Senani Hotel *(plan Kandy, C4,* ***49****) : 167/1, Rajapihilla Mawatha.* ☎ *081-223-51-18 ou 93-39.* • *senanihotel.com* • *Double min 100 $. (quand ça marche...).* Bien assis sur sa colline au-dessus du lac, un hôtel fréquenté par les groupes avec une façade en décrochement et de petites terrasses offrant une très belle vue. Dans la partie rénovée (la *New Wing*), de confortables chambres, blanches, au mobilier de bois sombre. Celles de l'aile ancienne sont correctes sans plus. Grand lit, eau chaude, AC, TV, minibar, etc. Ensemble assez agréable, mais bien cher tout de même. Jolie terrasse pour dîner et piscine bienvenue de taille modeste pour faire trempette. L'un des hôtels préférés des agences. En revanche, buffet très pauvre, même au petit déj, dommage...

Un peu excentré

Bon marché (1 800-3 500 Rs / 12-23,30 €)

St Bridget's Country Bungalow *(plan Kandy, A1,* ***47****) : 125, Sri Sumangala Mawatha, Asgiriya.* ☎ *081-221-58-06.* • *stbridgets-kandy.com* • *Sur le versant ouest de la colline, au-delà de la ligne de chemin de fer, à 10 mn en tuk-tuk du centre (200 Rs). Fourchette hte. Petit déj 550 Rs. (à l'entrée).* Nichée dans la verdure dans un tournant de la route, une élégante maison coloniale à la véranda donnant sur un jardin peuplé d'oiseaux, de papillons et de singes. 10 petites chambres simples, non-fumeurs et de confort acceptable à prix doux, salle de bains un peu rustique. Salon avec canapés à dispo à l'étage pour se reposer. La charmante hôtesse, pleine de sollicitude, mitonne pour le soir (réserver) un *rice & curry* des familles mémorable, à base des produits du jardin.

Prix moyens (3 500-6 500 Rs / 23,30-43,20 €)

Hantana Holiday Rooms *(plan Les environs de Kandy,* ***58****) : 13/B/15/1, National Housing Scheme, Hill Rd, Hanthana.* ☎ *081-221-87-33.* • *hholidayrooms@gmail.com* • *À 10 mn (300 Rs en tuk-tuk) du centre dans les hauts résidentiels et cossus du quartier d'Hantana. Fourchette hte, petit déj inclus.* Vous êtes dans une maison d'hôtes au calme sur une colline dans la forêt et au sein d'une famille aisée sri lankaise. L'accueil du couple de quinquas est chaleureux. Les 7 belles chambres sont spacieuses (4 doubles, 3 familiales), les lits confortables. 2 ont une salle de bains à partager. Le petit déjeuner est simple mais bon, le *rice & curry* du dîner (sur demande) succulent. Agréable terrasse commune. Un coup de cœur malgré l'éloignement.

Kandyan White Holiday Homes *(plan Les environs de Kandy, **46**) : 61/81, Hanthana Rd, Gemenu Mawatha. ☎ 081-223-28-46. 077-964-66-30. • rathna.kandyanwhite@gmail.com • Dans le dédale des collines mais à 10 mn à peine à pied du centre (en descendant ! et 200 Rs en tuk-tuk à la remontée). Fourchette basse-moyenne, petit déj inclus.* À peine 4 chambres, très simples mais au confort honnête (moustiquaire, salle de bains et ventilo), à l'étage de la maisonnette de Rathna et Monica. C'est leur grande gentillesse et leur accueil attentionné et bienveillant qui font la différence. Cours de cuisine et repas sur demande, pour profiter de la terrasse conviviale. Quartier résidentiel popu plutôt sympa qui plus est.

Chic (6 500-15 000 Rs / 43,30-100 €)

The Change Hotel *(plan Les environs de Kandy, **42**) : 56, Greenhills, Heerassagala. 077-740-39-21 ou 075-236-37-24. • thechangehotel.com • Accès un peu difficile, route en mauvais état. Fourchette moyenne, petit déj inclus.* Alors oui, cette adresse a des défauts : on se perd un peu pour s'y rendre, et on craint d'achever le *tuk-tuk,* vu la pente qu'il affronte ! Mais à l'arrivée, la poignée de chambres (préférer celles à l'étage), fraîches et délicatement colorées, incitent à profiter du balcon à flanc de colline avec une vue avantageuse sur le paysage ! Bon confort qui plus est, et de l'autre côté du chemin, un autre petit bâtiment étale une salle de resto coquette et une terrasse vers le jardin... et sa piscinette, et toujours le même panorama. Gentil accueil. Un petit havre de verdure, donc !

Très chic (plus de 200 $)

Elephant Stables *(plan Les environs de Kandy, **57**) : 46, Nittawela Rd. ☎ 081-742-32-01. • elephantstables.com • Doubles 240-345 $. Dîner 4 000 Rs !* La belle bâtisse coloniale de style british, devant laquelle trônent des voitures de collection, a été agrandie et transformée en un magnifique hôtel de charme, avec une vue dégagée sur la vallée. Côté déco et mobilier, tout est élégant et rien ne manque à un confort optimal (même un lecteur DVD dans les suites)... Mais le grand chic, c'est l'esprit confidentiel « comme à la maison » : malgré les grands volumes, il n'y a que 6 chambres mariant subtilement bois et béton ciré. Évidemment, le calme et la sérénité font partie du luxe de l'endroit. Petit déjeuner servi dans le jardin admirablement entretenu, au bord de la piscine. Une tente « de luxe » complète l'offre. Même si ce luxe justifie le coût, on garde une dent (voire une défense !) contre le prix assez élevé des plats au dîner. Mais comme c'est un vrai chef qui cornaque sa brigade...

Cinnamon Citadel Hotel *(plan Les environs de Kandy, **53**) : 124, Srimath Kuda, Ratwatte Mawatha (à 7 km du centre). ☎ 081-223-43-65. • cinnamonhotels.com • Doubles 195-215 $* (superior) *et 235-255 $* (deluxe) *selon saison, avec taxes et petit déj inclus. Buffet env 2 100 Rs au déj au resto* Vel Eliya. *CB acceptées.* Un hôtel moderne, à la déco d'un blanc immaculé et doté de tout le confort, bien situé près de la rivière, mais loin de la ville. Plus de 120 chambres spacieuses avec AC, donnant pour la plupart sur la rivière tranquille (vue splendide). C'est évidemment le point de chute de nombreux groupes. La piscine, face au lobby, est vraiment extra, dominant la rivière. Le bar et les salons attenants sont fort accueillants pour les fins d'après-midi tranquilles. 2 restaurants, dont un gastronomique. Si vous passez par là sans y résider, vous pourrez profiter du buffet. Excellente cuisine internationale. Salle de fitness.

Mountbatten Bungalow *(plan Les environs de Kandy, **74**) : 4, Spring Hill Estate, Bowalawatte (off Peradeniya Rd). ☎ 081-205-44-00. Résas à Colombo : ☎ 011-738-63-86. • theme-resorts.com • À 8 km du centre, suivre le fléchage menant au* Amaya Hills Hotel, *puis* *poursuivre sur la droite. Double min 220 €.* Cette ancienne résidence de Lord Mountbatten, perchée sur les hauteurs de Kandy, a conservé son style colonial anglais tout en se convertissant en boutique-hôtel au charme feutré. Cerné d'une vaste plantation de thé et d'arbres centenaires (un véritable jardin d'épices !), l'endroit reste intime. À peine 6 chambres et suites au charme rétro au sein du bâtiment principal, et 6 bungalows en pin verni façon chalets classe dans le parc, avec balcon dans la verdure pour observer les piafs dès potron-minet. Piscine avec superbe vue sur la vallée de Kandy. Resto sur place, plats bien tournés. Possibilité de faire des balades au milieu des théiers. Bel accueil. Une expérience *so British !*

Amaya Hills Hotel *(plan Les environs de Kandy,* ***54****) :* *dans le quartier de Peradeniya, au sud-ouest de la ville, à env 8 km du centre, tt en haut de la colline (compter 20 mn du centre). ☎ 081-447-40-22 à 28. • amayahills.com • Doubles 190-230 $, standard ou deluxe, petit déj compris. Buffet tlj 22-25 $.* Un hôtel magnifique, perché sur les hauteurs des environs de Kandy. En tout, une centaine de chambres très confortables, décorées avec beaucoup de goût et dont le petit balcon domine un paysage à couper le souffle. Attention, les *standard* n'ont pas de vue, alors que les *deluxe* en ont une (plus un lecteur DVD...). Salles de bains un peu petites mais baignoire dans toutes. Superbe et vaste piscine entourée de transats et offrant une vue plongeante sur la vallée *(accessible aux non-résidents : env 500 Rs/pers, réduc enfants ; gratuit si vous déjeunez sur place).* Salle de sport, billard, boutiques et excellent centre de soins ayurvédiques. Restos de qualité (buffet ou à la carte), avec serveurs en grande tenue (vins chers). Dans le salon, on vous servira le thé dans un style *very British* et un cadre agréable. Accueille pas mal de groupes. Bar-boîte ***Le Garage,*** le samedi soir, qualifié de « plus chaud de Kandy ». On attend vos commentaires !

Mahaweli Reach *(plan Les environs de Kandy,* ***55****) :* *35, P. B. A. Weerakoon Mawatha, à 5 km au nord-est du centre. ☎ 081-247-27-27. • mahaweli.com • Doubles 176-270 $ selon saison, petit déj compris. CB acceptées.* Au bord du fleuve Mahaweli, dans une ancienne résidence de planteurs de thé modernisée (sans toutefois trop perdre du charme passé), ce très bel hôtel dispose d'une centaine de chambres luxueuses et très agréables, divisées en 5 blocs. Toutes avec AC, écran plat, minibar, baignoire, sèche-cheveux... Restaurant avec buffet (s'il y a des groupes), très belle piscine bien intégrée dans le décor, tennis... rien ne manque. Service palace, *of course.*

Beaucoup plus loin

Kandy Samadhi Centre : *35, P. B. A. Weerakoon Mawatha, à 25 km au nord-est de Kandy par la Narampanawa Junction (City bus ttes les 3h depuis Kandy, 50 mn de route). ☎ 081-447-09-25. 077-771-03-13. • thekandysamadhicentre.com • Doubles 110-130 $ selon saison, petit déj compris. Possibilité de ½ pens et pens complète (difficile de s'en passer !). CB acceptées.* Centre ayurvédique, de méditation et de yoga au milieu de la forêt à l'initiative du propriétaire de *Waruna Antiques* (voir plus loin « Achats. Antiquaires »). Les bâtiments sont accrochés à flanc de colline sur le terrain d'une ancienne plantation de thé. Accès un peu escarpé pour les chambres les plus éloignées. Hébergement de semi-luxe dans des chambres (de la *single* à la suite) meublées avec goût de pièces de brocante, volumes généreux et confort éco-rustique. Cuisine excellente à prendre en commun dans une salle éclairée le soir à la bougie. On y vient surtout pour faire une retraite et se ressourcer au sein de la nature luxuriante, se baigner dans la rivière, suivre des cours de yoga, profiter des massages ou tout simplement méditer. Accueil souriant.

Où manger ?

Peu de vraies tables, plutôt des « complexes » de restauration, en général assez *cheap*, dans un cadre moderne et une atmosphère parfois étrange, où l'on trouve pêle-mêle boulangerie, fast-food, cafétéria et restaurant... Attention, ils ferment généralement tôt.

Très bon marché (max 600 Rs / 4 €)

Kandyan Muslim Hotel *(plan Kandy, B2,* ***60****)* **:** *70, Dalada Veediya. ☎ 081-223-20-36. Tlj 6h30-21h. Rice & curry, biryani* et spécialité de *kabul roti,* tout y est ! Une salle ouverte sur la rue, en plein centre, et une salle à l'étage. Voilà une adresse ultra-simple, ultra-populaire, top copieuse et vraiment pas chère. Amateurs de propreté clinique, regardez-y quand même à deux fois avant de vous asseoir.

Delight Bakers & Sweet House *(plan Kandy, B2,* ***62****)* **:** *Dalada Veediya, en face de* Devon Bakers. *Tlj 7h-19h30.* Dans la série « où se caler vite fait sur le pouce sans se ruiner », cette adresse a notre faveur. Jolie boulangerie-confiserie à l'orientale, avec quelques chaises au milieu de la salle et un accompagnement de musique traditionnelle. Service brouillon mais sandwichs et snacks salés de meilleure qualité que chez *Devon,* en face. Pour finir, grand choix de gâteaux et de confiseries de toutes sortes, très appétissants.

Devon Bakers et Bake House *(plan Kandy, B2,* ***61****)* **:** *11 et 36, Dalada Veediya. Tlj 8h-19h.* Ce sont des boulangeries très banales où l'on peut se caler l'estomac vite fait en dépannage. Vraiment rien d'extraordinaire, mais rien de ruineux non plus.

Bon marché (600-1 000 Rs / 4-6,70 €)

Devon Restaurant, Devon Food Court et Captains Table *(plan Kandy, B2,* ***61****)* **:** *11, Dalada Veediya. ☎ 081-222-45-37. Le* Devon Resto *est ouv tlj 7h-20h, le* Devon Food Court *11h-20h, et le* Captains Table *tlj 11h-15h et 18h-22h.* Une espèce de complexe incluant fast-food, boulangerie, cafétéria et resto, le tout populaire mais sans charme. Au rez-de-chaussée, l'un des plus anciens restos de la ville, le ***Devon Restaurant,*** très fréquenté. Déco pas trop glauque et carte éclectique. Plats d'horizons divers (sri lankais, indiens, chinois et *western*). Toujours plein de familles et bandes de jeunes en fin de semaine. Petits déjeuners également. Au 1er étage, le ***Devon Food Court,*** un honnête self-service proposant des plats d'inspiration locale (la partie sri lankaise ferme à 15h), chinoise et occidentale à prix écrasés. Toujours au 1er étage, le ***Captains Table*** *(☎ 081-222-45-27),* seul « resto » du complexe, vaste et tranquille, avec ventilo et AC. Carte chinoise et indienne (cuisine du Nord et du Sud). Les cuistots que l'on voit derrière la grande baie vitrée se débrouillent. Les portions *large* peuvent combler l'estomac de 3 personnes. Pas vraiment d'atmosphère néanmoins.

The Garden Café *(plan Kandy, D3,* ***73****)* **:** *9, Sangaraja Mawatha. ☎ 081-222-03-55. Tlj 6h30-22h30. Rotti 25-50 Rs, plat env 350 Rs.* Situé au bord de la route et de son concert de circulation, il s'agit d'une cantine populaire animée et ouverte sur la rue. On y sert des plats traditionnels, bons et pas chers, sur place ou à emporter. Plus de choix le soir avec le fameux *kottu,* spécialité de la maison, parfois servi avec du fromage.

Sri Ram *(plan Kandy, B2,* ***59****)* **:** *87, Soysa Vidiya (Colombo St). ☎ 081-567-72-87. Tlj 9h30-21h30.* Un resto indien dans une rue commerçante. Salle tout en longueur distribuée en petits box. Accueil indifférent, mais délicieuse cuisine d'Inde du Sud : *thali, biryani,* curries végétariens ou non, à s'en lécher les babines. Le service est lent, mais c'est bon signe.

Queen's Hotel *(plan Kandy, B2,*

34) : *45, Dalada Veediya. Pour son* lunch buffet *jusqu'à 15h, env 800 Rs.* Dans la grande salle ventilée sur rue, *lunch buffet* bien garni, plats sous cloche, crudités et desserts, ou *rice & curry* en pot de terre cuite et d'un bon rapport qualité-prix. À côté, même formule, mais plats chinois à choisir au comptoir, très bon aussi. Les gros appétits seront comblés.

Prix moyens (1 000-2 000 Rs / 6,70-13,30 €)

Jasmine Song *(plan Kandy, B1,* **63***)* : *137, Kotugodella Veediya. ☎ 081-223-28-88. À l'étage. Tlj 11h30-22h30. CB acceptées.* Salle plutôt sombre mais chinoisante comme il faut. Bonne cuisine, même s'il n'y a pas un seul Chinois aux fourneaux ! Portions généreuses (un plat *large* suffit pour 4 personnes, et un *small* pour 2). Carte impressionnante (près d'une centaine de plats), mais il y en a souvent qui manquent, ce qui est en fait bon signe. Des nouilles et du riz à toutes les sauces. Accueil souriant. Plats à emporter également.

History *(plan Kandy, D3,* **64***)* : *27A, Anagarika Dharmapala Mawatha. ☎ 081-447-06-42. Au 2e étage d'un petit édifice, au-dessus d'une boulangerie. Tlj 11h-23h. CB acceptées.* Une salle à l'étage, aux murs couverts de belles photos anciennes de la fin du XIXe s, qui racontent le Sri Lanka d'antan. Déco plutôt agréable, mais pas de quoi non plus en faire toute une histoire... Cela dit, ces photos sont parfois projetées pendant que vous savourez de copieux plats indiens, sri lankais, thaïs, italiens, indonésiens ou végétariens (c'est quel pays, ça, déjà ?). Ainsi, on déjeune ou on dîne en s'imprégnant de l'histoire du pays, sur un fond musical jazzy cool. Service agréable.

Lyons *(plan Kandy, A2,* **65***)* : *27, Peradeniya Rd. ☎ 081-222-30-73. À 300 m de la tour de l'Horloge. Tlj 7h-23h. CB acceptées au resto du 1er étage.* Encore un petit complexe de restos sur 2 niveaux (dont un climatisé), tous de thème et prix différents. Au rez-de-chaussée, le ***Lyons Fast Food,*** avec des cuisines sri lankaise et chinoise proposées en self, vraiment pas cher. Au 1er étage, le ***Lyons Family Corner,*** cuisine asiatique et *western,* et puis le ***Lyons Pub,*** pour déguster des *Eastern curries* de bonne qualité en buvant un verre. Cuisine honorable sans plus. Atmosphère un peu sombre, un rien bizarre, mais les locaux un peu fortunés adorent.

The Pub *(plan Kandy, B2,* **66***)* : *36, Dalada Veediya, au 1er étage de la* Bake House. *☎ 081-223-43-41. Tlj 11h-23h.* Enfin un lieu qui a de la gueule, permettez-nous l'expression, soit un bar avec une jolie terrasse, parquet et colonnes à l'ancienne, où les Occidentaux se retrouvent avec plaisir. On peut y grignoter des sandwichs et une cuisine occidentale (salades, plats italiens, espagnols), certes pas donnée, mais intéressante pour ceux qui sont lassés des *rice & curry* et autres *nasi goreng.* Service limite blasé.

Chic (2 000-3 500 Rs / 13,30-23,30 €)

White House – Bakery, Café and Restaurant *(plan Kandy, B2,* **67***)* : *21, Dalada Veediya. ☎ 081-223-27-65. Tlj 7h30 (11h resto)-22h, fermé ven midi.* On traverse d'abord la boulangerie-pâtisserie, certainement conçue par un complice local de Philippe Starck, blanche comme un linge (et proposant par ailleurs quelques bonnes choses), avant de monter à l'étage où ce resto aux tons beiges et au plancher de bois, orné de grands lustres, offre une cuisine internationale sur fond de « *taste of India* ». Le *nasi goreng,* le *chop suey,* tout comme la *pasta* et le *tandoori chicken* se révèlent de bonne qualité. Et le reste itou.

Slightly Chilled Lounge *(plan Kandy, D2-3,* **71***)* : *29A, Anagarika, Dharmapala. ☎ 081-223-82-67. À côté de l'hôtel* Thilanka, *au-dessus du resto* History. *Tlj 11h-23h (bar 23h).* Ici, c'est la jolie salle contemporaine, façon *lounge,* et surtout la belle terrasse au-dessus de la ville qui font, avec les écrans TV et le billard, le succès de l'adresse. Vue imprenable qui contraste tellement avec la déco sinistre des complexes cafétérias-restos ! Côté assiette, rien de palpitant (on ne peut pas tout avoir, on dirait !), mais d'honnêtes plats du style *fried rice,* avec bœuf ou porc, steak, plats chinois, etc. Vrai café italien, chouette ! Très bien aussi pour boire un verre tout en surfant sur son smartphone.

Helga's Folly *(plan Kandy, D4,* ***69****) : Frederick E. de Silva Mawatha (off Mahamaya Ma). ☎ 081-223-45-71. Résa obligatoire. Repas env 3 000 Rs (sans la boisson).* Question cadre et décor, c'est quand même l'une de nos adresses les plus folles du pays, sur les hauteurs de la ville. Assez exceptionnel de trouver une telle extravagance débridée. Une grande demeure totalement hallucinante et loufoque à la fois, un bric-à-brac de luxe, allant de la famille Adams à Frankenstein en passant par Alice au pays des merveilles, tout cela mâtiné d'un savoureux mélange d'antiquités, de vieilles gravures et de fresques aux couleurs vives sur fond noir. Bref, un délire très personnel. Si les chambres sont malheureusement hors de prix, voire décadentes, y dîner ou y boire un verre, en revanche, reste tout à fait accessible. Un conseil : venir tôt en fin d'après-midi pour profiter du lieu autour d'un verre avant le repas, et là, le moment peut être assez magique. Autant vous le dire, c'est moins pour la cuisine (bonne mais sans éclat, et au choix très limité hors saison) que l'on vient ici, que pour le lieu.

Dans les environs proches

De bon marché à prix moyens (600-2 000 Rs / 4-13,30 €)

D.J.'s Restaurant *(plan Les environs de Kandy,* ***70****) : 74A, Deweni Rajasinghe Mawatha. ☎ 081-222-57-38. À 5 km du centre en direction de Peradeniya, peu après le cimetière militaire britannique, fléché sur la droite. Tlj midi et soir, jusqu'à 22h env. Fourchette basse.* Un coin paisible et verdoyant, où l'on peut manger sur une terrasse couverte, simple et agréable. Une très bonne table spécialisée dans la cuisine sri lankaise. Bons sandwichs et un *rice & curry* absolument extra. Accueil agréable.

Honey Pot *(plan Les environs de Kandy,* ***56****) : 33, Deweni Rajasinghe Mawatha. ☎ 081-238-40-82. À 4 km du centre en direction de Peradeniya, 1 km avt l'adresse précédente. Fourchette hte.* Ce « pot de miel » offre une jolie vue sur la rivière, d'où l'intérêt d'y venir plutôt le midi. Salle agréable avec baie vitrée et musique jazzy. La cuisine est correcte, tendance *rice & curry* ou nouilles sautées (en 2 tailles pour certains), mais elle n'est pas donnée. Si les sandwichs, salades, soupes et même certaines viandes restent à prix raisonnable, les grillades, poissons et autres crevettes s'envolent (oui, les crevettes volantes, ça existe ici !), sans compter qu'il faut ajouter 10 % de service... Pratique si on passe par là.

Où boire un verre ?

The Pub *(plan Kandy, B2,* ***66****) : voir « Où manger ? ». Tlj 11h-23h.* Un bar à l'ancienne et sa jolie terrasse (parquet et colonnes) à l'étage, d'où il est agréable d'admirer le spectacle de la rue. Ambiance un tantinet coloniale. C'est LE rendez-vous des touristes occidentaux. Diffusion de concerts et d'événements sportifs sur écrans TV. *Live music* certains jours, sinon des DJs.

Slightly Chilled Lounge *(plan Kandy, D2-3,* ***71****) : voir « Où manger ? ». Tlj 11h-23h.* On y vient et on y revient pour sa terrasse offrant une super chouette vue sur la ville. C'est déjà énooooooooooorme pour Kandy, qui manque tellement d'endroits fun... Bière et cocktails.

Helga's Folly *(plan Kandy, D4,* ***69****) : voir « Où manger ? ».* Allez au moins boire un verre dans ce décor totalement baroque...

Dans les ***bars d'hôtels*** : le bar de l'***Hotel Suisse*** *(plan Kandy, D3,* ***43****)*, très

LE TRIANGLE CULTUREL

agréable, celui du ***Royal Bar & Hotel*** *(plan Kandy, B1, **72**)*, au 44 King's Street, pour son décor élégant du XIXe s et ses tables en façade, ou celui du ***Queen's Hotel*** *(plan Kandy, B2, **34**)*. Notamment, on adore le bar du *Queen's*, plus précisément son magnifique comptoir colonial en bois sculpté. Dommage que l'ambiance soit souvent assez morne.

Massages ayurvédiques

De plus en plus d'hôtels proposent ce type de massages. Certains font vraiment du bon travail. D'autres se contentent de surfer sur la vague en pratiquant un pelotage amélioré. Le mieux est de s'informer dans sa *guesthouse*. Un massage de 1h doit coûter autour de 2 000-2 500 Rs, mais les spa des grands hôtels demandent souvent dans les 4 000 Rs. À noter qu'il n'y a malheureusement pas de corrélation entre le prix et la qualité en ce domaine.

Où faire du yoga ?

■ ***Centre de yoga Nelum Nikethana*** *(Centre du Lotus)* **:** *5/5, Pitakanda Rd, Anniwatta.* ☎ *077-982-80-24.* ● *nelumnikethana.com* ● Nandana (de la *Shangri-la Guesthouse* ; voir « Où dormir ? ») propose, dans son centre de yoga situé à 2 km de Kandy, des séances et stages à la journée et jusqu'à 1 semaine (hébergement possible sur place dans des *écolodges*), à la demande. 3 profs et lui-même pratiquent un yoga traditionnel (Hatha yoga). Pour 1 journée (2 sessions), compter environ 4 000 Rs. Plus de détails sur le site internet. Remise de 20 % pour ceux qui dorment ici (4 chambres) ou à la *guesthouse.*

Achats

Kandy est la ville où la plupart des touristes font leurs achats de souvenirs, d'où le nombre impressionnant de joailliers, de marchands d'étoffes et d'objets d'artisanat local. Pas question de vous indiquer les adresses de tous ces marchands. Nous vous laissons le plaisir de flâner, de comparer les prix... et surtout de marchander avec la plus grande fermeté ! Nous nous contenterons de vous indiquer quelques magasins d'artisanat, des marchands d'épices et quelques antiquaires.

– ***Arnaque aux bijoux* :** à côté de bijoutiers très sérieux, il existe des joailliers peu scrupuleux qui n'hésitent pas à vous proposer de vulgaires cailloux ou des pierres synthétiques à des prix exorbitants. La plus grande circonspection est de rigueur. Soyez vigilant, relisez notre passage consacré aux pierres précieuses dans la rubrique « Achats » de la partie « Sri Lanka utile » et exigez le *certificat de garantie* au moment de l'achat. Quoi qu'il en soit, il est préférable de porter votre choix sur une petite pierre ou un bijou sans grande valeur qui vous plaît, plutôt que de vouloir faire un investissement. Dites-vous bien aussi que ce sera toujours le vendeur qui fera la bonne affaire et que vous risquez une cruelle désillusion quand vous apprendrez, au retour, que votre saphir n'est qu'un vulgaire morceau de verre ou une belle réalisation des laboratoires spécialisés dans les pierres synthétiques.

– On vous proposera aussi des ***vêtements de soie*** exécutés dans des délais records et à vos mesures. Pourquoi pas ? Attention aux finitions (bonjour les dessous-de-bras qui craquent !). À force de vouloir aller vite, on bâcle le travail. Évitez donc de payer à la commande, négociez le tarif avant d'engager le travail, et essayez le vêtement avant de régler l'acompte final.

Artisanat

Quelques boutiques dans le centre et dans les hôtels. Bon, franchement, l'artisanat ne casse pas des briques. Pour avoir une idée des prix, allez à :

Kandyan Art Association *(plan Kandy, C2,* ***90****)* **:** *sur les bords du lac, après le pavillon des Bains. ☎ 081-222-31-00. Tlj 9h-17h30.* Du gentil petit artisanat. Quelques trucs sympas mais rien de décoiffant.

Laksala *(plan Kandy, B2,* ***91****)* **:** *magasin officiel, sur le bord du lac, face à la jetée. Tlj 9h-19h.* Là aussi, le choix est bien décevant. Un peu de vannerie, quelques éléphants sculptés, des thés... Textiles au sous-sol.

Le marché aux amulettes bouddhiques *(plan Kandy, B-C2)* **:** *dans la Srimath Bennet Soysa (Colombo St).* Succession de boutiques amusantes où l'on trouve quantité de fournitures dédiées à l'ornementation des temples. Quelques « bouddhas mastards » en cuivre ; d'autres – minus – en plastoque et qui clignotent. Également des packages complets pour les parfaits petits moines... Nos routards zen apprécieront.

Épices

Au ***marché*** *(plan Kandy, A-B2)* : *en plein centre et jusqu'aux abords de la Clock Tower.* On en a vu de plus beaux, mais tout de même à voir pour les couleurs, les odeurs et la foule (pickpockets inclus), ou faire le plein de fruits frais. En règle générale, les épices y sont un peu plus chères qu'ailleurs, autant le savoir. Sentir, comparer, discuter, marchander... Petite remarque : il n'y a qu'un seul marché à Kandy, donc si on vous propose de vous guider vers un marché soi-disant local, on se contentera en fait de vous y faire entrer par une porte latérale, juste histoire de toucher une com'... Notez qu'on peut aussi acheter les épices dans les ***supermarchés.*** Les prix y sont fixes, la qualité généralement bonne et la fraîcheur assurée par un bon conditionnement. Moins exotique et pittoresque que le marché certes, mais depuis l'apparition de ces petits supermarchés, les Sri Lankaises elles-mêmes s'y fournissent en épices. Une curiosité près de la Clock Tower : une grande croix celtique en pierre en hommage aux soldats britanniques morts en 1914-1918.

Antiquaires

Nécessité de venir seul. Ne dites pas au chauffeur de *tuk-tuk* où vous allez, donnez simplement une adresse voisine et libérez-le, sinon vous paierez obligatoirement la commission qu'il recevra plus tard. Même topo si vous avez votre propre chauffeur. Faites-le attendre plus loin et précisez bien au vendeur que vous êtes venu seul. Voici quelques vrais antiquaires... avec des prix qui le confirment. Négocier fermement.

Waruna Antiques *(plan Les environs de Kandy,* ***92****)* **:** *761, Peradeniya Rd. 077-771-00-13. À côté de l'Alliance française. Tlj 8h30-18h.* Dans le décor d'une vieille maison kandyenne reconstituée, un choix considérable d'objets et de beaux bijoux en argent, sur plusieurs niveaux. Nombreux objets de la vie quotidienne et quelques vraies antiquités (mais chères). Bon accueil du très raffiné patron.

Sriya & Daya Antiques *(plan Kandy, A3,* ***93****)* **:** *493, Peradeniya Rd. ☎ 081-222-62-47. Tlj 8h30-18h.* Beaucoup d'objets hors de prix mais aussi quelques pièces plus petites et de qualité : masques, vraies-fausses statuettes, coffres, couteaux, bouddhas d'ivoire, boîtes à bijoux en argent... Notez les photos d'Edgar Faure et d'Ursula Andress (non, pas ensemble !). Bon accueil.

Alimentation et alcools

Cargill's Food City *(plan Kandy, B2,* ***9****)* **:** *3, Dalada Veediya. Tlj 8h-22h, même pdt le poya (pleine lune).* On y trouve de tout. Le rayon alcools est très bien garni. Grand choix d'*arrack* et quelques vins. Aussi des épices et du thé de qualité, à prix abordables. Parking possible dans la cour derrière. Succursale sur la route de Peradeniya.

Kandy City Centre *(K.C.C. ; plan*

Kandy, B2, ***1****)* **:** au sous-sol de ce grand centre commercial, on trouve un petit supermarché mais aussi un grand nombre de boutiques de toutes sortes (hi-fi, électroménager, banques, etc.). Intéressant d'aller y faire un tour, non pour acheter une machine à laver, mais pour constater le bond du pouvoir d'achat des classes moyennes, qui peuvent aujourd'hui fréquenter ce type de lieu.

À voir

Entourée de hautes collines que recouvre une dense végétation splendide, Kandy offre des paysages d'une extrême beauté. La ville est dominée par un gigantesque bouddha, don des Japonais, qui semble fait de sucre ou de saindoux. Mais la circulation en centre-ville est infernale et il est conseillé de le visiter à pied, malgré la pollution presque aussi importante qu'à Colombo. Un véhicule ne sert que pour faire le grand tour panoramique au-dessus du lac et explorer les environs.

RUBIS SUR L'ONGLE

Marco Polo, ambassadeur de Kubilai Khan, fils de Gengis Khan, avait rencontré le roi de Kandy vers 1290. Celui-ci lui avait montré le plus gros rubis du monde. Gros comme une main ! Marco voulait l'acheter pour l'empereur de Chine, mais le roi refusa de le lui vendre. Marco, déçu, raconta tout de même cette histoire dans ses mémoires.

Dans l'allée qui mène au temple de la Dent, à partir de 9h-10h, quelques éléphants avec lesquels on peut se faire photographier moyennant quelques dizaines de roupies. Vous noterez également que certaines familles sri lankaises passent trois fois sous le ventre d'un éléphant avec leurs enfants dans les bras (et les bébés appliquent ensuite leur petit front sur la trompe). Cette coutume est censée apporter la prospérité aux parents et éviter les cauchemars aux enfants. Juste avant la visite du temple de la Dent, ça ne peut pas faire de mal ! Un peu plus loin, vente de fleurs d'offrandes en bouquets tout faits.

Le temple de la Dent du Bouddha ou Dalada Maligawa *(plan Kandy, C2, et zoom)* **:** *• sridaladamaligawa.lk • Tlj, généralement 5h30-20h (dernière entrée à 18h30). Entrée : env 1 500 Rs (inclus un mini-CD) ; droit photo compris mais vidéo en supplément (300 Rs). Attention, il est offensant et donc interdit de poser pour une photo, le dos tourné au Bouddha et les autels. Se présenter en pantalon ou robe. Shorts et bermudas refusés. Loc de sarongs chez les vendeurs de fleurs, mais autant s'en acheter un pour tt le séjour. Éviter d'avoir un sac encombrant, et d'être en noir de la tête aux pieds.* Fouille obligatoire et contrôles rigoureux à l'entrée. Il faut s'attendre à tout sur le plan de la sécurité : le temple peut être totalement fermé, partiellement ouvert, clos à la visite mais pas à la prière... Le tour du temple s'effectue pieds nus. Les chaussures sont déposées à la consigne (donation lors de leur retrait, à la sortie).

– ***Le temple :*** il se compose d'un ensemble de bâtiments à l'intérieur d'une vaste enceinte, cernée de hauts murs. On gravit d'abord quelques marches, puis l'on est accueilli par une ***pierre de lune*** au sol, sorte de « zone d'accueil » en forme de demi-lune. On passe alors sous un porche de pierre, encadré par deux gardes en bas relief. Ce passage est couvert de fresques assez récentes. Au bout, on atteint le sanctuaire proprement dit. Tout s'articule autour de la ***salle de l'Image,*** petit temple central qui abrite, au 1er étage, un tabernacle contenant le ***reliquaire de la dent.*** Avant de monter, admirer les peintures des poutres qui datent d'au moins quatre siècles.

Le reliquaire est donc exposé au 1er étage. Il suffit de suivre la foule (évitez si possible la cérémonie du soir). En gravissant les marches, sur la petite plate-forme intermédiaire (avec le *stûpa* blanc), noter sur la gauche la structure en argent qu'on installe sur l'éléphant qui transporte l'un des sept reliquaires, lors de la *perahera.* Bannières et ombrelles accompagnant la relique. Tableau représentant la princesse indienne qui rapporta la dent du Bouddha cachée dans ses cheveux.

LE PÉRIPLE DE LA DENT SACRÉE

On dit que cette dent fut sauvée de la crémation du Bouddha au VIe s av. J.-C. Face au déclin du bouddhisme, une princesse indienne l'emporta au Sri Lanka, dissimulée dans sa belle chevelure. Mais la dent fut « capturée » par l'armée tamoule du sud de l'Inde. Les Portugais s'en emparèrent et l'expédièrent à Goa, où elle aurait été réduite en cendres et jetée à la mer. D'après les fidèles, ce n'était pas la dent originale. Toujours est-il qu'elle arriva à Kandy à la fin du XVIe s, où on lui construisit un temple. Certains étrangers, qui eurent la chance de la voir, décrivirent alors une longue dent de 3 pouces, qui serait en fait une dent... de buffle. Mais la foi, c'est sacré, alors respect !

Puis ***arrivée au 1er étage.*** Tous les jours se déroulent normalement ***trois cérémonies*** de 1h chacune dans la chambre sacrée où est conservée la dent du Bouddha (généralement à 7h, 11h et 19h45, horaires variables selon les saisons, à vérifier auprès de son logeur par exemple). Durant ces périodes, les pèlerins forment une file dense et longue. Celle de gauche, la plus fournie, attend de pouvoir contempler la relique. Celle de droite permet de l'éviter. Puis les portes du sanctuaire s'ouvrent. Alors les fidèles défilent très rapidement devant celui-ci et déposent leurs offrandes achetées aux stands (surtout ne les dérangez pas dans leur dévotion, pas de photos). Envoûtée par des récits sur cette relique, l'impératrice Eugénie, épouse de Napoléon III, vint à Kandy. Les cérémonies *(poya)* sont toujours annoncées par des musiciens regroupés au rez-de-chaussée.

On y voit certains jours autant de touristes que de pèlerins, et l'ambiance peut être un rien étrange, mélange de dévotion et de pression touristique. Chacun s'y bouscule pour prendre des photos dans un crépitement ininterrompu de flashs et dans un tohu-bohu international. Ne vous attendez pas à voir la dent, qui est dissimulée sous un reliquaire qui se compose de six coffrets d'or en forme de *dagoba* s'emboîtant les uns dans les autres, et dont la richesse augmente à mesure que le format diminue. On ne voit donc en réalité pas grand-chose et il s'agit surtout d'une atmosphère, d'une ambiance particulière. Quand il n'y a pas trop de monde, à savoir tôt le matin, c'est un moment agréable. Avec la présence de groupes, inutile de dire que ce n'est pas la même chose.

Outre les trois cérémonies quotidiennes de présentation du reliquaire, tous les 7 ans, la dent du Bouddha est montrée 2h par jour pendant 10 jours. Les fidèles effectuent souvent plus de 24h de queue pour la voir. La prochaine présentation aura lieu en 2022.

– ***L'octagon*** *(bibliothèque)* **:** ouv dès 8h. Avant de redescendre, quelques marches permettent d'accéder à l'*octagon,* en fait une petite tour octogonale accueillant la bibliothèque *(pathiruppuwa).* Elle renferme d'extraordinaires manuscrits anciens, sur feuilles de tallipot. Voir notamment le *Pansiya Panas Jathakaya,* soit 550 histoires du Bouddha écrites sur 1 600 feuilles de palme, dont la plupart datent des XIe-XIIIe s. Dans les vitrines, de vieux livres qui furent endommagés par l'attentat de 1998 (couvertures neuves pas encore patinées). Au centre, un petit bouddha encadré par deux défenses d'éléphant. Derrière la vitrine centrale, la réplique du reliquaire contenant la dent. Devant la porte, une trappe en bois encastrée dans le sol cache l'entrée d'un tunnel secret qu'empruntait le souverain pour aller du palais au temple. C'est de cette tribune que le tout nouveau chef d'État prononce son premier discours officiel.

Jusqu'en 1815, le roi était le gardien de la dent et le seul à pouvoir la contempler. Maintenant, le gardien *(highpriest)* est élu par une assemblée de sages et de hauts dignitaires.
– ***New Shrine Room et Sri Dalada Museum :*** cette grande salle de prière, doublée d'un musée dans les étages, est située au rez-de-chaussée, derrière le sanctuaire. Il vous faut donc redescendre. Au fond trône un grand bouddha doré, offert par la Thaïlande (style thaï de la coiffure). Le chœur est cerné de défenses d'éléphant.
En traversant cette salle de prière, on atteint le musée, ***Sri Dalada Museum.*** *Situé à l'étage. Tlj 9h-17h. Photos interdites.* La grande salle rassemble des dizaines d'objets, de sculptures, de photos, de vêtements ayant tous trait à l'histoire de la célèbre canine (si c'en est une ?). Certaines pièces sont d'un grand intérêt. Au centre, un plan du palais de Kandy. Tout autour, les murs accueillent des photos sur l'attentat de 1998. On verra des fragments de fresques du sanctuaire, détruites par l'explosion, mais qui permirent d'en découvrir d'autres cachées en dessous. Étendards métalliques, tambours, bustes de tous les dignitaires religieux ayant été en charge du temple, photos des lieux où séjourna la dent du Bouddha au cours de ses tribulations. Au 2e étage, une autre grande salle pleine de superbes objets : vitrines de vases et bols d'argent, plaques votives, pièces de monnaie, bijoux, argenterie, figures animalières, instruments de musique... Offrandes et cadeaux faits à la dent provenant de pays étrangers. On verra entre autres un insolite *stûpa* offert par un artiste, entièrement fait en nervures de feuilles de cocotier, un éventail en argent ou une cloche en bronze offerts par la Birmanie, deux défenses d'éléphant ciselées, des *chowries,* sortes de plumeaux décoratifs placés derrière les oreilles des éléphants, des parures diverses, de la vaisselle religieuse, des empreintes (simple ou double) de pied du Bouddha dont une en cuivre, des lampes à huile et à encens... Jeter aussi un œil aux portes qui datent de la fondation du temple.

Le Hall des audiences ou Mangul Maduwa *(plan Kandy, C2, et zoom)* **:** *ouv en permanence.* Magnifique salle inachevée et ouverte aux quatre vents, où le dernier roi de Kandy donnait ses audiences de nuit. Le roi se trouvait dans le carré du fond. C'est dans ce décor que les chefs kandyens signèrent, en 1815, leur reddition et la cession de leur royaume à la couronne anglaise. Les 64 piliers de bois superbement travaillés sont caractéristiques du style dit « de Kandy ». Certains sont peu décorés, d'autres richement ciselés de motifs floraux sur la partie supérieure. Certaines poutres ont également profité du ciseau des artistes. À côté, salle vitrée où l'on fait brûler des lampes à huile. Derrière se dresse l'imposante façade néoclassique de l'ancien tribunal *(High Court).*

World Bouddhist Museum *(plan Kandy, C2, et zoom)* **:** *derrière le Hall des audiences. Tlj 8h-19h. Entrée : env 500 Rs, audioguide inclus.*
Attention, tout (ou presque) est faux dans ce musée ! Vaste, installé sur deux étages dans l'ancien palais du gouverneur, il évoque la vision du bouddhisme de 17 pays asiatiques majoritairement bouddhistes, auxquels on a demandé de concevoir leur propre galerie. Selon l'investissement de chaque pays dans le projet, les expos sont plus ou moins intéressantes, mais globalement on en sort plus cultivé. Des bouddhas sous forme de sculptures en bois, pierre, plastique ou autres, bas-reliefs, maquettes de temples, photos de sites bouddhistes importants, étoffes...
Une grande carte permet d'observer le développement du bouddhisme à travers le monde et les siècles. Dans le hall principal, évocation de la destruction des deux bouddhas de Bâmiyân en Afghanistan. Au rez-de-chaussée, parmi les pays présents, l'Inde, le Bangladesh, le Népal, le Bhoutan (beau cœur de temple en bois), le Pakistan (un bouddha en grève de la faim !). Au 1er étage, la Birmanie (beaucoup de dorures, empreintes de pieds, gravures). La Thaïlande présente des bouddhas de bronze (influences Sukhotai et Ayutthaya). Puis le Laos, le Cambodge et

l'Indonésie (maquette de Borobudur), la Malaisie et la Corée (noter les bouddhas à moustaches !). Du Japon, de superbes tissus imprimés de mandalas ou narrant les étapes de la vie du Bouddha. De la Chine, des valises de bouddhas dorés (vraiment made in China !) ainsi qu'un intéressant documentaire (version française), et du Tibet, une maquette du plus grand temple du pays. Boutique intéressante.

Elephant Museum *(plan Kandy, C2, et zoom)* : *à gauche du Hall des audiences. Tlj 6h-18h (en théorie).* Eh oui ! On a créé un petit musée pour *Rajah,* cet éléphant mort en 1988, à l'âge supposé de 75 ans. C'est sans doute le seul éléphant au monde à qui on a consacré un musée ! On le voit empaillé, debout, derrière une vitrine devant laquelle on défile avec dévotion (noter ses enveloppes de défenses). Tout autour de la pièce, de nombreuses photos en noir et blanc le montrent en tenue d'apparat durant les cérémonies, ainsi que lors de son bain le jour de son décès.

UN TRÉSOR D'ÉLÉPHANT

Né vers 1913, l'éléphanteau Rajah fut capturé à l'âge de 12 ans et offert au temple de la Dent. Doté de caractéristiques le faisant entrer dans l'aristocratie des éléphants, il eut le suprême privilège de porter la dent sacrée lors de la procession de la perahera, pendant près de 40 ans. En 1986, le président le déclara « Trésor national ». Il mourut 2 ans plus tard et eut droit à des funérailles officielles. Il est même représenté sur un timbre et sur le billet de 1 000 roupies.

Kandy National Museum *(plan Kandy, C2, et zoom)* : *derrière le temple de la Dent. ☎ 081-222-38-67. • museum.gov.lk • Théoriquement, ouv mar-sam 9h-17h. Fermé j. fériés. Entrée : env 500 Rs ; réduc enfants. Photos et vidéos payantes (env 250 et 2 000 Rs), mais franchement, on peut s'en dispenser. Flash interdit.*

Ce musée est situé dans un ancien palais du XVIIIe s un poil décati, où résidait le frère du dernier roi. Pêle-mêle, on y voit un large panorama des objets usuels et artistiques des XVIIIe-XIXe s. Belles gravures sur l'ancienne capitale aussi, qui permettent de remettre en perspective ce que pouvait être Kandy il y a à peine deux siècles. Dommage que, là aussi, la muséographie soit vraiment vieillotte, l'organisation très bordé... pagailleuse et l'éclairage parfois déficient. Cependant, remarquable qualité des objets exposés. Les salles ne sont pas clairement dénommées, mais pour plus de clarté, nous leur avons donné un nom (un peu arbitraire).

- *Salles d'ethnographie :* vitrines d'instruments de musique, vêtements, bijoux, tissus anciens (XVIIIe s), arcs et flèches ornementées, lances, costumes de l'ancienne famille royale, moules divers et nombreux objets domestiques des XVIIe-XVIIIe s : pots, louches, couteaux pliants... Belle collection de poignées de porte et serrures, plateaux de bétel, outils, louches « noix de coco » ciselées, laques, grands crachoirs de bronze, éventails en bois décorés, lampes à huile sur pied ou suspendues... Magnifique poterie peinte.
- *Livres en feuilles de palme :* c'est, à notre sens, l'une des plus fascinantes sections du musée. Dans de longues vitrines horizontales, expo de livres de tous sujets en feuilles de palme, ainsi que les instruments pour graver lettres et textes (couteaux, ciseaux, plumes...). Riches bouquins de médecine ou religieux, jusqu'à un remarquable *Concept de l'univers.* Également, horoscopes, almanachs... Très belles gravures, vieilles *yantra* de charme ornées de délicates figures féminines.
- *Section artistique et historique :* riches collections de bois sculptés et peints, statues du XIXe s. Collections de masques, urnes funéraires. Dans une vitrine, en fac-similé (de bien mauvaise qualité), la copie de la fameuse *Convention de Kandy* (1815) par laquelle les *British* assuraient leur mainmise sur Ceylan. Le texte

en tant qu'objet n'a rien d'intéressant en soi (vulgaire copie), mais son histoire mérite d'être signalée. Signé notamment par *Ehelepola* (oncle du petit *Madduma Bandara,* voir plus bas), premier traître ceylanais à avoir rejoint le camp britannique, ce texte est un chef-d'œuvre de rouerie et de mauvaise foi (notamment le passage où la colonisation des Anglais est justifiée pour sauver les Cinghalais du roi et de ses traditions barbares !). Puis mobilier divers et pierre en demi-lune traditionnelle.

– *Galerie du milieu :* armes, poignards kandyens, reliquaires en bronze. Voir les vieilles pétoires du XVIIIe s, sabres à couper les têtes, dagues et kriss, ainsi que de beaux coupe-noix. Objets de cérémonie dont une curieuse mangue de bronze se terminant en fleur de lotus. Belle collection de boîtes à bétel de voyage. Jeux en bois.

– *Galerie de droite :* antiques pressoirs pour graines médicinales, masques colorés, jarres, urnes funéraires, plats.

– *Galerie latérale :* délicats petits bronzes, beaux ivoires ciselés (notamment les peignes), coffrets en argent et cuivre (XVIIIe-XIXe s). Copie de la couronne du roi Ratasinghe II (1634-1687). Remarquables manches d'éventails. Enfin, quelques intéressantes gravures, estampes et cartes de l'île.

Archeological Museum *(King's Palace ; plan Kandy, C2, et zoom)* **:** ***fermé pour rénovation.*** *Théoriquement tlj sf mar 8h-16h45. Entrée sur donation (mais ça peut changer après la rénovation).* Installé dans l'ancien hall de réception d'un des palais du dernier roi de Kandy, au nord du site. C'est ici qu'il rencontrait les diplomates et ses amis. Un musée fourre-tout, sans aucune muséographie, divisé en cinq modestes salles. Pour ceux qui ont du temps. Vous y verrez cependant quelques pièces intéressantes que le gardien sera ravi de vous pointer du doigt. Parmi celles-ci, dans la première salle, la stèle-testament d'un paysan léguant sa terre aux moines. On plaint le notaire qui devait se trimbaler ce genre de dossier sous le bras. Et encore une pierre de lune, une autre pierre destinée à l'évacuation des eaux usées et un bas-relief de danseurs *(sticks dancers).* Et puis, en vrac (à la Prévert ou tout simplement à l'image du musée...) : des boulets de canon, de jolies lampes à huile de coco ciselées, quelques jarres, des piliers de bois sculptés, de vieilles poutres ou encore des chapiteaux.

Saint-Paul Church *(plan Kandy, C2)* **:** *à gauche de l'entrée principale du temple. Tlj 8h-15h. Offices dim à 6h45 et 7h45, mer à 9h.* Après la visite du temple de la Dent, jetez un œil à cette église anglicane néogothique bâtie en 1843 pour la garnison britannique et les familles. Juste pour le plaisir du contraste avec cet environnement totalement bouddhiste et hindou. Elle n'a rien de vraiment exceptionnel, certes, mais sachez que les briques et l'élégant mobilier en bois sont venus d'Angleterre par bateau. Et puis, en sortant, remarquez en face le grand nombre de « plaques » d'avocats et de notaires. Si vous avez un terrain à acheter ou une affaire en cours, c'est le quartier...

Les temples hindous ou Devale *(plan Kandy, C1)* **:** ils jouent un rôle important dans le déroulement de la *perahera* et sont d'ailleurs regroupés à proximité du temple de la Dent. Le ***Natha Devale*** est composé de plusieurs édifices dont le plus ancien, un templion de pierre, remonterait au XIVe s. Il abrite dans son enceinte un bouddha et un rameau de l'arbre sacré, preuves que la cohabitation religieuse est une chose naturelle au Sri Lanka. C'est dans ce temple que chaque nouveau souverain du royaume de Kandy recevait son épée. À côté, la salle des tambours se distingue par son élégante charpente de bois. Le temple lui-même, situé sur la droite à l'ombre d'un arbre, possède une façade ornée de fresques.

Le ***Pattini Devale,*** d'un intérêt moindre, attire cependant de nombreux fidèles. Il est dédié à la déesse de la Chasteté.

Le ***Vishnu Devale,*** situé hors de l'enceinte et de l'autre côté de la rue, est le plus vaste. Il abrite une salle au tambour. Il fut construit au milieu du XVIIIe s pour une idole provenant du célèbre sanctuaire de Dondra (proche de Matara, sur la côte sud) dédié à Vishnu, ce dieu majeur du panthéon hindou. Ces temples sont particulièrement animés les jours de *poya.*

Dans le parc entre le temple et la ville, ***statue de Madduma Bandara,*** 9 ans, exécuté au sabre pour avoir critiqué un parent qui avait fait allégeance aux Anglais. Considéré aujourd'hui comme un héros.

Autour du lac

Le lac *(plan Kandy, B-C-D2-3)* **:** de création artificielle, il fut creusé à la demande du dernier roi de Kandy en 1807. L'élégant pavillon des bains réservé aux femmes de la cour est désormais un poste de police. Nous vous conseillons de faire le tour du lac à pied (environ 4 km). Balade plutôt agréable, côté nord de préférence, malgré le trafic et la pollution automobiles. Le charmant pavillon isolé sur les eaux abritait (dit-on) le harem royal. Dominant l'étendue d'eau, l'*Hotel Suisse* était la somptueuse résidence de Lord Mountbatten lorsqu'il était commandant en chef des forces alliées en Asie du Sud-Est (1944-1945). Une mini-Suisse exotique, on vous dit...

Petit tour sur le lac en bateau *(plan Kandy, B2)* **:** possibilité d'effectuer une petite promenade sur le lac en bateau à moteur. *Tlj 9h-18h. Prix : env 2 000 Rs pour le bateau entier (6 pers max), pour un tour de 15 mn.* Bon, franchement, rien de vraiment romantique.

Pour avoir le meilleur ***panorama sur Kandy et son lac,*** empruntez la Rajapihilla Mawatha et montez jusqu'à la terrasse située un peu au-dessus du *Senani Restaurant,* envahie par les vendeurs qui attendent de proposer leur pacotille aux clients des tours organisés. Le meilleur moment pour découvrir l'écrin des montagnes qui entourent le lac se situe en fin d'après-midi. Vous pouvez prolonger cette promenade en empruntant les nombreux petits sentiers qui grimpent sur les flancs de la colline.

Helga's Folly *(plan Kandy, D4,* ***69****)* **:** *voir aussi « Où manger ? ». Entrée : 300 Rs.* Cet étonnant hôtel-resto peut se visiter sans avoir à casser sa tirelire pour y manger ou y dormir. Et ça vaut le détour !

Les monastères : on en compte plusieurs, Kandy étant la capitale religieuse de l'île. Le plus intéressant est le ***Malwatte Vihare*** *(plan Kandy, C3),* près de l'*Hotel Suisse,* fondé au XVIe s par des moines birmans. Sa salle de réunion, que l'on peut visiter, possède un magnifique plafond peint, dont les caissons représentent de belles colonnes kandyennes. Ce monastère très actif abrite encore plus de 300 moines. On vous montrera son modeste musée *(donation).*

Autres sites proches

Le Bouddha géant *(Bahirawa Kanda ; plan Kandy, A1)* **:** *à l'ouest du centre-ville. Pour y accéder du centre, tourner au poste de police et suivre la direction des hôtels* Topaz *et* Tourmaline*. Compter 15 mn de montée. Tlj 6h-20h. Entrée : env 250 Rs.* Impossible de louper cette masse neigeuse qui domine la ville et repose majestueusement au sommet d'une colline. Offert par les Japonais, il a été aussi largement financé par une collecte dans les villages voisins. La vue est magnifique et la statue impressionnante.

Royal Forest Park of Udawattakele *(plan Kandy, C1)* **:** *au nord du centre-ville. Prendre la Sri Daladha Thapowana Mawatha et poursuivre la route en lacet (1,5 km). Pour y aller, prendre un* tuk-tuk. *Tlj 7h-17h. Entrée : env 650 Rs.* C'est une grande forêt au-dessus de la ville, bien conservée dans son environnement sauvage, où les gens qui séjournent quelque temps à Kandy pourront se balader. On y rencontre des singes, parfois des varans, des mangoustes et beaucoup d'oiseaux. À éviter quand il pleut : les sangsues attaquent !

Où assister à des danses traditionnelles cinghalaises ?

Vous aurez le choix entre plusieurs spectacles. Ils se valent à peu près tous et débutent presque à la même heure : 17h ou 17h30. Prix d'entrée identique : environ 1 000 Rs. Ces spectacles colorés et dynamiques permettent de se faire une idée de la variété du folklore cinghalais. Forcément touristiques, mais les danseurs sont souvent excellents et les chorégraphies intéressantes. Évidemment, certaines troupes sont meilleures que d'autres. Plusieurs types de danses : *blowing in the conch shell* ; *pooja dance, cobra dance, mask dance* et évidemment la *fire dance* et *fire walking.* S'y rendre 30 mn avant le début pour trouver une bonne place. Trois lieux :

■ Le ***Kandyan Art Association & Cultural Hall*** *(plan Kandy, C2,* ***90****),* ☎ *081-222-35-05,* et le ***Kandy Lake Club*** *(plan Kandy, D2,* ***100****),* à proximité de l'hôtel *Thilanka,* sont les plus réputés. Et enfin, une autre prestation recommandable (1 000 Rs) à la ***YMBA*** *(plan Kandy, B2,* ***30****),* sur Rajapihilla Mawatha, mais la salle est moche. Les spectacles démarrent vers 17h et durent 1h.

Fête

– ***Esala Perahera :*** pendant la pleine lune de l'*Esala,* qui a généralement lieu fin juillet, début août ***(se renseigner à l'avance sur la date, qui varie chaque année).*** C'est peut-être une des processions religieuses les plus spectaculaires d'Asie. Vieille de plus de 2 000 ans, elle se déroule en l'honneur de la relique sacrée – une canine du Bouddha – conservée dans le fameux temple de la Dent.

La *perahera* a lieu le soir, à la nuit noire, vers 20h, et dure 3h. Elle débute par l'abattage d'un *jacktree* (le jacquier, en français) qui n'a pas porté de fruits ; de cet arbre coule une sève blanchâtre, signe de prospérité. Puis une première procession débute depuis le temple de la Dent et se poursuit tard à travers la ville.

Les processions durent 10 jours et progressent en beauté de jour en jour. Elles ont lieu en fin de journée et de nuit, sauf le dernier jour de la fête.

Durant la procession du dernier soir, la plus prisée, rassemblant de nombreux fidèles, danseurs, jongleurs, musiciens, porteurs de torches s'agitent autour d'éléphants sacrés caparaçonnés d'or et entourant le *Raja Senior,* un vieil éléphant aux défenses superbes portant la relique. Ou, dit-on, une réplique de la relique...

Cela dit, les gradins pour assister au spectacle (simples chaises situées à 1,50 m du sol) sont à des prix exorbitants (80 $!). Tous les habitants de la ville, commerçants et particuliers qui ont un pas de porte le long du parcours, proposent des chaises à la location sur leur trottoir ou leur balcon autour de 20-30 $: négocier ferme ! On peut aussi, sans dépenser de roupies, assister au départ de la procession en restant à l'entrée du temple, derrière des barrières, et s'asseoir par terre ;

comme de nombreux Sri Lankais. À noter qu'une fois la procession commencée, on ne peut plus bouger pendant sa durée, c'est-à-dire 3h : penser à prendre de l'eau et de quoi grignoter. D'autre part, les tarifs des hôtels peuvent alors doubler, voire tripler pendant cette période !

DANS LES PROCHES ENVIRONS DE KANDY ET UN PEU PLUS LOIN

➢ Depuis Kandy, on peut effectuer une excursion à la journée, incluant la visite des trois temples de ***Gadaladeniya, Lankatilaka*** et ***Embekke*** ainsi que l'***orphelinat des éléphants de Pinnawela*** ou le ***Millennium Elephant Foundation*** (voir plus loin). Et pour finir, sur le chemin du retour, le ***Peradeniya Botanical Garden.*** Pour cette grande virée dans les environs de Kandy, compter environ 5 000 Rs pour une voiture avec chauffeur à la journée, pour quatre personnes. Moins cher si vous optez pour la virée en *tuk-tuk,* mais moins confortable aussi : contentez-vous alors des trois temples *(env 2 500 Rs).* La plupart des *guesthouses* proposent cette excursion. Bien se faire préciser les horaires et les différents arrêts envisagés. Ce tarif n'inclut pas les entrées aux sites, évidemment.

➢ Par ailleurs, ceux qui ne comptent pas monter jusqu'à Polonnaruwa et Anuradhapura faute de temps pourront tout de même faire une autre excursion à la journée, vers ***Dambulla*** et ***Sigiriya.*** Compter alors environ 7 500 Rs pour une voiture avec chauffeur, pour 4 à 6 personnes.

Peradeniya Botanical Garden** (plan Les environs de Kandy)* **:** *à* ***Peradeniya, *à 9 km du centre de Kandy. Pour y aller, soit le bus n° 644 depuis la station située derrière le marché (pas vraiment pratique), soit le* tuk-tuk, *bien plus confortable (env 500-700 Rs). En revanche, pour revenir, c'est assez facile en bus, ils vont ts vers le centre. Compter 15 mn de trajet.* ☎ *081-238-80-88. • botanicgardens.gov.lk • Tlj 7h30-17h45 (dernière entrée à 17h). Entrée : env 1 500 Rs ; ½ tarif 5-12 ans ; réduc étudiants. CB acceptées. À l'entrée, demander le petit plan (inclus dans le prix), bien commode pour s'y retrouver (avec des numéros). Attention, certaines zones sont parfois fermées pour entretien ou rénovation. Autre option, si vous ne disposez que de peu de temps : louer une des voiturettes avec chauffeur, à l'entrée, pour 1h. Le jardin est très vaste, vous ne le regretterez pas.*

Son origine remonterait au XIVe s, lorsque le roi Wickramabahu III fit bâtir ici une résidence royale que fréquentèrent ensuite ses successeurs, notamment Kirti Sri, qui fit aménager le parc en jardin d'agrément pour la noblesse sri lankaise au XVIIIe s. Mais ce sont évidemment les Britanniques qui, en 1821, le transformèrent en jardin botanique (une manie chez eux !). En 1824, le gouverneur Edward Barnes y planta les premiers plants de thé... On connaît la suite. Aujourd'hui, occupant 60 ha, c'est l'un des jardins botaniques les plus célèbres au monde ! Un vrai plaisir d'y déambuler, sous les frondaisons de véritables cathédrales végétales.

De l'entrée principale, en allant vers la droite, le *jardin aux Épices (n° 30)* possède toutes les variétés du pays. Le choix est incroyable. Puis la fameuse *maison des orchidées (n° 29),* absolument magnifique. Même si ces fleurs vous laissent indifférent, vous ne pourrez que vous émerveiller devant la délicatesse des coloris des plus beaux spécimens. N'y manquez pas la *Gramma To Thyllum Speciosum,* l'orchidée la plus grande du monde (mais elle ne fleurit que tous les 6 ans...). Non loin, la *Cactus House (n° 27).* À voir aussi, la magnifique avenue bordée de palmiers dits « royaux » qui ne sont, en réalité, que de vulgaires *palmiers-choux (n° 24)* et plus loin, les *Palmyra (n° 23).* Au centre du jardin, le *Great Circle (près du n° 21),* une vaste pelouse bien dégagée. Dans la

grande allée centrale, curieuses racines d'un *Securidaca volubilis* qui courent au sol. Non loin, les très suggestives *coco fesses* des Seychelles, qu'on vous laisse apprécier, et les superbes *Agathis robusta.* Au bord de la rivière, les *bambous géants (n° 8)* peuvent atteindre 30 m de haut. À noter aussi, une zone où tous les arbres plantés furent donnés par des célébrités (Tito ou Gagarine, par exemple, pour n'en citer que deux). Avec un peu d'attention, vous remarquerez que certains arbres, les plus hauts, sont dans la journée littéralement couverts d'énormes chauves-souris. Également un pont suspendu tout au fond du jardin. Tout cela vaut absolument le détour. Pour les passionnés, compter au moins une demi-journée.
Comme tous les jardins publics au Sri Lanka, ce parc est aussi le refuge des amoureux, qui se cachent souvent sous un parapluie. Le dimanche, les familles s'y promènent tranquillement et apportent leur pique-nique. Des grappes d'adolescents draguent les jeunes filles en fleur. La vie, quoi ! Une rivière semée de bancs de sable baigne un vallon. On y aurait aussi tourné plusieurs scènes du film *Le Pont de la rivière Kwai...*
I●I Au milieu du jardin, la ***Royal Garden Cafeteria,*** souvent du monde et carte restreinte, mais dans un cadre très agréable pour boire un thé.

Ceylon Tea Museum *(hors plan Les environs de Kandy)* **:** *à* ***Hantane,*** *à 6 km de Kandy, sur Uduwela Rd. Pour s'y rendre, longer la prison, se diriger vers l'hôpital, puis à gauche monter Uduwela Rd et faire env 2,5 km. ☎ 081-380-32-04. • ceylonteamuseum.com • Tlj sf lun 8h30-16h30 (15h30 dim). Entrée : env 800 Rs ; réduc. Visite guidée à la demande en anglais (bien que les gentilles hôtesses ne soient pas de grandes spécialistes).* Non pas une plantation de thé, mais un musée dédié au célèbre breuvage, installé dans une ancienne usine, entièrement en tôle ondulée rutilante (un vrai chef-d'œuvre industriel), qui cessa de fonctionner en 1986. Bon, pas palpitant, mais ceux qui n'iront pas dans la région de Horton Plains et de Nuwara Eliya peuvent apprécier. Sur quatre niveaux, des dizaines d'énormes machines utilisées dans le processus : roulage de feuilles, cassage des feuilles, tables de fermentation, séchoirs, fumoirs, etc. Toutes les machines viennent du Sri Lanka. Intéressant, la maquette d'une usine dont les éléments fonctionnent toujours. Petite boutique de thé au 4e étage et espace dégustation.

Les temples dans la région de Kandy *(plan La région de Kandy)* **:** *ils sont accessibles facilement avec un véhicule. Il y a bien des bus locaux, mais les départs sont irréguliers et c'est un peu galère. Pour les acharnés et les sportifs, bus pour Gadaladeniya jusqu'à Pilimatalawa, mais il vous restera pas mal de marche et de grimpette à effectuer pour relier les 3 temples. On peut aussi faire le trajet en sens inverse, en prenant un bus pour le village d'Embekke depuis la Clock Tower à Kandy. Sinon, prendre un* tuk-tuk *à 2. Les 3 temples sont payants.*
Si vous êtes observateur, vous constaterez que si le premier, *Gadaladeniya,* fut construit en pierre, *Lankatilaka* n'est fait que de brique et *Embekke* de bois. La version « temple » de la maison des « Trois petits cochons » en quelque sorte. Une *perahera* a lieu chaque année, en septembre, après celle de Kandy, et se déroule autour des trois sanctuaires.
– ***Gadaladeniya Temple :*** *situé à 11 km sur la route de Colombo, puis à 1 km sur la gauche (en venant de Kandy). Entrée : env 300 Rs. En général, il y a toujours quelqu'un qui pourra vous montrer les points importants du temple.* C'est une surprenante construction de pierre du XIVe s, datant de la *Gampola period* (antérieure à celle de Kandy) et élevée dans un très bel environnement. Autour de la première structure, sur sa base de granit, huit éléphants sculptés. Petite chapelle dédiée au Bouddha, avec des évocations hindouistes. À l'entrée du temple principal surmonté d'un toit protégeant la coupole, deux colonnes : sur la droite, Krishna et Shiva. À l'intérieur, belle porte couverte de peintures

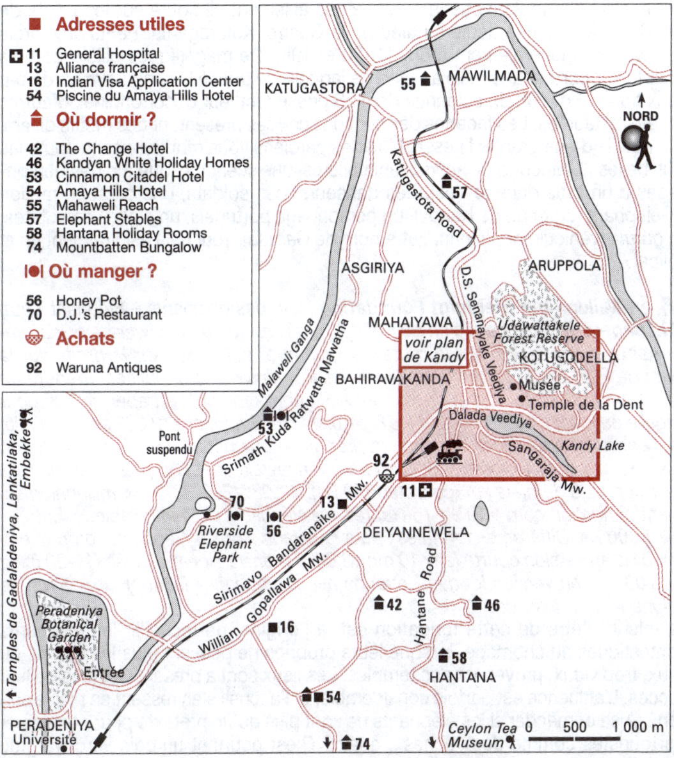

LES ENVIRONS DE KANDY

originales. Quelques fresques sont encore visibles. Au fond, bouddha doré en méditation surmonté d'un masque de dragon.

– ***Lankatilaka Temple :*** *situé env 4,5 km après le temple de Gadaladeniya sur la route de Gampola, et ça grimpe sec ! Entrée : env 300 Rs.* C'est un temple carré tout blanc, à trois niveaux de toits et à double face avec deux entrées différentes. Celle de devant est hindouiste (faites-la ouvrir si c'est fermé), celle de derrière bouddhiste. La cohabitation des deux religions dans un même lieu s'explique par le fait que le roi de Gampola était bouddhiste et sa femme hindouiste. Le ***sanctuaire hindou*** présente une voûte de brique du XIVe s. Dans la niche, Vishnu et Lakshmi. À l'intérieur, en tournant autour du sanctuaire, on voit bien la structure de brique de l'édifice. L'entrée arrière ouvre sur le ***sanctuaire bouddhique*** (les deux ne communiquent pas). Sa porte d'entrée, peinte de motifs floraux, est encadrée de deux fresques de lions fantastiques généreusement dotés par la nature. L'intérieur est orné de fresques du XVIIe s très intéressantes, à dominante rouge (même les bouddhas portent des robes rouges plissées). Les piliers sont ornés de motifs floraux délicats. Belle vue sur les montagnettes depuis la salle des tambours. En principe, *poya* à 6h et à 11h.

– ***Embekke Temple :*** *c'est le 3e temple. Il se trouve à 4 km de Lankatilaka. Entrée : env 300 Rs.* Construit aux XIVe et XVe s, ce temple était l'ancien hall d'audience des rois de Gampola (vous le reconnaîtrez aisément : il figure sur les billets de 200 Rs). Il fut ensuite dédié au dieu de la Guerre, Kataragama. Petits *poya* trois fois par jour (généralement à 6h, 11h30 et 19h). De magnifiques piliers de bois sculpté supportent une halle au fond de laquelle se trouve le sanctuaire gardé par deux tigres. En tout, 32 colonnes dont 25 possèdent leur décor original, d'autres ont été restaurées. Les facettes des sections carrées présentent des motifs divers, aux détails d'une grande finesse. L'un des gardiens vous montrera sans doute les plus belles : beaucoup de scènes animalières, une scène de lutte (un des personnages a un bras dans le dos), des danseurs, des soldats, une créature mi-lion mi-éléphant (drapeau de Kandy), un personnage portugais, un aigle à deux têtes, un *gurula* (véhicule de Vishnu, autre nom de *Garuda*). Tout cela est vraiment fin et délicat.

Millennium Elephant Foundation *(bain des éléphants – Elephant Bath)* ***et la papeterie*** *(plan La région de Kandy)* **:** *sur la route de Pinnawela, à env 33 km de Kandy. Faire 30 km sur la route de Colombo, puis 3 km sur la droite sur la route de Pinnawela. Pour s'y rendre de Kandy, plusieurs possibilités. Prendre un* slow train *pour Colombo et descendre à Rambukkana puis attraper un bus pour Kegalle ou louer un* tuk-tuk *pour les 6 derniers km. Sinon, bus n° 662 pour Kegalle, descendre à Karudupona Junction et prendre le bus n° 681. Ou alors prendre un bus* Intercity *pour Colombo, descendre à Pinnawela Junction puis louer un* tuk-tuk *pour les 3 derniers km (compter 350 Rs).* ☎ *035-226-33-77. • millenniumelephantfoundation.com • Tlj 9h-16h (après, les éléphants passent à table...). Entrée : env 1 000 Rs. Différentes formules : pour la balade à dos d'éléphant, compter env 2 000 Rs en version courte (env 10 mn), 3 000 Rs en version moyenne (15-20 mn) ; ou 6 000 Rs en version longue « marche avec l'éléphant » (30 mn), dont 5 mn de baignade dans les 3 cas.*

La raison d'être de cette fondation est, à l'origine, de recueillir les éléphants domestiques au chômage, lorsque leurs proprios ne peuvent plus les nourrir, ou ceux, trop vieux, provenant des temples. Les lieux sont à présent victimes de leur succès. L'affluence est parfois considérable, et l'accueil s'en ressent en pleine saison... À se demander si les éléphants ne sont plus qu'un prétexte pour considérer les touristes comme des vaches... à lait ? C'est pourtant un coin verdoyant au bord d'un petit cours d'eau où quelques éléphants font trempette (ne vous attendez pas à un troupeau...). L'endroit n'est pas très grand mais se révèle agréable quand il n'y a pas trop de monde. Si vous voulez participer à leur baignade en grattant généreusement les pachydermes avec des racloirs, prévoyez un T-shirt de rechange ! Possibilité aussi d'accompagner, à pied et avec un guide, un éléphant pour une petit balade dans la verdure. Si vous voyez dans les pratiques de dressage de la maltraitance, n'y allez pas, et préférez les découvrir en liberté dans les réserves. Petite exposition avec photos sous un auvent. On y trouve également le camp de base des vétérinaires d'un hôpital mobile, une petite structure médicale qui intervient jour et nuit dans la jungle pour soigner ces géants fragiles.
À deux pas, ne loupez pas la papeterie artisanale qui utilise la bouse comme matière première.
– ***The Paper Mill*** *(ou Maximus Elephant Dung Paper Factory – papeterie artisanale)* **:** *juste à côté du bain des éléphants, mais faisant partie du même ensemble.*

ON N'EST PAS DANS LA M... !

Un éléphant engloutit entre 200 et 300 kg de feuilles et de fibres par jour. Il est donc 100 % végétarien. Il défèque 16 fois par jour, soit dans les 200 kg de déjections sous forme d'énormes boulettes. Lavés, filtrés, étalés et pressés, les excréments, mélangés à 25 % de feuilles de banane et de cocotier, vieux papiers ou poussières de thé (c'est selon le résultat recherché), donneront de superbes feuilles naturelles, réunies en de beaux cahiers reliés et envoyés dans le monde entier. Rien ne se perd, rien ne se jette...

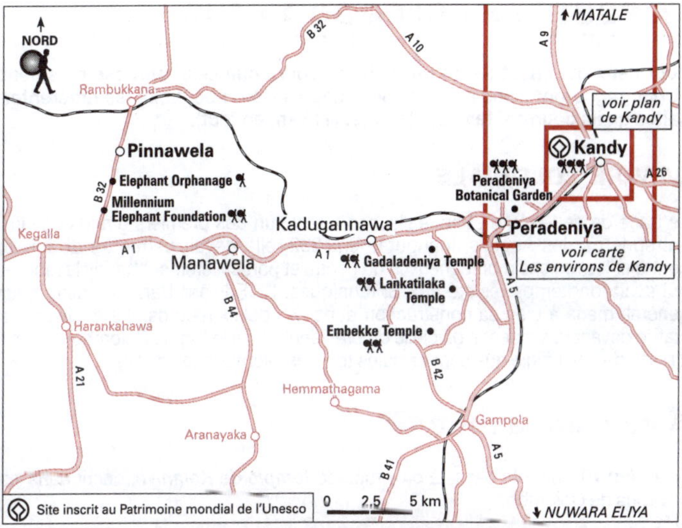

LA RÉGION DE KANDY

Théoriquement lun-ven 9h30-16h45, sam 9h30-13h. Fermé dim et j. fériés. Si on ne vous le propose pas, demandez donc à voir cette étonnante petite papeterie qui réalise de jolies feuilles avec... les excréments des mastodontes ! Ouverte en 1997, elle réalise de superbes feuilles de papier, 100 % bio évidemment, dont la grande majorité de la production est exportée à l'étranger (États-Unis et Europe surtout). Lors de la visite on explique toutes les phases de réalisation. Aujourd'hui, plusieurs papeteries ont été ouvertes dans le pays, employant 200 personnes. Celle-ci est la plus importante. Une super initiative de développement durable. Petite boutique pour faire de jolis cadeaux.

L'orphelinat des éléphants de Pinnawela *(Elephant Orphanage ; plan La région de Kandy)* **:** *à 36 km de Kandy (30 km sur la route de Colombo et 6 km sur la droite, route de Pinnawela). En bus, même topo que pour le Millennium Elephant Foundation. C'est 3 km plus loin. ☎ 035-226-61-16. Tlj 8h30-18h (dernière entrée à 17h30). Entrée : 2 500 Rs (ce que l'on trouve clairement dissuasif !) ; ½ tarif moins de 12 ans ; supplément pour nourrir les éléphanteaux au biberon. Sinon Millennium Elephant Foundation, beaucoup plus petit certes, mais moins cher et un poil moins touristique (voir texte précédent).* Il s'agit d'un vaste parc où près d'une centaine d'éléphants vivent en semi-liberté. Sachez que l'endroit est très fréquenté par les autocars de touristes. On y élève des orphelins dont une douzaine est née en captivité (le premier en 1984). Nourris au biberon, ils absorbent jusqu'à sept bouteilles de lait... cinq fois par jour (trois séances sont ouvertes au public : 9h15, 13h15 et 17h). À 10h et 14h, on peut assister au bain des pachydermes dans la rivière qui coule à côté. Le point positif est que l'on voit vraiment beaucoup d'éléphants et qu'on peut les approcher. En face, possibilité de déjeuner dans un resto surplombant la rivière, mais souvent beaucoup de groupes troublent la quiétude du lieu. Et la nourriture ne rattrape en rien l'affaire. L'orphelinat est aussi un centre de recherche et de reproduction pour les animaux en captivité (c'est l'État qui gère le tout). Les femelles, dont la gestation dure 21 mois, donnent naissance à des petits tous les 5 ans.

LA ROUTE DE COLOMBO À KANDY

Pour ceux qui effectueront un autre parcours que celui proposé plus haut et qui gagneront Kandy directement depuis Colombo, voici les différentes haltes qu'ils pourront faire sur le trajet (116 km en tout).

LA VOIE COLONIALE

Le tracé de cette route et sa réalisation furent l'un des premiers grands travaux entrepris par les Anglais. Inaugurée en 1832, elle devait permettre de mieux contrôler les régions montagneuses du centre et particulièrement Kandy la rebelle, qui avait longtemps résisté aux Britanniques. Sir Edward Barnes, gouverneur général, mena à bien sa construction dans des délais records. Il a d'ailleurs sa statue devant la résidence officielle du président, dans le fort de Colombo, et c'est à partir de son effigie que sont calculés tous les kilométrages de l'île.

À voir sur la route

Au km 10 : la route passe à proximité du ***temple de Kelaniya,*** décrit dans les environs de Colombo.

Au km 29 : au croisement de Misriwatta, une route secondaire conduit au ***jardin botanique de Henarathgoda.*** *Tlj 7h30-17h. Entrée : env 1 500 Rs (c'est-à-dire hors de prix !).* C'est ici que furent plantés les premiers hévéas, dont la sève donne le caoutchouc (voir encadré). On vous montrera évidemment quelques spécimens qui donnèrent naissance à l'industrie du caoutchouc. Ce jardin accueille aussi de superbes variétés tropicales. Malheureusement, l'ensemble n'est pas très bien entretenu et le prix d'entrée vraiment élevé. Si vous allez à Kandy, oubliez celui-ci.

QUAND LE VOL PAIE !

Vers 1880, un lord anglais déroba, en Amazonie, 700 000 graines d'hévéa et les transporta à Londres dans un crocodile naturalisé. Quelques graines tinrent le coup. Il les acclimata sous serre et fit pousser près de 2 000 jeunes hévéas, à l'insu des Brésiliens qui détenaient alors le monopole du caoutchouc. Ces plants furent ensuite soigneusement apportés au Sri Lanka et mis en terre avec succès à Henaratgoda. Face à cette concurrence, la production brésilienne s'effondra. Ainsi, le Sri Lanka devint l'un des premiers producteurs mondiaux de caoutchouc.

Au km 38 : à ***Horagolla,*** on peut voir la propriété des Bandaranaike et la tombe du père de Chandrika Bandaranaike, assassiné en 1959 par un moine fanatique... Sa sépulture est entourée de petits bassins, sous une énorme pierre.

Au km 46 : traversée de ***Bataliya,*** le pays de la noix de cajou *(cadjugama),* à ne pas confondre avec le pays de Kandy, même si c'est sur la route. Pas d'intermédiaire : vente directe au consommateur sur de petits étals en bord de route, par des Sri Lankaises qui font signe aux voitures de touristes qui passent.

Si vous n'avez pas dépensé tout votre argent dans les noix de cajou, il vous reste à vous arrêter encore ***au km 48,*** à ***Weweldeniya,*** qui signifie « bambou fendu » et « canne fendue ». On y trouve de la vannerie et un grand choix d'objets en osier. Bon, finitions assez médiocres.

Au km 60 : à ***Warakapola,*** ceux qui ont décidé de flâner pourront se diriger vers *Anuradhapura* pour visiter *Yapahuwa* (voir plus haut), par l'A 6, l'A 10 puis l'A 28. Les autres continueront leur route vers Kandy par l'A 1, en direction de l'est.

Trois kilomètres après *Kegalle*, ***au km 81,*** une route sur la gauche (direction Rambukkana), et parsemée de quelques *spice gardens,* conduit au ***Millennium Elephant Foundation*** et, un peu plus loin, au très touristique ***Elephant Orphanage*** (orphelinat des éléphants de Pinnawela), sur les rives de la Maha Oya. Voir plus haut, dans la rubrique « Dans les proches environs de Kandy et un peu plus loin ».
À partir de Kegalle, les paysages sont splendides. On traverse ***Manawela,*** spécialisé dans la culture et la vente des épices, avant de découvrir, au loin, un gigantesque rocher appelé ***Bible Rock,*** en raison de sa forme de livre ouvert avec son sommet large et plat. Le tracé de la voie ferrée rejoint alors celui de la route.

À ***Kadugannawa,*** l'espèce de phare de près de 40 m de haut est, en fait, un monument à la gloire de l'ingénieur qui construisit la route, le capitaine Dawson, mort avant la fin des travaux.

LES MONTAGNES DU CENTRE

• Carte *p. 220-221*

Le Sri Lanka dévoile ici des paysages parmi les plus beaux de l'île ! C'est au cœur de ces montagnes verdoyantes et couvertes de plantations de thé que s'élèvent les sommets les plus élevés de l'île, les points de vue les plus saisissants lorsque les brumes matinales se sont dissipées. On est bien loin de la touffeur de la côte et l'air frais pince même un peu la nuit. Pourtant, lorsque le regard se porte vers le sud, dans une trouée de nuages, une ligne argentée à l'horizon rappelle que les rivages de l'océan Indien ne sont pas bien loin.

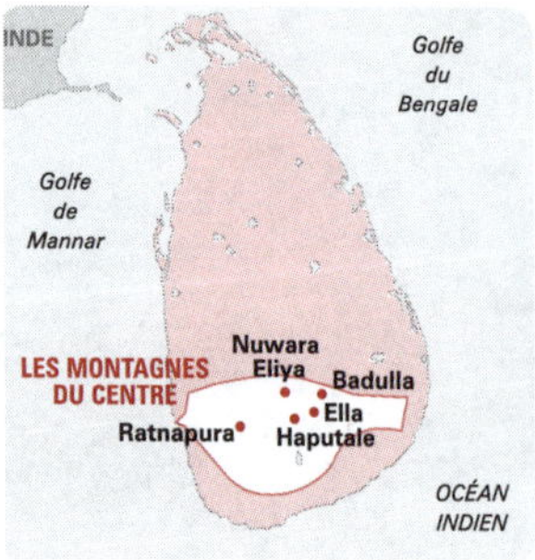

LA ROUTE DE COLOMBO À NUWARA ELIYA

La route de Colombo à Nuwara Eliya (environ 180 km) est une des plus belles et des plus spectaculaires de l'île. Dans sa première moitié, elle traverse une plaine tropicale fertile. Après une soixantaine de kilomètres, à *Avissawella,* ville carrefour, une branche se dirige vers Ratnapura au sud, tandis que la

route principale (A 7) continue en direction du massif montagneux du centre. Elle passe par *Kitulgala* (km 80). Ce petit village au bord de la rivière *Kelani* est devenu célèbre depuis que David Lean y tourna des scènes mémorables de son film *Le Pont de la rivière Kwai.* À partir de *Carolina* et du *col de Ginigathena* (au km 70) s'offrent des points de vue sur une vaste dépression fermée par un massif où culminent les 2 243 m du pic d'Adam (Adam's Peak). Si le ciel est dégagé, le spectacle est grandiose. Entre *Hatton* et *Nuwara Eliya,* la route bitumée serpente en grimpant entre les plantations. Selon les heures, la lumière varie et donne un relief différent aux collines. Superbe !

Où dormir ? Où manger ?

Autour de Kitulgala

De prix moyens à chic

Kitulgala Resthouse : *dans Kitulgala, à droite de la route principale en venant de Colombo. ☎ 036-228-75-28. • chcresthouses.com • Doubles 90-125 $ avec ventilo ou AC, en pens complète. Resto à prix moyens.* Au bord de la rivière Kelani, au fond d'une vallée dans la jungle, cette grande demeure coloniale servait autrefois aux ingénieurs anglais qui travaillaient dans les plantations de thé. La salle à manger se termine par une véranda qui donne sur le torrent, vue magnifique. Aux murs, d'émouvantes photos, souvenirs du film *Le Pont de la rivière Kwai.* L'équipe de tournage de David Lean logeait ici et quelques scènes y furent aussi tournées. On vient avant tout pour le cadre et pour s'y restaurer. Cuisine locale, chinoise et occidentale. En revanche, les 15 chambres ne sont plus de première jeunesse et leur rapport qualité-prix est très discutable.

Plantation Hotel : *à 2 km env après la ville de Kitulgala, sur la droite, en bord de route. • the-plantation-hotel-kithulgala-sr-lanka.en.ww.lk • Prix moyens.* Une façade blanche très classe et un site de toute beauté, mais un intérieur plutôt défraîchi. Il paraît que les chambres vont être rénovées... affaire à suivre. Pour le moment, on se contente de vous le recommander pour le buffet. C'est bon et copieux. Vue charmante sur la rivière Kelani. Terrasse en surplomb et piscine. Service diligent.

À voir. À faire

Kitulgala : *à env 100 km à l'est de Colombo et 40 km d'Avissawella.*
De nombreuses scènes du film *Le Pont de la rivière Kwai* réalisé en 1956 par David Lean furent tournées à Kitulgala. C'est au-dessus de la rivière Kelani que fut construit le pont en bois que les Anglais font sauter à la fin du film pour faire enrager les Japonais... Pendant des semaines, ce fut l'événement de ce gros village. Aujourd'hui, il ne reste aucune trace sur les lieux mêmes du tournage, hormis les photos dans la salle à manger de la *resthouse* de Kitulgala. Le site reste exceptionnel et la nature toujours aussi luxuriante, hérissée de collines et de pitons couverts de jungle.

UN PONT ÉPHÉMÈRE

Le Pont de la rivière Kwai *est un film adapté du roman de Pierre Boulle, un auteur français aujourd'hui oublié. Si le récit est resté dans l'ombre, le film connut un succès mondial, en plus de ses sept oscars obtenus à Hollywood en 1957. Il raconte l'histoire de l'incroyable évasion d'un groupe de soldats britanniques faits prisonniers par les Japonais en Thaïlande pendant la Seconde Guerre mondiale. Ne pouvant tourner en Thaïlande car le site est protégé, David Lean vint au Sri Lanka et tourna à Kitulgala* « the best scenic spot in the world for an oscar », *selon Sam Spiegel, le producteur. C'était vrai.*

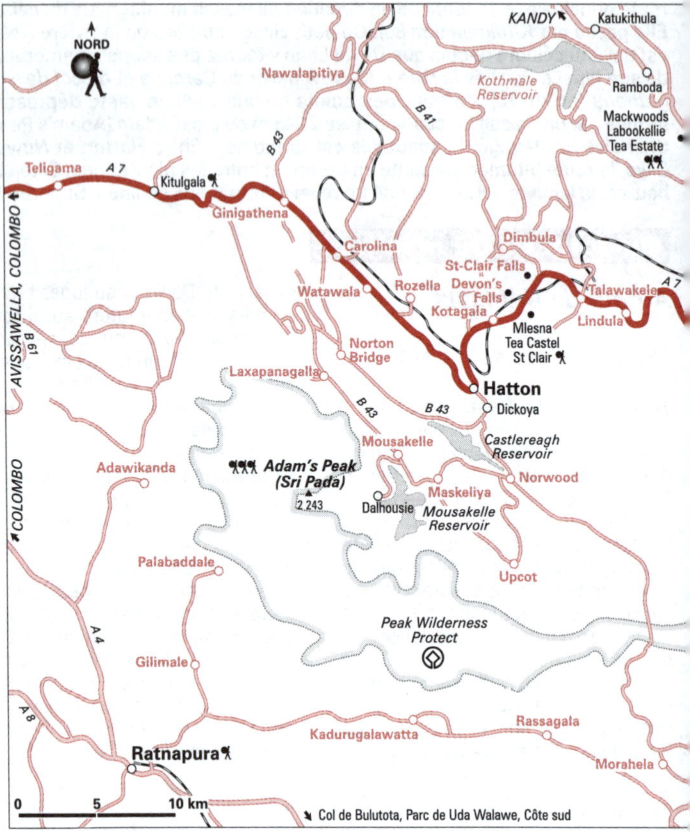

À défaut du fameux grand pont de bois, les cinéphiles acharnés pourront aller voir le site où il se dressait précisément, à 1,3 km de la ville, en direction de Hatton. Sur la droite de la route, un panneau l'indique. On y va à pied en 20 mn. Il faut franchir la rivière à deux endroits, sur des passerelles qui se balancent au-dessus du vide. On ne passe pas à plus de cinq personnes à la fois. À éviter si l'on est sujet au vertige. Sur place, que voit-on au juste ? Les socles en béton sur lesquels reposaient les piles du pont : rien d'autre.

– Possibilité en outre de nombreuses balades dans la région de Kitulgala, au milieu d'une jungle exubérante. Se renseigner à la *resthouse* de Kitulgala. Traverser la Kelani en pirogue à balancier pour se rendre sur l'autre rive. À côté de la *resthouse*, on aperçoit, derrière une grille, l'une des plus belles maisons coloniales de l'île avec une étonnante façade en dentelle de bois...

– ***Rafting sur la rivière Kelani :*** plusieurs petits clubs, avec leurs cabanes ou paillotes en bord de route, au-dessus du village, sur la route de Nuwara Eliya. Ces petites agences proposent la location de bateaux avec instructeur. Citons ainsi :

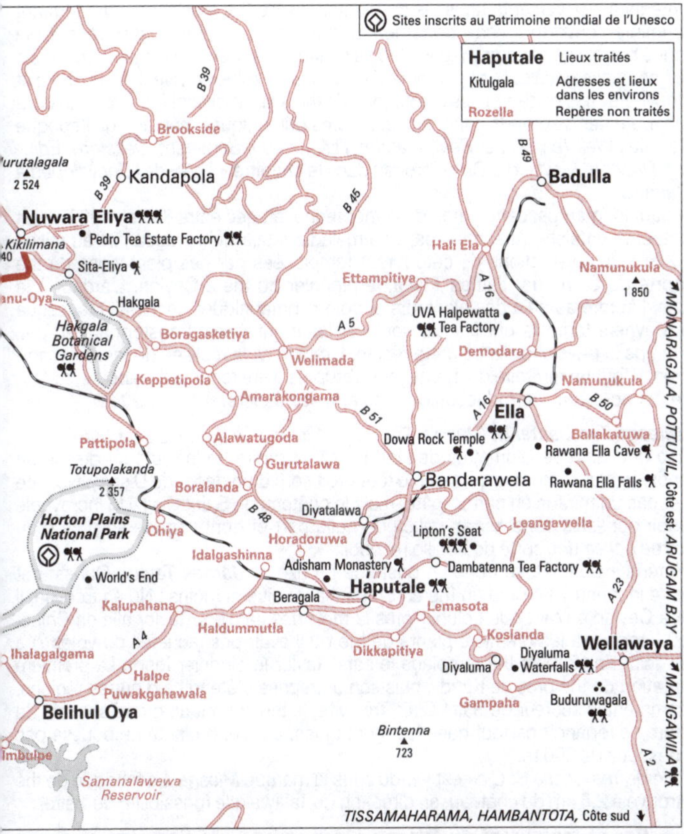

LES MONTAGNES DU CENTRE

■ ***Action Lanka :*** *à 4,5 km env de Kitulgala, sur la droite de la route (km 42,5).* ☎ *011-450-34-48.* 📱 *077-776-69-03.* • *actionlanka.com* • Possède une demi-douzaine de rafts de 7 à 10 places. Descente de 45 mn.

■ ***Kithulgala Adventure Sport :*** *à 5 km de Kitulgala, sur la droite de la route (km 43).* ☎ *011-219-93-23.* 📱 *077-473-77-83.* • *kithulgalaadventures.com* •

ENTRE HATTON ET NUWARA ELIYA

La route entre Hatton et Nuwara Eliya : la partie la plus spectaculaire de la route commence à *Hatton* (voir plus loin le chapitre sur le pic d'Adam) et se termine à *Nuwara Eliya,* ville la plus haute de l'île et petite capitale du massif montagneux. À Hatton, une route secondaire dessert ***Dalhousie,*** gros bourg qui est le point de départ de l'ascension pédestre du ***pic d'Adam*** (*Adam's Peak,* voir plus loin). On traverse alors des paysages somptueux : hautes collines et montagnes aux versants tapissés de plantations de thé à perte de vue, formant une infinie couverture verte ponctuée de pins, d'eucalyptus et d'hévéas. Cela évoque parfois certains paysages chinois ou japonais. Peu de villages à voir, mais une immensité encaissée et parsemée de hameaux isolés où vivent les ouvriers et les ouvrières (les *pluckers*) des plantations de thé. Celles-ci sont indiquées au bord de la route par de grands panneaux aux noms britanniques, héritage de l'époque coloniale : *Well Tea Estate, Bear, Waltrim, Palmerston, Somerset, Dessford, Edinburg, Drayton, Mayfield...* On se croirait dans le chapitre « Thé » de l'*Encyclopedia Britannica...*

Pendant longtemps, cette partie de la montagne, étagée entre 800 et 1 800 m, fut plantée de caféiers. Anéanties par une maladie fatale qui ravagea l'île au milieu du XIXe s, les plantations de café furent remplacées par des plantations de thé importé de Chine par James Taylor, le pionnier du thé à Ceylan. L'ardeur à la tâche, l'âpreté au gain des planteurs et colons britanniques, le travail titanesque des ouvriers tamouls ont fini par soulever les montagnes, transformant en peu de temps la physionomie de cette région. L'œuvre ainsi réalisée dépasse l'imagination... Tout un territoire de montagnes abruptes a été reconverti, labouré, redessiné, retracé, pour l'introduction de la culture des théiers.

Mlesna Tea Castel St Clair : *à* ***Patana,*** *à 1 km après Dimbula Junction.* À une douzaine de kilomètres de Hatton, sur la droite de la route se dresse un manoir de style écossais qui semble tout droit sorti d'un décor de Disney. Non, ce n'est pas un mirage en carton-pâte, mais le château de Saint Clair. Un incroyable manoir écossais construit au milieu de nulle part et dont l'entrée se pare d'un énorme *boiler,* une sorte de bouilloire, quoi.

À l'intérieur du château trône un buste de bronze de ***James Taylor.*** Qui est cet illustre inconnu ? Le père du thé au Sri Lanka, ni plus ni moins ! Né en Écosse, il vint à Ceylan en tant que colon. Après la mort des caféiers, Taylor alla en Chine, d'où il rapporta les premiers plants de thé qu'il avait pris (achetés ou volés ?) à Tien Tsin. En 1880, le thé remplaça le café. Taylor le pionnier fonda sa première plantation de thé près de Kandy, puis son entreprise s'étendit à d'autres régions, notamment le secteur de Saint Clair. Très vite, le thé connut un grand succès. Sa culture se répandit partout dans les montagnes, car cette plante ne pousse pas en dessous de 800 m.

Le thé de *Tea Castle St Clair* est vendu sous la marque *Mlesna.* La fabrique de thé se trouve à 2,5 km du château, en direction de Talawakele (possibilité de visite).

Bar et restaurant du Mlesna Tea Castel St Clair : *☎ 051-224-40-28. Tlj 8h-18h (18h30 le w-e). Ne sert pas d'alcool. Prix moyens.* Peu de haltes agréables entre Hatton et Nuwara Eliya. Le resto du château écossais propose des sandwichs, une cuisine locale et quelques plats occidentaux à prix sages. Salle claire, très bien pour déjeuner. À défaut d'y manger, allez y boire un thé en terrasse, d'où la vue est superbe sur les chutes de Devon. Demandez à grimper au sommet de la tour crénelée pour découvrir le panorama. Boutique, pour acheter... du thé.

NUWARA ELIYA (prononcer « NIOURAELIA »)

30 000 hab.

• Plan *p. 225*

Des collines moutonnantes, des montagnes et des hauts plateaux, à l'horizon, des bosquets, des bois et des plantations de thé, un lac et des

ruisseaux, des *potagers* où croissent des légumes en abondance, des *vergers* garnis de vigoureux arbres fruitiers, des terrains de golf et des maisons coloniales d'un autre âge, plus au sud des prairies d'altitude où paissent des troupeaux de vaches, bref, du vert partout, de l'air et de l'eau : on le voit tout de suite, Nuwara Eliya profite d'un climat tempéré et doux. C'est un autre univers, haut perché dans la fraîcheur et les nuages, loin des chaleurs torrides de la côte.

À 180 km de Colombo, 77 km de Kandy et à 1 900 m d'altitude, cette ville est la plus haute du Sri Lanka. Elle a été créée ex nihilo (ou presque) par les colons britanniques à la fin du XIXe s. Ils y venaient en villégiature pour fuir la chaleur du littoral. Ils ont modelé la ville à l'image d'une petite bourgade anglaise, mariant le style Windsor et Tudor à l'environnement cinghalais. Les Sri Lankais l'ont récupérée intacte à l'indépendance, pour notre plus grand plaisir.

MICROCLIMAT

Pendant les mois d'été (juillet), Nuwara Eliya est noyée dans un brouillard persistant et froid qui contraste avec les chaleurs de l'intérieur et de la côte. Le reste de l'année, les nuits sont fraîches et il y pleut souvent, de cette pluie fine qui devait combler de joie les Britons. Il faut aimer.

– ***Meilleure période pour y aller :*** de janvier à avril, à cette époque, le ciel est dégagé, la température toujours agréable et douce, même si les nuits restent frisquettes. Néanmoins, c'est aussi la haute saison et les prix des chambres sont plus élevés.

Arriver – Quitter

En bus

***Bus Stand** (gare routière ; plan B2) :* *New Bazaar St, en face de la poste et d'un temple bouddhique.*

➢ ***Colombo :*** env 1 départ ttes les 30 mn, 7h-17h30. Compter 4h30-5h de trajet.

➢ ***Kandy :*** avec le bus *Intercity,* ttes les 30 mn, 6h-17h30. Compter 2h30-3h de route.

➢ ***Tissamaharama :*** 2 bus/j. le mat. Durée : env 4h30.

➢ ***Badulla :*** liaisons ttes les 15-30 mn, 5h-16h30. Trajet : env 3h.

➢ ***Bandarawela :*** 6 bus/j. Trajet : env 1h45. De là, changement de bus pour Belihul Oya et Ratnapura.

➢ ***Haputale :*** 1 bus/j. le mat. Trajet : env 2h.

➢ ***Galle via Tangalle, Matara, Mirissa :*** 1 bus/j. le mat. Env 8h de trajet (env 8h30 pour Matara).

➢ ***Hatton :*** 7 bus/j., 6h30-16h. Env 2h de trajet.

➢ ***Ella :*** 4 bus/j., 8h-16h. Trajet : env 2h15.

En train

Attention : la gare n'est pas à Nuwara Eliya mais à 5 km – à *Nanu Oya* – sur la route de Colombo. Des bus assurent fréquemment la liaison avec le centre à chaque arrivée de train, malgré les dires des conducteurs de *tuk-tuk.* Il y a aussi un service de taxis (env 1 000 Rs pour le centre) ou de nombreux *tuk-tuk* (500-600 Rs).

➢ ***Colombo via Kandy :*** 3 trains/j. en *Express Train* et donc avec salon panoramique. Trajet : 6h-8h30 selon le train ; env 4h30 pour Kandy. Parcours magnifique.

➢ ***Haputale, Bandarawela, Ella et Badulla :*** 5-6 trains/j. Trajet : 1h45 pour Haputale ; 3h pour Ella ; 3h30-4h pour Badulla.

En voiture

➢ ***Kandy :*** compter 2h30 de route. Ce parcours exceptionnel voit se succéder les virages en épingle à cheveux. La montée est rude, principalement à partir de *Pusselawa,* au km 36, où il est possible de faire une halte pour prendre un rafraîchissement ou mieux, passer une soirée.

Adresses utiles

✉ **Poste** (plan B2) **:** *New Bazaar St. Ouv 8h-18h.* Impossible de la manquer en raison de son architecture coloniale style Normandy, son horloge et son revêtement en brique rose. Téléphone international.

■ **Bank of Ceylon** (plan A-B2, **1**) **:** *au carrefour central. Lun-ven 8h30-17h ; dim (oui, oui, vous avez bien lu !) 8h30-14h.* Change rapide. ATM acceptant les principales cartes de paiement.

@ **Jojo's Internet** (plan A-B2) **:** *51, New Bazaar St ; tlj 8h30-17h.*

■ **Supermarché Cargill's** (plan A-B1, **3**) **:** *Hill St. Tlj 8h-22h.* Installé dans un ancien magasin *British style.* C'est ici qu'il faut acheter vos épices et vos thés. Toutes les qualités, et moins cher qu'ailleurs. On y trouve aussi une pharmacie, des fromages, de la charcuterie, des conserves et toutes sortes de biscuits. Mais le rayon le plus surprenant est celui des vins et alcools, où sont parfois alignées des bouteilles de pommard, saint-julien, côte-de-nuits, nuits-saint-georges, chablis et muscadet, selon les arrivages...

■ **Pharmacies** (plan A-B1) **:** *dans le magasin* Cargill's *(plan A-B1,* **3***). Tlj 9h-22h.* Une petite pharmacie moderne et propre. Autre **pharmacie** : *dans le* Super K, *14, New Bazaar, en face du resto* Milano *(plan B2,* **31***). Tlj 8h30-21h30.*

– **Marché** (plan B2, **4**) **:** *New Bazaar St, dans une ruelle étroite accessible presque en face du resto* Milano. *Tlj 8h-19h.* Épices, légumes, viande, poisson séché et bien d'autres ingrédients composent un savant bouquet d'odeurs. Petit marché aux fruits également le long de New Bazar Street qui coupe le Victoria Park.

■ **Infos touristiques :** pas d'office de tourisme, mais **Nishan** (anglophone, de la *guesthouse King Fern Cottage*) et **Nisa** (parfaite francophone, de la *guesthouse The Trevene*) sont des interlocuteurs qui connaissent très bien la région. Ils peuvent vous renseigner et organiser des excursions.

Où dormir ?

La plupart des hébergements sont en dehors du centre-ville, à 1 ou 2 km sur Badulla Road, qui prolonge la New Bazaar Street. Il fait froid le soir. Ne pas oublier son pull-over ou son pyjama en pilou. Les hôtels fournissent des couvertures et font souvent un feu dans la cheminée. À noter que les hébergements, à qualité égale, sont plus chers que dans le reste du pays : la rançon du succès. Budgets serrés, vous voilà prévenus.

– **Un conseil :** évitez de prévoir un séjour d'avril à début mai. Les habitants de Colombo affluent et les prix s'envolent sans le moindre scrupule (certains établissements doublent leurs tarifs !). De plus, il est alors difficile, voire impossible, de trouver un logement sans avoir réservé bien à l'avance.

En ville

Bon marché (1 800-3 500 Rs / 12-23,30 €)

🏠 **Carnation Rest** (plan A3, **10**) **:** *1, Unique View Rd.* ☎ *052-222-36-30.* 📱 *077-717-54-52.* • *carnationrest.nuwaraeliya@gmail.com* • *Fourchette hte, prix négociables.* Une petite *guesthouse,* vraiment bien, d'une dizaine de chambres nickel. Le bout de jardin verdoyant et fleuri devant le bâtiment principal donne le ton. L'endroit est simple, scrupuleusement entretenu. Les chambres, toutes avec salle de bains, s'avèrent lumineuses et agréables. Terrasse pour se poser. TV5Monde disponible. Dispose

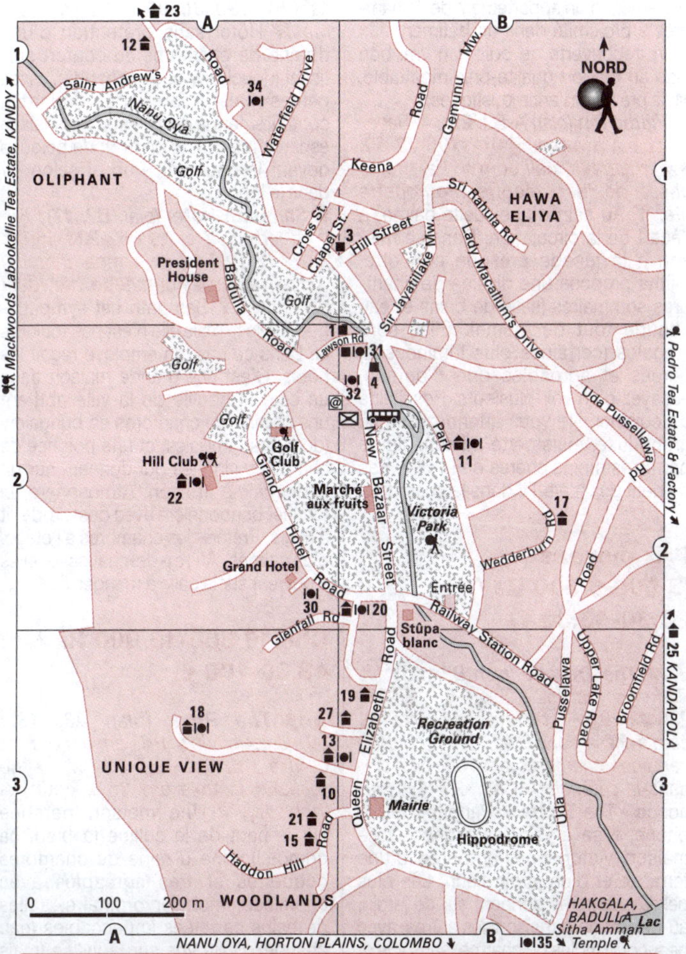

NUWARA ELIYA

Adresses utiles

- @ Jojo's Internet
- 1 Bank of Ceylon
- 3 Supermarché Cargill's et pharmacie
- 4 Marché
- 31 Pharmacie

Où dormir ?

- 10 Carnation Rest
- 11 The Trevene
- 12 Fern Cottage
- 13 Green Garden Hotel
- 15 Grosvenor Hotel
- 17 Sampath Hotel
- 18 The Rock
- 19 Ceybank Rest
- 20 Glendower
- 21 Alpine Hotel
- 22 The Hill Club
- 23 Hill View Bungalow B & B
- 25 Heritance Tea Factory
- 27 Vijitha Inn

Où manger ?

- 22 The Lilly et Formal Restaurant
- 30 Grand Indian Restaurant
- 31 Milano
- 32 Remarko
- 34 The Old Course
- 35 Calamander Lake Gregory

également d'un appartement de 2 chambres à proximité dans un bâtiment aux murs recouverts de bois. Un vrai bon plan au rapport qualité-prix imbattable. Mais prévoyez l'antimoustiques.

Vijitha Inn (plan A-B3, **27**) : *4, Ranasinghe Mawatha. 072-796-72-50. • vijithainn@gmail.com • La moins chère de la catégorie. Fourchette hte.* Au sein d'une ruelle calme, à l'écart de la circulation. Dans sa maison à la façade presque coquette, Vijitha propose une dizaine de chambres sommaires (salle de bains et eau chaude tout de même). Elles sont inégales (certaines plus lumineuses, aérées et agréables que d'autres), essayez d'en voir plusieurs. Possibilité de cuisiner. Ne vous attendez pas au grand luxe, mais cette adresse figure parmi les moins chères de la ville. Pas de petit déj, mais TV dans la chambre.

Prix moyens (3 500-6 500 Rs / 23,30-43,30 €)

The Trevene (plan B2, **11**) : *17, Park Rd. ☎ 052-222-27-67. 072-230-42-20. • hoteltrevenenuwaraeliya.com • Résa conseillée. Selon confort, certaines chambres peuvent basculer dans la catégorie « Chic ».* On prononce « *The Trivine* ». Parfaite francophone, Nisa a vécu en France. Jolie maison victorienne, entourée d'une terrasse et d'un jardin fleuri. Les plus belles chambres donnent sur ce jardin, au-devant de la maison, les autres, avec beaucoup moins de charme, sans vue et un peu humides, donnent à l'arrière sur un flanc rocheux. Les plus grandes peuvent convenir à une famille. Celles qui ont une cheminée sont majorées d'un supplément. Bonne cuisine à partager le soir dans la salle à manger ou en terrasse par beau temps. Font aussi livrer des pizzas et organisent des excursions dans les plantations de thé. Victime de son succès, peut-être, ses prestations ont tendance à devenir moins enthousiasmantes et certaines parties de la maison mériteraient un rafraîchissement.

Green Garden Hotel (plan A-B3, **13**) : *16A, Unique View Rd. ☎ 052-223-36-09. Fourchette hte.* Hôtel sans prétention d'une dizaine de chambres au confort suffisant (douche/w-c, eau chaude), assez petites mais propres. Pas de jardin, contrairement à ce que son nom laisse espérer, mais juste un bout de pelouse devant le bâtiment. Pub et salon TV dans le lobby.

Sampath Hotel (plan B2, **17**) : *8A, Wedderburn Rd. ☎ 052-223-46-90. 077-313-82-10. • sampathhotelnuwaraeliyacom • Fourchette hte, petit déj inclus.* Sampath est sympathique (facile !), mais elle n'est pas toujours là. Dans ce cas, un employé reçoit les hôtes. C'est une grande maison dans un coin tranquille de la ville abritant une dizaine de chambres en bungalow (dont des familiales) et une poignée de chambres simples qui donnent sur un jardin calme et fleuri. Atmosphère un tantinet bonbonnière avec dessus-de-lit à fleurs. Préférer les chambres à l'étage, plus calmes. Au rez-de-chaussée, elles s'ouvrent sur la salle à manger.

Chic (6 500-15 000 Rs / 43,30-100 €)

The Rock (plan A3, **18**) : *60, Unique View Rd, en dehors du centre. ☎ 052-567-90-02. • therock.lk • Double env 75 $, petit déj inclus.* Une maison perchée sur le haut de la colline (à pied, ça grimpe !). Une dizaine de chambres coquettes et très agréables avec cheminée, mobilier ordinaire, salles de bains carrelées impeccables (eau chaude). Belle vue sur la vallée (mais pas depuis toutes les chambres), surtout à l'aube quand les brumes matinales se dissipent dans le ciel. Accueil aimable. Salon cosy pour prendre un verre, en revanche resto insipide.

Ceybank Rest (plan B3, **19**) : *119, Badulla Rd. ☎ 052-222-38-55. • ceybankholidayhomes.com • Doubles env 70-80 $ selon confort, petit déj inclus. CB acceptées.* Bien situé, l'une des plus charmantes maisons de Nuwara Eliya, transformée en hôtel. Il s'agit d'une ancienne demeure de gouverneur, de style colonial, avec un imposant escalier en bois et de très beaux planchers cirés en teck. Les tapis rouges sont un peu usés et certaines salles de bains vraiment désuètes, mais le charme opère encore. Elle abrite une vingtaine de grandes chambres avec cheminée, certaines avec un lit à baldaquin. Nos préférées : la « Blue Room » et la « Victoria ». Certaines suites sont aussi grandes qu'une salle de bal. Vue sur le jardin. Il y a en plus un bar à l'ancienne qui s'appelle *Black Magic* mais où toute la déco est bleue. Au resto, buffet ou à la carte.

Grosvenor Hotel *(plan A3, **15**) : 6, Haddon Hill Rd. ☎ 052-222-23-07. • grosvenornuwaraeliya.com • Double 50 $, petit déj inclus. (dans le lobby slt).* Une demeure qui conserve son style Tudor si particulier et son caractère ancien. Elle abrite une dizaine de grandes chambres avec mobilier d'époque ; 4 d'entre elles disposent d'une cheminée qui fonctionne moyennant un petit supplément. Elles sont bien tenues, mais l'endroit, entièrement restauré, manque un peu de chaleur. De plus, les chambres se répartissent le long d'un couloir, entre la réception et le restaurant, ce qui les rend parfois un peu bruyantes. Mieux vaut les comparer avant de choisir, si possible.

Glendower *(plan B2, **20**) : 5, Grand Hotel Rd. ☎ 052-222-25-01. • hotelglendower.com • Doubles 100-120 $ selon confort, petit déj compris. CB acceptées.* Le style, le caractère, le charme et l'accueil, voilà de bonnes raisons de loger ici. Dans une belle résidence de style Tudor aux colombages noirs sur murs blancs, avec des chambres meublées avec goût et patinées par l'histoire. Les meilleures sont les suites, bien sûr, mais ce sont aussi les plus chères. Salons et bar-pub rustique et très chaleureux où l'on peut passer quelques bons moments dans les fauteuils Chesterfield, à moins que l'on préfère jouer au billard ou aux fléchettes. Bon restaurant dans une ambiance d'auberge. On n'y sert pas de *Yorkshire pudding* mais des plats chinois ! Jardin agréable.

Alpine Hotel *(plan A3, **21**) : 4, Haddon Hill Rd. ☎ 052-222-35-00. • alpinehotel.lk • Doubles 50-90 $, petit déj env 7 $. (payant).* Grande et belle maison à l'écart du bruit, disposant d'un beau jardin et d'une pelouse bien verte pour le *tea-time* de 17h. La trentaine de chambres sont de très bon confort, avec moquette ou parquet et même cheminée : matelas de qualité, TV satellite, eau chaude en permanence. Vue pour certaines sur le jardin. Joli bar de style colonial et en bois, un billard et 2 restos. Accueil professionnel et aimable. Organisation d'excursions dans la nature, en particulier en jeep vers les Moon Plains.

De plus chic à très chic

The Hill Club *(plan A2, **22**) : 29, Grand Hotel Rd. ☎ 052-222-26-53. • hillclubsrilanka.lk • Doubles 135-230 $ selon standing, petit déj 13 $... En avr et déc, le club est réservé aux seuls membres.* Un manoir écossais sous les tropiques ! Autrefois, il était uniquement réservé aux gentlemen ayant payé (très cher) leur cotisation, mais *The Hill Club* accueille désormais les voyageurs du monde entier et de toute condition, moyennant une cotisation symbolique de 100 Rs ! C'est magnifique et vieillot, patiné et désuet : une tranche d'histoire, pour les nostalgiques du passé. D'ailleurs plusieurs photos jaunies de la reine d'Angleterre trônent encore, bien qu'appartenant à la famille colonisatrice. Grande bibliothèque, salle de billard qui n'a pas changé depuis Lord Mountbatten, chambres meublées à l'ancienne, et confort d'époque aussi (voir les baignoires rétros, mais pourquoi en changer, Milady ?). À partir de 19h, veste et cravate de rigueur au resto (on peut vous prêter la cravate). Il y aussi *The Lilly,* un autre resto plus modeste, moins strict (voir notre rubrique « Où manger ? »).

Un peu plus loin du centre-ville

Prix moyens (3 500-6 500 Rs / 23,30-43,30 €)

Fern Cottage *(plan A1, **12**) : 203/1A, Saint Andrew's Dr, au nord de la ville. ☎ 052-490-05-03. 077-358-62-84. • kingferncottage.*

com • *(payant).* Nichée dans le creux d'un vallon ombragé, autour d'un ruisseau de fraîcheur, cette bonne pension rustique est tenue par Nishan, un sympathique musicien. Communicatif et rieur, il a vécu à Saint-Tropez. Les chambres, de confort suffisant (ce n'est pas le luxe), sont arrangées comme des cabanes dans le jardin, dans un style bohème, mais propres et calmes. Éviter cependant la nº 2, qui donne sur l'entrée. Intéressantes chambres familiales. Fait aussi resto à la carte. Billard et concerts réguliers. Une adresse baba-sympa. Nishan connaît bien la région et peut tout organiser (balades à vélo et yoga sous les arbres) ! Pick-up depuis et vers la gare.

Hill View Bungalow B & B *(hors plan par A1,* ***23****) : 71, Saint Andrews Rd, Under Bank. ☎ 052-222-34-96. 077-632-66-61.* • *hillview@gmail.com* • *À 2,5 km env du centre-ville. Transfert gratuit depuis le centre, si résa. Fourchette hte.* Cette *guesthouse* est une maison familiale aux murs jaunes, à flanc de montagne, à l'orée d'une forêt. Emplacement en nid d'aigle, au calme. On est accueilli par le très aimable Rajith et son épouse, excellente cuisinière qui peut vous donner des cours. 6 chambres seulement, impeccables, avec douche (eau chaude), grands lits (matelas fermes), dont 2 avec cheminée qui fonctionne (petit supplément). La chambre « Rose » et la « Madona » ont un balcon et une vue splendide sur la vallée. Salle de bains commune pour les 3 chambres du rez-de-chaussée (le matin, il faut traverser le salon pour aller faire sa toilette). En supplément : un bungalow familial à côté.

Où dormir dans une plantation de thé dans les environs ?

Spécial coup de folie !

Heritance Tea Factory *(hors plan par B2-3,* ***25****) : à* ***Kandapola,*** *14 km au nord-est de Nuwara Eliya, par une route asphaltée. ☎ 052-555-50-00.* • *heritancehotels.com/teafactory* • *Doubles 200-350 $ selon période et confort, petit déj inclus. Repas env 20 $. Belles promos Internet. CB acceptées.* Perché sur un coteau recouvert de théiers, voici un hôtel d'une cinquantaine de chambres et suites très original, installé dans une ancienne manufacture de... thé (fondée en 1881 et fermée en 1973). L'extérieur surprend autant que l'intérieur, aménagé autour de l'architecture initiale. Ainsi, la grosse machine à vapeur qui donnait sa force à toute l'usine est visible dans une fosse à l'entrée. Les poulies, ascenseurs, corridors, poutrelles métalliques, éclairages et ventilos énormes sont soigneusement mis en valeur. Les chambres, confortables (à ce prix-là !), et volontairement petites pour préserver le caractère originel des volumes. Meublées dans un style classique, elles ont toutes une vue imprenable sur la plantation alentour où s'activent les femmes dans leur cueillette quotidienne. Le resto et ses buffets variés ont des allures amusantes de cantine d'usine (de luxe). Treks et excursions diverses organisés. Bar, bibliothèque, salle de remise en forme. Visite possible de la plantation sans être résident. Cet établissement peut être classé parmi les meilleurs de l'île.

Où manger ?

Peu d'adresses vraiment intéressantes dans le centre. Les *guesthouses* proposent souvent des repas à leurs hôtes, à prix variables. Ceux qui recherchent une nourriture raffinée – mais aussi plus chère – iront dans les restos des grands hôtels de la ville.

De très bon marché à bon marché (max 1 000 Rs / 6,70 €)

Milano *(plan B2,* ***31****) : 24, New Bazaar St. ☎ 052-222-27-63. Tlj*

7h-22h. Bon marché. Pas d'alcool. Un resto très fréquenté par les locaux, qui propose une cuisine chinoise, sri lankaise et européenne bonne, copieuse et à prix modiques. Excellente soupe de légumes frais, bonnes omelettes et au moins 10 façons d'accommoder le poulet. À emporter, des beignets *(buns)* et divers sandwichs parfaits pour caler un creux sans se ruiner. Cantine populaire (un peu moins chère) au rez-de-chaussée ; salle un poil plus soignée à l'étage.

|●| ***Remarko*** *(plan B2,* ***32****) : 70, New Bazaar St. Presque en face de la gare routière. Tlj 10h-22h. Très bon marché. Pas d'alcool.* Petit resto populaire dans un cadre sans importance. Cuisine locale sans prétentions mais fraîche : *zen master chicken,* soupes, omelettes, *pasta.* Également des sandwichs simples et bons.

Prix moyens (1 000-1 500 Rs / 6,70-10 €)

|●| ***Calamander Lake Gregory*** *(hors plan par B3,* ***35****) : au bord du lac au sud de la ville à côté de Gregory Park. Tlj 11h-22h. Résa conseillée le soir.* Un chalet bas au toit vert face à une grande pelouse qui descend vers le lac. Quelques tables sous les arbres, éclairées à la bougie si la température le permet. Sinon, salle au plancher de bois brut organisée autour d'un poêle et cuisine apparente (bruyante) pour des plats internationaux pas trop mal ficelés : pâtes, risotto, sandwichs, pizzas et salades. Vaut surtout pour le cadre extérieur. Service affairé. En annexe, une brochette de magnifiques chalets de bois super équipés, mais au prix exorbitant.

|●| ***Grand Indian Restaurant*** *(plan A2,* ***30****) : Grand Hotel Rd. Tlj 12h-15h30, 18h30-22h. Résa conseillée le soir, ce n'est pas très grand, ou bien ne pas y aller trop tard.* Un resto au cadre soigné, assez tendance et agréable, avec des baies vitrées. Comme son nom le laisse penser, on y savoure une excellente cuisine indienne. Vin au verre (pas terrible). Un bon rapport qualité-prix. En revanche, le service n'est pas toujours très arrangeant.

Chic (2 000-3 500 Rs / 13,30-23,30 €)

|●| ***The Lilly*** *(plan A2,* ***22****) : dans le* Hill Club, *Grand Hotel Rd.* ☎ *052-222-26-53. Résa conseillée. Tlj jusqu'à 22h30.* Temporary Membership Card *obligatoire (100 Rs) pour y manger.* Lunch menu *env 17 $; env 24 $ le soir. Également à la carte.* C'est le 2[d] restaurant du *Hill Club* dans une déco rose bonbon. On dit ici « *casual dining* », c'est-à-dire que les hôtes extérieurs (non clients de l'hôtel) y sont acceptés dans une tenue simple (la cravate n'est pas nécessaire !) mais correcte. Cuisine occidentale (et sri lankaise dans une moindre mesure) raffinée. Service impeccable à l'ancienne. Un peu comme une annexe bistrot d'un resto chic. Salon cosy pour prendre un cocktail.

|●| ***Formal Restaurant*** *(plan A2,* ***22****) : dans le* Hill Club, *Grand Hotel Rd.* ☎ *052-222-26-53.* Temporary Membership Card *obligatoire (100 Rs) pour manger. Même carte, mêmes menus et mêmes tarifs que* The Lilly *(voir plus haut). Résa conseillée. CB acceptées.* Ce manoir de style écossais abrite un club plus que centenaire, dirigé aujourd'hui par un notable sri lankais. Salle de caractère, avec coin salon et cheminée. À partir de 19h, vous n'échapperez pas au *dress code* : les hommes doivent porter veste et cravate, y compris au bar. Ne vous inquiétez pas, les serveurs de l'hôtel vous en fourniront gracieusement, trop grandes ou trop courtes. Vous vous sentirez peut-être un peu endimanché, mais cela vous laissera à coup sûr un souvenir mémorable. Les serveurs, quant à eux, sont gantés, et les tables éclairées à la bougie.

|●| ***The Old Course*** *(resto de l'hôtel Saint Andrew's ; plan A1,* ***34****) : 10, Saint Andrews Dr, à 500 m env du centre.* ☎ *052-222-30-31. Menus env 1 700 Rs le midi, 2 300 Rs le soir ; compter 2 500-3 500 Rs à la carte. CB acceptées.* C'est le

resto du *Jetwing St Andrew's,* un hôtel chic, situé dans un magnifique coin de nature. Salle avec vue sur les fourneaux, où les cuistots s'activent pour mitonner une cuisine fine et savoureuse. Résultat : un menu très complet, des assiettes copieuses et soignées. Jolis desserts et respectable carte des vins. Service aimable et stylé.

À voir

Le centre-ville : propre, vert et aéré, il évoque une petite cité anglaise, dans les monts du Sri Lanka, avec quelques maisons anciennes de style colonial et des bâtiments historiques tel le ***Grand Hotel,*** comme sorti d'une carte postale de l'époque victorienne. La reine d'Angleterre y avait une résidence ; c'est aujourd'hui celle du président de la République. Bien entendu, elle se dissimule derrière de grands arbres et on ne peut ni l'apercevoir ni l'approcher. Ne manquez pas la ***poste*** *(plan B2)* avec sa façade en brique rosée que ne renieraient pas les studios Disney, le ***parc Victoria*** *(plan B2 ; 300 Rs l'entrée, ce qui est abusif)* où les amoureux se promènent pudiquement la main dans la main et les ***villas*** de style Tudor. Balade en barque sur le lac Gregori. Faites un tour également au ***marché des fruits et légumes*** *(plan B2,* ***4****),* à proximité du grand carrefour. C'est le cœur animé et marchand de la ville. Un peu plus loin, le ***marché aux vêtements.*** On y vend des blousons imperméables et vêtements chauds à des prix très bas. Que cela ne vous empêche pas cependant de négocier. Attention à la finition, il s'agit souvent de pièces pouvant présenter un léger défaut. Également pas mal de tailleurs. Sinon, l'ambiance dans la ville est tout à fait dépaysante avec des montagnards portant casquette, blouson et bottes. On a du mal à y croire !

The Hill Club *(plan A2)* **:** *un superbe hôtel et resto dans le plus pur style britannique (voir « Où dormir ? »). Accès libre. Possibilité de voir les lieux en se rendant à l'un des 2 restos, le* Formal Restaurant *(veste et cravate obligatoires à partir de 19h) ou* The Lilly, *moins strict. Voir « Où manger ? ».* La fondation du club remonte à 1876. Les femmes n'y furent admises qu'en 1911 (oh !), mais l'entrée était séparée (ah !), tandis que l'hôtel ouvrit ses portes en 1930, au cœur d'un grand parc ombragé et fleuri. Voici un manoir de style vaguement écossais, avec des murs en grosses pierres entrecoupées de poutres apparentes. On se croirait dans un roman d'Agatha Christie ou une nouvelle de Somerset Maugham. N'hésitez pas à y prendre un thé pour découvrir l'intérieur magnifique et si bien conservé (*Temporary Membership Card* obligatoire à 100 Rs, pour prendre un verre). C'est vieillot, rétro, patiné par le temps, un peu vide et triste mais tellement romanesque. Dans la bibliothèque, des panneaux portant les noms des directeurs du club depuis l'origine. La salle de billard, avec ses profonds fauteuils de cuir et ses trophées de chasse, vaut le coup d'œil aussi.

Golf Club *(plan A2)* **:** *accès par un chemin qui se prend sur New Bazaar St. ☎ 052-222-28-35. • nuwaraeliyagolfclub.com • Tlj dès 6h du mat pour le club. Compter 4 500 Rs (en sem)-5 500 Rs (le w-e) le parcours 18 trous. Loc de chaussures, de clubs et de caddies.* Fondé en 1889 par les colons anglais, il a traversé les vicissitudes de l'histoire et demeure l'un des clubs les plus chic du Sud-Est océanien. Les *fairways* se croisent et cela permet des rencontres surprenantes. Le *club house* n'a pas changé depuis l'époque coloniale. L'« étiquette » s'applique ici encore dans toute sa rigueur victorienne. La devise *Spero meliora* (« J'espère mieux ») rappelle la noblesse de ses fondateurs. Après avoir effectué leur parcours, les amateurs iront faire un tour au pub où sont accrochés, au mur, des trophées, la liste des membres, et de vieilles photos du temps de l'empire *(droit d'entrée : 500 Rs pour ceux qui ne jouent pas).* Billard super. Bref, on remonte dans le temps, c'est beau, troublant, et il s'en dégage un sentiment double (et trouble) de nostalgie rétro et de pérennité des traditions coloniales.

DANS LES ENVIRONS DE NUWARA ELIYA

Pedro Tea Estate & Factory (Kelani Valley Plantations ; hors plan par B2) : *à 4 km à l'est de Nuwara Eliya. ☎ 052-222-20-16. Tlj 8h-11h et 14h-16h ; magasin ouv 8h-17h. Entrée : 200 Rs. Durée de la visite (en anglais) : env 20 mn. En* tuk-tuk, *compter env 250-300 Rs (aller simple). Sinon, les bus pour Boralanda et Kandapola s'arrêtent à 200 m de la* tea factory *(départ ttes les 30 mn de la gare routière de Nuwara Eliya). Éviter le dim car les machines ne sont pas en action ; en règle générale, il y a plus d'activité le mat.*
C'est la plantation la plus proche de Nuwara Eliya. Elle date de 1885 (l'âge des machines) et a une très bonne réputation dans la région. Pour résumer : beau site, bon thé, bon service, bonne politique environnementale (développement durable et commerce équitable) et enfin des prix sages pour la qualité. Les visiteurs doivent revêtir un tablier en coton vert et un bonnet avant d'entrer dans la fabrique (photos interdites à l'intérieur). L'occasion de découvrir les 12 étapes de la fabrication du thé, du ramassage à la mise en paquet en passant par le séchage, le broyage, la fermentation, la cuisson et le tri des différentes qualités (voir notre rubrique « Thé » dans « Hommes, culture, environnement » en fin de guide). Intérêt de la visite variable selon le guide et l'activité de l'usine.
Près de 1 250 personnes travaillent chez *Pedro Estate,* qui possède aussi des plantations d'hévéas (mais ailleurs). Environ 70 ouvriers travaillent dans la fabrique (des hommes), tandis que la récolte des feuilles est effectuée par des femmes (les *plukkers*) d'origine tamoule, comme dans toutes les plantations du Sri Lanka. Vente de thé de la marque *Kelani Valley* sur place. Possibilité de se balader dans la plantation.

Sitha Amman Temple (hors plan par B3) : *à* ***Sita-Eliya,*** *à 8,5 km de Nuwara Eliya, sur la route de Badulla. Prendre le bus pour Welimada ou Badulla (demander au chauffeur de vous arrêter devant) ; départ ttes les 15 mn de la gare routière ; trajet 15 mn. Donation : env 100 Rs.* À flanc de montagne, un petit temple hindou typique, dédié à Hanuman, dont les idoles sont peintes de couleurs vives. Selon la légende, Sitha, femme de Brahma, fut kidnappée par le roi Ravanna et gardée ici pendant 17 ans. Ne vous étonnez pas si on vous appose la *tika,* un point rouge entre les yeux, c'est pour votre bénédiction !

Hakgala Botanical Garden (hors plan par B3) : *à 10 km de Nuwara Eliya, sur la route de Badulla. ☎ 052-222-21-82. Prendre un bus pour Welimada ou Badulla (les bus s'arrêtent devant) ; départ ttes les 15 mn de la gare routière ; trajet 20 mn. Tlj 8h-17h30. Entrée : 1 500 Rs ; ½ tarif 5-12 ans.* Situé en contrebas du **Hakgala Rock,** ce jardin botanique, fondé en 1860, était à l'origine une plantation de quinquina, plante très importante qui permettait de lutter contre la malaria (aujourd'hui, on la retrouve dans le *Schweppes*). Sa visite est moins intéressante que celui de Kandy, néanmoins la promenade est agréable, surtout pour sa partie haute, aménagée en jardin japonais. La plus belle saison pour s'y rendre est le printemps, particulièrement en avril. Nombreuses familles le dimanche. Du flanc de la colline, vue magnifique sur la vallée et les plantations de thé *(Ella Gap).*

ENTRE NUWARA ELIYA ET KANDY

La dénivelée entre Nuwara Eliya (1 800 m d'altitude) et Kandy (500 m) est de plus de 1 300 m. En descendant des montagnes vers la plaine, c'est le moment de troquer sa petite laine contre son T-shirt. En allant vers Kandy, le tapis vert des plantations de thé s'étend à perte de vue sur les coteaux abrupts. En route, à une vingtaine de kilomètres de Nuwara Eliya, on peut voir les ***cascades de Ramboda*** qui jaillissent de la montagne *(GRATUIT ; accès par un sentier de 200 m qui part de l'hôtel* Ramboda Falls*).* La meilleure vue reste celle qu'on a depuis le parking du *Tea Bush Hotel.*

Avant **Pusselawa,** au km 49, la route surplombe le *grand réservoir de Kothmale,* construit dans le cadre du projet d'irrigation de Mahaweli.

Les plantations et les fabriques de thé : il y en a plusieurs sur la route de Kandy. Elles sont ouvertes tous les jours de 8h à 18h et il y a toujours un guide parlant l'anglais, ainsi qu'un comptoir de vente pour les produits maison. On en a sélectionné deux : ***Mackwoods Labookellie Tea Estate*** (accessible en bus) et ***Glenloch Tea Factory*** (voir ci-après, plus loin que le premier). À environ 20 km de Nuwara Eliya, visite aussi de la ***Bluefield Tea Estate*** (accessible en bus aussi), qui fait du beau travail. À une quarantaine de kilomètres au nord de Nuwara Eliya, au village de Pusselawa, la fabrique ***Melfort*** se visite également.

Adma Agro – Strawberry Restaurant : *à env 14 km de Nuwara Eliya sur la route de Kandy. 077-375-77-87.* Non, il ne pousse pas que du thé dans le coin ! La région est même réputée pour être le verger du pays, et les fraises sri lankaises ne font pas pâle figure face à la gariguette tricolore. Ce restaurant-boutique posé au bord de la route est entièrement dévolu à la fraise : en jus, en glace, pancakes ou milk-shakes, c'est délicieux, et tout est fait sur place. Également des confitures à emporter.

Mackwoods Labookellie Tea Estate : *à* ***Labookellie,*** *à 13,5 km de Nuwara Eliya (km 55). • mackwoodstea.com • Tlj 8h30-18h. Visite guidée GRATUITE (et souvent expéditive : 15 mn, c'est un peu l'usine...).*

Il est interdit de photographier la fabrique où les ouvriers s'activent derrière un vitrage. Cette très grande fabrique fut fondée en 1841 par le capitaine William Mackwood. La plantation resta dans la famille Mackwood jusqu'en 1956, puis fut rachetée par NSO Mendis, un entrepreneur sri lankais. Visionnaire, il fut le premier à racheter une plantation aux Britanniques. Pendant 40 ans, sa fille, miss Sriyani Nonis, dirigea et développa le groupe *Mackwoods,* le hissant au niveau d'un empire industriel et commercial actif dans plusieurs domaines : caoutchouc, huile de palme, agro-industrie, pharmacie, chimie, tourisme. Femme exceptionnelle, elle fut une pionnière de la condition féminine dans son pays. Première femme sri lankaise avocate du Royaume-Uni, elle fut aussi la première femme à diriger une plantation de thé au Sri Lanka.

Labookellie est aujourd'hui une des plus vastes et des plus anciennes fabriques de thé du Sri Lanka. Elle produit notamment le Mackwoods, que les Sri Lankais considèrent comme le meilleur de l'île. Le roi des thés est aussi le thé des reines ! Le Mackwoods a été servi à Buckingham Palace lors du jubilé d'or *(Golden Jubilee)* de Queen Elizabeth d'Angleterre. Salon où l'on peut déguster gratuitement le thé de la *factory* (en revanche, le *chocolate cake* n'est pas offert). Notre humble rédacteur a testé et aimé le *High Grown Broken – Orange Pekoe Fannings* (BOPF). Impossible de dire « bof » en buvant du BOPF !

Glenloch Tea Factory : *à* ***Katukithula,*** *à env 30 km de Nuwara Eliya (km 40). ☎ 052-225-96-46. Visite GRATUITE, tlj 8h-17h30 ; durée : env 15 mn, au pas de charge. Éviter d'y aller le dim car il n'y a pas eu de cueillette la veille.* Il s'agit d'une petite usine de 130 ans d'âge perdue au beau milieu des plantations de thé. On découvre les différentes étapes de la fabrication du thé, et d'impressionnantes machines, manipulées par les rudes « travailleurs du thé ». En fin de visite, la dégustation s'impose. On peut aussi acheter quelques paquets de ce thé qui a fait la réputation de Ceylan. *The Golden Flush* est le meilleur (le plus cher aussi). Fait aussi buffet-restaurant.

LE PARC NATIONAL DE HORTON PLAINS

À 30 km au sud-est de Nuwara Eliya, entre 2 000 et 2 300 m d'altitude, voici un paysage étonnant constitué de montagnes et de collines ondulantes couvertes de forêts et enrobées de brume en soirée. Ces grands bois étranges où poussent des arbres à chevelure (les *keeta*) alternent avec une savane herbeuse (appelée *pattanahs*), c'est-à-dire une sorte de brousse d'altitude assez austère. Horton Plains rappelle parfois les paysages des Pyrénées pour leur fraîcheur et aussi les Moorlands d'Écosse pour leur beauté mélancolique.

Aujourd'hui, les Horton Plains n'abritent plus ces beaux pachydermes mais des paysages sauvages où vivent quelques léopards (très difficiles à apercevoir), des cerfs *(sambar deer)*, des biches, des écureuils et près de 90 espèces d'oiseaux.

HORTON, MORNES PLAINS !

Par une ironie de l'histoire, le sanctuaire naturel d'Horton Plains, dédié à la préservation de la faune, de la flore et de l'environnement, porte le nom de Sir Robert Wilmot Horton. *Ce colon britannique décima en les chassant la plupart des éléphants des hauts plateaux entre 1831 et 1837. Le nom de* ce serial killer *est resté, la mémoire des éléphants s'est éteinte...*

– ***Conseils :*** éviter d'y aller le week-end ou les jours de fête, car le site ressemble alors à une fête foraine. Moins de monde et plus calme en semaine. Le plus important est de bien choisir son heure. Horton Plains se visite ***très tôt le matin*** quand le ciel est encore dégagé. En fin de matinée et surtout dans l'après-midi, l'horizon s'obscurcit souvent, la brume de chaleur monte et arrive à boucher le paysage. On ne voit plus rien, ou presque. Un temps imprévisible et capricieux, qui risque de vous priver d'un très beau lever de soleil et de rendre la promenade décevante. Autant le savoir.

– ***Horton (com)plains :*** location de véhicules et surtout droits d'entrée anormalement élevés au parc font vite grimper le budget de ce qui n'est, somme toute, qu'une rando, certes intéressante. Faites votre calcul avant d'y partir bille en tête.

– À cette altitude, il peut faire très froid et l'humidité importante. Prévoir de bonnes chaussures et surtout un vêtement chaud et imperméable.

Arriver – Quitter

Compter 1h30 de voiture (32 km) depuis Nuwara Eliya. La route sinue entre les plantations de thé et rejoint un vaste plateau entouré de belles montagnes boisées. Le paysage d'altitude est majestueux et frais : forêts et cascades à foison.

– La solution la plus simple consiste à louer une voiture avec chauffeur auprès des hébergements de Nuwara Eliya. La plupart proposent cette excursion. Compter environ 5 500 Rs pour un véhicule (droit d'accès du véhicule dans le parc compris). Généralement, départ vers 5h-5h30 du matin, pour arriver à l'entrée du parc de Horton Plains vers 7h et atteindre le site de World's End vers 8h30.

– Il y a 2 portes d'accès : on y acquitte le droit d'entrée. Au nord, celle de

Pattipola (côté Nuwara Eliya), et au sud celle d'***Ohiya.*** Depuis chacune de ces entrées, la route étroite traverse le parc sur 5 km jusqu'au centre d'accueil du parc *(Visitor's Center)* où se situe le point de départ des chemins pédestres.

- Il existe bien une gare ferroviaire à Pattipola (à 11 km du *Visitor's Center*) et à Ohiya (à 15 km env du *Visitor's Center*), mais on vous déconseille cette option car, ensuite, il faut prendre un *tuk-tuk* pour venir au parc et retourner suffisamment tôt à la gare pour ne pas rater son train... Pour la petite histoire, le point culminant du chemin de fer sri lankais, à 1 898 m d'altitude, se situe dans le parc.

La visite du parc

- ***Horaires :*** *tlj 6h-18h (fermeture du guichet à 16h).*
- ***Droit d'accès :*** *env 1 900 Rs/pers ; réduc 6-12 ans.* Service charge : *env 1 000 Rs pour l'ensemble du groupe, quel que soit le nombre de pers. Droit d'accès des véhicules : 125-4 000 Rs selon catégorie.*
- ***Visitor's Center :*** il présente d'une manière pédagogique la richesse de l'écosystème du parc.
- Un ***petit resto*** à 100 m du *Visitor's Center* permet de grignoter pour trois fois rien.

Les différentes balades

➢ ***Little World's End et le World's End :*** *départ du* Visitor's Center. *Boucle de 9 km (env 3h).* C'est le parcours le plus connu, pas difficile et bien balisé (impossible de s'égarer). À 500 m du *Visitor's Center,* à la bifurcation, le chemin de gauche mène au ***Little World's End,*** qu'on atteint en 45 mn, puis encore 30 mn pour ***World's End*** (2 140 m). Et c'est vraiment le bout du monde ! Ces deux promontoires surplombent la vallée d'une façon abrupte et vertigineuse. Certains jours, on distingue à l'horizon la ligne argentée de l'océan Indien, distant de 80 km. La boucle se poursuit par les chutes de ***Baker's Falls,*** sur un parcours un peu plus accidenté, parsemé de quelques rochers puis ça grimpe légèrement pour joindre ***Chiminy Pool.*** Les grincheux parcourront la boucle en commençant par Chiminy Pool et en finissant par *World's End,* car dans ce sens, le chemin est moins abrupt.

➢ ***Kirigalpotta :*** *départ du* Visitor's Center. *Compter 14 km A/R (env 5h).* Pas de chemin balisé. Pour marcheurs expérimentés. Avec ses 2 389 m d'altitude, le Kirigalpotta est le deuxième sommet le plus haut du Sri Lanka. Par temps clair, on aperçoit l'océan Indien et l'Adam's Peak.

➢ ***Totupolakanda :*** *départ du sentier à 200 m sur la gauche après l'entrée du parc côté Pattipola. Compter 1h30 A/R.* Aucune difficulté. C'est la troisième montagne la plus haute de l'île (2 357 m).

ADAM'S PEAK (PIC D'ADAM)

À 2 243 m d'altitude, le pic d'Adam est le lieu de pèlerinage religieux le plus important et le plus populaire du Sri Lanka. C'est la montagne sacrée du pays, vénérée à la fois par les bouddhistes, les hindouistes, les musulmans et même les chrétiens. On l'appelle aussi Sri Pada. Les pèlerins le gravissent toujours de nuit pour se retrouver en haut au lever du soleil. Du sommet, la vue est époustouflante. Ils peuvent alors contempler à leurs pieds l'ombre projetée du pic, qui constitue un spectacle extraordinaire. Outre les pèlerins,

de nombreux randonneurs y montent aussi. Voilà un trek religieux et culturel qu'il ne faut pas manquer ! L'ascension pédestre débute dans le petit village de Dalhousie.

UN PEU D'HISTOIRE

Pour les bouddhistes, le pic d'Adam ou ***Sri Pada*** (ce mot signifie « empreinte sacrée ») est le dernier endroit où le Bouddha aurait séjourné sur terre avant de partir pour l'au-delà. Un de ses disciples, devenu le dieu Saman, lui aurait demandé de laisser dans la pierre une empreinte de son vénérable pied en souvenir de son passage sur l'île.
Les chrétiens ont leur version, un peu oubliée aujourd'hui. Pour eux, l'ancêtre Adam (le mari d'Ève) serait arrivé sur cette montagne juste après avoir été chassé du Paradis terrestre. Pour avoir désobéi à Dieu, la légende dit qu'Adam puni et repenti serait resté debout sur une seule jambe au sommet de cette montagne, en attendant que ses péchés lui soient pardonnés... Voilà Adam transformé en yogi... Quant aux musulmans, ils croient dur comme fer à cette histoire biblique et viennent en masse au pic d'Adam. Depuis le VIIIe s, ils estiment que cette montagne est aussi un lieu sacré. Son nom « pic d'Adam » vient d'ailleurs de cette croyance légendaire commune aux musulmans et aux chrétiens.
Dans le temple au sommet de la montagne, une grosse empreinte de pied se voit nettement. Pour les hindous, ce serait la trace du pied du dieu Shiva... Bref, qui croire dans cette cacophonie de croyances ? Certains chrétiens attribuent cette trace à l'apôtre saint Thomas. Une vieille légende dit en effet que l'apôtre de Jésus serait venu prêcher au Sri Lanka et au pic d'Adam, avant de se retirer en Inde près de l'actuelle Chennai, où il serait mort. En un mot comme en mille, le lieu est donc œcuménique !

Arriver – Quitter

En bus

Il faut passer par Hatton, situé sur la ligne Colombo-Nuwara Eliya. De là, prendre un bus pour Dalhousie (34 km), village où débute l'ascension de l'Adam's Peak. La gare routière de Hatton *(Bus Stand)* se trouve au centre-ville.
➢ ***Colombo et Nuwara Eliya :*** nombreux bus quotidiens. Trajet : env 5h pour Colombo ; 2h pour Nuwara Eliya.
➢ ***Negombo :*** 1 bus/j. le mat. Trajet : env 5h.
➢ ***Dalhousie :*** depuis Hatton, déc-mai : bus ttes les 30 mn. Trajet : env 1h30. Le reste de l'année : 2-3 bus/j. ; sinon prendre un bus pour le village de *Maskeliya* (20 km) ; de là, bus pour *Dalhousie* (14 km).
➢ ***Ratnapura :*** bus local possible pour *Siripagama* (compter 2h) d'où part le sentier d'accès au pic. Sinon, prendre le bus de Colombo et se faire déposer à Kuruwita Junction (à 12 km de Ratnapura). De là, prendre un *tuk-tuk* (1 000 Rs la course ; 15 km) pour *Siripagama.*

En train

➢ ***Ligne Colombo-Kandy-Hatton-Nanu Oya-Badulla :*** pour gagner Adam's Peak, descendre à Hatton. 5 trains/j. dont 1 de nuit (pas pratique). Compter 5h-5h30 de trajet entre Colombo et Hatton. La ligne passe par Kandy puis Hatton, Nanu Oya (gare desservant Nuwara Eliya) et Badulla (terminus).

Info utile

– Il n'y a pas de banque à Dalhousie. Prenez vos dispositions. Les banques et distributeurs sont en revanche nombreux à Hatton (34 km de Dalhousie).

LES MONTAGNES DU CENTRE

Où dormir ? Où manger à Hatton, Dalhousie et alentour ?

À Hatton

On vous déconseille de loger à Hatton, ville sans intérêt. Il existe une poignée d'hôtels peu séduisants. Voilà tout de même 2 adresses, si besoin : ***Hatton Resthouse,*** à 500 m environ du centre-ville, sur la route de Colombo *(☎ 051-222-27-51),* avec ses chambres basiques pour petits budgets ; ***Hill View Hotel*** *(☎ 051-222-34-56),* à la sortie de Hatton en direction de Dickoya et de Dalhousie, pour ses chambres plus confortables, à prix moyens.

À Dickoya

(7 km au sud de Hatton)

Upper & Lower Glencairn Bungalows : *à 4 km de Hatton. ☎ 051-224-02-70. • ceybankholidayhomes.com • Doubles avec sdb env 7 500 Rs en ½ pens. Si vous réservez, ils viennent vous chercher à Hatton. Sinon, les bus reliant Hatton à Dalhousie s'y arrêtent ou prendre un* tuk-tuk. Voici l'adresse de charme pour budget routard au cœur des monts ! On adore cet endroit perdu dans les montagnes, au sein de la plantation de thé Dickoya. Il s'agit d'une belle villa coloniale de 1906, entourée d'un paysage magnifique, avec une vue sublime sur le pic d'Adam et le réservoir Castlereigh. L'endroit appartient au groupe hôtelier de la *Bank of Ceylon,* garantie de sérieux. 5 vastes chambres restaurées et confortables (eau chaude) abritant un mobilier des années 1930, d'origine. Il y a également un bar rétro avec cheminée. Au resto, bonne cuisine locale. Une annexe de 5 chambres, aux mêmes tarifs, se trouve un peu plus bas sur la route : ***Lower Glencairn Bungalows*** *(☎ 051-222-23-42).* Jolie baraque, mais moins prestigieuse. Le panorama y est superbe.

À Dalhousie

(34 km au sud de Hatton)

Plusieurs hébergements simples destinés au repos des pèlerins avant l'ascension.

Bon marché (1 800-3 500 Rs / 12-23,30 €)

Guesthouse White House : *à 200 m du centre (panneau sur la gauche en arrivant dans le village). ☎ 052-205-55-20. 077-791-20-09. Bon marché.* En contrebas de la route, au fond d'un vallon et au bord d'un ruisseau, cet établissement propose des chambres simples, avec salle de bains (eau théoriquement chaude), moustiquaire et terrasse privée. Également quelques chambres dans 2 bâtiments en bois qui disposent de terrasse surplombant la rivière. Vue imprenable sur le pic d'Adam. Une adresse au cadre bucolique, à l'atmosphère paisible et à l'ambiance décontractée, mais à l'entretien parfois discutable (notamment les salles de bains). Bon accueil. Location de vélos. Fait aussi resto, comme la plupart des *guesthouses.*

De prix moyens à chic (3 500-7 000 Rs / 23,30-46,70 €)

Punsisi Rest : *au centre du village. ☎ 051-492-03-13. • punisi.rest@yahoo.com • La moins chère de la catégorie.* De l'extérieur, l'établissement ne paie pas de mine, pourtant le bâtiment principal offre des chambres tout à fait correctes (plus claires et plus calmes aux étages supérieurs). Pour quelques roupies supplémentaires, on vous conseille les chambres plus récentes avec terrasse privée, situées dans les cottages au sommet du versant. Elles sont plus confortables, la vue est plus séduisante et l'endroit plus calme. Fait aussi resto.

Slightly Chilled Gueshouse : *à l'entrée du village, sur le côté gauche* *de la route en venant de Hatton. ☎ 052-205-55-02. 📱 071-909-87-10. • slightlychilled.tv • Résa conseillée en hte saison. La plus chère flirte avec la catégorie « Chic ».* Un hôtel tenu par un sympathique couple de Sri Lankais qui gèrent parfaitement leur affaire. Grandes chambres propres et bien arrangées, toutes avec salle de bains et balcon. Vaste terrasse pour se poser. Fait aussi resto : cuisine sri lankaise, chinoise, mais aussi des sandwichs et des pâtes. Superbe vue depuis la salle à manger. Une adresse qui roule.

À voir. À faire

L'ascension du pic d'Adam : vous êtes venu pour ça ! L'ascension se fait à pied et de nuit depuis Dalhousie. Compter 14 km l'A/R, 3-4h de montée. Les bons marcheurs mettront 2h30 ou 3h, tout dépend aussi du nombre de pèlerins. Certains de nos lecteurs ont mis 6h pour atteindre le sommet !
Les pèlerins et randonneurs partent habituellement de Dalhousie vers 1h du matin pour arriver au sommet (2 243 m) du pic d'Adam au lever du soleil. Il y a un éclairage le long du chemin (mais une frontale peut servir), des étals de souvenirs et de nombreuses maisonnettes de thé. Prévoyez de vous y arrêter de temps en temps. Il y a 5 500 marches au total. Pour des raisons climatiques, il est conseillé d'effectuer cette excursion entre décembre et début juillet. En dehors de cette période, le sommet de la montagne est constamment dans les nuages et l'excursion perd tout son intérêt. Évitez d'y aller le week-end en haute saison (de décembre à mai), car les pèlerins sont très nombreux. Préférez un jour de semaine. L'idéal est de pouvoir y monter une nuit de pleine lune, mais là aussi l'affluence est plus importante, en particulier lors de la pleine lune de février-mars (et jusqu'à mai). Prévoir des vêtements chauds pour le sommet. Sachez aussi que vous pouvez louer les services d'un guide local qui vous accompagnera. Cette option pourrait intéresser une routarde solitaire désireuse d'être accompagnée pour la montée de nuit, pour des raisons de sécurité. Mais en réalité, il n'y a aucune insécurité sur ce chemin. Enfin, évitez de sortir de la nourriture, les singes sont à l'affût et peuvent s'avérer belliqueux.

MARCO POLO AU PIC D'ADAM

Vers 1284, Marco Polo fut envoyé en ambassade à Ceylan par l'empereur de Chine, le Mongol Kubilaï Khan. Il décrit le pic d'Adam et les escaliers abrupts. Les pèlerins d'alors vénéraient les dents (de grosses molaires), quelques cheveux et l'écuelle en jade du Bouddha. L'empereur de Chine insista pour obtenir des reliques. Le roi de Ceylan finit par les lui offrir en cadeau. À Cambaluc (Pékin), ces reliques furent accueillies avec dévotion. Kubilaï Khan était persuadé que l'écuelle pouvait faire des miracles...

Montée assez facile au début, mais plus difficile à mesure que l'on approche du sommet. Les 30 premières minutes du chemin se déroulent sur les versants couverts de plantations de thé. Le pèlerin passe ensuite sous l'***arche Makara Torana,*** qui marque l'entrée dans la sphère sacrée de la montagne. Le chemin monte et passe près de la ***Peace Pagoda,*** construite par les Japonais dans les années 1970. Ensuite, la montée devient de plus en plus raide. Les dernières 1 500 marches se gravissent à l'aide de rampes et de câbles qui facilitent l'ascension. Cette partie est plus éprouvante mais sans danger. Elle se déroule dans une ambiance de fête à laquelle on ne peut rester insensible.
Si vous voyez que ça bouchonne devant vous, ne vous agglutinez pas à la foule (ça vous gâcherait le spectacle), arrêtez-vous plutôt une cinquantaine de marches avant le sommet, où une terrasse bien plus tranquille offre un panorama aussi splendide.

Au sommet, il fait très froid (emportez de quoi vous couvrir !), mais le marcheur est récompensé de ses efforts en découvrant le paysage somptueux, entre terre et ciel. À l'aube la montagne projette une ombre sur le vaste paysage en contrebas. Celle-ci disparaît après une vingtaine de minutes. Le plus curieux réside dans la forme parfaitement triangulaire de cette ombre alors que la montagne n'est qu'un cône rocheux imparfait. Les bouddhistes y voient un signe divin : ce serait le Triple Joyau qui symbolise le Bouddha, sa morale et le peuple des fidèles.
Dans un pavillon, on peut voir l'***empreinte du pied du Bouddha.*** Attention, le temple n'ouvre qu'à 6h le matin. Ceux qui veulent vraiment y entrer retarderont peut-être leur montée, histoire de ne pas poireauter 3h devant en attendant l'ouverture. Petite, peu impressionnante, dorée et entourée de ciment, elle est réclamée aussi par les hindouistes qui y voient l'empreinte du pied de Shiva tandis que musulmans et chrétiens pensent que c'est la trace de l'ancêtre des hommes, Adam. Ainsi, tout le monde est content et peut manifester sa joie en agitant des cloches.
– La ***descente*** met les genoux à rude épreuve. Compter environ 2h30. Prévoir au moins 1 jour de repos après cette épreuve physique. Et surtout : É-TI-REZ-VOUS ! Gare aux petits malins qui ne suivraient pas nos conseils, courbatures assurées pour les 48 prochaines heures !
– ***Autre possibilité :*** on peut faire l'ascension du pic d'Adam au départ de Ratnapura (voir plus loin), par le versant sud. Compter 7h A/R. La route bitumée s'arrête à Siripagama à 15 km au nord de Ratnapura. À partir de cette bourgade commence vraiment l'ascension à pied. Attention, dénivellation de près de 2 000 m pour 15 km. Donc, un chemin beaucoup plus difficile et fatigant. Côté positif, il y a moins de monde et la nature est plus sauvage.

BADULLA

À 56 km à l'est de Nuwara Eliya et 23 km au nord d'Ella. C'est ici que s'arrête la région montagneuse du Sud-Est, dominée par le pic de Namunukula, et que commence la route de la côte est. Bien qu'entourée de montagnes, la région n'a pas le même charme et, à vrai dire, difficile d'être béat devant Badulla ! Point de rencontre de nombreuses routes et terminus des lignes de chemin de fer de Colombo et de Kandy, Badulla est l'épicentre de la province d'Uva, célèbre pour son thé. Le plus fin, dit-on. Badulla fait aussi partie des 16 grands sites sacrés bouddhiques de l'île.

Arriver – Quitter

En bus

Bus Stand *(gare routière)* **:** *en plein centre, près de la Clock Tower.*
➢ ***Colombo :*** bus ttes les 40 mn (1h la nuit). Trajet : env 7-8h.
➢ ***Ella :*** bus ttes les 20 mn, 6h30-18h30. Durée : 1h.
➢ ***Galle :*** 1 bus tôt le mat. Durée : env 6h.
➢ ***Kandy :*** 1 bus/h, 5h-15h30. Trajet : env 4h.
➢ ***Matara :*** 2 bus en début d'ap-m. Durée : env 5h.
➢ ***Nuwara Eliya :*** bus ttes les 15-30 mn, 5h-16h30. Durée : env 3h.

En train

Gare ferroviaire : *à 1 km au sud du centre-ville.*
➢ ***Colombo :*** 4 départs/j. (3 le mat, 1 en fin d'ap-m). Le train dessert ***Ella, Haputale, Hatton, Nanu Oya (Nuwara Eliya)*** et ***Kandy.*** Trajet : 10-11h pour Colombo ; 7-8h pour Kandy.

Adresses utiles

■ ***Banques :*** plusieurs banques dont les ***Bank of Ceylon, Hatton, Commercial Bank*** et ***Seylan Bank.*** Change et ATM.

Où dormir ? Où manger ?

Autant éviter de passer la nuit à Badulla. Voilà tout de même un resto dans le centre et, pour ceux qui y tiendraient, 2 hôtels, proches l'un de l'autre à 3,5 km du centre-ville *(compter 150 Rs pour s'y rendre en tuk-tuk).* Sachez qu'il est parfois difficile d'y trouver de la place le week-end (nombreux mariages).

De bon marché à prix moyens (1 500-4 500 Rs / 10-30 €)

Dunhinda Falls Inn : *35/10, Bandaranayaka Mahawata.* ☎ *055-222-30-28.* *077-737-87-27.* • *dunhindafallsinnbadulla.com* • *Le moins cher de la catégorie.* Une quinzaine de chambres modestes mais propres, avec AC ou ventilateur. Salle de bains commune (eau froide pour les moins chères). Accueil dynamique et efficace du patron. Fait aussi resto.

Hotel Onix : *69, Bandaranayake Mahawata.* ☎ *055-222-24-26. Prix moyens.* Dans un coin calme, voilà un hôtel qui tire bien son épingle du jeu. En tout, une quinzaine de chambres correctes, dotées de salles de bains, eau chaude, clim (ventilateur pour les moins chères). Pelouse et petite piscine pour le décorum. Resto sur le toit, le soir.

Capital City : *5, Bank Rd.* ☎ *055-305-02-99. Entre les gares ferroviaire (500 m) et routière (200 m). Bon marché.* Signalé par une façade jaune flashy, c'est l'un des très rares lieux où planter une fourchette à Badulla. Rien de plus qu'un buffet où l'on choisit les accompagnements de son *rice & curry*, à moins d'opter pour quelque spécialité chinoise. Sous le regard amusé des clients et cantinières (les touristes sont rares ici !), le résultat est plutôt probant.

À voir

Saint Mark's Church : *à l'angle de King St et de Bandarawela Rd.* Elle est plus intéressante pour son histoire que pour son architecture, car elle fut construite en mémoire d'un major anglais, *Thomas William Rogers.* Au XIXe s, ce colon frénétique (et fanatique) parcourut une grande partie de l'île à pied, tirant sur tous les éléphants qu'il rencontrait. Son tableau de chasse afficherait plus d'un millier de victimes. Ironie de l'histoire : le major Rogers mourut bêtement en 1845 en faisant la sieste sous la véranda de la *resthouse* de Haputale, frappé par la foudre... ou peut-être par une vengeance divine (de Ganesh ?).

Dunhinda Falls : *route de Mahiyangana, à 5 km de Badulla. En tuk-tuk, compter 1 200 Rs A/R, qui vous attend 1h sur place env. Ts les bus pour Monaragala passent au début du chemin (demander au chauffeur). Accès : 200 Rs.* Balade pépère de 25 mn sur un chemin à flanc de montagne. Les éventaires multiples ponctuent le trajet jusqu'au surgissement tumultueux de la rivière *Babullu Oya* qui chute d'une hauteur de 64 m. Le débit impressionne d'ailleurs plus que la hauteur ici. Le lieu est agréable et champêtre, peuplé de jeunes couples très sérieux et de quelques singes très facétieux. Une agréable promenade.

ELLA

1 500 hab.

• Plan *p. 241*

Perché à 1 100 m d'altitude, juste là où la montagne s'arrête pour dévaler brusquement vers la plaine, ce bourg s'est développé dans une très belle région verdoyante, fleurie, boisée, avec une magnifique ligne d'horizon lointain. L'air y est doux et on n'a plus besoin de ventilo ni de climatisation. Enfin de la fraîcheur !
Bien plus charmante que Badulla, moins collet monté que Nuwara Eliya, Ella séduit depuis des années les routards de tout poil. Certes, cette *success story* a ses travers : des développements de *guesthouses* en veux-tu, en voilà jusqu'à dénaturer certaines crêtes ; une ambiance un peu néo baba cool qui en agacera certains ; des soirées parfois festives et bruyantes. Pourtant, que la montagne est belle ! Si propice à de magnifiques randonnées vers de verts et beaux sites naturels.

Arriver – Quitter

En bus

Arrêt de bus *(plan B1)* **:** simple arrêt en bord de route à l'angle avec Passara Rd.

➢ ***Arugam Bay :*** d'abord bus pour Monaragala (3h de trajet, 1er départ 9h), puis bus en direction de Panama qui s'arrête à Pottuvil et Arugam.

➢ ***Badulla :*** bus ttes les 20 mn, 6h30-18h30. Trajet : env 1h.

➢ ***Colombo via Haputale, Belihul Oya et Ratnapura :*** se rendre en *tuk-tuk* à Kumbalwela Junction, à 3 km d'Ella. Il s'agit du croisement entre la route Badulla-Colombo et celle qui mène à Ella. Les bus Colombo-Badulla s'y arrêtent. Bus ttes les 30 mn (1h la nuit). Trajet : 6h.

➢ ***Galle :*** 3 bus/j., 7h-11h. Trajet : env 6-7h. Ils desservent ***Tangalle, Dickwella, Matara, Mirissa, Weligama, Ahangama*** et ***Unawatuna.***

➢ ***Haputale :*** 4 bus directs/j. Trajet : 1h. Sinon, changement à Bandarawella (bus ttes les 30 mn env).

➢ ***Tissamaharama :*** 4 bus/j., 13h-15h30. Trajet : env 3h30. Sinon, prendre un bus pour Matara ou Galle, et descendre à Weerawila Junction à 8 km de Tissa (trajet : 2h30 env) ; de là, bus ttes les 15 mn pour Tissa (trajet : 15 mn).

➢ ***Kandy :*** bus ttes les 2h. Durée : 3-4h.

➢ ***Matara via Tangalle et Dickwella :*** 8 bus/j., 6h40-16h40. Trajet : 4h30 (3h30 pour Tangalle).

➢ ***Nuwara Eliya :*** 4-6 bus/j., 8h-16h. Trajet : env 2h30.

En train

Railway Station *(plan B1)* **:** *au nord du village.*

➢ ***Colombo via Haputale, Nanu Oya (Nuwara Eliya), Hatton et Kandy :*** env 5 trains/j. Trajet : 1h pour Haputale ; 2h30 pour Nanu Oya (bus, *tuk-tuk* ou taxi pour parcourir les 9 derniers km jusqu'à Nurawa Eliya) ; 6-7h pour Kandy (2 *Express* le mat) ; 9-10h pour Colombo.

Adresse utile

■ ***Bank of Ceylon*** *(plan B1,* ***1****)* **:** *rue principale. Ouv lun-ven 9h-15h.* Change et ATM (cartes *Visa* et *MasterCard*).

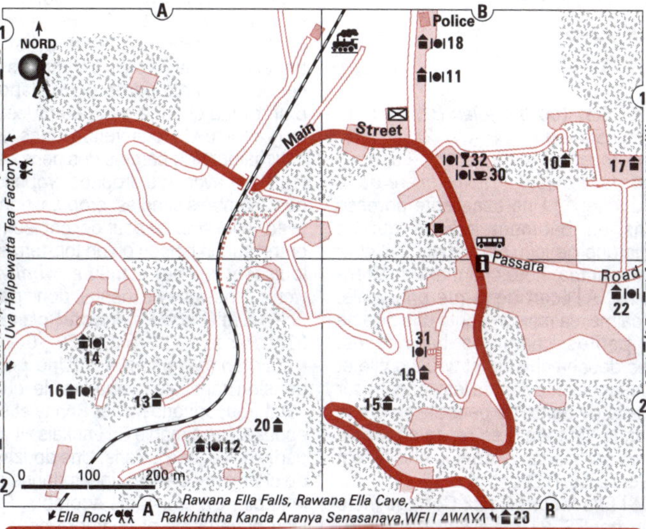

ELLA

Adresse utile

1 Bank of Ceylon

Où dormir ?

10 Lizzie Villa Guesthouse
11 Sun Top Inn
12 Brilliant View Home Stay
13 The View
14 Ambiente
15 Ravana Heights
16 Ella Gap Panorama
17 Forest Paradise
18 Country Comfort Inn
19 Tea Garden Holiday Inn
20 Mountain Heavens
21 Ella Mount Relax Cottage
22 Ella Grand Peak Hotel
23 Ella Jungle Inn
24 98 Acres Resort
25 Bandarawela Hotel
26 The Hideaway

Où manger ?
Où boire un verre ?
Où déguster une pâtisserie ?

24 98 Acres Resort
30 Dream Café
31 Restaurant du Rawana Holiday Resort
32 Café Chill

Où dormir ?

Attention, à Ella un peu plus qu'ailleurs, le nom des *guesthouses* et hôtels sont très similaires... conclusion, une certaine confusion possible à la réservation.

Bon marché (2 000-3 500 Rs / 13,30-23,30 €)

Lizzie Villa Guesthouse (plan B1, 10) : *au bout de l'impasse attenante au Café Chill.* ☎ *057-222-86-43.* Perchée au bord d'un jardin aux épices, à 200 m de la rue principale, cette *guesthouse* offre une poignée de chambres. Elles sont très modestes, toutes avec salle de bains (eau chaude), mais sans ventilateur. Agréable terrasse couverte, et excellent rapport qualité-prix. N'hésitez pas à visiter le très beau jardin d'épices (prix modique).

Prix moyens (3 500-6 500 Rs / 23,30-43,30 €)

🏠 🍽 ***Sun Top Inn*** (plan B1, **11**) **:** *18, Police Station Rd.* ☎ *057-222-86-73.* • *suntopinn@yahoo.com* • *À 5 mn à pied de la gare. La moins chère de la catégorie.* Wi-Fi Une excellente adresse dans un bâtiment orange qui se remarque de loin. On est accueilli par M. Priyantha, hôte charmant et attentionné. À l'écart de la rue principale, au calme, sa maison abrite une dizaine de petites chambres lumineuses, avec douche chaude et w-c, ventilo et moustiquaire. Éviter celles donnant sur la salle de resto. Le petit déj se prend dans la véranda. Les repas sont préparés par madame, dont la cuisine est savoureuse. Prêt de vélos.

🏠 🍽 ***Ella Mount Relax Cottage*** (hors plan par B2, **21**) **:** *Passara Rd, Sapumalthenna.* 📱 *077-507-70-66.* • *ella mountrelaxcottage.lk* • *À 20 mn env à pied du centre-ville. Prendre Passara Rd sur 500 m, puis la rue à droite sur 600 m.* Wi-Fi En total contraste avec toutes les constructions anarchiques que compte Ella, ces cabanes sur pilotis ont plein de charme et de vertus. Chacun la sienne, avec terrasse panoramique. Un incroyable panorama qui vous suit, au travers d'une large baie vitrée, jusqu'au fond du lit ! Mobilier cosy et un chic revêtement de briques cirées à l'intérieur. Extérieurement, le bois omniprésent permet une belle intégration dans les eucalyptus qui fournissent senteurs et ombrage. Bien à l'écart du bourg, on profite d'un calme très appréciable. Dur d'en repartir pour rentrer à la maison !

🏠 ***Forest Paradise*** (plan B1, **17**) **:** *Passara Rd (fléché sur la gauche).* ☎ *057-222-87-97.* 📱 *077-921-26-57.* • *forest paradiseella.com* • Wi-Fi Ce petit coin de nature calme, reposant et suffisamment à l'écart du centre pour se sentir un peu isolé, abrite une belle pelouse et 8 chambres. Vraiment bien tenues, parfaitement équipées (eau chaude, moustiquaire, terrasse privée), elles sont d'un excellent rapport qualité-prix. Dire que c'est le paradis serait abusif, mais on s'y sent bien, et c'est déjà beaucoup. Resto.

🏠 🍽 ***Brilliant View Home Stay*** (plan A2, **12**) **:** *Waterfalls Homestay Rd.* ☎ *057-222-89-43. Fourchette basse.* Wi-Fi Dans un sous-bois de bananiers, palmiers longilignes et cocotiers, bercé par le doux clapotis d'un ru (ça change des pétarades de la grand-rue !), bienvenue dans une antichambre du paradis des gens heureux. Les avenants proprios proposent des chambres simples, propres, dont 3 avec (jolie) vue. Le petit déj copieux se prend sur un balcon ou un toit-terrasse jouissant de cette même... *brilliant view* : l'enseigne ne mentait donc pas.

🏠 🍽 ***Ella Grand Peak Hotel*** (plan B2, **22**) **:** *Passara Rd.* 📱 *072-697-68-97.* • *ellagrandpeak.com* • Wi-Fi Une petite pension familiale tenue par le charmant francophone Mister Sonny et son épouse. Cet aimable Sri Lankais vit une partie de l'année à Paris. Une douzaine de chambres bien équipées donne sur le jardin. Un ensemble adorable. Parking privé fermé et chambre pour les chauffeurs (c'est assez rare pour le signaler). Repas, le soir, sur demande. Le chef sri lankais mijote de bons petits plats classiques. Les légumes frais et naturels viennent d'une ferme locale qui n'utilise aucun produit chimique...

🏠 ***The View*** (plan A2, **13**) **:** *Kithalella Rd.* 📱 *072-465-62-92.* • *theviewella.com* • *À 1,5 km env du centre d'Ella. Dans le haut de la fourchette.* Wi-Fi Ce petit hôtel domine un paysage superbe. Les chambres, dotées de grandes vitres pour mieux profiter de la vue, sont spacieuses, nickel et plaisantes (planchers ou carrelage et meubles en bois de teck). Moustiquaires partout. Celles situées au rez-de-chaussée donnent sur une pelouse et la piscine. Au 1er étage, elles s'ouvrent sur une vaste terrasse. Personnel un peu dilettante... faites comme eux. Repas possibles.

🏠 ***Tea Garden Holiday Inn*** (plan B2, **19**) **:** *surplombe la route principale (fléché).* ☎ *057-222-88-60.* • *ellatea garden.com* • Wi-Fi À flanc de colline, accessible facilement, voilà une *guesthouse* composée d'une imbrication de bâtiments, abritant une douzaine de chambres très correctes, avec salle de bains (eau chaude) et moustiquaire. Certaines donnent sur un grand balcon commun d'où l'on embrasse tout le paysage. D'autres ont des coins de terrasses quasi privatives. Le petit déjeuner est servi dans une grande salle ensoleillée. Repas sur demande. Billard. Bon accueil familial.

Country Comfort Inn (plan B1, **18**) : *32, Police Station Rd. Voir ci-après.* Propose aussi 2 chambres à prix moyens.

De chic à plus chic

Mountain Heavens (plan A2, **20**) : *☎ 057-222-88-00. • mountainheavensella.com • À 15 mn env à pied du centre-ville (suivre sur 1,5 km la rue face à Passara Rd). Double 150 $, petit déj inclus ; ½ pens 175 $.* Cet hôtel s'adosse à l'escarpement de la colline pour se lancer à la conquête de l'horizon. C'est un bonheur de dormir dans ces chambres face à un tel paysage, surplombant une vallée coincée entre deux montagnes, sans être loin du village. Chambres baignées de lumière grâce à de grandes baies vitrées, à la déco sobre, moderne et de bon goût. Chacune bénéficie d'un balcon, d'une terrasse ou carrément d'un petit jardin privatif.

Country Comfort Inn (plan B1, **18**) : *32, Police Station Rd. ☎ 057-222-85-32. 077-737-87-54. • hotelcountrycomfort.lk • Double env 65 $, petit déj compris.* Cette charmante maison de style british propose une douzaine de chambres. Le bâtiment principal abrite les plus récentes, les plus chères aussi : bow-window, carrelage rutilant, lit en bois sculpté et vernis. Dommage, pas de terrasse privée. Et 2 chambres anciennes, dans une annexe, moins coquettes, moins chères et tout aussi propres. Resto de cuisine locale, à prix sages. Accueil pro.

Ravana Heights (plan B2, **15**) : *à la sortie d'Ella, sur le côté droit de la route en direction de Wellawaya (au km 27). ☎ 057-222-88-88. 077-730-95-42. • ravanaheights.com • Doubles 100-130 $ selon confort, petit déj inclus.* Une authentique maison d'hôtes de 5 chambres confortables, tenues avec soin et bien décorées. 3 jolies suites climatisées, lumineuses et à l'esprit contemporain (pan de mur en béton brut, bonne literie), peuvent accueillir les familles. Depuis les terrasses et balcons privés, la vue est époustouflante ! Accueil pro et chaleureux. Une bonne adresse de charme, profitant d'un emplacement idéal. Seul bémol : le bruit de la rue. Excellente cuisine.

Ambiente (plan A2, **14**) : *Kithalella Rd. ☎ 057-222-88-67. À 2 km env du centre.* Perchée en haut d'une colline recouverte de théiers et au calme parfait, cette *guesthouse* vaut le déplacement pour son site exceptionnel : elle surplombe la vallée majestueuse. Quel panorama ! 8 chambres impeccables, avec ventilo, moustiquaires et eau chaude (2 d'entre elles se partagent une même salle de bains) ; agréable terrasse panoramique face à l'Ella Rock. Fait aussi resto ; tant mieux, car on est dans un lieu isolé.

Ella Gap Panorama (plan A2, **16**) : *Kithalella Rd. ☎ 057-492-00-69. 077-292-80-65. • ellagappanorama.com • À 2 km env du centre d'Ella. Fourchette hte.* Sur les hauteurs, tel un nid d'aigle perché, cette petite structure propose des chambres carrelées impeccables, avec moustiquaire, ventilo, eau chaude et surtout une su-per-be vue sur la vallée. Les *deluxe* sont bien équipées mais surfacturées. Accueil avenant. Le resto sert une bonne cuisine simple : omelettes, sandwichs et plats sri lankais classiques. Une adresse pour ceux qui recherchent le calme et l'isolement.

Où dormir ? Où manger dans les environs ?

Chic

The Hideaway (hors plan par A2, **26**) : *à 10 km au sud-ouest d'Ella. ☎ 057-720-02-67. 077-183-01-50. • thehideawayella.com • Depuis le centre d'Ella, prendre la route de Bandarawela ; juste après le pont sous le chemin de fer, prendre à gauche la Kithal-Ella Rd ; 5 km plus loin, tourner au croisement à gauche, c'est 4,5 km* *plus loin. Double 65 $, petit déj inclus. ½ pens possible.* Agrippée au flanc d'une colline, cette grande demeure blanche se donne des airs de Louisiane avec ses balcons à balustres et sa large terrasse en rotonde appuyée sur des piliers. Même si la déco intérieure est un peu vintage, l'ensemble a du charme et quasiment les qualités d'une chambre d'hôtes. Service aux petits oignons, vastes chambres devancées par une terrasse mi-couverte, dominant une magnifique vue sur les montagnes et la campagne alentour. Et on y mange bien pour compléter le tableau. Une bien belle cachette !

De plus chic à très chic

Ella Jungle Inn *(hors plan par B2,* ***23****) : à 12 km d'Ella, sur la route de Wellawaya. ☎ 011-276-11-01. 077-735-23-52. • ellajungleinn.lk • Doubles 115-165 $, petit déj inclus. ½ pens possible.* Pour passer une nuit en forêt, vous seriez plutôt tente chic, maisonnette ou cabane dans un arbre ? Choisissez votre branche : toutes sont d'un beau confort avec salle de bains en pierre, douche à ciel ouvert pour certaines et vue panoramique. *César de la mise en scène* à la maison en bois dans les arbres, à laquelle on accède par une passerelle suspendue. Tarzan et Jane, version « chic ». Accueil très gentil. Une très belle adresse, toutefois déconseillée à ceux qu'effraient les ululements la nuit...

98 Acres Resort *(hors plan par B2,* ***24****) : à 3 km d'Ella, par Passara Rd. ☎ 057-205-00-50 ou 51. • resort98acres.com • Doubles 195-245 $ selon standing, petit déj inclus. Possibilité de ½ pens.* Gros coup de cœur pour ces bungalows accrochés au sommet d'un versant au sein d'une plantation de thé, au pied du Little Adam's Peak. Construits en pierre et coiffés d'un toit de palme, ils se dressent face à un paysage d'anthologie. Rien n'a été laissé au hasard. La déco est à la fois sobre et d'un design raffiné. Baignoire en ciment dans les *deluxe,* grandes baies vitrées, vastes terrasses pour profiter du panorama. L'emploi de bois de récup (anciennes traverses de chemin de fer) donne un effet authentique et tendance. Dispose également d'un resto-bar (accessible aux non-résidents). Piscine (réservée aux résidents). Massage. Si votre budget vous le permet, pas d'hésitation ! Une adresse mémorable.

Bandarawela Hotel *(hors plan par A1,* ***25****) : 14, Welimada Rd, à proximité de la poste, à* ***Bandarawela.*** *☎ 057-222-25-01. • aitkenspencehotels.com • À 12 km d'Ella. Doubles 65-150 $, petit déj inclus.* Il s'agit d'un ancien club de planteurs anglais (1893) perché au-dessus de cette ville de passage agitée. Historique, authentique, patiné par le temps, il semble sortir tout droit d'une nouvelle de Somerset Maugham. La longue bâtisse aux planchers qui craquent abrite une trentaine de chambres impeccables, dont les plus agréables se trouvent au 1er étage. Les salles de bains ont conservé leur plomberie d'origine, elles plairont aux nostalgiques. 3 patios fleuris à l'intérieur de l'hôtel, un pub avec un billard, un bar avec une collection de whiskies, et même un tennis. La cuisine du restaurant réserve d'excellents dîners.

Où manger ? Où boire un verre ? Où déguster une pâtisserie ?

La plupart des *guesthouses* et des hôtels proposent des repas.

De bon marché à prix moyens (800-1 500 Rs / 5,30-10 €)

Dream Café *(plan B1,* ***30****) : Main St.* Pizzas, sandwichs, *rice & curry* à déguster légèrement en contrebas de la rue, sur une jolie terrasse fleurie (la salle de resto est moins séduisante). Bon et copieux. Et puis ils proposent un bon café expresso à un prix correct et de bonnes pâtisseries. Service généralement actif.

Restaurant du Rawana Holiday Resort *(plan B2,* ***31****) : dans le village, au-dessus de la route*

LES MONTAGNES DU CENTRE

principale. ☎ *057-222-87-94. Ouv lun-ven 9h-17h, sam 10h-15h.* En haut d'un escalier tortueux, une excellente et fine cuisine sri lankaise. Aubergine aigre-douce, curry de pommes de terre épicé, curry à l'ail et aux clous de girofle sont les spécialités de la maison. Savoureux chutneys et des dizaines de petits plats, certains évidemment épicés.

Café Chill (plan B1, **32**) : *Main St. 077-180-40-20. Tlj 10h-22h. Prix moyens.* Agréable *coffee shop* en bois, avec terrasse en surplomb de la rue, et un espace à l'arrière surmonté d'une mezzanine. Le tout agrémenté de fauteuils en rotin, aux coussins moelleux. Musique *lounge* électro, pour coller au cadre et à la clientèle occidentale très métissée (des jeunes, des vieux, des sérieux, des babas). Cuisine européenne, chinoise ou vaguement sri lankaise. Jus de fruits, cocktails (avec ou sans alcool). Très bien aussi pour prendre un verre. Service très efficace.

98 Acres Resort *(hors plan par B2,* ***24****) : voir « Où dormir ? ». À 10 mn à pied au-delà du Little Adam's Peak.* Certes, compter près de 1 000 Rs pour un simple snack et les boissons sont deux fois plus chères qu'ailleurs, mais on profite d'un cadre vraiment exceptionnel, scotché sur la terrasse panoramique.

DANS LES ENVIRONS D'ELLA

La magnifique région d'Ella offre de nombreuses balades pédestres. Pour ceux qui souhaitent se promener dans les collines de thé : après être passé sous la voie de chemin de fer, prendre la première route à gauche ; après deux ou trois lacets, suivre un chemin de terre à flanc de colline. Très beau panorama.

Balade au Little Adam's Peak : *à 2 km env du village. Sortir d'Ella en suivant la Passara Rd ; à 1 km env, continuer par le sentier qui débute dans un tournant (panneau indiquant l'accès au Little Adam's Peak). Compter env 2h A/R à pied. Montée facile.* C'est l'une des montagnes qui domine Ella, une balade très classique. Très beau panorama sur la région et les plantations de thé. Prévoir une petite laine en saison froide.

Rando au sommet d'Ella Rock : *compter env 4h A/R. Depuis Ella, marcher 2 km le long de la voie ferrée (en direction de Bandarawela) ; après avoir traversé le pont noir, prendre à gauche ; traverser la rivière par le pont puis bifurquer à droite ; c'est tt droit, mais pas si facile à trouver (si vous sentez quelques faiblesses en orientation, laissez-vous faire par les « guides » qui se proposeront à vous). Montée plus difficile que celle du Little Adam's Peak.* Vue splendide sur la région depuis le sommet.

Rawana Ella Cave : *à 2,5 km env d'Ella. Suivre la route de Wellawaya, puis après avoir dépassé le 1er pont (à 1,5 km d'Ella), prendre le chemin sur la droite et poursuivre 1 km env. Accès : 150 Rs en principe (certains lecteurs ont parfois dû payer 200 Rs, attention aux abus).* La légende veut que la princesse Sītā, héroïne du *Rāmāyana*, y ait été enfermée. On y a retrouvé des squelettes d'anthropophages (de cannibales, quoi !). Un sentier et 703 marches (scrupuleusement comptées par tonton Routard, recomptez mes amis !) grimpent jusqu'à cette grotte largement béante et qui ne laisse pas béat. C'est juste l'occasion d'une agréable promenade.

Rawana Ella Falls : *à 6 km sur la route de Wellawaya.* Ces cascades jaillissent du versant de la montagne dans un site naturel fréquenté par les gens du coin, qui viennent s'y baigner (malgré de fréquents accidents). Un endroit très apprécié le week-end et pas toujours très propre.

Rakkhiththa Kanda Aranya Senasanaya : *à 11 km sur la route de Wellawaya ; au km 16,2, route (pentue) à droite sur 2 km, puis piste à gauche sur 1 km.*

Tlj. Don suggéré. Selon la légende, le roi Walagamba créa ce temple troglodytique voilà 2 200 ans. Un lieu admirable où couve un profond mysticisme sous le tourment d'un chaos granitique. Un gros rocher masque le départ d'un tunnel qui rejoindrait Bandarawela (on n'a pas vérifié). Mais le clou du spectacle est ce gigantesque roc en forme d'auvent qui protège des éléments un petit *stûpa* blanc et une grotte peinte de motifs où se mélangent allègrement le religieux et le profane : le blason de la couronne britannique au-dessus de la porte, ou des dieux locaux portant des croix chrétiennes en pendentifs, sous les yeux goguenards d'un bouddha couché. Par-delà, la sente continue vers un rocher qui abrite un bouddha en ascèse (encore plus maigre que le Christ de La Celle !), puis on arrive à une petite rivière qui chantonne à côté d'une minuscule salle de méditation ménagée dans la roche (le son de l'eau y est purement magique). C'est ici qu'éléments et religion semblent avoir décidé de vivre en osmose...

Uva Halpewatta Tea Factory : *à 6 km d'Ella, sur la route de Badulla (fléché sur la gauche). ☎ 057-222-85-48. 077-957-59-76. • halpetea.com • Compter 1 000 Rs A/R depuis Ella en* tuk-tuk, *avec attente. Lun-sam 8h-16h. Entrée : 300 Rs pour env 30 mn de visite. Pas de résa. Évitez le lun, les machines ne fonctionnent pas (faute de cueillette la veille). Privilégiez le mat tôt, l'ap-m les machines sont souvent à l'arrêt.* Cette belle plantation produit un excellent thé. On visite la fabrique sous la conduite d'un guide. Possibilité de déguster et d'acheter un bon choix de thés aromatisés originaux.

Dowa Rock Temple : *à 6 km en direction de Bandarawela, sur la gauche de la route. Tlj. Don obligatoire : 200 Rs. Env 500 Rs A/R en* tuk-tuk, *avec attente.* Un beau site naturel et intime au bord d'une rivière au fond d'un vallon encaissé. Un escalier y descend. Sculpté dans la roche, un gigantesque bouddha inachevé. Le temple-caverne abrite d'amusantes fresques colorées, ainsi que deux bouddhas sereins couchés dans des vitrines.

HAPUTALE

5 300 hab.

• Plan *p. 247*

Petit bourg commerçant campé sur le tranchant d'une crête, Haputale n'a guère d'intérêt en soi et, pour tout dire, on en fait vite le tour. En revanche, l'environnement est superbe. Des paysages grandioses, au cœur des montagnes couvertes de plantations de thé (notamment l'ancienne plantation de sir Thomas Lipton, la *Dambatenne Tea Factory*), et le trajet en train depuis Ella offre de splendides échappées.

Arriver – Quitter

➢ ***En train :*** gare ferroviaire *(plan B1)* à 200 m du centre-ville. 3-4 trains/j. de/vers ***Colombo*** (env 8h30-9h), ***Kandy*** (env 5h-5h30), ***Nanu Oya*** (à 9 km de Nuwara Eliya, env 1h30), ***Ella*** (env 1h) et ***Badulla*** (env 2h).

➢ ***En bus :*** simple arrêt de bus *(plan B1),* au bord de la route, au centre du village. Nombreux bus pour ***Colombo*** (trajet : env 5h30), via ***Belihul Oya*** et ***Ratnapura***. Pour ***Ella,*** 4 bus directs/j., sinon changer à Bandarawela. Pour ***Tissamaharama,*** 2 bus directs/j., sinon changer à Wellawaya (route étroite et trafic lent entre Beragala et Wellawaya, mais on passe à côté des chutes de Diyaluma).

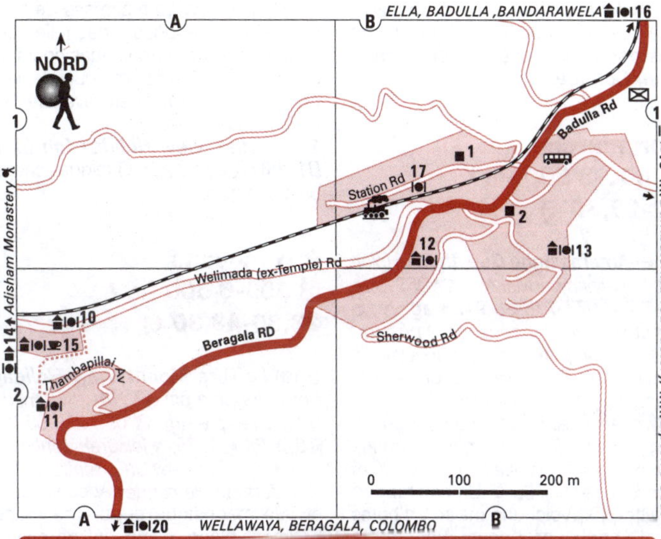

■ **Adresses utiles** 1 Bank of Ceylon 2 People's Bank **Où dormir ? Où manger ?** 10 Cue-Sta Guesthouse et Hyacinth Cottage 11 Amarasinghe Guesthouse 12 ABC Guest Inn 13 Srilak View Holiday Inn	14 Leisure Mount View Holiday Inn 15 Olympus Plaza 16 Awinco Rest Inn 17 Royal Top Rest Inn 19 Mountain View 20 Melheim Resort **Où déguster une gourmandise ?** 15 Glacé

Adresses utiles

■ ***Banques :*** *les* ***Bank of Ceylon*** *(plan B1,* ***1****), sur Station Rd et* ***People's Bank*** *(plan B1,* ***2****), sur Colombo Rd.* Proposent du change *(lun-ven 8h30-15h)* et des distributeurs (*MasterCard* et *Visa*).

Où dormir ? Où manger ?

Très bon marché (env 1 800 Rs / 12 €)

Cue-Sta Guesthouse *(plan A2,* ***10****) : Welimada Rd (ou Temple Rd), à 1 km env du centre. ☎ 057-579-90-24.* Excentrée, perchée au-dessus de la voie ferrée, voilà une petite pension familiale sans prétention de 5 chambres, vraiment modestes et pas chères. Chacune dispose d'une grande fenêtre sur un superbe paysage de théiers (la vue serait encore plus belle si les vitres étaient moins... poussiéreuses). Possibilité de repas dans une salle colorée, panoramique et plutôt accueillante avec ses fauteuils.

Accueil sympathique. En dépannage, quelques chambres très basiques et très peu chères chez le voisin, ***Hyacinth Cottage.***

Bon marché (1 800-3 500 Rs / 12-23,30 €)

Amarasinghe Guesthouse *(plan A2, **11**) : Thambapillai Ave. ☎ 057-226-81-75. 077-776-33-97. • agh777@sltnet.lk • Pour y accéder, 2 possibilités : par un petit chemin qui dévale le versant depuis Temple Rd et qui débute à gauche peu avt l'Olympus Plaza ; ou suivre la route de Colombo sur 800 m env, puis prendre le chemin goudronné qui monte sur la droite (c'est env 300 m plus loin, fléché).* Un bon rapport qualité-prix. Voici une maison d'hôtes de 1er choix, proposant une petite dizaine de chambres impeccables, à la déco soignée. Celles de l'étage ont l'eau chaude et un balcon, le tout à des prix très, très sages pour le confort proposé. Jardin superbe, cuisine sur commande (ne sert pas d'alcool). Propriétaires un peu âgés, gentils comme tout.

Awinco Rest Inn *(hors plan par B1, **16**) : Badulla Rd. ☎ 057-226-86-20. 077-355-35-85. À 1 km du centre, sur la droite en direction de Bandarawela.* Tout commence par un accueil très souriant, puis des chambres simples, soignées, avec eau chaude et même (pour les plus chères) un grand balcon et une sacrée vue. Une vue qu'on retrouve au petit déj ou autour d'un repas tout simplement délicieux. Côté prix, ça ne douille pas trop et côté route (juste en contrebas), elle sait se faire oublier entre le crépuscule et l'aurore.

ABC Guest Inn *(plan B1, **12**) : 109, Sherwood Part. 077-101-21-13. • abcguestinn.haputale@gmail.com • En contrebas du centre-ville.* Grande demeure blanche de 3 étages, accueil familial et jovial. Une dizaine de chambres simples et nickel. Les plus économiques avec salle de bains commune (eau chaude). Balcon privé et très belle vue sur la vallée pour les plus chères. La maîtresse de maison mitonne de bons repas (elle peut même vous donner quelques cours de cuisine), et le patron prodigue plein de bons conseils (évitez en revanche les excursions du frérot).

Srilak View Holiday Inn *(plan B1, **13**) : voir plus loin.* Quelques chambres bon marché.

Prix moyens (3 500-6 500 Rs / 23,30-43,30 €)

Leisure Mount View Holiday Inn *(hors plan par A2, **14**) : Welimada Rd (ou Temple Rd). ☎ 057-226-83-27. 071-640-18-25. • leisuremountview.com • À 1,5 km env du « centre-ville ». Transfert sur demande.* Accueil super et vue magnifique depuis ce grand bâtiment blanc, disposant de chambres très lumineuses, avec baie vitrée, terrasse et panorama mémorable (accessoirement elles ont aussi salle de bains et eau chaude). La famille est vraiment adorable, la cuisine délicieuse (la maman est un cordon-bleu), la propreté scrupuleuse et les prix fort raisonnables. Une adresse attachante.

Srilak View Holiday Inn *(plan B1, **13**) : Sherwood Rd. ☎ 057-226-81-25. • srilakviewholidayinn.com • En contrebas du village. CB acceptées.* Petit hôtel d'une trentaine de chambres réparties dans 2 bâtiments accrochés à la pente, tel un nid d'aigle dominant un vaste paysage de montagnes. Chambres correctes et de bon confort. Les meilleures, les plus chères aussi, possèdent un balcon privé. Quant aux *budget rooms,* à prix tassés, elles ne sont pas mal du tout. Fait aussi resto dans une salle à la déco kitsch que la magnifique vue fait vite oublier. Tout comme le vaste choix de la bonne cuisine proposée fait oublier le service approximatif...

Royal Top Rest Inn *(plan B1, **17**) : Station Rd. ☎ 057-226-81-78. Tlj 8h-21h30.* Plusieurs fonctions sociales à ce resto-cahute : rassurer le touriste en partance, inquiet de rater le train (la gare est à 50 m) ; requinquer le touriste tout juste débarqué, encore tourneboulé par les slaloms du bus (la gare routière est à 50 m). Et régaler tout ce beau monde de bons petits plats bien dans la tradition sri lankaise, le plaisir des yeux en prime, grâce à une agréable vue sur la profonde vallée.

Chic

🏠 |●| ***Olympus Plaza*** *(plan A2,* ***15****) : 75, Welimada Rd (Temple Rd). ☎ 057-226-85-44. ● olympusplazahotel.com ● Doubles env 80-90 $ selon vue, petit déj inclus.* Un de ces bâtiments que l'on exècre de l'extérieur, mais qu'on apprécie une fois dedans. Car il abrite une quarantaine de chambres confortables, agréables et aménagées dans un esprit moderne, toutes avec balcon. Très belle vue sur l'environnement montagnard. Resto (buffet ou à la carte) dans une salle banale et aveugle, bar et salle de gym. Un établissement apprécié des groupes.

Où dormir ? Où manger dans les environs ?

Plus chic

🏠 |●| ***Mountain View*** *(Kelburne Tea Estate ; hors plan par B1,* ***19****) : à 3 km env de Haputale ; monter à droite à l'arrêt de bus en direction de* Lipton's Seat *sur 2 km (fléché) ; il reste à descendre 1 km sur un petit chemin carrossable. Résas à Colombo : ☎ 011-257-33-82. ● kelburnemountainview.com ● Cottages 4-6 pers 120-150 $ selon capacité et saison. Repas 1 500-1 800 Rs.* Au cœur d'une plantation de thé qui enrobe généreusement les montagnes alentour, 3 charmants cottages pour 4 ou 6 personnes, confortables et cosy (meubles anciens, vieilles gravures, photos, cheminée pour l'un d'eux...). Accueil aimable, ambiance très calme et vue plongeante vertigineuse : le lieu est exceptionnel, *so British* et tellement romantique. Jardin génial, au gazon tondu de près. Un lieu privilégié pour se réveiller la tête dans les nuages.

🏠 |●| ***Melheim Resort*** *(hors plan par A2,* ***20****) : à* ***Beragala,*** *à 9 km de Haputale. ☎ 057-567-59-69. 📱 075-791-34-60. ● melheimresort.com ● À Haputale, prendre la route de Colombo ; à l'entrée de Beragala (à 6,5 km de Haputale), bifurquer à gauche sur la route de Wellawaya, c'est 2 km plus loin (fléché). Doubles 150-180 $ selon taille ; ½ pens possible.* Là encore, une adresse à flanc de versant, dans un décor de dénivelées, de montagnes couvertes de plantations de thé et de brumes ouatées. Une quinzaine de chambres à la déco néocoloniale, spacieuses et lumineuses, dominent ce cadre de toute beauté. Resto dans une salle panoramique avec terrasse (on a un peu l'impression d'être suspendu dans le vide !). L'endroit est calme et paisible. La nuit, place aux bruits de la forêt, à proximité. Piscine. Bonne cuisine, mais prix musclés à la carte.

Où déguster une gourmandise ?

☕ ***Glacé*** *(plan A2,* ***15****) : 75, Welimada (ex-Temple) Rd. ☎ 057-226-88-88. Tlj 8h-19h30.* Adossée à l'imposant *Olympus Hotel,* cette petite salle coquette propose de succulentes pâtisseries et jus de fruits frais. Vue et revues occuperont ce moment gourmand. Il ne restera plus qu'à grimper à pinces au *Lipton's Seat* pour éliminer l'excédent de calories !

DANS LES ENVIRONS DE HAPUTALE

Adisham Monastery *(monastère d'Adisham ; hors plan par A2) : à 3,5 km de Haputale (env 45 mn à pied). ☎ 057-226-80-30. ● adisham.org ● Donation*

LES MONTAGNES DU CENTRE

obligatoire : 150 Rs. Ouv le w-e slt et vac scol (sf Noël et Vendredi saint) 9h-16h30. En tuk-tuk, compter env 500 Rs A/R, avec attente. Cette grande maison en granit de style européen fut construite en 1931. C'était la résidence de sir Thomas Lister Valliers, un planteur anglais. Aujourd'hui elle est occupée par des moines bénédictins qui fabriquent et vendent de la confiture et des sirops. Les jardins en terrasses du monastère sont entretenus par le jardinier, dispensé toutefois de la corvée d'arrosage. Le ciel y pourvoit quotidiennement ! Trois salles avec du mobilier d'origine, dont la bibliothèque de sir Thomas Lister Valliers, sont ouvertes à la visite. C'est surtout l'occasion d'une magnifique balade le long d'une route qui traverse de belles plantations de thé et aboutit en lisière du ***Thangamale Sanctuary,*** fameux pour ses magnifiques papillons : blanc tacheté ou tigré de noir comme les *ceylon blue glassy, ceylon tiger, red helen* ou orangé tel le *common lepord (visites guidées possibles, compter 1 500-2 000 Rs la ½ journée ; rens auprès de votre hébergement).*

👣👣 ***Dambatenna Tea Factory*** *(hors plan par B1)* **:** *à 10 km à l'est de Haputale par une route bitumée et étroite à flanc de montagne. Depuis Haputale, on peut s'y rendre en tuk-tuk (800 Rs A/R avec attente durant la visite) ; sinon, bus n° 326 (ttes les 30 mn, 6h-18h30 ; trajet : 30 mn, arrêt au pied de l'usine). Ouv lun-sam 8h-18h. Entrée : 250 Rs.*
Fondée en 1890 par le pionnier sir Thomas Lipton, cette plantation de thé, aujourd'hui appelée Dambatenna, se visite. À l'intérieur de l'usine, on peut voir encore du matériel ancien. Pas de dégustation (dommage), mais vente de thé.

👣👣👣 ***Lipton's Seat*** *(hors plan par B1)* **:** *à env 1,5 km avt le sommet et 8 km de Dambatenna Tea Factory. Entrée : 50 Rs (100 Rs/véhicule).* Depuis la fabrique de thé, une route très étroite et bitumée de 7 km, traversant un paysage extraordinaire, conduit au ***Lipton's Seat.*** On peut aussi emprunter un sentier *(difficulté moyenne ; compter 2h de marche depuis la tea factory pour grimper au sommet, 1h30 pour la descente).* Le mieux est d'y monter en voiture *(ou en tuk-tuk de la tea factory)* et de redescendre à pied. Y aller tôt de préférence, car le ciel se couvre généralement de nuages après 10h du matin. Le lieu tient son nom de Thomas Lipton qui aimait s'y installer pour contempler la vue ouverte sur 360°. Avec le site majestueux de World's End (parc de Horton Plains), voici l'un des plus beaux points de vue dans les montagnes du Sri Lanka !

SIR THOMAS LIPTON, UNE SOMMI-THÉ

Natif de Glasgow, Thomas Lipton quitta l'école à 15 ans. Il fit fortune en créant une chaîne de 300 épiceries en Grande-Bretagne, puis acheta cinq plantations de thé en faillite au Sri Lanka. Très novateur, il inventa le concept du thé en sachets, commercialisé en privilégiant le circuit court. Pas d'intermédiaire : « Direct from the tea garden to the teapot. » *À sa mort, pas d'héritiers, pas de famille. Pas le temps.*

WELLAWAYA

env 4 200 hab.

À 29 km au sud d'Ella, au pied des montagnes, Wellawaya est la première ville de plaine que l'on traverse en descendant vers la mer. Centre commercial important, c'est surtout un carrefour stratégique entre l'ouest, le sud et le centre de l'île. C'est là que se croisent l'A 4, qui relie Colombo à Arugam Bay, et l'A 2, qui dessert Tissamaharama et les localités de la côte sud.

DANS LES ENVIRONS DE WELLAWAYA

Buduruwagala : *sur la route de Tissamaharama, à 5 km, tourner à droite (panneau), et suivre la piste sur 5 km. En tuk-tuk depuis Wellawaya, compter env 1 000 Rs A/R avec attente. Tlj 7h-18h. Entrée : 500 Rs.* Dans un très bel environnement de lacs, collines et végétation luxuriante, une grande falaise de granit évoque la forme d'un éléphant (le guide vous expliquera, si vous en prenez un). Sa paroi rocheuse a été sculptée de sept grandes statues voici 2 100 ans... Le plus grand, un bouddha, mesure 17 m de haut. Il est encadré par deux groupes. Sur sa droite, trois personnages ; la grande figure blanche représente Avalokitesvara, en compagnie de son épouse Tara aux seins nus. L'autre groupe représente des *bodhisattvas.* Celui du centre est d'une grande sérénité. La nuit, des éléphants sauvages viennent parfois prendre possession de ce lieu fascinant et mystérieux qui dégage une vraie émotion.

ROMÉO ET JULIETTE, ENCORE ET TOUJOURS

On raconte qu'un roi tomba amoureux d'une jeune fille de caste inférieure. Poursuivis par la population enragée d'une telle entorse aux usages, ils escaladèrent la falaise de Diyaluma. La belle tomba et mourut, provoquant les larmes du roi, si abondantes qu'elles se firent cascade. En avril 2015, un jeune couple mixte, tamoul et cinghalais, soumis à la vindicte de leurs parents, se jeta de désespoir du haut de ces mêmes cascades. Décidément, le temps ne conduit pas à la tolérance.

Diyaluma Waterfalls (cascades) **:** *route de Beragala, à env 13 km.* Ces chutes d'eau impressionnantes sont visibles depuis la route. Pour atteindre le sommet de ces cascades hautes de 170 m, mieux vaut se faire accompagner car les sentiers sont nombreux. Prévoir près de 1h de marche. Là-haut, des piscines naturelles permettent de se baigner.

Maligawila : *route d'Arugam Bay, à 25 km env.* Se rendre à ***Okkampitiya,*** de là, on peut faire une halte au monastère signalé par un beau *stûpa* de brique. Un moine fait visiter le sanctuaire où trône un imposant bouddha bien ripoliné. Poursuivre ensuite vers le *Maligawila Vihara,* un grand complexe monastique du VIIe s. Ce gigantesque bouddha tombé de son piédestal gisait depuis longtemps dans la jungle. Il a retrouvé place sur son socle et dresse aujourd'hui sa stature massive, sculptée dans un seul bloc, au milieu d'un parc paysager. Le site comprend, à proximité, un *bodhisattva* beaucoup moins bien conservé et d'un intérêt moindre mais, placé en haut d'un escalier en terrasse, il a beaucoup de majesté.

BELIHUL OYA

À environ 30 km au sud-ouest de Haputale et à 70 km de Ratnapura. Sur le versant sud du massif montagneux, dans un paysage de rizières et de cascades, Belihul Oya est un excellent point de départ pour des randonnées pédestres, notamment pour les *cascades de Bambarakanda.* En revanche, le village lui-même n'a rien de particulier. C'est l'un des rendez-vous appréciés des adeptes d'écotourisme.

Arriver – Quitter

Belihul Oya se trouve sur la route ***Badulla-Colombo.*** Bus ttes les 30 mn (1h la nuit). Ils passent par ***Haputale*** (1h de trajet) et ***Ratnapura*** (env 2h de trajet). Pour Colombo, env 5h de trajet. Nos adresses étant proches de la route, mais excentrées du village, n'hésitez pas à demander au chauffeur de vous déposer au plus près.

Info utile

■ ***Bank of Ceylon :*** *dans le centre du village, proche de la Clock Tower.* Propose du change *(lun-ven 8h30-15h)* et un ATM (*Visa* et *MasterCard*).

Où dormir ? Où manger ?

Nos adresses se situent à 3-4 km à l'ouest du village (de la Clock Tower plus exactement) par la route de Colombo.

De bon marché à prix moyens (1 500-5 500 Rs / 10-33,30 €)

À 3 km de la Clock Tower (direction Colombo), juste avant le pont sur la rivière, monter à droite la petite rue sur 1 km ; tourner à gauche sur une piste stabilisée, le *Jungle Rest* est 200 m plus loin à gauche et le *Terico Resort* encore 300 m plus loin.

Jungle Rest : *Boranjamuwa Rd. ☎ 045-490-29-52. 076-704-32-20. Fourchette basse.* Dans un bâtiment vert, comme pour mieux se fondre dans la nature exubérante, quelques chambres sommaires avec salle de bains (eau chaude pour les plus chères) et moustiquaires. On apprécie surtout la vue sur le vallon avec ses rizières piquées de bouquets de bananiers et autres gros rochers de granit, depuis les chambres ou la terrasse du resto. Plats européens (sur commande) ou sri lankais.

Belihul Oya Terico Resort : *Boranjamuwa Rd. 077-960-48-26 ou 077-777-50-33. • belihuloyaterico resort.com • Prix moyens.* Massif ensemble en pierre de montagne, niché dans un creux de vallon où chante une rivière, noyée dans la végétation. Une sorte de longère accueille de grandes chambres au confort simple (le carrelage des salles de bains vous rappellera le métro parisien !). Au fond, d'autres petits bâtiments, bien en retrait de l'espace de restauration (des fois que votre horoscope de visite coïncide avec celui des tourtereaux en noces !). Plein d'espaces et de terrasses permettent de profiter de ce coin serein.

De prix moyens à chic

River Garden Resort : *au bord de la route principale. 071-066-22-36. • rivergardenresort.com • Double env 75 $, petit déj inclus, ½ pens possible. Resto à prix moyens.* Une adresse liée à *Eco Team*, un organisme de défense de l'environnement. Quelques petits cottages confortables (eau chaude et ventilo ; pas de clim), plantés dans un morceau de jungle au fond d'un vallon parcouru par un cours d'eau. Le tout préservé du bruit de la circulation. Également un coin camping, dans la forêt, équipé de sanitaires. Un site particulièrement agréable qui vous mettra certainement en appétit : le chef mijote une excellente cuisine d'inspiration locale. Piscine naturelle pour faire trempette dans la rivière en pleine nature, et pas mal de balades à réaliser alentour.

DANS LES ENVIRONS DE BELIHUL OYA

Bambarakanda Waterfalls : *à 12 km du village. Depuis la route de Haputale (au km 173), 4 derniers km à pied ou en* tuk-tuk *(depuis la route, 1 000 Rs A/R,* *avec attente). Accès : 150 Rs.* Hautes de 263 m, les chutes sont particulièrement impressionnantes en période de mousson. On les atteint en 15-20 mn de grimpette. Pour les amateurs de records, ce sont les plus hautes du pays (et les 300e plus hautes au monde).

RATNAPURA

52 000 hab.

À 100 km à l'est de Colombo par l'A 4, son nom annonce la couleur : Ratnapura signifie « ville des pierres précieuses ». Et, de fait, la région compte des centaines de mines privées dans un rayon de 30 km. Les hôtels et *guesthouses* de la ville organisent des visites guidées, mais il n'est pas possible de descendre dans les galeries (pour des raisons de sécurité). On voit les installations de l'extérieur. Outre cette activité souterraine, autant savoir que Ratnapura est loin d'être un joyau : une simple et courte étape suffira.

LES MINES DE RATNAPURA

Environ 10 000 personnes vivent directement ou indirectement de la production de pierres précieuses, première activité et richesse de Ratnapura.

On y extrait principalement les célèbres pierres de lune, des améthystes, grenats, zircons, « œils-de-chat ». Les plus rares sont les saphirs bleus, qui sont aussi les pierres les plus chères en raison de leur beauté et de leur dureté (diamant : dureté 10 ; saphir : 9). Ne pas s'attendre à découvrir les mines du roi Salomon ! Modestes mais nombreuses, les exploitations éparses perforent les jardins, les prés, les champs, surtout aux abords des rivières, toujours sous licence du gouvernement.

Dans les galeries souterraines étayées par des structures en bois, les ouvriers travaillent rudement, à la pioche, sans machine. Des pompes motorisées évacuent l'eau à l'extérieur. Un enjeu de taille dans une ville détenant un record national de pluviométrie annuelle de près de 400 cm ! Par un système de poulies, de chaînes et de cordages, la terre extraite est hissée à l'air libre. Après le lavage, c'est le triage et la recherche des pierres précieuses, pas toujours faciles à identifier.

OH ! LA BELLE BLEUE !

Pour le mariage du prince William, sa promise, Kate Middleton, arborait un superbe saphir. Ce joyau venait de feu sa belle-mère lady Diana, qui le reçut lors de ses fiançailles en 1981. La pierre précieuse fut extraite des mines de Ratnapura.

Adresses et infos utiles

➢ **Bus :** *gare routière au nord du centre-ville.* Ratnapura se trouve sur la route ***Colombo-Badulla.*** Bus ttes les 30 mn (1h la nuit). Ils passent par ***Belihul Oya*** et ***Haputale.*** Durée : env 3h pour Colombo. Pour ***Adam's Peak,*** bus local possible pour Siripagama (trajet : env 2h) ; sinon, prendre le bus de Colombo, se faire déposer à Kuruwita Junction (à 12 km de Ratnapura), et de là prendre un *tuk-tuk* (1 000 Rs et 15 km) pour Siripagama d'où part le sentier d'accès au pic.

■ ***Banques :*** nombreuses banques dans le centre pour le change *(lun-ven 8h30-15h env)* et les ATM (*Visa* et *MasterCard*).

Où dormir ? Où manger ?

Bon marché (1 800-3 500 Rs / 12-23,30 €)

Travellers Halt : *30, Out Circular Rd. ☎ 045-222-30-92. 077-353-99-79. • info@travellershalt.com • À 2 km du centre. Sortir de la station de bus par le fond, suivre la rue dans l'alignement sur 700 m, puis rue à droite sur 1,3 km (fléché).* Petite pension située au pied d'une colline, face à une rizière. Chambres modestes et propres, mais sans moustiquaires. Rien d'exceptionnel. Possibilité d'y prendre ses repas. Bon accueil.

Prix moyens (3 500-6 500 Rs / 23,30-43,30 €)

Resthouse : *à 1 km du centre. Prendre à gauche en sortant de la gare routière, puis la rue 50 m plus loin à gauche, sur 500 m (fléché). ☎ 045-222-22-99. CB acceptées.* Au sommet d'une colline surplombant la ville, une grande demeure d'époque coloniale (1830) qui fut autrefois la résidence du gouverneur. Fait partie de la chaîne des *resthouses* gouvernementales. Abrite une dizaine de chambres (avec ou sans AC, eau chaude), spacieuses et un peu vieillottes, mais de confort suffisant, dans la maison originelle comme dans l'aile plus récente.

À voir

Gem Museum & Art Gallery : *à 2 km env du centre, sur la route Potgul Vihara Mawatha. Tlj sf dim 9h-16h30. Entrée : 25 Rs.*
Appelé aussi « Ratnapura Gem Bureau », ce centre a été créé par un gemmologue local. Il consiste en un petit musée, un laboratoire et une galerie d'art. De nombreuses pierres précieuses du Sri Lanka y sont exposées, soit à l'état brut soit polies et taillées. Un aimable vieux monsieur donne des explications. Une vitrine insolite renferme une sorte de cabinet de curiosités dont une dent d'éléphant utilisée en médecine ayurvédique et un très gros quartz rose.
La partie artistique est intéressante : quelques créations de bijoux dessinés dans un style avant-gardiste et fruit de l'imagination de Purandara Sri Marapana. À l'étage, une salle remplie d'objets ethniques exposés dans un esprit New Age.

Maha Saman Devale *(temple de Saman)* **:** *à 3 km à l'ouest de la ville. Tlj 6h-21h.* C'est le temple le plus important de l'île dédié au dieu Saman. Mais qui est Saman ? L'un des quatre grands saints protecteurs du Sri Lanka, un marchand indien qui aurait rencontré et fréquenté le Bouddha lorsque celui-ci prêcha dans l'île. Saman, enthousiaste, marcha aussitôt dans les pas de son maître. Quand le Bouddha revint pour la troisième fois dans l'île, Saman lui demanda de laisser une empreinte de son pied au sommet du pic d'Adam tout proche, c'est du moins ce que dit la légende. Cet homme déifié au regard si doux est souvent représenté accompagné d'un éléphant blanc (animal sacré du bouddhisme), tenant une fleur de lotus rouge (symbole de perfection). Le temple, composé de quatre pavillons principaux, est plein de charme. Noter entre autres les beaux bas-reliefs qui habillent l'encadrement des portes.

DANS LES ENVIRONS DE RATNAPURA

Les paysages alentour sont exceptionnels, et nous conseillons à ceux qui apprécient les randonnées pédestres de séjourner dans la région. Ratnapura est la porte d'accès sud au ***pic d'Adam (Adam's Peak),*** la montagne la plus célèbre de l'île, qui avait déjà fasciné Marco Polo lorsqu'il la découvrit en 1293. Voir le chapitre plus haut pour l'ensemble des conditions d'accès.

LE COL DE BULUTOTA ET LA RÉSERVE FORESTIÈRE DE SINHARAJA

Si vous aimez les paysages de montagnes et de collines couvertes de plantations, il faut franchir ce col, haut de 910 m, dans une région particulièrement belle et encore peu touristique. Le col se situe sur la route A 17, entre Ratnapura et Galle (environ 120 km) ou Matara (une centaine de kilomètres). Si vous êtes à Embilipitiya pour la visite de la réserve d'Uda Walawe, rejoindre le col via la petite route transversale qui passe par Panamure, Kolonne et Moragoda.
Une fois arrivé au sommet, vous pouvez soit remonter vers Ratnapura ou Belihul Oya pour visiter le centre de l'île, soit redescendre sur la côte sud, en passant par Akuressa, là où la route se sépare en deux vers Matara et vers Galle.
Bien entendu, cet itinéraire ne peut s'effectuer que si vous disposez d'un véhicule.
➢ Comptez au moins 6h entre Embilipitiya et Galle, d'autant plus que vous aurez fréquemment l'occasion de vous arrêter pour admirer le paysage.

Sinharaja Forest Reserve : *accessible par une route qui part du col de Bulutota. Entrée : env 1 200 Rs.* Classée au Patrimoine mondial de l'humanité (Unesco), elle est le dernier témoin de la forêt vierge primaire qui recouvrait jadis 70 % de la superficie de l'île (à peine 20 % aujourd'hui). Elle forme une bande verte de 21 km de long sur 3-4 km de large, couvrant environ 11 187 ha de terrain. En 1840, elle fut déclarée *Crown Property,* propriété de la Couronne. Sinharaja abrite de nombreuses essences rares et une diversité exceptionnelle d'oiseaux endémiques. Bon à savoir : Sinharaja bat des records de pluviométrie car elle reçoit chaque année entre 3 et 6 m d'eau !
– ***Elle peut être parcourue lors de randonnées accompagnées par des guides de terrain.*** *Compter env 1 500 Rs/pers.* Ces balades pédestres sont plus ou moins sportives selon le parcours choisi. Dans tous les cas, il faut se protéger soigneusement des sangsues qui pullulent tout au long de l'année.

Pour loger, ***Martin's Lodge*** : *infos et résas auprès du bureau du Forest Department à Battaramulla,* ☎ *011-286-66-16.* Attention, plutôt rustique.

LE PARC NATIONAL D'UDA WALAWE

Situé entre le versant sud des montagnes du centre et le littoral de l'île (à environ 50 km), ce parc national de 310 km², ouvert en 1985, s'étend dans une plaine tropicale dont le cœur est un immense lac artificiel *(Uda Walawe Reservoir),* oasis de vie et de fraîcheur pour les animaux qui peuplent ses rives. Sa végétation, principalement constituée de hautes herbes, abrite plus de 500 éléphants, dont c'est ici un des refuges. Un orphelinat pour éléphants *(Elephant Transit Home)* accueille, protège, soigne les éléphanteaux orphelins.

Ceux qui sont en liberté sont facilement visibles à la saison sèche, quand ils se regroupent près de la rivière Walawe et au bord du réservoir. Ils sont parfois agressifs. Le parc abrite aussi quelques léopards ainsi que d'autres animaux sauvages. Les meilleurs mois pour les observer sont janvier, février, mars, août et septembre. Le parc d'Uda Walawe est également réputé chez les ornithologues pour la richesse et la variété de ses espèces d'oiseaux.

Arriver – Quitter

- ***Entrée du parc :*** *se trouve au 7e milepost (soit env 12 km) à l'est de Timbolketiya, sur la route de Tanalmawila. Timbolketiya est une petite bourgade située sur la route A 18 (la route Ratnapura-Hambantota), à env 48 km de l'océan Indien et de la côte sud de l'île.*

➢ ***De Tangalle (côte sud) :*** env 65 km, 2h de route. De Tangalle, prendre la route de Hambantota. Après 28 km de route, à Nonagama, tourner à gauche et prendre la route de Ratnapura jusqu'à Embilipitiya (32 km nord de la côte).

➢ ***De Tissamaharama :*** env 60 km, 1h30 de route. De Tissa, prendre la route nationale en direction du nord et Wellawaya. Faire env 25 km jusqu'à Tanamalwila. Quitter cette nationale et tourner à gauche en direction de Timbolketiya. L'entrée du parc se trouve au bord de la route, à une trentaine de km plus à l'ouest et une douzaine de km avt ce village.

➢ ***De Colombo :*** env 190 km. Compter env 4h. On peut s'y rendre en passant par Ratnapura, Pelmadulla et Madampe.

Où dormir ? Où manger ?

Dans le parc

Le parc possède ***5 bungalows de brousse et 4 sites aménagés pour le camping,*** situés au bord du lac (réservoir) et de la rivière Walawa Ganga. *Pour y loger, il faut payer le billet d'entrée au parc : 15 $. Chaque bungalow peut recevoir 10 pers. Compter 30 $/j. par pers. On doit apporter ravitaillement et boissons. Le camping coûte 600 Rs/j. par pers plus 400 Rs de service la 1re nuit (puis ça augmente !). Infos et résas auprès du Department of Wildlife Conservation de Battaramulla, ☎ 011-288-85-85. • dwc.gov.lk •*

Dans les environs du parc

Bon marché (1 800-3 500 Rs / 12-23,30 €)

Sarathchandra Guesthouse & Cottage : *à* ***Embilipitiya.*** *☎ 047-223-00-44. • sarathchandraguesthouse.com •* Cette *guesthouse* abrite des chambres sommaires, avec ventilo et moustiquaire, mais elle propose aussi un petit cottage confortable dans le jardin et une *deluxe room* en catégorie « Prix moyens ». L'ensemble est très propre, et l'accueil d'une grande courtoisie. Côté resto, bonne cuisine familiale, chinoise et locale, à prix doux. Ils peuvent organiser la visite du parc national.

Chic

Centauria Tourist Hotel : *New Town,* ***Embilipitiya.*** *☎ 045-222-27-04. • centauriahotel.com • Au bord du lac Chandrika, à 1,5 km de la ville d'Embilipitiya. Doubles 85-125 $ selon catégorie, petit déj inclus. CB acceptées.* Une cinquantaine de chambres impeccables, toutes avec ventilo, AC, moustiquaire et jolie terrasse individuelle. Nos préférées donnent directement sur le lac ; très romantique au soleil couchant. Resto sur place. Laverie. Tous les services (y compris le change). Se charge d'organiser des visites du parc.

Walawa Safari Village : *RB,*

Canal Rd. Résas à Colombo, chez Kinjou : ☎ 011-259-17-28. • safarivillagehotels.com • Env 50 $ pour 2 pers en ½ pens. Situé dans un bel environnement verdoyant, cet hôtel propose des chambres agréables et spacieuses avec ventilateur, AC et eau chaude dans les salles de bains pour certaines. Petite piscine. Côté resto, la cuisine est bonne. La direction organise, bien entendu, des visites du parc dont l'entrée n'est qu'à 10 mn.

Visite du parc

– **Jeep :** *compter env 5 000 Rs la ½ journée (à répartir entre les occupants). Ts les hébergeurs proposent la prestation.*
– **Horaires :** *tlj 6h-18h. Le guichet ferme à 17h.*
– **Droit d'accès :** *15 $/pers ; ½ tarif 6-12 ans. Service charge : 8 $ pour l'ensemble du groupe, quel que soit le nombre de pers. Excursion sous le contrôle d'un garde forestier, durée 2h30.*

On conseille d'explorer le ***parc*** le matin à la fraîche, quand la nature s'éveille et que l'aurore fait flamboyer la brousse, ou l'après-midi à partir de 16h. Ce sont les meilleures heures pour croiser des éléphants sauvages. Certains se baignent tranquillement dans le lac, d'autres prennent leur petit déjeuner ou leur goûter en broutant dans les herbes hautes... Notre présence les surprend à peine, mais ils se maintiennent à distance respectable. Parfois, dans un barrissement à faire trembler toutes les tôles de la vieille *Land Rover,* ils chargent sans vergogne ! En général, leur course s'arrête bien avant le véhicule. On dénombre plus de 500 éléphants dans cette réserve, et vous aurez toutes les chances d'en apercevoir. Toutefois, les meilleures époques pour les observer se situent entre janvier et mars, et entre août et septembre. Également des paons, singes, chacals, quelques léopards discrets et des aigles majestueux.

Elephant Transit Home *(Eth Athuru Sevana)* **:** la visite est incluse dans les tours organisés par les agences ou les hôtels. Il s'agit d'un centre d'accueil, de réhabilitation et de réadaptation pour les éléphants orphelins. Le développement de l'agriculture, la croissance démographique et l'extension des systèmes d'irrigation ont bouleversé l'habitat et les mœurs des éléphants. Le progrès humain les menace. La mortalité éléphantine augmente et les éléphanteaux orphelins sont de plus en plus nombreux. D'où l'idée de créer cet orphelinat en 1995 au sein du parc national d'Uda Walawe. Après un certain temps de réadaptation à la vie sociale, les jeunes éléphants sont remis en liberté. Les visiteurs peuvent observer le centre depuis une plate-forme. Une trentaine d'éléphants y sont nourris quatre fois par jour. À la différence de l'orphelinat de Pinnewala, on voit assez bien les animaux mais on n'apprend pas grand-chose.

LA CÔTE SUD

• Carte *p. 260-261*

Le long de la côte sud et de la route nationale se succèdent villages et stations balnéaires. Vastes plages de sable blanc ourlées de cocotiers, spots de surf et de plongée (en hiver), de superbes espaces naturels protégés, sans oublier la vieille ville coloniale de Galle sertie de remparts et inscrite au Patrimoine mondial de l'Unesco. Voilà de quoi occuper plusieurs jours tout en profitant de la douceur des alizés. C'est d'ailleurs souvent sur ce littoral que finit le voyage, après avoir crapahuté dans le Triangle culturel et les montagnes. Mais attention, dans ce décor de carte postale, la baignade peut être localement dangereuse à cause des courants.

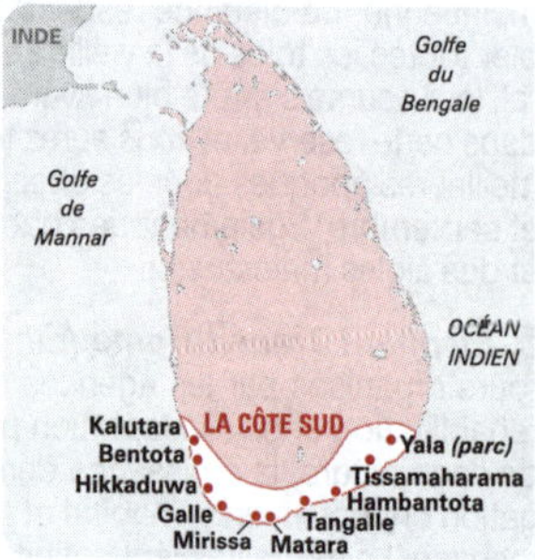

KALUTARA

À 43 km au sud de Colombo. En descendant de la capitale se détache au loin l'immense bulbe blanc du *Gangatilaka Vihara,* un énorme *stûpa* érigé en 1960. On peut, moyennant une donation, visiter l'intérieur recouvert de fresques, en l'occurrence 74 tableaux relatant la vie du Bouddha.
Face au *stûpa,* de l'autre côté de la route, un modeste oratoire construit autour d'un arbre sacré *(Bo)* attire une foule de chauffeurs. Ils s'y arrêtent pour y déposer dans un tronc les roupies censées les protéger des accidents de la route (on aimerait autant de dévotion de leur part à vénérer le code de la route !).

Outre la prière, Kalutara s'enorgueillit d'être la capitale du mangoustan, ce fruit initialement importé de Malaisie : c'est ici qu'en juillet et août on trouve les meilleurs. Succulents, on ne vous dit que ça ! Autre spécialité du village, le tissage des fibres de noix de coco, qui permet d'obtenir des paniers et des tapis de couleurs vives.
Attention, plage dangereuse.

Arriver – Quitter

Bus Stand *(gare routière) : au centre du village.* Nombreux bus pour **Colombo** (1h30-2h de trajet) et **Galle** (env 2h15 de trajet), 6h-19h. Ils desservent ttes les villes côtières. Nos adresses se trouvent à 2-4 km au sud de la gare routière. Prendre un *tuk-tuk.*
Gare ferroviaire : *à* **Kudawaskaduwa,** *à 2,5 km env au nord du village.* Seuls les omnibus de/vers Colombo s'y arrêtent.

Où dormir ? Où manger à Kalutara et alentour ?

Bon marché (env 2 000 Rs / 13,30 €)

Chamika Guest : *204, De Abrew Rd. ☎ 034-223-78-73. 072-470-00-20. À 1 km env au sud de* Lily Restaurant & Inn. *Pas de petit déj, mais repas possible.* Au bord de la petite route côtière, 3 chambres très simples avec salle de bains et douche froide, mais on n'a pas trouvé moins cher dans le coin. Et puis il n'y a que la route à traverser pour rejoindre la plage ombragée par des cocotiers. Accueil familial adorable.

Prix moyens (5 000-6 500 Rs / 33,30-43,30 €)

Lily Restaurant & Inn : *123/12, De Abrew Rd. ☎ 034-223-71-59. 077-062-82-05. • lilyrestandinn.com • À env 3 km du centre, 2 km de la gare ferroviaire et 200 m de l'hôtel* Tangerine *en direction de la mer.* Hamat est en salle, Lily s'active aux fourneaux et prépare de délicieux poissons et crustacés, avec, en vedette, madame la langouste. Ce charmant couple dispose aussi de 5 chambres, dont 4 avec vue sur mer. Moustiquaire, eau chaude, clim ou ventilo. Propreté irréprochable même si la déco date un peu. Bon rapport qualité-prix-gentillesse. Une excellente adresse dans un coin vraiment tranquille.

A-Prima : *173A, Saint Sebastian Rd, Katukurunda. ☎ 034-222-61-27. 072-417-22-15. • aprimazoysa@gmail.com • Sur la péninsule de Katukurunda entre la mer et une lagune, à 500 m de l'arrêt de train Katukurunda ; pour s'y rendre, suivre le fléchage de l'hôtel de luxe* Avani, *à droite à la sortie sud de Kalutara. Double en ½ pens env 6 500 Rs.* Directement en bord de plage, une poignée de chambres au 1er étage de ce petit établissement familial (un couple australo-sri lankais et leur fiston). Grandes et décorées avec une sobriété de bon goût, toutes se prolongent côté plage d'un vaste balcon vraiment agréable. Pas de clim, juste un ventilo. Au rez-de-chaussée, le resto marie avec bonheur Occident et Asie : dîner inclus dans le prix de la chambre, c'est de toute façon la seule option des environs. Petite piscine entourée de bougainvillées, parasol sur la plage presque déserte, et activités variées sur demande. Un petit refuge loin de tout, ou presque.

Très chic

Kamili Beach Villa : *531, First Station Rd, Waskaduwa. ☎ 034-223-17-77 ou 16-77. ☎ 011-281-21-85 (à Colombo). • kamilibeach.com • À 2 km au nord de Kalutara, le long de la voie ferrée. Doubles 150-200 $ selon taille*

(plus cher vac de Noël), petit déj inclus. CB acceptées. Directement au bord d'une plage très propre plantée de cocotiers, dans un jardin à la pelouse tondue de près, d'élégantes villas sur 2 niveaux, aménagées soit de chambres doubles de bonne taille, soit d'appartements familiaux (plus de 60 m²). Toutes les chambres ont un balcon sur la mer, une TV, un minibar et une salle de bains moderne bien équipée (douche et baignoire dans les suites familiales). Grande piscine, resto, spa avec massages ayurvédiques et salle de sport. Certains employés parlent le français. Un petit luxe à taille humaine, qui se revendique boutique-hôtel, bien au calme : la route principale est éloignée, et on entend peu les trains circulant sur la toute proche voie ferrée.

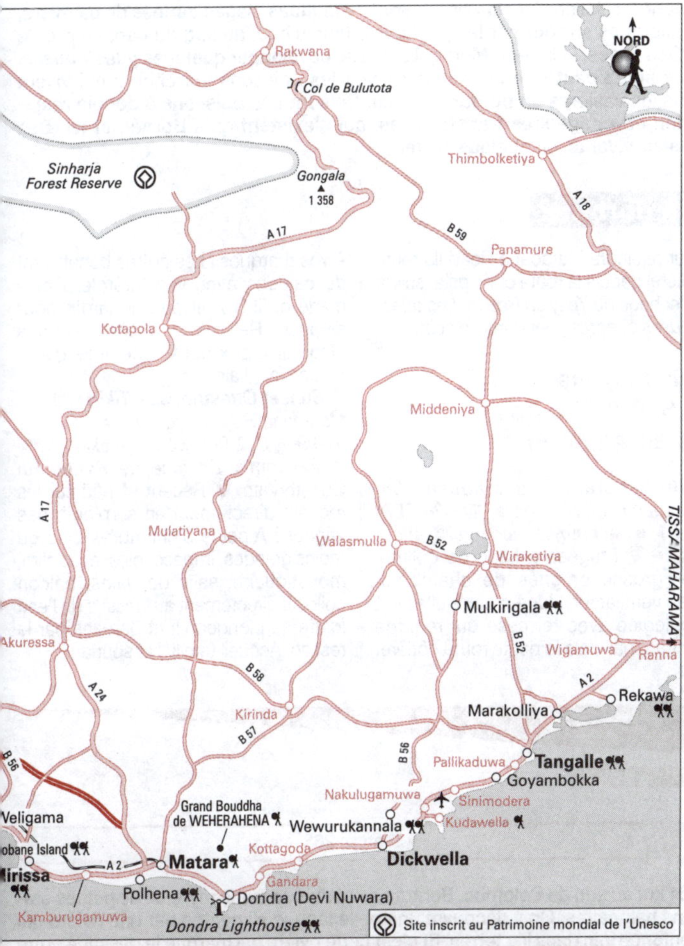

LA CÔTE SUD DE BERUWELA À TANGALLE

BERUWALA

À 58 km au sud de Colombo. Les premiers musulmans débarquèrent ici, au VIIIe s, dans un monde inconnu où leurs descendants sont aujourd'hui nombreux. La grande mosquée *Kachchimalai* est bâtie sur un cap en bordure du petit port récent et très actif avec un phare dressé sur une île voisine. À la fin du ramadan, les musulmans viennent en pèlerinage pour honorer la mémoire du cheik Ashareth, dont le sarcophage de pierre, porté par les flots, aurait

échoué ici. Au nord de la ville, ce sont de longues plages ourlées de palmiers, fréquentées surtout par les pêcheurs. Tandis que, au sud du cap, au gré de petites anses, le lieu-dit Moragalla voit se développer quelques *guesthouses*. Vous aurez peut-être la chance de voir les poissons-marcheurs qui vivent dans les vasières en bordure de mer. Ce sont des poissons à double respiration et à nageoires transformées, qui n'existent qu'à Bornéo et ici. Des fossiles vivants, en quelque sorte.

Où dormir ?

Pour rejoindre Maradana Road (la route côtière) depuis la route principale, suivre le fléchage du *Ypsylon Resort*. Les *guesthouses* ci-après sont dans ce coin.

Prix moyens (3 500-6 500 Rs / 23,30-43,30 €)

Panorama Guesthouse : *68, Maradana Rd, Moragalla. ☎ 034-227-70-91. • panoramabeachhotel@yahoo.com •* Étagées à flanc de colline, une grosse poignée de chambres, avec ventilateur. L'une d'entre elles est privilégiée avec terrasse qui regarde l'océan, par-delà la petite route côtière. À vos marques ! Les autres bénéficient de balcons avec vue latérale. Dommage qu'il n'y ait pas de jardin pour se poser. Resto avec accès direct à la plage et à prix doux. Une vraie *guesthouse* familiale.

Sunset Guesthouse – Tikiri : *295/B, Maradana Rd, Moragalla. ☎ 034-227-91-99. 077-986-34-95. • tikiri1415@yahoo.com • En face de Panorama Guesthouse.* Récent et bâti sur les rochers directement en surplomb des vagues ! À peine 3 chambres plus ou moins grandes, impeccables, avec clim, moustiquaire, salle de bains, balcon collectif directement au-dessus de l'eau (gaffe au plongeon !) et bercées par le ressac. Accueil familial et souriant.

BENTOTA

• Plan *p. 263*

À 64 km au sud de Colombo, Bentota se compose d'une myriade de petites stations balnéaires. On y découvre une belle lagune alimentée par une rivière qui s'enfonce loin dans les terres. Et c'est cette rivière qui marque le passage entre le petit village commerçant d'Aluthgama, au nord, et Bentota, au sud. La plupart des hébergements s'égrènent au bord de l'eau, côté rivière ou en bord de plage. Une belle et vaste plage de sable blanc pour jouer les Robinsons en herbe, malgré des *beach boys* et des rabatteurs franchement collants. Attention, aussi, la mer y est très dangereuse et les noyades très fréquentes, dues aux lames de fond...

Arriver – Quitter

En train

Gares ferroviaires : *il y a une gare à **Bentota** (plan A2) et une à **Aluthgama** (plan A-B1).*

➢ ***Colombo :*** env 5 trains/j. Trajet : 1h15-2h.

➢ ***Galle :*** env 2 *Express*/j. et 6 plus lents. Trajet : *Express* env 55 mn, sinon 1h50.

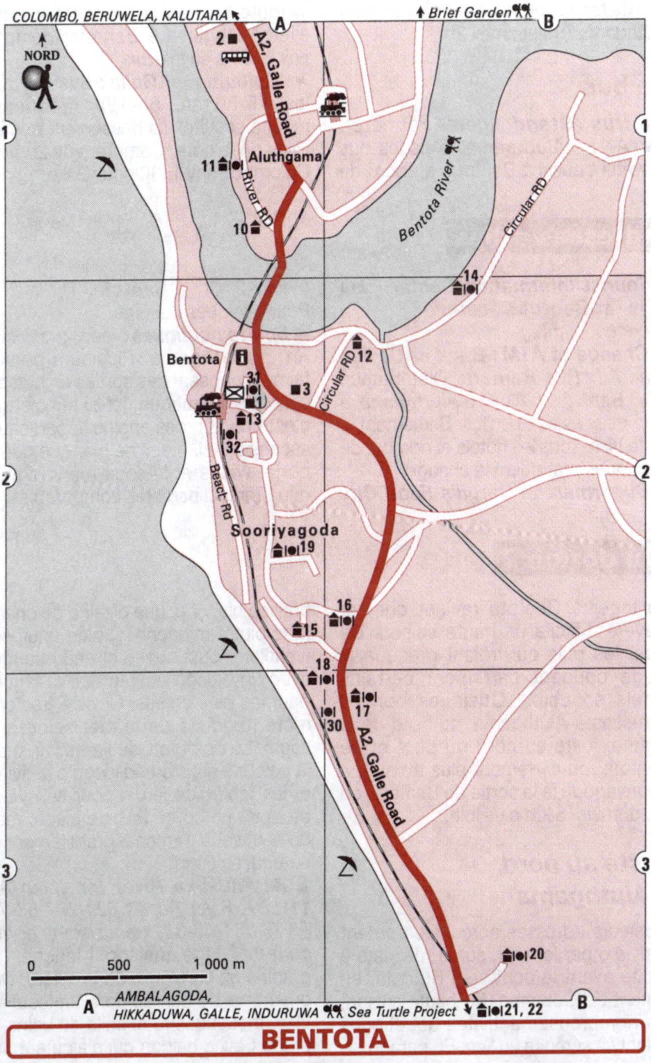

BENTOTA

Adresses utiles

- Tourist Information Center
- 1 Bank of Ceylon
- 2 NDB Bank
- 3 Supermarché Cargills Food City

Où dormir ?

- 10 Hotel Hemadan
- 11 Anushka River Inn
- 12 Surewo
- 13 Hotel Susantha Garden
- 14 River Side Inn Fuji
- 15 Wasana Guest House
- 16 Dimuthu Tour Inn
- 17 Ayubowan
- 18 Hotel Wunderbar
- 19 Lilly Village
- 20 Panchi Villa
- 21 Long Beach Cottage
- 22 Oasey Beach Hotel

Où manger ?

- 11 Anushka River Inn
- 30 Amal Restaurant
- 31 Golden Grill
- 32 Malli's Restaurant

➢ ***Matara :*** env 7 trains/j. depuis Aluthgama. Trajet : max 2h.

En bus

Bus Stand *(gare routière ; plan A1) : à* ***Aluthgama.*** Mais les bus s'arrêtent aussi à Bentota, au bord de la route principale. Pour relier entre elles Aluthgama à Bentota, compter env 200 Rs en *tuk-tuk.*

➢ ***Colombo ou Galle :*** bus env ttes les 15-30 mn, 6h-19h (fréquence réduite ensuite). Ils desservent ttes les villes de la côte. Compter env 2h pour Colombo ; env 1h30 pour Galle.

Adresses utiles

Tourist Information Center *(plan A2) : à* ***Bentota.*** *Lun-ven 9h-17h (théoriquement...).*

■ ***Change et ATM :*** ***Bank of Ceylon*** *(plan A2,* ***1****), à* ***Bentota.*** Distributeur. ***NDB Bank*** *(plan A1,* ***2****) à* ***Aluthgama,*** *à côté de la station de bus.* Seulement la carte *Visa.* Tous les hôtels et nombre de boutiques pratiquent le change.

■ ***Supermarché Cargills Food City*** *(plan A2,* ***3****) : à* ***Bentota.*** *Tlj 8h-22h.* Pour quelques courses.

■ ***Sports nautiques :*** *le long de River Rd, à* ***Aluthgama.*** Plusieurs prestataires proposent des sorties en bateau, canoë, ski nautique, jet-ski (mais que c'est bruyant, ces engins !), parachute ascensionnel, etc. Il ne manque que le porte-avions et le sous-marin d'attaque ! Tarifs à peu près comparables.

Où dormir ?

Se loger à Bentota revient cher et s'avère difficile en haute saison. De plus, les rails qui frôlent presque la plage coupent carrément certains hôtels en deux ! Quelques bonnes adresses à Aluthgama, au bord de la lagune, juste au nord du pont et de Bentota, ou carrément plus au sud, à Sooriyagoda (à la sortie de Bentota) ou à Induruwa, 5 km plus loin.

Juste au nord, à Aluthgama

Plusieurs adresses agréables bordent la rivière par le nord, sur la rue juste à droite avant le pont vers Bentota, en venant de Colombo. En haute saison, les nombreuses activités aquatiques volent sa sérénité au lieu. Et, paradoxalement, faute de plage, on ne se baignera pas dans ce hameau.

Prix moyens (3 500-6 500 Rs / 23,30-43,30 €)

Hotel Hemadan *(plan A1,* ***10****) : 25, River Rd. ☎ 034-227-53-20. 077-723-63-54.* À l'étage de cette bâtisse blanche, une dizaine de chambres plutôt mignonnes, bien équipées (ventilo, moustiquaire et eau chaude), avec un balcon ouvrant sur la lagune pour les plus chères. Cuisine très correcte (produits de la mer selon arrivage). Le point fort de l'adresse, c'est la pelouse qui s'étend jusqu'à la rivière et les tables de jardin pour se relaxer ou boire un coup. Pas de plage, mais on peut vous y amener gratuitement en bateau, en 5 mn.

Anushka River Inn *(plan A1,* ***11****) : 97, River Rd. ☎ 034-227-53-77. 077-751-40-31. • anushka-river-inn.com •* Une maison blanche, en gradins en surplomb de la rivière. Des chambres de bon confort, toutes avec clim, moustiquaire et salle de bains, la plupart avec balcon qui s'ajoutent aux nombreuses terrasses du lieu. Même tarif pour celles qui donnent sur la rivière. Excellent accueil de M. Gunasekara, le propriétaire, qui a nommé sa petite *guesthouse* du nom de sa fille. Bon resto où poissons et crustacés restent abordables (voir aussi « Où manger ? »). Plein de services, dont un transfert gratuit vers la plage sur demande.

À Bentota

Bon marché (env 3 000 Rs / 20 €)

🏠 ***Surewo*** *(plan B2, **12**) : 18, Circular Rd, Pahurumulla. ☎ 034-227-15-43. 📱 077-717-70-63. • surewo.blogspot.fr • Dans la 2e route sur la gauche après le pont en venant de Colombo.* Au rez-de-chaussée, une chambre propre, carrelée et agréable (bien fraîche en saison chaude), avec salle de bains (douche froide) ; 2 grandes chambres avec clim au 1er étage, qui sont presque des apparts. Pas de clim, mais de simples ventilateurs. Propriétaires charmants.

Prix moyens (3 500-7 000 Rs / 23,30-46,70 €)

🏠 ***Hotel Susantha Garden*** *(plan A2, **13**) : Pitaramba. ☎ 034-227-53-24. • hotelsusanthagarden.com • Près de la voie ferrée (peu de trains la nuit). CB acceptées.* Tarifs variables selon confort (ventilo ou AC, frigo, balcon ou terrasse...). Mais toutes avec salle de bains, plutôt spacieuses et toujours bien tenues. Grand et agréable jardin avec de nombreux transats et une belle piscine. Ce n'est pas l'espace qui manque. Restaurant, massages et centre de soins ayurvédiques. Accueil souriant et plage... de l'autre côté des rails, à moins de 100 m. Les *sea-view* sont clairement surfacturées, avec le chemin de fer comme premier plan !

Chic (min 6 500 Rs / 43,30 €)

🏠 🍽 ***River Side Inn Fuji*** *(plan B2, **14**) : 81, Circular Rd, Obadawatta. ☎ 034-227-53-03. 📱 072-333-37-34. • riversideinnfuji.com • Au nord de Bentota ; prendre la 2e route sur la gauche après le pont en venant de Colombo, c'est 1,5 km env plus loin. Doubles 60-107 $ selon saison, petit déj inclus. Possibilité de ½ pens.* 4 chambres au 1er étage, toutes avec de belles salles de bains (l'une avec baignoire) et balcon donnant sur la rivière. Jolie maison proprette flanquée d'une pelouse au bord de l'eau et d'un jardin zen de gravier. Car ce n'est pas un hasard si le mont Fuji est évoqué ici : M. Kumara, l'hôte, a longtemps exercé ses talents de cuisinier au Japon. Il concocte d'ailleurs toujours d'excellents petits plats (et, à l'occasion, peut dispenser des cours de cuisine). Bel accueil et tranquillité assurée.

Juste au sud, à Sooriyagoda

Les hébergements suivants s'égrènent le long d'un chemin qui part du *Susantha Garden Hotel*, et sillonne vers le sud avant d'aboutir à la route principale 1,5 km plus loin.

Bon marché (2 000-3 500 Rs / 13,30-23,30 €)

🏠 ***Wasana Guest House*** *(plan A2, **15**) : sur la colline de Sooriyagoda. 📱 077-311-13-90. Repas sur demande.* Au bout d'un petit chemin en impasse, dans une maison traditionnelle noyée dans les feuillages de la colline, une poignée de chambres toutes simples avec ventilo, moustiquaire et salle de bains sommaire carrelée (eau froide). Accueil très gentil des propriétaires qui vivent sur place. Plage à 200 m.

🏠 🍽 ***Dimuthu Tour Inn*** *(plan A-B2, **16**) : Alawathugoda. Accès depuis la route principale à 1 km au sud de Bentota (fléchage* Lilly Village*). ☎ 034-227-00-23. • thanushkajayasinghe@gmail.com •* Titus a aménagé dans sa maison quelques chambres basiques (ventilateur, douche froide) et bien tenues, dont une seule a sa salle de bains à l'extérieur. Aucun charme, mais fonctionnel. Cet ancien cuistot de grand hôtel n'a pas pour autant rendu son tablier et mitonne toujours de bons petits plats pour qui veut, servis sous le kiosque voisin. Homme jovial, il n'est pas avare en infos !

De prix moyens à chic (6 000-12 000 Rs / 40-80 €)

Ayubowan (plan B3, **17**) : *171, Galle Rd. ☎ 034-227-59-13. • ayubowan.ch • À 1,8 km au sud de Bentota, sur la gauche, en direction de Hikkaduwa. Possibilité de ½ pens.* Derrière la maison principale, au fond d'un jardin tranquille et verdoyant, bien en retrait de la route, une belle piscine, un romantique étang couvert de lotus et des bungalows d'une ou plusieurs chambres. Le confort est bien là, avec salle de bains (eau chaude), ventilo et moustiquaire, clim en option. Tout est agréablement décoré, entretenu avec soin par la direction suisse et d'une propreté exemplaire. Personnel souriant et disponible. Organisation d'excursions, massages, piscine. Superbe suite (un véritable appartement, avec jacuzzi et solarium privé !). Excellent rapport qualité-prix-prestations. Très bon resto, réservé aux hôtes.

De plus chic à très chic (90 €-plus de 160 €)

Lilly Village (plan A2, **19**) : *Sooriyagoda. 077-783-07-63. • lillyvillage.com • Depuis la route direction vers Hikkaduwa, fléché à droite à 1 km au sud de Bentota. Doubles 95-135 € selon taille, bungalow 2 pers 175 € et suite 245 € ; petit déj inclus.* En guise de village, la maison principale avec un superbe jardin tropical, 4 chambres, une suite et un petit bungalow très indépendant avec un jardin privatif. Presque attenante, une annexe avec d'autres chambres. Mon tout est une adresse intime, romantique, à la déco raffinée et recherchée, et si l'on peut reprocher aux chambres d'être un peu étroites, les jolies salles de bains à ciel ouvert et le vaste salon commun compensent. La suite, avec son bureau-bibliothèque et sa grande chambre à la charpente apparente, dégage vraiment du charme. Cuisine de qualité, spa ayurvédique et accueil attentionné de Marie (pas Lilly, donc), la propriétaire française (du moins lorsqu'elle est là), ou de son équipe très courtoise. Un seul regret : pas de piscine...

Hotel Wunderbar (plan B2-3, **18**) : *Galle Rd. ☎ 034-227-59-08. 077-790-86-40. • hotel-wunderbar.com • À 1,5 km env de Bentota, à droite en direction de Hikkaduwa. Doubles 90-160 € selon confort, suites (qui ne méritent pas la différence de prix) 160-200 €, petit déj inclus.* 3 gros bâtiments dans lesquels se répartissent des chambres *standard* et des *deluxe* (très spacieuses), toutes confortables et avec balcon. Vue sur la mer pour certaines d'entre elles. L'architecture n'a rien de « Wunderbar », mais le parc est agréable, quoi que balafré par la voie ferrée (peu de trains la nuit). Plage à proximité et piscine pour les jours de houle. Bon accueil. Dispose d'un bar-resto.

Où manger ?

Prix moyens (1 000-2 000 Rs / 6,70-13,30 €)

Anushka River Inn (plan A1, **11**) : *97, River Rd, à **Aluthgama**. C'est le resto de la guesthouse (voir « Où dormir ? »).* Belle terrasse au-dessus de la rivière et petits plats sri lankais bien mitonnés. Le poisson reste ici à prix abordable, et l'accueil est vraiment chaleureux !

Amal Restaurant (plan A-B3, **30**) : *135, Galle Rd. À 1,5 km env à la sortie de Bentota, en direction de Hikkaduwa. ☎ 034-394-28-31. Tlj 8h-23h (service continu).* 2 grandes salles superposées sous une manière de toit-paillote, et un agréable jardin tropical pour prendre un verre sous les cocotiers. Beaucoup de crustacés fraîchement grillés, qui carbonisent quand même le budget. En revanche, les propositions du menu, sri lankaises comme occidentales, sont moins onéreuses et tout à fait honnêtes. Service assez laborieux.

De prix moyens à chic (1 200-3 500 Rs / 8-23,30 €)

Golden Grill *(plan A2, **31**) : 45, National Holiday Resort Rd. ☎ 034-227-54-55. Tlj 11h-22h. CB acceptées.* Dans cet établissement à l'atmosphère chic et au service enlevé, les tables sont dressées face à un bucolique étang. Large choix à la carte (il y a même des sandwichs) et repas servis à toute heure. Vins à prix raisonnables.

Malli's Restaurant *(plan A2, **32**) : au bout du quai de la gare de Bentota. 077-851-48-94.* Un resto tenu d'une main de maître par Malli, sri lankais, et Sylvie, sa compagne suisse. Malgré les apparences, il ne s'agit pas d'un ancien entrepôt en brique, joliment restauré, mais bien d'un bâtiment récemment construit. Chapeau ! Belle déco sobre, avec quelques touches design, une terrasse en béton, plaisante le soir (assez folklo lorsqu'un train passe ou s'arrête juste devant !). La carte n'est pas très longue et dépend en partie de la pêche du jour. Cuisine soignée et goûteuse. Étonnant *coconut rösti* (on reconnaît les influences suisses). L'une des meilleures tables de Bentota.

À voir. À faire

Railway Station *(plan A2)* : cette jolie gare ferroviaire est sortie des crayons du fameux architecte Geoffrey Bawa. Fenêtres carrées aux angles arrondis et coursive à colonnes lui donnent un air de pont de paquebot avec ses hublots.

Ne pas manquer d'aller sur la ***plage*** qui s'étend sur plusieurs kilomètres, principalement en fin de journée, pour assister au coucher du soleil près des rochers où les pêcheurs tentent d'attraper quelques poissons avec un matériel de fortune. Attention, ***la baignade peut s'y avérer très dangereuse*** à cause des courants. Chaque année, il y a des noyades.

La rivière Bentota : *excursion 1-2h. Rens auprès des hôtels et restos.* La lagune sépare les villages d'Aluthgama et de Bentota. Végétation superbe et généreuse. En l'explorant à bord d'un canoë (ou d'une pirogue à balancier, mais ça devient rare), on observe des oiseaux magnifiques, des varans et même des crocodiles (interdit de les nourrir en laissant traîner ses mains dans l'eau !). On peut remonter ainsi une partie de la rivière et, en chemin, faire escale pour visiter les ruines d'un ancien temple du XIIIe s – le *Galapata* – sur la berge. Le soir, des pêcheurs parcourent la rivière sur des pirogues, avec de simples torches en guise de lamparos.

DANS LES ENVIRONS DE BENTOTA

Brief Garden : *à 12 km env, à l'intérieur des terres, au départ de Bentota ou de Beruwela. ☎ 034-227-04-62. Tlj 8h-17h. Visite commentée payante : 1 000 Rs. Compter 1 500 Rs en tuk-tuk (A/R avec attente le temps de la visite).* Frère de Geoffrey, Bevis Bawa, artiste autodidacte, décorateur et grand amoureux des plantes, a reconstitué sur 5 ha, à partir de 1929, un parc à la française, un jardin anglais et un autre d'inspiration italienne (mais aussi une petite zone d'inspiration japonaise). Son credo : créer de la beauté ! Et ce bien en retrait du monde, car « la beauté se mérite ». Son héritier, Dulan da Silva (ancien métayer du jardin), fait le maximum pour maintenir son œuvre en état. La maison, restée intacte, abrite des meubles coloniaux, des sculptures réalisées par Bawa lui-même, mais aussi des œuvres de ses amis artistes, une belle peinture balinaise et des collections de photos de la période anglaise. L'une d'elles représente Laurence Olivier et Vivien

Leigh, l'inoubliable Scarlett d'*Autant en emporte le vent,* qui séjournèrent ici. L'hospitalité n'était pas un vain mot, puisque le peintre australien Donald Friend, venu passer un week-end, y resta 5 ans. On lui doit la fresque de l'entrée (très belle mais bien amochée par des années d'humidité) et quelques céramiques murales. Une visite empreinte de nostalgie. Ne manquez pas la salle de bains en plein air, un peu abîmée et cachée dans une courette-jardin : elle évoquera certainement aux amateurs l'univers onirique du Cocteau de *La Belle et la Bête.*

Sea Turtles Conservation Research Project *(Centre de conservation et de recherche sur les tortues ; hors plan par B3)* **:** *390, Galle Rd.* ☎ *034-227-10-62. À 3 km au sud de Bentota, à droite le long de la route de Galle. Tlj 6h-18h. Visite guidée (env 30 mn) : 1 000 Rs.* Ce n'est pas le seul centre de préservation de la côte, mais certains autres ont une vocation trop commerciale et des dessous pas vraiment purs pour la sauvegarde de ces gentils « encarapacés »... Ici, trois types de tortues (vertes, imbriquées et olivâtres) sont préservés sur les quatre qui fréquentent ces eaux. Les œufs sont prélevés sur la plage et placés dans des nurseries jusqu'à éclosion, puis les bébés tortues sont gardés un jour dans des bassins avant d'être relâchés dans leur milieu naturel. Vous verrez quand même deux ou trois spécimens adultes de chaque espèce, gardés environ 5 ans. Sur les 100 à 150 ans de vie d'une tortue, c'est finalement une courte durée de détention. Deux étonnantes tortues albinos ainsi que quelques tortues handicapées de naissance (aveugles, pattes manquantes...) sont préservées *ad vitam* : elles ne survivraient pas dans l'océan. Si vous faites rater cette visite à vos gamins, on vous transforme en lièvre (celui qui perd dans la fable) !

DES AMOURS TORTUEUSES

Les tortues, qu'elles soient terrestres ou marines, ont des pratiques sexuelles d'une rare brutalité. Monsieur tortue poursuit madame, la mord aux pattes et au cou, l'agrippe avec ses griffes avant de la féconder. Pas très romantique... Oui, mais madame a l'avantage de pouvoir stocker le sperme de monsieur plusieurs années, et pratiquer ainsi l'autofécondation. Une arme imparable pour limiter la fréquence de ces scènes de violence conjugale !

INDURUWA

À 5 km au sud de Bentota, c'est une plage agréable et moins fréquentée. Pas de véritable vie balnéaire mais des hôtels (pas trop bon marché), assez espacés, s'alignent en bord de route, avec accès direct à la plage. Tous les bus desservant la côte passent ici (indiquez au chauffeur le nom de votre point de chute). En train depuis Colombo ou Galle : descendre à la gare d'Induruwa pour les omnibus, d'Aluthgama pour les trains *Express* et prendre ensuite l'un des fréquents bus qui desservent la côte.

Où dormir ? Où manger ?

Bon marché (env 2 700 Rs / 16,70 €)

Long Beach Cottage *(hors plan par B3,* ***21****)* **:** *550, Galle Rd. 071-639-88-99. (payant).* En bord de route, mais tourné vers la plage ; du coup, le bruit de la circulation est nettement atténué. Cet établissement propose 5 chambres simples, au confort suffisant (salle de bains avec eau froide, ventilo et moustiquaire). On prend le petit déj au bord du jardin luxuriant qui donne sur la plage. Possibilité de repas. Un rapport qualité-prix honnête.

De chic à plus chic

Panchi Villa *(plan B3,* ***20****)* **:** *339/7A, Kurundu Watta, Waharena.*

☎ 034-227-00-15. 📱 077-790-86-40. • panchivillabentota.com • À 3 km env au sud de Bentota, sur la gauche, une fois la voie ferrée traversée, c'est à 300 m (fléché). Doubles 60-85 € selon confort et saison, petit déj inclus. Certes, ce n'est pas directement en bord de plage, mais ce bâtiment, aux allures de villa cossue dissimulée sous une cocoteraie, dispose sur 2 étages d'une dizaine de vastes chambres bien équipées (TV, clim, salle de bains nickel). Balcon et moustiquaires en sus ne justifient pas le prix des plus chères. Resto au bord de sa petite piscine et accueil cordial. Bien pour ceux qui veulent s'isoler (on est quand même loin de tout).

Oasey Beach Hotel *(hors plan par B3,* **22***) : Galle Rd, Galaboda. ☎ 034-229-04-22. 📱 077-790-86-87. • oaseybeachhotel.com • Doubles 70-120 $ selon confort, petit déj inclus.* Le genre d'établissement de station balnéaire impersonnel et sans charme particulier. Chambres climatisées, dotées de balcon donnant tous sur la mer. La taille (et la présence d'un frigo) distingue les *luxury* des *standard.* Resto, piscine, massages, transferts et transports, etc. Au final, son atout est le jardin face à la mer et à la plage.

Où dormir très chic plus au sud ?

La Maison Nil Manel : *162/4, Wathuregama,* **Ahungalla.** *☎ 091-226-43-31. 📱 077-439-07-22. • nilmanel.com • À 15 km au sud de Bentota, côté mer (panneau en bord de route). Doubles min 195 €, petit déj inclus ; tarifs préférentiels sur demande pour les longs séjours.* Dans un environnement plutôt préservé, à 200 m à peine d'une belle plage, c'est un vrai havre de paix et de volupté qu'ont aménagé Chanaka et Monique, un couple franco-sri lankais. Ensemble, lui, un passionné de cuisine issu d'une lignée de planteurs de cannelle, et elle, une amoureuse d'objets anciens et de décoration, ont remodelé cette ancienne distillerie de cannelle en une villa au luxe discret et raffiné. Des chambres de caractère, toutes différentes, aux vastes volumes où l'on ne compte plus les meubles et les bibelots de goût, des salles de bains charmantes tout confort (avec douche, et baignoire pour les plus onéreuses), de larges balcons en surplomb de la piscine... Niché dans le jardin, élégant restaurant exclusivement réservé aux hôtes. Et ils auraient tort de s'en priver, car Chanaka travaille les produits frais de la région avec dextérité ! Massages sur demande, cours de cuisine et nombreuses excursions possibles. Et puis l'accueil est vraiment extra, vous l'avez deviné !

AMBALANGODA

Bourgade sans grand intérêt, sinon un ***marché au poisson,*** très animé le matin. Dès midi, les poissons se sont envolés, il n'en reste qu'un âcre souvenir odorant. La réputation du lieu tient aussi à sa tradition de fabrication de masques rituels. Nombreuses échoppes en bord de nationale et un petit musée, l'***Ariyapala Traditional Masks & Museum*** *(426, Main Rd ; ☎ 091-225-83-73 ; dans le virage en arrivant de Bentota ; tlj 8h30-17h30 ; visite gratuite).* Des dizaines de masques parfois effrayants, parfois touchants, parfois rigolos : anciens, au musée, neufs (et chers) au magasin. L'atelier de fabrication attenant se visite.

BAS LES MASQUES

Chaque masque possède une fonction bien précise dans les coutumes sri lankaises. Parmi les grands classiques, une trilogie revient fréquemment : le masque de feu pour porter assistance au foyer, le masque cobra pour protéger et le masque paon pour porter chance. Pour éviter les erreurs, autant avoir les trois !

À voir dans les parages

Balapitiya : *à 6 km env au nord d'Ambalangoda, sur la route de Galle. Embarcadère au bord de la route principale, en contrebas du pont de Balapitiya. Compter env 2 000 Rs/pers, pour 1h30 de balade.* Avant de rejoindre l'océan, la rivière se divise en de multiples petits cours et crée une gigantesque lagune parsemée d'îles. Certaines sont habitées. On y cultive de la cannelle. Possibilité de faire une belle balade en bateau à moteur dans un superbe paysage de mangrove. Nombreux animaux.

Galagoda Shailathalaramaya Temple : *à **Karandeniya,** à 11 km d'Ambalangoda sur la route d'Elpitiya. Pas très facile à trouver, y aller en tuk-tuk. Accès soit par une piste, soit par une volée de 200 marches... Donation : 250 Rs.* Modeste temple perché sur une éminence et qui abrite un bouddha couché long de 33 m (le plus long du monde, paraît-il... en tout cas le plus long du Sri Lanka). Il daterait d'environ 200 ans. Noter de part et d'autre de la vaste salle qui l'abrite les statues très colorées des premiers souverains de l'île, le Cinghalais d'un côté, le Tamoul de l'autre. Un site touchant pour la ferveur qui y règne.

HIKKADUWA

• Plan *p. 271*

À 100 km au sud de Colombo, Hikkaduwa fut dans les années 1970 un rendez-vous de hippies au bout de leur route des Indes. Ils y trouvaient la simplicité d'une nature encore vierge, alternative aux stations chic et chères de Bentota et de Beruwala. Après presque cinq décennies de développement anarchique du littoral et le fracas du tsunami de 2004, cette station balnéaire s'est trouvé un second souffle avec une clientèle qui vous fera regretter : primo de ne pas avoir pris russe en seconde langue vivante, secundo d'avoir un peu négligé le club de gym. Vénus et Apollons musclés friment ici autour de cocktails, dans des bars qui s'enivrent de décibels.
Au final, le bourg a bien peu de charme. La route nationale, encombrée et bruyante, y est bordée par une ligne continue d'hébergements, restos et bar qui coupent tout horizon sur la mer.
Certes, une fois sur la plage on profite un peu de l'océan Indien. De grosses vagues portent les bancs de surfeurs de ce spot assez moyen mais réputé, les plongeurs vont buller à quelques encablures vers des roches luxuriantes et quelques épaves au fond de l'eau, et les autres se font griller la couenne sur 3 km d'un sable presque blanc.

Arriver – Quitter

En bus

Bus Stand *(gare routière ; plan A1) : Galle Rd.*
➢ ***Colombo et Galle :*** bus fréquents desservant ttes les stations intermédiaires, 6h-20h. Trajet : 2-3h (Colombo), 30-45 mn (Galle).
➢ ***Tissamaharama via Mirissa, Matara :*** nombreux bus. Trajet : 1h (Mirissa), 1h30 (Matara) et 4h30 (Tissamaharama).

En train

Gare ferroviaire *(plan A1) : Galle Rd.*
➢ ***Colombo :*** env 10 trains/j., 4h10-16h. Durée : 1h30-2h30.

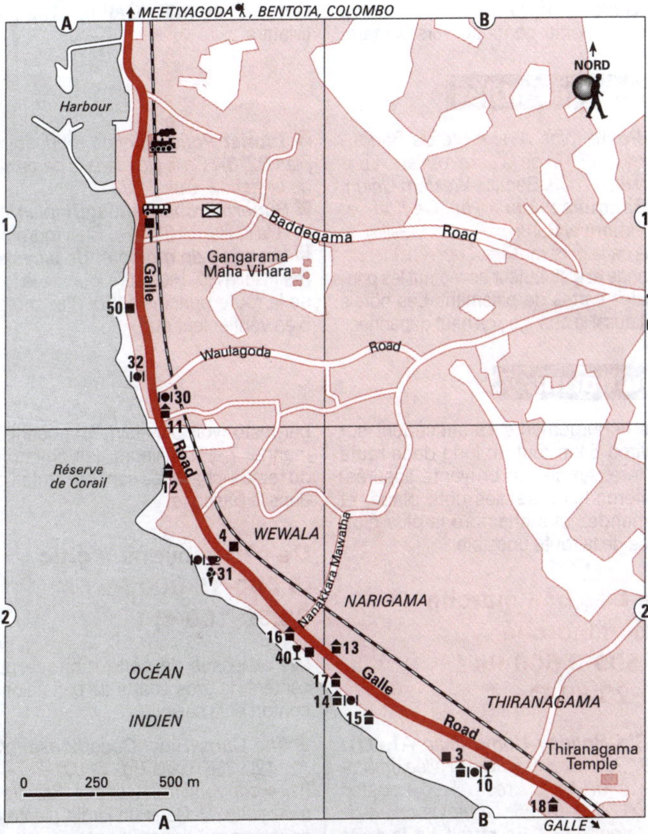

HIKKADUWA

Adresses utiles

1 Bank of Ceylon et Commercial Bank
3 Tourist Police
4 Supermarché Sandagiri

Où dormir ?

10 The Harmony Guesthouse
11 Siri Holiday Home
12 The Curry Bowl Guesthouse
13 The Tandem Guesthouse
14 Hotel Rita's
15 Drunken Monkey et Neela's Guesthouse
16 Blue Note Hotel
17 Hotel Moon Beam
18 Roman Hotel
19 Huma Terra

Où manger ?

10 Top Secret
14 Resto de l'hôtel Rita's
30 Red Lobster
31 Refresh
32 Mamas Coral Beach

Où boire un verre ?
Où faire une pause sucrée ?

10 Top Secret
31 Café du Refresh Hotel
40 Mambo Bar

À faire

40 Mambo Surf Tours
50 Poseidon Diving Station

➢ ***Galle et Matara :*** env 12 trains/j. dont la moitié continue vers Matara. Durée : 40 mn (Galle), 1h20-2h (Matara).

Adresses utiles

✉ **Poste** *(plan A1) : route de Baddegama, à 150 m de la gare routière. Lun-sam 8h-17h30.* Service *Western Union.*
■ **Banques :** ***Bank of Ceylon*** *et* ***Commercial Bank*** *(plan A1,* ***1****), Galle Rd, près de la gare routière. Lun-ven 9h-15h.* Change et distributeur acceptant les principales cartes de paiement. Les hôtels font aussi le change ; ça peut dépanner.
■ **Tourist Police** *(police touristique ; plan B2,* ***3****) : Galle Rd, dans la partie sud de la station. Ouv 24h/24.*
■ ***Supermarché Sandagiri*** *(plan A2,* ***4****) : Galle Rd. Tlj 8h-22h.* Bien fourni.
■ ***Location de motos et de bicyclettes :*** *Galle Rd.* Plusieurs loueurs le long de la route principale. Pour les motos, bien vérifier leur état.

Où dormir ?

Les hébergements se succèdent sur environ 5 km tout au long de la route côtière. Ambiance bruyante assurée. Préférez les adresses côté plage, et demandez une chambre la plus éloignée de la route possible.

De très bon marché à bon marché (1 500-3 500 Rs / 10-23,30 €)

🏠 ***Siri Holiday Home*** *(plan A1,* ***11****) : 289, Galle Rd, au fond de l'allée ombragée à droite du resto* Red Lobster. *☎ 091-227-67-26. La moins chère de la catégorie.* En retrait de la route et donc relativement isolé du bruit de la circulation, l'endroit est aux bons soins d'une joviale dame âgée qui aime bien donner des renseignements à ses hôtes. 3 chambres derrière une petite haie, dotées de ventilo, moustiquaire et douche (eau fraîche). Une seule avec clim et douche chaude. Possibilité d'utiliser la cuisine pour le petit déj. Certains hôtels de la catégorie « Prix moyens » ne font pas le poids en comparaison !
🏠 🍽 ***The Harmony Guesthouse*** *(plan B2,* ***10****) : 698, Galle Rd. ☎ 091-227-75-51. • srilanka-holiday.info •* Un petit hôtel tenu avec soin, posé directement au bord de la plage. Les chambres, propres et nettes, avec salle de bains, ventilo et moustiquaire, se trouvent dans un bâtiment en dur coincé entre la route et la grande paillote qui sert de bar-resto (voir plus loin, rubrique « Où manger ? »). D'ailleurs, les chambres du rez-de-chaussée sont bruyantes car dans le passage...

De prix moyens à chic (5 000-15 000 Rs / 33,30-100 €)

Les adresses de cette rubrique présentent de gros écarts de prix selon le confort et la saison.

🏠 ***The Curry Bowl Guesthouse*** *(plan A2,* ***12****) : 368, Galle Rd. ☎ 091-227-72-01. • currybowl@live.com • Bas de la fourchette.* Dans un jardin planté de cocotiers qui donne directement sur la plage. Une dizaine de chambres avec moustiquaire. C'est propre, simple, et avec de petits efforts en matière de déco. Un rapport qualité-prix très honnête.
🏠 ***The Tandem Guesthouse*** *(plan B2,* ***13****) : 465, Galle Rd. ☎ 091-493-39-42. • lankaland.com/tandem/index.htm • CB acceptées.* Même s'il ne donne pas sur la plage, on aime bien cet établissement qui a des allures andalouses avec ses arcades blanches, ses panneaux solaires et son jardin tropical. Une dizaine de chambres spacieuses, impeccables avec salle de bains (eau chaude), AC, frigo, moustiquaire et terrasse privée. Les lits à baldaquin leur donnent du charme. Pour limiter le bruit de la route, prendre une chambre au fond du jardin. Accueil aimable.
🏠 ***Hotel Rita's*** *(plan B2,* ***14****) : au sud*

du village, Galle Rd. ☎ *091-227-74-96.* • *hotelritas.com* • *Bas de la fourchette. CB acceptées.* Une trentaine de chambres réparties dans 3 bâtiments placés en triangle (douche/w-c, AC), les pieds dans le sable. Les plus économiques, ventilées, n'ont pas de vue sur la mer et sont même un poil sombres. Les plus plaisantes sont au 1er étage, avec balcon, clim et vue. Hamacs et chaises longues sur la plage. Ambiance jeune et très animée le week-end.

Drunken Monkey (plan B2, **15**) : *424, Galle Rd.* ☎ *091-227-72-02.* • *ibhsrilanka.com* • *Bas de la fourchette.* 2 grands bâtiments en dur séparés par des cocotiers qui donnent un peu de verdure. L'ensemble est propre et confortable. Différents tarifs selon le confort, dont des chambres familiales. Les *standard rooms*, carrelées, avec un ventilateur, une table en bois et douche froide, se trouvent au rez-de-chaussée. Celles avec AC sont majoritairement à l'étage (vue sur la mer pour les plus chères). Bar-resto sur la plage. Hôtel fréquenté par des surfeurs.

Neela's Guesthouse (plan B2, **15**) : *634, Galle Rd.* ☎ *091-438-31-66.* 📱 *077-764-53-65.* • *neelasbeach.com* • Située au bord de la plage, cette petite *guesthouse* abrite une dizaine de chambres propres et bien arrangées, avec ventilo ou AC, eau chaude ou froide. Celles avec vue sont plus chères. Les moins chères sont proches du (bon) resto qui a les pieds dans le sable.

Blue Note Hotel (plan A2, **16**) : *424, Galle Rd.* ☎ *091-438-30-52.* • *eureka.lk/bluenote* • Petit hôtel abritant des chambres aménagées dans des pavillons en dur (sortes de petits bungalows) en bord de plage. Elles sont équipées de frigo, TV câblée, AC ou ventilo. Correct, même si le lieu est un peu confiné et qu'il y a pas mal de monde à cet endroit-là de la plage.

Hotel Moon Beam (plan A-B2, **17**) : *1/548, Galle Rd.* ☎ *091-505-68-00.* • *hotelmoonbeam@hotmail.com* • Bâtiment d'aspect engageant au fond d'une allée aboutissant à une terrasse ombragée par un gros tulipier, terminus sur la plage. L'endroit compte une quarantaine de chambres très propres (eau chaude, douche/w-c, ventilo ou AC). Celles du rez-de-chaussée (les moins chères) donnent sur un mur végétalisé et s'avèrent un peu sombres. Pour une chambre avec balcon et vue sur le large, au dernier étage, ce sera 2 fois plus cher. Bar de plage et resto.

Très chic (150-250 $)

Roman Hotel (plan B2, **18**) : *777/2, Galle Rd.* ☎ *091-227-58-51 ou 53.* • *romanhotels.lk* • *Doubles 150-250 $ selon standing et saison, petit déj compris.* Une structure moderne de 6 chambres spacieuses, lumineuses et aménagées dans un esprit chic, avec un mélange de béton brut et ciré, des touches de bleu Majorelle qui tranchent sur fond de murs blancs. Chambres très confortables, dotées d'une grande baie vitrée et d'un balcon donnant sur le jardin, la piscine et la mer. Les chambres *Emperor* (les plus chères), hautes de plafond, ont plus d'espace et disposent d'un jacuzzi. Petit déj servi dans une salle aérée. Possibilité de repas. Une adresse sobre et élégante.

Où dormir chic dans les arbres et dans les environs ?

Huma Terra (hors plan par B1, **19**) : *Baddegama Rd,* ***Halpathota.*** ☎ *091-229-32-37.* 📱 *077-878-08-20.* • *humaterra-greenlodge.com* • *À 10 km d'Hikkaduwa par la Baddegama Rd. Cabane double 140 $, familiale 180 $.* Aux paillettes de la côte, Solange et Jean-Loup répondent par des paillotes dans les arbres. Sorte de village retranché de Gaulois très nature, avec énergie solaire, matériaux naturels, toilettes sèches, douches joliment aménagées (de la balinaise au baquet de bois à l'ancienne, toujours avec eau chaude, s'il vous plaît !). Une magnifique invitation à la robinsonnade dans un environnement superbement préservé. Les grincheux qui trouvent la mer trop loin rafraîchiront leurs humeurs dans la très belle piscine à débordement donnant sur les paisibles rizières où paissent quelques buffles. Tiens, le riz maison, parlons-en : il fait le fier à la très bonne table du soir, accompagné de poissons et crustacés du jour fort bien apprêtés. En un mot comme en cent, un coup de cœur !

Où manger ?

Bon marché (moins de 1 000 Rs / 6,70 €)

Resto de l'hôtel *Rita's* *(plan B2,* ***14****)* : *voir « Où dormir ? ». Ouv jusqu'à 22h30.* Ce resto d'hôtel se niche sous une jolie véranda verte en surplomb de la plage. À la carte, des calamars, de grandes crevettes appelées *Jumbo prawns,* divers poissons, mais aussi des plats de viande. Cuisine traditionnelle bien mijotée et à prix sages.

Red Lobster *(plan A1,* ***30****)* : *287, Galle Rd. 077-493-59-23. Tlj 11h-23h.* Excellent resto de cuisine de la mer, réparti sur plusieurs niveaux. Sandwichs, curry, *fried rice,* poissons... Les locaux s'y bousculent : un signe qui ne trompe jamais. Salle animée qui tente de couvrir le bruit du trafic.

Prix moyens (1 000-2 000 Rs / 6,70-13,30 €)

Top Secret *(plan B2,* ***10****)* : *698, Galle Rd. ☎ 091-227-75-51. Le resto de* Harmony Guesthouse. *Fermé à 22h. Bon marché.* Sympathique resto de plage aux tables et aux chaises posées directement sur le sable. Soupes, salades, poissons, une carte de plats sri lankais à prix sages, où dominent les produits de la mer. Il y a aussi un grand coin de style oriental, où l'on peut s'allonger sur des coussins et des matelas en tissus colorés pour boire un verre. Musique tous les soirs. Ambiance vraiment cool.

Refresh *(plan A2,* ***31****)* : *384, Galle Rd. ☎ 091-227-57-83. 077-756-68-78. Tlj 8h-23h. CB acceptées.* C'est le resto de l'hôtel *Refresh* (de l'autre côté de la nationale). Une adresse rafraîchissante et succulente, considérée comme l'une des meilleures tables de la ville. On mange sous une agréable paillote en bois et feuilles de palme, avec vue sur la plage. La carte propose un grand assortiment de produits de la mer frais (vivier) : crabes, moules, huîtres, poulpes... Mais certains crustacés font sérieusement grimper l'addition. Plats végétariens et italiens (dont des pizzas plutôt chères) pour ceux qui veulent tourner le dos à la mer. Bon choix de vins.

Mamas Coral Beach *(plan A1,* ***32****)* : *338, Galle Rd. ☎ 091-227-54-88. 077-281-44-29.* Un excellent resto tourné vers le large et ses produits frais : gambas, calamar, crabe, poisson et langouste. Salle (c)ouverte, où quelques tables s'alignent sur une terrasse qui s'est substituée à la plage. L'écume vient mourir à vos pieds, voire plus pour faire marrer les autres tables ! Un bon rapport qualité-prix.

Où boire un verre ? Où faire une pause sucrée ?

Ce ne sont pas les bars qui manquent pour l'apéro sur la plage, face au soleil couchant, et pour prolonger la soirée, selon affinités. Ambiance gentiment tape-à-l'œil au ***Mambo Bar*** *(plan A2,* ***40****)* avec ses paillotes plantées dans le sable et son exhibition de tatouages et pectoraux. Organise souvent des *beach parties.* Pas mal de surfeurs. Voir également l'agréable bar du ***Top Secret*** *(plan B2,* ***10****)* dans la rubrique « Où manger ? ».

Café du Refresh Hotel *(plan A2,* ***31****)* : *Galle Rd.* Une salle sans effet au pied de l'hôtel éponyme, surtout intéressante pour un bon choix de glaces italiennes, de gâteaux gourmands et d'excellents expressos ou cappuccinos.

À faire

Plongée sous-marine : au large de Hikkaduwa se trouve un beau récif de corail peu profond et classé Sanctuaire marin depuis 1979. Les spots (10-40 m) sont accessibles à toutes les palmes. La bonne saison pour plonger s'étend de novembre à avril. Une bonne centaine d'espèces de poissons tropicaux – clowns, papillons, lions, etc. – y batifolent au-dessus de jardins de coraux (environ 80 espèces) aux couleurs chatoyantes... On note la présence de belles murènes farouches, barracudas et parfois de raies pastenagues gracieuses... Mais le spot doit surtout sa renommée aux fameuses branches de corail noir et aux nombreuses épaves de navires anglais (profondément enfouies, donc accessibles aux seuls plongeurs aguerris) : *Rangoon, Acturus, Oriyastes, Earl of Shaftesbury, Conch.*

■ ***Poseidon Diving Station*** *(plan A1,* ***50****)* **:** *Galle Rd.* ☎ *091-227-72-94.* • *divingsrilanka.com* • Il s'agit du tout 1er club créé dans l'île en 1973. Chaminda, le sympathique instructeur PADI, assure les baptêmes de plongée, les formations et vous emmène explorer les meilleurs spots du coin sur l'un des bateaux du centre. Sorties à la journée ou demi-journée. Matériel neuf et possibilité d'hébergement sur place, dans une des chambres très correctes à prix doux.

– **Pour le surf :** le spot de Hikkaduwa fonctionne d'octobre-novembre jusqu'à avril. Meilleur le matin (ensuite, trop de vent *onshore*).

■ ***Mambo Surf Tours*** *(plan A2,* ***40****)* **:** *plage de Narigama.* 📱 *077-782-25-24.* • *mambos.lk* • Le magasin loue du matériel, organise des journées de surf pour débutants et des sorties plus professionnelles pour les sportifs confirmés.

DANS LES ENVIRONS DE HIKKADUWA

Meetiyagoda : *à 9 km au nord-ouest env d'Hikkaduwa. Y aller en tuk-tuk (env 2 500 Rs A/R, avec attente pour la visite) ou à moto. Prendre la route de Colombo ; à l'entrée du village d'Akkorala, à 6 km d'Hikkaduwa, bifurquer à droite ; c'est 3 km plus loin.* Centre le plus important de l'île pour l'extraction de la pierre de lune *(moonstone)*, une pierre semi-précieuse d'un blanc laiteux, aux reflets bleutés, assez jolie quand elle est bien montée. Dans le village, une poignée de mines artisanales accueillent les visiteurs. On y voit un puits d'où est extraite et tamisée la terre. Si les procédés (extraction, tamisage, polissage...) sont clairement mis en scène, la visite (gratuite) intéressera les amateurs de pierres. À la fin, incontournable boutique.

GALLE

99 000 hab.

• Plan *p. 277*

D'imposants remparts entourent la vieille ville, qui s'avance tel un éperon défensif dans les eaux vives de l'océan Indien. On se croirait chez Vauban ! Un phare tout blanc dressé à la proue de cet éperon, une mosquée aménagée dans une ancienne église portugaise ? On dirait Zanzibar.

Des toits de tuiles romaines moutonnent entre les jardins de tamariniers, de manguiers et de cocotiers, à l'ombre de clochers éclatants de blancheur. Et on pense à Salvador de Bahia au Brésil... À 124 km au sud-est de Colombo, voici Galle (prononcez « Gaulle » à l'anglaise ou « Gallé » à la cinghalaise). Des rues étroites tracées à angle droit, une circulation paresseuse réduite à quelques *tuk-tuk* et de rares autos, une belle place ombragée par un immense banian par-ci, une église baroque par-là et des maisons coloniales de style hollandais du XVIIIe s patinées par le temps et les embruns de la mer. Une cité de caractère largement ouverte au tourisme avec ses hôtels et ses boutiques offrant un tas d'articles de qualité, un poil branchouilles (aux affiches de Brigitte Bardot près, c'est un peu le Saint-Trop' du Sri Lanka)...

UN PEU D'HISTOIRE

À l'origine, il y aurait eu ici un comptoir phénicien. Des historiens (mais il y a controverse) avancent même que Galle aurait été la ville biblique de ***Tarshish*** avec laquelle le roi Salomon aurait fait du commerce d'épices, pierres précieuses, ivoire et paons. Ne dit-on pas que son épouse, la reine de Saba, possédait un énorme rubis venu du Sri Lanka ? En 1587, les marins ***portugais*** construisent à Galle le stratégique fort Santa Cruz, relais maritime sur l'interminable traversée entre Malacca (Malaisie) et le Mozambique.

L'ÉGOUT ET L'ÉCOULEUR

À leur arrivée à Galle, les Hollandais entreprirent de moderniser la ville fortifiée portugaise. L'ouvrage le plus particulier fut le réseau d'assainissement : un moulin à vent placé sur le bastion du Triton tirait de l'eau de mer, déversée ensuite dans un savant réseau d'égouts. Cette chasse d'eau permanente évacuait ainsi les déchets vers l'océan, et les marées curaient chaque jour ces boyaux bâtis sous le niveau de la mer.

Adresses utiles

- Tourist Office
- 1 Bank of Ceylon
- 2 Commercial Bank
- 3 Hemas Hospital
- 4 Alliance française
- 5 Police touristique

Où dormir ?

- **10** Pedlar's Inn Hostel
- **11** Beach Haven
- **13** Fort Inn Guesthouse
- **14** Frangipani Motel
- **15** Thenu Guesthouse
- **16** Rampart View Home Stay
- **17** Fort Dew Guesthouse
- **18** Pedlar 62 Guesthouse
- **19** Khalid's Guesthouse
- **20** Ocean View Guest House
- **21** La Clochette
- **22** Mango House
- **23** Fort Printers Hotel
- **24** Galle Fort Hotel
- **25** The Lady Hill
- **26** Closenberg Hotel

Où manger ?
Où prendre le petit déj ?

- **21** La Clochette
- **24** Restaurant du Galle Fort Hotel
- **40** Lucky Fort Restaurant
- **41** Punto Cafe
- **42** Indian Hut
- **43** A Minute by Tuk-Tuk
- **44** The Heritage Cafe
- **45** Fortaleza Restaurant

Où boire un verre ?

- **21** La Clochette
- **50** Serendipity Arts Cafe
- **51** Pedlar's Inn Café
- **52** Tap House

Achats

- **60** Barefoot
- **61** Exotic Roots
- **62** Odel
- **63** Laksala

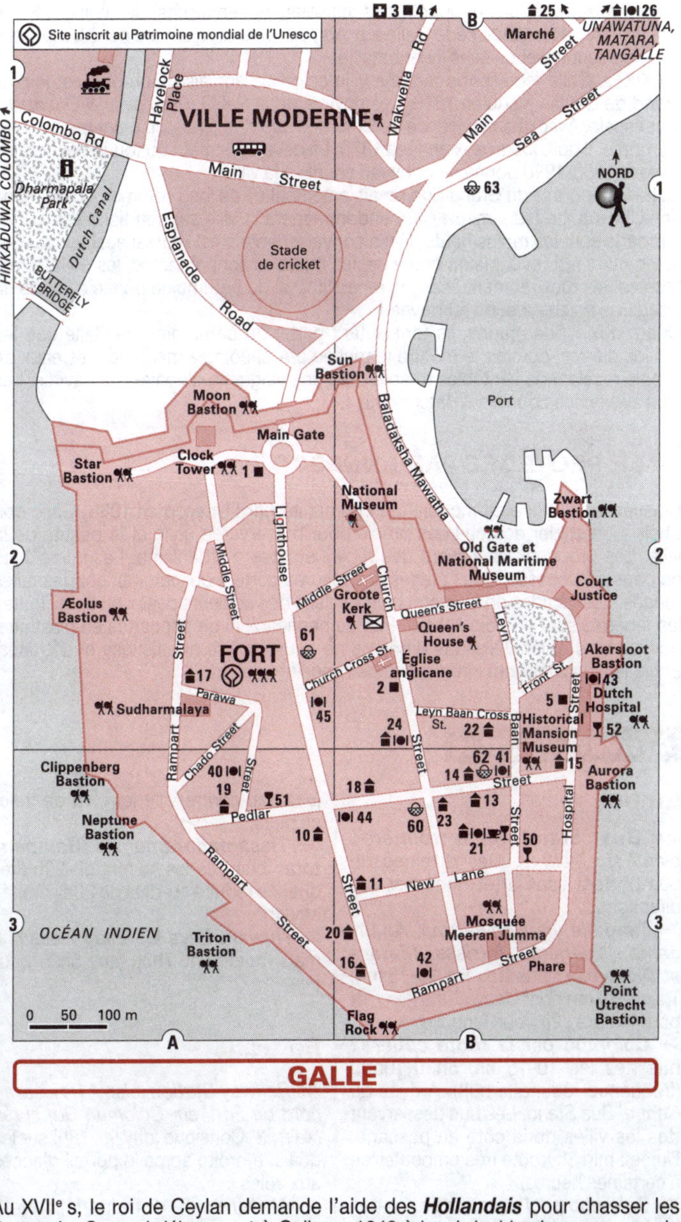

GALLE

Au XVIIe s, le roi de Ceylan demande l'aide des ***Hollandais*** pour chasser les Portugais. Ceux-ci débarquent à Galle en 1640 à bord de 11 vaisseaux, sous le commandement de Wilhelm Jacobz Coster. Après 4 jours de siège et de combats intenses, les Portugais capitulent et le fort passe aux mains des Hollandais qui contrôlent le littoral de l'île pendant environ 150 ans. Les Bataves bâtissent une

grande forteresse, des remparts, des maisons, des entrepôts, des églises. Ironie de l'histoire, la Hollande cède Galle aux Anglais, suite à sa défaite dans les guerres napoléoniennes, et ce sans livrer bataille.
Au XIXe s, Galle redevient donc une ville coloniale anglaise. Son port est le plus grand de Ceylan jusqu'en 1870. Les navires de la *P & O (Peninsular & Oriental)* y font escale. Avec la concurrence de Colombo au XXe s, le déclin maritime de Galle s'amorce. Il dure jusqu'aux années 1970. Le développement du tourisme dans les années 1980-1990 donne un nouveau souffle à la ville.
La belle endormie du Grand Sud renaît lentement de ce long sommeil, sous l'égide de l'Unesco. Le tsunami de 2004 endommagera la ville sur son flanc est, où les remparts sont les moins hauts. Galle convalescente s'est redressée. Les façades et les murs retrouvent leurs couleurs, les maisons sont réparées, les églises restaurées, les rues réaménagées ; la réhabilitation du patrimoine donne à la ville un visage de fraîcheur et de renouveau.
Quant aux fonds marins, ils font autant partie du patrimoine de Galle que les vieilles pierres, comme le montre le musée d'Archéologie maritime. Les eaux de la baie recèlent de véritables trésors dont une vingtaine d'épaves de navires. Les plus anciennes pourraient dater du XIe s.

VILLE PROTÉGÉE PAR L'UNESCO

Classée au Patrimoine mondial de l'humanité par l'Unesco en 1988, Galle doit obéir à un cahier des charges précis pour préserver le style et la beauté de la ville. Les propriétaires suivent des règles strictes d'urbanisme. Les immeubles ne peuvent dépasser deux étages, les toitures portent obligatoirement des tuiles rouges. Les façades doivent être peintes dans des couleurs pastel ou terre. Toutes les fenêtres sont en bois naturel. Pas de panneaux ni de pancartes en plastique, que du bois et les vérandas d'origine ne peuvent être ni enlevées ni détruites. Enfin, les piscines sont interdites dans l'enceinte du fort.

Arriver – Quitter

En bus

Bus Stand *(gare routière ; plan A1)* **:** *Main St.* Des dizaines de bus partent sans arrêt dans ttes les directions.
➢ **Tangalle via Unawatuna, Ahangama, Weligama, Mirissa, Matara et Dickwella :** bus ttes les 10-15 mn. Trajet : 30 mn pour Unawatuna ; env 1h pour Matara ; 2h pour Tangalle.
➢ **Colombo par la route côtière :** bus ttes les 10-15 mn, 5h30-19h30 (fréquence réduite la nuit). Arrivée au *Central Bus Stand.* Les bus desservent ttes les villes de la côte au passage. Durée : min 3h (route très embouteillée à certaines heures).
➢ **Colombo par l'autoroute :** bus ttes les 15 mn, 5h-19h30 (fréquence réduite la nuit). Arrivée à *Maharagama Bus Station (à 15 km au sud de Colombo).* Durée : env 1h15, puis bus urbain jusqu'au centre-ville (env 1h de trajet en plus).
➢ **Tissamaharama via Hambantota :** bus ttes les 15 mn, 6h-20h (fréquence réduite au-delà de 20h). Trajet : env 4h.
➢ **Nuwara Eliya via Ella :** 2 bus/j. le mat. Trajet : env 7h30 (env 5h30 pour Ella).

En train

Railway Station *(plan A1)* **:** *juste au nord du Fort, sur Colombo Rd, après Main St.* Consigne *(ouv 9h-18h)* sur les quais, à droite après le portail d'accès aux voies.
➢ **Matara :** 5-10 trains/j. Trajet : 1h-1h30.
➢ **Colombo, via Hikkaduwa, Aluthgama (Bentota) :** 4-10 trains/j. Durée : 2-3h selon le train.

Adresses utiles

Tourist Office (plan A1) : *en face de la gare ferroviaire (entrée par le parc Dharmapala, sans en payer l'entrée). ☎ 091-224-76-76. Lun-ven 9h-16h45.* Peu de doc, accueil moyen.

Police touristique (plan B2, **5**) : *Hospital St.*

Bank of Ceylon (plan A2, **1**) : *2, Light House St. Ouv lun-ven 8h30-15h.* ATM. Également **Commercial Bank** (plan B2, **2**) et **People's Bank,** toutes 2 dotées d'un ATM. Dans la ville moderne, plusieurs banques sur Wakwella Road *(plan B1).*

Hemas Hospital (hors plan par B1, **3**) : *10, Wakwella Rd. ☎ 091-464-06-40.* N'hésitez pas à aller au service d'urgences, même pour un petit bobo, les médecins sont compétents et vous reçoivent avec le sourire.

Alliance française (hors plan par B1, **4**) : *196/A, Wakwella Rd. ☎ 091-562-42-12. • alfragalle@yahoo.com • Tlj sf dim et j. de poya, 8h30-17h.* Petite bibliothèque. On y croise de jeunes Sri Lankais qui apprennent le français.

Où dormir ?

– **Avertissement :** soyez bien ferme avec les *tuk-tuk* quant à l'hôtel où vous voulez aller. La plupart des chauffeurs vous raconteront un bobard pour tenter de vous mener dans une adresse où ils touchent une commission. D'autre part, dans ce quartier à majorité musulmane, évitez de consommer de l'alcool, y compris à l'intérieur des hébergements.

De bon marché à prix moyens (1 800-5 000 Rs / 12-33,30 €)

Pedlar's Inn Hostel (plan A3, **10**) : *62B, Lighthouse St. ☎ 091-222-74-43. • pedlarsinn.com • En dortoir (3-4 lits) 15-20 $/pers (1 $ en sus pour les draps et serviettes).* Petit établissement, dans l'esprit d'une auberge de jeunesse, parfait pour les petits budgets avec ses 2 dortoirs avec ventilo. Chacun dispose d'une salle de bains privée et de casiers. Mais le dortoir de 4 lits (le moins cher) donne directement sur l'escalier (il n'y a pas de mur), et il faut le traverser pour accéder à l'autre dortoir. Ce dernier offre donc beaucoup plus d'intimité. Quant aux chambres doubles, on les déconseille vu leur prix déraisonnable. Au rez-de-chaussée, quelques tables et gâteaux pour le petit déj. Location de vélos.

Beach Haven (plan B3, **11**) : *65, Lighthouse St. ☎ 091-223-46-63. • beachhaven-galle.com •* Dans ce quartier musulman, une grande *guesthouse* familiale et bouddhiste, tenue par l'aimable Mrs Wijenayake, dont le père fut autrefois maire de Galle. Une douzaine de chambres modestes et bien tenues (clim ou ventilo). Les plus plaisantes donnent sur une véranda-balcon côté rue, au 1er étage. Au rez-de-chaussée, elles sont moins chères. Un rapport qualité-prix honnête pour ce repaire de routards.

Prix moyens (3 500-6 500 Rs / 23,30-43,30 €)

Fort Inn Guesthouse (plan B3, **13**) : *31, Pedlar St. ☎ 091-224-80-94. • rasikafortinn@yahoo.com •* Une adresse que l'on aime bien pour la qualité de l'accueil et la gentillesse de ses propriétaires, un jeune couple avenant. Les 4 chambres sont à leur image : propres, nettes, bien arrangées (ventilo ou AC, eau chaude), avec vue sur la rue ou sur le jardin. Terrasse sur le toit et bon petit déj. Repas à la demande. Également une annexe, à 5 mn à pied, un poil plus chère.

Frangipani Motel (plan B3, **14**) : *35, Pedlar St. ☎ 091-222-23-24. 📱 077-807-95-43. • frangipanigallefort.com •* L'entrée et la cage d'escalier ont le kitsch d'un film de *Bollywood.* L'accueil est dynamique. Chambres parfaitement tenues, bien équipées, avec ou sans AC, dans 2 maisons distinctes de part et d'autre de la rue, dont certaines avec baldaquin, parfois avec balcon. Celles du dernier étage bénéficient d'une agréable terrasse avec une belle vue sur les toits de la ville, mais le thermomètre des prix y prend un sacré coup de chaud (tarifs flirtant avec la catégorie « Chic »).

Ocean View Guest House *(plan A-B3,* ***20****) : 80, Lighthouse St.* ☎ *091-224-27-17.* Maison de style colonial près des remparts. Chambres de bon confort, avec douche chaude, moustiquaire, ventilo ou AC. Vue sur la mer pour les plus chères. Terrasse panoramique avec pelouse sur le toit (c'est l'un des points forts de l'établissement !). Accueil familial.

Thenu Guesthouse *(plan B3,* ***15****) : 12, Hospital St.* ☎ *091-224-66-08.* 📱 *077-353-41-56.* • *thenurest.com* • Maison de plusieurs étages, juste en face du *Dutch Hospital.* Simples et modestes, 6 chambres à la déco ordinaire mais de confort suffisant (douche/w-c, moustiquaire). Terrasse en bordure de rue pour le petit déj. Accueil souriant.

Chic (6 500-15 000 Rs / 43,30-100 €)

Fort Dew Guesthouse *(plan A2,* ***17****) : 22, Sri Sudharmalaya Rd.* ☎ *091-222-43-65.* • *fortdew.com* • Près des remparts, une belle pension, avec des balcons et des colonnes blanches. Les 5 chambres correctes et propres (lit à baldaquin, moustiquaire, ventilo ou AC) ne sont guère spacieuses, mais le point fort de l'établissement est incontestablement la terrasse panoramique perchée sur le toit où l'on prend les repas. Vue top sur le large ! Et que dire de l'apéro face au soleil couchant ? Sert aussi des snacks et quelques plats locaux.

Khalid's Guesthouse *(plan A3,* ***19****) : 102, Pedlar St.* 📱 *077-317-76-76.* • *sabrimkhalid@gmail.com* • *Haut de la fourchette.* Une *guesthouse* de charme, calme et accueillante. Situées au 1er étage, les chambres avec clim sont décorées dans le style colonial « Old Dutch » avec du mobilier bien choisi et des boiseries en teck. Elles sont d'une sobriété élégante et donnent côté rue ou sur le jardin à l'arrière. La cuisine sri lankaise et orientale (plats de type marocain ou iranien) de miss Shakira, la patronne, a bonne réputation. La même famille propose 2 chambres aux mêmes prix à la *Small House,* à deux pas.

Rampart View Home Stay *(plan B3,* ***16****) : 37, Rampart St.* ☎ *091-222-67-67.* Une adresse familiale qui dispose de 4 chambres à l'étage, le long d'une coursive avec quelques chaises pour se poser. Salle de bains, ventilo ou clim. 2 d'entre elles bénéficient d'une vue sur les remparts et la mer. Également une *family room* au rez-de-chaussée. L'ensemble est très propre. Terrasse sur le toit avec pelouse, s'il vous plaît, pour une vue panoramique. Bon accueil.

Pedlar 62 Guesthouse *(plan B3,* ***18****) : 62, Pedlar St.* 📱 *077-318-23-89.* • *pedlar62.com* • 4 chambres seulement dans une ancienne demeure hollandaise restaurée. Sobriété est le maître mot. Chambres blanches avec lit à baldaquin. L'une d'elles dispose d'un balcon privé (même tarif). Sinon, balcon commun surplombant la rue où l'on prend le petit déjeuner. Éviter la chambre sombre du rez-de-chaussée qui donne sur l'entrée-salon.

De chic à plus chic (min 70 €)

La Clochette *(plan B3,* ***21****) : 52, Leyn Baan St.* 📱 *071-223-45-45.* • *laclochettegalle.com* • *Doubles 80-210 $ selon taille et saison, petit déj compris.* Gaëlle a établi ce resto-café et petit hôtel au sein d'une ancienne demeure hollandaise, classée au Patrimoine mondial de l'Unesco. Après avoir tout restauré (sacré boulot !), elle propose 5 chambres confortables (clim, très bonne literie, douche Grohe avec de la pression). Lit *king* *size* et beaucoup d'espace pour la plus chère (les autres ne sont pas très grandes). Préférer celles situées à l'étage, plus tranquilles. La chambre du rez-de-chaussée donne sur le resto.

Mango House (plan B2, **22**) : *3, Leyn Baan Cross St. ☎ 091-224-72-12. • mangohouse.lk • Doubles 80-190 $ selon confort et saison, petit déj compris.* Maison pleine de fantaisie au fond d'un jardin calme et verdoyant. On entre par une grande salle lumineuse et relookée dans un esprit *Bollywood* des temps modernes. C'est d'un kitsch branché et réussi. Une petite dizaine de chambres très confortables, à la déco plus sobre. Les plus chères sont dotées d'une terrasse ou d'un balcon privé. La moins chère donne sur le patio intérieur. Il est plaisant de se poser dans le jardin. Une adresse pleine de fraîcheur.

De plus chic à très chic (min 160 €)

Fort Printers Hotel (plan B3, **23**) : *39, Pedlar St. ☎ 091-224-79-77. • thefortprinters.com • Doubles 160-190 $ selon confort et saison, petit déj inclus.* Cet hôtel de charme s'est posé dans une demeure classée, adjointe de 2 annexes. Il marie avec bonheur l'ancien et le moderne. Les chambres sont décorées dans un mélange de design contemporain et de style colonial. Planchers, hautes charpentes, véranda, vieille baignoire chic. Musique apaisante et douce atmosphère avec, ô miracle, une agréable petite piscine. Demander une chambre sur le jardin (plus calme). Très bon accueil.

Galle Fort Hotel (plan B2, **24**) : *28, Church St. ☎ 091-223-28-70. • galleforthotel.com • Double env 200 $, suites 250-300 $, petit déj compris.* C'est l'un des plus beaux hôtels de Galle, dans une bâtisse du XVIIIe s, distinguée par l'Unesco pour la qualité de sa restauration. Intérieur de style colonial, décoré avec finesse et élégance. Chambres de charme, donnant pour la plupart sur la piscine dans le patio intérieur (jardin verdoyant entouré de jolies colonnades). Tout y est.

Où dormir plus chic dans les environs ?

The Lady Hill (hors plan par B1, **25**) : *29, Upper Dickson Rd. ☎ 091-224-43-22 ou 091-545-09-50. • ladyhillsl.com • À 1 km env de la porte principale du Fort. Du Fort, prendre Main Rd, direction Matara, puis tourner à gauche après le marché ; c'est indiqué. Double 160 $, petit déj inclus ; ½ pens et pens complète possibles.* Sur les hauteurs, dominant la ville et les cocoteraies de l'arrière-pays, une vieille demeure de style colonial accolée à un haut bâtiment récent. Atmosphère feutrée dans la salle de resto, accueil cordial. Les chambres, installées dans la partie moderne, sont confortables (AC) et aménagées dans un esprit contemporain (carrelage blanc, néon de lumière colorée). Pas immenses, elles disposent d'un balcon. Petite piscine à l'entrée et bar panoramique au dernier étage.

Closenberg Hotel (hors plan par B1, **26**) : *11, Closenberg Rd. ☎ 091-222-43-13. • closenburghotel.com • À 2 km env à l'est du Fort. Doubles 90-200 $ selon saison, petit déj inclus.* Au sommet d'un promontoire, dominant la baie et la plage de Closenberg, cette demeure coloniale du XVIIIe s était l'ancienne résidence du capitaine Francis Bayley, agent de la compagnie maritime britannique *P & O.* Aujourd'hui, c'est un hôtel de charme d'une vingtaine de chambres avec balcons surplombant la mer et la piscine, meublées avec goût et de bon confort. La patine des années, les vérandas à colonnes blanches, vastes salons, longs couloirs, planchers, meubles en bois tropical et employés en uniforme blanc, font remonter le temps vers quelque roman de Kipling. Un charme souvent rompu par les agapes nocturnes de mariages organisés ici (renseignez-vous avant de réserver). Fait aussi resto, cher.

Où manger ? Où prendre le petit déj ?

Le quartier du Fort étant musulman (on l'a déjà dit ?), peu de restos sont autorisés à proposer de l'alcool.

Bon marché (max 1 000 Rs / 6,70 €)

I●I ***Lucky Fort Restaurant*** *(plan A3, **40**)* **:** *7, Parawa St.* ☎ *091-224-29-22. Tlj 8h45-22h30.* Coup de cœur pour ce resto simple et attachant qui a commencé sa petite activité en installant quelques tables dans le jardin fleuri. Devant le succès, il a fallu pousser les meubles du salon familial (seuls la TV et les cadres sont restés). On vient ici pour parfaire son *curries-culum.* La maman prépare des *rice & curries* d'anthologie, servis pour 2 personnes et comprenant une dizaine d'accompagnements originaux (fleurs de bananier, aubergine, ananas, citrouille). Accueil adorable. Une adresse authentique qui fait régulièrement le plein.

I●I ***Punto Cafe*** *(plan B3, **41**)* **:** *42, Pedlar St.* ☎ *091-392-33-84. Tlj jusqu'à 21h.* Petit resto sans prétention de 4 ou 5 tables, à la déco mignonnette. Cuisine sri lankaise avec de bons *rice & curries.* Également du poisson grillé.

I●I ***Indian Hut*** *(plan B3, **42**)* **:** *55, Rampart St.* ☎ *091-222-74-42. Tlj 11h-22h.* Rien à voir avec une enseigne bien connue, malgré le logo... Pas de pizzas donc, mais une bonne cuisine indienne qui remporte un franc succès. Également quelques plats chinois et sri lankais. La salle, ouverte sur la rue et rafraîchie par des ventilos qui font ce qu'ils peuvent, se trouve à l'étage : essayez d'avoir une table au bord du balcon pour bénéficier de la vue sur l'océan.

Prix moyens (1 000-2 000 Rs / 6,70-13,30 €)

I●I ***The Heritage Cafe*** *(plan B3, **44**)* **:** *53, Lighthouse St.* ☎ *091-224-66-68. Tlj 8h-21h30.* Un resto dans une maison historique vieille de 4 siècles qui fut longtemps une boulangerie. Dans la cour intérieure ont été conservés le four à pain et un ancien puits. La carte propose des plats traditionnels sri lankais corrects. Pas mal non plus pour prendre un simple jus de fruits. On apprécie surtout le décor préservé chargé d'histoire. Service quelque peu routinier.

I●I ☕ ***La Clochette*** *(plan B3, **21**)* **:** *voir « Où dormir ? ». Tlj jusqu'à 22h.* Un resto à la *French touch,* aménagé dans une ancienne maison hollandaise, qui tombe à point nommé pour les lassés du curry et des plats épicés. En cuisine, l'équipe formée par Gaëlle, une Franco-Ivoirienne, prépare une cuisine française (genre sole meunière, coq au vin, crème brûlée, etc.). Çà et là, quelques pointes de saveurs asiatiques, voire africaines comme le *zoum zoum chicken.* Sans parler des pâtes et salades. Pain, brioches, croissants, etc. faits maison et très bon café. Parfait pour un petit déjeuner ! Terrasse au bord de la rue ou tables installées dans une cour à l'arrière. De la bonne musique en prime.

I●I ***A Minute by Tuk-Tuk*** *(plan B2, **43**)* **:** Dutch Hospital *(1er étage, côté mer).* ☎ *091-494-50-00. Tlj 8h-23h.* Au moins, cet ancien hôpital aura-t-il la vertu de vous guérir de votre phobie du *tuk-tuk* ! La maison ne klaxonne ni ne harangue le client qui s'installe sur une large coursive face à la mer. L'occasion de se régaler « en cinémascope » de bons snacks et petits plats bien apprêtés, à prix avantageux. Tiens, testez donc le *moju* d'aubergines. Les « mac-domaniaques » opteront pour des (petits) hamburgers. Et laissez une petite place pour les desserts, originaux et bons. La maison sert de l'alcool, mais le vin est cher, même au verre.

Chic (2 000-4 000 Rs / 13,30-26,70 €)

I●I ***Fortaleza Restaurant*** *(plan A2, **45**)* **:** *9, Church Cross St.* 📱 *077-339-33-97. Tlj 11h30-15h30, 18h-21h.* Un resto aménagé dans un agréable patio végétalisé, parfait pour une soirée en toute intimité. Le choix n'est pas très large, mais la cuisine explore de nombreux horizons culinaires (plats sri lankais, indiens, thaïs, méditerranéens et même parfois mexicains). Également quelques suggestions qui changent régulièrement. Une cuisine bien préparée et originale.

Restaurant du Galle Fort Hotel *(plan B2,* ***24****)* **:** *28, Church St. ☎ 091-223-28-70.* Excellent restaurant dans une belle salle à manger de cette superbe demeure coloniale classée Monument historique, ou sur la galerie en bordure du patio intérieur avec sa chic piscine. Fine cuisine bien réalisée, présentée avec brio et service stylé. On pourra l'accompagner d'un verre de vin (voire un peu plus), l'établissement étant un des rares à avoir une licence dans le Fort.

Où boire un verre ?

Rebelote et dix de der concernant l'alcool : on vous le répète, non seulement le quartier est musulman, mais en plus les licences pour vendre de l'alcool sont rares (et chères !). Délaissez le pastis pour profiter de bons jus de fruits...

Serendipity Arts Cafe *(plan B3,* ***50****)* **:** *65, Leyn Baan St. 077-952-56-02. Tlj 8h30-20h30.* Un café dans le style « bohème branché » avec des murs couverts de livres, de peintures et de photos. Petite terrasse à 3 piliers blancs sur un jardinet. Ambiance relax. Le sympathique patron, Shamil Careem, organise des soirées à thème et des expos. L'écrivain-voyageur Nicolas Bouvier habita dans la maison voisine, dans une soupente 7 mois durant en 1955, à la limite de la folie.

La Clochette *(plan B3,* ***21****)* **:** *voir « Où dormir ? ».* Pour ses excellents jus de fruits et son bon café.

Pedlar's Inn Café *(plan A3,* ***51****)* **:** *92, Pedlar St. ☎ 091-222-53-33. Tlj 9h-22h.* Voici un 3-en-1 : à la fois un bar, une boutique de bijoux et un restaurant. Parfait pour boire un café ou une boisson fraîche aux heures chaudes de la journée sur la terrasse en bord de rue, ou le soir dans l'une des petites salles à l'atmosphère cosy. Fait aussi resto, mais chérot.

Tap House *(plan B2,* ***52****)* **:** *Dutch Hospital. Tlj 11h-23h.* Un clone de la *Tap House* du *Dutch Hospital* de Colombo. En moins animé, toutefois, et en retrait côté service. On vous l'indique car c'est l'un des rares à proposer de l'alcool. Mais ne rêvez pas pour autant d'une bonne binouse pression : le robinet est parfois en panne !

Achats

Exotic Roots *(plan A2,* ***61****)* **:** *50A, Lighthouse St. ☎ 091-224-54-54. 077-835-39-66. Tlj 9h30-18h30.* Catherine H. expose ici le fruit de son travail de design. Des objets décoratifs, éléments de mobilier, vêtements. Simplement beau.

Barefoot *(plan B3,* ***60****)* **:** *41, Pedlar St. ☎ 091-222-62-99. Lun-sam 9h-20h, dim 11h-18h.* Une annexe de la boutique de Colombo (pour ceux qui connaissent). Artisanat de qualité : beaux tissus, sarongs et objets divers. Toujours très coloré et pas donné.

Odel *(plan B3,* ***62****)* **:** *50, Pedlar St. ☎ 091-222-31-20. Tlj 10h-19h (18h dim).* Même motif même punition que toutes les boutiques *Odel* du pays. Des idées de souvenirs tout plein. Pas forcément bon marché, mais d'un design toujours très réfléchi (du motif de T-shirt jusqu'au rond de serviette !).

Laksala *(plan B1,* ***63****)* **:** *74, Sea St. ☎ 091-222-27-83. Tlj 10h-18h.* Belle boutique très lumineuse pour des objets d'artisanat conventionnels à des prix raisonnables.

À voir

Le Fort

On pénètre dans le fort de Galle par le nord, en passant l'entrée principale *(Main Gate ; plan A2)*, qui fut ouverte par les colons anglais en 1873. À gauche, ***Church Street*** abrite le luxueux ***Hotel Amangalla*** installé dans une très belle bâtisse édifiée en 1684 par le gouverneur hollandais de Galle. La maison fut transformée en hôtel dès 1865 sous le nom de *New Oriental Hotel.*

National Museum *(plan B2)* **:** Church St. Mar-sam 9h-17h. Entrée : 300 Rs. ***Fermé pdt la rénovation,*** *soit jusqu'à mi-2017 (théoriquement !).* On y voit quelques belles armoires hollandaises dans lesquelles sont rassemblées des collections d'objets du passé.

À deux pas, la ***Groote Kerk*** *(plan B2)* est une église protestante hollandaise construite en 1775. La façade est aussi blanche que l'intérieur s'avère sombre et sévère. Le pavement intérieur est composé de plusieurs belles pierres tombales blasonnées. Un peu plus loin, après la poste, se détache la massive silhouette de la ***All Saints Church,*** anglicane celle-là et construite dans le style néogothique vers 1870. Empruntez ensuite *Queen's Street,* face à la poste. Sur la droite se dresse la ***Queen's House*** *(plan B2),* une belle demeure qui porte encore sur sa façade datée de 1683 un coq, symbole de la ville de Galle à l'époque hollandaise. C'est là que débute le tour des remparts (voir plus loin).

National Maritime Museum *(Musée maritime ; plan B2)* **:** *Old Gate, Queen St. Tlj 8h30-16h30. Entrée : 700 Rs.*
À ne pas confondre avec un second musée maritime proche, plus petit et moins intéressant.
Installé dans un vaste et ancien entrepôt, entièrement restauré. Informations, vitrines et objets (avec explications en anglais) racontent l'histoire maritime en général, les échanges entre Orient et Occident, à travers les aventures des premiers découvreurs, navigateurs, marchands, aventuriers et colons. D'autre part, des vestiges remontés des profondeurs de la baie de Galle illustrent l'archéologie sous-marine locale.
De vieilles pirogues à balancier (en bois) rappellent l'importance de ces embarcations pour la pêche locale. Dans les grandes salles en enfilade sont exposées de nombreuses pièces exhumées au cours de l'exploration des épaves dans les fonds sous-marins : vases et porcelaines de Chine, jarres de Thaïlande du XVIIe s, anciennes ancres de pierre de navires arabes du XIIIe s, cloche d'un vaisseau hollandais de 1661... Et ces improbables bouteilles de soda du XIXe s tirées des sédiments marins.

QUAND BOUDDHA PERD LA FACE MAIS PAS LA MAIN

Une des pièces les plus étranges, visible au musée de Galle, est une statue du Bouddha au visage brisé. En 2004, le tsunami, archéologue malgré lui, a désensablé cette statue cachée au fond de l'océan (près de Jaffna), la projetant sur la grève. Si le visage de ce bouddha a été fracassé, curieusement sa main droite levée est intacte. Certains y voient un signe du ciel...

Le tour des remparts : dans le sens des aiguilles d'une montre *(comptez 1h env).* Début de la balade dans Queen's Street, au niveau de la ***Old Gate*** *(plan B2),* la porte la plus intéressante du Fort. Elle a conservé à l'extérieur les armoiries britanniques et, à l'intérieur, le blason de la Compagnie hollandaise des Indes orientales avec deux lions surmontés du coq. En sortant des remparts, à droite, le ***Zwart Bastion*** (le bastion noir) protège le port originel et ce depuis l'époque portugaise. Revenir dans les murs sur ***Hospital Street*** *(plan B2-3),* qui débute au nord par une grande place ombragée par des arbres à pluie et des banians (l'arbre sacré des bouddhistes) aux longues branches pendantes et enchevêtrées. C'est là que trône le tribunal dont vous admirerez au passage l'architecture à colonnades. À l'angle sud-est de la place, le bien blanc et mignonnet ***Akersloot Bastion.*** En continuant plus au sud, on suit le joli ***Dutch Hospital*** (on traduit ?) qui accueille désormais boutiques, bars et restaurants. Juste à côté, le ***bastion d'Aurora*** *(plan B2-3).*

– Au ***n° 22 Hospital Street*** *(plan B3),* une maison discrète retiendra l'attention des amateurs de littérature voyageuse. L'écrivain suisse ***Nicolas Bouvier*** y séjourna 7 mois en 1955, après avoir traversé pendant 2 ans le Moyen-Orient et l'Inde. Il vécut dans une chambre en soupente, pour un modique loyer de 1 Rs par jour. Cette soupente est toujours là, intacte et misérable, rien n'a changé : murs bleus décrépis, plancher percé, deux lits poussiéreux, une table usée... Seul, malade, déprimé, Nicolas Bouvier manqua y perdre la raison. Il relate sa saison en enfer à Galle dans *Le Poisson-scorpion.* Cette maison est privée, mais peut se visiter par l'intermédiaire de Shamil Kareem, du *Serendipity Arts Cafe (plan B3,* ***50****),* qui connaît le proprio des lieux.

– En descendant toujours la même rue, le ***bastion de la Pointe Utrecht*** *(plan B3)* dresse son phare blanc construit au début de la Seconde Guerre mondiale. C'est à partir de là que l'on peut grimper sur les remparts. En face s'élève la ***mosquée Meeran Jumma*** *(plan B3),* installée depuis 1909 dans l'ancienne cathédrale portugaise. Au risque de se répéter, le quartier est à majorité musulmane. Ici commence ***Rampart Street*** *(plan A-B2-3)* qui va du phare au ***bastion d'Éole*** *(Aeolus Bastion)* sur le côté ouest de la forteresse. C'est la plus ancienne rue du Fort. Le ***Flag Rock*** *(plan B3),* où se dressait précédemment le phare, est le lieu de rendez-vous des vendeurs de coquillages et de souvenirs. Plus loin se trouvent le ***Triton Bastion,*** le ***Neptune Bastion*** et le ***Clippenberg Bastion*** *(plan A3),* près du ***temple Sudharmalaya,*** un bel ensemble syncrétique composé d'un *stûpa* bouddhique blanc édifié sur le parvis d'une église portugaise. C'est depuis cette partie des remparts, à l'ouest, qu'on admire de superbes couchers de soleil.

La suite des remparts étant zone militaire, il faut redescendre pour atteindre l'inévitable ***Clock Tower,*** près du ***Moon Bastion*** *(plan A2)* flanqué du ***Star Bastion*** et du ***Sun Bastion*** : une romantique galaxie défensive ! Une balade à faire de préférence avant le coucher du soleil pour les très belles couleurs.

Historical Mansion Museum (plan B2-3) **:** *31-39, Leyn Baan St. Tlj sf certaines fêtes musulmanes, 9h-18h. Fermé ven 12h-14h pour la prière. GRATUIT.* Installé dans une belle maison hollandaise du XVIIIe s, bâtie avec des blocs de corail. Il s'agit de la maison d'un collectionneur, M. Gaffar, qui a entassé des centaines d'objets hétéroclites. Faïences du monde entier, débris de naufrages, belle série de lampes à pétrole et d'horloges... Armes, objets d'ivoire et d'écailles de tortue, meubles du XVIIe s, monnaies et manuscrits... Assez fabuleux ! Ne pas manquer, dans la cour, le superbe puits, d'origine (trois siècles, donc), et, plus loin, la cuisine (voir les grattoirs à noix de coco). Inévitable boutique de pierres précieuses et d'antiquités en fin de visite.

La ville moderne (au nord)

La ***ville moderne*** offre peu d'intérêt, hormis un *temple hindou* très vivant, situé derrière l'hôtel de ville et dont les cloches sonnent pour réveiller les dieux (à visiter tôt le matin ou le soir), et hormis la ***cathédrale Sainte-Marie*** avec ses deux jolis clochetons, construite en 1874 et dont l'entrée est gardée par deux canons. On peut voir encore quelques ***maisons coloniales hollandaises*** le long de Lower et Upper Dickson.

– Si vous aimez les couleurs vives et les odeurs épicées, ne manquez pas le ***marché*** *(plan B1)*, derrière la poste centrale, et laissez-vous tenter par ses étals de fruits.

UNAWATUNA

• Plan *p. 287*

À 5 km au sud de Galle, la route frôle la baie d'Unawatuna. Une baie aux proportions raisonnables, de celles qui font rêver sur les photos. Elle se termine par une pointe rocheuse coiffée d'un beau *dagoba (stûpa)* blanc, qui donne indéniablement tout son charme à Unawatuna. L'eau y est accueillante et il y a une petite vie de village, à l'écart de la route principale et du vacarme de la circulation. Une digue construite au niveau de la pointe rocheuse ayant modifié les courants marins et accéléré l'érosion, la plage se concentre désormais surtout dans la partie ouest de la baie. La baignade se révèle tranquille, mais en période d'affluence et durant la mousson, le coin n'est pas toujours propre. Enfin, sachez que le week-end (ça commence souvent le jeudi), on fait la fête sur la plage jusqu'à l'aube. Pas mal de décibels. Si vous êtes un fêtard ou un couche-tard, c'est parfait. Si vous recherchez le calme, privilégiez un séjour en début de semaine, ou choisissez un établissement en retrait du rivage.

Arriver – Quitter

En bus ou en *tuk-tuk*

➢ ***Galle :*** nombreux bus au départ de la gare routière de Galle par la ligne de Matara. Ceux-ci s'arrêtent sur la route principale *(plan B1, **1**)*. Il reste à marcher 500 m pour atteindre la plage. En *tuk-tuk* de Galle, compter env 400 Rs.

En train

Gare *(hors plan par B1)* **:** à 1,5 km de la plage. Sur la ligne ***Matara-Colombo*** : 2-6 trains/j. pour Matara (trajet env 1h) ; 1-3 trains/j. pour Colombo (trajet env 2h30).

Adresses et infos utiles

– ***Site internet :*** • welcome2una.com •

– ATM à la banque ***HNB*** *(331, Galle Rd ; plan B1, **1**)*. Change (en dépannage) et service *Western Union* à la ***Manidi Guest-House*** *(plan A2, **2**)*.

■ ***Location de vélos :*** le moyen le plus pratique pour circuler dans le secteur. Plusieurs *guesthouses* en louent.

■ ***Vision Lanka Tours*** *(plan A2, **3**)* **:** *Yaddehimulla Rd.* 077-785-59-85. • *visionlankatours.com* • Petite agence qui propose des excursions dans le coin (en mer ou sur terre), des transferts pour l'aéroport de Colombo, etc. Prix compétitifs.

Où dormir ?

Beaucoup de choix mais, étant donné la popularité de la station, en haute saison il faut se contenter de ce qui est disponible.

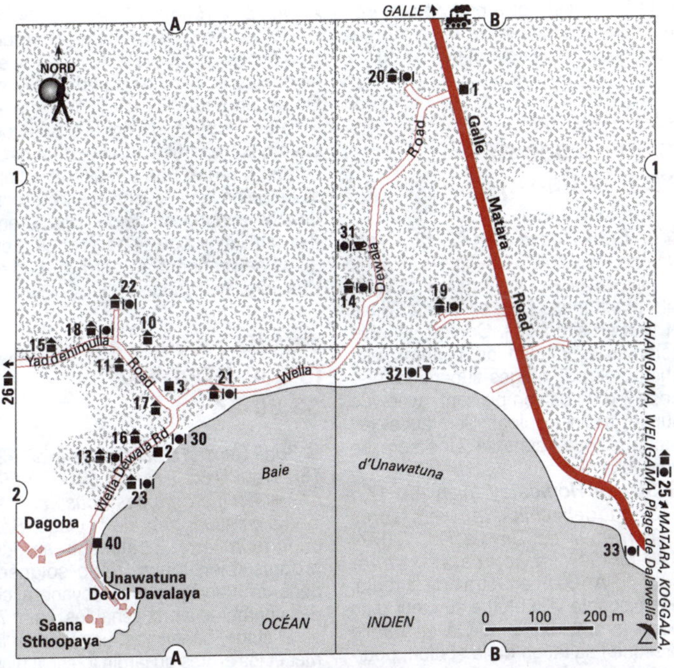

UNAWATUNA

■ Adresses utiles

- 1 Arrêt des bus et banque HNB
- 2 Change (Manidi Guest-House)
- 3 Vision Lanka Tours

Où dormir ?

- 10 Rock House
- 11 The Bird House
- 13 Brink House
- 14 Paradise Garden
- 15 French Lotus
- 16 Sunil Garden Guesthouse
- 17 Strand Homestay
- 18 The Dream House
- 19 Norlanka
- 20 Flower Garden Hotel
- 21 The Villa Hotel
- 22 Thambapanni Retreat
- 23 Kingfisher Hotel and Restaurant
- 25 Rathna Guesthouse
- 26 Land's End

Où manger ?
Où boire un verre ?

- 23 Kingfisher Restaurant
- 30 Coral Light et Hot Rock
- 31 Jina's Vegetarian Restaurant
- 32 Lucky Tuna
- 33 Sun and Sea-Beach

■ À faire

- 40 Submarine Diving School

De bon marché à prix moyens (3 000-6 500 Rs / 20-43,30 €)

Rock House *(plan A1,* ***10****) : 213A, Yaddehimulla Rd. ☎ 091-222-49-48. 077-607-66-78. ● rockhouseguest.com ● À 300 m de la plage, en haut d'un chemin, sur la droite.* Chambres spacieuses avec salle de bains, moustiquaire, ventilo, eau chaude et AC (pour les plus chères). Celles du bâtiment perché sur un piton rocheux, tel un nid d'aigle, sont lumineuses (déjà en « Prix moyens ») et la vue est superbe : c'est notre endroit préféré, même si l'escalier de 70 marches creusé dans la falaise est très pentu !

Prix moyens (3 500-6 500 Rs / 23,30-43,30 €)

☗ |●| ***Brink House*** *(plan A2,* ***13****)* : *Wella Dewala Rd.* ☎ *091-224-22-45.* • *brink houseunawatuna.site11.com* • Gentille *guesthouse* bien située, familiale et tout en simplicité. Confort variable selon le prix (clim ou ventilo). Les chambres aux étages supérieurs disposent d'un balcon plaisant, avec vue sur le jardin tropical. Sert aussi les repas. Accueil aimable. Une adresse agréable.

☗ ***Strand Homestay*** *(plan A2,* ***17****)* : *218, Yaddehimulla Rd, juste après le carrefour de Devala Rd.* 📱 *077-625-61-01.* • *homestay-strand.net* • À 100 m en retrait de la route, une élégante villa blottie au cœur d'un beau jardin luxuriant. On en oublie presque l'agitation de la station, pourtant si près... Dans sa maison de famille patinée par les années, M. Asoka propose 7 chambres aux meubles anciens, avec moustiquaire, AC ou ventilo. Quelques-unes sont dotées d'un balcon. Également un appartement familial. Une adresse de caractère qui change des hôtels du bord de plage.

☗ ***The Bird House*** *(plan A2,* ***11****)* : *Yaddehimulla Rd.* 📱 *077-695-12-27.* • *birdhouseun.wordpress.com* • *Guesthouse* de bord de rue, située dans la seconde partie du village, donc plutôt calme, à 200 m des vagues. Les chambres y sont assez grandes, toutes équipées d'un balcon, avec air brassé ou climatisé. Le tout propre et récent, aux bons soins d'une famille amicale. Coup de cœur pour la seule chambre perchée sur le toit, équipée d'une kitchenette avec frigo et d'une terrasse privative : et ce n'est pas la plus chère car elle n'est pas climatisée. Au final, une adresse d'un bon rapport qualité-prix.

☗ |●| ***Paradise Garden*** *(plan B1,* ***14****)* : *Wella Dewala Rd.* 📱 *077-401-97-95.* • *paradisegardensrilanka.com* • *À 5 mn à pied de la plage. Fourchette hte.* On aime bien cette jolie maison à colonnes qui tourne le dos à la rue et se dresse au bord d'un jardin soigné. On est un peu à l'écart de la plage et il y a de l'espace. Malgré la dizaine de chambres réparties au sein de 4 bâtiments, il règne une atmosphère paisible. Selon le prix, ventilateur ou clim, douche chaude ou froide. Également des familiales pour 4 personnes. Les repas se prennent au bord du jardin. Une adresse sympa.

De prix moyens à chic (5 000-9 000 Rs / 33,30-60 €)

☗ ***Sunil Garden Guesthouse*** *(plan A2,* ***16****)* : *Wella Dewala Rd.* ☎ *091-222-66-54.* • *sunilgardenguesthouse.com* • *Très bien situé, près de la plage. Bas de la fourchette.* 2 bâtiments en dur, propres, bien tenus, déco soignée, dans un grand jardin verdoyant, avec des chambres à prix variables. La n° 7, au 2e étage, bénéficie d'une vue sur la mer et les arbres du jardin (c'est la plus belle, vraiment plus chère). Le bar de l'hôtel, sur la plage, sert de bons petits déjeuners, jus de fruits, milk-shakes, pancakes, etc.

Chic (6 500-15 000 Rs / 43,30-100 €)

☗ |●| ***The Dream House*** *(plan A1,* ***18****)* : *Yaddehimulla Rd, un peu à l'écart.* ☎ *091-438-15-41.* 📱 *077-574-25-71.* • *srilanka-dreamhouse.com* • *Doubles 45-70 $ selon saison.* Une maison au charme colonial, noyée dans un coin de nature luxuriant, à quelques pas de la mer. À peine 4 chambres, confortables et impeccablement tenues. Côté cuisine, Betty Benedetti, la patronne francophone, mitonne (lorsqu'elle est là) des petits plats de son Italie natale, sans omettre les recettes locales. Un endroit à l'atmosphère très zen qui porte bien son nom.

☗ ***French Lotus*** *(plan A1-2,* ***15****)* : *Yaddehimulla Rd.* 📱 *077-152-28-67.* • *fren chlotus-unawatuna.com* • *À 200 m env de la plage. Doubles 50-85 $ selon* *confort, petit déj compris.* (parties communes). Après avoir découvert le Sri Lanka pendant leur voyage de noces, Célyn et Guillaume ont craqué pour le pays. Ils ont décidé de s'y installer. Dans une jolie maison blanche meublée de bois sombre, ils proposent une poignée de chambres pour différents budgets. Ventilateur pour les chambres *standard* ; clim et vaste salle de bains pour la *deluxe*. Également un appartement de 2 chambres, très bien en famille ou entre amis. Les petits déj se prennent sur une terrasse au bord d'un bassin dans lequel poussent papyrus et nénuphars.

Flower Garden Hotel (plan B1, **20**) : *14, Wella Dewala Rd, à 50 m sur la droite en venant de la route Galle-Matara (panneau). ☎ 091-222-52-86. • hotelflowergardenunawatuna.com • À 15 mn à pied de la plage. Doubles 70-110 $ selon confort, petit déj inclus. CB acceptées.* Dissimulés au cœur d'un jardin tropical, une vingtaine de superbes bungalows et chambres, précédés d'une grande piscine. 5 catégories de confort et de prix. Elles sont toutes propres et hyper confortables, avec ventilo et AC, lit avec moustiquaire, douche/w-c. En revanche, le bâtiment situé de l'autre côté de la ruelle est moins séduisant (même si les chambres du dernier étage bénéficient d'une piscine privée sur le toit !). Fait aussi resto. Accueil très pro.

The Villa Hotel (plan A2, **21**) : *Wella Dewala Rd. ☎ 091-224-72-53. • thevilla.lk • Doubles 90-100 $, petit déj inclus. CB acceptées.* Juste en bord de plage (avec transats), une maison blanche de 3 étages aux chambres charmantes et de bon confort (AC et frigo), toutes décorées avec goût (lit à baldaquin, beau parquet). En demander une au dernier étage pour le calme, la vue et... le prix plus élevé. Petit resto (cuisine soignée) et minuscule jardin.

Norlanka (plan B1, **19**) : *Parangiyawatta. ☎ 091-222-61-94. • norlanka.com • Doubles 55-80 $ selon confort et emplacement, petit déj compris.* *Nor* pour Norvège, *Lanka* pour Sri Lanka, les deux nationalités de Helge et Anoma, le charmant couple qui tient avec soin ce bel établissement. Il est en retrait de la mer, mais pas si loin à pied. Le charme et l'intérêt de cette *guesthouse* ? Sa situation au sein d'un délicieux jardin tropical. Chambres impeccables, claires et calmes, bien équipées (ventilo pour les moins chères) et donnant sur le jardin. En demander une au dernier étage. Fait aussi resto : délicieuse cuisine familiale. Accueil chaleureux.

Land's End (hors plan par A2, **26**) : *Yaddehimulla Rd. 077-609-81-25. Suivre le fléchage « Thaproban Pavilion ». Doubles 70-110 € selon confort, vue et saison, petit déj inclus.* Une belle maison blanche et moderne, perchée au-dessus de la mer sur un promontoire rocheux, à 10 mn à pied de la plage. Les chambres sont toutes différentes et bien équipées, avec vue sur le jardin ou, mieux encore, sur l'océan et Galle à l'horizon. Piscine, terrasse donnant sur la mer et, en premier plan, un époustouflant décor rocheux. Bar avec alcool. Une adresse exceptionnelle par son rapport qualité-prix, sa situation et sa décoration.

De chic à plus chic (min 70 €)

Thambapanni Retreat (plan A1, **22**) : *Yaddehimulla Rd, à 50 m env en retrait de la route. ☎ 091-223-45-88. • thambapannileisure.com • Doubles 80-130 $ selon standing et saison, petit déj compris ; ½ pens possible.* Accueil élégant et stylé par des femmes en sari. À l'écart de la plage, voici un hôtel niché dans une végétation luxuriante, avec des bungalows luxueux étagés à flanc de colline et de belles chambres. Préférer ceux du haut (plus lumineux), mais prévoir un petit effort de marche. Ameublement de goût, AC, ventilo, baignoire et terrasse. Certaines chambres intègrent dans leur maçonnerie de gros rochers naturels. En bas, le (bon) restaurant et la piscine. Traitements ayurvédiques et cours de yoga.

Kingfisher Hotel and Restaurant (plan A2, **23**) : *Wella Dewala Rd. ☎ 091-225-03-01 ou 02. • kingfisherunawatuna.com • Doubles 100-130 $ (160 $ pour les fêtes de fin d'année), petit déj en sus.* Bel établissement de 4 chambres seulement, face à l'océan, en bord de plage. L'endroit est élégant et accueillant. Les chambres, confortables et spacieuses, disposent d'une grande terrasse pour profiter sereinement de la vue. Excellent resto (voir « Où manger ? »).

Sur la plage de Dalawella (vers Matara)

Prix moyens (3 500-5 500 Rs / 23,30-40 €)

Rathna Guesthouse (hors plan par B2, **25**) : *Matara Rd, à 2 km env d'Unawatuna.* ☎ *091-493-34-05.* 📱 *077-315-49-34.* • *rathna-guesthouse.com* • *Les bus en direction de Matara peuvent s'arrêter devant (demander au chauffeur).* Au bord de l'une des plus belles plages du coin (on peut s'y baigner) avec cocotiers, sable blanc, rochers et pêcheurs perchés sur leurs piquets, voilà une *guesthouse* idéalement située. Une vingtaine de chambres réparties dans 3 bâtiments, dont un mignon en bois, et posé au bord de la plage. Ventilateur et eau chaude pour tout le monde. Resto sous une paillote. Accueil sans trop d'énergie, mais il est vrai que le cadre invite à la nonchalance...

Où manger ? Où boire un verre ?

La plupart des pensions, *guesthouses* et hôtels indiqués plus haut ont des restaurants.

Bon marché (max 1 000 Rs / 6,70 €)

Sur Wella Dewala Road, au bord de la plage, plusieurs restaurants à peu près *same-same* dans leur cuisine (locale) et leurs prix (modiques). On recommande ***Coral Light*** et éventuellement ***Hot Rock*** – plus irrégulier – (*plan A2,* **30**).

Jina's Vegetarian Restaurant (*plan B1,* **31**) : *Wella Dewala Rd.* ☎ *091-222-68-78. Tlj.* Comme son nom l'indique, un resto exclusivement végétarien, installé dans une ancienne maison au bord d'un jardin. Ça change de la plage et l'endroit a un certain caractère. Bonne cuisine fraîche et saine. *Rice & curry,* mais également, selon le jour, des falafels, moussaka, lasagnes, etc. Parfait aussi pour un petit déj, une halte jus de fruits ou un *tea-time.* Un resto chaleureux et attachant, à l'image de l'accueil.

Lucky Tuna (*plan B2,* **32**) : *sur la plage.* 📱 *077-756-69-78.* Un des nombreux restos tournés vers le large, avec sa paillote coiffée d'un toit de palme, son comptoir et ses chaises hautes qui regardent l'océan. Cuisine assez classique : soupes, sandwichs, *noodles, Sri Lankan curries,* et du poisson bien évidemment, au barbecue. Pensez-y aussi pour l'apéro ou en soirée (la carte des alcools est bien fournie), avec musique à la clé.

De prix moyens à chic (1 000-2 500 Rs / 6,70-16,70 €)

Sun and Sea-Beach (*plan B2,* **33**) : *à la sortie d'Unawatuna, au bord de la route, en direction de Matara (au km 123).* ☎ *091-228-32-00. CB acceptées.* Resto panoramique dans l'hôtel du même nom, en terrasse, surplombant la plage. Une cuisine qui sort du lot. Beaucoup de poisson, mais aussi de succulentes pizzas cuites au feu de bois. Service stylé, souriant, et prix très raisonnables eu égard la qualité. Carte des vins.

Kingfisher Restaurant (*plan A2,* **23**) : *voir « Où dormir ? ». Résa indispensable le soir.* Voilà l'une des bonnes tables de la station, et peu de gens pour nous contredire. Le cadre est agréable, l'atmosphère tout à fait intime le soir avec les tables posées sur le sable, les bougies qui scintillent et la musique *lounge.* Plats aux saveurs d'ici et d'ailleurs, faisant preuve d'une touche d'originalité et qui font oublier l'attente parfois un peu longue.

À faire

La plage de Dalawella *(ou plage de Vitjaya ; hors plan par B2)* **:** *à 2 km d'Unawatuna, en direction de Matara. Y aller en tuk-tuk ou bus en direction de Mirissa/Matara (demandez au chauffeur de vous arrêter devant). Accès à la plage en traversant l'un des établissements qui la bordent.* Une plage « carte postale » avec sable blanc, cocotiers et barrière de corail qui permet de se baigner.

***Plongée sous-marine* :** *de préférence oct-avr.* Au large de cette baie curviligne, on trouve une dizaine de spots au sud, accessibles à tous (12-20 m de profondeur) et cinq navires engloutis au nord pour les palmes aguerries (ils reposent par 30 m de fond). Ces vestiges sous-marins sont habités par des poissons-papillons, des poissons-lions, des poissons-clowns, des murènes, des barracudas (ba-rra-cu-daaaa !)... Et le *Rangoon,* un navire britannique, a entraîné dans son naufrage sa cargaison de porcelaines de Chine. Également quelques beaux rochers à explorer dans les environs, avec peu de coraux, mais parfois des requins de récif, et souvent des raies mantas.

■ ***Submarine Diving School*** *(plan A2, **40**)* **:** *Wella Dewala Rd, au bout de la route, près du temple.* ☎ *077-719-67-53. • submarinodiving.center • Plongée 30 $ (55 $ la ½ journée avec 2 plongées).* Shirley Koralage (instructeur PADI) et ses moniteurs proposent des cours de plongée, sorties *snorkelling* en bateau pour ceux qui préfèrent observer le monde marin d'en haut, ou avec bouteilles pour approfondir le sujet.

– ***Surf* :** il est possible de surfer à Unawatuna, mais le site est bien moins intéressant que ceux de Hikkaduwa ou Mirissa où les rouleaux sont plus importants.

DANS LES ENVIRONS D'UNAWATUNA

Les bus reliant Galle à Weligama s'arrêtent à Koggala et Ahangama sur simple demande.

KOGGALA

À 12 km d'Unawatuna. Une station balnéaire, au littoral rectiligne, sans fantaisie aucune.

– ***Location d'embarcations à moteur* :** *départ depuis le pont après le km 132 de la route principale. Tlj 6h-17h. Compter 2 000 Rs/pers, sur la base de 2 pers pour 1h30 (négociable hors saison) pour visiter les îles du lac (Bird Islands) et le temple de Madulduwa, situé sur ses rives.* Près d'une ancienne piste d'atterrissage datant de la Seconde Guerre mondiale, ce grand lac joua un rôle stratégique lors du conflit. Il servait aux hydravions *Catilina* de la RAF, qui surveillaient cette partie de l'océan Indien et empêchèrent que l'île soit annexée par le Japon. Aujourd'hui, les vrombissements des moteurs sont remplacés par les cris des oiseaux migrateurs. Le lac abrite neuf îles. Excursion à effectuer d'août à décembre (le reste de l'année, les volatiles sont partis... mais le paysage demeure aussi beau !), tôt le matin ou en fin d'après-midi pour observer les oiseaux.

Martin Wickramasinghe & Folk Museum *(musée des Arts et Traditions populaires)* **:** *à **Koggala** ; à 200-300 m en retrait de la route. En venant d'Unawatuna, bifurquer à gauche (panneau) au niveau de l'hôtel* Fortress. *• martinwickramasinghe.info • Tlj 9h-17h. Entrée : 200 Rs.* Martin Wickramasinghe – un écrivain-journaliste renommé dans l'île – a fait don de sa maison du XVIIIe s, où le temps semble s'être arrêté en 1976, année de sa mort. Elle accueille aujourd'hui un musée qui permet de découvrir la vie quotidienne des Sri Lankais : divers objets usuels, outils d'agriculture et de pêche, instruments de musique, bijoux, costumes traditionnels, collections de masques – notamment ces masques hilarants représentant des officiers britanniques au visage écarlate ! Également d'anciens attelages regroupés sous un préau.

AHANGAMA

À mi-chemin de Galle et de Matara (une vingtaine de kilomètres environ), Ahangama est célèbre pour ses pêcheurs perchés comme des échassiers sur des piquets de bois plantés dans la mer, les *stilt fishermen.* Ils restent ainsi immobiles pendant des heures. Ces piquets se transmettent de père en fils. Le plus incroyable est que ces frêles bâtons n'ont pas bougé pendant le tsunami !
Les pêcheurs se sont fait hommes d'affaires en posant le matin *(8h-12h),* à raison de 1 000 Rs par touriste débarqué pour faire la photo souvenir. Ne comptez pas y échapper : vous serez harcelé sur la plage et le pêcheur ne montera sur son piquet qu'après règlement du tiers provisionnel ! Nous, on n'adhère pas, mais alors pas du tout !

Kataluwa Purvarama Mahavihara** (temple) : précisément face à la borne kilométrique 134, prendre le chemin vers l'intérieur des terres sur 2 km env. GRATUIT (donation souhaitable).* Ce monastère fondé vers 1840 est réputé pour ses intéressantes ***peintures murales. Ces fresques mêlent des éléments profanes de la vie contemporaine aux références religieuses relatant les vies antérieures du Bouddha. Quelques scènes cocasses montrent des Anglais en costume d'époque en compagnie du Bouddha ou de ses disciples. Les spécialistes y distingueront les *Tribulations du prince Vessantara,* les *Vingt-quatre bouddhas du passé* et *L'Histoire de la dame de Patacara* qui, s'étant éprise d'un homme d'une caste inférieure, accumula les malheurs au cours de sa vie et finit nonne.

MIDIGAMA

Un coin de côte heureusement oublié par la route de Galle, pourtant à quelques centaines de mètres seulement. Des veaux désœuvrés zonent *on the beach,* un vendeur de noix de coco a posé sa paillote en surplomb des flots, et quelques scooters patientent à côté avec leurs systèmes artisanaux pour y fixer les surfs. Et, juste devant, l'océan déroule ses gros rouleaux. Un lieu paisible à déguster sans modération.

Où dormir ? Où manger ?

De prix moyens à chic

***Villa Naomi Beach :** 62, Kadabeddagama, Midigama. ☎ 041-225-47-11. 077-595-55-51. • villanaomibeach.com • Doubles 40-75 $, petit déj inclus.* Dans ce type d'environnement exclusif, on trouve soit des établissements de luxe, soit des adresses de voyageurs hors des sentiers battus. Cochez le choix numéro 2 pour cette *Villa Naomi Beach,* avec son accueil décontracté, ses zones communes parfaites pour échanger avec les autres routards, sa terrasse couverte de transats face aux vagues et ses chambres d'un confort simple mais largement suffisant. C'est propre, c'est bien, qu'espérer de plus ?

LA BAIE DE WELIGAMA

À 5 km à l'ouest de Mirissa et 33 km à l'est d'Unawatuna. Un endroit plutôt agréable pour faire étape, bien que le village de Weligama, à l'est de la baie, soit plutôt moche. À l'ouest, on voit encore de typiques barques aux couleurs vives, la communauté des pêcheurs étant encore bien active. Les plages sont belles

mais pas toujours très propres. De plus, elles sont envahies de puces de sable et de moustiques à certaines époques de l'année.
– Au centre du village, les ***gares routière et ferroviaire*** (lignes de bus et de train ralliant toute la côte depuis Colombo et vers Matara) distantes de 300 m, ainsi que des ***banques*** (ATM et change).

LE NECTAR DES ROIS

La statue de Kusta Raja, taillée dans le rocher de Weligama il y a quelque 1 500 ans, représenterait un roi étranger atteint d'une maladie de peau et miraculeusement guéri au Sri Lanka, en se nourrissant durant plusieurs mois du seul jus des noix de coco... Royales, bien entendu.

Où dormir ? Où manger ?

Pour loger, préférer Pelena, côté ouest de la baie, à 1 km environ du centre-ville. C'est là, en bord de plage, que se trouvent les adresses de *guesthouses* prisées des surfeurs.

De prix moyens à chic (4 500-12 000 Rs / 30-80 €)

🏠 🍽 ***Weligama Bay View :*** *New Beach Rd, sur la plage de* ***Pelena.*** *☎ 041-225-11-99. • bayviewlk.com • À 2 km env des gares routière et ferroviaire.* Belle plage au bout du jardinet. Chambres équipées de salle de bains (eau froide ou chaude), ventilées ou climatisées. Certaines situées à l'étage possèdent un petit balcon avec vue sur la mer (vous ne paierez pas forcément plus cher). Resto au rez-de-chaussée. Location de planches. Assez fréquenté par les surfeurs en saison *(début nov-fin mars).* Une adresse bien tenue et agréable.

🏠 🍽 ***Neptune Resort :*** *484, New Rd, plage de* ***Pelena.*** *Juste après Samaru Beach House, sur la droite de la route en venant de Galle. ☎ 041-225-08-03. • neptune-resort.com • À 2 km env des gares routière et ferroviaire. Selon saison, doubles 35-75 $, bungalows 70-110 $, petit déj inclus.* Ensemble situé au bord de la plage, avec une maison principale devant, et dans le jardin à l'arrière, des pavillons de 2 étages, blanc et bleu, abritant les chambres les plus confortables. Celles-ci sont un peu plus chères mais impeccables, calmes et de bon confort (AC). Très bonne adresse accueillante, entretenue avec soin. Fait aussi resto : bonne cuisine locale. Location de planches de surf ; balades en bateau à la demande.

🏠 🍽 ***Jaga Bay Resort :*** *à 2,5 km de Weligama en allant vers Mirissa. ☎ 041-225-00-33. 📱 077-790-73-17.* Agréable jardin ombragé par de nombreux cocotiers en bordure d'une plage, comme on peut la rêver. Des bungalows dans la verdure, quelques chambres de plain-pied autour d'une cour et d'autres dans un haut bâtiment, la plupart avec grande baie vitrée, terrasse ou balcon privé et vue sur l'océan, parfois au travers des cocotiers. Ventilées ou climatisées, eau chaude et moustiquaire. Restaurant avec alcool et une petite piscine si vous voulez fuir les puces de sable ! Paisible et aéré.

À voir. À faire

Plongée sous-marine : la baie offre plusieurs spots intéressants et faciles d'accès, car les eaux sont peu profondes (25 à 30 m max), et donc accessibles à toutes les palmes. Pas de coraux, mais de beaux rochers peuplés d'une faune intéressante. Au détour des grottes, failles et canyons, on débusque souvent tortues, barracudas, murènes, poissons-lions, papillons... Également des anémones.

■ ***Weligama Bay Dive Center :*** *126, Kapparatota.* ☎ *041-225-07-99.* 📱 *077-785-03-72.* • *scubadivingweligama.com* • *À 3 km de la gare routière, à l'est de la baie.* Petit club de plongée tenu par le jovial et compétent Chaminda Kumara. Prix raisonnables. Pour les débutants comme pour les plongeurs confirmés.

👁👁 ***Taprobane Island :*** *ne se visite pas.* À quelques mètres du rivage de Weligama, cet îlot verdoyant petit par la taille possède une histoire singulière. À l'origine, l'île s'appelait Galduwa, ou l'île du Diable, car elle servait de refuge à des mauvais esprits. Elle fut achetée par l'esprit éclairé du comte Maurice de Mauny Talvande (1866-1941), originaire de la Sarthe, qui avait fait un beau mariage en épousant une très riche lady anglaise. Aventurier esthète, excentrique rêveur et dépensier, il y construisit une belle résidence en 1927 qu'il baptisa Taprobane, du nom que les Grecs avaient donné à Ceylan. Un bouquet d'arbres cache cette belle construction octogonale blanche, chapeautée de tuiles. Maurice y vécut jusqu'à sa mort, recevant le gotha de son époque : des rois, des princes, des ducs et de riches lords. L'île appartint ensuite à l'écrivain américain Paul Bowles. Il y vécut de 1951 à 1956 et y écrivit *The Spider House.*

🏠 Désormais, cette luxueuse villa (de plusieurs pièces) se loue de 1 000 $ à près de 2 000 $ la nuit pour 5 chambres, une piscine et un personnel stylé en prime. À ce prix-là, on ne s'attendait pas à moins !

MIRISSA

• Plan *p. 295*

Le site n'a pas volé ce nom poétique et enchanteur qui sonne si bien sur cette longue et belle plage. Bordée de l'inévitable rideau de cocotiers, elle a la forme d'un croissant. Le gros promontoire qui surplombe la baie à l'ouest était, il y a quelques années encore, un refuge de perroquets, d'où son nom de *Parrot's Rock.* On s'y retrouve pour admirer les couchers de soleil. Pas tout à fait le paradis, mais presque, même si la mer peut être dangereuse. Le village, quant à lui, se développe un peu, beaucoup... presqu'à la folie. Avec quelques travers qui illustrent que la liberté de sommeil des uns finit lorsque commencent les nuits endiablées des autres.

Infos utiles

– Pas de gare routière. Les bus s'arrêtent sur la route nationale, au niveau d'Udupila Junction *(plan B1).* Mirissa se trouve sur la ligne de bus ***Colombo-Tissamaharama*** et ***Galle-Ella.*** Se reporter aux rubriques « Arriver – Quitter » de ces villes. Trajet : env 30 mn pour Matara ; env 45 mn pour Galle ; 3h30 pour Tissa.
– Côté argent, plusieurs banques sur la route nationale (change et ATM).

Où dormir ? Où manger ?

Très bon marché (moins de 1 500 Rs / 10 €)

🏠 ***Hostel 1*** *(plan B1,* ***10****) :* *Beachside Rd.* 📱 *076-798-67-88.* • *hostelfirst.com* • *En dortoir (4 pers) 1 200-1 500 Rs ; doubles 4 000-5 000 Rs.* 📶 Une chouette adresse qui comblera les plus *roots* de nos lecteurs. Des dortoirs sans entassement aucun, dans une maison coloniale. Ce n'est pas le *Ritz,* non plus ! Pour plus

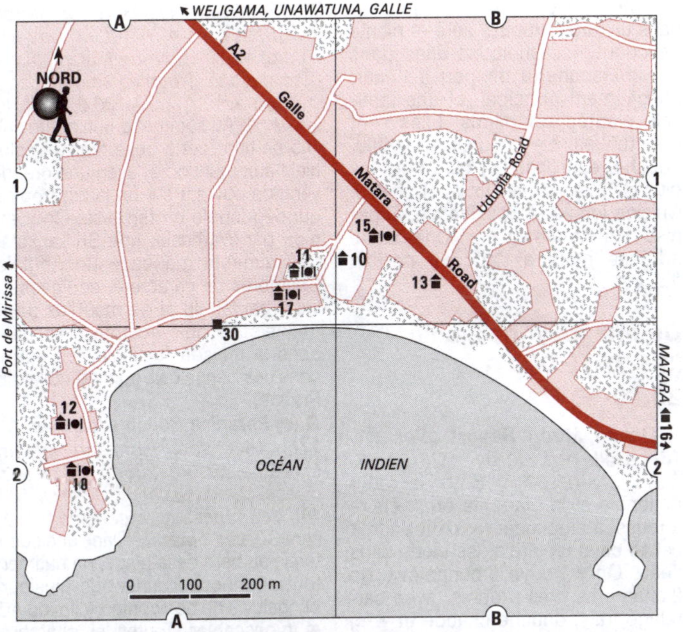

MIRISSA

Où dormir ? Où manger ?	
10 Hostel 1	16 The Spice House
11 Club Mirissa	17 Paradise Beach Club
12 Villa Sea View	18 Palace Mirissa
13 Ocean Moon Resort	À faire
15 Central Beach Inn	30 Poseidon Diving

de confort, un alignement façon motel de chambres individuelles (à prix moyens mais encore sages), avec ventilos et moustiquaires. Salon avec canapés et jardin sous les cocotiers permettent de déployer l'éventail de ses doigts de pied...

De bon marché à prix moyens (3 000-6 500 Rs / 20-43,30 €)

Villa Sea View *(plan A2, **12**)* : *Beach Rd.* *077-604-66-53.* • *villa seaviewmirissa.com* • À l'extrémité ouest de la plage, au bout du chemin. Une adresse qui porte bien son nom, à laquelle on accède par une pente escarpée. Admirable emplacement en nid d'aigle accroché à un promontoire. Une petite dizaine de chambres simples et de confort honnête : ventilo ou clim, moustiquaire, douche (eau chaude ou froide). Celles qui ont un balcon jouissent d'une superbe vue sur la baie de Mirissa. Bon accueil familial. Les repas se prennent dans une salle ouverte surplombant l'océan. Atmosphère un peu plus *roots* que les autres.

Club Mirissa *(plan A1, **11**)* : *183, Gunasari Mahimi Mawatha.* *076-767-74-67.* • *clubmirissa@aol.co.uk* • Cette maison tranquille compte une dizaine de chambres, dans un jardin tropical aéré et planté de cocotiers. Quelques-unes dans une maisonnette un peu à l'écart du bâtiment principal, et une familiale plantée sur pilotis. Elles sont bien tenues, bien équipées (ventilo, douche, eau chaude ; clim pour les plus chères). Accueil jovial et affable. Cuisine locale et occidentale. Organise des sorties en mer. Une bonne adresse mais à l'accueil parfois frisquet.

De prix moyens à chic (3 500-12 000 Rs / 23,30-80 €)

Ocean Moon Resort *(plan B1,* ***13****) : Galle Rd. ☎ 041-225-23-28. 077-719-01-52.* Entre la route nationale et la plage, le propriétaire a réussi à aménager un petit endroit calme dans un jardin, les pieds dans l'eau. On y trouve 6 bungalows de 2 chambres, très propres, avec carrelage frais, douche chaude et w-c, clim, moustiquaire et coffre privatif. Et encore 3 chambres donnant sur le restaurant, moins chères, mais moins confortables (ventilo, eau froide) et moins agréables. L'endroit est parfaitement tenu. Fait aussi resto, mais rien ne vous oblige...

Central Beach Inn *(plan B1,* ***15****) : Galle Rd. 071-239-20-59. • centralbeachinn.com • Haut de la fourchette.* Une adresse coincée entre la route nationale et la plage, intéressante pour ses chambres les moins chères, avec salle de bains, ventilo et eau froide qui se répartissent dans un bâtiment tout en longueur. La propreté est nickel. En revanche, pas de vue sur la mer. Propose également des chambres climatisées, plus confortables un poil plus chères. Agréable bar-resto avec des tables étagées sur la plage et quelques sofas à l'arrière pour plus de zénitude.

De chic à plus chic (min 80 $)

The Spice House *(hors plan par B2,* ***16****) : km 151, Galle Rd. 077-351-01-47. • thespicehousemirissa.com • À 800 m env du centre, en direction de Matara, sur le côté gauche. Doubles selon saison, sans ou avec AC, 70-100 $, petit déj inclus.* Au sommet d'une petite colline se tient cette belle maison coloniale aux murs ocre, avec une grande véranda ouvrant sur un jardin tropical qui dégringole en terrasse. On y est reçu par Wathsala, une Sri Lankaise très aimable mariée à un Anglais. Chambres de caractère, équipées de lits à baldaquin et de meubles traditionnels en bois sculpté. Les unes dans la maison familiale, les autres dans des bungalows au fond du jardin. Piscine.

Paradise Beach Club *(plan A1,* ***17****) : 140, Ven. Gunasari Mahimi Mawatha. ☎ 041-225-12-06. • paradisebeachmirissa.com • Doubles 100-160 $ en ½ pens selon catégorie et saison. CB acceptées.* Dans une cocoteraie au bord de la plage, un bâtiment tout en longueur ainsi que plusieurs bungalows de bon confort (clim ou AC) et impeccables. Toutes les chambres sont d'une propreté exemplaire et la literie excellente. Belle piscine dans le grand jardin avec vaste pelouse, sans oublier les chaises longues sur la plage. Au resto, buffets. Bar avec bon choix d'alcools. Une adresse un peu usine, qui reçoit pas mal de groupes.

Palace Mirissa *(plan A2,* ***18****) : Coparamulla. ☎ 041-225-13-03. 077-735-23-06. • palacemirissa.com • Double 120 $ en ½ pens. CB acceptées.* Hôtel exceptionnellement perché sur le promontoire rocheux qui ferme la baie à l'ouest, avec une vue plongeante sur la mer. Au sein d'une cocoteraie, une douzaine de bungalows espacés les uns des autres, tout confort, avec balcon et vue sur l'océan. Malheureusement, la déco des chambres (hormis de beaux plafonds peints) n'est pas à la hauteur des prix. Calme assuré. Belle piscine. Accueil moyen et resto médiocre : descendez profiter des restos de plage, et tant pis pour la demi-pension incluse dans le prix !

À faire

Plongée : Mirissa livre des fonds sous-marins superbes, où les poissons multicolores batifolent gracieusement au-dessus de jardins de coraux encore intacts. Il faut dire aussi que la pollution est peu présente et que les pêcheurs du coin ne travaillent pas à la dynamite ! Une aubaine, donc, pour les amateurs de plongée avec bouteilles ou de *snorkelling.* Renseignements auprès des *guesthouses.*

■ ***Poseidon Diving*** *(plan A1-2,* ***30****) : Beachside Rd.* ☎ *091-720-12-00.* • *divingsrilanka.com* • Une émanation du club éponyme de Hikkaduwa. Équipe sérieuse et bon matériel.

– ***Balades en bateau et observation des cétacés :*** la plupart des pensions et hôtels proposent des promenades en mer. Les prestations et les prix varient selon la taille du bateau, le nombre de passagers, la durée de l'excursion... et l'âge du capitaine, bien sûr ! *Compter 4 500-7 000 Rs/pers pour une virée de 3-4h.* Avec de la chance, on peut observer des requins, des dauphins, des gros thons et même des baleines. Car, de décembre à avril, ces dernières séjournent sur la côte sud du Sri Lanka. Leur migration les conduit des rivages du Bengale jusqu'aux côtes de l'Arabie Saoudite. Évidemment, les observer, c'est éventuellement les déranger (les embarcations se multiplient, pas toujours très respectueuses des règles d'observation des cétacés). On recommande ***Mirissa Water Sports*** : 📱 *077-359-77-31.* • *mirissawatersports.lk* • *Sortie de 2-3h pour env 7 000 Rs/pers.*

MATARA

env 70 000 hab.

• Plan *p. 299*

À une douzaine de kilomètres à l'est de Mirissa et 196 km de Colombo. Ancienne place forte hollandaise spécialisée dans le commerce des épices, Matara (prononcer « Maa-ta-ra ») s'est reconvertie dans celui des pierres semi-précieuses. La ville possède encore deux forts datant de 1770 et 1780. Elle est très animée, surtout depuis la création de l'université de Ruhuna, une belle réalisation de l'architecte Geoffrey Bawa. Le campus se situe à gauche en sortant de la ville, en direction de Tangalle. Mais on vient à Matara avant tout pour la plage de Polhena qui s'étire sur 2 ou 3 km.

Arriver – Quitter

En train

Gare ferroviaire *(plan B1)* **:** *au nord de la ville.* Matara est le terminus de la ligne de chemin de fer de Colombo.

➢ ***Galle et Colombo :*** 4-6 trains/j. Durée : env 1h pour Galle ; 2h45-3h30 pour Colombo selon le train.

En bus

Bus Stand *(gare routière ; plan B2)* **:** *à proximité du fort et du marché.*

➢ ***Colombo via Mirissa, Weligama, Unawatuna, Galle et Hikkaduwa :*** bus ttes les 15-20 mn, tte la journée. Trajet : min 4h pour Colombo ; 30 mn pour Mirissa ; 1h pour Galle.

➢ ***Nuwara Eliya via Bandarawela :*** 2 bus/j. le mat. Env 5h de trajet.

➢ ***Ella :*** 8 bus/j., 6h-17h. Trajet : env 4h30.

➢ ***Tangalle, Hambatota et Tissamaharama :*** bus ttes les 15-20 mn, tte la journée. Durée : env 1h pour Tangalle ; 2h30 pour Tissa.

Adresses utiles

✉ **Poste** (plan B1-2) **:** *New Tangalla Rd.*
■ ***Bank of Ceylon*** *(plan B1,* **1***)* **:** *Kumaratunga Mahawatha. Lun-ven 9h-15h.* ATM et change. Sinon, pas mal de banques autour du *cricket ground* (change et ATM pour *Visa* et *MasterCard*).
■ ***Alliance française*** *(plan A1,* **2***)* **:** *31/4, Akuressa Rd, Gajanayakae Tower.* ☎ *041-223-20-60.* • *alframat@sltnet.lk* • *Tlj sf ven et poya 8h30-16h30.* On peut y consulter quelques magazines anciens et y rencontrer des étudiants. Vous pouvez même participer aux cours des débutants ! L'Alliance possède également une petite bibliothèque : offrez-lui les livres que vous avez lus. En repartant plus léger, vous ferez aussi des heureux !

Où dormir ? Où manger ?

La ville de Matara n'est pas bien folichonne et il est préférable de séjourner à **Polhena,** où se situent une agréable plage... et toutes nos adresses préférées !

À Polhena

À 3 km avant la ville, en venant de Mirissa, un endroit peu urbanisé, entouré de végétation luxuriante. Parfait, y compris avec des enfants car la mer y est peu profonde et l'on peut s'y baigner toute l'année sans danger. Une barrière de corail protège la baie et, avec un masque et un tuba, on passe des heures à observer poissons et coraux. La plupart des *guesthouses* vous proposent de vous accompagner sur la barrière de corail. Éviter les jours de grande marée ou de pleine lune : les fonds sont tellement agités que l'on n'y voit rien, de plus la mer est alors dangereuse. Cerise sur le gâteau, les tarifs des hôtels sont moins élevés qu'à Mirissa ou à Unawatuna.

- Les bus en direction (ou en provenance) de Galle ne desservent pas la plage mais marquent l'arrêt à Polhena Junction, située à 1-2 km de nos adresses. Le mieux est donc de poursuivre en *tuk-tuk.*
- ***Avertissement*** **:** les rabatteurs de tout poil tenteront de vous conduire dans des adresses qui les commissionnent : ignorez-les !

Bon marché (2 500-3 500 Rs / 16,70-23,30 €)

⌂ ***Sabine Holiday Resort*** *(hors plan par A2,* **14***)* **:** *Polhena Rd. À 2 km env de Polhena Junction.* 📱 *077-760-09-37.* • *anushasabine@hotmail.com* • Malgré son nom, il ne s'agit pas d'un grand établissement, mais d'un petit hôtel discret, qu'on oublierait presque, au bord de la plage. L'endroit est simple et se suffit à lui-même. Quelques tables posées sous les cocotiers où s'accrochent des hamacs, le bruit des vagues, et seulement 6 chambres avec salle de bains (eau froide). Accueil décontracté. On peut y manger. De janvier à avril, les tortues viennent pondre devant l'établissement, sur la plage. L'une des adresses les moins chères du coin.

De bon marché à prix moyens (2 000-6 500 Rs / 13,30-43,30 €)

⌂ 🍴 ***Sunny Lanka Guesthouse*** *(plan A2,* **11***)* **:** *93, Polhena Rd.* ☎ *041-222-35-04.* 📱 *071-413-57-75.* • *sunnylankaguesthouse.com* • *À 200 m de la plage et moins de 1 km de Polhena Junction.* 📶 *Guesthouse* tenue par le charmant Amare, homme affable et communicatif. Des chambres sommaires mais impeccables, avec salle de bains (eau froide), moustiquaire et ventilo ou (en catégorie « Prix moyens ») avec eau chaude et clim. Au resto, cuisine pas chère. Location de vélos.

⌂ 🍴 ***Sunil Rest Guesthouse*** *(plan A2,* **12***)* **:** *16/3A, 2nd Cross Rd.* ☎ *041-222-19-83.* 📱 *077-943-41-93.* • *sunilrestpolhena@yahoo.com* • *À 100 m*

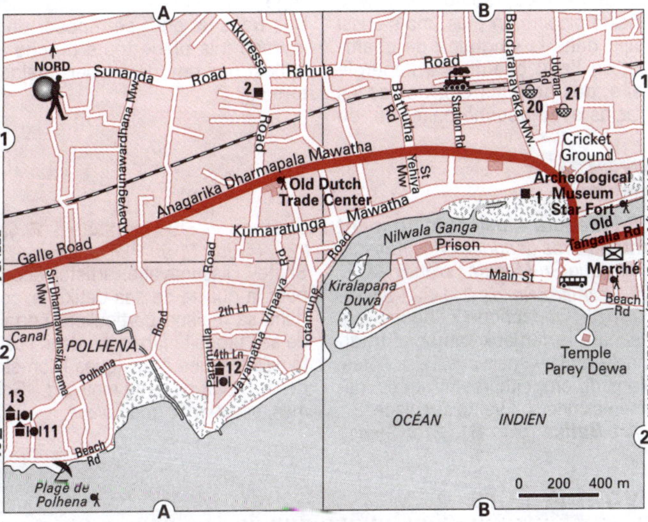

MATARA

■ **Adresses utiles**

1 Bank of Ceylon
2 Alliance française

Où dormir ? Où manger ?

11 Sunny Lanka Guesthouse
12 Sunil Rest Guesthouse
13 T.K. Green Hotel
14 Sabine Holiday Resort
15 Turtle Eco Beach

Achats

20 Sri Madura Musical Instrument Manufactures
21 Art Batiks

de la plage, en retrait de la route. Une *guesthouse* enfouie sous les arbres, tenue par Sunil et Ureka, au sourire plein de charme ! Les chambres sont réparties dans une modeste demeure privée et dans une maison voisine. Simple et propre, avec ventilo, moustiquaire ; douche froide pour les chambres à l'étage (eau chaude, du moins en principe, pour celles situées au rez-de-chaussée). Cuisine familiale. Location de vélos et de motos.

T.K. Green Hotel *(plan A2, **13**) : 116/1, Polhena Beach Rd. ☎ 041-222-26-03. • hoteltk.com •* C'est calme, verdoyant, agréable, à 1 mn de marche de la plage. Dans un jardin aussi grand qu'un parc d'hôtel 5 étoiles, le charmant Tennyson reçoit ses hôtes avec le sourire. Il aime la France, le Tour de France, le mont Blanc, les vins et les fromages, en particulier le reblochon... Une quinzaine de chambres, propres, et de confort suffisant : eau froide ou chaude, ventilo ou AC. Les plus récentes, très grandes, offrent une vue sur la mer. Fait aussi resto : cuisine locale classique avec des produits de la mer. Une bonne adresse à prix raisonnables.

Chic (min 80 $)

Turtle Eco Beach *(hors plan par A2, **15**) : Beach Rd, à 2,5 km env de Polhena Junction. ☎ 041-222-33-77. • duneecogroup.com • Double env 80 $.* Enfoui dans un jardin tropical, cet ensemble de maisonnettes écolo-compatibles constitue une sorte de hameau traditionnel... Avec la (belle) piscine en plus, mais aussi la clim dans la vingtaine de chambres, de l'eau chauffée à l'énergie solaire, des produits bio, des salles de bains avec douche balinaise, du linge de maison fabriqué localement. Des transats pour se reposer de sa journée à la plage toute proche, où il n'est pas rare de croiser quelques tortues.

Achats

Sri Madura Musical Instrument Manufactures *(fabrique d'instruments de musique Sri Madura ; plan B1,* ***20****)* **:** *58/5, Hakmana Rd. ☎ 041-222-24-58. Tlj 9h-18h.* On fabrique ici de manière artisanale le fameux tambour traditionnel – *tabla* –, mais aussi des flûtes, violons du cru, cithares et autres instruments curieux... Vente sur place.

Art Batiks *(plan B1,* ***21****)* **:** *Shirley Dissanayake, 58/6, Udyana Rd. ☎ 041-222-44-88. Tlj 9h-19h (parfois 20h).* Shirley Dissanayake, artiste reconnu pour la qualité de ses batiks, expose dans sa maison particulière certains de ses produits fabriqués dans l'usine familiale située à quelques kilomètres de là. On dit de cette maison : « *Good man, good work, good place.* »

À voir. À faire

Si le farniente sur la plage de ***Polhena*** ne suffit plus à combler votre séjour, le centre-ville commerçant vous rappellera la civilisation... et le passé hollandais de la cité avec sur l'axe principal la belle architecture de la halle du ***Old Dutch Trade Center*** *(plan A1)*. À découvrir également, le ***marché*** *(plan B2)*, face à la gare routière, très animé le matin.

Archeological Museum Star Fort *(plan B1)* **:** *en plein centre. Tlj sf mar 8h-16h30. GRATUIT.* Mignon fortin semi-enterré, de style Vauban, bâti par les Hollandais entre 1763 et 1765 et qui a déposé les armes pour exhiber une galerie de quelques peintures anciennes. Belles armoiries de la Compagnie des Indes au-dessus du portail.

– ***Promenades en bateau sur la rivière de Matara*** **:** *durée env 2h30 pour 4 000 Rs/pers.* La plupart des *guesthouses* de Polhena organisent ces balades pour observer les crocodiles.

DANS LES ENVIRONS DE MATARA

Le grand bouddha de Weherahena **:** *à 5 km de Matara, en direction de Tangalle. Accessible en bus (n° 349) de la gare routière. Départ ttes les 30 mn ; trajet : 20 mn. En tuk-tuk, compter env 1 000 Rs A/R. Donation obligatoire : 250 Rs.* Le bouddha mesure près de 40 m de haut, c'est un des plus grands de l'île. De l'art religieux multicolore, doré et kitsch. Autour du bassin au pied du bouddha, ne manquez pas les statues avaleuses de roupies : on dépose son obole dans leur bouche béante. Il règne d'ailleurs sur le site une ambiance un peu accro aux donations. Possibilité de pénétrer en sous-sol pour admirer les quelque 25 000 peintures qui relatent la vie du Bouddha. De quoi devenir incollable.

Dondra Lighthouse *(phare de Dondra ; prononcer « Deoundéré »)* **:** *à 5 km de Matara, sur la route de Tangalle et à 2-3 km env du village de Dondra (fléché). Tlj 6h-19h. Possibilité d'y grimper (env 500 Rs).* Pointe méridionale de l'île que rien ne sépare du pôle Sud si ce n'est l'océan. Un phare construit en 1889 se dresse sur le promontoire. Même si vous ne montez pas au sommet du phare, le site vaut le coup. Le village de Dondra fut naguère un des hauts lieux de l'hindouisme. Le temple d'origine fut détruit en 1588 par les Portugais. Il ne reste aujourd'hui qu'un petit temple, le *Galge,* au sein du village. Ceux qui ne peuvent se rendre à Kandy pour la grande fête de *Devi Nuwara Perahera* verront ici aux mêmes dates, en juillet ou en août, selon les années, des processions similaires pendant une dizaine de jours.

DICKWELLA

Entre Matara (23 km) et Tangalle (16 km). On peut y visiter le passionnant monastère de Wewurukannala et se prélasser sur l'une des plus belles plages de la côte.
En bordure de route entre Dondra et Dickwella, des femmes vendent un délice qu'il faut absolument goûter : de vraies noix de cajou grillées, tout droit sorties du lieu de production. Vous nous en direz des nouvelles.

Où dormir ?

Prix moyens (3 000-5 000 Rs / 20-33,30 €)

Dickwella Beach Hotel : *112, Mahawela Rd. ☎ 041-225-55-22. • dickwellabeach.lk • À droite à la sortie de Dickwella, en direction de Tangalle.* Deux adresses en une : le bâtiment d'origine, en bord de route nationale (donc un peu bruyant) alignant ses chambres simples et pas chères autour d'un long patio qui pointe vers la plage. Le bâtiment moderne (mais alors vraiment moderne) qui s'est planté au bord de l'eau propose de belles et vastes chambres décorées avec chic. Les non-climatisées sont un bon parti. Les climatisées *superior* tapent un peu trop haut (catégorie « Chic »).

Très chic

Dickwella Resort & Spa : *☎ 041-225-52-71 ou 72. • brownshotels.com • Doubles 160-240 $ en ½ pens selon confort et saison.* Un bel hôtel bâti sur une péninsule cernée par l'océan, dans un site exceptionnel. À cet endroit, la mer est bleu azur toute l'année et le vent chasse les moustiques. Merveilleuse et longue plage en contrebas, sans danger. L'aménagement des 70 bungalows (dont une quinzaine de duplex) a été conçu dans les moindres détails, sans lésiner sur la qualité : lits en bois de rose incrustés d'ébène, baie vitrée sur la mer. Sans compter l'AC, la musique dans les chambres... Pizzeria et resto panoramique, animations et activités diverses... Magnifique piscine d'eau salée.

DANS LES ENVIRONS DE DICKWELLA

L'ensemble monastique de Wewurukannala : *à 1,5 km de Dickwella sur la route de Beliatta. Tlj 6h-18h. Entrée : 200 Rs.* Facilement repérable à son immense statue d'un bouddha assis, haute de 50 m. On accède à la tête par une série d'escaliers recouverts de fresques narratives. Au sommet, on vous tend une sébile, comme dans toutes les salles. Inutile de donner puisque vous avez déjà acquitté un droit d'entrée, ce que ne font pas les locaux. Le monastère comprend plusieurs salles des images *(vihara)*. Si on peut aisément se dispenser de faire l'ascension du bouddha (huit étages), il ne faut pas manquer de visiter la ***chambre des Horreurs,*** vaste composition de sculptures effrayantes dignes du musée Grévin. Dans le genre réalisme macabre, on ne fait pas mieux. Également, un petit musée poussiéreux et non éclairé, qui contient notamment une vaillante horloge de bois, encore en fonctionnement. Dans le temple, on peut voir les fidèles offrir à la communauté des bouteilles d'huile de coco (pour les lampes !). D'autres salles présentent des bouddhas repus qui font la sieste dans une débauche d'or et de peintures aux couleurs agressives. Plus kitsch, tu meurs !

Humanniya Blow Hole : *à 7 km de Dickwella, en direction de Tangalle, bifurquer à droite. Bien fléché. Tlj 8h-18h. Parking (obligatoire) : 60 Rs. Entrée : 250 Rs.* Un sentier conduit en 5 mn sur une falaise dominant la mer. C'est là qu'est le spectacle : un jet d'eau de mer très puissant jaillit au milieu des roches, propulsé dans une anfractuosité rocheuse. À certaines époques de l'année (de mai à septembre, en juin surtout), il peut atteindre, sous la pression des vagues, une hauteur de 18 m. Il s'élève dans un bruit de tonnerre, et c'est beau à voir. En revanche, à d'autres époques de l'année, le phénomène peut se révéler très décevant. Rien n'est garanti.

TANGALLE

25 000 hab.

• Plan *p. 303*

Petit port de pêche et dernière station de la zone humide du Sud-Ouest, à 195 km de Colombo et à 35 km de Matara, à cette extrémité méridionale de l'île où l'océan se déchaîne parfois furieusement. Tangalle (prononcez « Tèngallé » à la sri lankaise ou « Tèngaulle » à l'anglaise) est un endroit de toute beauté pour sa double baie bordée de plages de sable rose, et ses canaux lagunaires dans un environnement préservé. Les cocotiers descendent jusqu'à la mer, qui s'avère par endroits très dangereuse. Prudence !

Arriver – Quitter

Bus Stand *(gare routière ; plan B1)* **:** *dans le centre, près de la Clock Tower.*

➢ ***Colombo (Dickwella, Matara, Mirissa, Weligama, Galle) :*** bus ttes les 15-20 mn. Trajet : env 5h pour Colombo ; env 1h pour Matara ; env 2h pour Galle.

➢ ***Tissamaharama :*** bus ttes les 15-20 mn, tte la journée. Durée : env 2h.

➢ ***Nuwara Eliya :*** 2 bus/j. le mat. Env 4h de trajet.

➢ ***Ella :*** 8 bus/j., 6h-17h. Trajet : env 3h30.

Adresses et infos utiles

✉ ***Poste*** *(plan B1)* **:** *sur la rue principale, à 500 m de la station des bus. Ouv lun-ven 8h-17h.*

■ ***Banques :*** dans le centre, non loin de la Clock Tower, plusieurs banques avec distributeurs ATM acceptant les cartes *Visa* et *MasterCard* : ***Hatton Bank, Commercial Bank*** *(plan B1,* ***1****)* et ***People's Bank*** *(plan B1,* ***2****). Ouv lun-ven 9h-15h.*

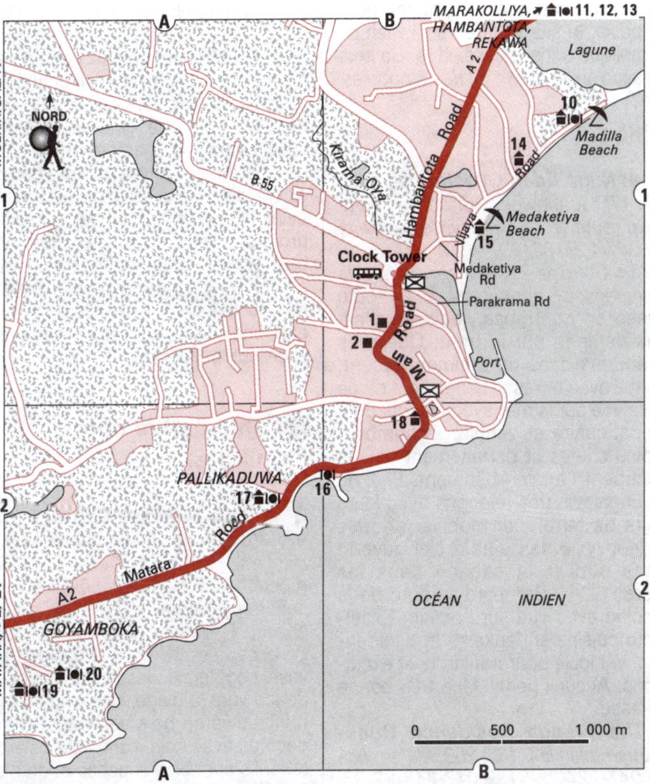

TANGALLE

Adresses utiles

1 Hatton Bank et Commercial Bank
2 People's Bank

Où dormir ? Où manger ?

10 Blue Horizon
11 Ibis Guesthouse
12 Ganesh Garden
13 Mangrove Garden & Beach Cabanas
14 The Octopus's Garden
15 Viraj's Garden Guesthouse
16 Cactus Lounge
17 Nuga Eden Guesthouse
18 The French Residence Guesthouse
19 Goyambokka Guesthouse
20 Palm Paradise Cabanas
21 Eva Lanka

Où dormir ? Où manger ?

À la sortie sud de la ville

Bon marché

Cactus Lounge (plan A-B2, 16) : *Mahawela Rd. À 1 km env du centre-ville, en direction de Matara.* *077-622-11-39. Tlj 10h-22h.* Un resto de bord de mer qui ne paie pas de mine et que les *tuk-tuk* connaissent bien. Emplacement privilégié au cœur de la baie et au bord des rochers. Pas de déco, juste quelques tables pour se poser, le site suffit en soi ! Rien de compliqué dans les assiettes. Ce sera poisson grillé, *prawn* ou *rice & noodles*.

Chic

Nuga Eden Guesthouse *(plan A2, **17**) : Mahawela Rd, sur la droite de la route, à 1,5 km env de Tangalle. ☎ 047-224-03-89. • nugasewana.com • Doubles 28-70 $ selon type de logement. CB acceptées.* La route passe en contrebas, mais on n'est pas dérangé par le bruit. Quelques chambres dans un bâtiment récent, dont 2 avec terrasse bénéficient d'une belle vue sur la mer avec eau chaude, moustiquaire et ventilo. 2 chambres moins chères et parfaitement tenues occupent l'ancien bâtiment. Et 2 ou 3 bungalows très mignons avec leurs murs de terre, leur mobilier en bois et leur salle de bains à ciel ouvert ! Sans oublier la cabane dans les arbres *(90 $)*. Bar-resto au bord de la piscine avec vue sur l'océan. Excellente cuisine sri lankaise et occidentale. Véhicule pour transferts et excursions. Accueil gentil. Une très bonne adresse.

The French Residence Guesthouse *(plan B2, **18**) : 260, Matara Rd. ☎ 047-224-22-31. 077-248-22-33. • frenchresidence.fr • Doubles 40-45 € sans ou avec AC, petit déj compris. ½ pens possible 55-60 €. 10 % de réduc sept-oct et mai-juin.* À 30 m de la plage, petit hôtel avec de grands balcons blancs donnant sur le jardin (piscine) et une dizaine de chambres impeccables, très bien arrangées et confortables (AC, eau chaude). Même tarif pour celles avec vue sur l'océan.

Au sud de la ville

Prix moyens (4 500-6 500 Rs / 30-43,30 €)

Goyambokka Guesthouse *(plan A2, **19**) : **Goyambokka,** à 3 km du centre. ☎ 047-224-08-38. 077-790-30-91. • goyambokkaguesthouse.com • Sur le chemin d'accès au Palm Paradise Cabanas.* Dans un jardin fleuri, à 100 m de la plage, cette agréable maison blanche abrite 4 chambres, propres et bien tenues. Ventilo (pas de clim), douche chaude. Mention spéciale pour la chambre dotée d'une grande terrasse privée et de sa douche extérieure (il y a aussi une vraie salle de bains intérieure !). 2 bâtiments récents proposent également des chambres tout confort plus grandes et... plus chères (pas de mystère !). Avec tout ça : accueil serein, prix doux, piscine et bonne cuisine au resto. Pour le prix, excellent tout court !

De chic à plus chic (min 50 €)

Palm Paradise Cabanas *(plan A2, **20**) : plage de **Goyambokka,** à 3 km du centre. ☎ 047-224-03-38. • beach.lk • Doubles 50-63 € avec petit déj, compter 10 € en sus pour la ½ pens. Également des villas familiales. CB acceptées.* Dans une superbe et vaste cocoteraie, descendant en pente douce vers la plage, une vingtaine de bungalows en bois verni agencés et décorés avec soin, sans luxe ostentatoire. Ils sont bien espacés et on n'est pas les uns sur les autres. Chambres fonctionnelles et rustiques : moustiquaire, mobilier en bois, salle de bains (eau chaude) et petite terrasse privative donnant sur ce jardin touffu. Resto et bar avec alcool. Un endroit très bien en famille. Accueil impersonnel.

Eva Lanka *(hors plan par A2, **21**) : à 5 km de Tangalle, en direction de Matara, fléché sur la gauche. ☎ 047-224-09-40. • eva.lk • Doubles 70-120 $, selon confort, vue et saison petit déj inclus.* Un hôtel luxueux dans un environnement exceptionnel, sur une colline qui surplombe la mer. Le jardin verdoyant, fleuri, magnifiquement entretenu, abrite une trentaine de bungalows et de très prisées chambres standard d'un bon rapport qualité-prix. Une piscine hollywoodienne d'eau de mer, un grand bassin et un centre de soins ayurvédiques complètent cet univers.

Au nord-est, plages de Madilla et de Marakolliya

De très bon marché à prix moyens (1 500-6 500 Rs / 15-43,30 €)

The Octopus's Garden (plan B1, **14**) : *51, Deepankara Rd.* ☎ *047-224-00-49.* • *info@octopusgardenhouse.com* • Seule une petite barrière en bois sépare cette jolie maison coloniale du bruit du ressac. Une longue colonnade protège du soleil les chambres de plain-pied (AC ou ventilo, c'est selon), tandis que des transats laissent envisager un séjour presque actif. Un vrai petit nid douillet pour poser les sacs, profiter de la plage et d'un accueil tout en rondeur. Dur, dur, la vie de voyageur.

Viraj's Garden Guesthouse (plan B1, **15**) : *54/4, Medaketiya Rd.* *071-173-30-30.* • *virajgarden.blogspot.com* • La mer est à 50 m. Un coin de plage où s'activent les pêcheurs avec leurs barques à balanciers. Les chambres sont très simples mais propres (eau froide pour la plupart, ventilo). L'endroit n'a pas de charme particulier, si ce n'est l'accueil chaleureux de cette famille sri lankaise dont la devise est « *come as a guest, leave as a friend* ». Figure parmi les moins chères du coin. C'est son point fort.

Blue Horizon (plan B1, **10**) : *Madilla Beach.* ☎ *047-224-07-21.* *077-651-09-00.* • *bluehorizonhotel@live.com* • *À env 1 km de la ville, au bord de la longue plage de Madilla.* Pension aux murs en brique, séparée de la plage par la route. Accueil souriant. Douche froide (ou tiède). Les chambres du rez-de-chaussée sont un peu moroses. Ça s'arrange dans les étages, balcon et belle vue sur le large (chambres les plus chères aussi). À vrai dire, le bâtiment n'en finit pas de s'étendre et vire au disgracieux. Resto en bord de mer. Cuisine locale économique et variée.

Chic (6 000-15 000 Rs / 40-100 €)

Ibis Guesthouse (hors plan par B1, **11**) : *27, Madilla Rd, sur la plage de Madilla. À 1,5 km env du centre-ville.* ☎ *047-567-44-39.* • *guesthouse-ibis.de* • *Bas de la fourchette.* Non, il ne s'agit pas d'un hôtel *Ibis,* mais d'une *guesthouse* tenue par une Allemande et son compagnon sri lankais. Chambres et bungalows impeccables, bien aménagés, avec douche/w-c (eau chaude), AC, et balcon pour les plus chères. Paisible et joli jardin en bord de plage où hamacs, balancelles et paillotes s'éparpillent sous les cocotiers. Top pour se prélasser, lire un bouquin ou s'accorder une sieste ! Fait aussi resto.

Mangrove Garden & Beach Cabanas (hors plan par B1, **13**) : *sur la plage de Marakolliya.* *077-790-60-18.* • *beachcabana.lk* • *À 4 km de Tangalle, par la route d'Hambatota, prendre sur la droite (panneau) un chemin défoncé sur 1,5 km. Doubles 40-85 $ selon confort, petit déj en sus.* 3 possibilités : hébergement en dur, dans les *mangrove chalets,* plus confortables mais moins charmants que les *cabanas* cachées sous les arbres, devant la plage aux cocotiers inclinés vers l'océan. Moustiquaires et salles de bains en sous-sol (attention de ne pas tomber de l'échelle !). Pour les voyageurs un peu plus fortunés, également des *beach villas,* plus récentes et séduisantes. Excellente cuisine. On peut explorer les canaux en kayak ou marcher des heures sur le rivage et aller nager dans une petite zone protégée des courants par les rochers, et donc sans danger. En saison, les tortues viennent pondre sur la plage au clair de lune. Un endroit loin de tout, à l'atmosphère sereine. Idéal pour se déconnecter.

Ganesh Garden (hors plan par B1, **12**) : *Marakolliya Beach. À 1,8 km env au nord de Tangalle.* ☎ *047-224-25-29.* *077-761-21-81.* • *ganeshgarden.com* • *Accès depuis la route d'Hambantota par une piste défoncée. Doubles 55-100 $ selon confort. CB acceptées.* Une *guesthouse* située sur une belle et longue plage de sable, bordée de cocotiers. On dort dans des *cabanas* en bois, des bungalows en dur ou aux murs de terre, coiffés de chaume. Les uns côté plage, les autres côté lagon. Chambres simples, propres, avec

LA CÔTE SUD

un confort suffisant (eau chaude et ventilo) qui surfacturent un peu la robinsonnade. Possibilité de faire une balade gratuite en canoë sur le lagon. Bon accueil. Parfait pour passer quelques jours tranquilles. Resto en bord de plage.

Où dormir plus chic entre Tangalle et Hambantota ?

Boutique Hotel Turtle Bay : *Kalamatiya.* *☎ 047-788-78-53. 077-738-33-95. • turtlebay.lk • À env 20 km à l'est de Tangalle ; au km 214 de la route de Hambantota, prendre à droite une piste sur 6 km. Doubles 90-150 $ selon saison, petit déj compris ; ½ pens possible.* Un boutique-hôtel de style et de charme dans un site exceptionnel. Au bout d'un chemin, on accède à cette grande demeure moderne et blanche, bordée par un bosquet d'arbres et une piscine, en surplomb d'une grande plage sauvage où passent de drôles d'oiseaux (ceux de la réserve naturelle voisine). Seulement 7 chambres, au design tropical chaleureux, décorées et meublées avec caractère sur le thème de la tortue et parquetées de bois de coco. Excellente adresse si on est amoureux, si on fuit le tapage du monde ou si on est un solitaire contemplatif, car hormis la piscine, la plage et les massages ayurvédiques, il n'y a RIEN à faire... et c'est tant mieux.

À voir. À faire

Si la ville offre peu d'intérêt, le ***bord de mer*** et les ***lagons,*** en revanche, sont superbes. Sur la plage de *Medaketiya* et dans le port, vous verrez travailler les pêcheurs et assisterez au départ en mer et au ramassage des filets. Tous les hébergements riverains du lagon proposent le prêt ou la location de canoës pour en approcher la faune.

Plongée sous-marine *(en hiver slt, nov-mars de préférence)* **:** au large de Tangalle, on dénombre une bonne quinzaine de sites entre les récifs, les grottes et les canyons. On peut admirer le grand ballet coloré des poissons exotiques. Ainsi, les poissons-lions, papillons, anges et trompettes partagent la scène avec les raies pastenagues majestueuses, mérous curieux, murènes craintives et – plus rarement – quelques requins de récif. Également, l'épave d'un vieux navire anglais, rendez-vous des barracudas... La plupart des spots sont peu profonds et donc accessibles aux débutants. Renseignez-vous auprès de votre *guesthouse.*

DANS LES ENVIRONS DE TANGALLE

Mulkirigala Rock Temple : *à 20 km env par la route de Wiraketiya. Depuis Tangalle, en tuk-tuk, compter 1 500-2 000 Rs, A/R avec 30 mn d'attente. Tlj 6h-18h. Entrée : 500 Rs.* Il faut grimper une falaise à près de 200 m au-dessus d'une forêt de palmiers, à laquelle s'accroche ce temple, l'un des plus anciens de l'île,

UN BOUDDHA XXL

Pour les bouddhistes, le corps grandit quand il est mort. Ce qui signifie qu'un homme mort est plus considérable qu'un homme vivant. D'où la taille parfois démesurée des bouddhas dans les temples.

formé par une série de grottes. En tout, près de 600 marches à gravir, ça chauffe les cuisses. À l'arrivée, une végétation luxuriante envahie de singes. Le temple principal renferme une série de bouddhas gigantesques. Ne pas manquer certaines fresques, peintes au XIXe s, et qui représentent des scènes curieuses inspirées des textes sacrés *(Jataka)*. C'est ici, dans une de ces grottes, que George Turnour, un officier anglais, découvrit en 1826 des manuscrits qui devaient permettre de traduire le *Mahanvasa*, une chronique des débuts de l'histoire de l'île, rédigée en pali...

***Turtle Conservation Project** : sur la plage de **Rekawa.** 077-072-35-53. • turtlewatchrekawa.org • À 15 km env au nord de Tangalle (fléché). En* tuk-tuk *depuis Tangalle, compter env 3 000 Rs A/R avec attente sur place. Pour profiter plus longtemps de la plage, bus depuis Tangalle (n'importe quel bus allant vers Hambantota), arrêt à Rekuwa Junction, puis* tuk-tuk *jusqu'au centre qui vous organisera, après la visite, le retour en* tuk-tuk *jusqu'à Tangalle (1 500-2 000 Rs). Observation (2-3h) dès 19h30-20h : 1 000 Rs. La meilleure saison : janv-avr. Prévoir des vêtements sombres et couvrants. Pas de flash afin de ne pas gêner les tortues.*
Cette petite ONG s'occupe depuis 1996 de la plage de Rekawa, où cinq espèces de tortues marines viennent pondre leurs œufs. Des villageois sont rémunérés par le « TCP » pour protéger les pondeuses, les nids et les petits. Les chercheurs volontaires qui encadrent le projet proposent aux visiteurs de passer une partie de la nuit (jusqu'à minuit-1h en principe) sur la plage pour voir les tortues accomplir leurs rites millénaires.

TISSAMAHARAMA ET LE PARC NATIONAL DE YALA

• Carte La région du parc national de Yala *p. 309*
• Plan Tissamaharama *p. 311*

Tissamaharama (Tissa, comme on dit là-bas pour simplifier) est la porte d'entrée naturelle du parc national de Yala, et de celui de Bundala, tous deux à une trentaine de kilomètres. On tourne le dos à l'océan Indien pour découvrir une plaine fertile et verte, avec au loin la ligne floue des montagnes de l'intérieur.
Les alentours directs du bourg ont leur charme avec un beau lac artificiel d'eau douce, bordé de jardins, de vergers tropicaux, de bois et de vertes rizières sur lesquelles tranche la blancheur immaculée de quelques *dagoba*. Plutôt serein.
Et puis soudain, dès potron-minet, le vrombissement agité des jeeps donne une ambiance de brousse africaine : direction le parc de Yala pour traquer la

L'AÉROPORT BAT DE L'AILE

À 30 km de Tissa, le grandiose aéroport « international » Rajapakse a été bâti en 2012-2013. Et pas que pour des roupies de sansonnet (210 millions de dollars). But officiel : dynamiser la région. Raison officieuse : le président de la République d'alors avait des intérêts familiaux dans la région. Désertée par les avions en raison du faible intérêt économique de la zone, cette aérogare fantôme est désormais utilisée pour stocker du riz. C'est pas en France qu'on construirait un aéroport inutile au milieu des landes.

moustache du léopard, la défense de l'éléphant et le croc acéré du crocodile. Retour à midi plein de récits excités, de belles photos et parfois de désillusions.

Arriver – Quitter

En bus

Bus Stand *(gare routière ; plan A2) : au centre de Tissamaharama.*
➢ ***Badulla :*** 1 bus/j. le mat. Trajet : 5h env.
➢ ***Colombo :*** bus ttes les 15 mn, 6h-20h (fréquence réduite au-delà de 20h). Trajet : env 7h.
➢ ***La côte sud (Tangalle, Dickwella, Matara, Mirissa, Weligama, Galle) :*** bus ttes les 15-20 mn. Trajet : env 3h30 pour Matara ; env 4h pour Galle.
➢ ***Ella :*** les bus pour Kandy, Badulla et Nuwara Eliya passent par Ella. Trajet : env 3h30 (4h pour Bandarawela).
➢ ***Polonnaruwa et Anudhapura :*** 1 bus/j. le mat. Trajet : 6h30 (Polonnaruwa), 8h30 (Anudhapura)... et 24h (!) pour Jaffna.
➢ ***Haputale :*** 1 bus/j. le mat. Trajet : 5h env.
➢ ***Kataragama :*** bus ttes les 15 mn, 6h-20h (fréquence réduite au-delà de 20h). Durée : 30-45 mn.
➢ ***Kandy :*** 1 bus/j. le mat. Trajet : 7h env.
➢ ***Nuwara Eliya :*** 1 bus/j., tôt le mat. Durée : env 4h30.
➢ ***Ratnapura :*** 2 bus/j. dont 1 continue sur Colombo. Trajet : 4h env.
– ***Avertissement :*** des rabatteurs montent parfois dans le bus 4 km avant Tissamaharama, dans le village de Debarawewa. Ils prétendent que vous êtes arrivé à Tissa et vous incitent à descendre, pour vous orienter vers des *guesthouses* qui, bien sûr, les commissionnent. Soyez ferme : le racolage est une véritable institution locale.

Adresses utiles

✉ ***Poste et téléphone*** *(plan B2) : Main Rd, au centre de Tissa.*
■ ***Banques :*** *sur Main Rd.* Change et ATM (*Visa* et *MasterCard*) dans une demi-douzaine de banques.

Où dormir ? Où manger ?

Les solutions pour se loger sont multiples et vous devrez choisir entre le bourg de Tissa, Akuragoda (1,5 km au nord) ou Kirinda (13 km au sud-est) à proximité de l'océan. Quant à organiser un safari dans un des deux parcs, tous les hébergements pourront s'en charger à prix quasi identiques.

À Tissamaharama, dans le centre *(plan A-B2)*

Le village lui-même n'est pas d'un charme fou, mais pourra convenir à qui désire juste passer une (courte) nuit, faire un safari matutinal et filer ensuite.

De très bon marché à bon marché (1 500-3 500 Rs / 10-23,30 €)

Hotel Tissa *(plan A2, **11**) : Main Rd, en plein centre.* ☎ *047-223-71-04.* • *hoteltissa.com* • Une dizaine de chambres dont certaines avec AC ou ventilo, simples mais bien tenues, avec une petite salle d'eau. L'éventail est large, les plus chères se trouvant à 100 m en retrait de la rue, ce qui garantit un certain calme. Bon accueil du patron qui a gardé le sobriquet que lui donnaient ses copains de classe

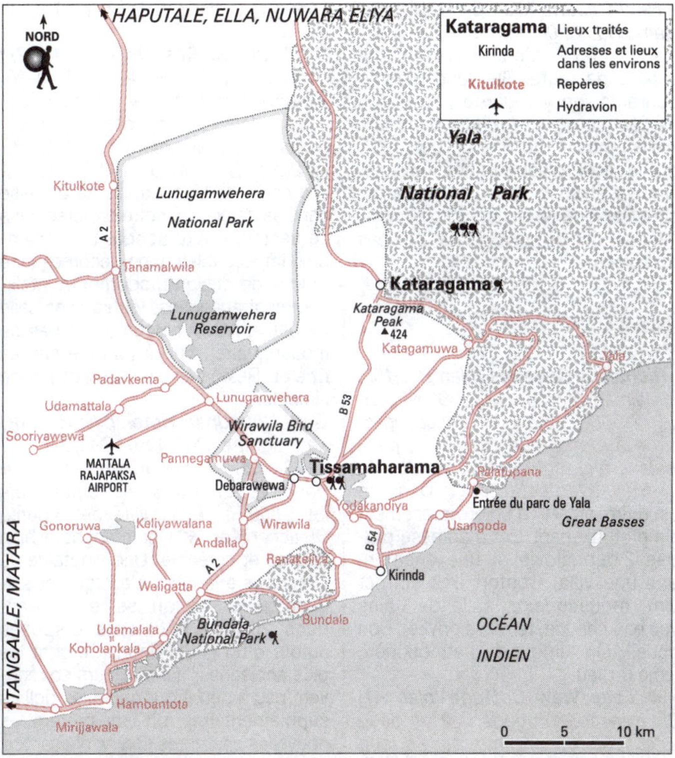

LA RÉGION DU PARC NATIONAL DE YALA

à Galle : Tissa, tout simplement. Bar-resto également.

Traveller's Home (plan A2, **10**) *: 195, Kachcheriyagama. ☎ 047-223-79-58. 077-601-02-08. • travellershome@live.com • La moins chère de la catégorie.* Entre route et rizières, une pension qui propose une douzaine de chambres au confort variable pour tous les petits budgets. Eau froide et ventilo pour les *budget rooms* ; clim et belle vue pour les plus chères. Accueil assez routinier. Resto pour les résidents où l'on mange bien.

À Akuragoda (plan B1)

Hameau situé à 1,5 km de Tissa entre la route de Kataragama et le lac artificiel. Assez calme dès qu'on s'éloigne de la circulation.

Bon marché

Pala Hotel (plan B1, **14**) *: Kataragama Rd. ☎ 047-223-76-48. 077-272-63-54. • palahotel@gmail.com • Dans une ruelle perpendiculaire à Kataragama Rd.* Dans ce petit hôtel à l'écart de la circulation, 2 types de chambres : simple ventilateur et eau froide pour les *budget rooms,* clim pour les autres (plus chères). Salle de bains privée et terrasse pour toutes. Les chambres, alignées comme des hirondelles sur leur fil, donnent sur un jardin au calme. Les moins chères offrent un très bon rapport qualité-prix.

LA CÔTE SUD

|●| ***New Cabana*** *(plan B1, **13**) : Kataragama Rd. ☎ 047-561-94-36. Tlj jusqu'à 22h env.* Petite adresse routarde de bord de route. Sur fond d'agglo apparents, on y regarde passer les bus, les jeeps, les *tuk-tuk,* dans une salle au massif mobilier de bois brut. Pour le reste, c'est cuisines indienne, chinoise et sri lankaise *same-same.* Accueil enjoué tendance un poil insistant, mais rien de grave. Et des prix pas trop épicés.

Chic

Richard's Cabanas *(plan B1, **15**) : 38, Galmadawwa Rd. 077-965-03-06 ou 077-606-67-39. • richardscabanas.com • Au fond d'un chemin perpendiculaire à la route principale. Double env 55 $, avec petit déj.* Dans un coin retiré, au sein d'un environnement calme et luxuriant, cette adresse propose 2 bungalows et une chambre dans une villa. Confort très correct (clim, moustiquaire, salle de bains avec eau chaude, terrasse privée). Bon accueil. On aime bien l'atmosphère intime du lieu.

|●| ***Lake View Cottage*** *(plan A1, **20**) : Punchi Akurugoda, à 2 km de la route Tissa-Kataragama, par un long chemin praticable en voiture. 077-047-17-17.* Isolés sur la rive nord du lac, dans un coin de nature paisible, 2 pavillons dans un jardin planté de cocotiers et de bananiers. Celui au fond du jardin est plus indépendant. 5 chambres avec ou sans AC, mais toutes propres et nettes. Prendre celle du haut, avec ses 2 fenêtres donnant sur les jardins, les rizières et ce bel horizon terminé au loin par le *dagoba* blanc de Tissa. Et comme on est loin de tout, prêt de vélos bien pratique.

|●| ***Refresh Restaurant*** *(plan B1, **16**) : Kataragama Rd. ☎ 047-567-91-07. Tlj jusqu'à 21h env. De prix moyens à chic.* Bonne et copieuse cuisine pluriconfessionnelle italo-sino-sri lankaise, et des produits de la mer. Carte large, très large ! On mange sur une vaste terrasse couverte, qui se donne des airs de maison coloniale, avec l'afflux parfois envahissant de groupes. Bon expresso, au prix d'une Ferrari...

De plus chic à très chic

|●| ***Kithala Resort*** *(plan B1, **17**) : Kataragama Rd. ☎ 047-223-72-06. • theme-resorts.com • Doubles 120-130 $ selon standing, petit déj inclus. Belles promos sur Internet. Le soir, buffet 2 000 Rs ; compter 1 800-3 500 Rs à la carte.* Une excellente adresse dans sa catégorie, notre préférée dans ce secteur d'Akuragoda. Des chambres impeccables, bien décorées (une touche de design moderne) et intelligemment agencées, toutes avec salle de bains, AC et balcon (mais pas de moustiquaire). Vue à l'arrière sur les rizières. Resto très bien aussi et service aimable.

|●| ***Chandrika Hotel*** *(plan B1, **18**) : Kataragama Rd. ☎ 047-223-71-43 ou 93-65. • chandrikahotel.com • Doubles 120-140 $. Au dîner, buffet 1 800 Rs. Possibilité de ½ pens. CB acceptées.* Charmant hôtel bien agencé et agréable. Une vingtaine de chambres à la déco classique et soignée, avec AC, qui se répartissent dans 2 longs bâtiments disposés autour d'un jardin fleuri. Ce sont les plus anciennes, qui d'ailleurs se rénovent peu à peu. Pour quelques dollars supplémentaires, on leur préfère les nouvelles chambres *luxury,* plaisantes, modernes et confortables, aménagées 4 par 4 dans des maisonnettes, au fond du jardin. Du coup, elles sont plus calmes, avec baignoire et wifi. Piscine. Resto.

|●| ***The Safari Hotel*** *(plan B1, **19**) : Kataragama Rd, au bord du lac. ☎ 047-567-76-20. • thesafarihotel.lk • Doubles 70-190 $, petit déj inclus. CB acceptées. Buffet 2 100 Rs.* Hôtel chic jouissant d'un emplacement de rêve au bord du grand lac. De jolis bâtiments y accueillent une cinquantaine de chambres de grand confort (grands lits de 2 m !), décorées avec beaucoup de goût et de soin, dans les tons chauds (marron). Elles donnent généralement sur la piscine, mais les plus belles ont un balcon qui ouvre sur le lac. Restaurant sur le mode buffet, parfois bruyant lorsque les groupes sont à marée haute. Court de tennis et terrain de volley-ball.

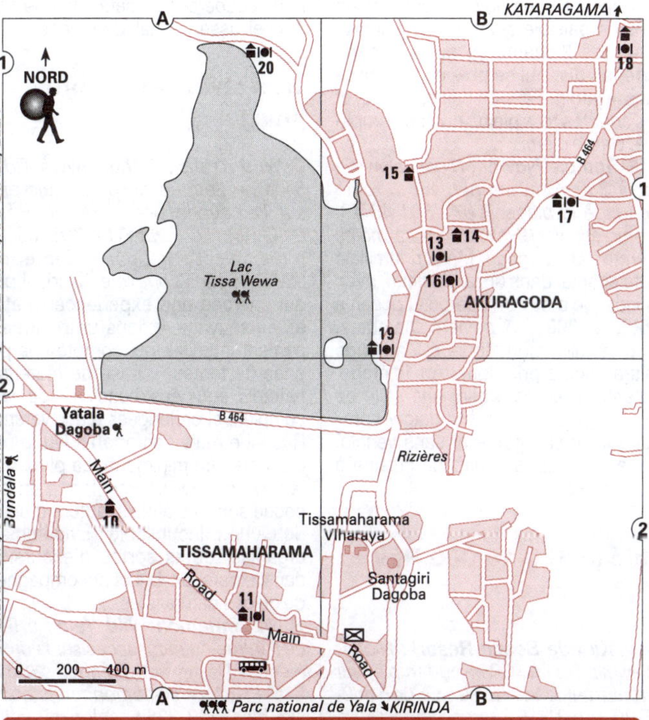

TISSAMAHARAMA

Où dormir ? Où manger ?

- **10** Traveller's Home
- **11** Hotel Tissa
- **13** New Cabana
- **14** Pala Hotel
- **15** Richard's Cabanas
- **16** Refresh Restaurant
- **17** Kithala Resort
- **18** Chandrika Hotel
- **19** The Safari Hotel
- **20** Lake View Cottage

À Kirinda, près du parc de Yala et de l'océan

(hors plan par B2)

De Tissa (à 13 km), on rejoint Kirinda en *tuk-tuk* ou par le bus nº 520 (départ ttes les 30 mn, 5h30-19h ; trajet : 30 mn env). Bonne alternative que de poser son sac ici pour se rapprocher du parc de Yala, garder un œil sur l'océan et s'isoler de la civilisation. Notez, dans le hameau, ce joli temple dans un chaos rocheux qui a planté son *dagoba* sur un roc face à l'océan, et a adossé son bouddha debout à un grand rocher. Attention, ici, océan ne signifie ni plage ni baignade !

De bon marché à prix moyens (2 500-5 000 Rs / 16,70-33,30 €)

JC Guesthouse : *depuis la route principale, dans une ruelle face à l'hôtel* Elephant Reach *(les bus s'y arrêtent).* *077-273-71-36.* • *jcguesthouseblog.wordpress.com* • L'adorable Champa et sa famille vous ouvrent leur maison dans un paisible quartier. On y choisit l'une des 2 chambres ou la cabane verte, en dur, qui semble avoir poussé dans le jardin. Salle de bains, ventilo, et des sourires tout plein : rien de compliqué. *Carpe diem.*

🏠 🍽 ***Temple Flower :*** *Nidarigalawella Rd, à 300 m du temple, sur la route qui longe la plage. 📱 077-881-46-79. • templeflower19yala.com • La moins chère de la catégorie.* Maison familiale toute simple, dans un jardin fleuri, avec un kiosque d'où l'on aperçoit l'océan à tout juste 300 m. À peine 4 chambres, avec ventilo, moustiquaire, carrelage frais au sol, à prix doux. Au 1er étage, 2 d'entre elles partagent une salle de bains. Également un bungalow sommaire avec eau froide et sans ventilo. Prasanna propose aussi sa cuisine à vos papilles.

Chic (6 500-15 000 Rs / 43,30-100 €)

🏠 🍽 ***Kirinda Beach Resort :*** *Nidangalawella Rd ; à 900 m du temple, sur la route qui longe la mer. ☎ 047-362-05-00 ou 01. • kirindabeachresort.com • Doubles 10 000-12 000 Rs. Dîner-buffet 1 500 Rs.* Des bungalows disséminés sur un terrain qui s'étend jusqu'à la mer, dans l'esprit *lodges* écolo. Super bien équipés, tout en bois, avec moustiquaire et AC pour les plus onéreux. Ils vous propulsent dans une ambiance safari-brousse très dépaysante ! Le resto et la piscine ont vue sur l'océan et l'on dîne avec le bruit des vagues qui viennent s'écraser sur les rochers. Excellent environnement pour récupérer d'un safari dans le parc. Accueil assez inégal, dommage.

Très chic... et encore plus !

🏠 ***Wild Trails :*** *Sithulpawwa Rd, à 5 km de l'entrée du parc, puis piste sur la gauche pour 4x4 slt. Résas à Colombo : ☎ 011-738-63-86. • theme-resorts.com • Tente env 330 $ en pens complète.* Idéal pour qui cherche une expérience « nature et vie sauvage », dans un petit campement intimiste qui compte une poignée de tentes, à base de matériaux naturels, équipées d'une salle de bains complète et prolongées d'une véranda. Rustique mais confortable (vu le prix, c'est bien un minimum). La plupart du temps, le dîner se transforme en barbecue sous les étoiles, autour d'un feu de camp... inoubliable ! Évidemment, organise toutes sortes d'excursions dans le parc, en 4x4 et accompagnées de guides naturalistes.

🏠 🍽 ***Cinnamon Wild Yala :*** *à 5 km de l'entrée du parc, accès sur la droite. Fléché. Résas à Colombo : ☎ 011-216-11-61. • cinnamonhotels.com • Doubles 250-325 $ selon situation, petit déj inclus (bien moins cher hors saison.* Village de près de 70 bungalows luxueux et agencés avec goût : AC, frigo, TV et couvre-lits à motifs animaliers. Surtout fréquenté par les groupes et, il faut l'avouer, pas très routard. Mais on le signale car c'est un très bel endroit. Tenez : au sommet de la salle de resto, un observatoire d'où l'on embrasse du regard toute la réserve et la mer. Piscine appréciable et personnel prévenant.

À voir

TISSAMAHARAMA

Le lac Tissa Wewa *(plan A1)* **:** au nord de la ville, ce grand réservoir artificiel d'eau douce ressemble à une oasis de fraîcheur. Et ce depuis la nuit des temps bouddhiques (IIe ou IIIe s av. J.-C.). Des bateliers proposent des promenades lacustres *(compter 1h pour env 1 000 Rs/pers).* Les amateurs d'oiseaux seront ravis, on y voit de nombreux volatiles dont c'est ici le refuge aquatique, une sorte de petit paradis : martins-pêcheurs, aigrettes, pélicans, cormorans, poules d'eau, ibis...

dans un paysage d'arbres immergés et de bouquets flottants de fleurs de lotus. Les habitants font leurs ablutions dans le lac ou la rivière juste en aval, dans une ambiance bon enfant.

Yatala Dagoba *(Yatala Wehera ; plan A2)* **:** *sur la rive sud-ouest du lac, au bord de la route principale qui mène à l'ouest de Deberawewa.* Entouré d'un mur orné de sculptures de têtes d'éléphant, ce grand *dagoba* d'une blancheur éclatante abrita jadis des reliques du Bouddha : un os frontal et une dent, désormais conservés dans l'immense *stûpa* du ***Raja Maha Vihara,*** de l'autre côté de la ville. À côté, intéressant petit ***musée lapidaire*** *(GRATUIT, donation suggérée).* On y voit, entre autres, statues, linteaux et bas-reliefs. À l'extérieur du bâtiment, une très ouvragée et antique dalle de « toilettes à la turque ».

YALA NATIONAL PARK

Voici le deuxième plus grand parc du pays, avec 97 500 ha. Beaucoup d'éléphants, de crocodiles, de cervidés et des centaines d'espèces d'oiseaux (calaos, cigognes...). Également des mangoustes, chacals, buffles sauvages, etc. Mais c'est surtout dit-on le parc au monde où l'on aurait le plus de chances de voir le bout de la queue du très discret léopard. Bref, l'occasion d'un vrai safari sur des pistes poussiéreuses !

J'AI CRU VOIR UN « RO'MINET » !

Panthère ou léopard ? C'est kif-kif. Première réponse à votre petit dernier qui vous harcèle de questions... Et la panthère noire ? C'est une panthère normale qui a subi une mutation génétique (le mélanisme qui agit sur la couleur de la peau). Ses tachetures existent bien, mais sont quasi indécelables tant son pelage est foncé. Et la panthère rose ? C'est comme un éléphant rose, mais avec des moustaches en plus !

Conditions de visite et tarifs des safaris à Yala

- La ***meilleure saison*** s'étend de décembre à juin. Attention, fermé en général en septembre. En juillet-août les animaux remontent au nord du parc. Éviter les jours de pluie : ils restent à l'abri.
- La visite se fait en jeep *(max 6 pers),* à réserver depuis Tissa ou Kirinda. On n'en trouve pas à l'entrée du parc.
- La plupart des établissements de Tissa proposent des safaris tout compris (ticket d'entrée, droit d'entrée du véhicule, etc.) : *5 000-6 000 Rs/pers.*
- Si on tient à être indépendant : *compter env 6 000 Rs la loc d'une jeep simple (6 pers max) ; 8 000 Rs pour une jeep de style Land Rover, plus confortable (paraît-il !).* Il faudra y ajouter les frais d'entrée ci-après.
- L'entrée *(main entrance)* du parc national est située à 25 km environ au sud de Tissamaharama. ☎ *011-288-85-85.* • *ylasrilanka.lk* • *Tlj 6h-18h (dernière entrée à 16h30). Tarif : 3 700 Rs/adulte (étranger) ; 60 Rs/adulte (local ; votre chauffeur par exemple) ; ½ tarif 6-12 ans.* Service charge *: 1 400 Rs pour l'ensemble du groupe, quel que soit le nombre de pers. Droit d'accès des jeeps : 250 Rs.* À vos calculettes !
- ***Durée du safari :*** une demi-journée suffit, soit 3-4h de balade en jeep (on ne marche pas dans le parc, pour des raisons de sécurité). Un safari plus long serait lassant et fatigant, vu l'état des pistes.
- On peut prendre un guide à l'entrée, auprès des services du parc (gratuit ; pourboire à discrétion), mais ce n'est pas une obligation. D'ailleurs, les chauffeurs de jeep savent parfaitement repérer les animaux.
- Le meilleur moment pour explorer la réserve est le matin de très bonne heure. C'est à l'aube que les animaux sont le plus actifs (en particulier les félins). On part

à 5h de Tissa, pour être à Yala dès l'ouverture du parc, comme des dizaines d'autres jeeps. Le soir peut être aussi une option, car certains animaux sortent à ce moment-là pour boire et se nourrir. On peut voir, lorsque les animaux sont au rendez-vous : des éléphants sauvages, daims, cerfs, sangliers, crocodiles, léopards, ours lippus, mangoustes et buffles, ainsi que des milliers d'oiseaux dont des centaines de paons (Léon !).
- Rien n'est garanti bien sûr (z'êtes pas au zoo !) et l'on revient parfois bredouille et déçu.
- Quelques panneaux explicatifs à l'entrée du parc.

BUNDALA NATIONAL PARK

- ***Accès :*** *à 15 km sur la route d'Hambantota (fléché sur la gauche), puis 1,5 km de mauvaise piste jusqu'à l'entrée. Autre accès, moins immédiat, via le village de Kirinda. Tlj 6h-18h (dernière entrée à 16h30). Entrée : 1 500 Rs/pers ; ½ tarif 6-12 ans. Service charge : 300 Rs pour l'ensemble du groupe, quel que soit le nombre de pers. Droit d'accès véhicule : 250 Rs (bien vérifier s'il est inclus ou pas dans le prix de loc de la jeep ; en principe, c'est le cas).*
- ***Visite du parc :*** *il faut réserver le safari – donc une jeep – la veille (le plus simple est de demander à votre hébergement). Une jeep (1-6 pers) coûte env 6 000 Rs ; certaines sont soi-disant plus confortables (env 7 500 Rs). Les excursions durent env 2h30-3h. On peut demander sur place à être accompagné gratuitement (pourboire à discrétion) par un guide local, ce qui permet d'avoir des explications détaillées sur le parc.*
- ***Saisons :*** c'est d'octobre à décembre que l'on observe le plus d'oiseaux migrateurs ; sinon, comme pour Yala, la meilleure période s'étend de décembre à juin.
- Petit *Visitor's Center* à l'entrée du parc : dépouilles de bestioles, serpents en bocaux et panneaux explicatifs sur la faune et la flore.

Moins fréquentée que sa voisine Yala, cette réserve foisonne d'une multitude d'oiseaux aquatiques. Bundala est l'un des derniers refuges des flamants roses au Sri Lanka et compte aussi nombre de paons *(peacock)*. Y gambadent aussi cinq espèces de tortues (enfin, gambader, c'est beaucoup dire !), des crocodiles et des singes. À la fin de la saison sèche et plus spécialement en mars et en avril, de nombreux éléphants se réfugient dans ce décor de brousse digne des savanes tanzaniennes.

UNE CRÈCHE POUR BÉBÉS FLAMANTS

Les flamants pondent un unique œuf, placé au sommet d'un monticule en forme de cône et que papa-maman couvent à tour de rôle pendant 1 mois. Les naissances ayant lieu quasiment en même temps, la colonie installe un système de crèche, où une simple dizaine de parents assure la surveillance de plusieurs milliers de jeunes qui cancanent allègrement !

KATARAGAMA

• Plan *p. 317*

Un paysage de rizières, de lagunes et de petites collines forme un écrin de nature à ce gros village situé à une quinzaine de kilomètres au nord de

Tissamaharama. C'est l'un des lieux les plus sacrés du Sri Lanka. En juin, juillet et plus particulièrement en août, pour la grande cérémonie (date variable selon la lune), des milliers de pèlerins viennent ici adorer le dieu Skanda.
Cette ferveur religieuse œcuménique est d'ailleurs le principal attrait des lieux, car les édifices sacrés sont modestes, sans ampleur et peu décorés.

LE FESTIVAL DE KATARAGAMA

Ce festival est extraordinaire en ce qu'il est suivi aussi bien par les hindous, les bouddhistes ET les musulmans. À l'origine, le dieu ***Skanda*** (appelé aussi *Murugan* ou *Subramanian*) était vénéré par les hindouistes seuls (donc par des Tamouls du Sri Lanka), qui y voyaient un frère de Ganesh, fils de Shiva et Parvati. Les bouddhistes sri lankais en firent une idole sous le nom de ***Kataragama,*** roi guerrier qui aurait remporté autrefois une grande bataille contre ses ennemis tamouls et qui serait mort ici. Devenu une sorte d'icône légendaire, ses restes supposés sont conservés dans un reliquaire exposé en procession durant le grand festival. Cette divinité œcuménique fait de Kataragama la ville sacrée où s'accomplit l'unité des croyants du Sri Lanka.
Les traditions religieuses qui régissent l'adoration du dieu Skanda depuis 24 siècles sont tout bonnement fabuleuses. Un dieu représenté par le ***yantra,*** un objet mystérieux aux pouvoirs magiques, toujours dissimulé aux regards de l'assistance (seul le grand prêtre a pu le voir). Une succession de processions en « grande trompe » à dos d'éléphant, au milieu des danseurs et des musiciens, conduit ce reliquaire (qui serait constitué de deux triangles imbriqués) dans la maison de sa maîtresse *Valli.* Il n'y reste que 15 mn les 9 premières nuits, puis on le reconduit dans le saint des saints, le ***Maha Devale.*** Or, à l'occasion de la pleine lune, le *yantra* passe la 10e nuit entière auprès de sa maîtresse pour une fameuse noce.
Les pèlerins viennent ici pour solliciter l'accomplissement d'un vœu ou pour remercier quand il a été exaucé. Cela se paie par de pathétiques scènes de mortification : certains se font trouer les joues, le nez, la langue par de longues aiguilles d'argent ayant la forme du trident de Shiva, d'autres traversent pieds nus un brasier. Si vous souhaitez photographier ces scènes, il vous faudra acquitter un droit. Certains pénitents sont très gourmands.

LA CÔTE SUD

Arriver – Quitter

Bus Stand *(gare routière ; plan A2)* **:** *au centre-ville.*
➢ ***Tissa :*** bus ttes les 15 mn, 6h-20h (fréquence réduite au-delà de 20h). Trajet : 30-45 mn.
➢ ***Kandy :*** 1 bus direct en fin d'ap-m.
➢ ***Nuwara Eliya :*** 2-3 bus/j.

Adresses utiles

■ ***Argent*** *(plan A2)* **:** *Tissamaharama Rd.* Change *(lun-ven 9h-15h)* et ATM *Visa* et *MasterCard.*

✉ ***Poste*** *(plan A2)* **:** *Tissamaharama Rd.*

Où dormir ? Où manger ?

Malgré le grand nombre de *guesthouses,* y trouver de la place en période de festival est une gageure.

Bon marché (2 500-3 500 Rs / 16,70-23,30 €)

🏠 🍴 ***Ceybank Rest*** *(plan A2,* ***11****) : Tissamaharama Rd. ☎ 047-223-52-29. • ceybankholidayhomes.com • CB acceptées. Pas d'alcool.* Une vingtaine de chambres avec balcon à l'étage, douche froide, moustiquaire, ventilo (pas de clim) et vue sur le jardin et les rizières. La structure est vieillissante mais les chambres offrent un rapport qualité-prix correct. Préférer celles qui donnent à l'arrière, plus calmes. Celles avec AC flirtent avec la catégorie « Prix moyens ». Au resto, des prêtres vishnouistes, de fervents bouddhistes et des pèlerins musulmans prennent leur petit déj au coude à coude. Excellente cuisine végétarienne.

De prix moyens à chic (3 500-9 000 Rs / 23,30-60 €)

🏠 🍴 ***Hotel Sunil's*** *(plan A2,* ***10****) : 61, Tissamaharama Rd. ☎ 047-567-71-72. 📱 077-222-19-02. • hotelsunilskataragama.com •* Un hôtel familial très bien tenu qui propose des chambres impeccables dans un bâtiment récent avec vue sur les rizières. Clim et eau chaude pour les plus chères. Les autres se contenteront de chambres modestes avec ventilo et eau froide, dans l'ancienne maison des proprios.

🏠 🍴 ***Hotel Chamila*** *(hors plan par A2,* ***12****) : sur la droite de la route en venant de Tissamaharama, 1 km avt d'arriver au centre-ville. ☎ 047-567-75-01. • info@hotelchamila.com • Un peu cher tt de même. CB acceptées.* Bâtiments blancs au bord d'une grande cour, où se répartissent des bordées de chambres, les unes de base avec ou sans AC, parfois eau froide, les autres classées *new* pour pèlerins argentés, le tout situé dans un agréable décor de manguiers. Luminosité et netteté confèrent, au final, une certaine froideur au lieu (et à l'accueil).

🏠 🍴 ***Jayasinghe Holiday Resort*** *(hors plan par A2,* ***13****) : 32A, Detagamuwa, 2,5 km env avt le centre-ville en venant de Tissa. ☎ 047-223-51-46. Prix moyens.* Genre de motel avec piscine qui propose une bonne vingtaine de chambres avec AC (des clim qui ont dû connaître le dieu *Skanda* encore bébé !). L'ensemble est bien tenu. Petite piscine. Fait aussi resto.

Plus chic (env 160 $)

🏠 🍴 ***Mandara Rosen Hotel*** *(hors plan par A2,* ***14****) : 57, Detagamuwa, 2 km avt le centre, en venant de Tissa. ☎ 047-223-60-30. • mandarahotels.com • Double 160 $, petit déj compris ; ½ pens 180 $. CB acceptées.* Une cinquantaine de vastes chambres, à la déco soignée, avec AC, TV, minibar qui se répartissent dans 2 bâtiments face à face, formant une longue allée. Selon l'étage, elles disposent d'un balcon ou d'un jardin privatif. Une piscine musicale, avec haut-parleurs sous-marins : unique dans tout le pays ! Ping-pong, billard, jeux, spa et massages. Rien ne manque pour faire de cet hôtel l'un des plus agréables de la ville. Excellent restaurant pour le dîner, avec une cuisine raffinée. Service très attentionné.

À voir

Les temples : large esplanade œcuménique où l'on trouve le fameux temple ***Maha Devale*** *(plan A1)*, dédié au dieu Skanda, le ***Grand Dagoba*** *(Kiri Vihara ; plan A1)* et sa flèche, plusieurs temples hindous et bouddhistes, une mosquée, des fidèles de chaque religion, de rares touristes et des mendiants. Observez les bords de la rivière : femmes lavant leur linge, vieillards lavant leurs pieds, hommes lavant leur éléphant... Un bon moment à passer.

Kataragama Museum *(plan B1) : à droite de l'esplanade. Tlj sf lun 8h-16h30. Entrée : 700 Rs.* Une première salle expose des copies de têtes sculptées

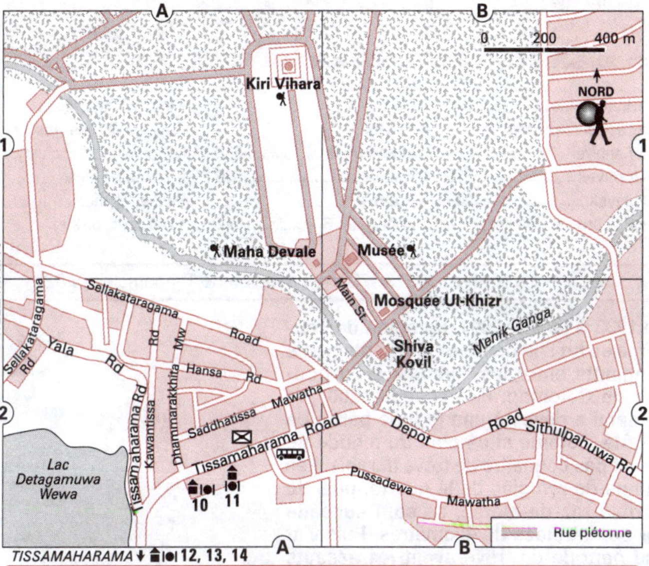

KATARAGAMA

Où dormir ? Où manger ?	12 Hotel Chamila
10 Hotel Sunil's	13 Jayasinghe Holiday Resort
11 Ceybank Rest	14 Mandara Rosen Hotel

provenant du site de Buduruvagala. Plus loin, petites salles thématiques : chacune est consacrée à un dieu, ses avatars et ses attributs.

La cérémonie des offrandes (poya) : *tlj vers 4h30, 11h (en cas de panne d'oreiller) et 19h.* Un rite imperturbable étrange et fascinant. Les incrédules ne manqueront pas de sourire à la vue des nombreuses échoppes de bondieuseries massées sur les bords de la rivière. On y vend, bien sûr, toutes sortes d'objets liés au culte du dieu Skanda, mais aussi des jouets en plastique pour les enfants et d'appétissantes corbeilles de fruits (pas touche, elles sont destinées aux offrandes rituelles).

LA CÔTE EST

• Carte La côte est *p. 319* • Carte La région de Trincomalee *p. 321*

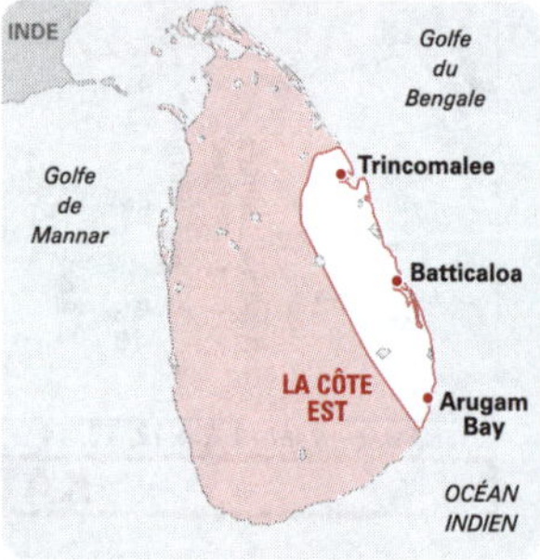

De 1983 à janvier 2001, la région de Trincomalee fut l'un des lieux d'affrontements sanglants entre les Tamouls et le pouvoir de Colombo. En décembre 2004, le tsunami a dévasté une grande partie de la côte, comme si ce coin du monde ne devait pas connaître de trêve durable. Les camps de réfugiés de la guerre, puis du terrible raz-de-marée, se sont succédé sur des dizaines de kilomètres. Puis vint une période de trêve avant les assauts de 2008 et 2009 où les troupes gouvernementales décidèrent de « nettoyer » définitivement la région des poches de résistance tamoules, accusées de prendre la population comme bouclier humain. Les combats furent d'une grande violence et les exactions contre les civils, des deux côtés, quasi quotidiennes.
La paix est aujourd'hui revenue et les plages de la région accueillent à bras ouverts les touristes. Vous nous avez compris, si vous ne comptez pas découvrir les plages du Sud, vous ne perdrez pas au change en séjournant dans la région de Trincomalee. Pas dans la ville de Trincomalee même, qui n'offre que peu d'attrait, mais sur les deux superbes plages au nord de la ville, Nilaveli et Uppuveli, où l'on ne se bouscule pas encore.
Et puis, en longeant la côte vers le sud, par une route côtière refaite sur 100 km, belote et rebelote : deux autres superbes plages, Passikudah et Kalkudah, qui s'ouvrent au tourisme et ne sont pas (encore) envahies. 35 km plus loin, voici Batticaloa, capitale de la province de l'Est, ville sans grand charme mais étape pratique avant de plonger à nouveau vers le sud.
Encore une centaine de kilomètres et Arugam Bay, le fleuron du Sud-Est, aligne ses nombreux atouts : paysages sauvages et peu urbanisés, population chaleureuse, longues et larges plages désertiques frangées de dunes et de cocotiers... à perte de vue. Et, pour les mordus de glisse, le spot de surf le plus populaire du Sri Lanka et l'un des plus radicaux de l'océan Indien... Sans compter la proximité de la réserve naturelle de Yala East, officiellement Kumana National Park. En conclusion, une région tout de suite attachante.
– ***Important : la meilleure saison sur la côte est s'étend d'avril à septembre.*** La mer est alors généralement tranquille, propice à la baignade comme au surf ou à la plongée. La période la moins favorable, de mi-novembre à mi-février, ne vaut pas vraiment le déplacement. Temps très variable (parfois exécrable, c'est quitte ou double !), baignade dangereuse et nombreuses adresses fermées ou très humides... Quant aux centres de plongée, ils sont alors tous fermés.

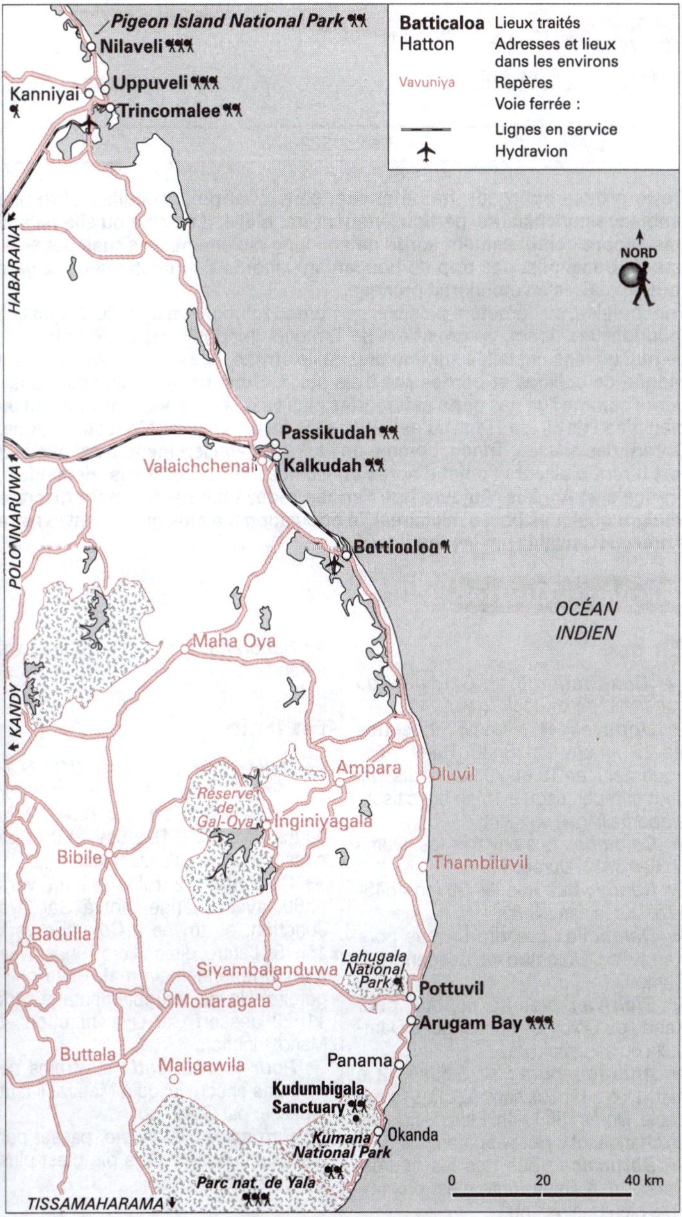

Batticaloa Lieux traités
Hatton Adresses et lieux dans les environs
Vavuniya Repères
Voie ferrée :
Lignes en service
Hydravion
NORD
Pigeon Island National Park
Nilaveli
Uppuveli
Kanniyai
Trincomalee
HABARANA
Passikudah
Valaichchenai
Kalkudah
POLONNARUWA
Batticaloa
OCÉAN INDIEN
Maha Oya
KANDY
Ampara
Oluvil
Réserve de Gal-Oya
Inginiyagala
Bibile
Thambiluvil
Badulla
Lahugala National Park
Siyambalanduwa
Pottuvil
Monaragala
Arugam Bay
Buttala
Maligawila
Panama
Kudumbigala Sanctuary
Okanda
Kumana National Park
Parc nat. de Yala
TISSAMAHARAMA
0 20 40 km

LA CÔTE EST

TRINCOMALEE

env 50 000 hab.

• Plan *p. 322-323*

Cette grosse bourgade très étendue, sans charme particulier, offre une ambiance nonchalante, particulièrement tranquille. Il semble qu'elle ne soit pas encore complètement sortie de son long isolement. Des rues pépères, pas de bouchons, pas trop de boucan aux abords du marché ni de la gare routière... On s'en étonnerait presque.
Trincomalee, au caractère paisible, comprend toujours un tiers de Cinghalais (bouddhistes donc), un gros tiers de Tamouls (hindouistes) et un petit tiers de musulmans. Installée sur une presqu'île étroite, elle est protégée par une rangée de collines et bordée par trois baies. L'une de ses baies est considérée comme l'un des ports naturels les plus vastes au monde, protégeant un plan d'eau de 80 km². Plus qu'esthétique, ce fut un site avant tout stratégique. Durant des siècles, Trinco, comme on l'appelle familièrement, ainsi que son fort furent d'ailleurs l'objet d'âpres convoitises entre Portugais, Hollandais, Français et Anglais. Aujourd'hui, l'armée redevenue relativement discrète (malgré quelques bases militaires), la population n'a plus qu'une envie : être à nouveau envahie par les touristes !

Arriver – Quitter

En bus

Bus Station *(plan C2) : près du marché et de la Clock Tower.*
➢ ***Uppuveli et Nilaveli :*** bus ttes les 25 mn env 5h-18h30. Trajet théoriquement en 10 et 20 mn, mais qui peut grimper jusqu'à 1h en hte saison, embouteillages obligent.
➢ ***Colombo :*** bus env ttes les heures 3h30-16h30. Durée : 6h.
➢ ***Kandy :*** bus ttes les 30 mn 4h45-17h. Durée : env 4h30.
➢ ***Dambulla :*** prendre un bus pour Kandy ou Colombo et descendre à Dambulla.
➢ ***Sigiriya :*** prendre un bus pour Kandy ou Colombo et changer à Dambulla ou à Inamaluwa.
➢ ***Anuradhapura :*** slt 3 bus/j. (2 le mat, 1 vers 17h30), sans AC. Pas formidable. Durée : 3h30-4h. Plus de liaisons en changeant à Horowapatan.
➢ ***Batticaloa :*** bus ttes les heures. Durée : min 4h (la route n'est pas terrible bien que récente).
➢ ***Arugam Bay :*** bus ttes les 30 mn pour Kalmunai et changer de bus.
➢ ***Jaffna :*** env 5 bus/j., 4h30-20h. Trajet : 5h.
➢ ***Habarana :*** changement obligatoire à Kandy.

En train

Railway Station *(plan B1) : Station Rd. Billetterie tlj 6h30 (8h pour les résas)-17h. Compter 120-150 Rs en tuk-tuk pour la* Bus Station. *Pas de consigne, mais café sur place.*
➢ ***Colombo :*** 2 trains/j. L'un vers 6h50, avec changement à Gal Oya Junction, et arrivée à Colombo vers 15h15 ; l'autre, direct, vers 19h, arrivée à 3h30 le lendemain mat. Résa obligatoire. Un train supplémentaire vers 11h20 dessert Gal Oya Junction et Maho Junction.
➢ ***Pour la côte sud :*** les trains ne vont pas encore jusqu'à Matara, il faut repasser par Colombo.
➢ ***Batticaloa :*** là encore, passer par Gal Oya Junction. Cela dit, c'est plus rapide en bus.

Par la route

Les routes sont toutes peu à peu refaites. Certaines le sont déjà, d'autres

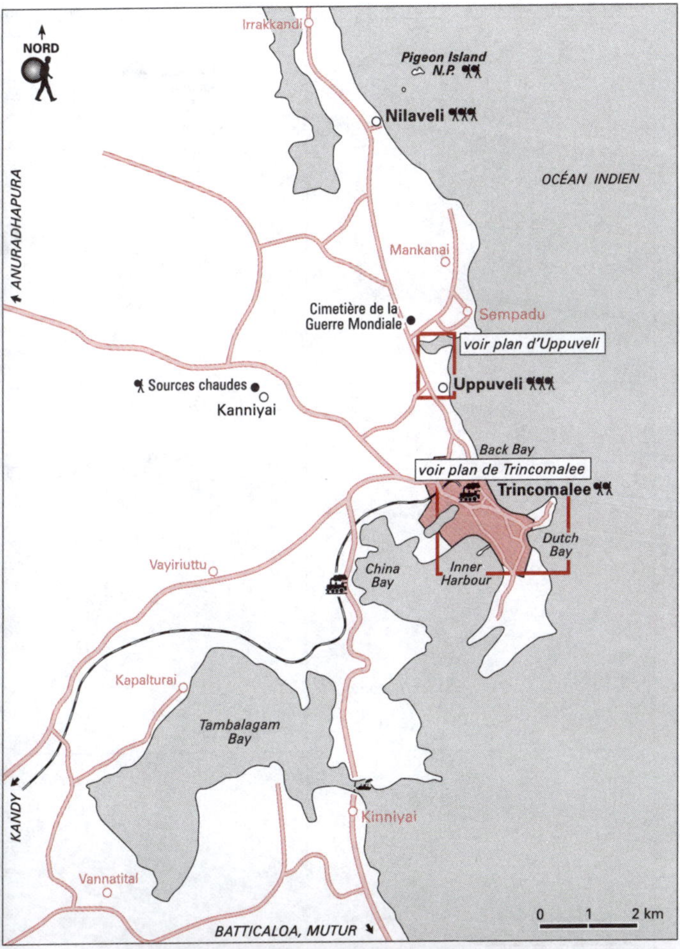

LA RÉGION DE TRINCOMALEE

sont encore en travaux. Les dernières attendent sagement leur tour.

➢ ***Anuradhapura*** *(env 110 km)* **:** route refaite mais pas très large. Sinon, vous pouvez faire un joli détour par Pulmoddai (côte nord), Kebitigollewa (vers le sud), Medawachchiya puis direction Anuradhapura. Jolis paysages, parfois des éléphants sauvages et puis, en principe, ni trafic ni police...

➢ ***Habarana*** *(env 80 km)* **:** route refaite.

➢ ***Dambulla*** *(env 105 km)* **:** route refaite.

Adresses utiles

■ ***Change :*** ***People's Bank*** *(plan C2,* ***1****), 243, Dockyard Rd. Lun-ven 8h30-17h ;* ☎ *026-222-26-93. Une autre* ***People's Bank,*** *sur Central Rd (plan B1,* ***2****).* Les 2

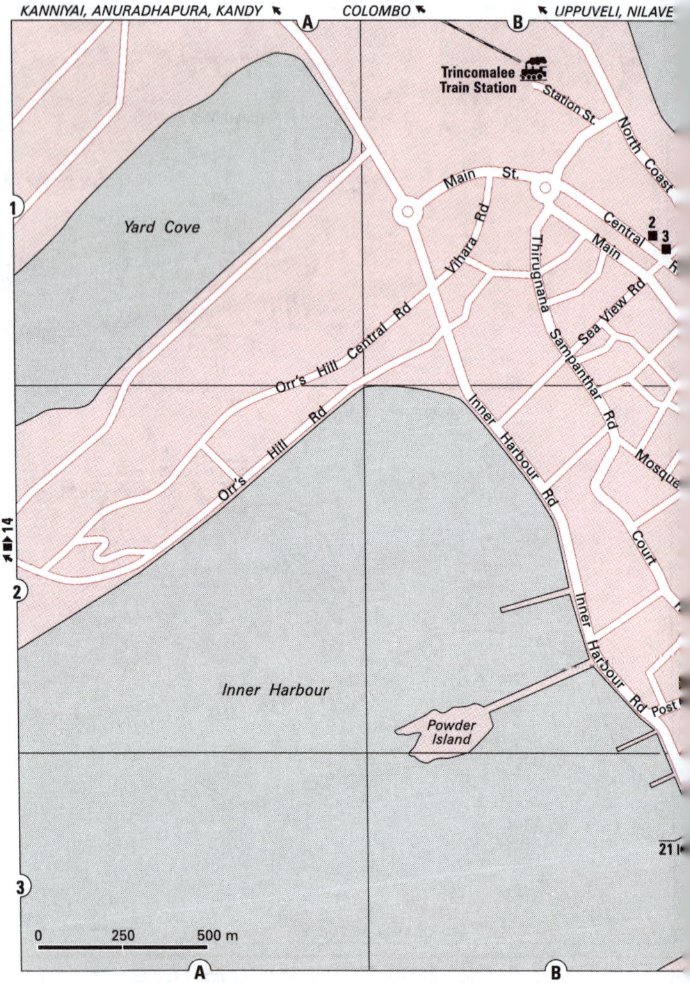

■ Adresses utiles	
1 et 2 People's Bank	5 SriLankan Airlines et Metro Travels & Tours
3 Samphat Bank	Où dormir ?
4 New Asian Pharmacy	10 Silver Star Inn

représentent *Western Union* et proposent un ATM *Visa*. ***Samphat Bank,*** *juste à côté (plan B1,* ***3****).* Également un ATM accessible 24h/24. Et un ATM *BOC* juste à côté du *Dutch Bank Café (plan B3,* **21***).*

■ ***New Asian Pharmacy*** *(plan C2,* ***4****) : 75, Post Office Rd.* ☎ *077-262-89-67. Tlj 7h30-21h (fermé 13h-17h dim).*

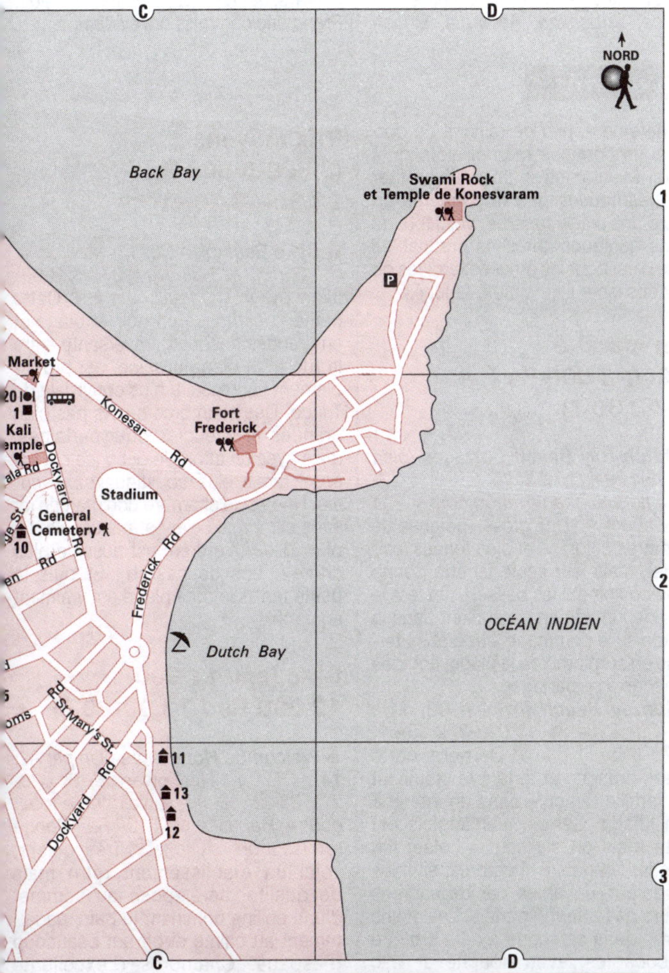

TRINCOMALEE

11 Sunray Beach In
12 Dyke Rest
13 Dutch Bay Beach Cottages
14 Welcombe Hotel

Où manger ?

20 Arafa Hotel
21 Dutch Bank Café

LA CÔTE EST

■ ***SriLankan Airlines*** *(plan C2,* ***5****)* **:** *328, Court Rd.* ☎ *026-222-77-75.* • *srilankan.com* • *Tlj sf dim 8h30-17h30 (15h sam).*

■ ***Metro Travels & Tours*** *(plan C2,* ***5****)* **:** *334, Court Rd.* ☎ *026-222-72-42 ou 44. Tlj sf dim 8h30-17h30 (12h sam). CB refusées.* Vend de nombreuses compagnies aériennes comme *Air France, SriLankan, Air India, British Airways, Jet Airways, Emirates, Etihad...* Prend une commission, évidemment.

Où dormir ?

Honnêtement, peu de raisons de dormir à Trincomalee même, alors qu'à quelques kilomètres on peut profiter de *guesthouses* pas trop chères au bord d'une plage superbe. Voici tout de même quelques adresses praticables (sans plus) pour les arrivées tardives ou pour nos lecteurs vraiment fauchés.

Bon marché (1 800-3 500 Rs / 12-23,30 €)

Dutch Bay Beach Cottages *(plan C3,* ***13****)* : *294, Dyke St.* ☎ *026-225-57-22.* • *lionramanan@yahoo.com* • *Pas de petit déj.* Une grosse poignée de chambres colorées et bien tenues (eau froide), mais leur seule fenêtre donne sur le couloir qui les dessert. On fera le plein de lumière en s'installant dans la grande salle commune vitrée et sa terrasse en surplomb de la plage, équipée d'un frigo à se partager.

Sunray Beach In *(plan C3,* ***11****)* : *304-1/1, Dyke St.* ☎ *026-222-33-61.* *075-675-91-04.* Derrière cette façade orangée et tarte à la crème vit une famille tamoule dans un intérieur bien kitsch. Certes, leur anglais est limité mais on s'y sent à l'aise. Ici, dans les étages, 8 chambres, simples et riquiqui, envahies par de sacrées odeurs de renfermé parfois. Les moins chères de la catégorie à défaut d'être impeccables, avec douche et w-c (eau froide). Évitez celle sur le toit, une fausse bonne idée malgré le point de vue.

Silver Star Inn *(plan C2,* ***10****)* : *27, College St.* ☎ *026-222-23-48.* Dans cet établissement tout vert, choisir les quelques chambres à l'étage, plus calmes. Chambres vraiment basiques, praticables si on n'est pas regardant (assez crapoc et tristouille, tout ça...). Eau froide. Clim pour les plus chères, ce qui les fait passer en prix moyens (et surévalués). En dépannage, quoi...

Prix moyens (3 500-6 500 Rs / 23,30-43,30 €)

Dyke Rest *(plan C3,* ***12****)* : *228, Dyke St.* ☎ *026-222-53-13.* *077-123-08-02.* • *dykerest@gmail.com* • Cette petite *guesthouse* en noir et blanc et en grandes fresques, traversante entre la rue et la plage urbaine, est probablement l'adresse la plus conviviale de Trinco. Des chambres certes pas bien grandes et aveugles pour certaines, mais avec un effort de déco (ce qui est assez rare !), plus moustiquaires et ventilo. Une seule chambre bon marché (et sans clim) mais elle est minuscule. La plus jolie, à l'entrée, est aussi la plus chère... pas de hasard ! Et puis la petite terrasse côté plage est vraiment agréable !

Chic (env 11 000-12 000 Rs / 73,30-80 €)

Welcombe Hotel *(hors plan par A2,* ***14****)* : *66, Orr's Hill Lower Rd.* ☎ *026-222-38-85 ou 86.* • *welcombehotel.com* • *Repas env 1 100 Rs. Bonne remise hors saison.* Très coloré, voici un établissement rétro mais de qualité, aéré, posé au sommet d'une colline dominant la baie, parfaitement au calme et offrant beaucoup d'espace. Chambres d'excellente tenue quoique vieillissantes (les salles de bains, notamment, et le mobilier), soit en rez-de-chaussée, soit à l'étage avec un balcon offrant une large vue sur la mer. Agréable piscine *(accessible aux non-résidents, 400 Rs/h)* en forme de haricot, entourée d'une pelouse tondue comme un mouton (cela va de soi si l'on aime la cuisine). Resto végétarien recommandable. Généreuse terrasse, véritable belvédère sur la baie, en surplomb du hall d'accueil (digne d'une gare !).

Où manger ?

Arafa Hotel (plan C2, **20**) : *459, Dockyard Rd, face au Bus Stand. Tlj 5h-23h (sf prière du ven). Très bon marché.* Juste en face de la gare routière, un resto musulman halal, archi pratique, archi coloré et archi populaire. Comme on aurait pu le dire dans *La vie est un long fleuve tranquille* (version Barbès), le midi, c'est *biryani*. Et le soir ? *Kottu roti* et *string hopper* qui, on vous le rappelle, ne sont pas des peintres abstraits (voir la rubrique « Cuisine » dans « Hommes, culture, environnement » en fin de guide) ! Également des curries. En revanche, comme les couverts baignent dans l'eau, on vous conseille de faire comme tout le monde : vous laver les mains et vous en servir !

Dutch Bank Café (plan B3, **21**) : *88, Inner Harbor Rd.* ☎ *026-222-23-77. Tlj 8h-22h. De bon marché à prix moyens.* Son élégante façade ocre met bien en valeur ses colonnes de pierre. L'endroit n'a pas usurpé son nom : le bâtiment est bien celui de l'ancienne banque hollandaise, daté de 1672. La modernisation est passée par là, et on s'attable dans une agréable salle climatisée et lumineuse, ou sur le toit-terrasse en soirée avec vue sur la baie. Dans les assiettes, une cuisine sri lanko-occidentalo un peu fourre-tout (du *rice & curry* au burger en passant par les pâtes et la pizza – très peu italienne pour le coup), servie en portions parfois congrues... Trinco n'offrant pas une pléiade de restos, celui-ci s'avère fréquentable, y compris pour un snack-apéro avec une bière ou une pause rafraîchissante devant un bon jus de fruits, une pâtisserie ou un expresso.

À voir

Fort Frederick (plan C2) **et Swami Rock** (plan D1) : *temple tlj 6h30-13h, 16h-19h (6 cérémonies/j., la dernière vers 18h45).* Fort datant de 1623 et convoité au cours des siècles par toutes les puissances en présence dans la région, des Portugais aux Français en passant par les Hollandais et les Anglais. Intrinsèquement lié à l'histoire de la ville, c'est toujours une base militaire, mais sa traversée est autorisée pour grimper au temple hindou situé au sommet de la petite colline. Seule restriction, ne pas prendre de photos lors de la traversée de la base (ni, d'ailleurs, à l'intérieur du temple). Le porche d'entrée sous lequel on passe, daté de 1675, est orné des armes d'Angleterre (en français s'il vous plaît : « Dieu et mon droit »). À l'intérieur, un ensemble de casemates sans grand intérêt, mais surtout de magnifiques banians – dont on dit qu'ils sont parmi les plus imposants du pays –, au milieu desquels gambadent en liberté une importante population de *cerfs axis*. On apercevra la *Wellington House* (ou *Wellesley Lodge*), où se soigna le célèbre duc du même nom. Mais c'est en l'honneur de Frederick, duc of York, que le fort fut rebaptisé par les Anglais en 1803. Une fois au sommet (parking), après une petite volée de marches (à peine 5 mn), on atteint le ***Swami Rock,*** coiffé par le ***temple de Thirukoneswaram.*** Si ce temple n'est pas particulièrement beau en lui-même, ce lieu de pèlerinage tamoul est superbement situé en surplomb de la mer. Ajoutez à cela la ferveur continuelle qui y règne et vous aurez toutes les raisons de venir y faire un tour. Il fut édifié sur l'emplacement d'un premier temple hindou que les Portugais se dépêchèrent de démolir en arrivant (fidèles à leur pratique, lors de la Reconquête, ils ne laissèrent pas une mosquée debout au Portugal). Dans les années 1950, des plongeurs en retrouvèrent quelques vestiges au pied de la falaise et une fresque, dans le temple actuel, représente d'ailleurs ce que devait être le complexe avant le passage des Portugais. À droite du temple, un petit passage discret (quelques marches encore) mène à flanc de falaise où des niches abritent des divinités avec la grande bleue en toile de fond. Derrière, tout au fond, ne manquez pas les deux magnifiques « arbres à souhaits ». Ils sont couverts de centaines de petites cages à souhaits (vœux de fertilité) et bouts d'étoffe sur lesquels chacun inscrit ses vœux. Pour que ceux-ci soient exaucés, on achète une noix de coco qu'on coiffe d'une bougie. On prie, puis on vient la fracasser sur un petit autel ceint d'une grille. Rien ne vous empêche de tenter le coup, mais vous verrez, ce n'est pas si facile de briser une noix de coco ! Belle vue sur la baie de l'autre côté.

Kali Temple *(plan C2)* **:** *Dockyard Rd.* Un bien joli temple hindou, traditionnelle pièce montée colorée, hyper chargée de centaines de divinités en pleine action. L'intérieur n'est pas mal non plus. Il règne dans ce lieu une atmosphère cool et très indienne. En fin d'après-midi, quelques musiciens viennent contribuer à l'ambiance.

General Cemetery *(plan C2)* **:** on y trouve surtout les tombes des rares chrétiens du coin, dont quelques mausolées coloniaux patinés et usés des fonctionnaires de Sa Majesté (les ravages de la malaria ou d'autres maladies tropicales), ainsi que des soldats morts de leurs blessures, comme ce brave bougre de 20 ans qui fit exploser son canon en le nettoyant ! Le lieu est abandonné aux herbes folles, aux épitaphes mangées par les mousses, quand ce ne sont pas les daims qui vous regardent avec dédain (voire, dans le meilleur des cas, avec des biches). Romantique ou pathétique ? En revanche, pour les passionnés de ce type de lieu, le ***cimetière militaire de la Seconde Guerre mondiale,*** à 4 km au nord de la ville (route de Nilaveli), se révèle impeccablement tenu (et on y trouve même quelques soldats français).

Market *(plan C1-2)* **:** *près de la Clock Tower, surtout le mat.* Pas bien grand mais sympathique.

Dutch Bay *(plan C2)* **:** seule plage de Trincomalee à peu près fréquentable, en forme de demi-lune, même si certaines frises ne sont pas toujours celles que l'on aimerait voir le plus. La plage est en effet plus ou moins propre... selon les saisons et le sens du vent, mais ça s'améliore. Attention, à certaines périodes cette plage apparemment tranquille peut être ***vraiment dangereuse.*** Se renseigner avant de se baigner. Bref, on vous conseille plutôt les plages d'Uppuveli et Nilaveli (voir plus loin).

DANS LES ENVIRONS DE TRINCOMALEE

Les sources chaudes *(Hot Wells ; plan La région de Trincomalee)* **:** *à* ***Kanniyai,*** *à env 8 km de Trincomalee, en fait à mi-distance de Trincomalee et Uppuveli, mais un peu à l'intérieur des terres. Tlj 7h (6h w-e)-19h. Accès : env 50 Rs.* Rien de spectaculaire en fait et impossible d'y aller en bus (restent le *tuk-tuk* ou la voiture privée). Derrière un muret, comme posés au milieu d'une terrasse dallée de pierre, sept petits puits carrés et carrelés d'où l'on soutire de l'eau à environ 30 °C avant de s'asperger allègrement. Le site n'a rien de folichon, il est même quasiment en ruine ! Ni un lieu religieux ni une salle de bains (savon interdit), mais l'atmosphère, avec tous les visiteurs qui s'arrosent, est insolite, surtout en fin de semaine s'il y a foule. Les hindous attribuent la résurgence de cette eau au camarade Vishnu (un cousin local de Veolia ?).

UPPUVELI

• Plan *p. 329*

À 5-6 km au nord de Trincomalee, voici la première vraie belle plage de cette côte nord-est, sur une langue de terre entre mer et lagune. Presque un village, avec des maisons éparses et une petite concentration urbaine en bord de route. Superbe plage de sable blanc donc, très large, immense, avec cocotiers, etc. De la route, on rejoint la plage par un lacis de chemins de terre, le plus animé étant Alles Garden. N'oubliez pas que la meilleure saison,

sur la côte est, s'étend (environ) d'avril à octobre, pendant laquelle la mer est le plus souvent d'huile. Hors saison, c'est deux fois moins cher, mais la mer est souvent très agitée et il pleut fréquemment...
Quelques adresses pour se loger à presque tous les prix, directement au bord de la plage, sauf dans la rubrique très bon marché (ou alors à vos risques et périls !). Bon à savoir, les portions de plage devant les hôtels *Lotus Park Hotel* et *Trinco Blu* sont régulièrement nettoyées. Le matin, le retour des pêcheurs est toujours un moment superbe.

➢ Bus fréquents depuis et vers Trincomalee (voir plus haut), ainsi qu'en direction de Nilaveli, ou compter env 300 Rs en *tuk-tuk*.
- Attention, pas d'ATM à Uppuveli même, il faut pousser à environ 2 km au sud en direction de Trinco jusqu'à Uppuveli Junction pour trouver un ATM de *HNB* et un ATM de la *BOC*.

Où dormir ? Où manger ?

Bon marché (env 3 000 Rs / 20 €)

Quelques petites adresses en bord de plage. Loin d'être irréprochables quant à la tenue, mais encore abordables malgré l'envolée récente des prix... Tarif divisé par deux hors saison. Bref, il vous faudra ouvrir un peu le porte-monnaie.

☗ ***Hotel Beach Bangal Inn*** *(plan B2, **14**) : 27, Beach Bangal Lane, au bout d'une allée entre Alles Garden et la plage. ☎ 026-222-75-99. • sivacbs@gmail.com • (aléatoire et sur demande, à la réception).* Au fond d'un jardin aussi vaste que très peu entretenu, séparé de la plage par une simple balustrade, des chambres en rez-de-chaussée, distribuées le long d'une large galerie commune divisée en petites terrasses. Plutôt nettes quoique fort simples, et un peu tristounettes. Moustiquaire et ventilo (eau froide). Cela dit, le tarif, parmi les plus raisonnables du coin, n'augmente pas en haute saison. Et le papi tamoul qui gère le lieu est plutôt sympa. Petite bibliothèque. Fait aussi resto sur demande.

☗ Pour les fauchés de chez fauchés, voir aussi les « tubes » en béton de l'***Aqua Inns Hotel*** *(plan B3, **17** ; voir ci-dessous ; selon saison, 800-1 500 Rs pour 2)* : pour les fauchés qui voyagent léger, des tubes de béton (type grosses canalisations), enfouis à l'horizontale dans un talus. Chacun équipé d'une planche en guise de lit, d'un fin matelas, d'une ampoule, d'un ventilo et d'une porte, voici les *Backpacker's Caves* ! Qui se partagent une sorte de courette de sable et des salles de bains communes. Faut pas être claustro, et c'est vrai qu'à 2 on est un peu à l'étroit, mais il faut le reconnaître, c'est l'option la plus économique du coin ! Et au petit matin on peut plonger direct dans la mer, à deux pas...

☗ Sinon, du côté du *French Garden - Dive Paradise,* et d'ailleurs tenus (c'est un grand mot !) par la même famille, le ***Regish French Garden*** *(plan B3, **11**),* directement sur la plage *(📱 071-267-26-29,),* pour sa dizaine de chambres-bungalows en dur, avec ou sans AC, eau froide, ventilo et moustiquaire. Ou, encore plus basique, le ***French Garden Anton*** *(plan B3, **12**),* à 150 m en retrait de la plage *(📱 077-839-34-15 ; ; encore des cubes en béton sous les cocotiers, sans ou avec AC, eau froide).* Le tout très rudimentaire et rarement bien net côté propreté. Tout ce petit monde surfe sur le succès du centre de plongée *Dive Paradise,* et abuse franchement côté prix en haute saison. Repas possible partout, le plus agréable restant les paillotes en bord de plage du *French Garden.*

|●| ***Ceylon Seafood Café*** *(plan A2, **18**) : Alles Garden, sur la rue principale. ☎ 077-933-58-58.* Certes pas en bord de plage, mais une paillote quand même, au bord d'une sorte de mare presque bucolique (gare aux moutiques !). Bien dès le petit déj, mais aussi pour un *rice & curry* copieux (vég ou non), un poisson grillé (BBQ tous les soirs), ou une salade fraîche. Un peu cher déjà, mais bonne ambiance en

soirée, avec parfois un DJ, et agréable aussi pour boire un verre.

Prix moyens (3 500-6 500 Rs / 23,30-43,30 €)

French Garden - Dive Paradise (plan B3, **10**) : *directement sur la plage.* *077-772-82-66.* • *cdp.french@yahoo.com* • Portes colorées ouvrant sur des chambres plus que rudimentaires avec terrasse face à la plage. Malheureusement, l'entretien n'est vraiment pas génial. Salles d'eau vieillottes (eau froide). Le tout vraiment cher en saison, même avec la clim ! Petite terrasse couverte... de tôle ondulée, et paillote sur la plage. Centre de plongée sur place, ce qui fait le succès de l'endroit. Ambiance rasta mais accueil moyen. Bref, pas notre adresse préférée !

Chic (6 500-15 000 Rs / 43,30-100 €)

Coconut Beach Lodge (plan B3, **13**) : *178/19, Alles Garden, un peu en retrait de la plage, dans un chemin perpendiculaire à celle-ci.* ☎ *026-222-48-88.* • *coconutbeachlodge@gmail.com* • *Fourchette basse. Quelques chambres assez bon marché. CB refusées mais euros acceptés.* Voici une jolie maison abritant 5-6 chambres vraiment confortables, aménagées avec goût et pas mal de bois. Ce sont celles-là que nous vous conseillons, plutôt que les 3 petites chambres les moins chères (sans AC), dans une annexe. Jolie déco générale et excellent entretien. Le *Coconut Beach* est aussi une bonne table. On peut réserver le matin si l'on veut du poisson frais, des crevettes ou des gambas tout juste sorties de l'eau. Calme total et excellent accueil (les gérants parlent un bon anglais).

Aqua Inns Hotel et Fernando's Beach Bar (plan B3, **17**) : *12, Alles Garden.* ☎ *026-205-02-02.* *077-854-61-39 ou 071-251-97-49.* • *aquahotel-trincomalee.com* • *En bord de plage, presque au bout d'une allée. Fourchette moyenne, voire basse, pour les doubles les moins chères. Plats min 500 Rs.* Un établissement à géométrie et budget variables. En bas de l'échelle des prix, les *Backpacker's Caves* (voir ci-dessus) ! Côté hôtel, les bâtiments de 2-3 étages sont un peu vieillissants et la propreté n'est pas irréprochable... Au choix, des chambres (y compris triples ou quadruples) avec ou sans clim, toutes avec salle de bains, ventilo moustiquaire, et balcon pour une bonne part. En voir plusieurs quand même, ou se rabattre sur les *deluxe*, mi-chambre mi-tente, plus vastes et équipées d'un frigo (et de la clim) – mais surestimées au plus fort de la saison. Le vrai plus de l'endroit, outre la piscine, c'est ce bar-resto aéré par la brise marine, avec ses tables (de grosses rondelles de gros tronc d'arbre pour certaines) les pieds dans le sable jusque sur la plage... Avec une petite bière fraîche et à la lueur des lampions et des bougies, le bonheur n'est plus loin... Accueil plutôt sympa et pas envahissant, et ambiance générale néo-hippie conviviale.

Sea Lotus Park Hotel (plan B2, **15**) : *directement sur la plage.* ☎ *026-222-53-27.* • *sealotuspark.com* • *Fourchette hte, petit déj-buffet compris. Possibilité de ½ pens et pens complète. Buffet le soir, env 1 200 Rs. CB acceptées.* *(réception et resto).* Un agréable établissement au bâtiment de 2 étages cambré autour d'un petit jardin bien tenu. Certes, la piscine n'est pas bien grande, mais deux marches à peine la séparent de la plage. Préférez les chambres *deluxe*, plus récentes (avec AC et douche à l'italienne), vraiment spacieuses, lumineuses et bien équipées (élégant mobilier de bois sombre). Les *standard* et les minibungalows, directement sur la plage, paraissent un poil datés à côté malgré leur chouette vue (et de surcroît humides pour les *standard*, et franchement riquiqui pour les bungalows)... À noter qu'en haute saison, seules les *deluxe* sont d'un rapport qualité-prix satisfaisant... La salle à manger façon hall de gare est face à la mer, à moins de préférer l'une des tables plantées dans le sable. Le buffet, servi tous les soirs quand il y a assez de monde, est de qualité et à prix doux. Bon service.

Anantamaa (plan B2, **19**) : *7/42, Alles Garden.* ☎ *026-205-02-50.* • *anantamaa.com* • *En retrait de la*

LA CÔTE EST

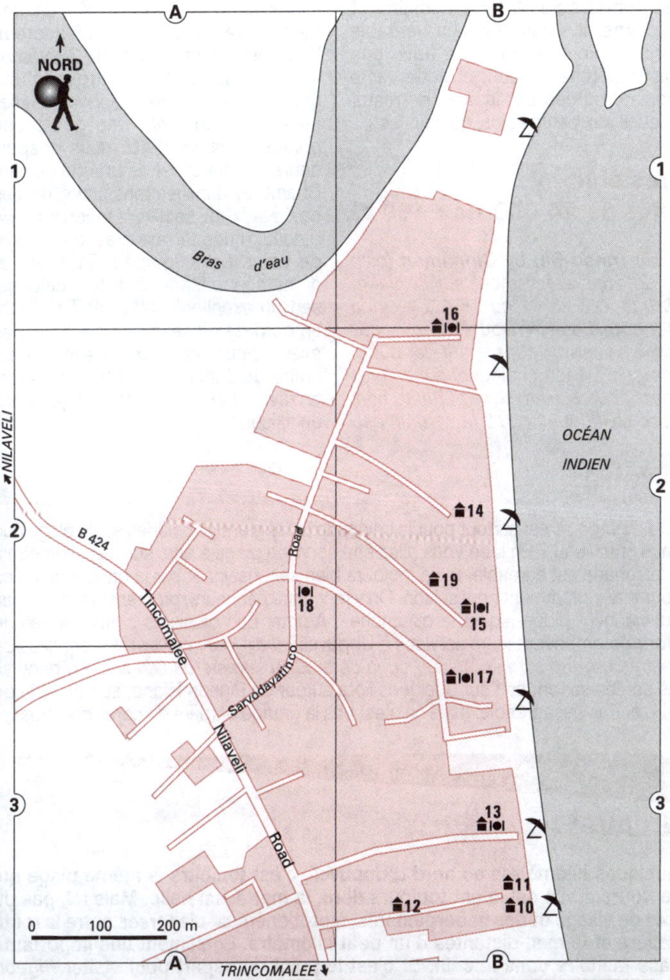

UPPUVELI

Où dormir ? Où manger ?

10 French Garden – Dive Paradise
11 Regish French Garden
12 French Garden Anton
13 Coconut Beach Lodge
14 Hotel Beach Bangal Inn
15 Sea Lotus Park Hotel
16 Trinco Blu by Cinnamon
17 Aqua Inns Hotel – Fernando's Beach Bar
18 Ceylon Seafood Café
19 Anantamaa

plage (accessible par un sentier), juste avt le Sea Lotus Park Hotel. *Fourchette hte.* C'est pour l'excellent confort de ses chambres (grandes salles de bains), son entretien irréprochable et sa belle piscine que l'endroit est appréciable. À taille humaine et moderne, il s'ouvre sur un véritable écrin de verdure, presque frais, une fois le porche passé... et cette vaste piscine, bordée par la salle de resto. Accueil aux petits soins, qui plus est.

Très chic (plus de 24 000 Rs / 160 €)

Trinco Blu by Cinnamon *(plan B1-2,* ***16****) : directement sur la plage. ☎ 026-222-23-07 ou 16-11. • cinnamonhotels.com • Doubles env 185-205 $ en saison, super petit déj-buffet compris.* Beach chalets *et suites plus chers encore. Remise importante hors saison. Buffet env 20 $ le w-e, un peu moins cher en sem.* L'un des beaux établissements du secteur. Dessiné en demi-cercle, sur 2 niveaux, avec arcades, lové autour d'une graaaannde piscine impeccable, elle-même entourée par une généreuse pelouse égayée d'écureuils chapardeurs, cet hôtel est de grande qualité. Chambres dans les tons bleus, dotées de rideaux qui se lèvent façon voile de bateau, d'une terrasse, avec AC, salle de bains bien équipée, TV (TV5) et d'une bonne literie. 2 restos, celui qui sert un excellent buffet, et *The Crab,* en bord de plage, plus cher mais pas mieux, pour déguster par exemple un crabe de Jaffna (desserts décevants, en revanche). Centre de plongée PADI en saison.

À faire

La plage : c'est surtout pour la baignade et les grandes balades sur la plage que vous êtes venu ? Eh bien vous allez être servi. La plage s'étire sur des kilomètres, la baignade est agréable, mais toujours bien se renseigner sur la dangerosité des courants, notamment hors saison. On y rencontre pêcheurs, promeneurs et familles qui viennent pique-niquer le dimanche... À noter que plusieurs petits centres de ***plongée*** proposent leurs services à Uppuveli *(slt avr-oct ; ce sont des annexes de centres ouverts sur la côte sud ou la côte ouest le reste de l'année).* En général, les sorties se font soit sur quelques îlots autour de Pigeon Island, soit du côté de Trinco. Pas désagréable, mais ce n'est pas la grande barrière de corail non plus !

NILAVELI

Quelques kilomètres au nord d'Uppuveli, c'est toujours la même plage qui se poursuit. Le sable est toujours doré, la mer aussi belle. Mais ici, pas du tout de village et des hébergements, plutôt onéreux, dispersés entre la route côtière et la mer, distantes d'un petit kilomètre. Également une importante base militaire dans le coin. Et c'est le point de départ pour visiter *Pigeon Island National Park.*

➢ Bus fréquents depuis et vers Trincomalee (voir plus haut), ainsi qu'en direction de Uppuveli.

– Pas d'ATM à Nilaveli, vous voilà prévenu !

Où dormir ? Où manger ?

De bon marché à prix moyens (jusqu'à 3 000 Rs / 20 €)

Nilaveli Beach Hostel : *Ward n° 2, 9th Mile Post. 077-443-61-73 ou 077-077-85-97. • nilaveli-beach-hostel-trincomalee-sri-lanka.com • Ouv slt avr-sept. Ne pas confondre avec le* Nilaveli Beach Hotel, *beaucoup plus cher ! Fourchette basse.* Une petite *guesthouse* très tournée vers la clientèle des plongeurs fauchés. Dans un bâtiment en bord de route, 5 chambres très simples avec 2 salles de bains communes. Linge et serviettes changés tous les 4 jours. Coin cuisine à disposition. Centre de plongée sur place. Possibilité de réserver en ligne un *diving package* incluant l'hébergement. Même groupe que le *White Sand Beach Hotel*, le *Coral Bay* (pas mal non plus, avec ses 10 chambres et sa petite piscine en bordure de plage mais déjà en « Chic » en très haute saison ; *075-268-25-09*) et le *High Park Hotel*, lui aussi flirtant entre « Prix moyens » et « Chic ».

Shahira Hotel : *juste après le km 16, sur la droite, puis faire env 500 m. ☎ 026-223-23-23. 071-309-03-93. • shahirahotel@sltnet.lk •* En léger retrait de la plage et presque mitoyen d'un secteur militaire (au moins, on est bien gardé), un établissement rudimentaire en U et en rez-de-chaussée, avec quelques palmiers et herbes folles au milieu d'un grand espace qu'il serait présomptueux de qualifier de jardin. Malgré des traces d'humidité un peu partout, les chambres sont acceptables pour le prix, toutes avec douche (eau froide) et w-c ; et la plus chère avec AC et eau chaude, grand luxe ! Ceux qui ne sont pas trop regardants fredonneront « Ah, Shahira, Shahira... », les autres passeront leur chemin. La plage est toute proche et le resto sur place pas mal *(plats 500-800 Rs)*.

Nilaveli Palm House : *au niveau du km 19, fléché en direction de l'océan. 077-105-44-88. Fourchette moyenne. (aléatoire).* Un peu à l'écart des autres adresses à petit prix, à mi-chemin entre la route principale et la mer, une dizaine de chambres très simples sur 2 niveaux : eau froide, clim ou ventilo selon les prix, et balcon ou galerie. Le tout dans la verdure, sous les cocotiers entre lesquels sont tendus quelques hamacs... Bon petit resto sous paillote, et à 400 m au bout de l'allée, la plage (en partie occupée par un village de pêcheurs, cela dit). Accueil cool et calme assuré.

Chic (6 500-15 000 Rs / 43,30-100 €)

Seaway Hotel : *au bout d'un chemin, au niveau de la plage, sur la droite. Plus ou moins fléché. ☎ 026-223-22-12. 077-724-53-29. • seawayhotel.com • Fourchette moyenne.* Sur un vaste espace planté de cocotiers, des chambres impeccables et vraiment spacieuses, chacune dotée d'une terrasse. Les moins chères sont assez petites. Pour le double (sic !), vous aurez droit à une chambre plus grande, à l'étage, récente et bien équipée (clim, eau chaude, et minibar). Également des triples. Au bord de la plage, une paillote-resto agréable, même si on a trouvé les tarifs vraiment élevés. Un bon choix néanmoins si l'on veut être tranquille.

Plus chic (15 000-24 000 Rs / 100-160 €)

Pigeon Island Beach Resort : *juste après le km 18, sur la droite et faire env 500 m. ☎ 026-492-06-33. À Colombo : ☎ 011-268-33-83. • pigeonislandresort.com • Double env 145 $, suite avec vue sur la mer 250 $, petit déj inclus. Plats env 800-1 500 Rs, plateau de fruits de mer 3 500 Rs, buffet le soir 2 000 Rs. CB acceptées. (restos et zones communes).* Chambres assez superbes dans le style contemporain : vastes, impeccables, avec des touches de bleu roi, la clim, une grande douche, etc. Pour agrémenter le séjour, une piscine, un spa en bord de plage et une salle de gym. Le restaurant, tourné vers la mer, concocte une belle cuisine, regardant aussi bien vers l'Asie que vers l'Europe (une cuisine qui louche, quoi !). Plats plutôt généreux et bien tournés. Pour ceux qui ont trop chaud, une salle vitrée, un peu bocal mais climatisée. Service assez pro, même si tout n'est pas parfait, comme partout... L'hôtel possède 2 bateaux pour partir en excursion à Pigeon Island ou à la pêche, et d'un petit centre de plongée *(ouv avr-oct slt)*.

Où dormir très chic dans les environs ?

🏠 |●| ***Uga Jungle Beach** : à **Kuchchaveli,** au niveau du km 27, soit à env 8-9 km au nord de Nilaveli. • ugaescapes.com • Doubles min 190 $, petit déj inclus.* Franchement isolé, voici l'un des plus beaux établissements du coin, qui a fait le choix de respecter la foisonnante forêt tropicale qui l'héberge. Une grosse quarantaine de chambres organisées en bungalows, largement éparpillés dans la verdure, entre passerelles en bois brut, l'une des deux piscines et la plage superbement paysagée, déserte de part et d'autre à des kilomètres à la ronde ! Beaux matériaux et vastes chambres tout confort, toutes avec terrasse ou balcons privés, et pour la plupart une salle de bains à ciel ouvert. Et, la catégorie la plus prisée : une piscine privée que se partagent 3 suites. Cela dit, on aime beaucoup aussi les *beach cabins,* dont l'allée privée conduit droit à la plage... Élégant restaurant, spa et salle de fitness, et un personnel à l'écoute parachèvent ce havre de paix et de luxe verdoyant.

À voir. À faire

★★ ***Lakshmi Naryana Perumal Temple** : sur la route principale, entre Nilaveli et Uppuveli. Tlj 5h-13h, 16h30-20h.* Dédiée à Vishnou, cette imposante bâtisse aux soubassements bleus dispose d'une structure supérieure dorée. Construit en 2011 par la famille Radhakrishnan, ce temple est la copie d'un édifice d'Inde du Sud. À l'intérieur, le dôme longiligne ainsi que les colonnades sculptées sont assez impressionnants.

★★ ***Excursion vers Pigeon Island National Park** (carte La région de Trincomalee) : achat des billets d'accès à l'île au kiosque situé sur la plage même, à 50 m à gauche du* Nilaveli Beach Hotel *et devant l'*Anilana. *Tlj 8h-17h en saison (hors saison, fermeture dès 13h-15h selon le temps et l'état de la mer). Pour l'entrée du parc, tarif dégressif en fonction du nombre de pers : compter env 3 100 Rs pour 1 pers, 4 700 Rs pour 2 pers, 6 300 Rs pour 3, etc. Puis il faut louer les services d'un bateau. Il y en a toujours qui attendent le client devant le kiosque, en particulier les bateliers de la coopérative locale. Compter 2 000 Rs pour tt le bateau, somme à diviser par le nombre de pers (max 6 quand la mer est bonne, 5 quand elle est plus agitée). Ajouter le prix de loc tuba + masque (300 Rs) et 600 Rs avec palmes aussi.*
Conseil : éviter les week-ends, et essayer de partir dès 8h ; c'est l'heure la plus calme et la plus agréable. Apporter de l'eau et de quoi grignoter, car rien sur place. On reste le temps que l'on veut sur l'île, on se met d'accord avec le pilote qui reviendra vous chercher à une heure précise. Prévoir masque et tuba (ou en louer – voir ci-dessus). Ce minuscule îlot situé à 10 mn de la plage de Nilaveli peut faire l'objet d'une sympathique excursion. Il est doté d'une jolie petite plage et dans l'eau, au milieu des coraux, des centaines de poissons de toutes les couleurs picorent le corail, un peu fatigué quand même, le corail.
De temps en temps, un ou deux petits requins pointe-noire viendront peut-être vous saluer (inoffensifs). On batifole 1 ou 2h sur l'eau des 2 spots avant de repartir. Bon, ce n'est pas les Maldives, mais c'est agréable.
D'autres capitaines de bateau proposent du *snorkelling* vers trois autres îlots du secteur (Coral Island en particulier), sans ticket d'entrée à payer (on est en dehors du parc). Mais compter quand même environ 5 000 Rs pour 2 personnes sans l'équipement pour environ 2h.

PASSIKUDAH ET KALKUDAH

La guerre civile et le tsunami, les deux plaies du pays, ont particulièrement ravagé la région. Après avoir été les plus fréquentées de la côte est, ces

plages quasi paradisiaques subirent le bruit des bombes, des bottes puis de brisants hors normes, comme une malédiction. La population, majoritairement tamoule et silencieuse, ne pouvait que constater les dégâts. Même les hôtels étaient plastiqués pour ne pas servir au camp adverse... Aujourd'hui, le bruit et la fureur semblent provenir d'un autre temps, et les touristes commencent à revenir. Et comme ça construit de nouveau, y compris pour les groupes, ils risquent même de revenir en nombre... Il faut dire que les plages sont immenses et superbes. Il suffit donc de marcher un peu (pas mal ?) pour s'éloigner de la foule éventuelle. La plus fréquentée est celle de l'anse de Passikudah : elle est bien belle, de plus le niveau de l'eau et les courants n'y sont pas dangereux en saison. La plage de Kalkudah est moins courue à cause du camp militaire et l'océan y est un peu plus agité.

Arriver – Quitter

En voiture

À une centaine de km au sud de Trincomalee, 70 km de Polonnaruwa (env 1h de voiture) et 35 km de Batticaloa. Dans tous les cas, tourner à Valaichchenai puis faire encore 8 km.

En bus

De Batticaloa ou de Polonnaruwa, prendre un bus pour Valaichchenai (ttes les 15-30 mn), puis un autre pour Kalkudah (attention, peu nombreux) ou un *tuk-tuk* pour les 8 derniers km.

En train

Toute petite gare à Valaichchenai *(guichet tlj 8h30-16h30)*, à env 1 km de l'arrêt de bus et à 5 km de la plage de Kalkudah.
➢ ***Batticaloa :*** 2 trains/j., moins de 1h de trajet.
➢ ***Polonnaruwa :*** 2 trains/j., max 2h de trajet.
➢ ***Colombo :*** 3 trains/j., 1 le mat et 2 en soirée.

Adresses utiles

✉ ***Poste :*** *Main Rd, à **Kalkudah**. Tlj sf dim 7h-17h.*
■ ***Banques et change :*** *dans la rue principale de **Valaichchenai**.* Agences ***Bank of Ceylon, People's Bank*** (distributeur *Visa*) et ***Commercial Bank*** (distributeur *Visa* et *MasterCard*).

Où dormir ? Où manger ?

À Kalkudah

Les 3 premières adresses se situent sur la route principale, avant l'entrée du village, côté sud.

Bon marché (1 800-3 500 Rs / 12-23,30 €)

☗ ***New Land Guesthouse :*** *283, Main Rd. ☎ 065-568-04-40. 📱 077-923-14-03. À 1 km de la plage, sur la route principale. Fourchette moyenne. (payant).* Quelques petites chambres fort présentables, autour d'une courette, sans ou avec AC selon le prix, toutes avec eau froide ; et une triple très agréable. Petite salle TV. Prêt de vélos. Petit déj et repas sur demande à prix serrés. Très simple, mais bon accueil en anglais de la famille tamoule.
☗ ***Abi Holiday Inn Guesthouse :*** *284, Main Rd, juste derrière la* New Land Guesthouse. *📱 075-280-86-90. Fourchette moyenne-hte. (chez les proprios).* Dans une maisonnette rose orangé très croquignolette, avec de petits ballons de foot sur la rambarde. 2 chambres mitoyennes, dont une

triple, avec ou sans clim mais récentes et propres, avec douche froide et w-c. Location de vélos. Petit déj et repas sur demande. Tenu par une famille tamoule parlant très peu l'anglais.

Victoria Guesthouse : *Valaichchenai Rd. ☎ 065-205-02-05. 077-957-89-68. • victoriaghouse@yahoo.com • Fourchette hte. Repas 400-600 Rs.* Dans une grande maison au style pâtissier, une dizaine de chambres impeccables : toutes carrelées, avec ventilo ou AC selon le prix, douche froide et w-c, TV locale et accès à un grand balcon donnant sur la route. Aussi des chambres familiales pour 6 personnes. Prêt de vélos. Bonne cuisine et bière. Tenu par la volubile Mercy (la fille de Victoria), qui a travaillé en Arabie Saoudite et parle un très bon anglais. Ambiance de véritable *guesthouse.* Un défaut quand même : vraiment en bord de route, donc parfois bruyant.

Holiday Beach Guesthouse : *Kalkudah-Batticaloa Rd. 077-972-10-22. • kumuthunilu@gmail.com • Depuis Kalkudah, passer l'embranchement vers Passikudah, c'est tt de suite à droite après le virage qui mène vers le sud. Fourchette moyenne.* 3 chambres très simples et bien nettes (avec clim si besoin, mais alors en « Prix moyens » dans cette petite maison de plain-pied tenue par 2 sympathiques frangines. Grands sourires, accueil sincère et bons petits plats au programme ! Et puis, juste de l'autre côté de la route, à 50 m, c'est la grande plage quasi déserte de Kalkudah Bay... Pour de belles balades les pieds dans l'eau (mais baignade plus risquée que du côté de la baie de Passikudah).

De prix moyens à chic (3 500-10 000 Rs / 23,30-66,70 €)

Nandawanam Gueshouse : *Valaichchenai-Kalkudah Rd. ☎ 065-225-72-58. 071-971-47-99. • nandawanam@live.com • Prix moyens. Plats env 400-600 Rs. CB acceptées.* Dans le village, légèrement en retrait de la route, une grande maison en dur bien verte, avec un agréable jardin. Une douzaine de chambres, dont la moitié bénéficie d'une petite terrasse (pour le même tarif). Toutes carrelées et avec AC, TV satellite (50 chaînes), moustiquaire, douche chaude et w-c. Elles sont vraiment impeccables et bien entretenues. Familiales d'un bon rapport qualité-prix. Location de vélos. Petit déj et repas (langouste et crabes plus chers et sur commande). Ambiance d'hôtel plus que de *guesthouse,* mais bon service et bon accueil, et un avantage rare : pratique les même tarifs toute l'année.

Coco Ville : *Kumbura Mulla Rd (Kalkudah-Batticaloa Rd). 077-905-79-86 et 077-008-01-11. • cocoville.lk • À l'embranchement vers Passikudah, continuer tt droit vers le sud de Kalkudah (en longeant la baie de Kalkudah) puis tourner à gauche au panneau ; c'est au bout du chemin, derrière le portail en bois. Chic.* Si vous cherchez le calme, le chic et une déco originale, vous avez trouvé. Dans une villa en bord de mer aérée par la brise et sans voisin, 2 chambres mitoyennes (mais à l'intimité préservée) avec banquette, fauteuil et dessus-de-lit tout bariolés, tableaux sur les murs et mobilier élégant, plus des stores. Tout confort, bien sûr : clim, TV satellite, minibar. Sanitaires assez luxueux. Terrasse devant. Le tout très cosy. Sous les cocotiers, un chalet en bois tout aussi confortable. *Rice & curry* et plats sur demande. Transferts possibles.

À Passikudah

En venant de Valaichchenai-Kalkudah Road, prendre à gauche au petit tas de panneaux hôteliers la route qui mène à la plage.

Bon marché (1 800-3 500 Rs / 12-23,30 €)

Inn On The Bay : *Passikudah Beach Rd, juste après le* Earl's Hotel *sur la droite. 077-632-78-42. • pasikudahresort@gmail.com • Réduc hors saison et si séjour longue durée.* La plus ancienne *guesthouse* du village. Quelques chambres vraiment basiques dans la maison principale, sans ou avec AC. Mais surtout des bungalows au fond du jardin, simples et plus agréables, avec douche froide et w-c (et clim pour les plus récents). Ashok, le jeune directeur, est aussi un bon cuistot. Demandez-lui son *banana pancake* au petit déj. Le soir, possibilité de manger un *rice & curry*, du poisson, des crevettes, etc. Une adresse de routards, à 5 mn à pied de la baie.

Edo Machang : *103, Passikudah Beach Rd. Accès par l'allée à gauche de l'hôtel* Earl's. *Tlj 10h-23h.* On dirait un hangar, et c'en est presque un ! Mais sous le toit de tôle rafraîchi par la valse des ventilos, grosses tables en bois, béton ciré et photos donnent à l'endroit une touche très contemporaine. Cuisine ouverte en continu, pour se sustenter de copieux plats asiatico-sri lankais au sens large, et enfin des bières abordables ! Billard dans un coin. Fréquenté de manière indifférenciée par les routards de passage, les clients des proches hôtels chic, et les habitants du coin. Convivial, quoi !

De prix moyens à chic (3 500-15 000 Rs / 23,30-100 €)

Roys Inn : *Mariyamman Kovil Rd. ☎ 065-205-02-23. 077-503-66-96. • roysinnguesthouse@gmail.com • Juste après le* Inn on the Bay, *un chemin à droite en face de la « plage ». Fourchette basse.* Le grand plus ici, c'est ce joli jardin arboré et ses paillotes qui se cachent au fond. Pas mal de bois et de palmes pour cacher le « dur » de chambres confortables et bien propres. Piliers, portes et rambardes en bois leur donnent ce charme qui manque souvent. Également une familiale avec mezzanine. Toutes avec douche froide et w-c. Au resto en terrasse, cuisine honnête mais sans génie, en revanche. Bon accueil.

Kay Jay Beach House : *Old Passikudah Rd. 077-644-22-05 ou 077-320-80-20. • kayjayhotels.com • De Passikudah Beach Rd, un chemin sur la gauche après* Earl's Hotel *quand on vient de la plage. Fourchette moyenne-hte. Plats env 300-800 Rs.* Face à la baie de Kalkudah et aux pêcheurs, une villa contemporaine dotée de 6 chambres en béton ciré, avec du bois sombre, la clim, une bonne literie, une salle de bains nickel. Évitez juste les chambres dans l'annexe, sans vue et au même prix. Beau salon TV ouvert sur une petite piscine. Côté restauration, un peu de tout (salades, sandwichs, burgers et currys). Une petite adresse chic.

Earl's Passikudah : *103, Passikudah Beach Rd. Sur la route principale, tt proche de la plage. ☎ 065-205-02-01. • info@earlshotels.lk • Fourchette moyenne.* Pas l'hôtel auquel on succombe par coup de cœur, mais plutôt par raison. Car s'il manque de charme (très standard, tout ça !), son rapport qualité-prix honnête dans cette gamme de confort en fait une halte pratique à quelques enjambées de la plage. Chambres et salles de bains sont vraiment spacieuses, propres et bien équipées. Clim, TV, coffre-fort, frigo, bureau et ascenseur. Lits bien larges. Piscinette sur l'arrière, et, accessible par l'allée qui le longe sur la gauche, resto-pub bien sympa (voir plus haut).

Très chic (plus de 24 000 Rs / 160 €)

Maalu Maalu : *depuis Passikudah Beach Rd, reprendre à gauche la route qui longe la baie de Passikudah, et dépasser les hôtels* Amethyst *et* Uga. *☎ 065-738-83-88. Résas à Colombo : ☎ 011-738-63-86. • theme-resorts.com • Double* deluxe *env 225 $, puis* deluxe attic *et suites 315-350 $. Ajouter 25 $/pers en ½ pens. Buffet env 2 000 Rs.* Dans cette catégorie, voici sans doute le plus bel hôtel du coin, et le premier à avoir ouvert ses portes au bord de la baie de Passikudah. Les bungalows (certains familiaux, en duplex), en dur, sont intelligemment travestis en cabanes de pêcheurs, ouah la bonne idée ! De plus, elles semblent faire une haie d'honneur à la belle piscine, pile-poil dans l'axe de la plage... Tout confort (douche et baignoire, TV satellite, clim et minibar), dans un style gai et contemporain. Seul gros défaut en saison des pluies : pas de moustiquaire, alors que les bestioles font des ravages malgré les diffuseurs. Sinon, buffet de qualité au resto (sauf les desserts, moyens), plus une carte où le poisson est bien présent, logique au bord de la mer, d'autant que *Maalu Maalu* signifie « poisson-poisson »... Bar et boîte de nuit avec karaoké *(slt en saison).* Pour se refaire une santé, petite salle de sport, location de vélos, spa ayurvédique. Et encore un centre de plongée PADI *(slt en saison)* et autres sports aquatiques. Côté bonnes œuvres, l'hôtel participe à la réimplantation du corail (petit musée sur la plage). Bref, ils ont (presque) pensé à tout. Excellent accueil. Une belle adresse.

Ailleurs...

The Cove : *Nasuvantivu,* **Valaichchenai.** *077-791-52-65.* • *thecovepaasikuda.com* • *À env 6,5 km au nord de Kalkudah, sur une presqu'île dans le lagon de Valaichchenai. À 500 m au nord du pont qui franchit le lagon, prendre à droite (quand on vient du pont) la route (fléchage « Mangrove Conservation »), puis à droite panneau « Passikudah Rief » : c'est 3,5 km plus loin, plus ou moins fléché. De prix moyens à chic selon confort. (salle à manger).* Un endroit à part, au bord du lagon qui ferme par le nord la baie de Passikudah... Sur ce vaste terrain avec potager, verger et palmiers, s'éparpillent deux larges huttes ouvertes à toutes les brises (mais équipées chacune d'une salle de bains) : on y dort presque à la belle étoile, protégé seulement par une moustiquaire. Également une très grande maison en bois à étage qui peut accueillir jusqu'à 14 hôtes en chambres doubles ou en mini-dortoirs, et un bungalow au confort plus moderne (clim), que se partage une série de chambres doubles, communicantes ou indépendantes selon les besoins... Idéal pour se réfugier en famille élargie ou en bande dans un vrai coin de nature préservée. Plein d'activités proposées (kayak et *snorkelling* en particulier), location de vélos bon marché (modèles enfants aussi), et une salle à manger conviviale. Une sorte de colonie de vacances pour adultes.

BATTICALOA

env 92 000 hab.

• Plan *p. 338-339*

Capitale de la province de l'Est, à 110 km au sud de Trincomalee. Historiquement, la ville doit son nom à la distorsion qu'exercèrent les Portugais sur le nom de Mudda Kalapuwa, soit « le lagon boueux ». Pas suffisant pour tromper les Hollandais, qui avaient déjà pris pied ici au début du XVIIe s et qui ravirent rapidement le fort aux Portugais (sans vraiment ravir ces derniers, on s'en doute). Pendant la guerre civile, la ville fut particulièrement déchirée entre les troupes gouvernementales qui la tenaient le jour et les rebelles tamouls qui s'en emparaient la nuit... C'est bien sûr la

LE MYSTÈRE DU POISSON CHANTANT

Une croyance locale plutôt tenace affirme que, entre avril et septembre, on entend un curieux son, dû, paraît-il, au singing fish, *un mystérieux poisson chantant... Si, malgré une balade en bateau avec un pêcheur local, vous ne parvenez pas à l'entendre, il ne vous restera plus qu'à surfer sur YouTube ou sur le site* • sciencenavigators.org • *pour l'écouter. N'en déplaise à ceux qui rêvaient déjà de faire la conversation à une sirène (une créature largement statufiée en ville), les enregistrements font plutôt penser à... un coassement de grenouille !*

population civile qui paya le plus lourd tribut, soit environ un millier d'âmes. Le tsunami de 2004 ne l'épargna pas non plus. Aujourd'hui, « Batti » (pour les intimes), située sur une presqu'île reliée par des ponts à la terre ferme, jouit d'une position originale qui mériterait d'être mieux mise en valeur. Certes, le lagon et ses rives boisées ont par endroits des faux airs d'île déserte et on y trouve une plage, celle de Kallady, animée par des pêcheurs toujours bien actifs. Mais pas de site majeur à visiter, plutôt une ambiance, entre la presque unique rue de la ville ancienne et 2-3 grosses artères plus bruyantes côté terre ferme. On ne fait souvent que passer à Batticaloa, mais les amateurs de tranquillité et de vie locale y trouveront leur compte.

Arriver – Quitter

En voiture

Que ce soit vers Trincomalee ou Arugam Bay, les routes qui longent la côte ont été refaites.

En bus

Les ***stations des bus*** privés et d'État ou *SLTB (☎ 065-222-57-23)* se trouvent côte à côte sur Munal St, à l'ouest du centre *(plan A2)*.

➢ ***Colombo :*** bus privé ttes les 30 mn-1h, 6h30-22h. Les bus de 21h et 21h30 ont la clim mais arrivent en pleine nuit ! Durée : env 7h. Sinon, 3 bus publics sans AC vers 7h, 12h et 13h15 (durée : 8h).

➢ ***Pottuvil (Arugam Bay) :*** bus publics vers 6h, 10h, 11h, 12h30 et 14h30. Durée : 4h. Et 3 bus privés.

➢ ***Valachchenai (Passikudah et Kalkudah) :*** bus public ttes les 15 mn 6h-18h.

➢ ***Polonnaruwa :*** privé ou public, bus ttes les 30 mn presque 24h/24. Durée : 4h.

➢ ***Kandy :*** bus privé vers 4h30 et 12h20 sans clim. Slt 1 bus public vers 5h30. Durée : 5-6h.

➢ ***Trincomalee :*** ttes les 45 mn en bus privé, 5h25-16h30. Durée : 3h30. Slt 1 bus public/j. vers 13h.

➢ ***Jaffna :*** 7 bus publics/j., 4h30-21h. Durée : env 7h.

En train

Railway Station *(hors plan par A1) : au nord du centre-ville. ☎ 065-222-44-71. Guichet ouv tlj 6h-19h. ATM à la gare.*

➢ ***Colombo :*** le train de 6h10 est un *Express* (9h de trajet !). Et 1 train de nuit vers 20h15, arrivée vers 5h du mat, mais possède aussi une 2nd *class* avec *sleeperette* (siège inclinable), sur résa.

➢ ***Polonnaruwa :*** trajet en 2-3h slt, donc prendre n'importe lequel des 4 trains 6h10-20h15. De même pour rallier Valachchenai (Passikudah et Kalkuda), max 1h de trajet.

➢ ***Trincomalee :*** la meilleure option est de prendre le train de 10h15 le mat pour Maho, descendre à Gal Oya Junction (au nord d'Habarana) vers 14h30 et prendre le train de 15h pour Trinco (1h40 de trajet). Attention à ne pas le louper, c'est le dernier de la journée...

➢ ***Vers Maho Junction et Anuradhapura :*** prendre l'un des 2 premiers trains qui dessert Maho (6h10, 10h15 et 20h15 ; env 5h15 de trajet), puis chopper un train pour Anuradhapura (env 1h30 de trajet).

Adresses utiles

Office de tourisme *(plan B2) : Bazaar St, presque face à la Public Library et la Batticaloa Gate. ☎ 065-222-91-91. Théoriquement tlj 8h30-17h.* Juste un kiosque octogonal et des infos assez sommaires. Horaires variables. On peut aussi demander des infos à la bibliothèque derrière...

– Vous en apprendrez (légèrement) plus sur le site • *welcometobatticaloa.com* •

■ ***East n' West On Board*** *(plan D1,* ***4****) : 65, Thiruchentoor Beach Rd, Kallady. ☎ 065-222-60-79. 📱 072-561-59-80.* • *eastnwestonboard.com* • *Tt proche de la plage de Kallady : laisser à main*

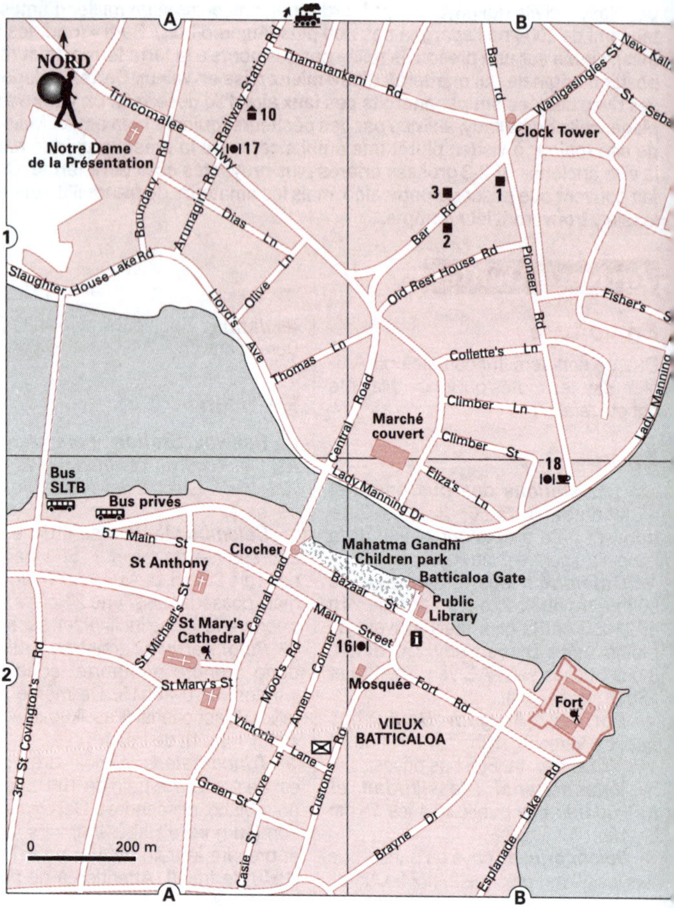

■ **Adresses utiles**

- i Office de tourisme
- **1** People's Bank
- **2** Commercial Bank
- **3** Nation's Trust Bank
- 4 East n' West On Board

Où dormir ? Où manger ?

- **10** Co-op Center

droite un petit temple tamoul, c'est 100 m plus au nord sur la gauche. Sandrine, une Française bien installée au Sri Lanka, propose des visites guidées thématiques (certaines à vélo, d'autres en bateau, voire à pied, mais toujours avec un déjeuner chez l'habitant) et des activités (pêche, cours de cuisine, etc.), et développe parallèlement des actions sociales destinées à améliorer le quotidien des habitants de la région. Elle a ainsi mis sur pied un réseau de

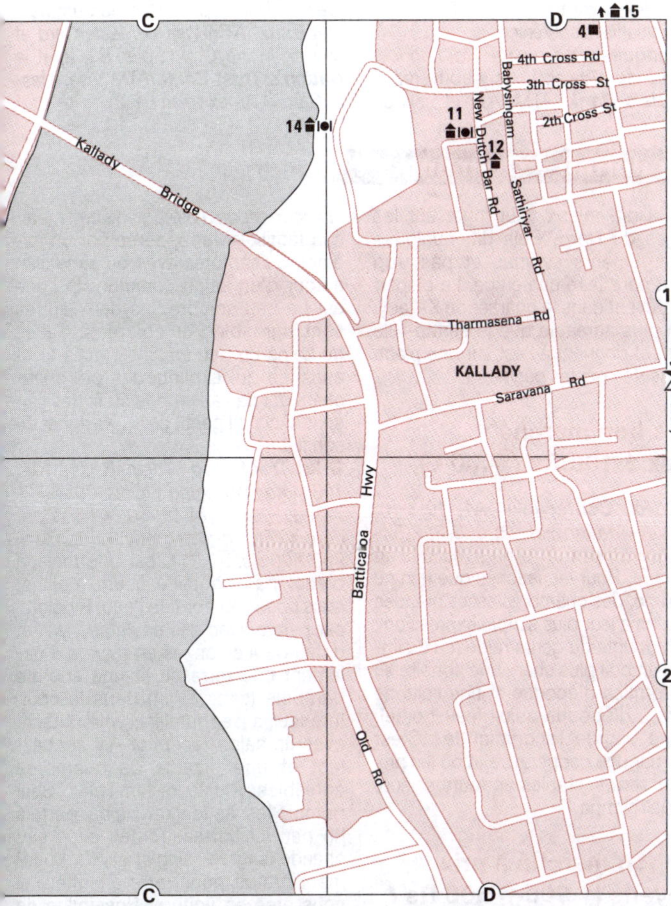

BATTICALOA

11 Hamsaam Villa	**16** New Hajiar Eating House
12 York Inn	**17** Sun Shine Café et Tomato
13 Treat Ooo !	**18** Café Chill
14 Riviera Resort	
15 Naval Beach Villa	

chambres dans des familles modestes, afin de mieux faire connaissance avec les cultures cinghalaise, tamoule et musulmane (attention, les chambres et l'accueil restent très simples, on n'est pas chez *Airbnb* !). Peut aussi vous concocter un voyage à la carte dans toute la région et le reste du pays, en privilégiant toujours le contact et les rencontres. Location de vélos également, service de taxi ou de *tuk-tuk,* et si vous ne faites que passer à leur bureau, vous

LA CÔTE EST

y récolterez de toute façon des infos. Une initiative à soutenir.

■ ***Banques :*** *ttes sur Bar Rd, non loin de la Clock Tower.* Vous y trouverez la ***People's Bank*** (ATM *Visa* et service *Western Union* ; *plan B1,* ***1***), la ***Commercial Bank*** (ATM *Visa* et *MasterCard* et service *MoneyGram* ; *plan B1,* ***2***) et la ***Nation's Trust Bank*** (ATM *Visa, MasterCard* et *Amex* ; *plan B1,* ***3***).

Où dormir ? Où manger ?

On l'a dit, mieux vaut loger sur les plages du Nord. Cela dit, quelques hébergements sympas et pas trop chers pour faire une étape. La plupart se trouvent dans le quartier de Kallady, bien plus agréable que le centre-ville agité, et donnant à l'est sur une plage fréquentée par les pêcheurs.

Très bon marché (max 1 100 Rs / 7,30 €)

☗ ***Co-op Center*** *(plan A1,* ***10****) : 10, Railway Station Rd. ☎ 065-222-54-63. À deux pas de la gare, accueil au 1er étage.* Pour les fauchés que rien ne déprime, des chambres assez grandes réduites à leur plus simple expression : un lit double du genre raide (ou 2 simples, un poil plus cher), une armoire en pur formica d'époque et une salle de bains... d'époque aussi (eau froide). Sac à viande recommandé ! C'est tenu par une coopérative, d'où les prix hyper serrés, stables en toute saison. Accueil sympa.

De bon marché à prix moyens (1 800-6 500 Rs / 12-43,30 €)

☗ |●| ***Hamsaam Villa*** *(plan D1,* ***11****) : 35/1A, New Dutch Bar Rd. ☎ 065-222-80-60. • anandahrajah@gmail.com • Fourchette basse.* Wi-fi *(payant pour les moins chères).* Dans une ruelle étroite, une maison familiale bien nette avec 3 chambres toutes bleues dotées de ventilo ou AC et d'eau chaude. Simples mais fort correctes et vraiment pas chères. Petit jardin et terrasse. Possibilité de petit déj et repas. Bon accueil du proprio en anglais.

☗ ***York Inn*** *(plan D1,* ***12****) : 70, New Dutch Bar Rd. ☎ 065-222-71-22. 📱 071-296-51-57. Fourchette basse, et aucun repas.* À l'étage de cette maison familiale verte, aérée par un jardinet, 3 chambres avec ou sans clim autour d'un salon commun. Si l'une est un peu sombre, les deux autres sont agréables et colorées. Salles de bains un peu inégales, mais c'est aussi ce qui explique les prix planchers qui ne varient pas au fil des saisons. Accueil gentil de M. Xavier et de son fils.

☗ |●| ***Treat Ooo !*** *(plan B-C1,* ***13****) : 103, Lady Manning Dr. ☎ 065-222-76-00. 📱 076-671-00-50. • treatooo.com • Fourchette moyenne. Plats 200-900 Rs.* 💻 Wi-fi C'est une maison bleue, pas adossée à une colline, mais posée au bord de l'eau. Rigolote, car peinte avec des couleurs vives et dotée de 4 colonnes en façade. Également une terrasse et une énorme parabole (sans TV5 !) dans la cour. Intérieur assez familial, voire kitsch, avec un salon-réception-TV accueillant et une dizaine de chambres agréables. Plusieurs familiales. Seul bémol, les salles de bains parfois un peu vieillottes. Toutes avec eau chaude (sauf les *single*) et AC. Logement gratuit pour votre chauffeur si vous êtes en voiture. Possibilité de repas : *rice & curry* et carte fournie en riz, nouilles et autres viandes. Location de vélos. Une bonne petite adresse, idéale si on ne souhaite pas se lever très tôt...

☗ |●| ***Riviera Resort*** *(plan C-D1,* ***14****) : New Dutch Bar Rd. ☎ 065-222-21-65. • riviera-online.com • Fourchette moyenne-hte. Repas bon marché. CB acceptées.* Wi-fi Un immense jardin tropical au bord de l'eau (côté lagune), bordé par une allée surmontée de lampadaires. Un peu partout, bancs et hamacs pour profiter de la brise, et vue sur le pont. Extra ! Côté dodo, on a un petit faible pour les cabanes perchées sur pilotis, avec douche chaude, ventilo, moustiquaire et belle terrasse en bois. Sinon, une vingtaine de chambres sans ou avec AC, plus ou moins confortables selon le prix (humides pour certaines). Les moins chères assez basiques, les autres avec murs de pierre, terrasse et douche chaude. Voir aussi les *family cottages* en dur pour 4 personnes avec AC. Petit spa et grande piscine dans la verdure, un vrai plaisir (accès aux non-résidents 500 Rs) ! Location de kayaks et de vélos. Bon resto (mais la patience s'impose) et bon accueil. Une belle adresse.

***Naval Beach Villa** (hors plan par D1, **15**) :* School Rd, Navalady. 077-469-21-21. • rainf3700@gmail.com • Entre lagune et plage, au nord de Kalladay, à 3 km env du Kallady Bridge. Fouchette basse-moyenne. Voilà un petit « bout du chemin » comme on les aime, même si en vrai la route continue un peu plus au nord. Derrière un enclos propret, une maison à louer en entier, et surtout 4 charmants bungalows au fond du généreux et accueillant jardin (2 étant équipés d'un coin cuisine et de l'eau chaude). Sous une paillote tout aussi soignée, la salle à manger-cuisine, dont l'accès libre permet de se concocter petit déj (tout est fourni) ou repas (faire alors ses courses !). Prêt de vélos, et de belles balades en perspective, voire des baignades, sur la grande plage déserte, à 150 m... Accueil charmant.

***New Hajiar Eating House** (plan B2, **16**) :* 140, Main St. ☎ 065-222-56-39. Tlj 7h30-21h30. Bon marché. Un resto musulman situé derrière la mosquée, dans la principale rue commerçante du vieux Batticaloa. Dans une grande salle propre et animée, fréquentée par les locaux, on vient se restaurer d'un *biryani* ou de plats de poulet, mouton ou crevettes. *Kottu roti* à partir de 15-16h. Couverts propres mais tout le monde mange avec ses doigts. Copieux, bon et pas cher.

Sun Shine Café** (plan A1, **17**) :* 136, Trincomalee Rd. Tlj 6h30-22h. Très bon marché. Bien pratique en débouchant de la gare, cette cafét' et ses quelques tables, pour un en-cas rapide (*roll*, chausson, en sucré comme en salé, et aussi un plat du jour type *biryani*) ou faire quelques provisions avant de prendre un train. Et 2 étages au-dessus, le ***Tomato et sa salle compassée (☎ 065-465-06-50 ; tlj 10h-21h ; bon marché), pour un vrai dîner : cuisines sri lankaise, indienne et chinoise, de bonne réputation.

***Café Chill** (plan B2, **18**) :* 9, Pioneer Rd. 077-777-95-98. Tlj 10h-23h30. Bon marché. Voici le *garden café* fréquenté par la jeunesse du coin : de la récup un peu classe, des plantes partout, pas mal de bois et de bambou, quelques canapés, des guéridons, et un petit choix de snacks, jus de fruits, milk-shakes... ainsi qu'un expresso digne de ce nom ! Accueil cordial.

À voir

***Le fort** (plan B2) :* construit par les Portugais en 1628 (et non « 1682 » comme indiqué sur la porte principale, vous avez dit... slexique ?). Ravi par les Hollandais 10 ans plus tard, donc pas le temps de rentabiliser l'investissement ! Tout petit et trapu, on y jette un œil pour ses murs bien costauds, ses deux canons et ses échauguettes de surveillance. Jolie vue sur la baie depuis les remparts. À l'intérieur, quelques services municipaux et... un temple hindou.

– À côté du kiosque de l'office de tourisme, jeter une moitié d'œil à la minuscule ***Batticaloa Gate*** *(plan B2)*, qui ne vaut évidemment pas la *Gate of India*, à Bombay, même en miniature !

***Saint Mary's Cathedral** (plan A2) :* si vous déjeunez chez *New Hajiar* (voir plus haut), jetez un œil à cette cathédrale pas plus grande qu'une église, d'un bleu absolu et annoncée par un christ on ne peut plus argenté, le tout fort kitsch ! La ville compte d'ailleurs pas mal d'églises, colonisation portugaise oblige...

Kallady Beach (hors plan par D1) : *dépasser le* Bridge View Hotel *et continuer la petite route goudronnée jusqu'au bout (poste de police).* Longue plage, sympa et à peu près propre, avec des bateaux de pêche. En remontant vers le nord, de moins en moins de monde... et à la pointe, très beau paysage lorsqu'océan et lagune se rencontrent. Attention quand même aux vagues hors saison, qui peuvent s'avérer dangereuses. On préfère la beauté et la quiétude des plages de Passikudah et Kalkudah.

POTTUVIL ET ARUGAM BAY

- Plan Pottuvil et Arugam Bay *p. 343*
- Plan Le temple de Magul Maha Vihara *p. 351*

Pottuvil, petite bourgade paisible et horizontale, n'a d'autre intérêt que d'être la porte d'accès à Arugam Bay. Quelques banques, la poste à mi-chemin d'Arugam Bay, la station de bus, des commerces, de majestueux banians... Rythme indolent, vous n'y passerez guère que pour recharger votre portefeuille ou y attraper un bus. À 3 km à peine plus au sud, une fois passé le pont, la baie d'Arugam se dessine. À droite, de vastes lagunes où volent de belles aigrettes et hérons, et où vaquent de paisibles troupeaux de buffles. À gauche, la mer... La raison même de venir ici, assurément.

Arugam, modeste village de pêcheurs, s'est donc largement converti au tourisme. La mode du surf a permis à cette anse et aux plages qui la prolongent vers le sud de trouver leur créneau : la clientèle se compose autant de ces Australiens et Californiens mordus de glisse – fringues cool et chevelures délavées par les embruns – que d'amateurs de vastes espaces semi-vierges. « Semi », car vu le nombre de *guesthouses* qui ont poussé, c'est sûr qu'en pleine saison (d'avril à septembre), le coin est loin d'être désert. L'ensemble reste cependant bon enfant, même si les *guesthouses* sortent de terre comme des champignons ! Pour ceux qui se poseraient la question, ça ne vaut pas vraiment le coup de venir hors saison, même si les prix baissent : pas mal d'adresses sont fermées et le climat, comme l'ambiance, sont pas plus moroses...

Arriver – Quitter

En voiture

➢ ***Colombo :*** compter 8-9h de trajet. Par Ratnapura, Wellawaya et Monaragala. Quelques tronçons de montagne cassent l'allure, compensée par des paysages superbes. Dans la plaine, en arrivant sur la côte est, alternent zones sèches, rizières, quelques petites forêts.

➢ ***Nuwara Eliya :*** splendide route de montagne jusqu'à Badulla.

➢ ***Batticaloa :*** bonne route côtière (A 4) sur env 100 km. Paysages de vastes rizières autour du port d'Oluvil. La mer commence à être visible à partir de Thambiluvil slt.

➢ ***La côte sud :*** depuis Hambantota, puis Wellawaya ou Buttala, suivant qu'on visite ou non au passage le *parc national de Yala.*

En bus

Petite station de bus (plan A1) : *à* ***Pottuvil.*** *Ouv 5h-19h. Compter env 200 Rs en* tuk-tuk *pour rejoindre Arugam Bay.*

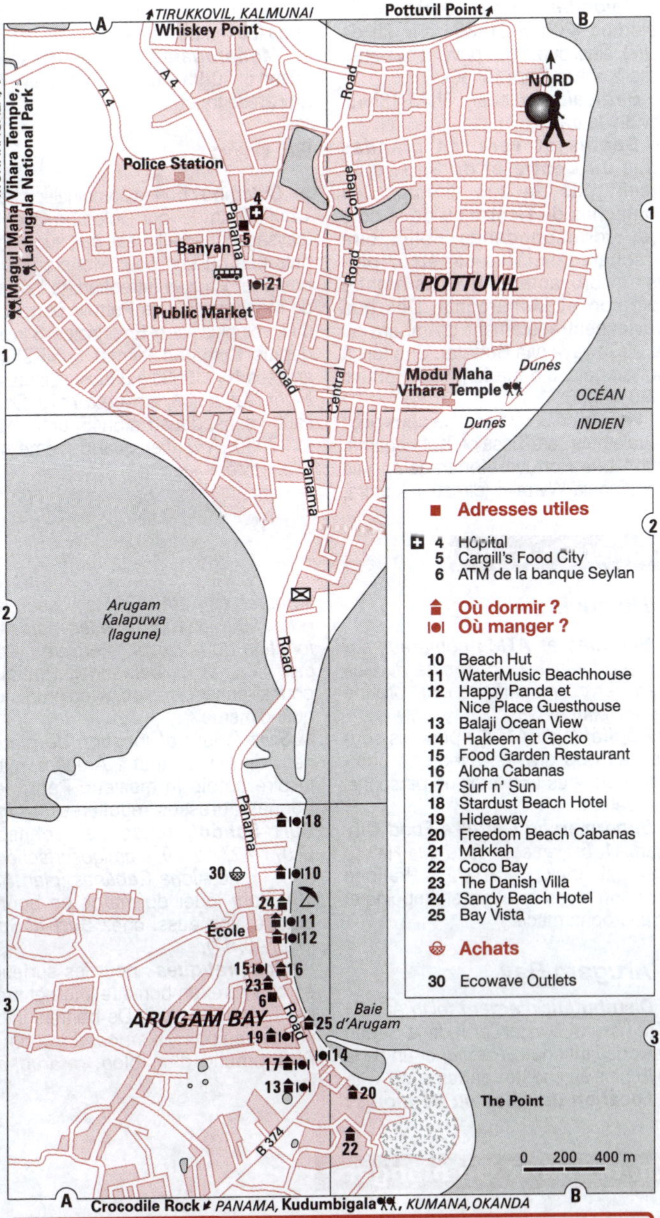

POTTUVIL et ARUGAM BAY

➢ ***Colombo :*** 3 bus *STB*/j. pour Colombo (20h45-21h30 ; env 7h de route), ainsi que 1 bus privé et climatisé dans la soirée (vers 19h30).
➢ ***Batticaloa :*** 6 bus/j. 6h45-18h45. Env 3h de trajet.
➢ ***Depuis et vers les grandes villes du Centre et du Sud :*** quasiment pas de bus directs. Des montagnes du Centre ou de la côte sud, correspondance obligatoire à Monaragala, ville-carrefour polluée et bruyante. Env 1 bus/h entre Colombo et Monaragala. Des bus proviennent également d'Ampara ou de Wellawaya (via Buttala). Une fois à Monaragala, 3 départs/j. vers Pottuvil 8h30-12h30.
➢ ***Vers la côte sud et Yala :*** bus pour Buttala puis vers Tissa ou Kataragama. Sinon bus Pottuvil-Monaragala, puis Monaragala-Werrajail (direction Matara, durée 3h), puis Werrajail-Tissamaharama (20 mn de trajet).
➢ ***Monaragala :*** 8 bus/j. ttes les 30 mn 5h30-9h, puis à 13h, 14h et 17h. Env 2h de trajet.

En train

➢ ***Colombo :*** bonne combinaison train + bus. Train de jour Colombo-Badulla (paysages magnifiques), nuit sur place, puis bus ou taxi pour Monaragala et bus pour Pottuvil (attention, ts les bus de Monaragala vers Pottuvil partent le mat, voir plus haut). En principe, 3 trains depuis Colombo le mat 5h55-9h45, arrivées 16h-19h30 à Badulla. Sinon, un *Night Mail* à 20h, arrivée à 7h10. Dans l'autre sens, départ à 5h45, 8h30, 10h et 17h50. À vérifier quand même sur • *railway.gov.lk* •

Adresses utiles

À Pottuvil

■ ***Banques et ATM :*** *nombreux sur la rue principale, à proximité du Bus Stand et du magnifique et tt proche banian (plan A1).*
✚ ***Hôpital*** *(plan A1,* ***4****)* **:** pour les soucis pas trop graves, avec une pharmacie où vous trouverez un personnel compétent.
■ ***Supermarché Cargill's Food City*** *(plan A1,* ***5****)* **:** *presque face à la Hatton National Bank. Tlj 7h-22h.* Pratique pour son rayon épicerie, shampoing et sa micropharmacie.

À Arugam Bay

■ ***Distributeur d'argent*** *(plan A3,* ***6****)* **:** ATM (*Visa* et *MasterCard*) de la *Seylan Bank* devant l'hôtel *Pacific,* et un de la *HNB* plus au sud ttes cartes aussi.
■ ***Location de vélos ou de motos :*** *compter env 200-300 Rs/j. pour les vélos, 500-700 Rs/j. pour les motos en fonction de la saison. Partout à Arugam, il suffit de demander.* Pratique pour sillonner la région, avec prudence quand même.
■ ***Surf*** *(cours et location de matériel)* **:** un peu partout à Arugam, mais le pire côtoie le meilleur. Parmi les bonnes adresses régulières, ***Amigo Surf School,*** tenue par Johnson (*077-427-52-29, • amigosurfschool.com •*), au *Aloha Cabanas (plan A3,* ***16****).* Pour louer du matos de bonne qualité, voir aussi chez ***Surf n' Sun*** *(plan A3,* ***17****).*
– ***Infos pratiques :*** pour les surfeurs en chambre, un bon site internet créé par l'hôtel *Stardust.* De bonnes infos sur la région : • *arugambay.com* • Plus proche d'un blog, • *arugam.info* •

Où dormir ? Où manger ?

La plupart des adresses modulent leurs tarifs selon la saison, mais certaines gardent les mêmes toute l'année. C'est entre juin et septembre qu'il est le plus difficile de trouver à se loger à bon compte. Si jamais vous venez hors saison, les prix que nous vous indiquons baissent alors facilement de 30-40 %.

LA CÔTE EST

De très bon marché à bon marché (max 3 500 Rs / 23,30 € pour dormir ; max 1 500 Rs / 6,70 € pour manger)

⌂ |●| ***Beach Hut*** *(plan A3,* ***10****) : en bord de plage.* ☎ *063-224-82-02.* 📱 *077-160-62-03.* • *arugambaybeachhut.com* • *Fourchette basse-moyenne. Remise si séjour longue durée. Hors saison, jusqu'à - 50 %.* 2 emplacements de part et d'autre du chemin : à 80 m de la plage autour du resto (à droite en regardant la baie) ou directement en bord de plage, côté gauche. D'un côté comme de l'autre, ces cabanes rigolotes, tout en bois et coiffées de feuillage, perchées sur pilotis ou posées sur le sable, offrent un confort vraiment minimal et rustique : moustiquaire et ventilo, salle de bains biscornue avec eau chaude (ou tiède !) pour les plus onéreuses, et sanitaires communs (eau froide) pour les moins chères. De petits nids pour routards à budget serré. L'ensemble, bien ombragé, est décoré de nombreux objets de récup et de bois flottés, et affiche une atmosphère conviviale tendance reggae. D'ailleurs très fréquenté même hors saison. Resto tout à fait correct, à prix sages, toujours animé.

⌂ ***Happy Panda*** *(plan A3,* ***12****) : juste en face de Nice Place Guesthouse.* 📱 *077-299-07-79.* • *happypandahotel.com* • *Fourchette hte.* Une minuscule *guesthouse* de 3 chambres (avec douche froide, w-c et moustiquaire) autour d'un patio de la taille d'un mouchoir de poche, agrémenté de hamacs et de drapeaux bouddhistes. Petit, certes, mais mignon et chaleureux comme un bébé panda ! De plus, les petits déj et les repas vég (*curries,* salades, sandwichs, *smoothies,* etc.) sont délicieux, même si on n'y réside pas. Accueil sri lankais mais la proprio est russe (eh non, pas chinois malgré le nom du lieu !).

⌂ ***Freedom Beach Cabanas*** *(plan B3,* ***20****) : côté plage, au sud de la baie.* 📱 *077-068-83-11. Fourchette hte.* Au sud de la plage, dans un coin un peu foutraque, il faut bien le dire, quelques chambres bon marché, même en haute saison, dans un grand bungalow ou autour d'une cour. Eau froide partout, et l'option clim fait grimper les prix en « Prix moyens ». *Family business,* accueil assez sympa. *Tea shop* rustique à côté proposant *roti* et *paratha.*

⌂ |●| ***Balaji Ocean View*** *(plan A3,* ***13****) : sur la rue principale, au sud, côté terre.* ☎ *063-493-03-90. Fourchette moyenne pour les dortoirs, petit déj inclus.* On indique l'endroit pour ses 2 dortoirs, l'un de filles, l'autre de garçons, avec *lockers,* ventilo et des lits superposés alignés comme à la parade. Rien de folichon, un peu sombre (et nulle vue sur l'océan, contrairement à ce que le nom laisse espérer), mais ça dépanne. Tout comme la cafét', pour sa cuisine sri lankaise et indienne correcte, sans ambiance aucune mais à prix plancher. Éviter les doubles, déjà en « Prix moyens », pas intéressantes.

|●| ***Food Garden Restaurant*** *(plan A3,* ***15****) : sur la route principale, côté terre. Ouv slt fév-oct, tlj 7h-22h.* Une paillote où les prix raisonnables et la qualité de la cuisine (des spaghettis au tandoori en passant par les crevettes) attirent les visiteurs. Parfois portions congrues, mais tout est mitonné à la commande.

|●| ***Hakeem*** *(plan A3,* ***14****) : sur la route principale, côté plage, un peu après l'ATM HNB et Gecko. Tlj, midi et soir.* Côté plage, mais surtout côté rue, car l'endroit n'est pas traversant ! Cela dit, les tablées font le plein, et sous les ventilos les conversations vont bon train, en particulier le soir. Poissons et fruits de mer au poids (bien vérifier les tarifs). Simplement grillés, accompagnés de salade et de frites, ça descend tout seul. Nouilles sautées et riz variés aussi. Et pour faire glisser avec une bière, il suffit d'aller en chercher une dans un bar à proximité.

|●| Pour les amateurs d'« authenticité » et les petits budgets, il y a bien sûr de nombreux ***petits restos et gargotes à Pottuvil,*** histoire de se restaurer pour pas cher avant de prendre un bus ou même à l'arrivée. Faites quand

même gaffe à l'hygiène... Vous pouvez essayer le **Makkah** *(plan A1, 21)*, dans la rue principale, à côté de la *Bank of Ceylan*. *Tlj 5h-1h*. *Parathas* le matin, *kottu* le soir, et plein de petits plats en vitrine le reste de la journée (riz, bœuf aux légumes, poulet, crevettes, etc.). Très correct.

De bon marché à prix moyens (3 500-6 500 Rs / 23,30-43,30 €)

Nice Place Guesthouse *(plan A3, 12)* : ☎ 063-224-81-93. 077-341-22-40. • rifainiceplace@gmail.com • *Ts les prix.* Devant le succès grandissant de son adresse, Rifai ne cesse de s'agrandir ! De la modeste *guesthouse* de 3 chambres des origines, il ne reste plus rien, à part les prix serrés, l'accueil vraiment attentif et la bonne table, ce qui est finalement l'essentiel. Agrandi, le bâtiment conserve son confort simple mais suffisant, et les chambres, de tailles variées, des salles de bains bien nettes, avec moustiquaires et ventilo (clim pour les plus chères). Agréable resto (aux prix parfois élevés), et pendant que le proprio achève son nouveau bâtiment, il accueille ses hôtes au *Nice Place 2*, un poil plus au nord et toujours dans le même esprit. Plein de petits services : location de vélos, scooters et planches de surf.

Surf n' Sun *(plan A3, 17)* : *côté route, après le* Hideaway. 077-606-50-99. • thesurfnsun.com • *Fourchette hte.* *(pas partout).* Dans un jardin hyper soigné, d'agréables cabanes sur pilotis, à la déco raffinée, avec terrasse et hamac, ventilo, moustiquaire et eau froide (ce qui est quand même un peu limite, à ce prix-là). Excellent entretien, ce qui n'est pas le cas partout... Attention, seulement 7 chambres, dont 2 avec clim et eau chaude. Bar et resto de style balinais où l'on déguste une bonne nourriture, à base de fruits de mer et de poisson principalement. Et, immanquable avec un tel nom, location de matériel de surf, pour aller tester *the wave*.

WaterMusic Beachhouse *(plan A3, 11)* : *côté plage.* 077-406-10-11. • watermusicarugambay.com • *Fourchette basse-moyenne.* Une poignée de *cabanas* de plain-pied, sous les cocotiers parsemés de hamacs, directement en bord de plage, et même une en duplex, rigolote, avec vue sur la mer depuis le lit. Moustiquaire et ventilo partout. Pas d'eau chaude, mais le plaisir des salles de bains à ciel ouvert. Également des familiales bien vastes, composées de 2 chambres, et une autre – avec 4 lits doubles – aménagée dans une petite bâtisse en dur. Le tout bien propre et d'un très bon rapport qualité-prix. Accueil tout simple et très gentil, et resto agréable sous un chaume de pandanus.

Aloha Cabanas *(plan A3, 16)* : *côté plage, presque face à* The Danish Villa. ☎ 063-224-83-79. • aloha-arugambay.com • *Fourchette hte.* Un vaste terrain arboré (de la route à la plage !) assez fréquenté par les surfeurs. Et tenu par un surfeur, soit dit en passant, qui tient l'*Amigo Surf School*. Location de planches, bien sûr : *long boards, short boards, moreys*... Les bungalows en semi-dur, certes simples, sont bien espacés entre les arbres et plutôt bien équipés : salle de bains (eau froide) semi-ouverte pour certaines, quelques meubles basiques en rotin, un coffre, et même un frigo dans les plus chers. Hamacs sur les terrasses pour finir la journée face au coucher du soleil.

Sandy Beach Hotel *(plan A3, 24)* : *côté plage, dans l'allée proche du* WaterMusic. ☎ 063-224-84-03. • arugambaynotel.net • *Fourchette hte.* Voici un agréable petit bâtiment pimpant, et le jardin mène directement à la plage (est-ce vraiment un jardin, d'ailleurs ?). Chacune des 4 chambres, claire et assez grande, s'élargit d'un balcon ou d'une terrasse pour glandouiller tranquille... à moins de préférer les chaises longues sur le sable. Bon confort général (eau chaude, clim), d'autant que l'endroit est récent et bien entretenu. Quelques bungalows un peu plus économiques (avec clim, mais eau froide). Et petite paillote-resto de plage, entre verdure et bleu de l'océan. Accueil sympa comme tout.

Gecko *(plan A3, **14**) : rue principale, côté plage. Tlj en continu.* Côté plage, et avec vu plage cette fois-ci. Voici l'adresse dans le vent de Arugam... Une carte courte qui mêlent classiques sri lankais, fruits de mer, burgers, pizzas et plats végétariens... Une paillote qui donne sur le sable, quelques coins coussins pour *chiller* tranquille... Et des cocktails qui animent les soirées, le tout avec du bon son dans les oreilles... Et en plus beaucoup de produits sont élaborés maison, y compris les glaces (pas mal du tout) ou le pain. Agréable à toute heure.

De chic à plus chic (6 500-24 000 Rs / 43,30-160 €)

Stardust Beach Hotel *(plan A3, **18**) : côté plage, juste après le pont sur la gauche. ☎ 063-224-81-91. • arugambay.com • Cabanas 2 pers 43 $ (70 $ pour les familiales), doubles 70-80 $ min, et doubles dans la villa 95-110 $ selon étage. Plats 700-1 200 Rs. CB acceptées (+ 3 %).* L'hôtel historique d'Arugam, installé à l'entrée du village depuis une bonne trentaine d'années. Dans ce beau et vaste jardin agréablement aménagé sur la plage, éparpillées entre les cocotiers, quelques *cabanas* à l'intérieur soigné et vraiment confortables (moustiquaire, salle de bains, ventilo). Dans une petite bâtisse face à la mer, en rez-de-chaussée ou à l'étage (vue super), 8 chambres doubles, toutes avec frigo et terrasse ou balcon. Autre option, une villa récentes, de l'autre côté d'une allée, idéale pour des familles : chaque niveau s'organise en 2 grandes chambres et un vaste salon-cuisine, plus une terrasse pour se prélasser, le tout complètement équipé et décoré avec goût (se loue à la chambre ou à l'étage, selon les besoins). Tous les bâtiments sont conçus de manière à bénéficier de la brise : du coup, nul besoin de clim, les ventilos suffisent ! Il faut dire que Merete, la propriétaire danoise, architecte, est fort sensible aux questions environnementales : eau purifiée et filtrée à volonté (fini les bouteilles en plastique). Enfin, un excellent resto (catégorie « Chic »), pratiquant une cuisine délicieuse sous une belle paillote, avec un service très attentif. Tout est bon, du petit déj (yaourt aux fruits et au miel, pancakes) au poisson du jour servi avec de frais légumes, en passant par les salades et le *rice & curry*. Pain, gâteaux et glaces maison ! Massages sur demande et sessions de yoga de juin à octobre. De bon conseil aussi pour explorer le coin. Notre adresse coup de cœur à Arugam !

Hideaway *(plan A3, **19**) : côté route, dans le virage. ☎ 063-224-82-59. 077-459-66-70. • hideawayarugambay.com • Doubles 90-130 $ (sans ou avec AC), bungalows double 185 $ ou familial 250 $ (avec AC) ; petit déj inclus. CB acceptées.* En anglais, *hideaway* désigne une belle cachette pour amoureux. Et c'est vrai que cette adresse en retrait de la route, au fond d'un beau jardin, ne manque pas de charme. De l'élégante réception, on accède à l'étage doté de 5 chambres (dont une triple), dans un style quelque peu japonais, très agréable à l'œil, bien que la mitoyenneté limite l'intimité. Pour plus de calme, opter pour un des bungalows enfouis dans la verdure, tout aussi élégants côté déco, dans le registre sobre. Chaleureux accueil de Sharon. Cette Sri Lankaise moderne et polyglotte partage son temps entre San Francisco et Arugam, dans la maison où elle a passé toutes ses vacances d'enfant. À déguster, dans le resto intimiste, une excellente cuisine, en outre très copieuse, avec chaque jour au menu un choix entre l'Orient (asiatique au sens large, dont un délicieux *rice & curry*) et l'Occident. Tout au fond du jardin, à l'abri des regards, hall de yoga et charmante piscine.

Bay Vista *(plan A3, **25**) : route principale, côté plage. ☎ 063-224-85-77. • bayvistahotel.com • Doubles min 10 000 Rs.* Pour qui cherche un hôtel un peu classique, avec une vraie réception, des chambres numérotées et les services habituels, les

2 étages de chambres (pour moitié face à la mer, avec balcon) conviendront très bien. Rien de bien excitant dans la déco, contrairement aux espoirs suscités par le lobby, mais un hall de yoga sur le toit-terrasse, et un agréable jardin bien aménagé qui se prolonge sur la plage. Très central qui plus est.

Coco Bay *(plan B3,* ***22****) : Sinhapura Rd.* ☎ *063-224-85-10.* *077-257-68-28.* • *info@cocobay.lk* • *Proche du spot de surf Baby Point, sur un chemin en retrait de la route principale, à flanc de colline. Double env 6 500 Rs, petit déj inclus.* Seulement 5 chambres charmantes et sans artifices, ce qui ne veut pas dire négligées, loin s'en faut ! De plain-pied, elles sont chaleureuses avec leur plancher, leur mobilier en bois et leur balcon (clim). N'hésitez pas à solliciter Matthew, l'adorable gérant, qui, en un coup de bigo, vous mettra en relation avec des prestataires sérieux : cours de surf, *tuk-tuk*... Mais là où il excelle, c'est en cuisine : délicieux *rice & curry* servi sous la paillote, à prix très doux. Bref, on se sent vite chez soi !

The Danish Villa *(plan A3,* ***23****) : côté route, face à Aloha Cabanas.* *077-695-79-36.* • *thedanishvilla.com* • *Doubles 55-70 $.* Certes, on est côté route mais bien en retrait, dans un beau jardin où chantent les zoziaux. Sympathique villa blanche qui, comme son nom le suggère, appartient à un Danois. 7 chambres seulement. Oubliez la moins chère à l'arrière de la maison, vraiment petite (et sans clim). Dans la maison, 3 *deluxe* et 1 *master bedroom,* bien plus agréables, et puis 2 chambres dans le *garden bungalow,* plus grandes et plus chères. Toutes sont impeccables, sobres et personnalisées, avec la clim. Salon TV. Petit déj à prendre sous la véranda. Pas de repas.

Achats

Plusieurs boutiques axées sur le look surfeur beau gosse dans la rue principale... Et une autre, un poil plus originale :

Ecowave Outlets *(plan A3,* ***30****) : Main St.* ☎ *063-224-85-34.* *076-656-14-56.* • *ecowave.lk* • *Tlj sf dim 8h30-22h30.* Une boutique écolo-éthique dans l'air du temps. Produits, essentiellement bio, en provenance des communautés agricoles de la région. Épices, miel, thé bio, noix de cajou, farine de riz, paniers... Sympa. Propose aussi des cours de cuisine, des balades en bateau sur la lagune avec les pêcheurs, d'autres à vélo... Intéressant.

À voir à Pottuvil et alentour

Modu Maha Vihara Temple *(plan B1) : en venant d'Arugam, tournez à droite, après Central Finance, dans la Masjithul Falah Rd (point de repère, juste avt : un grand mur jaunâtre, et à l'angle de la rue une borne en béton jaune et une autre en béton vert). Au bout, tournez à droite et prenez le 2e chemin à gauche. Accessible aussi depuis la plage, par les dunes.* Ce tout petit temple à moitié enfoui dans le sable (brûlant !) date d'environ 2 000 ans. Selon une légende, le roi l'aurait bâti en l'honneur de sa fille, qu'il consentit à sacrifier afin d'apaiser le courroux de l'océan. Site pas spectaculaire en soi, mais les ruines s'inscrivent dans un cadre intimiste de cocotiers, d'un étang, et d'une vie locale intacte (petit temple toujours en activité juste à côté... on vous demandera d'ailleurs certainement une donation). Vestiges de l'enceinte extérieure et fondations en brique du temple principal. On y trouve les piliers de pierre et trois statues hiératiques assez dégradées. À quelques mètres, une douzaine d'autres piliers de pierre, ainsi qu'un arbre à vœux couvert de rubans.

Magul Maha Vihara Temple *(hors plan par A1)* **:** *au km 307, à env 12 km de Pottuvil sur la route de Monaragala, peu avt le parc de Lahugala. En principe, entrée gratuite, mais la donation est en fait imposée au moyen d'un ticket en cinghalais incompréhensible pour le profane. Bref, c'est payant : mais ne donnez pas plus de 150 Rs/pers, même si le gardien insiste, d'autant que les explications sont maigrelettes...* D'abord, c'est une très jolie balade dans la campagne. Ensuite, site assez remarquable et pourtant peu connu. On possède encore peu d'infos, mais les recherches avancent... C'était, selon la légende, le temple où eut lieu le mariage du roi Kavan Tissa. Certaines parties dateraient de plusieurs siècles av. J.-C., d'autres du Xᵉ s apr. J.-C. Une partie des ruines du palais restent encore enfouies dans la jungle, vers le sud...

MARIAGE PLUVIEUX, MARIAGE HEUREUX

En condamnant injustement un moine bouddhiste à la peine capitale, le roi Tissa déclencha un véritable déluge sur son royaume (peut-être une indication que les tsunamis existaient déjà ?). Il plaça alors sa fille, Vihara Maha Devi, dans une barque dorée (non sans avoir fixé un petit panneau « Fille de roi », on n'est jamais trop prudent), ce qui apaisa la colère du ciel et de la mer. Échouée à Kirinda, près de Tissa, la jeune héroïne fut recueillie par le roi Kavan Tissa, qui en tomba immédiatement amoureux. Bien sûr, ils se marièrent, mais pas n'importe où : ici, au temple Magul Maha Vihara, où ils donnèrent aussi naissance à un fils, Dutugemunu, qui devint l'un des plus grands rois du pays.

– Pour info, sachez que le bâtiment administratif, à l'entrée du site, aurait été construit à l'emplacement de la *salle de prière...* Mais le plus intéressant, ce sont d'abord et surtout les vestiges des murs cyclopéens parfaitement ajustés (du VIᵉ s av. J.-C., pense-t-on).

– *La pierre de lune :* sur la gauche en diagonale, au pied d'un arbre aux longues racines, ne pas manquer l'escalier à demi effondré orné d'une fort belle pierre de lune. On y distingue (chose rare) un éléphant et son cornac, en motif redondant, mais ni cheval, ni taureau, ni lion... Cependant, les oies habituelles y figurent. Sur les côtés, les deux dragons-gardiens.

– *Le dagoba :* sur une large plate-forme aux dalles tout aussi cyclopéennes, *dagoba* pas très haut et aux briques moussues mais en bon état. Accès par quatre escaliers ornés au sommet des marches de deux lions bien usés. Sur la plate-forme, quatre autels de pierre cernent le *dagoba.* En continuant tout droit (dos à l'entrée du site), des piliers de pierre et quelques dieux sculptés dans des niches, égaient le sous-bois.

– *La porte du site :* l'entrée officielle du temple.

– *Le Poruwa (Wedding Hall) :* c'est ici qu'eut probablement lieu la cérémonie de mariage du roi Kavan Tissa et de la reine Vihara Maha Devi, donnant naissance au légendaire Dutugemunu (voir encadré plus haut). Tout autour, frise sculptée de lions (certes, ils ont plutôt des têtes de singes !) et de vases en alternance. Sur la pierre de lune, les symboles traditionnels : les fleurs de lotus et la végétation rampante (ou grimpante), symbolisant la lutte du bien et du mal (la connaissance et l'obscurantisme). Sur sa droite, le bassin pour se laver les pieds.

– *Le temple principal : au centre, en revenant vers l'entrée du site. Était récemment en restauration (mais visible).* Devant l'escalier, la pierre de lune a disparu, mais les deux gardiens sont toujours là. Au pied de l'escalier à gauche, relativement ensablé, le bassin pour les pieds, et une stèle racontant l'histoire du temple. Sur la plate-forme, les piliers de pierre qui devaient soutenir le toit et un bouddha sans tête.

Balade vers Kudumbigala Sanctuary, Kumana National Park et Okanda *(hors plan par A3)* **:** *à faire en tuk-tuk (compter min 4h en prenant le temps, et 4 000-5 000 Rs) ou à moto en tte indépendance (faites-vous bien expliquer*

l'itinéraire). En tt cas, ça vous coûtera moins cher qu'en jeep (voir plus loin l'accès à Okanda). Depuis Arugam, direction le sud jusqu'à ***Panama*** (12 km de route goudronnée), puis à droite en direction d'Okanda sur 1 gros km, et au niveau de l'hôpital de Panama, à gauche par la piste (suivre panneaux « Kumana » et « Kudumbigala-Panama Sanctuary »). Dès cette portion se déroulent de beaux paysages de lagunes peuplées d'aigrettes, de hérons et de toutes sortes de volatiles au milieu des lotus et des jacinthes d'eau. Tôt le matin, c'est magnifique. Avec un peu de chance (et une bonne vue, leur couleur les camoufle !), vous apercevrez même sur les talus entre les plans d'eau quelques gros crocodiles immobiles. Gaffe !
Puis le long de la piste alternent vastes plaines herbeuses, forêts, étangs bruissant d'activité, ponctués de dômes granitiques de tailles et de formes très diverses. Après 12 km, bifurquer à droite (panneau) jusqu'au bout de la piste (800-900 m) : c'est là que commence la balade à pied (environ 20 mn) qui mène au ***Kudumbigala Sanctuary*** *(accès libre),* perché au sommet d'une énorme masse granitique. D'abord, suivre un sentier vraiment facile au milieu d'une jungle foisonnante, puis, arrivé au monastère troglodytique, prendre à droite encore un bout de sentier avant d'attaquer les marches taillées à même la roche. Au sommet, petit *dagoba* circulaire en brique, esseulé et au vent (le site daterait du IIIe s av. J.-C. et fait partie du pèlerinage traditionnel vers le temple de Kataragama). Ouf ! De là-haut, presque aussi loin que porte le regard, d'un côté la mer, de l'autre la jungle d'où émergent çà et là des bosses de granit, des échappées sur de petits étangs et des clairières : le fameux *Kumana National Park.*
Retour sur la piste principale, encore 4 km vers le sud jusqu'à ***Okanda,*** où se trouve l'entrée de la réserve *(visite slt en jeep, mais compter env 10 000 Rs ! ; loc à Arugam ou directement à l'entrée du parc).* À moins d'être passionné, on peut très bien se contenter des paysages et des rencontres fortuites avec des animaux pendant la balade... Sinon, arrivée au ***Kumana National Park, soit l'ancien East Yala Park*** *(tarif d'entrée identique au Lahugala National Park ; voir plus loin).* Le parc se compose d'une vingtaine de lagunes et de lacs. Il héberge surtout une grande variété d'oiseaux (en particulier d'avril à juillet), mais aussi, selon les saisons, des éléphants (plutôt en hiver) et des crocodiles (en hiver, lorsque la rivière Kumbukkan, qui traverse le parc, est à son plus haut niveau). En tout cas, puisque vous êtes à Okanda, poussez jusqu'à la ***plage,*** superbe et très peu fréquentée, et allez donc faire un tour au minuscule temple hindou tout orné de frises de paons (des spécimens en chair et en plumes s'y égarent parfois !).

À faire

Les plages : plutôt vastes et relativement propres, la baignade peut y être très agréable à condition de se renseigner au préalable auprès des gens du coin. Car en fonction des périodes de l'année et de la variation des courants, certains coins sont vraiment dangereux. Oubliez la basse saison, d'octobre à mars ou avril, trop pluvieuse et trop instable. D'autre part, à Arugam Bay même, l'ouverture de la lagune voisine peut entraîner de la pollution dans la mer en raison des déchets villageois. S'en éloigner dès qu'on vous le signale...

– ***Surf :*** Arugam Bay possède l'une des vagues les plus excitantes du monde, l'une des plus coriaces aussi. Mais un autre spot, à quelques encablures de *tuk-tuk,* permettra aux débutants de s'éclater. Pour les non-pratiquants, ce seront de beaux buts de promenade de toute façon. Pour les détails techniques, consultez le site internet indiqué plus haut, dans les « Adresses utiles » de Pottuvil, ainsi, bien sûr, que les loueurs de matériel.
D'abord, ***The Point*** *(plan B3),* le plus proche, et la star des spots au Sri Lanka. Il s'agit d'une superbe droite qui, les bons jours, peut se dérouler sur 400 m de long, jusqu'au centre de la baie. Cette vague suit une méchante dalle de pierre pointue, qui constitue à la fois la raison d'être de la vague et son principal danger.

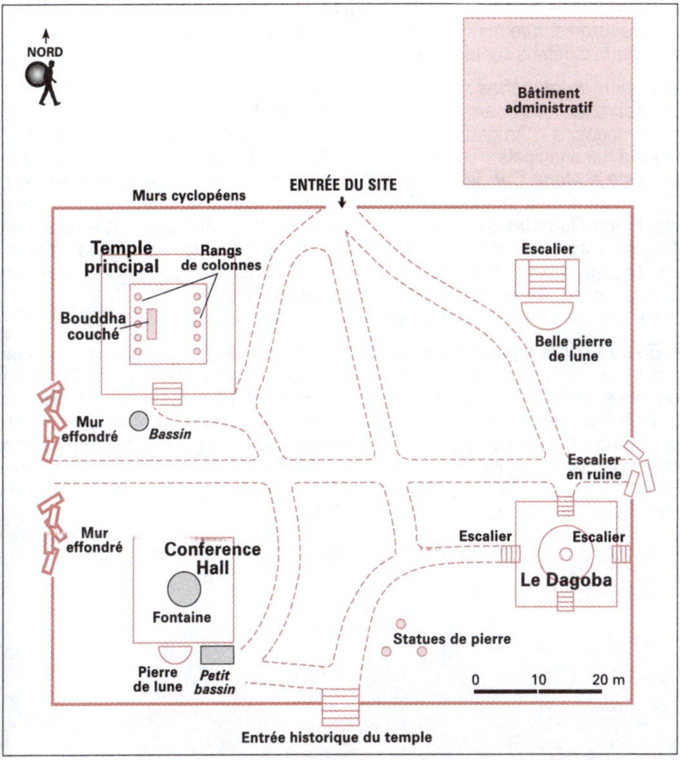

LE TEMPLE DE MAGUL MAHA VIHARA

La rapidité de cette vague ainsi que les difficultés d'entrée et de sortie (!) la destinent plutôt aux surfeurs confirmés. Les bonnes heures vont du lever du soleil à 10-11h et de 17h au crépuscule. Dans la journée, trop de vent et le *curl* se brouille. Le *swell* peut monter jusqu'à 2,50 m, voire 3 m quand *The Point* est en forme. La plupart du temps, tabler sur un bon 1,50 m à 2 m, ce qui reste impressionnant vu le peu de profondeur.
Le deuxième spot, ***Pottuvil Point*** *(hors plan par B1)*, se situe au nord-est de Pottuvil, à environ 30 mn de *tuk-tuk*. Très technique dit-on, et beaucoup moins de monde. Pour les débutants, signalons encore ***Whiskey Point*** *(hors plan par A1)*, à une dizaine de kilomètres au nord de Pottuvil *(env 1 000 Rs A/R en tuk-tuk)*. Rien d'exceptionnel pour un surfeur confirmé, au contraire, mais c'est un coin sympa où l'on trouve quelques logements agréables, comme les trois cabanes de l'*Ocean View Kabana* *(doubles env 5 000 Rs en saison, petit déj inclus)* ou, dans une moindre mesure, le *Whiskey Surf Bay Resort* *(env le même tarif mais ça les vaut moins...)*. Le dernier spot, ***Crocodile Rock*** *(hors plan par A3)*, se situe à 30 mn de *tuk-tuk*, au sud d'Arugam Bay. Petite marche vers la plage. Vague moins haute et moins longue qu'au *Point*, mais c'est parfait pour les débutants et les *longboards*. Emporter beaucoup d'eau (à boire !). Il est également possible, pour les ultra-débutants et ceux qui ne souhaitent pas se déplacer trop loin, de tenter

de surfer dans le fond de la baie d'Arugam, en bord de plage. Mais les vagues y sont irrégulières, rarement bonnes et gâchées par le ressac provoqué lorsque la précédente a déferlé sur la plage.

– ***Location de planches :*** *shortboard, bodyboard* et *longboard,* dans plusieurs magasins d'Arugam. Il suffit de longer la rue principale... Sinon, voir ce qu'il reste à ***Aloha Cabanas*** *(plan A3,* ***16****)*, au ***Surf n' Sun*** *(plan A3,* ***17****)*, à la ***Nice Place Guesthouse*** ou encore à l'***Arugam Bay Surfing Resort.*** Attention : chaque impact vous sera facturé (et un choc est vite arrivé). De plus, la qualité des planches de location laisse parfois à désirer (bien en vérifier l'état à la location, comme avec une voiture, sous peine de se faire facturer les éraflures !). Attention aussi à l'arnaque à la vieille planche pourrie, qui casse sans raison et que le loueur veut se faire rembourser... Pas inutile : des bottes de surf pour affronter les vagues de Main Point à cause de la dalle de pierre, un poil dangereuse.

➢ ***Balade sur la lagune*** *(plan A2)* **:** belle balade à faire en canoë, par exemple avec *Ecowave* *(soit tôt le mat, soit en fin d'ap-m, compter env 1 500-2 000 Rs)* pour observer la riche vie aquatique de la mangrove. En plus de tous les oiseaux (et ils sont nombreux), on pourra voir des singes, des crocodiles et, plus rarement, des éléphants. Vous comprendrez mieux aussi, pour les gens d'ici, l'importance vitale de la mangrove, victime ces dernières années de l'extension de l'agriculture. Dès qu'on en replante, les poissons (dont le nombre avait diminué dramatiquement) reviennent. Normal, c'est leur refuge naturel.

LE NORD ET LA PÉNINSULE DE JAFFNA

DE VAVUNIYA À ELEPHANT PASS

Après l'ondulation des collines du Triangle culturel, voici que peu à peu le paysage s'aplatit et se déboise à l'approche de Vavuniya, grosse bourgade qui marque l'entrée de la province du nord (et gros carrefour de transport). Passé Vavuniya, la route est presque rectiligne, cocotiers et palmiers disparaissent pour laisser place à une végétation plus basse, percée de rares maisons et de quelques champs (rizières, maïs ou cultures maraîchères)... Et ce de manière presque monotone jusqu'à l'arrivée à Elephant Pass, 90 km plus au nord, porte d'accès de la péninsule de Jaffna. Non que les collines réapparaissent, mais lagunes et salines, elles, changent en miroirs les abords de la route, pendant que les échassiers et autres volatiles se multiplient. Elephant Pass doit son nom aux... éléphants, sans surprise, car à cet endroit la faible profondeur de la lagune permettait aux Britanniques de faire traverser les bestiaux sans encombres. Le lieu, depuis toujours stratégique pour gouverner l'accès à la péninsule (déjà les Portugais y avaient installé un petit fort), a connu des heures tragiques durant la guerre civile, en particulier en 2000, lorsque le LTTE s'en rendit maître, puis en 2009, lorsque la SLA parvint à le reprendre. D'où les deux mémoriaux qui s'y dressent.
D'Elephant Pass, une cinquantaine de kilomètres encore pour rejoindre Jaffna-ville : allez, la route est bonne, profitons-en !

Arriver – Quitter à Vavuniya

Vavuniya étant un important nœud de communication, voici quelques infos bien pratiques pour rayonner sur l'île.

Bus Station : *en plein centre-ville. ☎ 024-222-34-81. Également une nouvelle gare routière à 1 km à la sortie de la ville sur la route de Elephant Pass, mais ts les bus passent aussi par celle du centre.*

➢ ***Colombo via Anuradhapura :*** 1 bus à 4h30, puis ttes les heures 6h30-22h30. Trajet : 6h pour Colombo, 2h pour Anuradhapura.

➢ ***Trincomalee :*** ttes les 30 mn 7h30-19h. Trajet : 4-5h.

➢ ***Jaffna :*** ttes les 30 mn 4h-19h. Trajet : 4h.

➢ ***Kandy via Dambulla :*** ttes les 30 mn 5h45-19h50. Trajet : 5h pour Kandy, 3h pour Dambulla. De Dambulla, nombreuses liaisons vers les sites du Triangle culturel.

Railway Station : *à 400 m à l'est de la Bus Station.*

➢ ***Jaffna :*** 4 trains/j., dont 1 de nuit. Les *Intercity* de 10h05 et 16h25 mettent moins de 2h pour rallier Jaffna, avant de poursuivre jusqu'au terminus, Kankesanthurai.

➢ ***Colombo :*** 6 trains/j., dont 2 de nuit. Les *Intercity* de 5h45, 8h10 et 15h30 sont les plus rapides (4h30-5h de trajet).

LA PÉNINSULE DE JAFFNA

• Carte *p. 356-357*

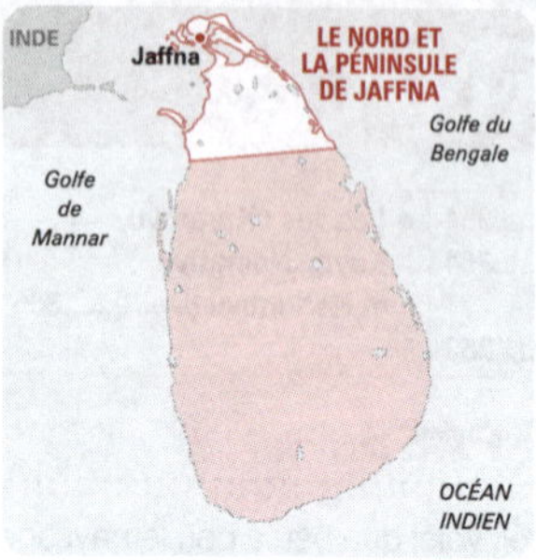

Le conflit entre les communautés tamoule et cinghalaise est bel et bien terminé, et il ne reste que de rares zones interdites d'accès pour cause de mines ou de bases militaires. On peut désormais rejoindre Jaffna aisément par la route comme par le rail. Et le voyageur curieux y découvrira un autre visage du Sri Lanka, tout emprunt d'une culture tamoule très différente de la culture cinghalaise qui prévaut dans le reste de l'île. Presque un voyage dans le voyage ! Dans la démarche de réconciliation nationale, tout n'est cependant pas rose. Certes, le gouvernement joue bien le jeu de la reconstruction : les routes qui sillonnent la péninsule sont de plus en plus souvent en bon état, la voie ferrée venant de Colombo mène à nouveau jusqu'à Kankesanthurai, le terminus, et à Jaffna même, un stade flambant neuf s'élève désormais à proximité du vieux fort... Cela dit, lorsqu'on arrive du Triangle culturel ou de la côte est, on reste frappé, une fois Elephant Pass franchie, du faible nombre de voitures individuelles et de la circulation finalement réduite sur l'ensemble de la péninsule : camions, bus et véhicules utilitaires ou militaires, oui... mais les Tamouls se déplacent essentiellement en transports en commun, à pied ou à vélo... Loin des embouteillages de Kandy, donc ! Mais loin, encore, de cette prospérité et de ce développement économique qui a saisi l'île depuis la fin du conflit.

Ça n'empêche nullement les Tamouls de la péninsule de garder le sourire, et de faire bon accueil aux touristes, bien au contraire.

JAFFNA

env 88 000 hab.

• Plan *p. 258-259*

Jaffna, tout au bout de sa péninsule, au bord de l'eau, offre de prime abord le visage d'une cité allanguie, comme suspendue entre deux époques. Peu de circulation, très horizontale – les bâtiments n'excèdent que rarement 2 étages –, cette petite capitale est bien loin d'afficher la frénésie de Colombo, Kandy, ou même Trincomalee... Palmiers, cocotiers et bougainvilliers jaillissent entre les maisons et bungalows, conférant à la ville un aspect très verdoyant. Et elle a beau border la côte, les lagunes ne se dévoilent qu'aux abords du vieux fort hollandais en étoile... Il faut pousser jusqu'à Hospital Road (surnommée Bazar Road autour de la gare routière) et KKS Road pour retrouver l'animation d'une capitale, de mini-embouteillages et des rangées de *tuk-tuk* patientant devant les échoppes.

Et se plonger dans les cérémonies du *Nallur Kandaswamy Temple* ou arpenter religieusement les couloirs de la *Jaffna Public Library* pour commencer à humer l'atmosphère de la ville. Atmosphère, voici le maître mot pour approcher Jaffna, indéniable capitale de la culture tamoule sri lankaise. Encore

meurtrie par le conflit, cependant : bâtiments à l'abandon ou marqués des stigmates des affrontements ne manquent pas, et se révèlent vite à un œil averti, tout envahis par la végétation qu'ils soient...
Mais le nouveau stade, la nouvelle capitainerie, le développement des infrastructures et le retour – encore timide – des touristes rendent peu à peu le sourire à la population, à l'accueil bienveillant et chaleureux en général. De toute façon, la ville reste une étape incontournable pour découvrir la péninsule et le chapelet d'îles et d'îlots qui la prolonge : c'est pour l'instant ici que l'on trouve le plus de *guesthouses* et d'hôtels, sans parler de l'indispensable et vibrionnante gare routière !

Arriver – Quitter

En bus

Bus Station (plan B2) **:** *en plein centre-ville, entre Hospital Rd et Stanley Rd. ☎ 021-222-22-81.*
➢ ***Colombo :*** bus env ttes les 2h env 6h45-2h. Durée : 8h.
➢ ***Vavuniya :*** bus ttes les 30 mn 3h45-22h. Durée : env 2h50.
➢ ***Kandy :*** ttes les heures 3h45-19h15. Durée : 6h.
➢ ***Anuradhapura :*** 2 bus mat, 2 bus ap-m et le dernier vers 22h. Durée : 5h.
➢ ***Trincomalee :*** 8 bus/j. 4h-19h. Durée : 6h.
➢ ***Batticaloa :*** 9 bus/j. 5h30-20h30. Durée : 8h.
➢ ***Kayts Island :*** bus ttes les heures 6h-20h45.
➢ ***Kurikadduwam Jetty (bateaux pour Delft et Nainativu) :*** 9 bus/j. 5h45-17h15. Durée : 1h. Pour choper le bateau de 8h vers Delft, le mieux est de prendre le bus de 6h30 (le suivant, à 7h15, arrive trop tard).

En train

Railway Station (plan C2) **:** *Station Rd. Billetterie tlj 5h-17h. Pas de consigne. Station de tuk-tuk à l'extérieur : négocier ferme !*
➢ ***Colombo via Vavuniya et Anuradhapura :*** 4 trains/j. dont 1 de nuit, 6h10-19h. Durée : pour Colombo, 7h pour les 2 *Intercity*, 8-9h pour les autres ; et 2-3h pour Vavuniya, 3-4h pour Anuradhapura.

Adresses utiles

■ ***ATM et change :*** plusieurs ATM sur Hospital Road (*plan B2* ; dont un de *People's Bank* et un *Bank of Ceylon*), d'autres du côté de Old Park.
■ ***Jaffna Hospital*** (plan B2, **1**) **:** *Hospital Rd. ☎ 021-222-22-61 ou 33-48.* Énorme, en plein centre, service d'urgences. Plusieurs pharmacies à proximité.
■ @ ***Alliance française de Jaffna*** (plan D2, **2**) **:** *61, Kachcheri-Nallur Rd. ☎ 021-222-80-93. • alliancejaffna@gmail.com • Lun-sam 9h-17h.* Petite Alliance française fort dynamique pour sa taille, qui organise régulièrement des expos et des projections. Petite bibliothèque : n'hésitez pas à y déposer vos bouquins pour l'enrichir. On peut aussi s'y connecter à Internet. Bon accueil.
■ ***Sri Lankan Airlines*** (plan B2, **3**) **:** *272, Stanley Rd. ☎ 021-222-04-04. Lun-sam 8h30-17h (12h30 sam).*

Où dormir ?

Très bon marché (moins de 1 800 Rs / 12 €)

YMCA Jaffna (plan D3, **10**) **:** *109, Kandy Rd. ☎ 021-720-14-36. • jaffnaymca.org • En dortoir 500 Rs/pers, doubles sans sdb 1 100 Rs, avec sdb 1 300 Rs, avec AC 2 200 Rs.* Bâtisse rouge et blanc un peu fatiguée, mais l'adresse la moins chère de la ville, et la seule à proposer des dortoirs.

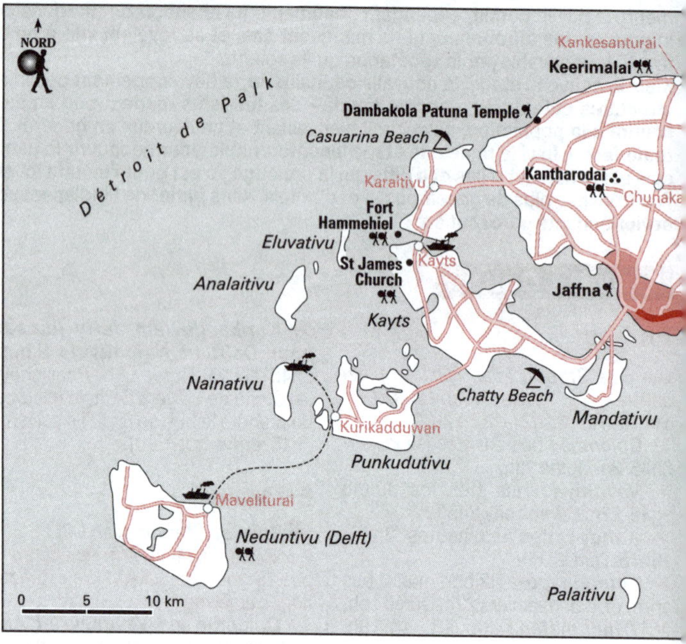

Au choix, chambres réduites à leur plus simple expression (2 lits et un placard) avec salles de bains communes ou privées. Celles avec clim, en revanche, ne valent pas le prix. Autant le savoir, aucune ambiance !

Bon marché (1 800-3 500 Rs / 12-23,30 €)

☗ ***Theresa Inn*** *(plan D2,* ***11****) : 72, Racca Rd. ☎ 021-222-86-15. • theresainnjaffna.com • Doubles 2 250 Rs sans AC, 3 000 Rs avec AC ; petit déj en sus.* Dans ce quartier résidentiel tranquille, presque mitoyen du flambant neuf *British Council,* un bungalow noyé dans les plantes vertes, bien tenu par une famille accueillante. Les chambres les plus agréables (avec clim) sont au 1er étage, autour d'une terrasse commune, mais rien n'empêche de profiter du jardinet. Bonne literie, salles de bains bien tenues, repas sur demande, et de bon conseil. Que demander de plus ?

Prix moyens (3 500-6 500 Rs / 23,30-43,30 €)

☗ ***Morgan's Guesthouse*** *(plan D1,* ***12****) : 215, Temple Rd. ☎ 021-222-36-66.* Une vraie *guesthouse* familiale installée dans un bungalow colonial avec son jardin, sa véranda aux fauteuils accueillants, et sa petite poignée de chambres coquettes, avec ou sans clim. Franchement de bon confort pour les tarifs ! Repas sur demande à prix serrés aussi. Et si l'accueil semble un peu crispé de prime abord, il se déride vite. Une de nos adresses préférées.

☗ ***Treatooo*** *(plan C3,* ***13****) : 41, Kandy Rd. ☎ 021-222-02-98. • treatooo.*

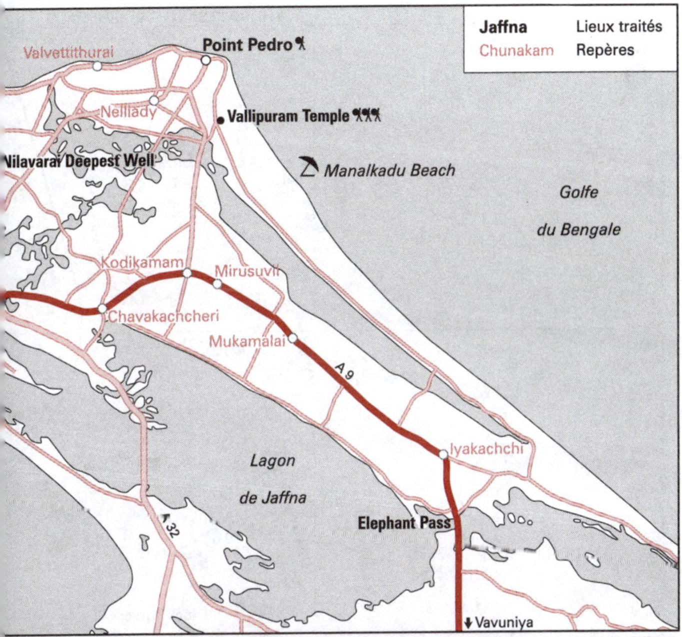

PÉNINSULE DE JAFFNA

com • Derrière la façade verte évoquant une villa privée, voici pourtant une dizaine de chambres agréables. De taille variable, mais nos préférées sont dans le bungalow du jardin, nettement plus calmes que celles donnant directement sur la salle de restaurant. Pas de véritable effort de déco, mais c'est propre (salles de bains incluses), et le confort est très honnête. Et puis on aime l'atmosphère décontractée, les tables installées dans le jardin et l'accueil gentil. Resto appréciable également.

Sarras Guesthouse *(plan D3,* ***14****) : 20, Somasutharam Ave. ☎ 021-567-40-40. • jaffnasarras.lk • (pas partout).* Dans ce quartier résidentiel plutôt calmos, un beau bungalow ancien qui a de la gueule, aux volumes amples, ceint d'un petit bout de jardin. Les chambres, de tailles diverses – comme les prix –, offrent un confort raisonnable (bonne literie, salles de bains correctes), et quelques touches de déco personnalisée. Cela reste simple, mais le charme presque décadent de l'ensemble ainsi que l'accueil plutôt attentif en font une bonne adresse dans cette catégorie. Pas de cuisine sur place, mais dîner possible sur commande. Plusieurs annexes dans le quartier, mais préférer l'original.

Hotel Blue Whale *(plan D2-3,* ***15****) : 26, Somasundaram Ave. ☎ 021-221-58-59. • bluewhalejaffna@gmail.com • Dans le même coin que Sarras Guesthouse. (à la réception).* En fait de baleine bleue, c'est surtout un bâtiment jaune de 3 étages... à taille encore humaine. Propreté et confort sont au diapason des tarifs, les chambres disposent d'un balcon (sauf les moins chères au rez-de-chaussée), de la clim et d'un ventilo. Et l'accueil du jeune patron est vraiment agréable : prêt de vélos (ou location à petit prix), et toujours partant pour trouver l'info introuvable...

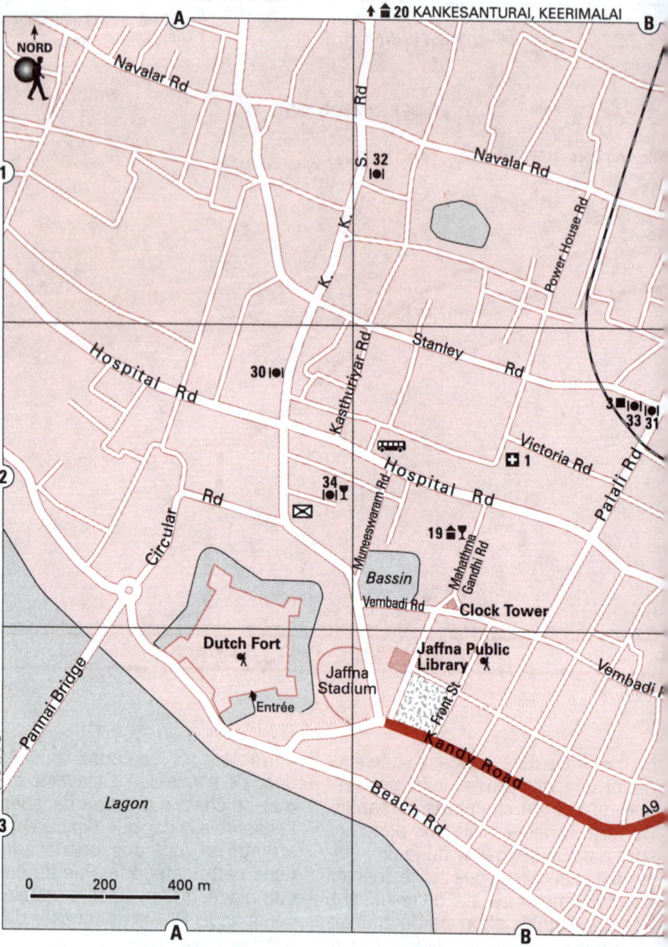

■ Adresses utiles	**11** Theresa Inn
1 Jaffna Hospital	**12** Morgan's Guesthouse
@ 2 Alliance française de Jaffna	**13** Treatooo
3 Sri Lankan Airlines	**14** Sarras Guesthouse
	15 Hotel Blue Whale
Où dormir ?	**16** Green Grass et Valampuri
10 YMCA Jaffna	**17** Jaffna Heritage Hotel

Green Grass (plan C2, **16**) : *Aseervatham Lane, Hospital Rd. ☎ 021-222-43-85. • jaffnagreengrass.com • Doubles 4 700-6 200 Rs, petit déj inclus.* Certes, cet hôtel classique n'est plus de première jeunesse, comme en témoignent les couloirs un peu tristes et le mobilier daté. Mais le

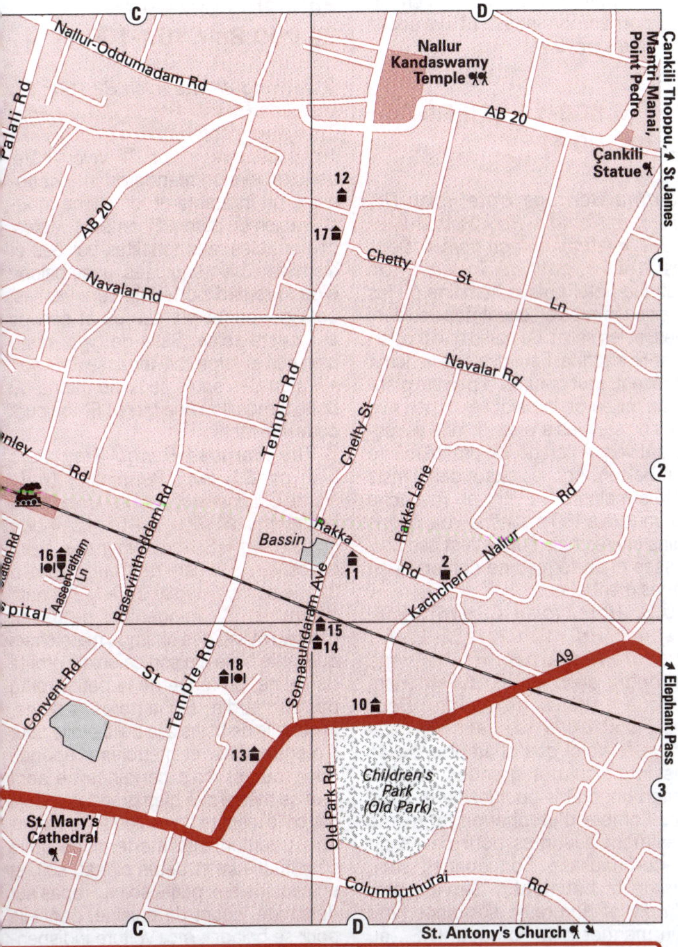

JAFFNA

18 U.S. Hotel	**18** U.S. Restaurant
19 Jetwing Jaffna	**19** Bar du Jetwing
20 The Margosa Bongo Stay	**30** Inpala
	31 Akshathai Restaurant
Où manger ? Où boire un verre ?	**32** Vishnu Bavan
	33 Cosy
16 Green Restaurant	**34** Bar du Tilko City Hotel

confort est plutôt correct, l'entretien et le service réguliers, et, vu le nombre de chambres, on est toujours sûr d'y trouver de la place. Éviter celles au rez-de-chaussée, qui donnent sur le (bon) resto et la piscine. Pour plus de confort (et déjà en catégorie « Chic »), leur nouvelle aile, nommée ***Valampuri,*** à l'arrière, propose de grandes chambres contemporaines... et un accès côté gare ferroviaire.

Chic (6 500-15 000 Rs / 43,30-100 €)

Jaffna Heritage Hotel (plan D1, **17**) : 195, Temple Rd. ☎ 021-222-24-24. • jaffnaheritage.com • Doubles 90-95 $, petit déj inclus. Un boutique-hôtel à taille humaine où les belles chambres affichent des couleurs gaies, et les salles de bains une modernité rare à Jaffna. Faut dire que l'endroit est récent, tout comme la piscine plantée au milieu de la pelouse un peu nue (mais où sont les arbres ?), face au restaurant vég. À l'étage, on profite même d'un balcon. Accueil plutôt gentil mais parfois maladroit. Éviter en revanche leur annexe à 150 m, *Jaffna Villa*, certes moins chère, mais qui ne tient ses promesses ni en termes de confort ni en termes d'entretien.

U.S. Hotel (plan C3, **18**) : 855, Hospital Rd. ☎ 021-222-10-17. • ushoteljaffna.com • Ne pas confondre avec la US Guesthouse, presque en face, tte pourrie. Doubles 6 650-7 800 Rs, petit déj local inclus. Voici des chambres assez classiques, plutôt grandes et d'un confort honorable pour les tarifs, mais sans l'ombre d'un charme, et même quasiment aveugles pour celles du rez-de-chaussée. Fonctionnel, quoi, comme le bâtiment... Service pro, cela dit, et bon resto sur place (voir « Où manger ? »). Pourquoi U.S., au fait ? ce sont les initiales de la fille du patron... Ça c'est un papa sympa !

Plus chic (15 000-24 000 Rs / 100-160 €)

Jetwing Jaffna (plan B2, **19**) : 37, Mahatma Gandhi Rd. ☎ 021-221-55-71. • jetwinghotels.com • Doubles min 100 $, petit déj inclus. Voici l'hôtel de luxe version standards internationaux, un inratable et longiligne moucharabieh de béton. Chambres vastes, confortables, aux tonalités boisées et acidulées, bien équipées, avec balcon d'où le regard porte loin vers les îles, petit déj-buffet plantureux et service aux petits soins. Salle de gym, resto bien sûr, et large toit-terrasse (ouv soir slt), l'un des seuls lieux de Jaffna où boire tranquillou une bière ! Et toujours cette vue rare !

The Margosa Bongo Stay (hors plan par B1, **20**) : Puttur Rd, Urelu North, Chunnakam ; à env 9 km au nord du centre. ☎ 021-224-02-42. • bongostay.com • Si vous arrivez en train, descendez à la gare de Chunnakam, à 3 km à peine. Doubles 130-142 $, petit déj inclus. Changement de décor, c'est au milieu des champs maraîchers que cette belle maison coloniale profite du calme, protégée de la petite route par son jardin. 6 chambres à peine, avec salle de bains à la belle étoile pour 4 d'entre elles, et meubles d'époque pour toutes, mais certaines ne sont tout de même pas bien grandes... Cela dit, belle intimité de ce lieu à l'architecture traditionnelle modernisée (jolie cour intérieure et béton ciré au sol), et une équipe aux petits soins : repas sur demande, cours de cuisine, conseils pour se balader, etc. Voiture indispensable, quand même : pas l'ombre d'un *tuk-tuk* entre les plants de courge !

Où manger ?

Très bon marché (moins de 600 Rs / 4 €)

Inpala (plan A2, **30**) : 259, K.K.S. Rd. Tlj 8h-minuit. Voici une bonne cantine pour les carnivores, dans un cadre qui ne paie pas de mine, certes. *Biryani* et autres *kottu*, au poulet, au mouton, mais aussi aux crevettes ou au poisson ! Accueil plutôt gentil qui plus est.

Akshathai Restaurant (plan B2, **31**) : 60, Stanley Rd. Tlj 8h-22h30. Thali plutôt que *rice & curry*, mais le principe est presque le même finalement : du riz, accompagné de diverses préparations de légumes épicés, servis jusqu'à 15h (après, c'est à la carte). *Dosai* également, ces belles crêpes typiquement tamoules. Prix et décor aussi basiques l'un que l'autre, et ça dépote à l'heure du déjeuner ! Et si le serveur vous oublie, protester gentiment...

Vishnu Bavan *(plan B1,* ***32****) : 350, K.K.S. Rd. Tlj 8h-22h.* Encore une cantine végétarienne : bon *rice & curry* ou *biryani* à l'heure du déjeuner, plutôt *kottu* le soir, sur des tables en pur formica et sous des néons qui rappellent la cantine du collège.

Bon marché (600-1 000 Rs / 4-6,70 €)

Cosy *(plan B2,* ***33****) : 272, Stanley Rd. ☎ 021-222-71-00. Tlj midi et soir.* Passé le hall de l'hôtel et sa salle à l'ambiance de cafét, on débouche sur une ancienne cour traditionnelle désormais couverte, et qui affiche quand même plus de cachet. Bons tandooris (surtout du poulet), curries bien relevés et *naan* moelleux à souhait, on se croirait vraiment en Inde ! Petite précision : ce n'est pas parce que des bières trônent sur les tables voisines que vous pourrez en commander... en revanche, vous avez le droit d'arriver avec votre bouteille...

Green Restaurant *(plan C2,* ***16****) : au Green Grass Hotel, Aseervatham Lane, Hospital Rd. Tlj midi et soir jusque vers 22h30.* Plutôt que la salle climatisée juste derrière la réception de l'hôtel, on préfère nettement la cour-jardin de l'hôtel et ses drôles de petits kiosques sous les arbres. À la carte, les spécialités de Jaffna sont à l'honneur, en particulier le *crab deviled* (avoir du temps devant soi, et des lingettes !). Agréable aussi pour siroter une bière en fin de journée.

U.S. Restaurant *(plan C3,* ***18****) : au U.S. Hotel, 855, Hospital Rd. Tlj midi et soir jusque vers 22h30.* Grande salle de type hall de gare, mais les fauteuils sont presque confortables, et les grandes tables accueillent de longues tablées familiales, venues partager *kottu, biryani, chicken fries* ou autres *fishes.* Rien de cosy donc, mais de bonnes spécialités.

Prix moyens (1 000-2 000 Rs / 6,70-13,30 €)

Peu de lieux à Jaffna pour boire un verre en soirée... reste les bars d'hôtels un peu chic, avec soit l'option toit-terrasse très agréable et coûteuse du **Jetwing** *(plan B2,* ***19*** *; ts les soirs dès 17h-18h),* soit l'ambiance pub du bar du **Tilko City Hotel** *(70/6, K.K.S. Rd, ts les soirs dès 17h ; plan A2,* ***34****).* Dans l'un comme dans l'autre, on peut aussi y grignoter chic en même temps, bien sûr !

À voir

Nallur Kandaswamy Temple *(plan D1) : au bout de Temple Rd. Tlj 7h-12h, 15h-18h. Photos interdites à l'intérieur.* Le temple le plus notable de Jaffna-ville, mais pas de la péninsule ! L'édifice actuel, récemment rénové, date du début du XIXe s, car les Portugais réduisirent en miettes le temple d'origine au début du XVIIe s. Il n'était d'ailleurs probablement pas situé ici, mais plutôt à l'emplacement actuel de Saint James Church, un peu plus à l'est : les Portugais avaient coutume de bâtir une église sur le site des temples qu'ils détruisaient, et les fondations de Saint James ont dévoilé des pierres qui semblent bien être celles d'un antique temple hindou... Cela dit, celui-ci se visite avec plaisir, surmonté par son fier *gopuram* (la tour en escalier) multicolore... Voir le vaste bassin, parcourir les galeries... et surtout essayer d'être sur place autour de 17h, l'heure de la cérémonie des offrandes *(puja),* chargée de mysticisme. À noter, le cœur du sanctuaire demeure interdit aux non-hindous.

Çankili Statue *(plan D1) : à env 800 m du Nallur Temple vers l'est, puis à gauche par Point Pedro Rd, à l'angle.* Cette statue flashy (plus doré que ça, c'est difficile) commémore Çankili II, le dernier roi du royaume de Jaffna à s'être opposé aux

Portugais. Malgré l'aide que lui apportèrent les corsaires de la côte Malabar et le royaume de Thanjavur (au Tamil Nadu, en Inde du Sud), il fut défait en 1619, puis déporté à Goa où les Portugais le pendirent... Pour être sûr que nul descendant ne pourrait prétendre au trône, ils exilèrent (également à Goa) tous les possibles prétendants, et les contraignirent, paraît-il, à se faire moine ou nonne : célibat obligé, donc plus de descendance... En poursuivant cette route (Point Pedro Road) vers le nord, on aperçoit d'abord, sur la droite, un porche, le ***Çankili Thoppu*** (*hors plan par D1* ; abrité par un auvent en tôles), supposé être le vestige de l'entrée du palace de Çankili I (1519-1561). Puis, environ 100 m plus loin sur la gauche *(hors plan par D1),* le ***Mantri Manai*** : cet édifice peu entretenu (et c'est bien dommage) révèle des influences architecturales hollandaises, anglaises... mais aussi dravidiennes... Les chercheurs s'interrogent toujours sur son origine, et pour certains, le bâtiment actuel, d'époque hollandaise puis remanié par les Anglais, serait installé sur les fondations de l'ancien palais royal de Jaffna.

Dutch Fort *(plan A2-3)* **:** *Circular Rd. Tlj 8h-18h. GRATUIT.* Édifié dès les années 1620 par les Portugais sur un très classique plan rectangulaire, les Hollandais le reconstruisirent totalement sur un plan à 5 côtés avec autant de bastions, durant la seconde moitié du XVIIe s. Très inspiré de Vauban pour son architecture, c'est flagrant ! Si de l'extérieur les remparts, fossés et poternes ont belle allure (grâce à une restauration récente), il ne reste malheureusement plus grand-chose de l'intérieur... Petit musée cependant (quelques panneaux à peine éclairés) à l'entrée à droite. Mais LTTE (l'armée tamoule) et SLA (l'armée sri lankaise) se sont âprement disputé le fort durant le conflit, et ce sont surtout des ruines qui jonchent l'herbe rase, entre quelques grands arbres... Grimper cependant sur les talus et le chemin de ronde : au fond du fort reste une bâtisse qui serait l'ancienne église... aujourd'hui transformée en caserne... Sur l'un des bastions (le 1er à droite de la porte principale), on découvre aussi un curieux petit édifice carré tout en arches : *Punishment Place* (donc l'ancien lieu d'exécution... c'est gai). Surtout, depuis ce chemin de ronde se découvre un large panorama sur la lagune, la chaussée qui mène vers l'île de Kayts, et les îles voisines lorsque le ciel est clair.

Jaffna Public Library *(plan B3)* **:** *à 150 m au sud de la Clock Tower. Tlj 16h30-18h.* Ceinte d'un petit parc et précédée d'une statue de Saraswati, déesse hindou de la Connaissance. On ne peut, en fait, que parcourir les couloirs de cette bibliothèque et jeter un œil à certaines salles de lecture, mais sans y pénétrer. L'intérêt est donc limité, mais difficile d'ignorer le lieu tant il est symbolique pour les Tamouls. Car cet édifice blanc très classique coiffé de 3 dômes (style indo-sarrascénique tardif), bâti à partir de 1959 pour remplacer un bâtiment plus modeste, abritait de rares manuscrits tamouls, en particulier sur feuilles de palmier – pièces uniques issues des temples –, et des archives historiques (dont celles de la presse tamoule parue sur la péninsule). Mais dans la nuit du 1er juin 1981, un incendie ravage le bâtiment et détruit la majeure partie du fonds... Rien d'accidentel dans cet autodafé, mais, en pleine période électorale tendue sur fond d'affrontements inter-communautaires, un geste délibéré du gouvernement cinghalais dans sa lutte contre la culture tamoule... Rebâtie et ré-ouverte en 1984, elle se retrouve alors sous les obus : située face au *Dutch Fort* occupé par l'armée régulière, il devient une position stratégique pour les rebelles, et finit en ruine. Le bâtiment qui se dresse aujourd'hui, reconstruit à l'identique à partir de 2000 et ré-ouvert en 2004, reste donc un lieu chargé d'émotion pour la population de Jaffna, même s'il paraît peu spectaculaire de prime abord...

Autre visage, complètement contemporain celui-ci, de Jaffna : Hospital Road, dans sa portion entre l'hôpital lui-même et KKS Road, ainsi que KKS Road dans sa partie sud, surnommée ***Bazaar Road*** *(plan A-B2)* : il s'agit bel et bien de la partie la plus commerçante de la ville, animée et sympa comme tout, qui vaut d'y flâner à défaut d'y faire réellement des emplettes.

Pour les amateurs, quelques églises aussi à découvrir : pas franchement spectaculaires, mais elles font également partie du patrimoine de Jaffna. Souvent fondées comme églises ou chapelles catholiques par les Portugais (sur le site, parfois, de temples hindous préalablement détruits, pour mémoire !), les Hollandais les transformèrent en temples calvinistes puis les Anglais en églises anglicanes... Toute une histoire, donc ! *Saint James Church (hors plan par D1),* à environ 300 m à l'est de la *Çankili Statue,* est probablement parmi les plus anciennes puisque l'on retrouve dans ses fondations la pierre d'autel du Nallur Temple d'origine ; très simple, avec son unique clocher. Et *Saint Mary's Cathedral (plan C3),* elle, vaste et imposante, mais ni intime ni particulièrement belle, accueille nombre de mariages et communions.

Plus décalée, *Saint Anthony's Church (hors plan par D3)* : jaune paille, elle ne date que du début du XXe s, mais voir son clocher séparé, un peu plus ancien, à l'arrière à gauche, mitoyen de la salle qui abrite le plateau des bougies votives, plantées dans l'eau pour éviter tout incendie. Derrière l'église, petite communauté de pêcheurs : de petites maisons basses colorées, et sur la plage, bien alignés, tous les bateaux de pêche.

DANS LES ENVIRONS DE JAFFNA

Ces deux sites, dans les proches environs de Jaffna, peuvent aussi se visiter en route vers Keerimalai.

Kantharodai Vihara : *de Jaffna, suivre KKS Rd en direction de Chunnakam, c'est ensuite sur la gauche (suivre fléchage, dans la campagne, depuis Dr Subramaniah Rd, vers « Maduruga Temple », et dépasser celui-ci). Ouv tlj, 24h/24. GRATUIT.* Un endroit étonnant, qui rassemble sur une surface assez étroite 56 *dagoba* de pierre de différentes tailles. Redécouvert dans les années 1970, ce site bouddhiste daterait du IVe ou du IIIe s av. J.-C. La légende raconte qu'il y aurait eu 60 dômes dressés ainsi, aujourd'hui sur fond de pelouse et abrité par des cocotiers. Une belle poésie se dégage du site, et l'endroit devient même magique, paraît-il, à la saison des pluies, lorsque la pelouse se fait lac et reflète les dômes...

Nilavarai Deepest Well : *sur Puttur Rd, à env 14 km au nord est de Jaffna. Tlj 6h-18h. Entrée : 20 Rs, + 20 Rs de parking.* Ce bassin pas bien grand a la particularité de garder en permanence le même niveau d'eau... et d'être tellement profond que longtemps les habitants le pensèrent « sans fond ». Et la légende raconte qu'un citron lancé ici réapparaissait quelques semaines plus tard dans les bassins de Keerimalai. Profond, il l'est, puisque de récentes explorations menées par la Navy sri lankaise ont mesuré plus de 52 m de fond ! Et ils ont découvert également plusieurs tunnels souterrains, très certainement naturels tout comme ce puits. L'histoire du citron voyageur n'est peut-être pas une légende... Pour les géologues, il s'agirait des ramifications d'une vaste rivière souterraine qui traverserait une bonne partie de la péninsule de Jaffna, et alimenterait diverses résurgences (comme à Keerimalai) et puits.

DE KEERIMALAI À POINT PEDRO

Keerimalai : *à env 20 km de Jaffna, sur la côte nord de la péninsule.* Très populaire parmi la population, car le site remplit des fonctions rituelles. On y trouve juste en bord de mer un bassin (2 en fait : l'un pour les hommes, l'autre pour les femmes, protégé des regards ; *tlj 6h-18h, entrée : 30 Rs ; on s'y baigne habillé, si cela vous tente*) naturellement alimenté en eau douce (vraiment à quelques mètres de l'océan, bien salé, lui), et réputée sacrée. Les Tamouls y viennent aussi bien pour se relaxer que pour se purifier, en fait : les gamins sautent et jouent, l'atmosphère n'a rien de compassée ! La plage voisine, sacrée elle aussi, ne se prête pas à la baignade, car c'est un lieu de dispersion des cendres après les crémations.

Un peu en retrait de l'autre côté de la route côtière (on aperçoit son *gopuram* dans les frondaisons, ne pas confondre avec le temple tout neuf proche des bassins), derrière un large portique coloré surmonté d'un Shiva bleu accoudé sur son *nandi* (son taureau blanc), vaste et très ancien temple hindou, le ***Keerimalai Naguleswaram Temple.*** Dédié donc à Shiva, et parmi les plus anciens de la péninsule (sa fondation remonterait au VIIIe s), il fut, comme tous les temples, réduit en miettes par les Portugais... mais les statues et divinités principales furent sauvées et dissimulées dans des puits. Et le temple fut rebâti à la fin du XIXe s. Aujourd'hui, une fois passé son *gopuram* en pleins travaux, on débouche dans un dédale de galeries et de courettes (certaines abritent des animaux recueillis et soignés ici), entre les grands arbres aux racines envahissantes... Atmosphère assez paisible quoique fort mystique garantie ! Noter le beau *lingam* noir à droite du sanctuaire principal, et tenter de décrypter les fesques...

En poussant 8 km plus à l'ouest par la route côtière qui serpente entre les cocotiers et la verdure, on atteint ***Dambakola Patuna Temple*** (ou *Sri Sangamiththa Vihara*), un *stûpa* bouddhiste tout blanc sis au milieu d'un jardin bien léché, entretenu d'ailleurs par la Navy sri lankaise ; charmant petit bassin voisin. Et 300 m plus à l'ouest encore, sur la droite, un *sanctuaire hindou* minuscule, abrité sous les frondaisons d'un arbre immense... Pas passionnant en soi, mais un vrai charme, posé qu'il est à quelques pas des vagues dont le rythme doit bercer la méditation...

Depuis Keerimalai, juste avant le Dambakola Temple côté mer, le ***Dambakola Patuna Pilgrim Hotel*** : *071-977-47-89, doubles 6 000-7 200 Rs selon confort, plats 200-300 Rs. (au lobby slt).* L'endroit n'est pas très riant, avec ses 2 étages de chambres autour d'un grand hall austère, géré qui plus est par la Navy sri lankaise, c'est-à-dire l'armée... On se rassure, les uniformes ne sont pas de mise. Toutes les chambres sont en fait des familiales, pour 4 à 6 personnes, et les moins chères se contentent d'eau froide... Ameublement simple et ensemble daté, mais confort correct. La salle du resto (végétarien et honnête) donne sur une pelouse qui conduit jusqu'à la plage, assez caillouteuse quand même. Disons que ça peut dépanner pour le déjeuner, et c'est presque le seul établissement de la côte nord...

➢ ***De Keerimalai à Point Pedro :*** la route qui conduit de Keerimalai à Point Pedro oblige à un détour dans les terres via Maviddapuram, car la section Keerimalai-Kankesanturai (KKS pour les habitués) est toujours interdite aux civils. L'arrivée sur Kankesanthurai peut surprendre, car l'armée sri lankaise y est encore très présente. Du coup, même si la *Railway Station* a été remise en service, et que la base militaire est doublée d'un hôtel en bord de plage (ouvert à tous, pas réservé aux uniformes), on ne vous conseille pas l'endroit pour l'instant, l'ambiance est vraiment particulière. Eh non, le superbe phare qui s'y dresse ne se visite pas !
Jusqu'à ***Point Pedro*** (à environ 24 km à l'est de Kankesanthurai), la route côtière traverse quelques villages de pêcheurs, chacun équipé d'une petite criée et d'un micro-port, parfois d'une rare anse de sable, à distance plus ou moins proche de la mer. Dans cette zone, pas mal de vestiges des années de guerre sont toujours bien visibles, qu'il s'agisse de maisons éventrées ou de lotissements abandonnés... En passant à ***Valvettithurai,*** dans la dernière moitié du trajet, les Tamouls vous conduiront peut-être sur l'emplacement de la maison natale (complètement détruite par le gouvernement pour éviter qu'un mémorial s'y développe...) de Velupillai Prabhakaran, longtemps et dernier chef du LTTE, et tué lors de la dernière offensive de la SLA en mai 2009. Mais le vrai but ici, c'est d'atteindre, 12 km plus loin, ***Point Pedro et son petit phare*** *(Point Pedro Light House ; tlj 7h-18h, GRATUIT),* le plus septentrional du Sri Lanka. La zone étant toujours sous surveillance militaire (discrète ici !), il faut demander, à 25 m du phare lui-même dans une guérite, l'ouverture de la porte. Il n'a l'air de rien avec ses 31 m de hauteur, mais ce phare, œuvre des Portugais, date de 1560 ! Et sa dernière rénovation de 1931. Il

fut évidemment un enjeu militaire durant le conflit. On ne grimpe pas jusqu'en haut de la tour, simplement dans la salle principale, au rez-de-chaussée : en 5 mn, c'est bouclé ! Profitez-en pour faire un tour sur la plage voisine : pas de baignade mais vous rencontrerez peut-être des pêcheurs.

Ⅰ● ***Titanic Restaurant :*** *Main St, Nelliady. Sur la AB 20 (c'est-à-dire Jaffna-Point Pedro Rd), à côté d'une* Pan Asia Bank *et presque face à un petit supermarché* Cargill City Food. *Tlj. Bon marché.* Une bonne étape pour qui veut déjeuner ou dîner d'un *rice & curry,* d'un *biryani* ou de nouilles sautées, version végétarienne, carnée, crevettes ou poisson. C'est l'une des cantines du coin, fréquentée par les familles. Préférer la salle à l'étage, plus agréable.

★★★ ***Vallipuram Temple :*** *à 5 km au sud de Point Pedro Light House, par Point Pedro-Marutankeni Rd. Tlj 6h30-18h. Entrée côté est.* L'un des rares temples de la péninsule dédié à Vishnu, très vaste, fort ancien (pour certains, il y aurait eu ici un temple dès le IIIe s, même si l'actuel daterait du XIIIe s) et toujours en pleine rénovation. Un haut *gopuram* à franchir et plusieurs enceintes permettent d'atteindre le sanctuaire proprement dit : des galeries à rallonges aux gros piliers, certaines en bois, d'autres en pierre, mais toutes richement décorées de fresques colorées. *Valli* signifierait « sable », et les dunes proches expliqueraient ce surnom de « cité des sables ».

Qui dit dunes dit plage, n'est-ce pas ? Et, en effet, une belle bande de sable part de Point Pedro vers le sud, entre océan Indien et lagune... De nombreuses sections sont utilisées par les pêcheurs et leurs embarcations, mais on peut éventuellement piquer une tête du côté de ***Manalkadu*** : poursuive la route de Vallipuram vers le sud sur environ 3,5 km, puis à gauche au niveau d'un petit oratoire jusqu'à la plage (environ 3,5 km encore). Aucune infrastructure sur place, vous voilà prévenus ! Quelques cocotiers, et basta.
Attention : il est ***formellement déconseillé*** de pousser sur cette route plus au sud : en effet, la portion sud de la route et ses alentours n'ont pas encore été déminés. Faites demi-tour.

LES ÎLES : KARAITIVU, KAYTS, NAINATIVU ET NEDUNTIVU (DELFT)

KARAITIVU

La plus aisément accessible des îles, à environ 20 km de Jaffna par la AB 21 (suivre fléchage Karainagar) puis une chaussée qui enjambe la lagune au ras de l'eau.

Peu d'intérêt ici si ce n'est ***Casuarina Beach,*** une plage aménagée (vaguement... w-c-douche sommaires, quelques paillotes, et un petit kiosque-cafét' ouvert lorsqu'il y a du monde) et plus ou moins nettoyée (pas toujours, hein... malgré les poubelles !), que l'on atteint en prenant tout de suite à droite en arrivant sur l'île (c'est fléché). *Depuis Jaffna, en rickshaw, compter 2 500 rs l'A/R avec l'attente. Droit d'entrée : 20 Rs/pers + 50 Rs/véhicule.* Relativement tranquille, voire quasiment déserte en semaine, elle s'anime le week-end : *Kasuri,* le kiosque, sert alors en-cas et boisson (sinon, apporter pique-nique et boissons), et on peut même faire des balades de 1h en bateau *(env 3 000 Rs/bateau de 6 pers).* La plage la plus proche de Jaffna-ville, et la plus prisée !
– Sinon, à l'extrémité sud-ouest de l'île, un îlot est tout entier occupé par ***Fort Hammeniel,*** qui faisait partie du système défensif hollandais. Désormais aménagé en hôtel, mais géré par l'armée (il faut passer un check-point pour atteindre l'embarcadère)... Certes, le site peut faire un peu rêver, avec son accès par bateau

et ses 6 chambres à peine, mais l'accueil est tel qu'on ne le recommande pas vraiment... Sans compter qu'à la fin des années 2000, l'endroit servait encore de prison (et on reste pudique...). Éventuellement, profiter donc de la vue depuis le restaurant installé sur l'île principale, au niveau du ponton d'embarquement, le *Fort Hammeniel Restaurant* *(tlj, prix moyens).*

➢ Et si vous êtes du genre à vous balader à vélo, sachez qu'un ***service de ferry*** (seulement pour les piétons ou les 2-roues, pas pour les voitures) relie Karaitivu à Kayts Island *(1er départ de Karaitivu à 6h35, dernier à 18h15 ; en gros, ttes les 40 mn jusqu'à 12h, puis ttes les heures 14h-18h15 ; de Kayts, 1er départ 6h20, dernier départ 18h ; 20 mn de trajet ; env 10 Rs/pers, 20 Rs/vélo et 40 Rs/moto).*

KAYTS ISLAND

➢ Depuis ***Jaffna, bus*** ttes les heures 6h20-19h10. Et retour vers Jaffna 4h30-18h30. Env 40 mn de trajet. À Kayts, terminus des bus sur la place qui précède Saint James Church, à deux pas de l'embarcadère des ferries.

À moins de vous balader à vélo (et vous pourrez alors rejoindre Kayts depuis Karaitivu en ferry, voir ci-dessus), le seul accès à Kayts Island se fait là encore par une chaussée sur la lagune, qui part de Jaffna-ville au niveau du Dutch Fort. Une île à peu près aussi plate qu'une limande ! Et la route qui la traverse, en bon état, mène à son extrémité nord, face à Karaitivu, jusqu'à ***Saint James Church*** (rarement ouverte mais fronton sympathique, avec son cavalier bleu !) : à droite, accès à l'embarcadère des ferries vers Karaitivu, et en contournant l'église par la gauche puis en continuant tout droit le long de petites maisons jusqu'à la côte, on finit par tomber sur les vestiges d'un ***vieux fort*** enfoui dans la végétation, juste en bord de mer (rochers faisant visiblement office de toilettes... baignade à éviter, peut-être ?). Portugais ou hollandais, on ne sait trop... Mais les observateurs avisés constateront qu'il fait face à Fort Hammeniel, sur son îlot, et que l'un complétant l'autre, c'était là une configuration judicieuse pour contrôler l'accès maritime de l'étroit passage navigable entre les 2 îles !

Chatty Beach : *depuis la route principale, prendre à gauche à env 5 km de l'entrée de l'île, après un temple.* La seule plage de Kayts déroule un ruban de sable bien étroit, mais plus ou moins aménagé de quelques abris ronds en brique couverts façon parasol. Plus fréquentée le week-end qu'en semaine, elle n'est pas extraordinaire, et n'offre aucune commodité supplémentaire ! À noter que les femmes, par ici, se baignent en général habillées : éviter donc les tenues trop dénudées. Tout petit hameau de pêcheurs juste avant ; mais sinon c'est le grand calme.

Tilko Charty Beach Resort : *face à la mer, Chatty Beach. 076-638-94-62. • tilkohotels.com • Une route de 2,50 m de large sépare l'hôtel de la plage... Prix moyens.* L'unique hôtel de la plage, et aussi l'unique restaurant. Dans un grand jardin arboré et fleuri une poignée de bungalows assez grands, un peu humides (mais la clim aide), disposant d'une salle de bains récente, d'un confort honnête et d'un bout de terrasse. À moins de préférer les hamacs entre les arbres ? Côté resto, poissons et crustacés sont à l'honneur, avec BBQ le soir, dans le jardin... Idéal pour se retirer loin de tout ! N'oubliez pas vos bouquins... Bon, un peu plus animé le week-end quand même... Balades en bateau sur demande.

NAINATIVU ET NEDUNTIVU (DELFT)

Pour atteindre l'une comme l'autre île, la voie terrestre ne suffit pas : ferry indispensable. Si Nainativu n'est qu'à 15-20 mn de traversée, il faut compter 1h (et plus par temps agité) pour Neduntivu.

Un même embarcadère, à ***Kurikadduwan,*** sur l'île de Punkudutivu, à 31 km de Jaffna, dessert les 2 îles.

➢ Depuis ***Jaffna,*** 9 bus/j. jusqu'à l'embarcadère 5h45-17h15, durée : 1h. Depuis l'embarcadère, dernier retour pour Jaffna vers 18h (vérifier à votre arrivée sur place). Rappel : pour choper le 1er bateau pour Neduntivu (Delft), qui prend la mer à 8h, mieux vaut attraper le bus qui part à 6h30 de Jaffna (le suivant, à 7h15, arrive trop tard).

– Petite précision au sujet de ces ferries : rien à voir avec ce que nous connaissons en Europe... En gros, pour ***Nainativu,*** il s'agit de bus en bois posés sur l'eau, équipés de gilets de sauvetage indignes de ce nom, et dont le toit de planches (sur lequel sont trimballées les motos) laisse largement passer l'air, ou la pluie... Quant au ferry à destination de ***Neduntivu,*** souvent bondé car moins fréquent, d'un tonnage un peu plus conséquent, il n'a en général qu'un pont principal : on se retrouve donc souvent assis à même le pont, à humer les embruns et, éventuellement, à se faire doucher par ces mêmes embruns. Normalement, un navire plus confortable, avec une cabine et de vrais sièges, a dû prendre du service, en alternance, lorsque vous lirez ces lignes. Vous voici prévenus !

– Enfin, les plus intrépides peuvent ***combiner les 2 îles la même journée,*** à condition d'arriver à Neduntivu par le 1er bateau du matin, d'en repartir par le bateau de 14h30, et d'enchaîner, dès le retour à Kurikadduwan, par le ferry vers Nainativu... mais c'est quand même un peu speed, et ça ne permet pas de profiter longuement de Nainativu.

Nainativu : *ferry tlj 6h30-17h (dernier retour vers Kurikadduwan à 17h30), ttes les 30 mn ; compter 15-20 mn et 30 Rs/pers (100 Rs/moto). Gaffe, ferries très chargés le w-e !*
Cette petite île tout en longueur (à peine 5 km de long par 1,5 km de large) aligne, à quelque 300 m de distance, un beau temple hindou et un temple bouddhiste. Le *Nagapushani Amman Temple,* dont le *gopuram* d'entrée s'annonce pile-poil en face de la jetée principale, à la descente du bateau, date, pour son bâtiment actuel de la fin du XVIIIe s : d'architecture dravidienne donc, avec son entrée côté est précédée d'un *nandi* blanc et rose tendre. Car comme beaucoup d'autres, l'original avait été détruit par les Portugais (décidément, quelle tolérance !). Une légende (narrée par les fresques des galeries) lie la fondation du temple à un culte fort ancien à un *naga*, c'est-à-dire au cobra, roi des serpents (on trouve d'ailleurs la statue d'un cobra à 5 têtes dans le sanctuaire central), qui serait arrivé de la côte indienne à la nage, une fleur à la bouche (fortiche, quand même)... Belle cérémonie en fin de journée, vers 17h.
En longeant un peu la côte sur la gauche, voici le *stûpa* blanc argenté du *Nagadeepa Purana Viharaya (entrée : 500 Rs ; trop cher !). Naga*, là aussi, car ce temple marquerait l'emplacement de la 3e visite de Bouddha au Sri Lanka, 5 ans après son Illumination, lorqu'il aurait mis fin à une guerre entre deux rois des *nagas*. Frappés par sa béatitude, ils auraient illico mis fin à leur conflit et lui auraient offert le trône qu'ils se disputaient... L'endroit est vénéré par les bouddhistes, sous l'ombre des cocotiers. Comme les temples hindous, les lieux sacrés du bouddhisme furent mis à mal par les colons, et celui-ci ne fut remis en état qu'au début des années 1930.
– Si vous avez un peu de temps n'hésitez pas à vous balader un peu sur l'île, un chapelet de hameaux.

Neduntivu (Delft) : à 6 km au large (40 km de Jaffna à vol d'oiseau), mais c'est déjà un autre monde : quelques 2-roues, à peine 2 000 habitants qui vivent essentiellement de la pêche (très peu d'agriculture)... et environ 800 chevaux sauvages ! Le tout sur 8 km de long par 5-6 km de large à son maximum, ce qui en fait la plus grande île du détroit de Palk, qui sépare le Sri Lanka de l'Inde. La côte ouest de Neduntivu n'est d'ailleurs qu'à 42 km de Rameswaram, au Tamil Nadu. Quoi qu'on en dise, Neduntivu (nommé Delft par les Hollandais) vaut plus pour son atmosphère, comme suspendue entre 2 époques, que pour les sites visibles. Et vu sa situation stratégique, la Navy y est assez présente (mais sur des lieux assez circonscrits).

➢ 3 ***ferries***/j., à 8h, 9h30 et 16h. Retour vers Kurikadduwan à 7h30, 14h30 et 16h30 *(compter 55 mn de trajet et 60 Rs/pers).* Essayer de se faire confirmer les horaires la veille (par son hôtel par exemple), car cela évolue.
À la descente du ferry, on vous proposera probablement un ***tour de l'île*** de 3h environ en *rickshaw* (jusqu'à 2 personnes) pour environ 1 500 Rs, ou en mini-van (3-6 personnes) pour 3 000 Rs : ne déclinez pas l'offre, c'est la seule manière de visiter Neduntivu, à moins d'être venu avec son vélo ! Et si on vous parle de commander à déjeuner, négociez fermement le tarif et les plats, histoire d'éviter les surprises (le seul resto-cantine de l'île est à 50 m du débarcadère, au niveau de la statue, et profite un peu de son monopole...).
Le tour de l'île fait passer, au sud de la jetée, par un ***baobab*** vieux de 400 ans (creux comme une caverne, et probablement apporté par des Portugais ou des Hollandais – les érudits sont partagés ! – sur les routes maritimes entre Afrique et Asie), des paysages plutôt arborés sur le versant nord-est de l'île (et même une pierre sacrée qui continuerait de grandir, la *growing stone* !), et, dans le centre du principal village, sur la côte nord, face à la poste (à environ 3 km à l'ouest de la jetée), les anciens bâtiments coloniaux. D'anciens casernements hollandais, en ruine, flanqué d'un beau ***pigeonnier en pierre,*** et l'ancienne ***cour de justice*** anglaise, qui date de 1906, se trouvent dans la même enceinte. Et 200 m plus à l'ouest sur la droite, ce sont les vestiges d'un ancien ***fort portugais*** (ultérieurement utilisé également par leurs concurrents hollandais puis anglais) qui se dressent, à proximité de l'hôpital actuel. Vous remarquerez que le fort était défendu par des fossés en communication avec la mer, véritables douves d'eau salée !
C'est aussi juste derrière que se trouve une ***petite plage de sable,*** pas vraiment aménagée, mais qui dispose de quelques bungalows très simples (ventilo et eau froide) gérés, une fois de plus, par la Navy sri lankaise *(compter 1 000-1 500 Rs la nuit pour 2 pers, résa ☎ 021-221-52-11).*
Une fois passé le village, cocotiers et palmiers se raréfient, et seule une herbe rase occupe le centre de l'île : il faut dire qu'ici la pierre de corail affleure, et il n'y a parfois pas même 5 mm de terre au-dessus. Voici le domaine des ***chevaux sauvages*** de Delft, importés par les Portugais lorsqu'ils nommaient encore cette île *Ilhas das Vacas*. Aujourd'hui revenus à la liberté la plus totale, ils sont protégés et considérés comme un patrimoine naturel. Assez petits, ils se baladent en modestes hordes. Ne pas les approcher de trop près, surtout lorsque les poulains sont là, au risque de se prendre un coup de sabot.
Et lorsque l'on atteind la côté ouest, à la végétation à peine plus fournie, on aperçoit parfois par temps clair Rameswaram, c'est-à-dire l'Inde !

HOMMES, CULTURE, ENVIRONNEMENT

BOISSONS

– ***L'eau :*** dans tous les cas, n'en buvez jamais qu'en bouteille et décapsulée devant vous. Elle est vendue partout. Les voyageurs les plus soucieux d'hygiène pourront emporter des cachets désinfectants du type *Micropur DCCNa,* ne serait-ce que pour se laver les dents.
– ***Le thé :*** bénéficie d'une rubrique à part (voir plus loin la rubrique « Thé »). Boisson nationale que les Sri Lankais boivent très forte, sucrée et avec une goutte de lait. Pour en atténuer le goût souvent âpre, demandez un pot d'eau chaude afin de l'allonger. Le Sri Lanka exporte son meilleur thé, mais néanmoins celui que l'on consomme sur place est de qualité, comme la variété (label) BOPF *(Broken Orange Pekoe Fannings).* Les meilleurs thés proviennent des plantations suivantes : Labookellie (Mackwoods), Mabroo (Pedro Estate, Kelani Valley) et Mlesna (Tea Castle St Clair).
– ***Les jus de fruits frais** (palathuru yusha)* **:** ils sont excellents. On trouve surtout les jus d'ananas, de mangue, de papaye et d'orange. Essayez, si vous les trouvez, le *lime juice* au citron vert ou la *Passiona* au fruit de la passion. Veillez à ce qu'ils ne soient pas allongés avec de l'eau du robinet ni avec des glaçons élaborés à base de cette eau.
– ***La bière** (beera)* **:** de fabrication locale, légère et agréable, elle est généralement servie dans des bouteilles d'un demi-litre environ ; ce qui n'est pas négligeable quand il fait soif ! Les principales marques sont *Three Coins, Lion Lager* (disponible aussi en *strong,* à 8,8°, aux côtés d'une bière *Bison* de titrage équivalent !) et *Pilsner* (la plus chère). On trouve aussi des bières importées en canettes, beaucoup plus onéreuses (*Heineken, Calsberg, Tuborg, Swan* et *Becks*). Sans oublier la ***ginger beer*** (bière de gingembre), qui n'a de bière que le nom puisqu'elle est sans alcool. Assez populaire dans le pays, on lui prête maintes vertus (contre les maux d'estomac, de gorge, etc.).
– ***Le vin** (wayin)* **:** la plupart des restaurants pour touristes ont une carte où l'on trouve surtout des vins australiens, chiliens (souvent bons), portugais, italiens et français (les bordeaux sont ceux qui voyagent le mieux – ou le plus ?). Compter 15 € minimum la bouteille. Il n'existe pratiquement pas de demi-bouteille, mais on peut parfois se faire servir certains vins au verre. L'absence de cave et la chaleur rendent la conservation des bouteilles très difficile. Il est donc préférable de choisir des vins récents et pas trop chers. On risque moins d'être déçu. Il existe un vin produit au Sri Lanka... pas merveilleux, pour vous dire la vérité. Vous trouverez à Colombo, Kandy et dans les spots touristiques des points de vente d'alcool ayant parfois quelques bouteilles de vin en rayon.
– ***Le café** (kopi)* **:** mauvais ! Le Sri Lanka fut producteur de café jusqu'à l'implantation de la culture du thé vers le milieu du XIXe s. Le café n'est pas devenu une tradition comme le thé. Dans les hôtels, il faut souvent payer un supplément pour avoir un café expresso digne de ce nom.
– ***Les sodas :*** on trouve un grand choix de *Coca* et de boissons chimiques. Profitez plutôt des jus de fruits frais...
– ***Le lait de coco :*** le jus de la *King Coconut* est rafraîchissant et garanti naturel. Il coûte trois fois rien, et on en vend partout.
– ***Le toddy :*** provenant de la fermentation naturelle et très rapide de la sève du cocotier. Son goût rappelle vaguement celui de la bière. S'il désaltère, l'odeur est assez forte ! Peu alcoolisé (entre 4 et 6°), il se conserve mal et sa consommation reste généralement locale.

– ***L'arrack :*** provient de la distillation du nectar extrait des fleurs du cocotier. *Arrak* signifie « jus » ou « sueur » en arabe. *Old Reserve double distilled* est nettement la meilleure qualité. L'*arrack* peut servir de base pour des cocktails de fruits (mangue ou citron) ; les locaux le mélangent généralement à une eau gazeuse. À consommer avec modération, gare aux éléphants roses...
Sachez enfin que ***les jours de pleine lune (poya), les boutiques qui vendent de l'alcool (liquor shops) sont fermées.*** Et on ne vous servira que rarement de l'alcool dans les hôtels et restaurants, ou alors à condition de le consommer dans sa chambre, en tout cas à l'abri des regards.

CUISINE

Très honnêtement, le meilleur repas sri lankais, et de loin, s'appelle le *rice & curry.* Souvent un délice d'une belle originalité ! D'ailleurs, on lui consacre notre premier paragraphe. Mais, bien sûr, on ne peut pas en manger à chaque repas, sous peine de rester alité... Le reste de la cuisine du pays est plutôt inégal. Les petits restos populaires déclinent des plats de riz et de viande qui calent bien l'appétit, mais sont souvent gras, et leur hygiène reste à surveiller. Dans les hôtels, la formule buffet est la plus courante. Là encore, c'est inégal, on passe du buffet de bonne qualité (voire excellent dans certains *resorts* de luxe) au service minimum sans génie. Bien sûr, on peut manger pas mal de poisson et de fruits de mer sur les côtes.

Le *rice & curry*

Le plat national est le *rice & curry.* Le curry sri lankais n'a pas grand-chose à voir avec celui de l'Inde. Cette appellation un peu réductrice recouvre dans les faits une ribambelle de préparations très variées selon la famille qui vous invitera ou le standing de l'établissement. Dans les restos populaires, il est servi à volonté pour quelques centaines de roupies. Voici les plats que l'on trouve le plus souvent : *dahl* (purée de lentilles), *ladies fingers* (ou *gombo* : une sorte de haricot-courgette strié et gélatineux), patate douce, *Gee Cola* (oignons, noix de coco râpée, piment, citron, sel), haricots en sauce, fleurs de banane, *papadams* (des petites galettes de lentilles frites et craquantes), noix de coco fraîchement râpée et parfois du chutney de mangue...
L'ensemble est accompagné de morceaux de bœuf, de poisson ou de poulet qui donneront son nom au plat, soit *rice and chicken curry* ou *fish curry,* etc., et que l'on assaisonne avec toutes ces préparations. Tous sont relevés avec de la pâte de curry dont la préparation prend autant de temps que le reste du repas. Chacun a sa propre recette, qui consiste à faire revenir un mélange « personnel » d'épices plus ou moins relevé dans de l'huile de coco avant de le laisser mijoter dans du lait de coco. À la base de ces petits plats, on retrouve les mêmes ingrédients subtilement dosés, à savoir : ail, beaucoup d'oignons, *chili* (piment), herbes aromatiques, lait de coco et d'innombrables épices (girofle, coriandre, cumin, moutarde, safran...).
La noix de coco râpée sert à calmer l'ardeur du piment, principalement celui du *chili,* un petit piment rouge qui semble contenir tous les feux de l'enfer. Ne pas se précipiter sur de l'eau qui ne ferait qu'aviver l'incendie, mais boire du thé, du jus de noix de coco ou de la bière. La *Lion* locale est très efficace ! Si vous avez l'estomac fragile et que vous ne voulez pas griller complètement vos papilles, demandez un *white curry.* Il est généralement peu épicé. Ou précisez « *no chili* », histoire d'éviter le piment (si vous dites « *no spicy* », vous vous retrouverez avec un plat fade sans épices du tout...).
Ne vous étonnez pas si parfois le riz est rouge, il s'agit de variétés propres à l'île. Il existe une autre variété locale et économique, le *Samba.* Il s'agit de gros grains ronds qui dégagent une odeur écœurante à notre odorat aseptisé. On lui préfère de plus en plus le basmati produit au Sri Lanka.

Les poissons et les fruits de mer

Le plus courant est le ***seerfish,*** une espèce proche du colin, servi en darnes. Excellent lorsqu'il est frais, il est malheureusement souvent congelé puis frit ou trop cuit pour masquer son manque de fraîcheur. Vous apprécierez aussi le ***thazard,*** la ***bonite,*** le ***poisson sabre*** et le ***marlin.***
Les crabes (notamment à et de Jaffna) et les grosses crevettes sont succulents. Les premiers peuvent être servis nature ou ***devilled,*** c'est-à-dire relevés avec des épices. Les secondes sont le plus souvent issues de la pisciculture, une activité en plein développement.
Bien entendu, vous serez tenté par la ***langouste,*** autrefois commune et bon marché. Elle est proposée maintenant à des prix « européens », petite et le plus souvent congelée, car les belles pièces ont depuis longtemps déserté les eaux locales surexploitées.
Méfiez-vous aussi des fruits de mer loin des côtes. Leur fraîcheur dépend de la chaîne du froid, encore relativement aléatoire. Ils sont souvent servis avec beaucoup de piment et provoquent de sérieux dérangements intestinaux.

Les viandes

À moins que vous ne la commandiez dans les bons restaurants ou les grands hôtels, la viande est généralement de piètre qualité, trop cuite et toujours préparée en sauce. On trouve principalement de la volaille, du bœuf, du porc. Elle est souvent congelée et les défaillances frigorifiques ne lui font pas que du bien. C'est peut-être l'occasion de découvrir la cuisine végétarienne sri lankaise, particulièrement riche, variée et savoureuse. Les meilleures adresses sont dans la région de Matale où les fameux jardins d'épices proposent maintenant des menus sophistiqués avec cours de cuisine et conseils culinaires pour épater vos futurs convives à votre retour.

Quelques plats typiques

- ***Patties** ou **cutlets :*** les premiers sont des beignets farcis aux légumes. Les seconds, des acras à base de lentilles épicées. On trouve aussi des *vadai,* gros beignets moelleux à la farine de lentilles.
- ***Buryani :*** riz épicé et cuit avec différents aromates, accompagné de poulet, de mouton et d'un œuf dur. C'est le plat traditionnel des musulmans. On en trouve des versions végétariennes, en particulier à Jaffna.
- ***Sambol :*** mélange de chair de noix de coco râpée avec piments, épices et poisson (ou crevette) déshydraté finement haché. Servi avec l'habituel riz au curry, il se consomme aussi au petit déjeuner avec du pain.
- ***Lamprai :*** riz et légumes cuits avec du piment et servis dans une feuille de bananier. En vente partout pour une somme encore modique.
- ***Devilled :*** *devil,* c'est le « diable », et le diable c'est le feu. Sont appelés « *devilled* » tous les plats très pimentés et qui enflammeront littéralement vos sens jusqu'à court-circuiter votre transit intestinal ! En dehors des adresses très populaires, la cuisine locale, légèrement moins épicée qu'en Inde, est de plus en plus souvent adaptée au goût européen.
- ***Kottu roti :*** jamais servi avant 15h-16h, ce plat à la fois musulman et tamoul est préparé de manière un peu spectaculaire puisque le cuisinier hache menu, à l'aide de plaques de métal et avec force bruit, un mélange de *roti* (pain), légumes, œufs, épices et viande (poulet ou bœuf, en général). Nourrissant mais pas des plus fin !
- ***Wattalapan :*** dessert, sorte de crème solidifiée au caramel, assez « étouffe-chrétien ».
- ***Pâtisseries :*** rares et souvent à base de noix de coco et de farine. Elles sont toujours la partie la moins intéressante d'un repas !

– Goûtez le ***curd*** (ou ***mi kiri***) : du lait caillé de bufflonne identique à notre yaourt en faisselle (le meilleur vient de Trincomalee), mélangé à du miel de *kitul* (variété de palmier) ou à de la mélasse (résidus de canne à sucre). Excellent également avec des plats très épicés pour calmer le feu.

DU MIEL SANS ABEILLES

Le kitul produit sept fois dans son existence de palmier des grappes de fleurs longues de 2 à 3 m. Une technique ancestrale consiste à accrocher un mélange d'épices et d'herbes à cette inflorescence, que l'on frappe régulièrement 3 semaines durant. Ensuite, durant 45 à 60 jours on récolte le suc naturel qui s'écoule à raison de 3 à 4 l par jour. Un excellent substitut au miel : les abeilles n'ont qu'à aller se rhabiller !

Le petit déjeuner

Généralement copieux et servi à l'anglaise avec des œufs, du bacon, des saucisses, etc. Il constitue à lui seul un véritable repas, qui permet de déjeuner très légèrement le midi. Les grands hôtels servent des buffets gargantuesques à satiété pour environ 10 €. Si vous vous contentez d'une petite échoppe voisine, on vous fera découvrir le breakfast à la sri lankaise en vous proposant peut-être :

– ***Hopper*** *ou* ***appa :*** sorte de crêpe de farine de riz, creuse comme un large bol, accompagnée de sauce (et parfois d'un œuf si vous le désirez), le tout pimenté ou saupoudré de sucre.

– ***String-hopper :*** avec sucre en poudre ou sauce pimentée. Ressemble à une petite crêpe faite de fins spaghettis. Un délice !

– ***Pol kiri*** (lait de coco) et ***pol sambol*** (noix de coco râpée et mélangée à du piment).

Les légumes

Le Sri Lanka est autosuffisant en produits alimentaires et nourrit depuis longtemps sa population. La terre est fertile, bien arrosée, et le soleil ne manque pas. Les variétés de fruits sont aussi nombreuses que celles des légumes tropicaux et européens. La ***région de Nuwara Eliya*** est ainsi devenue un vaste potager produisant des légumes de qualité. Les marchés aux légumes sont toujours infiniment plus appétissants que les étals des poissonniers ou des bouchers. Ceux-ci ne connaissent pas la réfrigération. Les légumes secs abondent aussi, lentilles, pois et haricots sont vendus en vrac à côté des sacs de riz dont on découvre de nombreuses variétés.

Les fruits

Faites une cure ! Certains sont très surprenants, comme le fruit de l'arbre à pain dont le jus évoque un peu le vomi (ben oui !), ou celui du jaquier qui, consommé comme légume, est conseillé aux femmes enceintes pour ses vertus immunitaires. Ne parlons pas du durian, qui dégage une odeur pestilentielle à décourager les plus téméraires. Il est d'ailleurs interdit dans la plupart des transports publics. Sa chair est exquise, mais il tend à disparaître, supplanté par des espèces plus communes.

Une règle à respecter impérativement : ***tous les fruits doivent être lavés et pelés,*** quelle que soit votre envie de mordre dedans.

Outre les bananes, noix de coco, melons et ananas (toujours bon marché), on peut se régaler avec :

– ***le mangoustan :*** rond à la coque très dure, sa chair est blanche et délicatement parfumée. C'est certainement le meilleur fruit de l'île. Il mûrit en été et est cultivé sur la côte au sud de Colombo. À déguster absolument. On ne connaît rien de meilleur.

– ***La papaye :*** se dit *papol* en sri lankais. C'est une sorte de melon à chair orange et pépins noirs, à la peau verte tigrée de jaune (très vitaminée). À déguster accompagnée d'un filet de citron vert. Excellent comme régulateur intestinal grâce à la papaïne.

– ***Les mangues :*** on en trouve partout au bord des routes. Ce peut être un excellent déjeuner en voyage, pas cher qui plus est ! Elles peuvent être vertes, jaunes ou orangées, classiques ou filées. Il en existerait 52 variétés, donc 52 raisons de se régaler !

– ***Le fruit de la passion :*** il en existe deux variétés dont l'une est plus acidulée que l'autre. Elles sont toutes les deux délicieuses, mais leur jus est décevant, à moins que les graines n'aient été filtrées.

– ***Le rambutan :*** petite boule rouge de la famille du lychee dont on consomme la pulpe particulièrement délicate et parfumée. C'est le fruit le plus cher !

– ***La noix de coco royale :*** à l'écorce orange, plus chère que l'autre, mais son eau est abondante et succulente.

– ***La banane (kesel) :*** de toutes grosseurs, mais les plus petites sont incontestablement les meilleures. Toutes les couleurs, du vert jusqu'au rouge écarlate. Rien à voir avec celles que nous connaissons en Europe. Ici, elles sont délicieusement acidulées !

– ***L'avocat :*** au Sri Lanka, c'est un fruit que l'on mange sucré. On trouve parfois du jus d'avocat.

– ***Les fraises :*** cultivées dans la région de Nuwara Eliya, elles sont succulentes.

– ***Woodapple :*** souvent servi en jus, un fruit presque rond à la coque presque aussi dure que la noix de coco. S'il sonne creux c'est qu'il est trop vieux, et s'il rebondit c'est qu'il n'est pas mûr. Un parent proche des agrumes (comme sa peau le laisse présager) mais à la saveur unique.

CURIEUX, NON ?

– Les bouddhistes ont leur propre symbolique des couleurs. Ainsi, lorsqu'ils vont au temple rendre leurs dévotions, ils s'habillent de blanc, symbole de pureté, de savoir et d'émancipation. S'ils n'attendent pas des touristes en visite culturelle des mêmes temples la même discipline vestimentaire, sachez cependant que vous prenez le risque d'être regardé de travers si vous êtes vêtu de noir des pieds à la tête ! Car le noir est symbole... d'ombre et d'ignorance...

Pas de problème en revanche pour entrer ainsi dans un temple hindou : le noir y est symbole de la pureté originelle, celle de Krishna... ce qui veut aussi dire que nombre de castes n'ont pas le droit de porter du noir, car elles ne sont pas assez pures...

– Le durian, ce gros fruit plein de picots, est tellement malodorant qu'il n'est pas rare, à l'entrée des bus, des trains des temples ou de certains lieux fermés, de trouver des pancartes qui en interdisent l'introduction... Ce serait un peu comme de se balader avec un énorme camembert puant dans un train de banlieue surchargé : un coup à se faire jeter dehors par les autres passagers !

– La main gauche est impure (elle sert à nettoyer les fesses : c'est un point sur lequel bouddhistes, hindous et musulmans sont bien d'accord !). Résultat, même les gauchers mangent avec leur main droite. D'ailleurs pour se laver les mains, jamais la droite n'entre en contact avec la gauche. Et lorsque l'on se retrouve à participer à une cérémonie religieuse, c'est pareil, gaffe à la main gauche !

DRAPEAU

Le drapeau sri lankais, chargé de symboles, est inspiré de celui de Wickrama Rajasingha, le dernier souverain de Kandy. Il fut emporté par les Anglais et conservé à Londres jusqu'en 1952.

Lors de l'indépendance, le *Lion Flag* a remplacé l'*Union Jack.* Le roi des animaux y représente la force et brandit un sabre, attribut de l'égalité et de la justice. Les quatre feuilles de l'arbre sacré (Ficus bô) évoquent les quatre vertus du bouddhisme : la bonté, la compassion, la joie et la sérénité. Beau programme dans tous les cas, mais pas facile à appliquer... Quant aux quatre couleurs du drapeau, elles représentent la sagesse avec le jaune, la force avec le rouge, et les communautés minoritaires avec l'orange pour les Tamouls et le vert pour les musulmans.
Mais le drapeau que l'on voit le plus souvent est la ***bannière bouddhique,*** créée par le ***colonel Henry Stell Olcott*** (1832-1907). Cet Américain débarqua sur l'île en 1880, fonda la société théosophique bouddhiste, créa des écoles, rédigea un catéchisme encore en vigueur. Il dessina un drapeau en reprenant toutes les couleurs de l'arc-en-ciel qui auréolaient la tête du Bouddha.

DROITS DE L'HOMME

La transition démocratique opérée par Maithripala Sirisena semble se concrétiser. Mise en place en décembre 2015, une mission sur la nouvelle Constitution a mené des consultations durant plus de 4 mois, auprès de plus de 2 500 personnes, pour évaluer les attentes des Sri Lankais. Rendu public en mai 2016, le rapport met en évidence certaines divergences à aplanir, comme la place du bouddhisme, ou encore le choix d'un modèle fédéral ou centralisé. Une fois rédigée, la Constitution devra être validée par référendum, puis ratifiée par le Parlement. En février 2017, la loi sur le droit à l'information est par ailleurs entrée en vigueur. Elle permet à chaque citoyen d'avoir accès à toute information détenue par une autorité publique. Les médias apprennent par ailleurs à vivre à nouveau sans la censure, tout comme les ONG, qui retrouvent également une liberté d'action, fortement entravée sous le régime précédent. Les ONG regrettent toutefois la lenteur de la justice dans les affaires concernant la guerre sale que se sont mené durant des années les forces armées et les séparatistes tamouls. Une cour spéciale doit bien être mise en place, mais les débats autour de la participation ou non de juges internationaux n'en finissent pas. Le gouvernement marche d'ailleurs sur des œufs, l'armée, jusqu'à présent impassible, pourrait se sentir visée par cette juridiction. De nombreuses personnes suspectées d'appartenir à la rébellion sont par ailleurs toujours détenues sous le coup de la loi sur la prévention du terrorisme (PTA). Néanmoins, le président a exigé que les forces de sécurité se conforment aux directives de la Commission des droits humains du Sri Lanka, destinées à protéger les personnes arrêtées au titre de la PTA. Il a également demandé à ce que cessent les pratiques susceptibles de déboucher sur des violations des droits humains (comprenez la torture).
Autre sujet douloureux lié au conflit, la restitution des terres aux personnes déplacées. Une « politique nationale » a été adoptée par le Parlement sur ce sujet, qui devrait faciliter ces procédures. Mais les discriminations demeurent au sein de la société sri lankaise, à commencer par les Tamouls, qui se plaignent toujours de harcèlement. Les chrétiens et les musulmans, également, doivent faire face à des menaces, voire à des agressions physiques, par des groupes radicaux bouddhistes, comme l'organisation Sinha. Et la communauté gay, lesbienne et transgenre est aussi confrontée à des campagnes de haine sur les réseaux sociaux.

■ ***Fédération internationale des Droits de l'homme (FIDH) :*** *17, passage de la Main-d'Or, 75011 Paris. ☎ 01-43-55-25-18. ● contact@fidh.org ● fidh.org ● Ⓜ Ledru-Rollin.*

■ ***Amnesty International*** *(section française) : 76, bd de la Villette, 75940 Paris Cedex 19. ☎ 01-53-38-65-65. ● amnesty.fr ● Ⓜ Belleville ou Colonel-Fabien.*

ÉCONOMIE

Après avoir été sévèrement pénalisée par plus de 30 ans de guerre, l'île bénéficie d'une très forte croissance intérieure et d'un afflux massif de capitaux du monde entier. Elle conserve aussi un savoir-faire précieux dans la production et la transformation de produits naturels à forte valeur ajoutée.

Après avoir connu l'autosuffisance alimentaire grâce à une bonne agriculture de subsistance jusqu'à l'arrivée des Anglais, puis la production et la transformation de latex, café et thé pendant la période coloniale, l'île a vécu un épisode étatique qui a favorisé les exportations textiles à bas coûts, avant de végéter pendant le conflit. Aujourd'hui, sa politique est libérale et, depuis le retour de la paix, le dynamisme du pays est bien réel. L'île bénéficie de nombreux atouts : population éduquée, diversité des produits agricoles devenus « tendance » sur les marchés mondiaux, et richesse du patrimoine naturel et historique qui favorise le tourisme.

Malgré l'ampleur de la catastrophe du tsunami de 2004, son impact financier a été moins important que prévu, au grand étonnement des analystes économiques.

Il faut dire que les régions les plus touchées ne pesaient pas très lourd dans la balance commerciale. Par ailleurs, les zones touristiques sont très vite redevenues opérationnelles. Il a fallu beaucoup reconstruire ! Les maçons, les fabricants de meubles, de voitures et bien d'autres corps de métier ont rempli leur carnet de commandes donnant un coup de fouet aux économies locales (petites industries, artisans...). Le retour en force du tourisme a aussi fortement participé à la reprise de l'activité !

LA BANQUE DES ENFANTS DES RUES

Le Chidren's Development Khazana est une coopérative dont le but est de sortir les enfants de la faim et la précarité. On leur apprend à gérer leurs maigres revenus et on les éduque. Tous les petits métiers sont acceptés (cireurs de chaussures, vendeurs ambulants, ramasseurs de déchets...). Tout sauf mendicité et prostitution.

Entre 2010 et 2015, la croissance économique annuelle gravitait autour de 6,5 %. Cette dernière a toutefois légèrement ralenti à 4,8 % en 2015 et tournerait autour de 5,3 % en 2017, pendant que l'inflation, qui avait fait une pause de 2015 à mi-2016, reprend de plus belle (autour de 6 à 7 % début 2017). Le PIB par habitant connaît, lui, une progression constante. Le ratio de la population en dessous du seuil de pauvreté fond comme neige au soleil : 29 % en 1995, 15 % en 2006 contre 6,7 % en 2014. Il demeure que des disparités existent entre le nord et l'est du pays (régions les plus touchées par le conflit), et le sud où se concentre l'essentiel de l'activité. L'économie sri lankaise repose sur plusieurs piliers : l'industrie textile, l'agroalimentaire et les services. Côté ressources naturelles, le sous-sol est relativement pauvre, mis à part les pierres précieuses (saphirs, rubis...). La découverte de gisements de « terres rares » comme l'ilménite (oxyde de fer et titane) pourrait néanmoins à terme dynamiser l'industrie minière.

Une économie dominée par les services

Avec le retour d'une partie des diasporas cinghalaise et tamoule installées à l'étranger pendant les années de conflit (ils étaient près de 1,2 million à vivre et travailler à l'étranger, principalement dans le Golfe), le secteur des services est désormais en pleine expansion. Il représente plus de 60 % du PIB et emploie la moitié des actifs du pays. La part du secteur financier (banques, assurances, services immobiliers) et des télécommunications connaît une croissance soutenue.

Autre domaine qui contribue à la vitalité économique du pays, le tourisme, avec environ 2 millions de visiteurs en 2015. Ce secteur connaît une nette progression. De nombreux hôtels ont été restaurés, le réseau routier amélioré, les structures portuaires aménagées.

La part relativement faible de l'agriculture

Même si 82 % de la population vit en zone rurale, l'agriculture voit sa part réduite chaque année. Elle est passée de 15 % en 2005 à 8,5 % du PIB en 2016 et représente tout de même 25 % du total des exportations du pays (dont 15 % pour le seul secteur du thé). Le thé, l'hévéa et la noix de coco constituent les trois mamelles agricoles de l'île.

– ***Le thé :*** le Sri Lanka est le troisième producteur mondial après la Chine, et le Kenya, et le premier exportateur mondial. Il exporte plus de 90 % de sa production dont 95 % transitent par la *Colombo Tea Auction,* la plus grande compagnie de thé du monde. Cultivé principalement dans les régions de Nuwara Eliya, Haputale et Dikoya, l'« or vert » représente à lui seul environ 60 % des exportations du pays. C'est dire si le thé occupe une position économique primordiale.

– ***L'hévéa :*** tout comme le thé, c'est aux Anglais que l'on doit son introduction dans l'île. Une fois planté, il exsude, après incision, du latex naturel pendant une trentaine d'années. Aujourd'hui, le Sri Lanka est l'un des premiers producteurs de caoutchouc naturel au monde. Après épuisement du latex, l'hévéa servait autrefois de simple bois de chauffe. Aujourd'hui, on a redécouvert ses qualités pour la fabrication de meubles et de parquets.

– ***Le cocotier :*** cultivé près des côtes, la majeure partie de la production est consommée sur place. Toutes les parties de l'arbre sont utilisées, des feuilles qui servent à faire le toit des maisons jusqu'à la pulpe desséchée, le ***coprah,*** dont on extrait de l'huile utilisée dans les industries alimentaires et dans certains cosmétiques, en passant par l'alcool tiré de sa sève, le *toddy* ! Le cocotier demande peu de soin et son exploitation, une main-d'œuvre réduite. C'est pourquoi il est appelé l'arbre du paresseux. Un mot aussi sur l'***arjuna kumbuk,*** un arbre qui connaît un vrai succès et dont le bois très dense entre dans la fabrication de meubles et de dallages très résistants.

Enfin, le ***riz*** occupe un tiers des terres cultivées, et sa production assure une quasi-autosuffisance grâce à la mise en valeur d'un ambitieux réseau hydrologique. La ***pêche*** est peu développée et reste pratiquée de manière relativement artisanale.

Une industrie textile qui tire son épingle du jeu

L'industrie du textile occupe une place essentielle dans l'économie du pays. Elle génère près de 500 000 emplois, représente environ 7 % du PIB et 40 % des exportations du pays. L'habillement est la première industrie exportatrice du pays. Face à la rude concurrence des pays asiatiques à bas coût, le Sri Lanka a su moderniser sa chaîne de production. Le pays produit aujourd'hui des articles et des vêtements pour plusieurs marques très connues, voire prestigieuses. Dans un futur proche, le Sri Lanka pourrait bien se tourner vers le grand marché indien. Certains groupes ont même franchi le pas en délocalisant des usines de production... en Inde !

ENVIRONNEMENT

Les premières réserves de l'île remontent à plus de deux millénaires (voir l'encadré).

Actuellement, le Sri Lanka compte une cinquantaine de sanctuaires de la vie sauvage dont une douzaine de parcs nationaux : les deux plus grands, ***Yala*** et ***Wilpattu,*** s'étendent sur plus de 1 500 km² chacun. ***Yala*** est certainement le parc le plus intéressant de l'île. Il abrite de nombreux animaux sauvages comme l'éléphant, le crocodile et le léopard, et ses paysages sont parmi les plus spectaculaires du pays. Savanes ponctuées d'étangs, forêt arbustive d'où jaillissent des monolithes de granit, plages désertes. ***Wilpattu*** est le plus vaste mais la faune n'est pas encore totalement revenue après des années de conflits dans ses sous-bois et les droits d'entrée y sont particulièrement dissuasifs pour ne croiser que quelques paons et singes.

Uda Walawe est un autre site incontournable pour ses hordes d'éléphants s'abreuvant le soir aux points d'eau. L'accès aux réserves est réglementé et les visites ne peuvent s'effectuer qu'accompagnées par un garde forestier dans un véhicule adapté au terrain. Généralement, un 4x4 loué à l'entrée. Certaines zones protégées sont habitées et libres d'accès. C'est le cas du *Udawattakelle Sanctuary* de Kandy ou de la région qui entoure le pic d'Adam, célèbre lieu de pèlerinage.

La ***forêt de Sinharaja,*** classée au Patrimoine mondial de l'humanité (Unesco), est le dernier témoin de la forêt vierge primaire qui recouvrait jadis 70 % de la superficie de l'île (seulement 20 % aujourd'hui). Elle peut être parcourue lors de randonnées plus ou moins sportives à condition de se protéger soigneusement des sangsues, qui pullulent tout au long de l'année. Elle abrite de nombreuses essences rares et une diversité exceptionnelle d'oiseaux endémiques.

Avec la colonisation et la mode des safaris, la population animale fut en partie décimée à partir du début du XIXe s. On cite le cas de quatre Européens qui, en 1837, tuèrent 106 éléphants en 3 jours. Aujourd'hui, des orphelinats, comme celui de ***Pinnawela,*** ont été ouverts pour recueillir les éléphanteaux abandonnés ou dont les parents sont morts. Ils sont nourris au biberon et encadrés jusqu'à l'âge adulte.

Bien qu'ils soient l'emblème du pays et participent à toutes les grandes manifestations culturelles et religieuses, l'avenir des éléphants n'est pas assuré (voir plus loin la rubrique « Faune »).

DES ROIS ÉCOLOGISTES

Au IIIe s avant l'ère chrétienne, le roi Dewanampiya Tissa créa la première réserve naturelle du royaume à Minneriya (dans le Nord, près de Polonnaruwa). Ses successeurs ont gardé le cap. Une inscription du XIIe s du roi Nissankamalla rappelle qu'aucun animal ne doit être tué dans un rayon de 40 km autour de la capitale Anuradhapura. Il interdit la pêche dans les 12 grands lacs du pays et promet aussi aux oiseleurs des étoffes et des biens de consommation s'ils veillent à la sécurité des volatiles. L'écologie n'est pas une idée neuve au Sri Lanka !

Un savoir-faire millénaire au service du développement

C'est à partir du début du XIXe s que les terres ont été défrichées pour faire place aux cultures et notamment aux plantations de caféiers et de théiers. La population, qui n'était que de 2,4 millions d'habitants en 1871, est estimée aujourd'hui à 22,2 millions d'individus. Avec la fin des hostilités et le retour au pays de nombreux émigrés, l'accroissement démographique attendu dans un proche futur est le principal problème à résoudre pour le gouvernement. Il doit ***remettre en culture*** les régions semi-désertiques du Centre et du Nord. C'est le projet *Mahaweli Ganga,* du nom du plus grand fleuve de l'île. Mille ans après les premiers travaux d'ingénierie qui ont permis aux rois de bâtir les fabuleuses capitales impériales de Polonnaruwa et d'Anuradhapura, le ***réseau hydrologique*** devrait être rénové, des barrages construits et de nouveaux lacs artificiels creusés afin de récupérer les pluies de moussons, une ressource abondante et fiable. Au XIIe s déjà, le roi Parakrama avait décidé que sous son règne, « pas

une goutte d'eau de pluie ne devait retourner à la mer ! ». C'est le paradoxe sri lankais : ***favoriser le développement économique en utilisant un savoir-faire millénaire.***
Les Sri Lankais sont de plus en plus sensibilisés à la protection de l'environnement. Après des années de guerre civile, de plages sales et de pillage des ressources naturelles, ils ont pris conscience des limites de leur habitat où ils vont devoir cohabiter tout en attirant un nombre croissant de touristes. Dans nombre de localités, le prix des terrains approche celui du marché de l'immobilier français !
– Les ***dégâts du tsunami*** de décembre 2004 se sont révélés à terme moins importants que prévu sur les coraux et la bande littorale, mais le trop grand nombre de canots de pêche offerts par les ONG a aggravé la surpêche dans les zones côtières. Dans le même temps, le pays s'est lancé dans la pisciculture de coquillages et de crevettes, un secteur qui pose un nouveau problème de pollution des lagunes et des mangroves.

ÉPICES

Du poivre qui vaut de l'or

L'extraordinaire éventail des épices récoltées au Sri Lanka vous rappellera peut-être l'épopée violente et colorée de son commerce. De la plus haute antiquité jusqu'à la création de la Compagnie des Indes en 1666 à Lorient, ces denrées eurent la même valeur que l'or.
D'ailleurs, avant même que les épices ne jouent un si grand rôle dans les échanges commerciaux, elles furent investies d'une valeur sacrée et reconnues par presque toutes les religions comme l'offrande par excellence.

LE GOÛT DE L'OR

Jusqu'au XIIIe s, les dettes des marchands flamands étaient très souvent payées en... poivre ! Au XVe s, un grain de poivre valait autant que 1 g d'or sur le marché de Lisbonne ! C'est donc pour des raisons strictement financières que Portugais et Hollandais se disputèrent Ceylan, considérée comme une « île fortunée ».

Des vertus médicinales

De manière plus pragmatique, de nombreuses vertus médicinales furent attribuées – et le sont encore – aux épices, aromates, condiments et herbes diverses. Le ***poivre*** *(gammiris),* ***une des cinq épices nobles,*** était censé pourvoir à l'insuffisance pancréatique et salivaire ; c'était le breuvage béni des bronchiteux en Occident, tandis que les Arabes pensaient qu'il était susceptible d'éviter la calvitie. Le ***safran*** fut, dans la pharmacopée antique, un remède polyvalent, soignant à peu près tous les maux, notamment la bronchite. Tel un euphorisant, il assurait même la joie de vivre à ceux qui l'absorbaient en petite quantité.
La ***cannelle*** est un bon stimulant et un aphrodisiaque (dit-on !). Savez-vous le pays produit près de 10 % de la cannelle dans le monde ? Le ***clou de girofle*** soulage les maux de dents. Le ***gingembre*** est un antiseptique. Le ***piment*** favorise la digestion, c'est pourquoi il est bon de manger pimenté (mais pas trop). La ***cardamome*** agit sur le bon fonctionnement des reins, tout comme la ***coriandre*** (qui n'est pas classée dans les épices, mais dans les herbes).
De nos jours, le commerce des épices reste florissant sur tous les marchés du Sri Lanka. Cardamome, cannelle, noix de muscade, au même titre que les pierres précieuses, font toujours partie des marchandises traditionnelles de l'île, tout comme le gingembre, le girofle et le piment rouge.

Quelques arnaques à éviter

> **NUL EN HISTOIRE-GÉO !**
>
> *Vasco de Gama avait des lacunes historiques et culturelles considérables. Au départ, il embarqua vers l'Inde pour protéger les chrétiens des exactions musulmanes... Les chrétiens étant inexistants à l'époque dans le coin, il s'intéressa vite à des occupations plus mercantiles : les épices. Il en revint très riche.*

– Le ***safran*** pas cher est toujours du faux safran. Il s'agit d'une poudre jaune résultant du pilage de ses racines. Pas mauvais, mais rien à voir avec le fameux or rouge. D'ailleurs, le Sri Lanka n'en produit pas vraiment, ce qui règle la question. Si toutefois vous voulez en acheter quand même, demandez au vendeur du « vrai safran » d'un air entendu. Il sortira d'un tiroir de minuscules flacons remplis d'étamines rouges. Une fois sur deux, ce – vrai – safran est éventé, et de toute façon pas spécialement moins cher que celui que l'on trouve au supermarché du coin en France.
– Attention à la ***fausse vanille.*** Les « *drumsticks* » lui ressemblent à s'y méprendre, l'odeur et la saveur en moins (du bois, ni plus ni moins).
– Attention aussi à la ***fausse muscade,*** etc. Conseil universel : demandez à humer et si possible à goûter.
– Enfin, un petit rappel : si les jardins d'épices sont bien jolis à visiter, notamment entre Dambulla et Kandy, il faut vraiment comparer les prix (allant du simple au double, parfois !). Sinon, achetez en supermarché en sachet ou en vrac. Certes, c'est moins exotique mais la qualité est bonne et pas chère.

FAUNE

Les éléphants

Les éléphants d'Asie ne survivent plus que dans 13 pays et sont concentrés dans de petites régions. Le défrichage intense, l'exploitation de l'ivoire et des poils caudaux (de la queue !), ainsi que l'industrialisation de ces pays ont mis l'*Elephas maximus* sur la touche. Même au Sri Lanka, le chômage guette les pachydermes !
Leur population actuelle sur l'île est estimée à environ ***3 500 à 4 000 individus sauvages et 450 domestiqués.*** On estime qu'il y en avait environ 20 000 au début du XXe s. Mais les grandes battues de chasse organisées par les colons anglais ont décimé une grande partie du troupeau. Aujourd'hui, c'est la mise en valeur de nouvelles parcelles cultivées, l'agrandissement du réseau routier et la construction de nouveaux lotissements qui réduisent leur territoire. Chaque bestiau adulte a besoin d'au moins 5 km^{2} pour trouver ses 200 à 250 kg d'herbe et de feuilles par jour, le tout arrosé d'une centaine de litres d'eau. Ceci les pousse à saccager villages et champs pour survivre ! Les éléphants ***font partie de la culture de l'île*** depuis que Vijaya, le fondateur de la culture cinghalaise, reçut en présent des éléphants indiens qui constituaient la dot de sa fiancée. Dans tous les textes de la littérature bouddhique, le monde est censé reposer sur le dos des éléphants. C'est, sans conteste, le roi de la faune locale avec ses proportions impressionnantes : 3 t en moyenne et 3 m au garrot.
La plupart sont dépourvus de défenses, car chez les éléphants d'Asie, seuls certains mâles en sont dotés, les femelles en sont toujours dépourvues. Au Sri Lanka, seuls 5 % des éléphants seraient pourvus d'ivoire. Cela ne les empêche pas d'être très dangereux, on recense en effet des morts et blessés chaque année, y compris parmi les cornacs. Autre particularité : il n'a pour seule dentition que quatre molaires qui, lorsqu'elles sont usées, se renouvellent, mais pas plus de six fois.

Dès leur naissance, les éléphanteaux tombent de haut : leur mère accouche debout. Ils sont élevés dans une société matriarcale, les familles étant exclusivement composées de femelles et de jeunes éléphants. Lorsque les mâles atteignent l'âge adulte et peuvent se défendre, ils sont chassés de leur harde. Saviez-vous que les éléphants ne se contentent pas de barrir mais qu'ils communiquent entre eux, à des kilomètres de distance, en émettant des infrasons inaudibles pour nous, d'une fréquence inférieure à 20 Hz et qui peuvent mettre en alerte tout un troupeau ?

Depuis la plus haute antiquité, les éléphants sont domestiqués et astreints aux travaux dans les plantations et dans les forêts. Quand ils atteignent l'***âge de 60 ans*** environ, ils prennent une retraite bien méritée. Leur propriétaire continue à les soigner ou, le cas échéant, des associations de protection des animaux, comme la *Millennium Elephant Foundation* à Kandy, les recueillent et subviennent à leurs besoins. ***Lors des fêtes,*** ils sont richement parés et se pavanent dans les processions. C'est un éléphant qui a le privilège de porter la réplique de la fameuse dent du Bouddha lors de la *perahera* de Kandy. Le plus connu s'appelait Raja. Il remplit cette haute fonction pendant près de 40 ans et eut droit à des funérailles nationales, ainsi qu'à un musée, toujours ouvert à Kandy...

DES DÉFENSES QUI ATTAQUENT

Autrefois, du temps des rois de Kandy, et encore au XVIIe s, les souverains de Ceylan utilisaient les éléphants pour rendre justice et exécuter les sentences. On sciait leurs défenses en ivoire pour y emboîter des piques de fer acérées. L'éléphant se jetait sur le pauvre condamné qui était transpercé de toutes parts, déchiré en pièces puis écartelé membre à membre... Fallait pas embêter les rois.

– Pour ***voir de près les éléphants*** du Sri Lanka et apprécier le travail de protection et de sauvegarde réalisé sur le terrain par les Sri Lankais, se rendre en priorité au parc national de ***Uda Walawe*** dans le sud du pays. Là se trouve un centre de réhabilitation des éléphants orphelins ***(Elephant Transit Home).*** On peut aussi aller visiter l'orphelinat de Pinnawela ***(Pinnawela Elephant Orphanage),*** sur la route de Colombo à Kandy, vers la ville de Kegalle.

Grimper à dos d'éléphant ? Une idée qui trompe énormément

Joli souvenir, chouette photo ou rêve de gosse, monter sur le dos d'un éléphant s'apparente pour beaucoup de touristes à une expérience inoubliable. Mais derrière cette promenade exotique qui vous donnera le sourire, la réalité vous ferait vite déchanter.

Quelque 450 éléphants domestiques, appartenant à des propriétaires privés, font partie de la vie quotidienne des Sri Lankais. Traditionnellement utilisés comme animal de trait, ils charrient toujours le bois en forêt et jouent un rôle majeur (presque sacré) pendant les fêtes religieuses. Pour les faire obéir, les dresseurs leur font subir un rituel appelé « phajaan » dont le but est de briser l'esprit sauvage de l'animal. Par la violence (mise en cage, chaînes, lances en métal, privation de nourriture...), les dresseurs le forcent à se soumettre. Une fois le rituel terminé, l'éléphant est ensuite dressé et prêt à obéir à l'homme. Si les autorités ferment les yeux sur ces comportements pour des raisons à la fois financières et politiques, il ne tient qu'à vous de ne pas prendre part à ce business.

Les autres mammifères

– ***Les singes*** *(waanarayan)* **:** on les rencontre partout, mais plus encore autour des temples, comme à Kataragama (dans le sud-est de l'île) où ils vivent en paix et en liberté. Leur comportement varie d'une espèce à l'autre. Les ***macaques à toque*** *(rilaw)* sont les plus agressifs et les plus chapardeurs. Ils adorent attraper les objets, piquer les aliments, se saisir des lunettes par exemple et s'en aller en courant. Différent du macaque, le ***langur gris*** *(hanumantha wadura)* se remarque à sa crinière blanche, son visage sombre presque noir et sa queue en forme de point d'interrogation.

LE SIXIÈME SENS ANIMAL

Lors du tsunami de 2004, on ne retrouva que très peu de cadavres de grands animaux. Sixième sens surprenant ? On aperçut chiens, écureuils, poules fuir les rivages. Même les éléphants cassèrent leurs entraves pour se mettre à l'abri. Ils disposent d'un spectre de perception plus large que les humains et anticipent les catastrophes naturelles.

Il y a aussi le ***lorie*** *(uhnahapuluwa)*, le plus craintif de tous, qui se cache dans les forêts.

– ***Cerfs, daims, sangliers :*** très nombreux sur les hauts plateaux et dans les montagnes du centre de l'île.

– ***Félins :*** le plus beau, le plus rare est le ***léopard*** *(diviya)*, qui se terre dans les réserves de Yala et de Wilpattu. Ni tigres ni lions au Sri Lanka.

– On croise aussi un peu partout sur l'île des écureuils et des mangoustes.

Les insectes

« Ceylan est le paradis des entomologistes et en particulier des termitologues. » C'est l'écrivain Nicolas Bouvier qui l'a dit. Les ***termites,*** au corps blanc et à la tête rouge, dévorent tout ce qui passe à portée de leurs mandibules, à l'exception du fer et de la pierre... Quel estomac ! Comme en Afrique, elles construisent des buttes d'argile hautes de plus de 1 m parfois. C'est la plus dure et la plus pure argile que l'on puisse trouver.

Dans la famille des ***fourmis,*** on compte quatre ou cinq espèces. Citons les fourmis rouges, les fourmis noires qui vivent dans le creux des arbres. Leur piqûre est très douloureuse. Plus grosses, les *dimbios* sont rouges et mettent leurs œufs dans de grosses boules végétales accrochées aux branches des arbres.

Plus sympathiques, les ***papillons,*** dont on compte environ 300 espèces sur l'île, en particulier dans la région des montagnes et des hauts plateaux de l'intérieur où le climat est plus frais. Beaucoup migrent entre mars et avril. Leur capture est strictement interdite.

La faune marine

Bien qu'elles soient protégées, les ***tortues de mer*** du Sri Lanka sont en danger de disparition. De janvier à avril principalement, plusieurs espèces de tortues marines viennent sur les plages de sable, en particulier sur le littoral du sud de l'île. Dans la région de Tangalle, il n'est pas rare de les voir pondre la nuit, au clair de lune. Les clients des hôtels profitent de ce spectacle aussi naturel que gratuit. À ***Rekawa,*** entre Tangalle et Hambantota, on trouve un petit centre de recherche et de protection de ces tortues.

Entre décembre et avril, chaque année, des ***cachalots*** et des ***baleines bleues*** séjournent sur la côte sud du Sri Lanka. Leur migration les conduit des rivages du Bengale jusqu'aux côtes de l'Arabie Saoudite. Autour de Matara, à ***Mirissa,*** l'observation des baleines constitue une des attractions favorites des touristes. Un des endroits les plus réputés pour le passage de ces baleines est ***Dondra Point,*** à l'est de Matara. Des balades en bateau sont proposées par la plupart des hôtels et des *guesthouses.* Quant aux ***dauphins,*** la meilleure époque pour les observer court de novembre à mars, notamment au large de ***Kalpitiya,*** dans la lagune de Puttalam, sur la côte ouest de l'île, au nord de Negombo.

Les reptiles

Sans tortiller, entrons tout de suite dans le vif du sujet : serpent se dit *nayaa*. À moins de crapahuter pieds nus dans une bananeraie (ce qui de toute façon n'est pas confortable !), peu de risque de vous faire croquer. Savoir quand même qu'il existe au Sri Lanka plusieurs variétés de serpents très venimeux. Les plus redoutables habitent les zones sèches entre Anuradhapura et Polonnaruwa. Les Sri Lankais détestent le ***polonga*** et le ***noya,*** deux serpents qui ont donné naissance à une légende ancienne.

Le polonga, vert ou gris rougeâtre, vit dans les bosquets de bambou. Il saute pour mordre et donc il mord assez près du cœur. Il tue aussi le bétail. L'autre espèce, le noya, ressemble à un cobra, impressionnant, dangereux mais pas agressif. Un proverbe dit : « *noya polonga waghe* » (« semblables au polonga et au noya ») pour signifier que deux ennemis sont irréconciliables : lorsqu'ils se retrouvent nez à nez, les deux reptiles s'affrontent jusqu'à ce que mort s'ensuive.

Les chroniques du XVIIe s (du voyageur Robert Knox en particulier) rapportent l'existence d'une espèce rare, le ***pimberah,*** dont le corps aurait été aussi gros que celui d'un homme. À tel point que l'animal aurait été capable d'avaler un chevreuil tout entier, cornes comprises... Mais personne n'en a jamais montré un spécimen...

Il existe aussi (encore aujourd'hui bien que très rares) des ***serpents de mer*** venimeux et très agressifs. En Malaisie, on les appelle les *slugfishes* (poissons-cartouches). Quand ces reptiles jaune et noir attaquent et piquent, « c'est comme si on recevait une décharge de chevrotine dans le cœur », écrit Nicolas Bouvier *(Routes et Déroutes).* On en meurt vite à moins d'être traité en urgence. Dans beaucoup de cas, les Sri Lankais ont recours à la médecine traditionnelle ayurvédique, qui sauve des vies.

Les oiseaux

Le Sri Lanka compte environ 430 espèces recensées d'oiseaux, dont une trentaine sont endémiques. Dans les plaines, les plus courants sont les perruches multicolores, les perroquets et les martins-pêcheurs de couleur bleu argenté *(pilihuduwa).* La forêt primaire de ***Sinharaja,*** au sud-ouest de l'île, constitue probablement le paradis des ornithologues et amateurs d'oiseaux. Classé au Patrimoine mondial de l'humanité de l'Unesco, ce merveilleux sanctuaire abrite des rolliers, des oiseaux-mouches *(bambara),* des paons *(monaras)...* Dans les zones humides (lagunes, lacs, marais) comme à ***Weerawila, Kalametiya, Yala,*** on trouve plusieurs espèces d'***oiseaux aquatiques*** : hérons, aigrettes, pélicans, ibis... Le ***parc de Bundala*** (sud-est de l'île, près de la mer) est réputé pour ses colonies de flamants roses migrateurs. Et puis vers la mi-août, chaque année, les oiseaux migrateurs venus de Sibérie, de Scandinavie et d'Europe font escale dans les zones humides du Sri Lanka : bécasseaux *(sandpiper),* pluviers *(plovers),* busards, sternes...

FLORE

C'est la véritable « féerie cinghalaise » que décrivit le romancier Francis de Croisset. Le problème n'est pas de faire pousser, mais d'arracher tout ce que la nature produit avec excès. Ne laissez jamais un parapluie fiché dans le sol, nous disait un ami de l'île, vous risqueriez de trouver un arbuste le lendemain matin.

La végétation se répartit en différentes zones selon l'altitude. Dans les plaines côtières, c'est le royaume du ***cocotier.*** Les plages, elles, sont bordées de véritables haies de ***pandanus*** et de ***palétuviers.*** Dans la montagne, changement de décor. Les ***rizières en terrasses*** sont autant d'escaliers à l'assaut des collines avec leurs marches verdoyantes. Bananiers, hévéas, plantations d'ananas

se succèdent au milieu des **hibiscus,** des tulipiers africains, des jasmins et des frangipaniers, avant de céder la place aux vastes plantations de thé, qui occupent tout le centre de l'île.
– Les forêts du massif central recèlent souvent des bois précieux comme le teck, l'ébène ou l'acajou. Les vénérables banians ponctuent le décor, offrant au bord des routes leur ombre bienfaisante.
– Dans les régions sèches, la savane, impropre à la culture, est le domaine des éléphants.

UNE FLEUR TOUJOURS À L'HEURE

Il existe une fleur originale mais très rare : elle s'appelle Kadupul Mal. Elle peut être rouge ou blanche. Particularité : elle s'ouvre vers 16h dans l'après-midi et demeure épanouie toute la nuit. Cette gentille noctambule craint donc la lumière et préfère, comme les fantômes, les délices de la nuit. À l'aube, elle replie ses pétales et se referme. Autrefois, elle servait d'horloge aux habitants lorsque le ciel était couvert et qu'ils ne pouvaient voir le soleil.

GÉOGRAPHIE

Ses dimensions, 435 km du nord au sud et 225 km dans sa plus grande largeur, font ressembler le Sri Lanka (« l'île resplendissante ») à une grosse larme pleurée dans l'océan par le continent indien dont il est séparé par un étroit couloir maritime ponctué d'îlots que se partagent l'Inde et le Sri Lanka, archipel qui porte le joli nom de Pont d'Adam (ou Pont de Rama). Large de 48 km, ce détroit s'appelle « de Palk » au nord de l'archipel et « de Mannar » côté sud. L'île est en grande partie composée de forêts (40 %), de terres basses et de plaines fertiles (15 %), et d'une bande côtière (1 340 km de côtes !) densément peuplée où alternent les vastes plages bordées de cocotiers, les mangroves et d'importantes lagunes.
La moitié sud du pays est occupée au centre par un ***massif montagneux,*** véritable réservoir d'eau de la région. Quelques sommets atteignent plus de 2 200 m, notamment le ***Pidurutalagala*** (2 524 m), point culminant de l'île, et le ***Sri Pada*** (ou pic d'Adam, 2 243 m) considéré comme sacré par la population.
Au nord, cette péninsule de Jaffna qui s'avance vers l'Inde est au contraire extrêmement plate, parcourue de lagunes et, dit-on, de rivières souterraines.

HISTOIRE

Sri Lanka m'était conté...

Ptolémée (284-194 av. J.-C.) avait inscrit l'île sur une de ses cartes, sous le nom de *Taprobane.* Puis au Moyen Âge, les marins arabes la nommèrent *Serendip.* Les habitants de l'île l'appelaient alors *Radnapita,* mot qui signifie « île des pierres précieuses ». En 1505, le capitaine portugais Lourenço de Almaida baptise l'île *Ceilao.* Ce nom donna *Ceylon* (anglais) et *Ceylan* (français). Ce n'est qu'en 1972 que le nom officiel *Sri Lanka* fut adopté suite à une décision du gouvernement. Utilisé comme nom autrefois, *Lanka* signifie l'« île resplendissante », et le préfixe *Sri* est une lettre sacrée.

À l'origine

Les dernières découvertes archéologiques semblent confirmer que de petits groupes d'hominidés habitaient déjà l'île voici plus de 30 000 ans. Ils seraient venus d'Asie continentale par l'isthme naturel appelé aujourd'hui « détroit de Mannar ». Subsistant de chasse et de cueillette, ils découvrent la poterie et le travail du fer

puis développent les prémices d'une agriculture en pratiquant des brûlis dans les forêts de l'actuelle région d'Horton Plains pour y cultiver des céréales.
Ensuite, trois écrits majeurs nous permettent de retracer les grandes lignes de l'histoire de l'île. Le premier, rédigé par un moine bouddhiste à la fin du IVe s sur des feuilles de tallipot, est connu sous le nom de ***Mahavamsa.*** Il raconte les premiers siècles de la colonisation à partir du IVe s av. J.-C. Les suivants, le ***Dipavamsa*** et le ***Culavamsa,*** évoquent tous les petits et grands événements qui se sont succédé jusqu'au début du XIXe s. On y découvre que l'île a subi de nombreuses invasions, connu de multiples royaumes, petits et grands, et initié des périodes artistiques et religieuses remarquables. Elle fut dirigée par quelques monarques éclairés qui parvinrent à la hisser à un très haut niveau culturel et spirituel. Certains furent même des visionnaires exceptionnels qui bâtirent de somptueuses cités et mirent en œuvre d'extraordinaires réseaux d'irrigation des sols dans des régions alors totalement désertiques. La sophistication et la modernité de ces ouvrages fascinent encore les ingénieurs actuels par leur perfection.
Impossible ici de faire un descriptif exhaustif des 180 rois qui régnèrent au Sri Lanka pendant près de 23 siècles. Nous nous limiterons aux deux grandes capitales mythiques que furent ***Anuradhapura*** et ***Polonnaruwa.***

Un prince aryen

On considère généralement que ***Vijaya*** fut le père créateur de la lignée cinghalaise. Ce prince aryen, originaire du nord-ouest de l'Inde, avait été envoyé sur l'île en exil en 483 av. J.-C. avec plusieurs centaines de courtisans. S'adaptant très vite à sa nouvelle patrie, Vijaya y propagea sa religion brahmanique, apporta sa langue (le *pali*), introduisit des techniques agricoles éprouvées et prit rapidement le pouvoir sur les quelques tribus aborigènes locales.
Il fut suivi par nombre d'aventuriers qui fondèrent ***Anuradhapura*** à peine 50 ans plus tard, en 437 avant notre ère. Elle demeura la capitale du Sri Lanka pendant 10 siècles.
Un des grands rois de cette période, ***Dewanampiya Tissa,*** se convertit au bouddhisme avec tout son peuple au milieu du IIIe s av. J.-C. Ce fut une ère particulièrement faste, où la capitale comptait de nombreux palais, temples et monastères sur des centaines d'hectares.

L'alternance entre Cinghalais et Tamouls

On estime, d'après les anciennes chroniques de l'époque, que les premiers colonisateurs furent les Cinghalais, très vite suivis par les Tamouls, des Dravidiens venus du sud de l'Inde.
Ces derniers multiplièrent les invasions et prirent Anuradhapura. Cinghalais et Tamouls occupèrent ensuite le trône de la capitale en alternance. Un des grands rois cinghalais de l'époque, ***Dutugemunu,*** détrôna son concurrent tamoul après plusieurs années d'un long combat acharné.
Nous sommes en 161 av. J.-C. Sous son règne, de superbes constructions furent édifiées. Après lui suivra une longue succession de rois tamouls et cinghalais.
La capitale Anuradhapura connut des hauts et des bas mais poursuivit néanmoins son développement et se dota notamment d'un incroyable système de canaux très élaborés et particulièrement ingénieux, permettant l'agriculture et mettant en valeur les terres désertiques du Nord, avant de s'intensifier entre les IIIe et Ve s de notre ère.
C'est au cours de cette période que le roi ***Kassyapa,*** après avoir occis son père et chassé son demi-frère, fit construire un palais insensé au sommet d'un éperon rocheux à ***Sigiriya*** (lire le commentaire dans la rubrique qui lui est consacrée).

Premiers contacts : Ceylan à Rome

Du temps de l'empereur Claude (41-54 apr. J.-C.), les Romains avaient déjà des contacts avec Ceylan, qui s'appelait encore ***Taprobane.*** Ce nom avait été donné à l'île par les marins grecs. Les Romains avaient la mainmise sur le commerce des marchandises transitant par la mer Rouge. Un de leurs hommes, ancien esclave affranchi, naviguait sur les côtes au voisinage du golfe Persique quand il fut détourné de sa route par des vents qui poussèrent son vaisseau vers le sud-est. Il dériva pendant 2 semaines dans l'océan Indien et arriva sur une terre inconnue : Ceylan. Le marin rescapé fut reçu avec tous les égards par le roi de l'île qui, enthousiaste, décida d'envoyer quatre ambassadeurs à l'empereur Claude.

Toujours plus d'invasions

La valse des couronnes entre Tamouls et Cinghalais s'accéléra entre le Ve et le Xe s, alimentée par d'importantes querelles intestines. Au XIe s, l'île fut pour la première fois occupée par un royaume du sud de l'Inde, la dynastie Chola. Elle fut ensuite triomphalement reprise par le roi cinghalais ***Vijaya Bahu Ier*** en 1073. Ce dernier décida alors d'abandonner Anuradhapura, trop exposée, pour Polonnaruwa, plus au sud. Au XIIe s, le roi ***Parakrama Bahu Ier,*** autre Cinghalais, marqua tout particulièrement de son empreinte la nouvelle capitale. Il fit bâtir en quantité palais, fortifications, jardins et monastères, et surtout creuser de gigantesques lacs artificiels, associant prouesses architecturales et réalisations artistiques. Mais ***Polonnaruwa*** n'eut pas la longévité d'***Anuradhapura*** et, dès le début du XIIIe s, la ville sombra dans le déclin. Aucune des capitales qui suivirent n'égala jamais le faste de ces deux cités mythiques.
Jusqu'au XVIe s, l'histoire du Sri Lanka continua à balancer entre Tamouls et Cinghalais, connaissant périodes de paix et de guerres, régulièrement entrecoupées par des invasions tamoules d'Inde du Sud. Ces derniers eurent même leur propre royaume au XIIIe s, dans le nord de l'île, avec Jaffna pour capitale.

Ceylan, paradis terrestre ?

En 1338, le franciscain ***Giovanni Dei Marignolli*** (Jean de Marignolli) quitta Avignon et partit en mission pour l'Orient, au nom du pape Benoît XII. Il séjourna en Chine de 1342 à 1346, puis sur la route du retour vers l'Europe, son bateau pris dans une tempête se réfugia à ***Beruwala,*** sur la côte sud-ouest de Ceylan. Le tyran local, un eunuque, l'emprisonna pendant plusieurs mois. Marignolli profita de son séjour pour observer les gens et prendre des notes. Il admira la pureté des moines, décrit même une statue du Bouddha et Adam's Peak (la montagne sacrée). À l'époque, les voyageurs – surtout s'ils étaient religieux – considéraient le jardin d'Éden comme un endroit réel. En Inde, le franciscain d'Avignon avait entendu dire que le paradis terrestre était une île au sud... Saint Thomas d'Aquin, son contemporain, situait ce paradis dans quelque contrée d'Asie du Sud-Est...
Près de 50 ans après le passage de Marco Polo à Ceylan, Marignolli, la Bible en main, s'émerveilla devant la nature et le peuple de Ceylan. C'est bel et bien l'Éden tant recherché qu'il avait découvert ! La vigne de la Bible ? Ce sont les bananiers. Les mœurs des Ceylanais ? Elles lui parurent aussi pures et douces qu'à l'époque d'Adam et Ève...

L'arrivée des Européens : les Portugais d'abord

Les ***Portugais*** étaient déjà installés à Goa, sur la côte sud-ouest de l'Inde. C'est de là que partit le capitaine Lourenço de Almeida (fils du vice-roi des Indes portugaises), qui débarqua sur l'île en 1505. Il la baptisa ***Ceilao.*** L'île abritait alors trois royaumes en concurrence. L'enclave tamoule de Jaffna au nord, Kandy au centre et Kotte dans le Sud-Ouest. Cette discorde facilita grandement leur installation. L'objectif des Portugais était d'abord commercial. Ils comptaient forcer le roi de Kotte à leur ouvrir son territoire pour faire commerce des épices et notamment de la cannelle. Une première alliance provisoire leur permit d'occuper les plaines côtières. Avec le temps, l'emprise de Lisbonne s'étendit au nord de l'île (Jaffna).

Le roi de Kandy se retrouva comme encerclé dans sa citadelle au centre de l'île, devenu un foyer de résistance à l'envahisseur européen, bien que le Portugal ne songeât à aucun moment à y établir une colonie de peuplement.
Les militaires portugais bâtirent des forts le long des côtes, dont ceux de Galle et de Colombo en 1518. Ils évangélisèrent de force les populations. Dans certaines villes, des temples furent détruits sans scrupule. Les marchands lusitaniens purent commercer tranquillou jusqu'en 1639, date à laquelle le souverain du royaume de Kandy, se sentant encerclé, fit appel aux ***Hollandais*** pour les chasser. Les Portugais quittèrent alors l'île, remplacés aussitôt par les Bataves. Ces derniers développèrent encore le commerce, tout particulièrement celui de la cannelle et les transports en aménageant routes et canaux (leur spécialité).

Ceylan hollandaise (1656-1798)

Les Hollandais débarquèrent à Colombo en 1635. Au départ, ils se présentèrent comme des libérateurs et alliés du roi de Kandy. Très vite, ils tirèrent un grand profit des richesses de l'île, plus particulièrement des épices, et se convertirent en occupants. Une ruse classique de l'histoire ! Avant la fin du XVIIe s, près d'un quart de l'île leur appartenait déjà. Le gouverneur hollandais siégeait à Colombo, un petit port qui faisait alors partie de la longue chaîne des forts défensifs et citadelles sur le littoral. Régnant sur l'intérieur de l'île seulement, le roi de Kandy se retrouvait à nouveau impuissant, encerclé par les étrangers.

Robert Knox, observateur exceptionnel

Les Hollandais n'interdisaient pas la visite des bateaux anglais sur les côtes de Ceylan, mais pas question de s'y installer. Le 4 avril 1660, à la suite d'un typhon qui obligea son vaisseau à s'abriter près de Trincomalee, le marin anglais Robert Knox et son équipage furent emprisonnés sur ordre du roi de Kandy. Knox vécut en résidence surveillée à la campagne, dans les environs de Kandy. Il apprit la langue et découvrit les us et coutumes de l'île. Observateur rigoureux, rien ne lui échappait et il nota tout, dans un esprit méthodique, sans aucun souci d'embellir la réalité.
Après 19 ans et 6 mois de captivité, il parvint à s'évader en traversant l'île à pied. Rentré en Grande-Bretagne en 1681, il rédigea à 38 ans la chronique de ses années de captivité, *Relation de l'île de Ceylan.* Knox mourut en 1720, âgé de près de 80 ans... Son témoignage reste exceptionnel : véritable ethnologue avant la lettre, jamais aucun Européen, avant lui, n'avait aussi bien décrit cette île peu connue. Son livre eut un grand succès et fut l'une des sources d'inspiration reconnues de Daniel Defoe, l'auteur de *Robinson Crusoë.*

Ceylan britannique (1802-1948)

En 1802, le ***traité d'Amiens,*** chargé de partager les colonies entre puissances coloniales, attribua l'île aux Anglais, qui s'emparèrent très vite du dernier royaume indépendant du pays en 1815. Cette année-là, les Anglais capturèrent le roi de Kandy, exilé à l'île Maurice.
Les Britanniques voyaient les choses en grand. Forts de leur savoir-faire dans le domaine colonial et de leur suprématie militaire, ils appliquèrent leurs méthodes sans lésiner, comme à l'île Maurice, en Inde, en Birmanie ou en Malaisie... Tout en se gardant d'un métissage avec la population, ils améliorèrent les moyens de transport et bâtirent un réseau de chemins de fer. La grande nouveauté arriva à la suite de la maladie qui décimait les plantations de café à l'intérieur de l'île. Après la mort des caféiers, un colon écossais nommé ***James Taylor*** rapporta de Chine les premiers plants de thé qu'il avait pris (achetés ou volés ? le mystère reste entier) à Tien Tsin. En 1880, le thé remplaça le café. Taylor, le pionnier, créa sa première plantation de thé près de Kandy, puis son entreprise s'étendit à d'autres régions,

notamment le secteur de Hatton. Très vite, le thé connut un franc succès. Sa culture se répandit partout dans les collines, au-dessus de 800 m. Les paysages en furent transformés, l'économie stimulée, et le commerce du thé devint si lucratif qu'il attira le magnat ***Thomas Lipton.*** Celui-ci acheta ses premières plantations à Ceylan dans la région de Haputale.
La colonisation anglaise bouleversa aussi les équilibres sociaux traditionnels avec la généralisation de l'économie de plantation, l'importation massive de travailleurs tamouls depuis l'Inde et l'intégration des élites locales dans le système d'éducation et d'administration, donnant ainsi naissance à une nouvelle classe moyenne.

1948 : l'indépendance

En 1948, à la suite de l'Inde, Ceylan accéda « paisiblement » à l'indépendance sans guerre, sans affrontements meurtriers. L'île devint membre du Commonwealth sans trop de heurts. La nouvelle république mit en place son Parlement. Jusqu'en 1956, le pouvoir politique resta détenu par la ***famille Senanayake,*** à la tête du parti conservateur (UNP). Les élections portèrent alors à la tête du pays ***S.W.R.D. Bandaranaike, fondateur du SLFP,*** un parti de l'opposition composé de marxistes et de bouddhistes. Celui-ci dut gérer les tensions grandissantes entre Cinghalais et Tamouls après une première loi de discrimination positive en faveur du cinghalais, devenu langue administrative. Il fut assassiné par un moine exalté en 1959. Sa veuve lui succéda comme Premier ministre et devint ainsi la ***première femme au monde*** à accéder à cette fonction. Elle entreprit une vigoureuse politique de réformes et de nationalisations qui firent de l'État le premier employeur et syndicat de l'île. En 1965, ***Dudley Senanayake*** revint au pouvoir mais ne parvint pas, malgré l'aide américaine, à redresser la mauvaise situation économique du pays. Cinq ans plus tard, Mme Bandaranaike reprit son poste. L'année 1971 fut marquée par une insurrection étudiante réprimée dans le sang et l'instauration de l'état d'urgence pour 5 ans.
Depuis, les deux familles Bandaranaike et Senanayake se partagent alternativement le pouvoir politique dans un système de clans néanmoins démocratique sur la forme !

De Ceylan à Sri Lanka : une nouvelle république

Depuis le ***22 mai 1972,*** Ceylan s'appelle ***Sri Lanka*** en reprenant un nom utilisé autrefois : *Lanka,* l'« île resplendissante », et en le faisant précéder du préfixe *Sri* qui est une lettre sacrée. L'affirmation du droit des Cinghalais bouddhistes à travers une nouvelle loi de « préférence nationale » mit le feu aux poudres. Très vite, l'union des partis tamouls s'éleva contre les textes discriminatoires et revendiqua la création d'un État indépendant dans le nord de l'île.
En 1975, le maire de Jaffna fut assassiné, déclenchant un premier exode massif des Tamouls. Deux ans plus tard, le parti conservateur remporta largement les élections et son leader, ***J. R. Jayawardene,*** devint président de la République. En 1978, une nouvelle Constitution inspirée par celle de notre Ve République fut adoptée.
1981 vit la création du mouvement politique et engagé des ***« Tigres » tamouls,*** militant pour une séparation définitive entre les communautés.

Les « Tigres » montrent les dents

À partir de 1983 s'amorça le cycle infernal d'attentats aussitôt suivis de représailles. Au cours du « juillet sombre », les Tamouls se livrèrent à des attaques contre l'armée, ce qui déclencha de violentes émeutes raciales. Les 23 et 24 juillet, des civils cinghalais décidèrent de venger la mort de 13 soldats dans une embuscade terroriste : les affrontements entre communautés firent près de 3 000 morts chez les Tamouls. En 1987, des accords signés avec l'Inde autorisèrent l'intervention de troupes indiennes dans le nord de l'île. En 1988, le président J. R. Jayawardene céda sa place à son ancien Premier ministre, qui s'engagea dans un vaste programme de réformes sociales rapidement controversé, mais avec pour priorité de mettre fin à la guerre civile. Les troupes indiennes quittèrent le territoire en 1990.

Engrenage infernal

En 1991, Rajiv Gandhi, Premier ministre indien, en campagne électorale dans le Tamil Nadu, fut tué dans un attentat suicide perpétré par une militante des Tigres tamouls en représailles à la participation des troupes indiennes à la répression de leur révolte. En mars, le ministre sri lankais des Armées fut exécuté avec son escorte de 35 hommes dans le centre de Colombo.

En 1993, le président ***Ranasinghe Premadasa*** fut assassiné à son tour, avec tout son entourage, par un commando suicide attribué aux séparatistes tamouls ; quelques jours plus tard, ***Dingiri Wijetunga*** fut élu président !

En 1994, après 17 années de règne de l'UNP, le résultat des élections législatives porta au pouvoir ***Mme Chandrika Kumaratunga,*** leader de l'Alliance populaire (une coalition progressiste) et héritière de la ***dynastie des Bandaranaike*** : son père Salomon et sa mère Sirima (décédée en 2000) avaient déjà gouverné le pays à trois reprises. Au bout du compte, le clan Bandaranaike a successivement rempli sept mandats de président ou de Premier ministre en l'espace de 39 ans.

Peu de temps avant l'élection présidentielle, le 24 octobre, ***Gamini Dissanayake,*** le leader de l'UNP, son adversaire direct, fut assassiné à son tour par une kamikaze commanditée par les Tigres tamouls. On dénombra encore une soixantaine de victimes. L'épouse de Dissanayake se présenta alors pour remplacer son mari. Mais ce fut de nouveau ***Chandrika Kumaratunga*** qui remporta plus de 60 % des suffrages. La nouvelle élue exprima l'intention de modifier la Constitution afin de ramener le Sri Lanka à un régime parlementaire de type britannique. Dès le début de son mandat, elle entreprit des négociations avec les LTTE (Tigres libérateurs de l'Eelam tamoul). Au printemps 1995, ceux-ci rompirent les pourparlers, entraînant la réaction de l'armée sri lankaise qui reprit le contrôle de la presqu'île de Jaffna. En représailles, un attentat suicide contre la Banque centrale de Colombo fit 90 morts et 1 400 blessés début 1996.

L'année 1997 avait été relativement calme quand un nouvel attentat, perpétré au cœur de la capitale, eut pour cible le parking d'un grand hôtel touristique, faisant 34 morts et plus de 100 blessés. Les Tigres venaient de porter un rude coup à l'économie nationale en s'attaquant à l'une des principales sources de devises du pays : le tourisme. À peine le temps d'enterrer les victimes qu'une action autrement plus symbolique allait être menée début 1998.

Les Tigres firent exploser un camion piégé devant le temple de la Dent à ***Kandy,*** l'un des grands lieux sacrés chez les bouddhistes sri lankais. À quelques jours des cérémonies du cinquantenaire de l'indépendance qui devaient avoir lieu précisément à Kandy, le message était clair : ébranler coûte que coûte le pouvoir, quitte à toucher au sacré. Cet attentat choqua particulièrement la population, mit à mal les dernières tentatives d'ouverture de la présidente Chandrika Kumaratunga et les cérémonies furent déplacées à Colombo.

Dans cette saga tragique, les élections présidentielles suivantes se déroulèrent dans un climat de violence permanente qui faillit bien coûter la vie à ***Mme Chandrika Kumaratunga.*** Grièvement blessée dans un attentat suicide, encore, elle fut néanmoins réélue fin 1999. Pour constituer son gouvernement, elle dut chercher des alliés dans les petits partis et former un cabinet comptant pas moins de 44 ministres.

Le 24 juillet 2001, un commando tamoul attaqua directement les forces armées de l'île. Les terroristes réussirent à s'infiltrer sur la base aérienne militaire, détruisant des avions de combat avant de s'introduire dans l'aéroport international mitoyen et de brûler une partie de la flotte commerciale de la compagnie nationale, symbole de l'industrie touristique.

Les années suivantes connurent une alternance de cessez-le-feu et de reprises des combats, avec de fréquentes ruptures de dialogue. Le premier accroc de taille au cessez-le-feu intervint le 7 février 2003 : le contrôle d'un bateau tamoul dans la baie de Trincomalee, par les forces de l'ONU chargées de veiller au respect du cessez-le-feu, mena à la découverte d'un important trafic d'armes lourdes au profit du LTTE. Les séparatistes se firent alors sauter avec le bateau et son chargement, mais le gouvernement sri lankais relativisa l'incident pour ne pas compromettre les chances de paix.

Le tsunami

0h58 GMT (6h59 heure locale), le 26 décembre 2004. Un séisme mesuré à 9.0 sur l'échelle de Richter ébranle le fond marin, à 250 km au nord-ouest de Sumatra, Indonésie. Un raz-de-marée, connu sous son nom japonais de tsunami, commence son voyage à la vitesse de 800 km/h. Il frappe d'abord Sumatra, dans la région nord de Banda Aceh (qui connaît les vagues les plus hautes : de 12 à 15 m !), les îles indiennes de Nicobar et Andaman puis la Thaïlande. Après 2h de progression, et sans que l'alerte ne soit donnée, l'onde de vagues tueuses balaie la côte est du Sri Lanka, bute sur l'Inde du Sud avant de revenir dévaster la côte ouest et sud-ouest de l'île aux épices. Au total, plus de 250 000 personnes seront tuées.

Depuis, le pays semble avoir définitivement tourné la page de cette catastrophe naturelle sans précédent. Le tsunami qui a déferlé sur les côtes basses frangées de cocoteraies et de mangroves a tué plus de 31 000 personnes au Sri Lanka, détruit 100 000 habitations, des centaines de kilomètres de routes et voies ferrées et déplacé un demi-million de riverains.

Aujourd'hui, la situation est redevenue normale. Les premières lois sur la bande dite « de protection » obligeant à construire au-delà des 200 m du rivage ont été ramenées à 50 m sous la pression de pêcheurs réunis en coopérative, et surtout des grands groupes hôteliers. Mais les pêcheurs, eux, se voient chassés vers l'intérieur des terres par la spéculation immobilière.

2009-2010 : fin de la guerre

Le Premier ministre ***Rajapakse*** est élu président de la République en 2005. Lassé de la surenchère de certains Tigres tamouls, il adopte en 2006 une ligne dure qui, en réaction, déclenchera de nombreux attentats l'année suivante. En 2008, c'est l'assaut final par l'armée nationale sur les territoires de l'Est et du Nord sous contrôle de la guérilla tamoule.

Profitant de la défection d'importants cadres tamouls, l'armée prend Kilinochchi, ville stratégique rebelle, puis déplace plus de 300 000 personnes dans des camps provisoires en zone tampon. L'effondrement de la rébellion dans les lagunes de Mullaittivu en 2009 et la mort de son leader historique, ***Velupillai Prabhakaran,*** annoncent la fin d'un conflit qui aura fait 100 000 morts selon l'ONU.

En 2010, l'île est entièrement contrôlée par le gouvernement central. Colombo entame alors une nouvelle politique ambitieuse de grands travaux pour désenclaver les régions tamoules et relancer une économie exsangue. Des routes sont construites vers Trincomalee et Jaffna, des ponts érigés et la liaison par ferry entre l'Inde et le Sri Lanka rétablie après 30 ans d'interruption.

BOYCOTTEZ KALPITIYA !

De nombreux pêcheurs tamouls vivant en bord de mer furent déplacés à l'intérieur des terres pendant la guerre civile. La paix revenue, certains généraux ont confisqué ces plages pour construire des hôtels de luxe. Les populations déplacées vivent toujours dans des taudis à l'intérieur des terres. Que fait la justice ?

Depuis la fin du conflit, l'atmosphère a profondément changé. Le soulagement a gagné les esprits. Les commerces ont rouvert, le tourisme se développe rapidement et l'amélioration des conditions de vie profite à presque toutes les communautés. L'île connaît un développement rapide de futur « tigre » asiatique !
La fin de la guerre a bouleversé le pays en profondeur, dynamisant l'économie. Après avoir été ignorée pendant des décennies, l'île est redécouverte par la communauté internationale et les très nombreux touristes des pays émergents. L'influence de l'Europe se réduit très sensiblement, remplacée par les coopérations « amicales » avec l'Inde et ***surtout la Chine*** !
De grandes entreprises chinoises ont signé des contrats importants avec le Sri Lanka pour la construction du port d'Hambantota et de nouvelles routes, comme l'autoroute Colombo-Galle et la future voie Galle-Hambantota (pour l'instant, seule la section Galle-Matara est en activité). Voir aussi ● *rda.gov.lk/source/other_maps.htm* ● pour le réseau complet.
Quelques nuages viennent cependant assombrir ce tableau, comme les nouvelles revendications de la communauté musulmane qui veut peser dans le débat politique et la mainmise grandissante de grands groupes internationaux sur l'économie locale. Si la reconstruction est à l'œuvre, la réconciliation mettra encore des années avant d'apaiser les consciences.

Quelques dates

– ***483 av. J.-C. :*** arrivée du prince Vijaya sur l'île, et début du peuplement indo-aryen. Fondation à Anuradhapura de la première capitale du royaume. Elle le restera pendant près de 10 siècles.
– ***41-54 apr. J.-C. :*** l'Empire romain a déjà des contacts avec Taprobane (Ceylan).
– ***Du IIe au IVe s :*** période des rois constructeurs. Un immense réseau d'irrigation est construit dans les plaines du Nord, qui rappelle la grandeur d'Angkor au Cambodge.
– ***477-491 :*** règne du roi parricide et mégalomane ***Kassapa Ier***, qui installe sa capitale au sommet du piton rocheux de Sigiriya.
– ***933-1255 :*** sous la dynastie Cholas, la capitale est transférée à Polonnaruwa pendant 75 ans.
– ***1123-1186 :*** âge d'or de Ceylan sous le règne du roi Parakramabahu Ier, le plus fameux de tous les souverains du Sri Lanka. Les marins arabes nomment l'île Serendip.
– ***Vers 1284 :*** Marco Polo est envoyé en ambassade à Ceylan par l'empereur de Chine, le Mongol Kubilaï Khan. « Vraiment la meilleure île qui soit au monde. » Il y revient en 1293 pour essayer d'acheter le plus gros rubis du monde, convoité par Kubilaï.
– ***1338 :*** le franciscain Jean de Marignolli décrit Ceylan comme le paradis terrestre. L'imaginaire occidental s'enflamme. Réactivation du mythe du jardin d'Éden et du royaume des épices et de la cannelle que les Européens cherchent fébrilement...
– ***1505-1658 :*** période de domination de Ceylan par le Portugal.
– ***1639 :*** les Portugais sont chassés de leurs comptoirs sur les côtes par les Hollandais.
– ***1656-1798 :*** période de domination de Ceylan par la Hollande (qui multiplie les forts maritimes) tandis que l'intérieur est gouverné par le roi de Kandy.
– ***1796-1948 :*** colonisation anglaise de Ceylan.
– ***1802 :*** traité d'Amiens qui attribue officiellement Ceylan aux Anglais.
– ***1880 :*** le thé remplace le café, qui a été décimé par une maladie.
– ***1948 :*** indépendance de l'île.
– ***1956 :*** le cinghalais devient la langue officielle de l'île.
– ***1988-1994 :*** les années noires. Le conflit armé entre Colombo et les combattants tamouls du LTTE (armée des rebelles séparatistes) s'aggrave. Nombreux attentats, assassinats et enlèvements politiques.
– ***26 décembre 2004 :*** un tsunami venu de Sumatra ravage la côte sud de l'île. 31 000 morts au Sri Lanka.

– ***2008-2009 :*** assaut final de l'armée nationale sur les derniers bastions du LTTE. En mai 2009, mort du leader historique de l'armée des Tigres tamouls. Fin d'une guerre qui a duré une trentaine d'années et fait 100 000 victimes selon l'ONU.
– ***2012 :*** premiers efforts de redéveloppement du pays – déminage intensif, réimplantation des populations déplacées, reconstruction et grands projets d'aménagement des infrastructures. Le tourisme affiche une belle reprise avec plus de 1 million de visiteurs.
– ***2014 :*** fin avril, prise de fonctions de la police religieuse instaurée par Rajapaksa dans le but d'apaiser les tensions entre les différents cultes. Les minorités restent inquiètes.
– ***2015 :*** en janvier, les élections présidentielles amènent M. Maithripala Sirisena, du New Democratic Front, à la tête de l'État.
– ***2016 :*** le tourisme continue à progresser, avec 2 millions de visiteurs.

MÉDIAS

Dans les kiosques de l'île, on trouve une presse pléthorique avec de très nombreuses parutions en anglais, cinghalais et tamoul. Radios et télévisions sont également diffusées en trois langues.

Votre TV en français : TV5MONDE, la première chaîne culturelle francophone mondiale

Avec ses 11 chaînes et ses 14 langues de sous-titrage, TV5MONDE s'adresse à 320 millions de foyers dans plus de 198 pays du monde par câble, satellite et sur IPTV. Vous y retrouverez de l'information, du cinéma, du divertissement, du sport, des documentaires...
Grâce aux services pratiques de son site voyage • *voyage.tv5monde.com* •, vous pouvez préparer votre séjour, et, une fois sur place, rester connecté avec les applications et le site • *tv5monde.com* • Demandez à votre hôtel le canal de diffusion de TV5MONDE et contactez • *tv5monde.com/contact* • pour toutes remarques.

Radio

Le pluralisme des ondes est un acquis depuis plusieurs années, mais la radio publique *SLBC* reste dominante. Elle émet dans les trois langues nationales (cinghalais, tamoul et anglais). Citons *Gold FM, Sun FM, Prim Radio, Kiss FM...* Toutes diffusent des informations en anglais, notamment *TNL 99.2/101.8, Sun FM 98.9* ou *Gold 93.2.* Une dizaine d'autres radios émettent en cinghalais et en tamoul.
Les émissions en cinghalais et en tamoul du *BBC World Service* sont également très populaires *(• bbc.com/tamil •).*

Télévision

Le Sri Lanka est l'un des rares pays de la région à afficher une telle diversité de chaînes de télévision. On en compte plus d'une cinquantaine !
Le canal privé *ITN* se partage le marché avec neuf autres chaînes. *Rupavahini* (chaîne publique) et *Sirasa,* actuellement les plus populaires, sont en concurrence avec les chaînes du câble, notamment indiennes ou occidentales. Le réseau câblé s'enrichit aussi d'une multitude de nouvelles chaînes qu'il serait impossible de citer. Certaines chaînes rediffusent les journaux d'information de la *BBC* ou de *CNN. ITN* et *Rupavahini* proposent des informations en anglais à 21h30.

Journaux

La presse écrite est très diverse et compte de nombreux supports dans les trois langues. La presse anglaise est coiffée par le *Daily News* (organe gouvernemental), le *Daily Mirror* et *The Island.* Ce sont des quotidiens de qualité qui traitent l'actualité nationale, régionale et internationale. Le plus indépendant est le *Daily Mirror,* et son supplément du dimanche, le *Sunday Times.* L'hebdomadaire *Sunday Leader* propose des enquêtes plus approfondies mais néanmoins contrôlées par une censure tatillonne.
Toutefois, malgré la profusion des titres, l'objectivité demeure sujette à de multiples pressions politiques et économiques. La diffusion relativement restreinte parmi la population peu aisée rend le poids des annonceurs vital pour la presse écrite. Elle reste très prudente et les enquêtes de fond sont rares. Si les débats politiques sont omniprésents, on évite de froisser les différents intérêts économiques et les scoops sont souvent contrôlés par les grands partis.
Certains journaux tels *Lakbima* ou *Ravaya* maintiennent néanmoins un ton relativement critique et une certaine liberté.
Parmi les journaux en cinghalais et tamoul, on peut citer *Dinamura, Lankadapa, Divaina, Lakbima* et *Veerakesari.*
Par ailleurs, les médias en ligne connaissent une popularité fulgurante.
Enfin, sachez qu'il est très difficile de trouver des publications françaises, même à Colombo.

Liberté de la presse

Au lendemain de l'élection présidentielle de janvier 2015, qui a vu la victoire du président Maithripala Sirisena, les organisations de défense de la liberté de la presse locales et internationales ont aussitôt demandé au candidat élu de mettre fin à la politique de violences à l'encontre des journalistes menée par son prédécesseur, Mahinda Rajapaksa, et de lutter contre l'impunité des crimes contre les reporters.
La fin du règne de la famille Rajapaksa, responsable du climat d'insécurité auquel étaient confrontés les journalistes depuis 2005, a suscité de vifs espoirs chez les journalistes sri lankais, contraints jusqu'alors à l'autocensure la plus stricte. Un an après l'élection présidentielle, le nouveau gouvernement doit encore faire ses preuves. Le défi est de taille : après un gouvernement semi-autocratique, contrôlant étroitement les médias publics, entretenant des liens commerciaux avec les propriétaires de médias privés, le nouveau gouvernement a pour tâche principale de permettre l'essor d'un véritable service public tout en favorisant un pluralisme médiatique débarrassé de la terreur des « vans blancs », véhicules symbolisant la menace d'enlèvement et d'assassinat qui pesait sur les journalistes les plus critiques à l'encontre de l'État et des militaires.
Quelques progrès sont d'ores et déjà observables. Le retour de journalistes en exil ou le déblocage de sites d'information (tels que les sites tamouls Lankanewsweb ou Tamilnet) constituent des avancées certaines. La presse étrangère bénéficie également des changements de politique. Sous Rajapaksa, de nombreux journalistes s'étaient vus empêcher d'entrer ou de travailler librement dans le pays. Enfin, le gouvernement étudie actuellement un projet de loi d'accès à l'information, jugé très complet et positif par l'ensemble des parties prenantes consultées par le législateur.
Toutefois, de nombreux crimes liés à des activités journalistiques restent impunis et l'attaque du journaliste Freddy Gamage en 2016 souligne la fragilité de la liberté d'expression et doit encourager le nouveau gouvernement à redoubler d'efforts pour assurer un climat de sécurité aux médias dans le pays. Malheureusement, les réflexes de contrôle de la presse et de l'information subsistent dans ce gouvernement encore partiellement composé d'anciens proches de Rajapaksa. Après l'élection présidentielle, le gouvernement s'est empressé de nommer, dans la plus grande opacité, des équipes dirigeantes des médias d'État favorables à la coalition au pouvoir. En juillet 2015, le président Sirisena a rétabli le « Conseil de la presse », un organe de régulation des médias désuet car entièrement contrôlé par le gouvernement et doté de pouvoirs de sanction disproportionnés, avant d'en nommer son président.

La militarisation du nord et de l'est du pays, majoritairement peuplés de Tamouls, reste importante et continue de dissuader la presse locale et les défenseurs des Droits de l'homme de documenter les exactions commises pendant la guerre. En amont de la visite du haut-commissaire des Nations Unies aux Droits de l'homme en février 2016, les agences de renseignement ont tenté de filtrer les informations que ce dernier s'apprêtait à collecter.
Ce texte a été réalisé en collaboration avec ***Reporters sans frontières.*** Pour plus d'informations sur les atteintes aux libertés de la presse, n'hésitez pas à contacter :

■ ***Reporters sans frontières :*** *CS 90247, 75083 Paris Cedex 02.* | *☎ 01-44-83-84-84. • rsf.org •*

PERSONNAGES

Les rois

– ***Kassapa Ier*** *(règne : 477-491 apr. J.-C.)* **:** un roi célèbre devenu mégalomane après avoir tué son père et évincé son demi-frère. Pour éviter les représailles, il fait construire sa capitale-palais sur un piton rocheux à Sigiriya. Ses jardins sont toujours parmi les plus beaux d'Asie et le réseau hydraulique stupéfie encore par sa sophistication.
– ***Parakramabahu Ier*** *(1123-1186 apr. J.-C.)* **:** un grand roi qui unifia les petits royaumes, lança de grands travaux d'irrigation et d'hydrologie, bâtit la capitale Polonnaruwa, réforma le bouddhisme et favorisa la promotion des arts. Sous son règne, ce fut l'âge d'or de la culture sri lankaise.

Les religieux

– ***Vénérable Saranankara*** *(1698-1779)* **:** ce chef suprême des moines introduisit une ébauche de démocratie dans la conception du pouvoir. Son influence a profondément modifié le bouddhisme local.

Les artistes

– ***Vimukthi Jyasundara*** *(né en 1977)* **:** ce cinéaste a obtenu la caméra d'or en 2005 à Cannes pour son film *La Terre abandonnée.* Le cinéaste le plus connu reste ***Ashoka Handagama*** (né en 1962) dont le dernier film est *Ini Avan.*
– ***Michel Ondaatje*** *(né en 1943)* **:** il est à la fois romancier, poète, éditeur et cinéaste. C'est une des grandes figures de la culture sri lankaise. Son œuvre mélange prose et poésie, anticonformisme et exotisme romantique. Son roman *L'Homme flambé* a inspiré le scénario du fil *Le Patient anglais.*
– ***W. D. Amaradeva*** *(1927-2016)* **:** surnommé le « Mozart du Sri Lanka ». Originaire de Moratuwa, élevé dans une famille bouddhiste et méthodiste, ce grand compositeur et musicien a travaillé pour la télévision, la radio, le théâtre, et a écrit des musiques de ballets.
– ***Geoffrey Bawa*** *(1919-2003)* **:** célèbre architecte dont le travail influença profondément toute l'Asie du Sud-Est. Il est le père du courant appelé « modernisme tropical », qui se réfère à la nature. S'inspirant du climat tropical, des paysages et de la culture traditionnelle, il ouvre l'espace vers l'extérieur par des patios et des allées où la végétation est omniprésente. On lui doit de très nombreux bâtiments : le Parlement, l'université de Ruhunu, le temple Gangaramaya, des hôtels...
– ***Ananda Sanmarakone*** *(1911-1962)* **:** musicien influencé par l'artiste indien Tagore et dont le travail inspire plusieurs musiciens sri lankais. Il a écrit de nombreuses compositions où se mêlent sonorités occidentales et locales. On lui doit l'hymne sri lankais.

Les politicien(ne)s

– ***Mahinda Rajapakse*** *(né en 1945)* **:** homme politique membre et dirigeant du SLFP, élu président en 2005, puis réélu en 2010, mais il échoue en 2015. Sous son premier mandat, il radicalise ses positions avec la guérilla tamoule et donne les pleins pouvoirs à l'armée. Il met fin à la guerre en mai 2009 mais la manière, ultra-violente (40 000 morts juste pour la fin de la guerre), est contestée par l'ONU et de nombreuses ONG.
– ***Sirimavo Bandaranaike*** *(1916-2000)* **:** nommée Premier ministre après l'assassinat de son mari en 1959, elle est la première femme au monde à occuper ce poste. Elle assurera ensuite deux autres mandats, de 1972 à 1978, puis de 1994 à 2000. À noter qu'elle est aussi la mère de ***Chandrika Kumaratunga*** (née en 1945), elle-même présidente de la République jusqu'en 2005.
– ***Don Stephan Senanayake*** *(1894-1952)* **:** devenu Premier ministre après l'accession du pays à l'indépendance, il fonde le parti United National Party et bascule dans l'opposition.

Hommes et femmes d'affaires

– ***Harry Jayawardena*** *(né en 1942)* **:** appelé officiellement Don Harold Stassen Jayarwadena. Ce puissant et très controversé homme d'affaires est classé comme l'homme le plus riche du Sri Lanka. Il a commencé sa carrière dans les plantations et l'exportation de thé, avant de se diversifier dans les distilleries, l'agroalimentaire, l'hôtellerie et le tourisme. Aujourd'hui, Don Harold est à la tête d'un empire commercial et industriel qui pèse dans l'économie du pays (le groupe *Stassen*).
– ***Mrs Sriyani Nonis*** *(1940 ?-2000)* **:** elle dirigea et développa le groupe *Mackwoods,* le hissant au niveau d'un empire industriel et commercial actif dans plusieurs domaines : plantations de thé, caoutchouc, huile de palme, agro-industrie, pharmacie, chimie, tourisme. Femme exceptionnelle, Sriyani Nonis fut une pionnière de la condition féminine dans son pays. Première femme sri lankaise avocate du Royaume-Uni, elle fut aussi la première femme à diriger une plantation de thé au Sri Lanka *(Mackwoods Labookellie Tea Estate).*

PLAGES, PLONGÉE SOUS-MARINE ET SURF

Avec ses 1 340 km de côtes, le destin du Sri Lanka est étroitement lié à la mer. Qui parfois sait châtier cruellement. Contrairement à ce que l'on pense, le littoral n'a pas trop souffert du tsunami. Une fois les débris nettoyés, la végétation a vite repris ses droits. Le récif corallien et la faune marine n'ont pas subi autant de dommages qu'on pouvait le craindre.

En revanche, le phénomène d'érosion met durablement en péril une partie du littoral. On estime que 600 km de côtes sont déjà touchés. Les plages restent magnifiques dans bien des coins du pays, mais elles ont tendance à rapetisser. Bien que le Sri Lanka soit exactement situé au centre de la zone de danger, les requins n'y ont jamais fait de victime. ***Vous pouvez donc vous baigner sans risque, mais, en période de mousson, il arrive que l'océan soit impraticable du fait des courants.***

POURQUOI LES COCOTIERS PENCHENT-ILS VERS LA MER ?

Tous les végétaux recherchent la lumière pour favoriser leur croissance (photosynthèse). Le soleil se reflétant dans l'eau, les plantes et les arbres ont tendance à s'incliner vers la mer. De plus, le sable humide (c'est-à-dire meuble) accentue ce mouvement. Ce n'est donc pas uniquement pour faire joli sur les cartes postales...

- ***Conseils :*** en règle générale, ne jamais se baigner seul, ni sur une plage déserte. Toujours écouter les pêcheurs du coin, qui ont une grande habitude de la mer. Certains endroits, principalement sur la côte ouest et au sud de Colombo, sont ***TRÈS DANGEREUX en raison des courants.***
- Les grands hôtels interdisent d'ailleurs la baignade en dehors des zones surveillées. Vous aurez aussi intérêt à les respecter. Évitez également de marcher dans les herbes hautes qui bordent quelquefois les plages. Vous pourriez troubler le sommeil des serpents et certains sont très venimeux.

Snorkeling et plongée

Avec un masque, un tuba et des palmes, partez à la découverte des fonds marins qui, à certains endroits, recèlent - par faible profondeur - bien des beautés cachées.

De jolis poissons exotiques multicolores virevoltent au-dessus de magnifiques coraux, de plus en plus menacés par le réchauffement de l'eau et par la pêche à la dynamite. Ainsi, le ***snorkeling*** est praticable à des endroits bien précis de la côte sud ; mais on a eu un petit coup de cœur en explorant les alentours de Mirissa, particulièrement épargnés...

- ***La meilleure période sur la côte sud-ouest*** s'étale de ***décembre à avril.*** En revanche, entre mai et août, c'est la mousson et les conditions sont mauvaises, voire dangereuses. Sur la ***côte est*** (Trincomalee, Batticaloa, Arugam Bay...), la bonne période pour plonger va de ***mai à septembre-octobre*** (mousson entre octobre et janvier).
- La visibilité est alors de 15 m environ, et la température de l'eau avoisine les 28 °C. En revanche, pendant la mousson, pas question de plonger (l'eau est trop trouble). On recommande de faire attention aux courants et de prendre quelques conseils auprès de votre hôtel ou *guesthouse.* Si vous n'êtes pas trop chargé, emportez avec vous votre masque, votre tuba et vos palmes, car le matériel à louer sur place n'est pas toujours de bonne qualité.
- Dans certaines villes de la côte sud, vous trouverez aussi des ***centres de plongée*** (avec bouteilles). Ils proposent baptêmes et formations selon la norme américaine internationale ***PADI*** ; et organisent des sorties à la demi-journée ou à la journée, pour explorer sites coralliens et épaves.

On vous conseille quelques centres de plongée sérieux mais, d'une manière générale, vérifiez toujours à qui vous avez affaire. Car, bien souvent, l'encadrement des clubs de l'île n'est pas suffisamment qualifié et peut donc se révéler dangereux. Exigez au moins de voir le diplôme d'instructeur du responsable de centre...

■ ***Poseidon Diving Station :*** *Galle Rd,* ***Hikkaduwa.*** *☎ 091-227-72-94.* • *divingsrilanka.com* • Il s'agit du tout 1er club créé dans l'île en 1973. Il propose baptêmes, sorties avec moniteurs et cours. Le centre est agréé PADI et possède une antenne à Mirissa et une autre à Trincomalee. Un prestataire sérieux.

■ ***LSR*** *(Lanka Sportreizen)* ***:*** *29B, S. de S. Jayasinghe Maw, Kalubowila Dehiwela. ☎ 011-282-45-00.* • *lsrtravel.com* • Agence spécialisée dans les sports nautiques qui possède 2 centres agréés PADI, CMAS et FFESSM. Sur la côte ouest : un centre à Bentota *(Marina Water Sport & Diving Center, Marina Bentota, Paradise Island)* et un autre à Passikudha *(Marina Water Sport & Diving Center, Coconut Board Rd).*

Surf

Le Sri Lanka compte quelques bons spots de surf (de 0,5 à 3 m), très constants.
- D'octobre à mars, la côte sud-ouest de l'île est plébiscitée par les *beach boys* locaux qui lâchent volontiers leurs chemises à fleurs pour glisser (comme des fleurs !) sur les vagues d'***Hikkaduwa,*** spot le plus fréquenté du Sri Lanka. Sur place, on trouve plusieurs *breaks* sans risque, comme *Main Reef* ou *Beach Break.*

En descendant plus au sud, vers ***Ahangama, Midigama*** ou ***Mirissa,*** les cracks se régaleront sur des vagues isolées, mais parfois dangereuses. Leur emplacement demeure secret, et l'encadrement d'une école de surf locale est préférable pour en profiter sans compter.
– D'avril à septembre, la météo avantage plutôt les plages de la côte est de l'île. Aussi les surfeurs confirmés se donnent-ils rendez-vous à ***Arugam Bay,*** spot incontournable, réputé mondialement pour ses vagues longues, rapides, dépassant parfois les 3 m. Aux alentours, ***Pottuvil Point, Okanda*** et ***Crocodile Rock*** jouissent aussi d'une réputation qui dépasse largement les frontières du pays. Mais ici comme au sud-ouest, la plupart des *breaks* demeurent vierges et connus par les seuls initiés. Une école de surf peut vous aider à les apprivoiser...

– ***Location de matériel :*** on trouve facilement des planches à louer (*short-*, *long-* et *bodyboard*) dans les *surf shops* ou auprès de certains hôtels. Pas trop cher, mais souvent de qualité médiocre.

POPULATION

Une « mosaïque » d'ethnies

Selon les dernières estimations du recensement de 2011 (le premier en 40 ans !), la population sri lankaise se situe autour de 22,2 millions de personnes.
La nationalité sri lankaise recouvre en fait plusieurs groupes dont la coexistence sur un espace aussi peu étendu a fait du pays un endroit où il fait bon vivre si l'on occulte la période de conflit entre Cinghalais et Tamouls.
– ***Les Cinghalais :*** ce sont les descendants des conquérants aryens de l'Inde du Nord dont les ancêtres arrivèrent dans l'île au VIe s av. J.-C. Ils représentent 74 % de la population et sont bouddhistes pour la plupart.
– ***Les Tamouls :*** ils constituent une communauté importante (environ 18 % de la population) et active. Leurs revendications d'autonomie élargie furent le déclencheur du conflit qui a longtemps coupé le pays en deux. La majorité d'entre eux sont originaires du Sri Lanka et descendent des envahisseurs indiens des IIe et IIIe s. Les autres (soit environ 10 %) arrivèrent à la fin du XIXe s – à l'initiative des Anglais – pour servir de main-d'œuvre bon marché (les *coolies*) dans les plantations de café puis de thé. Les Tamouls possèdent leur langue, leur écriture et pratiquent les rites du panthéon hindouiste. Minoritaires quant au nombre, ils occupent néanmoins des postes importants dans de nombreux secteurs du pays et cohabitent depuis longtemps avec les autres communautés. Ainsi, il y a davantage de Tamouls à Colombo que de Cinghalais !
– ***Les musulmans :*** ils descendent des premiers marchands arabes, sont près de 3 millions (8 % de la population) et détiennent une grande partie du commerce. Ils jouent de ce fait un rôle important dans l'économie de l'île. Ils vivent principalement le long de la côte ouest et dans certaines poches de la côte est. Bien qu'ils soient parfaitement intégrés, l'islam, religion monothéiste, contribue à les distinguer culturellement de la majorité des Sri Lankais. On observe un repli identitaire de certaines communautés et une tendance forte à revendiquer leur religion à travers de nouvelles madrasas (écoles coraniques) et mosquées financées par les États du golfe Persique (presqu'île de Kalpitiya à l'est et arrière-pays au nord de Mirissa).
– ***Les Veddas :*** ils occupaient l'île avant l'arrivée des premiers Cinghalais et sont actuellement en voie de disparition. À côté des ***Can weddo*** sédentarisés dans les villages, certains tentent de refuser l'assimilation et vivent encore d'une manière précaire dans la forêt près de Dambana. Ce sont les ***Kele weddo.*** La mode de l'agrotourisme et la redécouverte par les Sri Lankais de leurs minorités originelles pourraient à terme sauvegarder certains pans de leur culture. Vous en croiserez peut-être, en groupe, sur certains sites touristiques, simplement vêtus d'un pagne et portant une hachette sur l'épaule.

– ***Les Burghers :*** ce sont les descendants des premiers colons hollandais, portugais ou anglais, largement métissés. On en compte 37 000 environ, résidant principalement à Colombo et généralement catholiques. Depuis l'orientation nationaliste de la politique sri lankaise et principalement dans les années 1950 quand le gouvernement a fait du cinghalais la langue officielle, beaucoup ont choisi d'émigrer... L'émergence de nouvelles classes moyennes tamoules et cinghalaises issues du développement rapide de l'économie va encore accentuer leur départ.

Les castes

Le fonctionnement des castes, très différent du système indien, n'est plus suivi par les jeunes générations. Les divisions se font selon des critères professionnels et non pas rituels. À l'inverse du système pyramidal de l'Inde, les castes dominantes locales étaient les plus représentées dans la population. Ainsi, plus de 50 % des bouddhistes cinghalais « appartiennent » à la haute caste des agriculteurs et la catégorie des intouchables n'existe pas. Celle des mendiants professionnels concerne moins de 1 % de la population. Chez les Tamouls, les divisions traditionnelles sont encore visibles et plus rigides, et la domination de la caste des propriétaires terriens sur les basses castes s'exerce toujours de façon très réelle.
Dans les journaux, on trouve des annonces de marieuses dont le rôle est toujours essentiel ! La majorité des mariages sont encore arrangés par les familles et l'astrologie est déterminante dans leurs choix. Une incompatibilité entre les maisons astrales des futurs époux peut faire tout annuler !
On consulte aussi pour tous les grands événements de la vie : naissance, études, construction d'un hôtel, investissements en bourse, élections...

RELIGIONS ET CROYANCES

La religion tient une place considérable dans la vie des Sri Lankais et sa pratique influence chaque instant de la vie quotidienne. Elle correspond d'ailleurs à l'origine des communautés.
– ***Les bouddhistes :*** ils représentent près de 70 % de la population. Le bouddhisme, faut-il le rappeler, est plus un système philosophique doublé de valeurs morales qu'une religion au sens littéral. Voir aussi plus bas.
Le Sri Lanka conserve la plus longue tradition bouddhiste de notre planète. Alors que la doctrine originelle se transformait en Inde et dans les autres pays d'Asie, adoptant la voie de vulgarisation appelée « le Grand Véhicule » (Mahayana), elle conservait ici son orthodoxie dans sa version « Petit Véhicule », le Theravada.
C'est devenu le soubassement de la civilisation cinghalaise à travers la ***Sangha,*** la communauté des croyants. Chaque jour de pleine lune est profondément respecté, c'est le ***poya*** ! Ce jour-là, on évite les plaisirs futiles et l'on s'abstient de consommer de l'alcool (interdit dans tous les hôtels, bars et restaurants) et autres substances euphorisantes.
– ***Les hindouistes :*** ils rassemblent près de 3 millions d'adeptes – 13 % de la population. C'est la religion des Tamouls. Elle est très ancienne (plus de 3 000 ans avant notre ère) et s'est développée à l'origine en Inde, puis adaptée aux multiples invasions avant de parvenir dans l'île au cours du Ier millénaire, propagée par les souverains tamouls.
Elle a émané du culte védique dès le Ve s et ne compte ni prophètes ni dogme. Ses deux références majeures sont les grands textes sacrés du ***Mahābhārata*** et du ***Rāmāyana.***
Selon la doctrine principale, nous pouvons atteindre l'union parfaite avec une divinité dans notre ***karma,*** qui est la synthèse de toutes nos actions accomplies dans la vie précédente. L'existence n'étant qu'une suite de cycles où tout se crée et se développe pour se détruire à la fin. Le ***dharma*** représente la façon dont nous nous comportons. C'est notre entière liberté ! Si tout va bien, un jour, renaître n'est

plus une obligation et nous sommes enfin libérés. C'est le ***moksha,*** la libération ! Cette religion est un ensemble très complexe de croyances et de rites envers un panthéon qui compterait plus de 30 000 divinités.
Au sommet de la hiérarchie, la trilogie suprême est constituée de ***Brahma,*** le créateur de l'univers, souvent représenté avec quatre têtes, ***Vishnu,*** celui qui sauve grâce à ses quatre bras, et ***Shiva,*** le destructeur du mal mais aussi maître de la renaissance. Il apparaît avec un trident et sous la forme phallique du lingam. On naît hindouiste et on ne peut jamais le devenir par conversion ! De cet ensemble très complexe est né ensuite le bouddhisme, qui s'en est progressivement éloigné tout en conservant des points communs.
– ***Les musulmans :*** cela concerne environ 8 % de la population, majoritairement des pêcheurs, des petits commerçants et des agriculteurs. Jusqu'à peu encore, la pratique de l'islam, importée au VIIe s par les marchands arabes, était fort modérée et suivait les rites de base du Coran selon l'orthodoxie sunnite : cinq prières quotidiennes, pratique suivie du ramadan et pèlerinage à La Mecque pour les plus aisés. On observe une radicalisation sensible de certaines communautés. Avec les pétrodollars et les devises des touristes venus du golfe Persique, on voit maintenant se construire de nombreuses madrasas (écoles coraniques) et mosquées.
– ***Les chrétiens :*** ils sont environ 7 % et se répartissent entre catholiques (environ 6 %) et protestants. Les premiers furent évangélisés par les colonisateurs portugais, les seconds par les Anglais et les Hollandais. À Negombo, au nord de Colombo, par exemple, vit une importante communauté chrétienne.
– ***Les animistes :*** cela concerne les rares Veddas subsistant encore dans la région de Mayangana. Ils pratiquent un culte très confidentiel dont les fondements s'inspirent de la nature.
– À côté de ces grandes religions subsiste une petite communauté de ***parsi zoroastriens,*** un courant très ancien né en Perse (actuel Iran).

Un peu de sagesse : le bouddhisme

Le Bouddha s'est « éveillé » en comprenant que la souffrance de l'homme venait du désir. On parvient à l'absence de souffrance, et donc on échappe aux réincarnations, en supprimant le désir. Ce qui compte, ce n'est pas le sacrifice des moines, mais celui de chacun. Le Bouddha est même allé jusqu'à dire que tout le monde pouvait devenir le Bouddha ! Pas une mince affaire, car sa vie fut bel et bien extraordinaire. Elle est l'illustration la plus éloquente de sa philosophie. Né en 560 avant notre ère, d'ascendance royale, le Bouddha (« l'Éveillé ») est aussi connu sous les noms de *Siddhartha, Gautama* ou *Sakyamuni.* Dès sa plus tendre enfance, le jeune Bouddha fait montre d'une précocité et d'une intelligence quasi surnaturelles. C'est à l'âge de 16 ans qu'il obtient la main de sa cousine Yasodharâ dont il aura un fils. Alors qu'il jouit d'un bonheur sans nuages, le Bouddha comprend que la vie n'est pas un long fleuve tranquille et que le bonheur n'est qu'illusion. C'est la révélation de la Mâyâ. Après ses quatre célèbres rencontres (un vieillard, un malade, un mort et un moine), il prend conscience de la souffrance humaine, quitte son palais et commence une nouvelle vie chez les ascètes brahmanes. Il a finalement l'Illumination, c'est-à-dire la révélation des quatre vérités sur l'universalité de la souffrance. Après quelques hésitations et surtout une forte pression des dieux, il se décide à enseigner aux hommes. Suivent le sermon de Bénarès (la première prédication du Bouddha), diverses conversions et plusieurs miracles, tous plus extraordinaires les uns que les autres. Sa mort *(Parinirvanâ),* à l'âge de 80 ans, est l'illustration de deux dogmes fondamentaux du bouddhisme : l'impermanence de toute chose et l'universalité de la souffrance. Juste avant de mourir et d'accéder au nirvana, le Bouddha avait pris soin de réunir ses disciples et de les exhorter à ne pas se décourager de sa mort en suivant la philosophie enseignée.

Les moines

L'image de moines se promenant dans la rue est une vision insolite pour celui qui débarque au Sri Lanka. Leur robe couleur safran et le grand parasol jaune qui protège leur crâne rasé du soleil tropical ne manquent pas d'attirer le regard.
Le nom originel d'un moine bouddhiste en pali, la langue des textes religieux anciens, est *bhikkhu,* ce qui signifie « mendiant ». En effet, il est considéré comme un être sans foyer ni emploi et doit gagner sa vie par l'aumône. À la différence du prêtre catholique, le moine ne représente pas un intermédiaire entre le pouvoir tout-puissant et les fidèles. Il suit sa voie spirituelle en quête de la vérité.

Les « dix commandements » d'un bon moine

Lorsqu'un Sri Lankais entre dans la *Sangha* (communauté monastique), sa première étape consiste à devenir « acolyte » (*samanera* en pali), ce qui le contraint à respecter les 10 règles suivantes : s'abstenir de tuer, de voler, de mentir, de s'enivrer, d'avoir des relations sexuelles, de se nourrir entre 5h et 12h, de prendre place dans un siège trop confortable, de participer à des danses ou d'autres sortes de divertissement, d'utiliser des parfums et de posséder de l'argent.
Pour cette première étape qui correspond à un noviciat, il n'y a pas de limite d'âge ni de sexe, à condition d'être en bonne santé et de ne pas avoir d'obligations envers l'État. Si le novice souhaite poursuivre et devenir « moine complet » (*upasampada* en pali), il ne peut le faire avant l'âge de 20 ans. Il doit alors se soumettre à 10 règles très strictes dont la transgression revêt un caractère de gravité variable selon le manquement. Quatre d'entre elles ne peuvent être expiées d'aucune manière et entraînent obligatoirement la démission du moine en cas de faute. Ce sont : tuer un être humain, avoir une relation sexuelle, tenter de provoquer un schisme dans l'ordre et simuler les étapes de l'Éveil. En revanche, les autres fautes peuvent être réparées et expiées lors de punitions imposées par la communauté.
Bien qu'il n'y ait pas de limite d'âge pour entrer dans les ordres, le consentement des parents est requis pour un mineur. On s'étonne souvent de voir de très jeunes moinillons. Il faut savoir que lorsqu'un enfant naît, les parents consultent immédiatement un astrologue qui prépare son horoscope. Si ce dernier prévoit un avenir mouvementé, voire néfaste, il conseille aux parents de placer l'enfant dans un lieu où il sera à l'abri. Le temple s'avère alors un endroit idéal et le jeune enfant devient ainsi membre d'une communauté. Après quelques années, familiarisé avec cet environnement, il peut revêtir la robe jaune et devenir moine. Les familles nombreuses et pauvres tentent souvent de placer au moins un enfant pour avoir une bouche de moins à nourrir.
D'après les règles promulguées par le Bouddha, la liberté d'entrer ou de quitter l'ordre est toujours possible. Mais la société sri lankaise se montre toujours relativement critique envers ceux qui reprennent une vie laïque.

Actifs et contemplatifs

On peut distinguer deux sortes de moines selon leurs activités : les actifs et les contemplatifs.
Les premiers, ceux que l'on rencontre le plus souvent dans les temples, sont en contact avec les laïcs auxquels ils servent de modèles et guides spirituels. Les conseils des moines ont une grande importance dans la vie quotidienne. En échange, les « fidèles » offrent de la nourriture et des objets usuels. Ceux-ci sont limités. En principe, un moine n'a droit qu'à trois robes, un bol pour sa nourriture, une paire de sandales, du fil et une aiguille, un parapluie et un rasoir (car même si l'on porte la robe, on n'en reste pas moins homme !). Étant sans attaches, il doit être toujours prêt à se déplacer sans entraves matérielles.

• BHUMISPARSA OU « GESTE DE LA PRISE DE LA TERRE À TÉMOI

Position assise, la main droite touche le sol, tandis que la gauche repose sur les jambes, paume tournée vers le ciel. Ce geste représente l'Éveil de Bouddha.

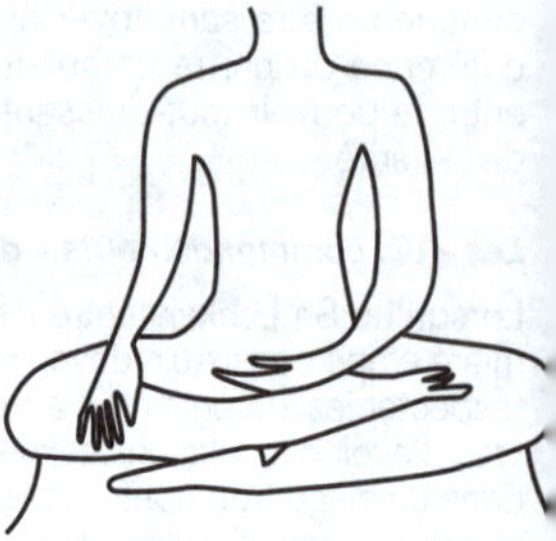

• DHYANA OU « ATTITUDE DE MÉDITATION »

Les deux mains reposent l'une sur l'autre, paumes vers le ciel, la main droite sur la main gauche. Les jambes sont pliées en tailleur, dans la position du lotus.

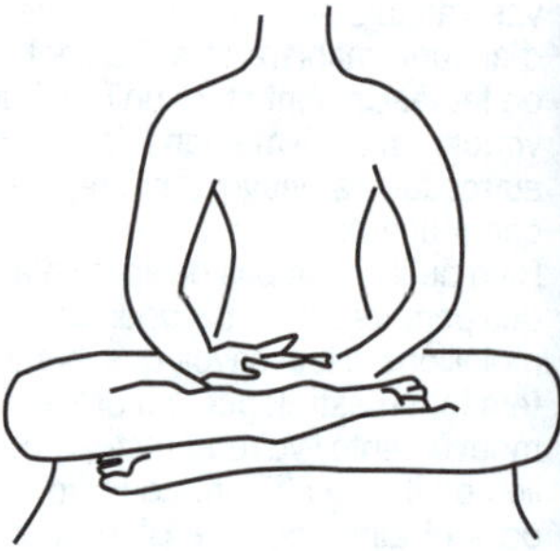

• VITARKA OU « GESTE DE L'ARGUMENTATION »

Position debout ou assise, le bras droit est levé, main à demi ouverte pour que le pouce et l'index se joignent et forment un cercle (la roue, symbole de l'enseignement). Peut être fait de la main droite ou gauche.

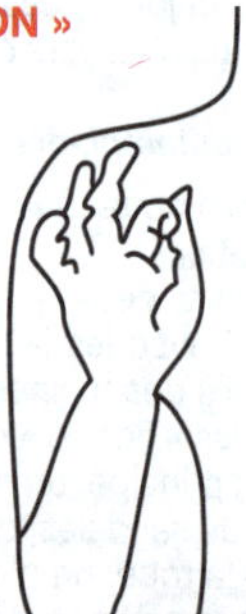

HARMACHAKRA

deux mains sont levées, paumes face à face, pouce et index se joignant r former un cercle. Geste de tourner la roue de Dharma, qui rappelle le nier sermon de l'enseignement de Bouddha.

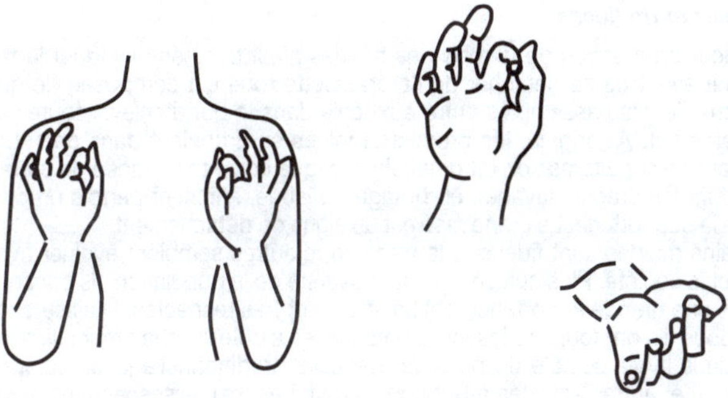

ARADA OU « GESTE DU DON »

is ou debout, main droite ouverte offerte, bras allongés, ce geste celui du don, de la charité, faveurs répandues.

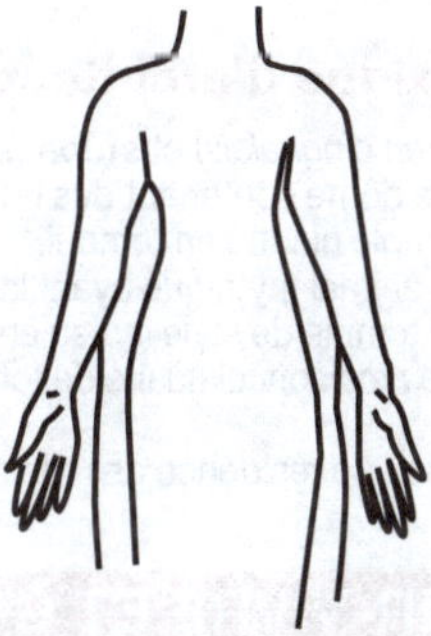

BHAYA OU « APAISANT LES QUERELLES »

ition debout ou en marche, une ou x mains levées, paume en avant. st le geste de l'absence de crainte et 'apaisement.

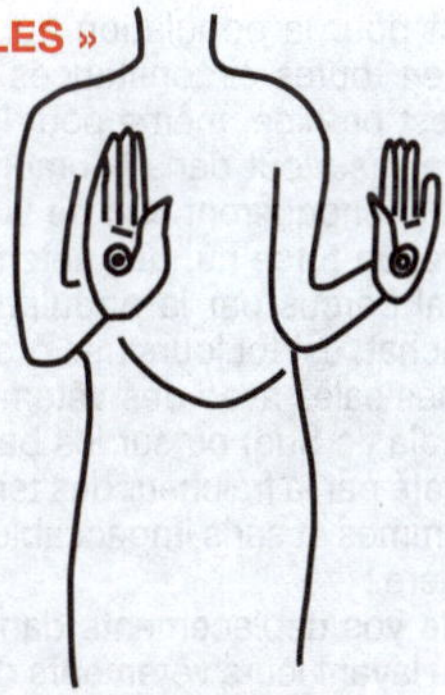

LES GESTES ET ATTITUDES DU BOUDDHA

Les contemplatifs vivent dans des centres de méditation ou des monastères forestiers pour la congrégation des *vanavasins.* Ils n'ont que peu de contacts avec la population, sauf quand celle-ci leur apporte de la nourriture. La plupart de ces moines se consacrent à l'étude de la doctrine et à la traduction des *sûtras,* les enseignements du Bouddha.

Costumes et traditions

La couleur brun safran de la robe des moines n'est pas sans évoquer la feuille qui jaunit avant de se détacher de l'arbre. Cette robe est composée de quatre morceaux de tissu assemblés entre eux, cela dans le but d'enlever toute valeur à ce vêtement. À l'origine, les premiers moines se drapaient dans des suaires provenant de sépultures : on dit que cela explique la teinte safranée de certaines robes dont les drapés savants, en orange ou jaune, affichent parfois un certain goût de la coquetterie. Le crâne rasé est un signe de détachement.
Si certains moines sont fidèles à la tradition, d'autres semblent évoluer avec le temps et la société. Plus cultivés que la moyenne de la population, ils conservent toujours une grande importance politique et sont très respectés. D'ailleurs, dans les autobus, ils ont toujours les meilleures places à côté du chauffeur ! Ils s'impliquent dans la vie sociale du pays, la médecine traditionnelle *(ayurvédique),* le commerce et autres activités à but non lucratif. Les mauvaises langues ajoutent à la liste restreinte des biens que peut posséder un moine : téléviseur, radio, téléphone portable, maison avec terrain et voiture avec chauffeur...

Petit lexique d'architecture religieuse

- ***Dagoba*** *(en cinghalais)* et ***stûpa*** *(en sanscrit)* **:** désigne un lieu saint bouddhiste en forme de dôme contenant des reliques.
- ***Kovil :*** temple hindou en tamoul.
- ***Makara :*** animal mythique ayant la forme d'un dragon.
- ***Sikhara :*** temple de style indien en forme d'épi de maïs.
- ***Vatadage :*** maison reliquaire de forme circulaire. La relique se trouvait conservée au centre.
- ***Vihara :*** lieu de résidence des moines, c'est-à-dire un monastère.

SAVOIR-VIVRE ET COUTUMES

Habillement

Par respect pour la population qui est très pudique, une tenue décente est conseillée en toutes circonstances. Pas d'exhibitionnisme sur la plage où le naturisme est prohibé, même pour le haut chez les femmes. En ville et sur les sites culturels (surtout dans les monuments religieux), ***évitez les tenues provocantes*** qui choqueront. On ne vous laissera d'ailleurs pas entrer ! Ainsi un jean déchiré, un torse nu, des vêtements sales ou un décolleté échancré sont souvent mal perçus par la population locale qui, malgré la modicité de son pouvoir d'achat, est toujours très propre et bien vêtue. Vous ne croiserez jamais de personnes sales avec des vêtements en loques. Que ce soit dans la jungle vers Sinharaja (le Sud) ou sur les bas-côtés d'une piste de latérite, vous serez toujours épaté par la fraîcheur des tenues vestimentaires : chemises immaculées pour les hommes et saris impeccables pour les femmes. Et ce malgré l'humidité et la poussière !
Au cours de vos déplacements dans l'île, vous verrez partout des familles se baignant ou lavant leurs vêtements dans une rivière ou un lac. C'est toujours un des principaux lieux de convivialité pour la population. Les Sri Lankais sont souvent perplexes devant l'habillement et le comportement « bizarre » de certains

touristes. Nos critères dans ce domaine ne sont pas tout à fait les mêmes. Respectez les leurs, et vous comprendrez alors ce que sont le sourire et l'hospitalité légendaires des Sri Lankais.

Comportement

Les monuments religieux, même désaffectés, ***se visitent toujours pieds nus et tête au vent,*** sans casquette ni chapeau !
Aucune inquiétude ! Vous pourrez quand même y accéder avec des chaussettes et ouvrir un parapluie pour vous protéger des attaques du soleil. Sachez qu'on ne pose jamais pour une photo devant une statue ou une peinture du Bouddha. Lui tourner le dos est en effet considéré comme un manque de respect. Si vous souhaitez néanmoins photographier l'œuvre, décalez-vous légèrement pour être de côté.
Vous serez aussi étonné et charmé par les salutations de politesse toujours accompagnées de grands sourires. Elles ponctuent toutes les rencontres de la vie quotidienne. C'est *Ayubowan.* Les mains jointes sur la poitrine avec une légère flexion du torse.

SITES INSCRITS AU PATRIMOINE MONDIAL DE L'UNESCO

Organisation des Nations Unies pour l'éducation, la science et la culture

En coopération avec le centre du patrimoine mondial de l'UNESCO

Pour figurer sur la liste du Patrimoine mondial, les sites doivent avoir une valeur universelle exceptionnelle et satisfaire à au moins un des 10 critères de sélection. La protection, la gestion, l'authenticité et l'intégrité des biens sont également des considérations importantes.
Le patrimoine est l'héritage du passé dont nous profitons aujourd'hui et que nous transmettons aux générations à venir. Nos patrimoines culturel et naturel sont deux sources irremplaçables de vie et d'inspiration. Ces sites appartiennent à tous les peuples du monde, sans tenir compte du territoire sur lequel ils sont situés.
Pour plus d'informations : • *whc.unesco.org* •
– Au titre du patrimoine culturel : la cité historique de ***Polonnaruwa*** (1982), la ville ancienne de ***Sigiriya*** (1982), la ville sainte d'***Anuradhapura*** (1982), la vieille ville de ***Galle*** et ses fortifications (1988), la ville sacrée de ***Kandy*** (1988) et le temple d'Or de ***Dambulla*** (1991).
– Au titre du patrimoine naturel : la ***réserve forestière de Sinharaja*** (1988), les ***hauts plateaux du Centre*** (aire protégée de Peak Wilderness, parc national de Horton Plains et forêt de conservation des Knuckles ; 2010).

THÉ

Son histoire est liée à l'arrivée des Britanniques au Sri Lanka. Auparavant, la cannelle exploitée et exportée par les Portugais avait fait la richesse de l'île. Dans un premier temps, les colons anglais investirent dans le café et les pentes du haut pays se couvrirent de caféiers. Cependant, l'effondrement des prix du marché dans les années 1850, puis une maladie qui dévasta les plantations (1860-1870), sans compter le développement de la production brésilienne, contraignirent les planteurs anglais à trouver une culture de substitution.
C'est un Écossais, ***James Taylor,*** qui le premier eut l'idée en 1867 de défricher quelques hectares de forêt dans le district du Bas-Hewaheta et de repiquer des plants de thé qu'il avait rapportés de Tien Tsin en Chine (voir *Tea Castle St Clair,*

dans le chapitre « La route de Colombo à Nuwara Eliya ». En 1880, le thé avait définitivement remplacé le café comme première culture de l'île.
C'est le fils d'un petit épicier irlandais, ***Thomas Lipton,*** parti à Colombo pour faire fortune, qui contribua à faire du thé l'« ***or vert*** » de l'île et à lui donner une notoriété mondiale. Son sens inné de la publicité a placé le thé de Ceylan au premier rang de l'économie locale. Pour ces raisons, « Sir Tea » fut anobli par la reine Victoria. Dans un tout autre domaine, on doit également à ce milliardaire philanthrope la course de voile America's Cup. Sa première plantation de thé existe toujours, dans les environs d'Haputale.

LE CAFÉ EST MORT. VIVE LE THÉ !

À partir de 1870, les plants de café à Ceylan furent anéantis par la maladie. Jusqu'alors, les Anglais importaient leur thé de Chine, un pays qu'ils ne contrôlaient pas. Les planteurs britanniques reconvertirent leurs exploitations avec du thé. Avec succès.

Le théier est un arbuste qui craint le froid et la sécheresse. Il doit être exposé au soleil dans des régions humides et chaudes. Il ne commence à produire qu'après 5 ans et le travail du planteur consiste à limiter sa taille à 1,50 m. Le thé se récolte toute l'année, tous les 8 à 15 jours selon les régions. C'est au-dessus de 1 200 m que l'on trouve les meilleurs thés. Le BOPF *(Broken Orange Pekoe Fannings)* est un thé fort que les Sri Lankais boivent avec du lait et sucré. Le BOP est moins fort mais d'une catégorie inférieure.

De la tige à la tasse

Avant d'arriver dans votre tasse, la feuille de thé a subi différentes manipulations :
1. ***La cueillette :*** elle est effectuée par les femmes tamoules, appelées *pluckers,* qui remplissent des hottes ou des sacs portés sur le dos et maintenus par un bandeau frontal. Elles doivent recueillir quotidiennement 20 kg. Le travail s'effectue généralement entre 7h et 11h du matin (pour un revenu qui avoisine les 400 Rs par jour). À cela s'ajoutent parfois des heures supplémentaires en fin d'après-midi. Toutefois les familles de *pluckers* bénéficient de certains avantages sociaux – logement, école, soins médicaux – destinés à les retenir sur les plantations (rien d'autre que la bonne vieille méthode des corons !).
Leur travail s'effectue dans des conditions difficiles, pieds nus, et souvent sous la pluie, sous le contrôle d'un garde-chiourme. Elles utilisent une baguette de bambou qu'elles posent sur l'arbuste et prélèvent toutes les feuilles qui dépassent. Néanmoins, la meilleure technique consiste à ne prélever que deux feuilles et un bourgeon afin d'obtenir par la suite un thé de qualité. Les conditions des femmes qui travaillent dans les manufactures ne sont guère plus enviables.
2. ***Le séchage*** *(withering)* **:** il durait autrefois 18h mais les nouvelles méthodes artificielles permettent de réduire ce temps à 8h seulement. L'opération est réalisée à température ambiante par de grands ventilos.
3. ***Le roulage*** *(rolling)* **:** grâce à une sorte de presse, les feuilles sont écrasées et hachées finement, afin d'en extraire le suc. Enfin, passage au tamis.
4. ***La fermentation*** *(filtering)* **:** c'est l'étape cruciale, car c'est à ce moment que le thé prend toutes ses qualités, mais peut aussi acquérir parfois des défauts. La fermentation du thé se fait par oxydation et se prolonge jusqu'à ce que les feuilles aient une teinte cuivrée. Cette étape, réalisée à l'air libre, dure 1h30. Le thé vert est peu fermenté, à la différence du thé noir.
5. ***La déshydratation :*** elle a pour but d'arrêter la fermentation et de sécher les feuilles qui subissent une température de 400 °C, pendant 20 mn environ.
6. ***Le triage :*** l'opération, qui s'effectue à travers une série de 13 tamis, va permettre de déterminer les appellations des différents thés.

Différentes catégories de thé

– Les feuilles du bas s'appellent *souchong* et donnent un thé de moins bonne qualité.
– Les meilleures feuilles sont celles du haut du plant et il faut qu'elles soient récoltées jeunes. Elles sont d'un vert plus clair que les feuilles du bas. Le bourgeon terminal, petite feuille encore mal développée, porte un fin duvet clair : c'est la première qualité, appelée *flowery orange pekoe* (*pekoe* signifiant « duvet » en chinois).
– ***Pekoe :*** c'est donc le thé léger *(light tea)*.
– ***Broken Orange Pekoe :*** ou BOP. La première feuille, dénommée *orange pekoe* en raison du léger duvet aux reflets dorés.
– ***Broken Orange Pekoe Fannings :*** ou BOPF. Il s'agit d'un thé fin et fort. Le meilleur de tous.
– ***Dust tea :*** signifie « poussière » car les feuilles de thé sont si fines qu'elles ressemblent à des grains de poussière résiduelle. Le thé bon marché que l'on boit habituellement dans les restaurants est du *dust tea.* Il est très fin et très fort.

Visites des fabriques de thé et des plantations

Sur place, ne manquez surtout pas de visiter une manufacture *(factory)* de thé. De plus, vous pourrez, après la visite, déguster et acheter du thé à prix intéressants. Il faut savoir que le meilleur thé est souvent destiné à l'exportation, principalement vers le Moyen-Orient.
La réforme agraire de 1975 avait permis à l'État de devenir le plus important vendeur de thé du pays, mais la mauvaise gestion de ces plantations nationalisées est consternante. Le commerce du thé au Sri Lanka est contrôlé par le ministère du Commerce et organisé selon un système d'enchères. Les thés sont vendus sous leur nom d'origine, qui correspond au nom du jardin où ils sont cultivés ; ils sont d'ailleurs classés comme nos grands vins, et font également l'objet de dégustations effectuées par des spécialistes.

Quelques lieux, fabriques et plantations de thé

– ***Pedro Tea Estate & Factory*** *(Kelani Valley Plantations)* ***:*** *à 4 km de* ***Nuwara Eliya.***
– ***Mackwoods Labookellie Tea Estate & Factory :*** *à* ***Labukele,*** *à 13,5 km de Nuwara Eliya sur la route de Kandy. • mackwoodstea.com •*
– ***Glenloch Tea Factory :*** *à* ***Katukitula,*** *à 30 km env de Nuwara Eliya, sur la route de Kandy. ☎ 052-225-96-46.*
– ***Mlesna Tea Castle St Clair :*** *à* ***Patana,*** *à 30 km de Nuwara Eliya, sur la route de Colombo. ☎ 051-224-40-28.*

Comment préparer le thé que vous aurez rapporté

– ***Verser de l'eau froide*** dans la bouilloire. Chauffer. Quand l'eau va bouillir, en verser un peu dans la théière pour l'échauder. Vider (et si possible sécher).
– ***Mesurer le nombre de cuillerées*** de thé en appliquant la formule magique : « *One spoonful for each cup and one for the teapot* », une cuillerée (à thé) par tasse plus une pour la théière. Verser l'eau arrivant à ébullition sur le thé (85 à 90 °C). Autre dicton : « *Overboiled water never makes good tea* » (eau bouillue, thé foutu !).
– ***Remuer quelques secondes,*** mettre le couvre-théière en feutre pour conserver la chaleur de la théière. Ne pas filtrer le thé. Si on l'aime au lait, mettre le lait froid dans la tasse avant d'y verser le thé. Selon vos préférences, vous pouvez laisser infuser plus ou moins longtemps, mais n'oubliez pas qu'une infusion trop prolongée donne un goût âcre à cause des tanins qui se libèrent.
– ***Pour allonger ou éclaircir*** une infusion, n'ajoutez pas d'eau chaude dans la théière mais directement dans la tasse.
– ***Ne buvez jamais le thé bouillant.*** Vous en perdez tout l'arôme.
– ***Conservez votre thé*** dans un récipient hermétique en métal et à l'abri de la lumière.

YOGA ET AYURVEDA

La culture du Sri Lanka a été grandement influencée par le bouddhisme et l'hindouisme tout à la fois. Le yoga, la méditation et l'ayurveda sont pratiqués quotidiennement par de nombreux Sri Lankais. Bien que les gens considèrent souvent la pratique des *asanas* (ou postures) comme une gymnastique ou une façon de rester en forme, les anciens yogis les utilisaient pour préparer le corps à la méditation, afin de s'asseoir longuement sans aucune gêne. Les postures étaient maîtrisées lorsque le corps et l'esprit se libéraient de toutes tensions et agitation.

La médecine occidentale a enfin reconnu les bienfaits du yoga, considérant que la régulation de la circulation sanguine et de la respiration, ainsi qu'une juste stimulation des organes sont essentielles pour la santé. En se concentrant sur le développement et la prise de conscience du mouvement physique, l'esprit et le corps arrivent à se connecter, permettant un meilleur contrôle des émotions et une plus grande compréhension de son être profond. Les bénéfices apportés par cette pratique ne sont plus à démontrer, notamment dans le cadre de troubles psychologiques (dépression), ou ceux liés à de gros traumatismes ou même de simples situations de stress responsables de bien des maux.

La plupart des techniques de méditation couramment pratiquées au Sri Lanka sont fondées sur des techniques de méditation bouddhistes. La pratique du yoga touche le système nerveux parasympathique et contribue ainsi à apporter une profonde relaxation. Elle aide à diminuer l'anxiété de manière significative. Après une séance de yoga, on peut noter une amélioration de l'humeur du pratiquant (s'il était de mauvais poil !), ainsi qu'une augmentation de son énergie. L'accent mis sur la respiration consciente, le centrage intérieur, la relaxation et la méditation évitent les blocages mentaux et émotionnels. La pratique de la méditation en pleine conscience favorise le bien-être physique et émotionnel, et augmente la conscience. On est alors moins perturbé par les situations désagréables et moins réactif aux variations émotionnelles. Mais ces techniques de développement de l'estime et de l'acceptation de soi ne révèlent leurs bienfaits qu'après une longue période de pratique régulière.

La médecine ayurvédique

Le terme recouvre une tradition (commune à l'Inde du Sud) remontant à plus de 2 500 ans, qui utilise une pharmacopée complexe. On y trouve environ 2 600 plantes, des huiles essentielles, des poudres minérales, des métaux comme l'or et le cuivre et quelques produits d'origine animale. Une plante donnera trois remèdes différents selon que l'on utilise la tige, la feuille ou la fleur.

Les thérapies se présentent sous forme de bains, d'huiles de massage, d'inhalations, de vomitifs, de purgatifs, etc. Encore aujourd'hui, l'île compte trois fois plus de praticiens ayurvédiques, appelés « *vederala* », que ceux de médecine dite « générale ». Les vrais traitements sont toujours très longs et peuvent durer plusieurs mois. Les plus accessibles pendant un court séjour seront :

– le ***sauna aromatique*** *(sweat karma),* dans une salle où les murs sont imprégnés de substances aromatiques ;

– les ***bains de vapeur*** *(vashpa swedanam),* dans une baignoire ne laissant émerger que la tête ;

– les ***massages*** des différentes parties du corps, qui, à défaut d'être de vrais traitements, peuvent être un véritable plaisir ! Si la qualité des soins demeure remarquable chez les praticiens traditionnels, l'industrie du tourisme a légèrement dévoyé cette médecine pour en faire une économie de soins de confort. Tous les grands hôtels proposent maintenant leur formule « détente ». Privilégiez les adresses réputées et n'oubliez pas qu'un traitement à base d'herbes peut être dangereux s'il n'est pas bien pratiqué.

Les massages ayurvédiques constituent l'une des plus anciennes thérapies régénératrices du corps. Les huiles médicinales à base de plantes ont des vertus multiples (tonification des muscles, amélioration de la circulation sanguine, régénération des tissus...). Les massages ayurvédiques varient en fonction des différents types de personnes (*vata, pita* et *kapha* selon l'ayurveda) ainsi que les différentes saisons de l'année. Il existe aussi différents massages pour traiter différents maux (rhumatismes, arthrite, hypertension, migraine, nervosité, état dépressif...). Et si vous n'y croyez pas, vous verrez qu'au pire, on se sent tout simplement drôlement bien après un bon massage ayurvédique.

les ROUTARDS sur l'ÉTRANGER 2018-2019

(dates de parution sur • **routard.com** •)

Découpage de l'ESPAGNE par le ROUTARD

Découpage de l'ITALIE par le ROUTARD

Autres pays européens

- Allemagne
- Angleterre, Pays de Galles
- Autriche
- Belgique
- Crète
- Croatie
- Danemark, Suède
- Écosse
- Finlande
- Grèce continentale
- Hongrie
- Îles grecques et Athènes
- Irlande
- Islande
- Madère
- Malte
- Norvège
- Pays baltes : Tallinn, Riga, Vilnius
- Pologne
- Portugal
- République tchèque, Slovaquie
- Roumanie, Bulgarie
- Suisse

Villes européennes

- Amsterdam et ses environs
- Berlin
- Bruxelles
- Budapest (mars 2018)
- Copenhague
- Dublin
- Lisbonne
- Londres
- Moscou
- Naples (décembre 2017)
- Porto (janvier 2018)
- Prague
- Saint-Pétersbourg
- Stockholm
- Vienne

les ROUTARDS sur l'ÉTRANGER 2018-2019

(dates de parution sur • *routard.com* •)

Découpage des ÉTATS-UNIS par le ROUTARD

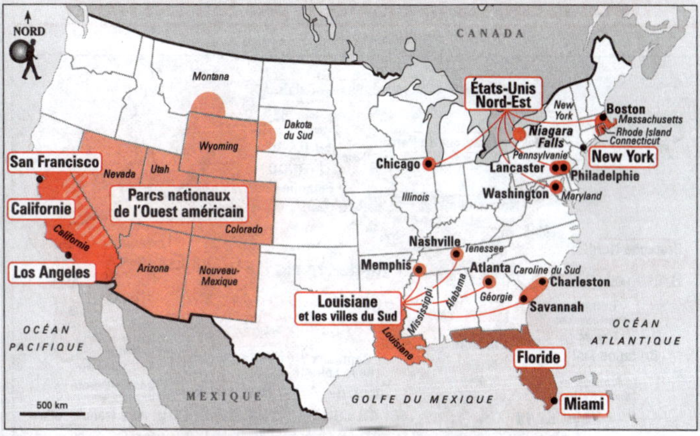

Autres pays d'Amérique

- Argentine
- Brésil
- Canada Ouest
- Chili et île de Pâques
- Colombie (avril 2018)
- Costa Rica
- Équateur et les îles Galápagos
- Guatemala, Yucatán et Chiapas
- Mexique
- Montréal
- Pérou, Bolivie
- Québec, Ontario et Provinces maritimes

Asie et Océanie

- Australie côte est + Red Centre
- Bali, Lombok
- Bangkok
- Birmanie (Myanmar)
- Cambodge, Laos
- Chine
- Hong-Kong, Macao, Canton
- Inde du Nord
- Inde du Sud
- Israël et Palestine
- Istanbul
- Jordanie
- Malaisie, Singapour
- Népal
- Shanghai
- Sri Lanka (Ceylan)
- Thaïlande
- Tokyo, Kyoto et environs
- Turquie
- Vietnam

Afrique

- Afrique du Sud
- Égypte
- Kenya, Tanzanie et Zanzibar
- Maroc
- Marrakech
- Sénégal
- Tunisie

Îles Caraïbes et océan Indien

- Cuba
- Guadeloupe, Saint-Martin, Saint-Barth
- Île Maurice, Rodrigues
- Madagascar
- Martinique
- République dominicaine (Saint-Domingue)
- Réunion

Guides de conversation

- Allemand
- Anglais
- Arabe du Maghreb
- Arabe du Proche-Orient
- Chinois
- Croate
- Espagnol
- Grec
- Italien
- Japonais
- Portugais
- Russe
- G'palémo (conversation par l'image)

Livres-photos Livres-cadeaux

- Voyages (octobre 2017)
- Nos 120 coins secrets en Europe (octobre 2017)
- Les 50 voyages à faire dans sa vie
- 1200 coups de cœur dans le monde
- 1200 coups de cœur en France
- Nos 52 week-ends dans les plus belles villes d'Europe

les ROUTARDS sur la FRANCE 2018-2019

(dates de parution sur • *routard.com* •)

Découpage de la FRANCE par le ROUTARD

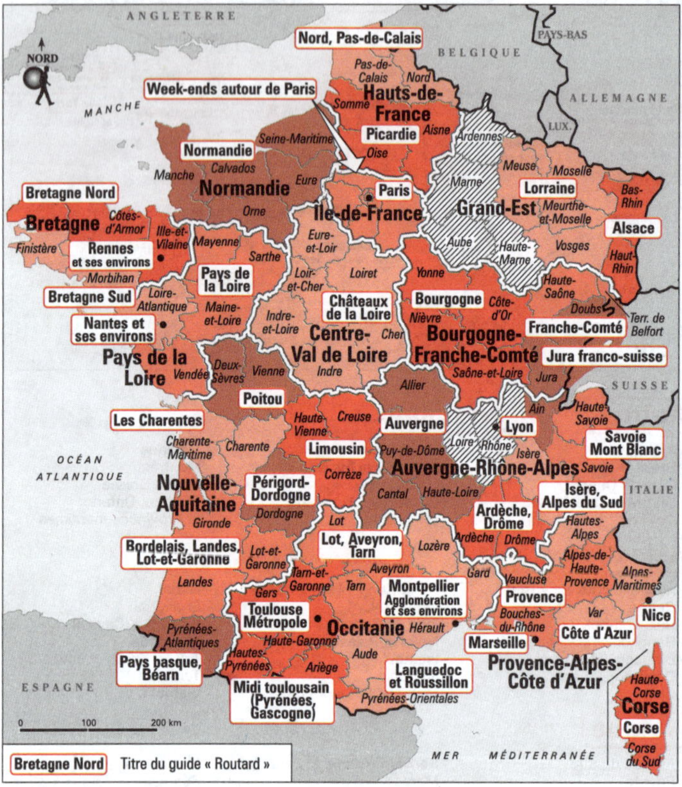

Autres guides sur la France

- Hébergements insolites en France
- Canal des deux mers à vélo (mars 2018)
- La Loire à Vélo
- Paris – Île-de-France à vélo (juin 2018)
- La Vélodyssée (Roscoff-Hendaye)
- Nos meilleurs campings en France
- Nos meilleures chambres d'hôtes en France
- Nos meilleurs restos en France
- Les visites d'entreprises en France

Autres guides sur Paris

- Paris
- Paris balades
- Paris exotique (octobre 2017)
- Restos et bistrots de Paris
- Le Routard des amoureux à Paris
- Week-ends autour de Paris

Nous tenons à remercier tout particulièrement Loup-Maëlle Besançon, Thierry Bessou, Gérard Bouchu, François Chauvin, Grégory Dalex, Fabrice Doumergue, Cédric Fischer, Carole Fouque, Michelle Georget, David Giason, Claude Hervé-Bazin, Emmanuel Juste, Dimitri Lefèvre, Fabrice de Lestang, Romain Meynier, Éric Milet, Pierre Mitrano, Jean-Sébastien Petitdemange et Thomas Rivallain pour leur collaboration régulière.

Emmanuelle Bauquis
Jean-Jacques Bordier-Chêne
Michèle Boucher
Diane Capron
Laura Charlier
Agnès Debiage
Jérôme Denoix
Tovi et Ahmet Diler
Marjorie Dubois
Clélie Dudon
Sophie Duval
Jeanne Favas
Alain Fisch
Alexandra Fouchard
Guillaume Garnier
Nicolas George
Bérénice Glanger
Adrien et Clément Gloaguen
Léa Guinolas
Manon Guyot
Bernard Hilaire
Sébastien Jauffret
Céline Kamand
Jacques Lemoine
Aurore de Lombarès
Caroline Ollion
Martine Partrat
Odile Paugam et Didier Jehanno
Prakit Saiporn
Jean Tiffon
Jean-Luc et Antigone Schilling
Caroline Vallano

Direction: Nathalie Bloch-Pujo
Contrôle de gestion: Jérôme Boulingre et Adeline Cazabat Barrere
Secrétariat: Catherine Maîtrepierre
Direction éditoriale: Hélène Firquet
Édition: Matthieu Devaux, Olga Krokhina, Gia-Quy Tran, Julie Dupré, Emmanuelle Michon, Alba Bastida Díaz, Amélie Gattepaille, Ludmilla Guillet, Pauline Janssens, Margaux Lefebvre, Amélie Ramond, Flora Sallot, Elvire Tandjaoui et Clémence Toublanc
Préparation-lecture: Estelle Gaudin
Cartographie: Frédéric Clémençon, Aurélie Huot et Thomas Dequeker
Fabrication: Nathalie Lautout et Audrey Detournay
Relations presse France: COM'PROD, Fred Papet. ☎ 01-70-69-04-69.
• *info@comprod.fr* •
Direction marketing: Adrien de Bizemont, Clémence de Boisfleury et Charlotte Brou
Contacts partenariats: André Magniez (EMD). • *andremagniez@gmail.com* •
Édition des partenariats: Élise Ernest
Informatique éditoriale: Lionel Barth
Couverture: Clément Gloaguen et Seenk
Maquette intérieure: le-bureau-des-affaires-graphiques.com, Thibault Reumaux et npeg.fr
Relations presse: Martine Levens (Belgique) et Maureen Browne (Suisse)
Régie publicitaire: Florence Brunel-Jars

INDEX GÉNÉRAL

LISTE DES CARTES ET PLANS

IMPORTANT : DERNIÈRE MINUTE

Sauf rare exception, le Routard bénéficie d'une parution annuelle à date fixe. Entre deux dates, des événements fortuits (formalités, taux de change, catastrophes naturelles, conditions d'accès aux sites, fermetures inopinées, etc.) peuvent intervenir et modifier vos projets de voyage. Pour éviter les déconvenues, nous vous recommandons de consulter la rubrique « Guide » par pays de notre site ● *routard.com* ● et plus particulièrement les dernières ***Actus voyageurs.***

Remarque importante aux hôteliers et restaurateurs

Les enquêteurs du *Routard* travaillent dans le plus strict anonymat. Aucune réduction, aucun avantage quelconque, aucune rétribution n'est jamais demandé en contre-partie. Face aux aigrefins, la loi autorise les hôteliers et restaurateurs à porter plainte.

Avis aux lecteurs

Le Routard, ce n'est pas comme le bon vin, il vieillit mal. On ne veut pas pousser à la consommation, mais évitez de partir avec une édition ancienne. Les modifications sont souvent importantes.

Les réductions accordées à nos lecteurs ne sont jamais demandées par nos rédacteurs afin de préserver leur indépendance. Les hôteliers et restaurateurs sont sollicités par une société de mailing, totalement indépendante de la rédaction, qui reste donc libre de ses choix. De même pour les autocollants et plaques émaillées.

Avec routard.com, choisissez, organisez, réservez et partagez vos voyages !

✓ Rejoignez la plus grande communauté francophone de voyageurs : de **2,2 à 2,6 millions de visiteurs uniques (par mois !).**

✓ Échangez avec les routarnautes : forums, photos, avis d'hôtels.

✓ Retrouvez aussi toutes les informations actualisées pour choisir et préparer vos voyages : plus de 200 fiches pays, une centaine de dossiers pratiques et un magazine en ligne pour découvrir tous les secrets de votre destination.

✓ Enfin, comparez les offres pour organiser et réserver votre voyage au meilleur prix.

Les **Routards** *parlent aux* **Routards**

Faites-nous part de vos expériences, de vos découvertes, de vos tuyaux et de vos coups de cœur. Aidez-nous à remettre l'ouvrage à jour. Indiquez-nous les renseignements périmés. Faites profiter les autres de vos adresses nouvelles, combines géniales... On adresse un exemplaire gratuit de la prochaine édition à ceux qui nous envoient les meilleurs courriers, pour la qualité et la pertinence des informations.

Quelques conseils cependant :

– Envoyez-nous votre courrier le plus tôt possible afin que l'on puisse insérer vos tuyaux sur la prochaine édition.

– N'oubliez pas de préciser l'ouvrage que vous désirez recevoir, ainsi que votre adresse postale.

– Vérifiez que vos remarques concernent l'édition en cours et notez les pages du guide concernées par vos observations.

– Quand vous indiquez des hôtels ou des restaurants, pensez à signaler leur adresse précise et, pour les grandes villes, les moyens de transport pour y aller. Si vous le pouvez, joignez la carte de visite de l'hôtel ou du resto décrit.

En tout état de cause, merci pour vos nombreux mails.

122, rue du Moulin-des-Prés, 75013 Paris

• *guide@routard.com* • *routard.com* •

Routard Assurance *2018*

Née du partenariat entre *AVI International* et le *Routard*, *Routard Assurance* est une assurance voyage complète qui offre toutes les prestations d'assistance indispensables à l'étranger : dépenses médicales, pharmacie, frais d'hôpital, rapatriement médical, caution et défense pénale, responsabilité civile vie privée et bagages. Présent dans le monde entier, le plateau d'assistance d'*AVI International* donne accès à un vaste réseau de médecins et d'hôpitaux : pas de franchise, aucune avance de frais à faire, un numéro d'appel gratuit disponible 24h/24. *AVI International* dispose par ailleurs d'une filiale aux États-Unis qui permet d'intervenir plus rapidement auprès des hôpitaux locaux. À noter, *Routard Assurance Famille* couvre jusqu'à 7 personnes, et *Routard Assurance Longue Durée Marco Polo* couvre les voyages de plus de 2 mois dans le monde entier. *AVI International* est une équipe d'experts qui répondra à toutes vos questions par téléphone : ☎ 01-44-63-51-00 ou par mail • *routard@avi-international.com* • Conditions et souscription sur • *avi-international.com* • Avant de partir, pensez à télécharger l'appli mobile *AVI* et accéder à tous vos documents d'assurance en 2 clics.

Édité par Hachette Livre (58, rue Jean-Bleuzen, CS 70007, 92178 Vanves Cedex, France)
Photocomposé par Jouve (45770 Saran, France)
Imprimé par Lego SPA Plant Lavis (via Galileo Galilei, 11, 38015 Lavis, Italie)
Achevé d'imprimer le 4 septembre 2017
Collection n° 13 - Édition n° 01
58/7020/2
I.S.B.N. 978-2-01-280003-8
Dépôt légal : septembre 2017

PAPIER À BASE DE FIBRES CERTIFIÉES